Uwe Strümpfel

Therapie der Gefühle

EHP – Edition Humanistische Psychologie

Hg. Anna und Milan Sreckovic

Der Autor

Uwe Strümpfel, Dr. phil. Dipl.-Psych., promoviert in experimenteller Psychologie, hat 1989 in der Deutschen Vereinigung für Gestalttherapie (DVG e.V.) eine Arbeitsgruppe zur empirischen Forschung initiiert, aus der heraus bis heute eine Reihe von Publikationen entstanden ist. Bis 1996 Tätigkeiten und Veröffentlichungen in unterschiedlichen Theorie- und Praxisfeldern (Menschen mit terminalen und Abhängigkeitserkrankungen, Straßenkinder und crackabhängige Jugendliche in Brasilien); anschließend bis 1998 therapeutischer Leiter in der Drogenhilfe Tannenhof, Zentrum II (Berlin). Heute ist er in freier Praxis und als unabhängiger Autor tätig.

Uwe Strümpfel

THERAPIE DER GEFÜHLE

Forschungsbefunde zur Gestalttherapie

Mit einem Vorwort von Willi Butollo

EHP
– 2006 –

© 2006 EHP – Verlag Andreas Kohlhage, Bergisch Gladbach
www.ehp.biz

Redaktion: Hannah Michels

Bibliografische Information der Deutschen Bibliothek
Die Deutsche Bibliothek verzeichnet diese Publikation in der
Deutschen Nationalbibliografie; detaillierte Daten sind im Internet
über http://dnb.ddb.de abrufbar

Umschlagentwurf: Gerd Struwe, Uwe Giese
- unter Verwendung eines Bildes von u.p. »I think« -

Gesamtherstellung: DD AG, Frensdorf

Alle Rechte vorbehalten
All rights reserved. No part of this book may be reproduced or transmitted in
any form or by any means, electronic or mechanical, including photocopying,
recording or by any information storage and retrieval system, without
permission in writing from the publisher.

ISBN 3-89797-015-5
ISBN 978-3-89797-015-1

Inhalt

Vorbemerkung		10
Vorwort von Willi Butollo:		
Gestalttherapie im Aufwind empirischer Forschung		17

1.	**Einführung**	21
1.1	Ziel und Aufbau dieses Buches	26
1.2	Standortbestimmung der Gestalttherapie und weiterentwickelter Verfahren	32
1.2.1	Theorie der Gestalttherapie	39
1.2.1.1	Selbst und Kontakt in der Gestalttherapie	46
1.2.1.2	Stufen des Selbst im Kontakt	50
1.2.1.3	Störungen im Kontakt	54
1.2.1.4	Theorieentwicklung zur erfahrungsorientierten Arbeit mit Emotionen	59
1.2.2	Praxis der Gestalttherapie	65
1.2.2.1	Emotionaler Ausdruck	65
1.2.2.2	Emotions- und erlebensfokussierende Interventionen	68
1.2.2.2.1	Mikrointerventionen	69
1.2.2.2.2	Makrointerventionen	69
1.2.2.3	Traumarbeit	71
1.3	Weiterentwicklungen der Gestalttherapie	76
1.3.1	Die Entwicklung der prozess-erfahrungsorientierten Therapie	78
1.4	Von der Praxis zur Forschung	83
1.4.1	Erkenntnisinteresse und Methodenkritik	86
1.4.2	Ethik und Pragmatik	88
1.4.3	Neue Wege und technische Grenzen	90
2.	**Forschungsübersicht**	92
2.1	Inhaltliche Darstellung der Forschung zur Gestalttherapie	116
2.1.1	Prozessforschung	116
2.1.1.1	Mikroprozesse	118
2.1.1.2	Von Mikro- zu Makroprozessen	126
2.1.1.2.1	Entwicklung der Forschungsstrategie	127
2.1.1.2.2	Vorhersagemodelle für erfolgreiche Konfliktlösung	128
2.1.1.2.3	Konfliktlösung in gestalttherapeutischen Dialogen: Prozessdaten	136

2.1.1.3	Makroprozesse	143
2.1.1.3.1	Soziale Kompetenzen und Fähigkeit zu persönlichem Kontakt	144
2.1.1.3.2	Copingstrategien und Persönlichkeitszüge	146
2.1.2	Forschung zum Therapieergebnis	164
2.1.2.1	Affektive Störungen	164
2.1.2.2	Persönlichkeitsstörungen und psychiatrische Störungen	172
2.1.2.2.1	Stationäre Behandlung	172
2.1.2.2.2	Ambulante Behandlung	174
2.1.2.3	Substanzmissbrauch	175
2.1.2.4	Psychosomatische und funktionelle Störungen	176
2.1.2.5	Andere Populationen	178
2.1.3	Katamnestische Studien	182
2.2	Klinische Wirksamkeitsstudien zur Gestalttherapie im Überblick	202
2.3	Metaanalytische Befunde	212
2.3.1	Ältere Metaanalysen der Psychotherapieforschung	214
2.3.1.1	Erste Metaanalyse zur Gestalttherapie	219
2.3.1.2	Die Metaanalyse von Grawe, Donati & Bernauer 1994	221
2.3.1.3	Die Metaanalyse von Orlinsky, Grawe und Parks 1994	227
2.3.1.4	Die Metaanalyse von Bretz, Heekerens & Schmitz 1994	234
2.3.2	Vergleiche zwischen verschiedenen humanistischen Therapien	235
2.3.2.1	Die Metaanalyse von Greenberg, Elliot & Lietaer 1994	235
2.3.2.2	Die Metaanalyse von Elliot 1996a, b	239
2.3.2.3	Die Metaanalyse von Elliot 2001	239
2.3.2.4	Die Metaanalyse von Elliott, Greenberg & Lietaer 2004	243
2.3.3	Vergleiche humanistischer Therapieformen mit behavioraler Therapie	245
3.	**Eigene Analysen**	**250**
3.1	Reanalyse der Metaanalysen zur Gestalttherapie	250
3.2	Weitere Reanalysen und Untersuchung von Verzerrungsfaktoren	253
3.2.1	Reagibilität der Erhebungsinstrumente	257
3.2.1.1	Vorhersage von Effektstärken: Modellrechnung I	257
3.2.1.2	Vorhersage von Effektstärken: Modellrechnung II	258
3.2.2	Weitere Verzerrungsfaktoren	261
3.2.2.1	Der Allegiance-Effekt	262
3.2.2.2	Verzerrungen durch Drop-Outs	263

3.2.3	Auswertung der Ergebnistabellen der Metaanalyse von Grawe et al. 1994	264
3.3	Eigene Analysen zur Gestalttherapie	270
3.3.1	Vergleich Gestalttherapie und kognitiv-behaviorale Therapie	272
3.3.1.1	Überblick über die Studien	272
3.3.1.2	Methodisches Vorgehen	272
3.3.1.3	Ergebnisse	283
3.3.2	Weitere hypothesengenerierende Analysen	290
4.	**Zusammenfassung**	297
5.	**Schluss**	310
6.	**Literatur**	314
7.	**Anhang**	342
7.1	Abstracts	342
7.2	Liste der Testverfahren	395
7.3	Tabellen AI und AII	402
7.4	Personenindex	405
7.5	Sachindex	414

Vorspiele der Wissenschaft – Glaubt ihr denn, dass die Wissenschaften entstanden und groß geworden wären, wenn ihnen nicht die Zauberer, Alchimisten, Astrologen und Hexen vorangelaufen wären, als die, welche mit ihren Verheißungen erst Durst, Hunger und Wohlgeschmack an verborgenen und verbotenen Mächten schaffen mussten?

(aus: Friedrich Nietzsche, Die fröhliche Wissenschaft, §300)

Vorbemerkung

Gestalttherapie steht an der Basis der in den letzten 25 Jahren entwickelten neuen aktiv emotionsfokussierenden, prozess- und erfahrungsorientierten Therapieverfahren. Ihrerseits wurzelt sie insbesondere in der Gestaltpsychologie und in der psychoanalytischen Entwicklungsarbeit im ersten Drittel des 20. Jahrhunderts, namentlich in der Entwicklung der »aktiven Therapie« Ferenczis sowie der Arbeiten einer Reihe anderer enger Schüler Freuds. Der Nationalsozialismus hat die Entwicklung der deutschen Psychoanalyse und der Forschungszusammenhänge um die Gestaltpsychologie jäh unterbrochen. Vermutlich war die analytische Gesellschaft zu stark von diesem politischen Trauma erschüttert, um Entwicklungen der Therapiemethode in dieser Zeit integrieren zu können, was schließlich auch zum Bruch der Begründer der Gestalttherapie mit der Psychoanalyse führte. Bis heute sind Wurzeln der Gestalttherapie und die geleisteten therapeutischen Weiterentwicklungen nicht hinreichend aufgearbeitet.

Verhaltenstherapeuten, die nach der kognitiven aktuell auch die emotionale Wende vollziehen, scheinen sich in ihren verhaltenstherapeutischen Methoden zunehmend der emotions- und erlebnisaktivierenden Herangehensweise, wie sie ursprünglich in der Gestalttherapie entwickelt worden ist, zu öffnen und anzunähern. In der herausragenden Metaanalyse von Orlinsky, Grawe & Parks (1994), die Zusammenhänge zwischen Variablen von Therapieprozess und -wirkung untersucht hatten, erweist sich die der Gestalttherapie entstammende Methode, den Patienten auf das Prozesshafte seines unmittelbaren inneren Erlebens zu lenken, als therapeutisch besonders wertvoll. Revenstorf (1996, 140), ein bekannter Vertreter der behavioralen Therapieorientierung, merkt an, dass Gestalttherapie für die Arbeit mit emotionalen Prozessen dann als optionales Verfahren betrachtet werden kann, wenn Emotionen als »notwendige Voraussetzung der Handlungssteuerung« gelten können. Die aus Methoden der Gestalttherapie und anderer humanistischer Verfahren heraus entwickelte prozess-erfahrungsorientierte Therapie bewertet Grawe (1998) als Verfahren mit einer soliden Basis in der empirischen und theoretischen Grundlagenforschung.

Trotz dieser historischen Brüche und aktuellen Berührungspunkte droht auf Grund des langjährigen mangelnden akademischen Engagements der Gestalttherapeuten das Wissen darum, wie die gestalttherapeutischen Ansätze erarbeitet und bis heute weiterentwickelt wurden, verloren zu gehen. Hintergrund ist die lange Zeit bestehende Abneigung von Gestalttherapeuten gegenüber wissenschaftlichem Herangehen. Dieses hat sich in den vergangen 20 Jahren teilweise verändert. Seit Erscheinen meiner ersten Abstractsammlung (Strümpfel 1991) hat sich die Anzahl der vorliegenden Studien zur Gestalttherapie und zu den aus ihr entwickelten Verfahren mehr als verdoppelt.

Die vorliegende Arbeit versucht, den Erfahrungsschatz der Gestalttherapie systematisch zu dokumentieren. Hierzu wird außer einer systematischen Aufarbeitung der Forschungsbefunde zu Therapieprozessen und -wirkungen auf der Basis vorliegender Studien auch eine Dokumentation von Einzelfallberichten, -analysen und -studien vorgelegt. Diese eröffnen auch dem Praktiker, der an gestalttherapeutischen Arbeitsweisen interessiert ist, den Zugang zu diesem Erfahrungsschatz. Insofern ist dieses Buch nicht nur für den wissenschaftlich Interessierten konzipiert, sondern wendet sich explizit auch an praktisch arbeitende Therapeuten, die auf der Suche nach Arbeiten zu bestimmten Themenbereichen sind.

Wiederholt wurde der Autor auf wissenschaftliche Arbeiten hingewiesen, die z.B. in psychosomatischen Kliniken erstellt, aber kaum bekannt geworden sind. Insbesondere ist dies dann der Fall, wenn diese Arbeiten durch das normale Erfassungsraster der internationalen Datenbanken fallen, z.B. weil sie im Eigendruck veröffentlicht wurden. Mitten in der Arbeit an diesem Buch erhielt ich Gelegenheit, in einem gemeinsam mit den anderen humanistischen Schulen erstellten Handbuch die wichtigsten Befunde der vorliegenden Datensammlung bereits in englischsprachiger Kurzform (d.h. ohne Metaanalysen, Abstractsammlung, tabellarische Aufbereitung etc.) zu veröffentlichen (Cain & Seeman 2001). In der engen Zusammenarbeit mit den Kollegen der anderen humanistischen Schulen erschloss sich mir ein neuer Zugang zu den gemeinsamen Wurzeln in humanistischer Theorie, Praxis, therapeutischer Haltung und wissenschaftlichen Ansätzen. Indessen könnte sich die Integration des Erfahrungswissens verschiedener humanistischer Schulen als eine der größten und wichtigsten Herausforderungen auf dem Weg zu einer integrativen Therapie erweisen.

Eine zweite wichtige Erfahrung stellt meine persönliche Begegnung mit Leslie Greenberg dar. Seine Arbeiten versuchen, den vielfach intuitiven Erfahrungsschatz der Gestalttherapeuten, ihr implizites therapeutisches Handlungswissen in der Arbeit mit emotionalen Prozessen explizit zu machen. Unter diesem Gesichtspunkt sehe ich auch die Entwicklung der prozess-erfahrungsorientierten Therapie, die eine Abbildung humanistischen, insbesondere auch gestalttherapeutischen Erfahrungswissens in einem wissenschaftlich fundierten Raum darstellt. Aus diesem Grund habe ich der prozess-erfahrungsorientierten Therapie in diesem Buch einen eigenen

Abschnitt mit einer Kurzdarstellung des theoretischen Ansatzes und therapeutischen Vorgehens gewidmet. Ich hatte Gelegenheit, an der Übertragung des Therapiemanuals ins Deutsche (Greenberg, Rice & Elliott 2003) beratend teilzunehmen. Robert Elliott, der an der Entwicklung dieses Verfahrens mit beteiligt war, bezeichnete die prozess-erfahrungsorientierte Therapie einmal im persönlichen Gespräch als hybrid, als Zwitterverfahren zwischen klientenzentrierter und Gestalttherapie. Die wissenschaftliche Entwicklung neuer Therapieformen wie der prozess-erfahrungsorientierten Therapie stellt hier einen bedeutsamen ersten Integrationsversuch vor allem von Gesprächs- und Gestalttherapie dar.

Die Therapieprozess- und Wirksamkeitsstudien an der York-Universität unter Greenbergs Leitung wurden in der vorliegenden Arbeit in einer eigenen Übersicht ausgewertet. In einer Serie von Studien konnte nachgewiesen werden, dass typisch gestalttherapeutische Dialogformen zu einer größeren Erfahrungstiefe, emotionaler Aktivierung und Bewusstheit der Gefühle führen als klientenzentriertes Spiegeln, kognitives Vorgehen und teilweise auch emotionales Fokussieren. Ein Zusammenhang zwischen diesen aktivierten Prozessen beim Patienten und einem positiven Therapieergebnis konnte in den meisten Studien nachgewiesen werden.

Unter den mehreren hundert Arbeiten, die ich im Verlauf der Arbeit an dieser Dokumentation gesichtet habe, fanden sich insgesamt 37 veröffentlichte und 25 unveröffentlichte Wirksamkeitsstudien, die mit »echten« Patienten zu klinisch relevanten Problemen durchgeführt worden waren, sowie 41 Untersuchungen zum Therapieprozess. Hinzu kommen zahllose Analogiestudien, womit Untersuchungen gemeint sind, die mit Personen, die keine klinisch relevanten Probleme aufweisen, durchgeführt wurden. Die Darstellung der Prozess- und Wirksamkeitsstudien erfolgt dabei inhaltlich gegliedert im Text, wie auch in tabellarischer Form. Übergreifend, dass heißt die Befunde vieler Studien zusammenfassend, findet eine kritische Bestandsaufnahme auf metaanalytischer Ebene statt.

In einer Reihe älterer Metaanalysen schien zunächst beim Vergleich der verschiedenen therapeutischen Orientierungen die behaviorale Therapie die wirksamste zu sein. Demgegenüber konnten einige Metaanalytiker nachweisen, dass die Zugehörigkeit einer Forschergruppe zu einer therapeutischen Schule einen wesentlichen Verzerrungsfaktor darstellt, der zu diesem Ergebnis geführt hat (Luborsky et al. 1999, 2002, 2003; Elliott 2001; Elliott et al. 2004). Es scheint, als beeinflusste die Überzeugung des Forschers, welche Behandlungsform wirksamer ist, auch das Ergebnis eines Therapievergleichs. Luborsky et al. (1999, 2002) kommen in ihren Analysen von Vergleichsstudien zwischen kognitiver, behavioraler, dynamischer und Pharmakotherapie zu diesem Schluss. Elliott ergänzt die Forschungsarbeiten von Luborsky et al. (1999, 2002) für den Vergleich kognitiv-behavioraler und humanistischer Therapien. Bezogen Elliott et al. (2004) die Zugehörigkeit einer Forschergruppe zu einer bestimmten therapeutischen Orientierung bei der metaanalytischen Auswertung von Therapievergleichsstudien mit ein, zeigte sich, dass sich die Unterschiede in der Wirksamkeit zwischen kognitiv-behavioraler Therapie und den verschiedenen humanistischen Therapieformen nivellieren.

Auch ich bin der Frage nach Verzerrungsfaktoren in Metaanalysen nachgegangen. Über zwei Modellrechnungen, die ich auf der Basis realer Eckdaten durchgeführt habe, lässt sich belegen, dass, wie Smith & Glass (1977) sowie Smith et al. (1980) bereits feststellten, Unterschiede in den Forschungsmethoden zu den vermeintlichen Wirksamkeitsunterschieden zwischen den Therapien in den älteren Metaanalysen geführt haben. Eine hier durchgeführte metaanalytische Auswertung von Studien, die gestalttherapeutische Methoden mit kognitiv-behavioraler Therapie vergleichen, ergibt konvergierend mit Elliott et al. (2004), dass global keine Unterschiede zwischen kognitiv-behavioraler Therapie und Gestalttherapie sowie den erfahrungsorientierten Therapien mit den gestalttherapeutischen Interventionen festzustellen sind. Auch im Bereich der Arbeit an den unmittelbaren Symptomen, die traditionell als Domäne der Verhaltenstherapien gilt, finden sich keine Unterschiede zwischen kognitiv-behavioraler Therapie und den ganzheitlich arbeitenden erfahrungsorientierten Therapien. Vielmehr könnten die Ergebnisse im Bereich interpersonaler und sozialer Veränderungen auf eine größere Nachhaltigkeit der Verbesserungen unter Gestalttherapie gegenüber kognitiv-behavioraler Therapie hinweisen. Einzelergebnisse belegen hierzu, dass die erfahrungsorientierten Verfahren zu einer besseren Lösung interpersonaler Konflikte und der Fähigkeit führen Kontakte zu halten (bei psychiatrischen Patienten). Wirksamkeitsunterschiede zwischen verschiedenen erfahrungsorientierten Ansätzen, respektive Gestalttherapie und prozess-erfahrungsorientierter Therapie, lassen sich nicht nachweisen. In ihrer Metaanalyse kommen Elliott et al. (2004) zu dem Ergebnis, dass prozess-direktive erfahrungsorientierte Therapien etwas, d.h. nicht signifikant höhere Effektstärken aufweisen als kognitiv-behaviorale und nicht-direktive klientenzentrierte Therapien (ebd., 528). Die Autoren kommen auf der Grundlage dieser Datenbasis zu der Einschätzung, dass die aktiv emotionsfokussierenden prozess- und erfahrungsorientierten Therapieverfahren, einschließlich der Gestalttherapie, in der Gruppe der humanistischen Therapien zu den wirksamsten gehören. Indessen ist weitere Forschung notwendig, um diese Einschätzung abzusichern.

Gestalttherapie selbst ist als Therapieverfahren kein Produkt zielgerichteter, systematischer wissenschaftlicher Forschung. Vielmehr begründet sich Gestalttherapie in der praktischen Erfahrung und der Synthese einer Fülle von Einflüssen, zu denen auch wissenschaftliche zählen. Von Fuhr, Sreckovic & Gremmler-Fuhr (1999), Bocian & Staemmler (2000), Hartmann-Kottek (2004) und anderen wurden umfassende historische und theoretische Aufarbeitungen der Hintergründe der Gestalttherapie geleistet. Eine Skizze der wichtigsten theoretischen Einflussgrößen findet sich im vorliegenden Band. Die wissenschaftskritischen Vorbehalte vieler Gestalttherapeuten richten sich vor allem gegen Versuche, den menschlichen Veränderungsprozess unter wissenschaftlich kontrollierten Bedingungen erfassen zu wollen. Einige Aspekte dieser wissenschaftskritischen Diskussion unter Gestalttherapeuten habe ich versucht, hier in Kapitel 1.3.1 in drei Abschnitten zusammenzufassen.

In diesem Buch wird wissenschaftliche Arbeit als ein Abbildungsprozess des realen therapeutischen Geschehens aufgefasst. Natürlich können wir die Qualitäten des heilsamen Charakters einer Ich-Du-Beziehung im Sinne Bubers, wenn überhaupt, nur schemenhaft erfassen. Wir betrachten in der wissenschaftlichen Arbeit alleine die Abbildungen des therapeutischen Veränderungsgeschehens. Den Abbildungen fehlen Lebendigkeit und Gefühl, dennoch spiegeln sie, mehr oder weniger verlässlich, die Veränderungen unserer Patienten. Von zentraler Bedeutung ist die Frage, wie stark wir uns von wissenschaftlicher Arbeit gefangen nehmen lassen, ob wir uns auf sie fixieren und sie für die einzige Realität erklären. Sich auf die wissenschaftlichen Abbildungen zu fixieren, birgt aus Sicht vieler Gestalttherapeuten die Gefahr einer Gefangenschaft im Reduktionismus. Andererseits bildet die Abbildung therapeutischer Prozesse auf wissenschaftlichen Instrumenten heute die zentrale schulenübergreifende Kommunikationsbasis. Statt sich diesem Diskurs zu entziehen, fordert Willi Butollo in seinem Vorwort zu diesem Buch Gestalttherapeuten zur Selbstreflexion heraus. Macht die wissenschaftliche Erfassung therapeutischer Arbeit nicht auch Angst? Findet sich nicht bei vielen praktisch arbeitenden Therapeuten im Hintergrund auch Angst vor Überprüfung – und zwar nicht allein der Überprüfung der therapeutischen Erfolge, sondern, viel gravierender, der Überprüfung eingeschworener Überzeugungen?

Die hier vorgelegte Sammlung von Forschungsbefunden stellt die bislang umfassendste Forschungsübersicht zur Gestalttherapie dar. Aufgrund des Datenumfangs, der sich bei der Zusammenstellung der Arbeiten ergab, wurde hier in mehrerer Hinsicht pragmatisch verfahren. Vor allem stellt dieses Buch ein Arbeitsbuch dar, das so erschöpfend wie möglich versucht, Arbeiten unterschiedlicher Standards – von der Einzelfalldarstellung und -analyse, über kontrollierte Therapieerfolgs- oder Vergleichsstudien bis zur Metaanalyse – zu dokumentieren und damit zugänglich zu machen für wissenschaftliche und praktische Aufgaben. Der Leser kann allgemein-inhaltliche Informationen zu einzelnen Arbeiten dem beschreibenden Text oder den Stichwortverzeichnissen des Buches entnehmen. Inhaltliche Details z.b. zu den formalen Aspekten der wissenschaftlichen Herangehensweise finden sich dann in den Tabellen sowie der angefügten Abstractsammlung. Im Zentrum steht dabei bewusst der Versuch, unterschiedliche Forschungsrichtungen und -ergebnisse inhaltlich weitgehend verständlich aufzubereiten, auch wenn sich dies nicht immer ganz einfach gestaltete. Damit wendet sich dieses Buch insbesondere auch an Praktiker, in der Hoffnung, unter Gestalttherapeuten weiteres Interesse für eine Teilnahme am wissenschaftlichen Diskurs zu wecken.

Unter dem gewählten Primat einer inhaltlich-verständlichen Darstellung von wissenschaftlichen Befunden bleiben die Übersichtstexte zuletzt skizzenhaft. Hier wird trotz der vielen kritischen Anmerkungen zum Forschungsstand und dessen Aufarbeitung, z.B. im metaanalytischen Teil, bewusst auf eine Gesamtbewertung der Befundlage verzichtet. Vielmehr soll unter pragmatischen Gesichtspunkten eine Aufarbeitung des Ist-Standes geleistet werden, indem das verfügbare Material unterschiedlicher Qualität systematisch erfasst wurde. Die kritische Diskussion einer Reihe vorliegender metaanalytischer Auswertungen zur Gestalttherapie einschließlich eigener (Re-) Analysen dienen dazu, am Ende des Buches Hypothesen für zukünftige Forschungsfragen zu erarbeiten.

Zuletzt werden sich angesichts der Datenmengen, die es zu bewältigen galt, trotz größtmöglicher Umsicht und Kontrolle Fehler eingeschlichen haben. Für Hinweise und Kritik bin ich dankbar.

Danksagung

Mein Dank geht an Therese Walther, Monika Fischer und Frederik Hamann für ihre klare, tatkräftige redaktionelle, inhaltliche, praktische und moralische Unterstützung, Tabelle 1 sowie die Indizes wurden von Therese Walther erstellt und später von Sabine Baumgart ergänzt. Martin Courtney und Sabine Baumgart danke ich für ihre Hilfe bei den Tabellen 1, 3 und 4 und ihre unendliche Geduld mit mir bei Übersetzungen und internationalen Korrespondenzen, Markos Maragkos für viel praktische Hilfe z.B. bei der Literatursammlung, Auswertung und Korrektur, Willi Butollo für sein Vorwort, Robert Mestel und Detlef Widowski für die inhaltlich kritische Korrektur des Textes bzw. von Textteilen. David Cain, Rhonda Goldman, Leslie Greenberg, Jules Seeman, Frank Staemmler, Roger Trenka-Dalton, Gary Yontef, Joe Wysong u.a. haben englischsprachige sowie Lotte Hartmann-Kottek und Nina Gegenfurtner deutschsprachige Textfassungen korrigiert, sodass vor allem bei den Darstellungen amerikanischer Arbeiten eine Reihe von Unschärfen oder Fehler im vorliegenden Buch im Vorfeld korrigiert werden konnten.

Uwe Strümpfel, Berlin, im Februar 2006

Gestalttherapie im Aufwind empirischer Forschung

Wissenschaft hat in erster Linie damit zu tun, Wissen zu schaffen. Darin kommt etwas Schöpferisches zum Ausdruck, ein kreativer Vorgang, der auch prozesshaft, im Suchen begriffen ist. Leider ist in der Psychotherapie Wissenschaft als restriktiv, kontrollierend, statisch oder gar als etwas Unlebendiges verrufen. Das ist so nicht einfach hinzunehmen. Im Grunde handelt es sich dabei ja genau um diejenigen Stadien, die unser individuelles Alltagsdenken ebenfalls zu durchschreiten hat:
- Wahrnehmen mit Hilfe vorhandener bzw. gewachsener Wahrnehmungsstrukturen (»was ist«),
- Entwerfen von Vorhersagen aus den wahrgenommenen Phänomenen, und zwar unter Zuhilfenahme von erlernten oder erschlossenen Regeln (Theorien), die etwas über das Verhalten der Phänomene aussagen (»was wird sein«),
- spielerisches Manipulieren an den Ausgangsbedingungen (»experimentieren«) und
- der Versuch, diese Abläufe zu erklären, vor allem eben die Diskrepanzen zu mittels bisheriger Regeln aufgebauten Erwartungen.

Das klingt ganz einleuchtend; warum dann dieser Widerstand gegen Psychotherapieforschung, wenn dieser Prozess der »Alltagswissenschaft« lediglich durch die Verwendung allgemein akzeptierter Forschungsmethoden gewissermaßen öffentlich, d.h. »objektiv« gemacht werden kann? Dafür gibt es eine Reihe von Gründen, einige nachvollziehbar, andere eher wie Rationalisierungen anmutend (siehe dazu auch Butollo 1992, 1993; Butollo & Maurer 1990; Butollo & Maragkos 1998; Butollo, Krüsmann & Hagl 1998.

Sicher ist, dass durch die Forschungsintention die Qualität der Beziehung zwischen Therapeut und Klient eine zusätzliche Dimension erhält. Wir wissen noch nicht, ob sie dadurch im Effekt notwendig schlechter wird – wenn die Videokamera mitläuft, ändert das vielleicht ja auch etwas an der Wachsamkeit der Therapeuten (und der Klienten). Sicher aber ist die Intimität der dialogischen Zweierbeziehung verändert und man kann verstehen, dass die Vertreter gerade solcher Therapieansätze, deren wesentliche Arbeitsbasis die therapeutische Beziehung ist, hier Vorbehalte anmelden: Die volle Konzentration auf die Belange der Klienten muss nun mit der Aufmerksamkeit für die begleitende Forschung geteilt werden. So zumindest die Theorie. Die Praxis sieht manchmal anders aus – erstens gewöhnen sich Therapeut und Klient an die Beobachtung (Video,

Tonband, Fragebogen), zweitens können sie als Hilfestellung auch für den Therapieprozess Sinn bekommen, drittens und vor allem, und jetzt will ich Euch, liebe Kollegen direkt anreden: Seid ihr ohne Beobachtung denn wirklich ständig und zu hundert Prozent auf die Belange eurer Klienten konzentriert? Ist es nicht eine Illusion über die Natur unserer Wahrnehmung und unseres Denkens, diese volle und ungeteilte Aufmerksamkeit ständig einzufordern?

Und weiter – seine Arbeit zu dokumentieren heißt ja auch, sie in Frage stellen zu lassen. Gilt nun das, was jedem Ausbildungskandidaten in der Supervision zugemutet wird, nicht auch für die ganze therapeutische Richtung? Muss nicht auch hier die vom (vielleicht) begnadeten Meister übernommene Methode in Frage gestellt werden können – auch wenn man für die Ausbildung viel bezahlt hat und sich mittlerweile mit »seiner« Schule identifiziert? Reicht die Überzeugung der beiden Beteiligten – Therapeut und Klient – wirklich aus, um die Therapiemethoden zu legitimieren? Wohl kaum, denn da müssten konsequenterweise bald auch Sekten in den Genuss von Krankenkassengeldern kommen.

Objektivierende, also empirische Therapieforschung rüttelt an den Grundfesten schuleninterner Überzeugungen und macht Angst. Die aber gilt es zu hinterfragen und gegebenenfalls zu überwinden, anstatt sich hinter einer phänomenologischen Bastion zu verschanzen und den Kontakt zur Gesellschaft zu verweigern. Um Kontakt herzustellen, muss ich auch auf die Sprache des Partners eingehen und darf nicht erwarten, dass er meine lernt, wenn ich von ihm doch zuallererst etwas will.

Es ist verlockend, an dieser Stelle weiterzudenken, doch ich will den Rahmen des Vorwortes nicht sprengen. Immerhin ist es interessant zu beobachten, dass diejenigen – und vor kurzem waren es ja wirklich noch sehr wenige –, die sich in den erfahrungsorientierten Therapien aufgemacht haben empirische Therapieforschung zu betreiben, einen Kampf an zwei Puristen-Fronten zu führen hatten: den mit den Vertretern der »reinen« Wissenschaft, wegen der für die Forschung an der lebenden Psyche notwendigen Kompromisse, und den mit den Leitfiguren in den Therapieschulen, wegen der im Forschungsprozess notwendigen Einschränkung therapeutischer Freiheit (Beliebigkeit?). Leslie Greenberg, ein hervorragender Pionier der Therapieforschung im Rahmen der Gestalttherapie, hat einmal in kleinem Kreise zum Ausdruck gebracht, dass er den Zorn der Gralshüter der Therapieschulen viel mehr fürchtet als den der »Methodenfritzen«. Allzu oft musste er hören »… nice study, but sorry, the method you try to investigate, that's not Gestalt. Gestalttherapy is always more, never limited by methods or techniques …«. Natürlich stimmt das, wir erforschen ja auch nicht »die Gestalttherapie«, sondern eine konkrete

Anzahl von konkreten Menschen mit einer beschreibbaren Arbeitsmethode. Aus dem Ausmaß der Repräsentativität der Klienten, der Therapeuten und ihrer Methoden für Gestalttherapie lassen sich dann – vorsichtige – Verallgemeinerungen durchführen. Voraussetzung ist zuerst einmal die Bereitschaft, die Aussagekraft einer Untersuchung spezifisch einzuengen. Liegt hier der Hase im Pfeffer verborgen?

Tatsache ist, dass die empirische Therapieforschung im Bereich der Gestalttherapie mittlerweile durch die rasch wachsende Zahl von Therapieforschern und die ständig mehr werdenden qualitativ hochstehenden Studien einen höchst beachtenswerten Stand erreicht hat. Er lässt sich durchaus mit anderen, in der Therapielandschaft als »wissenschaftlich anerkannt« gehandelten Therapieformen vergleichen. Aber auch die Ergebnisse sind erfreulich. Nicht nur generell stellt sich Gestalttherapie als effektive und ökonomische Therapieform dar, sie braucht auch den Vergleich mit anderen Richtungen keineswegs zu scheuen. Vor allem aber sind wichtige Fortschritte auf dem Gebiet der differentiellen Indikation zu verzeichnen – spezifische Spielformen von Gestalt führen bei spezifischen Problembereichen (Diagnosegruppen) zu positiver Veränderung.

Selbst die nicht nur von Greenberg schmerzlich erlebte anfängliche Ablehnung aus den eigenen »Reihen« ist mittlerweile etwas geschmolzen – manchmal sogar bis zu einem anerkennenden Schulterklopfen mutiert. Schließlich bringen die Forscher ja Pluspunkte für die Hierarchie der wissenschaftlichen Verfahren auf dem Weg zur gesellschaftlichen Anerkennung, sprich »krankenkassenfähigen« Psychotherapie.

Nun, das vorliegende Buch zeigt, in sorgfältigen, detaillierten und durchaus kritischen Analysen einer Fülle von Studien über Gestalttherapie, dass derartige Forschungsarbeiten – bei Anerkennung aller Schwächen – eine wesentliche und unschätzbare Erweiterung des Spektrums von Rückmeldungen darstellen, die wir für unsere therapeutische Arbeit dringend brauchen. Es zeigt auch, wie sehr die Gestalttherapie profitiert, wenn sich in ihren Reihen Kollegen tummeln, die neben ihren therapeutischen auch wissenschaftliche Interessen und Fähigkeiten haben, die sie zudem in gelungener Weise zu integrieren verstehen. Also auch hier: Polarität statt Dichotomie.

Wer ernsthaft interessiert ist, seine therapeutischen Überzeugungen zu überprüfen und gegebenenfalls zu revidieren, wird von diesem beeindruckenden Bericht sehr viel profitieren, auch wenn es ab und an etwas schmerzt.

Und das gilt nicht nur für Gestalttherapeuten!

Willi Butollo, München

1. Einführung

Schon in der Gründerzeit der Gestalttherapie, im New York der frühen 1950er Jahre, finden sich die ersten Ansätze einer alternativen Theorie-Praxis-Entwicklung und wissenschaftlichen Auffassung. Wer die Interviews mit den Mitbegründern der Gestalttherapie – z.B. Elliott Shapiro im Gestalt Journal – liest, bekommt einen lebhaften Eindruck von den heißen Wortgefechten der Gründer. Friedrich Perls bestand auf dem Namen »Gestalttherapie«, um den Bezug zur Gestaltpsychologie und ihren Grundsätzen herzustellen, vor allem Holismus und Phänomenologie, beides theoretisch formuliert über Lewins Feldtheorie. Lewin begründete später die Encountergruppen und den heute in der Gestalttherapie gerade wieder sehr aktuellen Feldforschungsansatz. Der amerikanische Philosoph Paul Goodman und Laura Perls hätten vielleicht Namen bevorzugt, die eher den Erfahrungs- und Prozesscharakter der neuen Therapie betont hätten, wie sie heute in den USA für Experimentaltherapien mit gestalttherapeutischen Elementen verwendet werden, z.B. die von Greenberg, Rice und Elliot (1993, 2003) innerhalb der humanistischen Therapien entwickelte »prozess-erfahrungsorientierte Therapie« (s. Abschnitt 1.3.1). In diese frühe Gründerzeit fällt auch die Entwicklung des Bender-Gestalt-Tests (BGT), eines Untersuchungsinstrumentes, das z.B. in der Untersuchung der Wirkung von Gestalttherapie auf die Wahrnehmung von Schizophrenen oder einer gestalttherapeutisch orientierten, entwicklungspsychologischen Forschung Verwendung findet.

Wenig bekannt geworden sind die epistemologischen, theoretischen und wissenschaftlichen Wurzeln der Gestalttherapie. Dies betrifft vor allem die Ansätze zur Formulierung einer Theorie der Therapie von Emotionen. Schwer verständlich waren hier die von den Begründern vorgenommenen funktionalen Ausformulierungen der Feldtheorie, wie z.B. die Umwandlung von Impulsen in Emotionen über die Es-Funktionen. Die entstandene Kultur der Gestalttherapeuten, sich im Hier-und-Jetzt auf sinnliche Innen- und Außenerfahrungen zu konzentrieren, hatte für eine Dokumentation dieser Form therapeutischer Arbeit nachhaltige Konsequenzen. Isadore From, einer der prominentesten Perls-Schüler und -Kritiker hat sich zeitlebens geweigert, seine Arbeit schriftlich zu dokumentieren oder dokumentieren zu lassen. Seine radikale Position, welche die therapeutische Methode, sich auf das Hier-und-Jetzt zu konzentrieren, auch als Lebenshaltung übernahm, hatte die Konsequenz, dass wir heute in der Vermittlung seiner theoretischen und praktischen Erfahrungen, z.B. in der Arbeit mit Borderline-Patienten, auf die Arbeiten seiner Schüler angewiesen sind.

Manche wichtigen Entwicklungsarbeiten in der Gestalttherapie scheinen so unwiederbringlich verloren. Vor allem aber fiel die Gestalttherapie über lange Zeit auch weitgehend, teils bewusst gefördert von ihren Hauptvertretern, aus dem internationalen wissenschaftlichen Diskurs heraus. Vielleicht steht im Hintergrund dieser radikalen Fokussierung auf die unmittelbar sinnlichen Erfahrungen im Hier-und-Jetzt ein fast unstillbares Verlangen nach heilsamen emotionalen Sinnerfahrungen der Kriegs- und Nachkriegsgenerationen, insbesondere in den USA der in Korea und Vietnam Kriegstraumatisierten. Friedrich Perls selbst hat seine traumatischen Erfahrungen als Arzt im 1. Weltkrieg kaum je verwunden. Heilsam erlebte F. Perls die Therapie bei Wilhelm Reich als eine persönliche Erfahrung, die den wichtigsten Anstoß zur Begründung eines radikal neuen Therapieansatzes gab. Hinzu kamen die Begegnungen in F. Perls' Frankfurter Assistenzzeit, Laura Perls' wissenschaftliche Arbeit in der Gestalt-Wahrnehmungspsychologie, die philosophischen Einflüsse Bubers, Friedlaenders und des Existentialismus und zuletzt die frustrierenden Erfahrungen mit einer zur Zeit des 2. Weltkriegs traumatisierten Psychoanalyse.

Friedrich Perls hat sich gegen seine Frau und Paul Goodman durchgesetzt und darauf bestanden, dass die Gestalttherapie »Gestalttherapie« und nicht z.B. nach dem ursprünglichen Namen »Konzentrationstherapie« heißen soll, um damit im Namen auf den theoretischen Hintergrund in der Gestaltpsychologie hinzuweisen. Vielleicht gelingt es, Friedrich Perls' Vision von der Transponierung der theoretischen Grundsätze der Gestaltpsychologie in eine Therapieform heute neu zu integrieren. Viele Ansätze hat es dazu in den letzten Jahren gegeben. Besonders interessant sind die Versuche, mit der Theorie der selbstorganisierenden Systeme den Feldansatz zu ersetzen.

In der hier folgenden Forschungsübersicht werden zunächst die gestalttherapeutischen Kontaktprozesse bzw. dialogischen Formen, wie sie die Mikroprozessforschung praxisnah erfasst, in den Blick genommen. Einige Forschergruppen haben sich in den ersten Prozessstudien darauf spezialisiert, Filmmaterial von Sitzungen prominenter Therapeuten von einem Moment zum nächsten zu analysieren. Auch historische Aufnahmen von Friedrich Perls oder den Polsters sind dabei. In manchen Studien werden gestalttherapeutische Sitzungen mit denen anderer Schuleinrichtungen verglichen. Äußerung für Äußerung werden die Sitzungen analysiert, z.B. auf den Gefühlsausdruck etc. Gesucht wird nach wichtigen Momenten, in denen Verdichtungen, »Gestalten«, entstehen, in denen der Klient z.B. in emotionale Bewegung kommt oder ganz unmittelbare Einsichten zeigt, deutlich überrascht und angestoßen ist; d.h. untersucht werden Wende- oder Höhepunkte im therapeutischen Dialog. Analysiert wird dann das vorherige (und nachfolgende) Geschehen, also z.b. welche therapeutischen Interventionen den wichtigen Therapiemomenten vorausgehen. Für Friedrich Perls' therapeutische Arbeit ist es z.b. charakteristisch, den Klienten spontan und überraschend mit dessen körperlichem Ausdruck zu konfrontieren und Körpersprache in die bewusste Verantwortung für die Beziehung zum Therapeuten zu bringen. In den Analysen sind es genau solche persönlichen Überraschungsinterventionen, die unvermittelt die Spannung im Dialog aufbauen und den Klienten beim Ausdruck seiner Gefühle unterstützen. In einem Forschungsparadigma werden solche Höhe- oder Wendepunkte, auch »existenzielle Momente« genannt, im weiteren therapeutischen Kontext analysiert. Manchmal sind es gerade diese Momente kippbildartiger existenzieller Einsichten oder eines verschütteten Gefühlszugangs, die vielfach zu einer Stärkung der therapeutischen Allianz beitragen. Vielfach finden sich Äußerungen spontaner und ganz persönlicher Authentizität im Vorfeld wichtiger Therapieereignisse, wobei es gestalttherapeutischer Therapiehaltung entspricht, dass es nicht allein der Therapeut ist, der »macht«. In der Forschung spiegelt sich wider, dass auch ein Klient den Therapeuten überraschen und damit zu wichtigen Begegnungen beitragen kann.

Studien zum Therapieprozess der Gestalttherapie liegen in beachtlicher Zahl und zu verschiedenen Settings vor. Erfreulicherweise widmen sich neuere Arbeiten auch der Arbeit an dem, was Isadore From »Arbeit am Hintergrund« nennt, der Arbeit mit Träumen und Metaphern. Andere Autoren würden die Einbeziehung von Träumen und Metaphern in die Therapie als Arbeit an den Es-Funktionen bezeichnen. Die Polsters räumen gestalttherapeutischer Traumarbeit einen zentralen Stellenwert ein (Polster & Polster 1973).

Einige recht komplexe Arbeiten geben einen Einblick in die Wirkungsweise des gestalttherapeutischen Dialogs, wenn z.B. die Tiefe einer in der Therapie gemachten Erfahrung in Zusammenhang gebracht wird mit einer erhöhten Fähigkeit des Klienten, Entscheidungen zu fällen und Konflikte zu lösen. In den neueren Studien können diese Ergebnisse der Mikro- und Makroprozessforschung dann wiederum in Zusammenhang gebracht werden mit dem Therapieergebnis, z.B. der Verminderung von affektiven Symptomen. Verschiedentlich wurden die sich im Verlauf einer Therapie ändernden sozialen Beziehungen des Klienten in den Vordergrund gerückt.

Ganz dem Aufbau der emotionalen Spannung und der erlebensnahen Aktivierung von innerpsychischen Konflikten und Problemen im therapeutischen Dialog gewidmet ist das Forschungsprogramm von Leslie

Greenberg von der kanadischen York-Universität, in dessen Rahmen in den letzten 25 Jahren über 20 Prozess-Wirksamkeitsstudien zu gestalttherapeutischen Interventionen entstanden (eine detaillierte Darstellung findet sich in Abschnitt 2.1.1.2). Alle Studien arbeiten nach dem oben skizzierten Muster der Moment-by-moment-Analyse, einer aufwendigen Methode der Analyse von einzelnen Statements und Statementfolgen. Greenberg konzentriert sich auf wenige, wenngleich typische gestalttherapeutische Interventionstechniken bei affektiv angezeigten Konflikten und »unabgeschlossenen Prozessen« (»unfinished business«, häufig unscharf übersetzt als »nicht erledigte Geschäfte«). Vielfach und konsistent ist repliziert, dass die gestalttherapeutischen Dialogformen zu höherem emotionalen Spannungsaufbau und größerer Erfahrungstiefe in den Sitzungen führen als gesprächstherapeutische oder kognitive Methoden. Von zentraler Bedeutung ist dabei, ob die emotionale Polarisierung von konfligierenden Selbstanteilen im Dialog einen starken Ausdruck findet. Gelingt es dem Klienten, seinem inneren Konflikt vollen Ausdruck zu verleihen und Zugang zu seinen verschütteten Bedürfnissen und Gefühlen zu erlangen, sind die Chancen für eine kreative Anpassung und Integrationsleistung größer. Dies ist grundlegend gestalttherapeutisch für die Arbeit mit neurotischen Störungen: in den Konflikt hineinzugehen, statt ihn zu vermeiden. Wer mit gestalttherapeutischen Interventionen Erfahrungen hat, kennt die Stärke, mit der sie den Ausdruck innerer Konflikte und Gefühle fördern. Die Arbeiten mit Top- und Underdog und Unfinished Business hat Greenberg idealtypisch und nachvollziehbar modelliert, sowie ihre Einsatzmöglichkeiten und -formen spezifiziert. Die praktische Aufgabe der Forschung liegt dabei vor allem in der Dokumentation und Spezifikation von Arbeitsmöglichkeiten.

Bemerkenswert sind in den Forschungsarbeiten Verbindungen, die gezogen werden können von dem Geschehen in der Sitzung (Spannungsaufbau und -lösung) über die Gefühle unmittelbar nach einer Sitzung, zu den Integrationsleistungen und Konfliktlösungen im realen Leben und schließlich zu therapeutischen Langzeit- (»Makro«-) Prozessen, wie die nach Abschluss einer Therapie langfristig fortbestehende Linderung von Symptomen und Leidensdruck, erweiterte soziale Kompetenzen, Persönlichkeitswachstum etc. In den Arbeiten der York-Gruppe liegt ein Forschungsprogramm vor, das systematisch aufbauend auf Mikro- und Makroprozessstudien zuletzt die Wirksamkeit gestalttherapeutischer Interventionen in der klinischen Praxis erprobt. Für die untersuchten klinischen Gruppen konnten eine schnellere Wirksamkeit der Gesprächstherapie mit gestalttherapeutischen Interventionen gegenüber reiner klientenzentrierter Gesprächstherapie nachgewiesen werden. Das Buch versucht in einem Kapitel, diesen Spannungsbogen von Mikroprozessen auf der Ebene von einzelnen Interventionen innerhalb einer Sitzung, über Makroprozesse, d.h. längere Zeitverläufe bis zum Therapieende und folgenden katamnestischen Zeitpunkten für die Gestalttherapie nachzuvollziehen.

Auch andere Forschergruppen haben gestalttherapeutische Prozesse untersucht, in einigen Arbeiten im Vergleich mit anderen Therapien (vor allem kognitiv-behaviorale Therapie). Untersucht wurde z.b. der therapeutische Einfluss auf soziale Kompetenzen und – umgekehrt – der Einfluss intrapsychischer Faktoren, wie Widerstand, Externalisierung, auf die Therapiewirkung. Dabei erweist sich Gestalttherapie für eine Reihe von Störungen (im Sinne der heute gebräuchlichen Diagnosenschlüssel), vor allem auch auf der Symptomebene, als wirksames Verfahren. Dies ist deshalb bemerkenswert, weil Gestalttherapie eine ganzheitliche Therapie ist, die nicht programmatisch auf Symptomreduzierung zielt. Besonders vielversprechend ist – wie oben in der Darstellung der Prozessforschung skizziert – die gestalttherapeutische Arbeit mit emotionalen Problemen, z.B. wenn Gefühle abgespalten werden oder der emotionale Ausdruck blockiert ist, wie es sich in vielen, auch psychiatrischen, Störungsbildern finden lässt. Die meisten Nachweise der Effektivität von Gestalttherapie beziehen sich auf affektive Störungen. Aber auch für Persönlichkeitsstörungen unterschiedlicher Schweregrade bis zu schweren psychiatrischen Bildern liegen kontrollierte klinische Studien vor. Die Stabilität der Effekte ist in den katamnestischen Daten einer Reihe klinischer Studien meist für einen Zeitraum von sechs bis zwölf Monaten, aber auch bis zu Jahren dokumentiert. Erfreulich ist, dass auch im deutschen Sprachraum Prozess-/Wirksamkeitsstudien in verschiedenen Forschungsgruppen durchgeführt wurden oder werden.

Gestalttherapie hat in den 50 Jahren ihres Bestehens in Theorie und Praxis einen Erfahrungsschatz für einen flexiblen therapeutischen Kontakt- und Dialogprozess erworben. In seiner Fokussierung auf diese Prozesse entsprechen dem gestalttherapeutischen Ansatz die hier dargestellten Forschungsformen der Prozess- und Feldforschung sowie der integrierte Ansatz einer Prozess- und klinischer Wirksamkeitsforschung besonders gut. Eine Aufarbeitung des Forschungsstandes zur Gestalttherapie findet sich in bereits in meinen früheren Arbeiten (Strümpfel 1991, 2003, 2004; Strümpfel & Goldman 2001). Hier nun wurden die bisherigen Darstellungen vor allem ergänzt durch eine kritische Reanalyse der metaanalytischen Befundlage der Therapielandschaft, in die sich die Gestalttherapie einordnet.

1.1 Ziel und Aufbau dieses Buches

Die vorliegende Übersichtsarbeit wurde mit dem Ziel erstellt, einen umfassenden Eindruck von den Forschungsaktivitäten zu vermitteln, die im Kontext der Gestalttherapie geleistet wurden. Sie enthält eine thematisch gegliederte Zusammenstellung der Quellen von 432 empirischen Arbeiten im weitesten Sinne, die z.b. auch Dissertationen sowie Einzelfalldokumentationen und -analysen einschließt. 113 Therapiestudien im engeren Sinne sind in Form von Kurzfassungen in der Abstractsammlung wiedergegeben. In die Abstractsammlung aufgenommen wurden ausschließlich veröffentlichte Untersuchungen, wobei die Sammlung Studien mit klinischen und nichtklinischen Stichproben umfasst. 73 dieser Arbeiten werden im 2. Abschnitt dieses Bandes in einer inhaltlichen Gesichtspunkten folgenden Darstellung präsentiert, dabei handelt es sich
(a) bei 41 Studien um Prozess- oder Prozess-Wirksamkeitsstudien mit Stichproben, die im Sinne von Orlinsky, Grawe & Parks (1994) auch »simulierte« Behandlungen umfassen. Damit sind Studien gemeint, deren Teilnehmer auch Studenten oder Personen der Region sind, die sich z.b. auf Aufrufe im Radio gemeldet haben, die aber jeweils nach Kriterien eines klinischen Problems ausgewählt und unter echten Therapiebedingungen behandelt werden.
(b) 37 Studien sind Untersuchungen zur Wirksamkeit der Gestalttherapie, die mit Patienten aus der klinischen Praxis, d.h. realen klinischen Stichproben durchgeführt wurden. Diese 73 Arbeiten werden ergänzt durch weitere 25 unveröffentlichte Arbeiten, wie Dissertationen oder veröffentlichte Arbeiten zu sonstigen experientiellen Verfahren. Befunde aus zehn Metaanalysen, in denen ein Teil der zuvor inhaltlich dargestellten Prozess- und Wirksamkeitsstudien reanalysiert werden, werden im Anschluss wiedergegeben. Neben der Wiedergabe der Metaanalysen anderer Autoren werden auch eigene metaanalytische Berechnungen und Reanalysen dargestellt. Eigene Reanalysen umfassen eine Übersicht der Prozess-Outcome-Zusammenhänge der Untersuchungen an der York-Universität, Reanalysen älterer Metaanalysen wie der von Smith & Glass (1977), Smith et al. (1980), Grawe, Donati & Bernauer (1994), metaanalytische Vergleiche zwischen Gestalt- und kognitiv-behavioraler Therapie, sowie explorative, metaanlytische Auswertungen einer gemischten Gruppe klinischer und nichtklinischer Studien. All diese Studien und Metaanalysen sind neben der Darstellung im Text auch in mehreren Übersichtstabellen dokumentiert:
- Die Datenbasis dieser Arbeit – bestehend aus 432 empirische Arbeiten im allerweitesten Sinne – findet sich in Tabelle 1 zu Beginn von

Kapitel 2. Die Tabelle enthält alle veröffentlichten und unveröffentlichten Therapieprozess- und Wirksamkeitsstudien, Fallberichte, Dissertationen und Analogiestudien.
- 113 der klinischen und Analogie-Studien finden sich im Anhang 7.1 in der Abstractsammlung (nicht aufgenommen wurden dort die 176 Fallberichte und unveröffentlichte Arbeiten, wie Dissertationen sowie die veröffentlichten Untersuchungen zu sonstigen experientiellen Verfahren).
- 74 veröffentlichte Prozess- und klinischen Wirksamkeitsstudien werden im Text inhaltlich in Abschnitt 2.1 dargestellt; diese werden ergänzt durch weitere 25 unveröffentlichte Arbeiten, wie Dissertationen oder veröffentlichte Arbeiten zu sonstigen experientiellen Verfahren.
- 41 dieser genauer dargestellten Untersuchungen untersuchten den therapeutischen Prozess (siehe Abschnitt 2.1.1), diese finden sich als Übersicht in Tabelle 3.
- 37 der präsentierten Untersuchungen stellen klinische Wirksamkeitsstudien dar, (siehe Abschnitt 2.1.2). Diese sind als Übersichten in den Tabellen 4 und 5 zusammengefasst. Im Text werden diese 37 Studien ergänzt durch die 25 unveröffentlichten Arbeiten, wie Dissertationen oder veröffentlichte Arbeiten zu sonstigen experientiellen Verfahren. Diese sind in Stichworten am Ende der jeweiligen Abschnitte zur Darstellung der Forschungslage zu einzelnen diagnostischen Subgruppen zugeordnet (Abschnitt 2.1.2 Forschung zum Therapieergebnis).
- Zehn Metaanalysen finden sich in Tabelle 6 sowie inhaltlich dargestellt im folgenden Text.
- Sieben eigene Reanalysen von Metaanalysen, Modellrechnungen oder eigene metaanalytische Auswertungen finden sich in Tabelle 2 sowie in Abschnitt 3 und den in diesem Abschnitt enthaltenen Tabellen.

Das Buch beginnt im ersten Kapitel mit einem Abriss zum historischem Hintergrund, zur Theorie, zur Entwicklung der gestalttherapeutischen Methoden und Interventionen sowie zur gestalttherapeutischen Haltung und Arbeitsweise. Die historische Einführung dokumentiert die bereits von anderen Autoren begonnene Aufarbeitung der theoretischen Hintergründe der Gestalttherapie, wozu die verschiedenen Wurzeln in der Psychoanalyse, der Philosophie und der Gestaltpsychologie gehören. Die Darstellung der neueren Entwicklung in Theorie und Praxis umfasst auch die therapeutische Arbeit mit Träumen und mit emotionalen Prozessen. Einige ausgewählte Entwicklungslinien in Theorie und Praxis werden dabei genauer nachgezeichnet.

Innerhalb der humanistischen Tradition nehmen die emotionsfokussierenden und erfahrungsorientierten Therapien wie die Gestalttherapie eine besondere Stellung ein, was dazu geführt hat, dass gestalttherapeutische Interventionen in den experimentellen Therapien der psychotherapeutischen Forschung integriert wurden. Hier sind insbesondere die prozesserfahrungsorientierte Therapie (P/E) und die emotions-fokussierte Therapie (E-F) zu nennen, welche die Indikation von gestalttherapeutischen Interventionen spezifizieren. So werden z.b. gestalttherapeutische Interventionen eingesetzt, wenn in der Prozessdiagnostik bestimmte Kriterien (»affektiv-kognitive Marker«) erfüllt sind, die einen bestimmten Konflikt (z.b. einen »Spaltungskonflikt«) anzeigen. Hier sind die metaanalytischen Ergebnisse besonders aufschlussreich hinsichtlich der Frage, ob die spezifizierte Indikation für die gestalttherapeutischen Interventionen wirklich zu einer höheren therapeutischen Wirksamkeit führt. Vorwegnehmend gesagt lassen sich bislang keine wirklichen Effektivitätsvorteile für solchermaßen spezifizierte Indikationen erkennen. Indessen ist die prozess-erfahrungsorientierte Therapie für diesen Forschungsband von besonderem Interesse, weil sie den aus der Intuition entwickelten gestalttherapeutischen Erfahrungsschatz in einen empirisch fundierten Rahmen stellt. Viele der intuitiven Herangehensweisen in der therapeutischen Arbeit mit emotionalen Prozessen finden sich darin nachvollziehbar dokumentiert.

Die zunehmend starken Forschungsaktivitäten zur Gestalttherapie haben in den vergangenen 15 Jahren zeitweilig heftige Diskussion unter Gestalttherapeuten ausgelöst. Einige der kontroversen Positionen dieser Diskussion werden in einem Abschnitt im ersten Kapitel wiedergegeben.

Im zweiten Kapitel folgt die inhaltliche Darstellung der Forschung. An deren Anfang habe ich eine Tabelle gestellt, die eine umfassende Auflistung von im weitesten Sinne empirischen Materialien umfasst. Das heißt, neben kontrollierten klinischen Studien schließt diese Tabelle auch wissenschaftlich weniger abgesicherte Abschlussarbeiten sowie Einzelfalldarstellungen und -analysen zu spezifischen Fragen und Stichworten ein.

Trotz meines Wunsches, die Forschungsergebnisse auch für den nicht wissenschaftlich arbeitenden Leser verständlich aufzubereiten, wird die Fülle der Einzelbefunde oder die methodische Komplexität (z.B. in den Teilen zur metaanalytischen Befundlage) manchen Leser zunächst abschrecken.

In dem Falle könnte sich ein Leser in einem ersten Schritt einen schnellen Überblick verschaffen, indem er zunächst die Zusammen-

fassung in Kapitel 4 liest. Hier findet sich eine Auswahl der wichtigsten Ergebnisse der Therapieprozess- und Wirksamkeitsforschung sowie die metaanalytischen Befunde im Überblick. Von dort aus können einzelne Themen vertieft in den vorangegangenen Abschnitten nachgelesen werden. Wer sich speziell für den Stand der Wirksamkeitsforschung interessiert, dem sei darüber hinaus die Zusammenfassung in Abschnitt 2.2 empfohlen.

Das zweite Kapitel gibt dann zunächst einen Überblick über Prozessforschungsstudien. Dieser beginnt mit den Momentaufnahmen der Mikroprozessforschung, gefolgt von der Darstellung mittelfristiger therapeutischer Prozesse, wobei Mikro- und Makroprozessforschung auch ein Licht auf die spezifische Arbeitsweise und Haltung der Gestalttherapeuten werfen. Die Forschungsdarstellung endet mit einer Sichtung der Befundlage der Therapieergebnisforschung zu den verschiedenen diagnostischen Subgruppen. Tabellarische Übersichten zu Studien im engeren wissenschaftlichen Sinne schließen jeweils die Teile zur Therapieprozess- und Ergebnisforschung ab (Tabellen 3 und 4).

Ausgehend vom humanistischen Hintergrund der Gestalttherapie, der seit ihrer Entstehung immer Prozessdiagnostik einschloss, liegt ein Schwerpunkt der gestalttherapeutischen Forschung in der Untersuchung von therapeutischen Prozessen. Hier reflektiert sich in der Forschung, dass Gestalttherapie eine prozessorientierte Therapie ist, die in erster Linie Kontakt- und Beziehungsprozesse fokussiert. Im Rahmen dieser Arbeit wird zwischen Mikro- und Makrointerventionen und dazu gehörigen Forschungsstrategien unterschieden. Mikrointerventionen beziehen sich auf einzelne, im Verlauf eines Dialoges verwendete Interventionen und Statements, während Makrointerventionen Sequenzen von Äußerungen und damit weite Teile einer Sitzung umfassen (wie z.B. in der »Dramatisierung«) oder sogar thematisch zusammenhängende Sitzungen beschreiben. Analog zu der Unterscheidung auf der Interventionsebene werden Mikroprozesse der Therapieforschung hier auf Veränderungen in einer Sitzung bezogen, während Makroprozesse sich auf das Geschehen zwischen Sitzungen bis hin zu ganzen Therapien beziehen. Die Forschungsdarstellung orientiert sich an den verschiedenen Prozessebenen, die jeweils zunächst skizziert werden. Indessen erwies sich die Klassifizierung von Studien unter den verschiedenen Prozessebenen häufig als schwierig, z.B. weil viele Prozessstudien unterschiedliche Interventionsebenen untersuchen.

Im zweiten Teil von Kapitel 2 werden Studien vorgestellt, welche die Wirksamkeit der Gestalttherapie bei Patienten mit verschieden klinischen Störungsbildern untersuchen. Die einzelnen Abschnitte hier sind nach Störungsbildern geordnet. Im Gegensatz zu anderen therapeutischen Orientierungen, vor allem zur behavioralen Therapie, weisen ältere empirische Studien zur Gestalttherapie einen Schwerpunkt in Fragen der Persönlichkeitsveränderung auf. Auch war die überwiegende Mehrzahl der älteren Arbeiten zum Gruppensetting durchgeführt worden. Inzwischen verschiebt sich der Schwerpunkt der Untersuchungen zunehmend zum Einzeltherapiesetting und berücksichtigt die Überprüfung der Veränderung von Symptomen zu verschiedenen neurotischen und psychotischen Störungen stärker. Es fanden sich im Rahmen der Überprüfung von Therapieeffekten eine Vielzahl von (z.T. unter variierenden Bedingungen) replizierten Befunden zu erfolgreichen Veränderungen auf den verschiedenen diagnostischen Ebenen und zu verschiedenen Subgruppen. Die Daten geben Aufschluss über Art und Schwere der psychischen Störungen von Patienten, die gestalttherapeutisch behandelt werden können. Die Langzeitwirkungen gestalttherapeutischer Behandlung, wie sie in den katamnestischen Studien und Erhebungen dokumentiert sind, finden sich in Abschnitt 2.1.3.

Den letzten Teil der Forschungsübersicht bildet dann eine Bestandsaufnahme der metaanalytischen Befundlage. Dieser Teil beginnt mit der Vorstellung der Ergebnisse mehrerer Metaanalysen. In Metaanalysen werden die Befunde verschiedener Untersuchungen meist rechnerisch zusammengefasst, um so zu einer Gesamteinschätzung einer Befundlage zu gelangen. Dargestellt und diskutiert werden hier der Ergebnisse aus zehn Metaanalysen sowie eigene metaanalytische Auswertungen. Die Ergebnisse sind überraschend und lassen die humanistischen Therapien in einem neuen Licht erscheinen. In Vergleichen mit den anderen Therapieorientierungen zeigen sich die verschiedenen Therapien der humanistischen Orientierung in ihrer Effektivität als hochwirksam.

Das 3. Kapitel stellt eigene Reanalysen und metaanalytische Auswertungen vor. Die Untersuchung von Verzerrungsfaktoren in älteren Metaanalysen steht zu Beginn der hier vorgelegten Analyse. In einem zweiten Schritt wird versucht, die Wirksamkeit der Gestalttherapie in der psychotherapeutischen Landschaft einzuschätzen. In der bisherigen Psychotherapieforschung vergleichen Autoren Therapieprozess und Effekte der Gestalt-Psychotherapie vorwiegend mit verhaltenstherapeutischen und klientenzentrierten Methoden. Die bislang vorliegenden direkten Vergleiche von Effektstärken geben deutliche empirische Belege, dass die Therapieeffekte von Gestalttherapie mit denen der symptomorientiert arbeitenden, kognitiv-behavioralen Therapien vergleichbar sind. Analysiert werden hierzu Therapievergleichsstudien zwischen kognitiv-behavioraler und Gestalttherapie. In den verschiedenen Veränderungsbereichen finden sich keine Unterschiede zwischen beiden Therapieformen, auch nicht im Symptombereich. Indessen verweisen die Daten auf eine nachhaltigere Wirkung der Gestalttherapie im Bereich der zwischenmenschlichen und sozialen Beziehungen.

Kapitel 3 endet mit einer Reihe von Analysen über eine Gruppe älterer Studien, die nur teilweise klinische Patientenstichproben untersucht hatten. Der gemischte Pool von klinischen und nichtklinischen Studien schränkt die Generalisierbarkeit der Befunde für klinische Gruppen ein. Diese metaanalytischen Ansätze werden deshalb unter dem Aspekt der Entwicklung von Hypothesen für zukünftige Untersuchungen vorgestellt. Auch in diesen Analysen zeigen sich vor allem Daten als besonders stark, die den zwischenmenschlichen und sozialen Veränderungsbereich betreffen: Aspekte wie (a) der Kontakt zu den eigenen Gefühlen und Bedürfnissen und (b) zur eigenen existenziellen Situation, (c) die Fähigkeit zu persönlichem Kontakt, (d) die Aggressions- und Konflikttoleranz, (e) die Bewertung der eigenen Person, des anderen und der Beziehung zu anderen, wie auch (f) Dogmatismus und Unterwürfigkeit sind Aspekte, für die metaanalytisch auf der Basis von 36 klinischen und nichtklinischen Studien besonders starke Verbesserungen unter gestalttherapeutischer Behandlung nachzuweisen sind. Aus diesem Grund endet dieses Buch mit einer Reihe von Hypothesen zu den genannten Aspekten, die helfen sollen, den Befund der besonders nachhaltigen Wirkung der Gestalttherapie im Bereich der zwischenmenschlichen und sozialen Beziehungen zu spezifizieren.

Die vorliegende Übersicht wurde mit der Absicht verfasst, gleichermaßen einen lebendigen Eindruck der einzelnen empirischen Arbeit wie auch der übergreifenden Forschungsbereiche zu vermitteln. Mit dem Ziel, Forschung und Praxis zu verbinden, beginnt diese Arbeit mit einer Kurzdarstellung von Theorie und Praxis. Dabei leitet der Fließtext den Leser durch diesen Abschnitt – detaillierte Information geben einzelne »Boxen« zu speziellen Themen. Im umfangreichen Anhang dieser Arbeit werden dem Leser verschieden Arbeitsmaterialien an die Hand gegeben. An erster Stelle findet sich (a) eine Zusammenstellung von Abstracts von publizierten Studien und (b) eine Auflistung der angewandten Testverfahren nach den im Text verwendeten Abkürzungen.

Die Abstracts in Anhang 7.1 sollten nach Möglichkeit standardmäßig Informationen zu Forschungsansatz, Design, untersuchten Personen, Instrumenten und Ergebnissen enthalten. Dies war jedoch auf der Basis der vorliegenden Materialien nicht in jedem Fall realisierbar. Dennoch geben die Abstracts in der Regel weit mehr und genauere Informationen als die in den internationalen Datenbanken gespeicherten Zusammenfassungen.

Nicht von allen empirischen Arbeiten konnten Kurzfassungen erstellt werden, dies hätte den Rahmen bei weitem gesprengt. Die Auswahl von Arbeiten für den Abstract-Teil beschränkt sich deshalb auf publizierte Studien. Darunter wurden hier auch im Eigenverlag (z.B. einer Klinik) veröffentlichte Arbeiten gezählt, die darüber dem Leser zugänglich sind. Ausgeschlossen sind aus dem Abstract-Teil Einzelfallanalysen mit einer einzelnen untersuchten Person. Diese Auswahl soll den Wert von Einzelfallstudien keinesfalls herabsetzen, schließlich beruhen einige der bedeutendsten wissenschaftlichen Leistungen auf der sorgfältigen Untersuchung von Einzelfällen. Um dem gerecht zu werden, gibt Tabelle 1 eine umfassende, nach Stichworten organisierte Zusammenstellung des gesamten, im weitesten Sinne empirischen Materials zur Gestalttherapie, die Arbeiten aus qualitativen Forschungsansätzen, z.b. eben auch Einzelfallstudien, genauso einschließt wie mit mehreren hundert Teilnehmern durchgeführte Forschungsstudien. Aus kritischen Erwägungen wurden bei der Zusammenstellung der Abstracts auch unveröffentlichte Dissertationen nicht eingeschlossen, obwohl hier eine beachtliche Fülle qualitativ interessanter, auch experimenteller Arbeiten vorliegt. Auch diese sind, soweit dem Autor bekannt, in Tabelle 1 dokumentiert.

1.2 Standortbestimmung der Gestalttherapie und weiterentwickelter Verfahren

Theorie und Praxis der Gestalttherapie rücken den menschlichen Kontaktprozess in den Mittelpunkt der therapeutischen Arbeit. Die Bewusstwerdung der im Kontakt bei Therapeut und Patient[1] auftauchenden Impulse, Gefühle und Bedürfnisse nimmt im therapeutischen Dialog einen zentralen Platz ein. Angenommen wird als elementarer Prozess der Heilung, dass der dialogische Erfahrungsprozess in der Therapie direkt den inneren Dialog des Patienten und darüber auch seine persönlichen Interaktionen in der Welt beeinflusst. F. Perls, der Hauptbegründer der Gestalttherapie, war der Auffassung, dass der Patient über den Dialog mit dem Therapeuten einen »inneren Therapeuten«, d.h. eine Objektrepräsentanz des Therapeuten aufbaut, die ihm dann zu einer Stärkung der

---

1. Anders als in der klientenzentrierten Gesprächstherapie wird in der Gestalttherapie das Wort »Patient« vor allem von klinisch orientierten Gestalttherapeuten gleichermaßen verwendet wie »Klient«. Ein alternierender Sprachgebrauch beider Bezeichnungen in diesem Band respektiert indessen die unterschiedliche Orientierung der Autoren von den hier dokumentierter Arbeiten.

Lösung von Konflikten auch außerhalb und nach Beendigung der Therapie hilft.

Hartmann-Kottek (2004) beschreibt Abgrenzungen und Überschneidungen zwischen Gestalttherapie und anderen therapeutischen Ansätzen wie psychodynamischer/psychoanalytischer, körperorientierter, systemischer und behavioraler Therapie. Insbesondere für die psychodynamische Therapieorientierung nennt Hartmann-Kottek eine Reihe von Überschneidungen mit Gestalttherapie (ebd. 19ff.). Besonders evident ist die große Bedeutung, die der therapeutischen Arbeit mit Träumen gleichermaßen innerhalb der Gestalttherapie und den psychodynamischen Verfahren zugewiesen wird. Dabei wurde innerhalb der Gestalttherapie eine eigenständige erfahrungsorientierte therapeutische Arbeitsweise mit Träumen entwickelt, die dem Patienten den Zugang zu den verschlüsselten Seiten des Selbst im unmittelbaren Erleben ermöglicht (Abschnitt 1.2.2.4). Hierzu werden in der Gestalttherapie bspw. den das Traumgeschehen begleitenden Gefühlen besondere Aufmerksamkeit geschenkt und die Arbeit in der Stunde richtet sich darauf, das Traumgeschehen so unmittelbar wie möglich zu aktivieren, als würde der Traum in der Stunde geträumt. Diese Form der Arbeit mit Träumen erweist sich als besonders geeignet, damit dem Patienten im Hintergrund liegende Erfahrungen und existenzielle Probleme und Haltungen bewusst werden können (Abschnitt 2.1.1.1). In der Forschung finden sich bislang erst wenige Ansätze, die der Bedeutung der prozess- und erfahrungsorientierten Arbeit mit Träumen nachgehen. Indessen erschließt sich auch in den wenigen bislang vorliegenden Arbeiten ein ausgesprochen vielschichtiger und interessanter Arbeitsbereich für weitere Theorie- und Praxisentwicklung.

Gestalttherapie mit ihrem starken Fokus auf dem emotionalen Kontaktgeschehen zwischen Therapeut und Patient und dem Kontakt des Patienten zu seinen unmittelbar im Hier-und-Jetzt auftauchenden Impulsen und Gefühlen kann als früheste Form der in den vergangenen 25 Jahren entstandenen Gruppe der prozess- und erfahrungsorientierten Therapien gelten. Insofern stellt die Bezeichnung »prozess-erfahrungsorientiert« zum einen eine Bezeichnung für eine Gruppe von Therapieverfahren dar, zu denen Elliott et al. (2004) Gestalttherapie, Focusing u.a. zählen. Zum zweiten wird mit »prozess-erfahrungsorientierter Therapie« im engeren Sinne ein von Greenberg, Rice & Elliott (1993, 2003) entwickelter manualisierter Therapieansatz bezeichnet. Zur Differenzierung zwischen der Oberkategorie und dem Einzelverfahren werden die in der Oberkategorie zusammengefassten verschiedenen Therapien als »prozess- und erfahrungsorientierte Therapien« bezeichnet. Demgegenüber wird auf die Therapieform gemäß dem von Greenberg et al. (1993, 2003) entwickelten therapeutischen Manual als »prozess-erfahrungsorientierte Therapie P/E« verwiesen. Die Bezeichnung »experientielle Therapien« wird in diesem Band als Sammelbezeichnung für weitere erfahrungsorientierte Therapien verwendet, die in einem größeren Zusammenhang mit den Basisverfahren Gesprächs- und Gestalttherapie innerhalb der humanistischen Orientierung entstanden sind. Dabei handelt sich um Therapien, die z.B. als Programme für spezielle Gruppen wie Gewaltopfer oder -täter entwickelt wurden (Goldman et al. 1996).

Allen prozess- und erfahrungsorientierten Therapien einschließlich der »P/E« ist gemeinsam, dass sie emotionsfokussierend arbeiten und der Therapeut aktiv in den Prozess eingreift, wenn der Patient mit seinen Gefühlen nicht im Kontakt ist. Dies kann bspw. der Fall sein, wenn der Patient eine Episode aus seinem Leben berichtet und dabei wenig Zugang zu seinen Gefühlen zeigt. In diesem Fall übernimmt der Therapeut die Führung im therapeutischen Prozess mittels Interventionen, die dem Patienten einen besseren Zugang zu den begleitenden Impulsen und Emotionen ermöglicht. Über die dadurch hergestellte größere Bewusstheit von Emotionen wird in der Therapiestunde auch die Qualität der Erfahrung aktiv gefördert. In den Abschnitten 1.2 und 1.3 wird ausgehend von der Therapietheorie und Praxis auf die Bedeutung der emotionaler Prozesse näher eingegangen, in Abschnitt 2.1.1 findet sich der empirische Hintergrund dieser Herangehensweise.

Abbildung 1 zeigt räumlich angeordnet die inhaltliche Nähe von zehn verschiedenen psychotherapeutischen Verfahren zueinander, wie sie vor ca. 30 Jahren von Smith & Glass (1977) auf der Basis von Experteneinschätzungen ermittelt wurden. Smith & Glass (1977) hatten hierzu 25 Experten *(clinicians und councelors)*, die sich zuvor mit allen in der Abbildung genannten Therapieverfahren in Theorie und Praxis intensiv befasst hatten, aus ihrem Wissen oder ihrer Intuition heraus auf mehreren Dimensionen die Ähnlichkeit der Therapien untereinander über Rangordnungen bestimmen lassen.

In der Abbildung ist in der Positionierung der Gestalttherapie zunächst der »familiäre Zusammenhang« mit rogerianischer Gesprächstherapie dargestellt. Gestalttherapie und die auf Carl Rogers zurückgehende klientenzentrierte Gesprächstherapie gehören beide in die größere Gruppe der humanistischen Therapieorientierung. Gemeinsam sind den Therapien dieser Orientierung wesentliche Teile ihrer therapeutischen Herkunft, theoretischen Auffassungen und therapeutischen Haltung sowie vor allem die Fokussierung der therapeutischen Interventionen auf den emotionalen Gehalt der Erlebnisinhalte (vergleiche Cain & Seeman 2001, 3ff.). In der rogerianischen Gesprächsführung werden die Emotionen des Klienten über

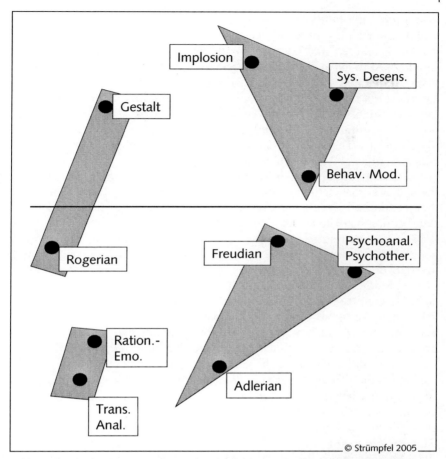

Abb. 1: Positionierung von zehn Therapieverfahren nach einer multidimensionalen Skalierung auf der Basis von 25 Experteneinschätzungen. Unterhalb der Horizontalen finden sich Verbaltherapien, oberhalb Therapien, die Interventionen mit nonverbalen Erfahrungsanteilen integrieren.

emotionale Spiegelungen des Therapeuten fokussiert. In der Gestalttherapie können Emotionen über aktive Interventionen bewusst und aus dem Hintergrund heraus aktiviert werden (siehe Abschnitt 1.2.2). Über die emotionale Aktivierung können die Probleme des Patienten, z.B. seine Konflikte, in der dialogischen Situation der Therapie lebendig und lebensnah bearbeitet werden.

Ein interessanter Aspekt, der sich aus der Experteneinschätzung ergibt, ist die Einordnung der Gestalttherapie in den Teil der Grafik oberhalb der

Mittellinie und die dadurch eingeschätzte Nähe zu verschiedenen behavioralen Verfahren. Kennzeichnend für die oberhalb der Mittellinie liegenden Therapien sind Interventionen, die den Patienten in der Therapiestunde zu Aktivitäten anleiten, die über rein verbales Verhalten hinausgehen. Diese Aktivitäten, z.B. sich einem angstauslösenden Reiz auszusetzen oder eine Dialogarbeit auf verschiedenen Stühlen durchzuführen, konfrontieren den Patient unmittelbar im therapeutischen Prozess mit neuen Erfahrungen. Unterhalb der Mittellinie finden sich demgegenüber reine Verbaltherapien, also Therapien, in denen therapeutische Erfahrungen alleine über den sprachlichen Austausch gemacht werden.

Die unmittelbare, auch zunächst nichtverbal vermittelte Erfahrung bildet in den Therapien im oberen Teil der Grafik einen wichtigen Aspekt des therapeutischen Geschehens im Gegensatz zu Interpretationen oder der Bearbeitung von Themen ausschließlich auf der verbalen Ebene. Eine Ähnlichkeit bezogen auf die unmittelbare Erfahrung zwischen behavioralen Techniken, wie sie z.B. in der systematischen Desensibilisierung erfolgt, und dem erfahrungsorientierten Ansatz der Gestalttherapie findet sich auch in zwei Studien dokumentiert (Martinez 2002 und Johnson & Smith 1997, siehe Abschnitt 2.1.2.1, Tabellen 4 und 5, sowie die Abstracts in Anhang 7.1). Gleichzeitig zu dieser Ähnlichkeit zwischen der aktiven, in einem wichtigen Schritt auch nonverbale Erfahrungen einbeziehenden Herangehensweise von verschiedenen behavioralen Therapien und Gestalttherapie, ist die Gestalttherapie über die Förderung emotionaler Prozesse mit der humanistischen Tradition verbunden. Gestalttherapie stellt also gemäß dieser Experteneinschätzung eine Schnittmenge dar aus (a) den emotionsfokussierenden und (b) denjenigen Verfahren, die aktiv unmittelbare Erfahrung ermöglichen, welche zunächst auch außersprachlichen Charakter hat und dann im therapeutischen Dialog schrittweise verbalisiert wird.

In Abgrenzung zu den emotionsfokussierenden Therapien der humanistischen Orientierung wurden Emotionen in der klassischen behavioralen Therapie eher unter dem Gesichtspunkt der Störung, als im Sinne eines gesunden Anteils menschlichen Handelns aufgefasst. Erst in jüngerer Zeit hat sich die behaviorale Therapieorientierung der Arbeit mit Emotionen geöffnet und hierzu inzwischen auch teilweise gestalttherapeutische Methoden integriert (Hartmann-Kottek 2004, 36f.). Durchgesetzt hat sich dabei unter behavioralen Therapeuten inzwischen die Auffassung, dass die bewusste Konzentration auf emotionale Prozesse in der Therapie auch ressourcenaktivierende Wirkung hat.

Abbildung 2 zeigt die Entwicklung einer Reihe von emotionsfokussierenden Therapien im Raum der humanistischen Therapien. Die Abbildung dokumentiert die Größe von prozessfolgenden Anteilen der verschiede-

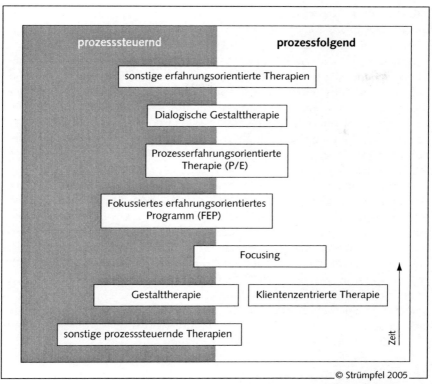

Abb. 2: Entwicklung der emotionsfokussierenden, prozesssteuernden und -folgenden Therapieverfahren. Die beiden Seiten kennzeichnen das Verhältnis in den Therapien, zu dem der Therapeut den Prozess aktiv steuert (linke, grau unterlegte Seite) bzw. dem Patienten / Klienten folgt (rechte Seite). An der Basis der Entwicklung stehen rechts unten die klientenzentrierte Therapie sowie links die Gestalttherapie und sonstige prozesssteuernde Therapien. Die Basistherapien wurden seit den 1950er Jahren in einer Reihe weiterer Ansätze in zeitlicher Reihenfolge von unten nach oben weiterentwickelt: Focusing (»emotionales Fokussieren«), fokussiertes erfahrungsorientiertes Programm (FEP), prozess-erfahrungsorientierte Therapie (P/E), dialogische Gestalttherapie und sonstige experientielle Verfahren.

nen Therapieverfahren auf der rechten Seite der Abbildung und von denjenigen Anteilen auf der linken Seite, in denen der Therapeut aktiv in den Prozess eingreift und diesen steuert, um dem Patienten neue Erfahrungen zu ermöglichen.

Zu den am stärksten prozessfolgenden Verfahren zählt die klientenzentrierte Gesprächstherapie, die deshalb auch in ihrer ersten Periode (1950-51) als »non-direktive« Therapie bezeichnet wurde (Bozarth, Zimring &

Tausch 2001). Auf der linken Seite, unter den Verfahren, in denen der Therapeut über prozesssteuernde Interventionen eingreift, finden sich als Basistherapien die Gestalttherapie und sonstige prozesssteuernde Verfahren, womit z.b. das Psychodrama gemeint ist. Außer der klientenzentrierten Therapie sind alle in der Abbildung aufgeführten Therapieverfahren, bezogen auf die möglichen Aktivitätsmodi eines Therapeuten, Mischverfahren, in denen der Therapeut im therapeutischen Prozess dem Patienten zeitweise folgt oder auch aktiv prozesssteuernd interveniert. Die klassische Gestalttherapie wie auch die sonstigen prozesssteuernden Therapien beinhalteten dabei ursprünglich einen hohen Anteil prozesssteuernder Aktivität des Therapeuten.

In Abbildung 2 ist die klientenzentrierte Therapie als einzige der »Basistherapien« ausschließlich prozessfolgend (»non-direktiv«). Die anderen Basistherapien, wie die Gestalttherapie, waren bei ihrer Begründung zunächst überwiegend prozesssteuernd, d.h. oft griff der Therapeut nach einer relativ kurzen Zeit, in der er dem Prozess folgte, z.b. wenn der Patient sein Problem schilderte, in diesen ein und begann diesen aktiv zu führen. In späteren weiterentwickelten Stilformen der Gestalttherapie (z.B. Polster & Polster 1973, in Abbildung 2 nicht berücksichtigt), aber insbesondere in der dialogischen Gestalttherapie (Yontef 1998, 1999), findet sich heute ein ausgeglicheneres Verhältnis von prozesssteuernden und -folgenden Anteilen im Therapeutenverhalten.

Zu den Weiterentwicklungen der Basistherapien, die hier nur exemplarisch benannt sind, gehören das emotionale Fokussieren nach Gendlin (1960, 1981, 1996), die dialogische Gestalttherapie (Yontef 1998, 1999) und die prozesserfahrungsorientierte Therapie (P/E, Greenberg et al. 1993, 2003). Das fokussierte erfahrungsorientierte Programm (FEP) ist eine aus gestalttherapeutischen Interventionen speziell zu Untersuchungszwecken zusammengestellte, manualisierte Therapie (Beutler et al. 1991a,b, 1993, siehe Abschnitt 2.1.2.1). Dialogische Gestalttherapie und FEP stellen dabei allein aus der Gestalttherapie weiterentwickelte Therapieformen dar. Prozess-erfahrungsorientierte Therapie P/E, emotionales Fokussieren und sonstige Therapien stellen demgegenüber therapeutische Mischformen dar, die aus mehreren Basistherapien, vor allem klientenzentrierter und Gestalttherapie weiterentwickelt wurden.

Die Fülle der neu entwickelten Therapieverfahren mag zunächst verwirrend erscheinen, dabei enthält die Darstellung nur einen kleinen Ausschnitt aus der explosionsartigen Neuentwicklung von therapeutischen Ansätzen. Vor allem gibt die Abbildung eine Übersicht über diejenigen Therapieverfahren, die in diesem Buch besprochen werden, weil sie in der

Erforschung der erfahrungsorientierten Therapien von Bedeutung waren. Dabei ergibt sich nicht nur für die neuen Formen der Gesttherapie, sondern auch für die anderen, teils zu experimentellen Zwecken entwickelten Therapieansätzen in Abbildung 2, eine »Tendenz zur Mitte«: Die Weiterentwicklungen der emotionsfokussierenden, auf Gestalt- und klientenzentrierter Therapie aufbauenden Verfahren zeigen in einem Trend ein zunehmend ausgewogenes Mischungsverhältnis von aktiv-eingreifendem und folgendem Therapeutenverhalten.

Die Forschung zur Gestalttherapie und ihrer Weiterentwicklungen hat sich in den letzten 25 Jahren sowohl auf die therapeutischen Effekte wie auch auf die Untersuchung des therapeutischen Dialogprozesses und seine Beziehung zu den Effekten der Therapie konzentriert. Zu den Hauptfragen, welche die Forscher beschäftigt haben, gehört, wie intensive Momente von Kontakt, speziell im Kontext des Ausdrucks von Emotionen z.B. im Zusammenhang mit einem inneren Konflikt, dem Patienten in seiner Konfliktlösung und einer Verminderung des Leidens unterstützen. Befunde zu diesen Fragen führten zu einem befruchtenden Austausch zwischen Forschung und Praxis, aus der heraus dann auch eine Reihe neuer experimenteller Therapieformen entstanden.

1.2.1 Theorie der Gestalttherapie

Begründet wurde die Gestalttherapie von dem Neurologen und Psychoanalytiker Friedrich Perls (1893-1970), seiner Frau, der Psychologin Lore (oder amerikanisch: Laura) Perls, geb. Posner (1905-1990), und dem amerikanischen Philosophen Paul Goodman (1911-1972). Die Begründer der Gestalttherapie und ihre Nachfolger standen bei der theoretischen Grundlegung der Gestalttherapie unter dem Einfluss von verschiedenen Wissenschaften und deren Befundlage. Hierzu zählen in den akademischen Wissenschaften (vor allem der Psychologie)
(a) *Gestaltpsychologie und Feldtheorie.* In der frühen experimentellen Psychologie hatte die Entdeckung des »Phi-Phänomens«[2] zur Begründung der Gestaltpsychologie geführt, die sich im Gegensatz zur assozianistischen Elementenpsychologie versteht und die konstruktive Eigenleistung des menschlichen Organismus in allen Aktivitäten, z.B.

---

2. Zwei nebeneinander liegende Lichtpunkte, die schnell aufeinander folgend aufleuchten, werden als Bewegung wahrgenommen. Dies ist ein Effekt, der z.B. bei Lichterketten Verwendung findet.

bei der Wahrnehmung, hervorhebt. Zeigarniks (1927) Entdeckung des Behaltens unerledigter Handlungen führte F. Perls später zu einem eigenen Ansatz zur Behandlung »unabgeschlossener Prozesse«, die bis heute im Hintergrund einer Reihe von Störungsbildern gesehen werden und als Alternative zum analytischen Wiederholungszwang formuliert wurden. Aus der Hirnforschung Goldsteins, bei dem F. Perls Assistent war, entstammt vor allem der holistische und organismische Ansatz in der Theoriebildung der Gestalttherapie. Holismus und Konstruktivismus finden eine Formulierung in Lewins Feldtheorie, die zum Kernstück der Theorie der Gestalttherapie wurde. Ein weiteres Kernstück kann in den Emotionstheorien gesehen werden. Die auf den Befunden von W. James und L. Lange beruhende Emotionstheorie (James-Lange-Theorie) hatte zusammen mit der Affekttheorie Landauers und Reichs Neufassung von Widerstand im Konzept der Körperpanzerung einen Einfluss auf die theoretische Erfassung von Gefühlen. In der Gestalttherapie werden Emotionen als organismischer Zustand angesehen (Angst kommt beim Davonlaufen, Wut spürt man in der geballten Faust), der mit einer Orientierung / Richtung versehen ist. Diese in der ursprünglichen theoretischen Fassung vorgesehene gestalttherapeutische Konzeptionierung von Emotion (als durch die Es-Funktionen im Feld mit einer Richtung versehenen Impulsen, siehe Box III) findet eine Neufassung in der empirisch fundierten Emotionstheorie Greenbergs (z.B. in Greenberg & Paivio 1997), auf die in einem eigenen Abschnitt zu Emotionen eingegangen wird. Theoretische Einflüsse aus den hermeneutischen Wissenschaften, der Religionswissenschaft und der Anthropologie stellen weitere zentrale Quellen in der theoretischen Konzeptionierung der Gestalttherapie dar.

(b) *Hermeneutische Wissenschaften.* Vor allem konzeptionelle Entwicklungen der Psychoanalyse wurden reformuliert auf der Basis des Feldkonzeptes in Funktionen des Organismus-Umwelt-Feldes (z.B. Anna Freuds Abwehrmechanismen; Es- und Ich-Funktionen, Verdrängung; Landauers Theorie der Affekte; Ranks Entdeckung der Bedeutung des Gegenwärtigen in der Übertragung-Gegenübertragung, was in der Gestalttherapie zur *awareness*/Hier-und-Jetzt-Bewusstheit umformuliert wurde). Gleichermaßen einflussreich war Reichs Theorie der Körperpanzerung.

(c) *Philosophie und Religionswissenschaften.* Auf S. Friedländer geht die Betonung von Dialektik und Polaritäten zurück, auf P. Tillich lässt sich die Auffassung eines prozesshaften Charakter der Selbstprozesse (s.u.) an der zwischenmenschlichen Grenze im Feld zurückführen. M. Bubers Beschreibung von der heilenden Kraft des Dialogs im Ich-Du

stellt eine zentrale Vorstellung vom therapeutischen Heilungsprozess dar.
(d) *Anthropologie*. Auf G.H. Mead und J. Dewey führen verschiedene Autoren das Modell des Kontaktzyklus zurück (das allerdings auch eine hohe Ähnlichkeit mit dem Orgasmusmodell von W. Reich hat).

Hier konnten nur einige der wichtigsten Einflüsse in Stichpunkten genannt werden. Eine detailliertere Darstellung finden sich in Box I, die einen Überblick über die biographischen Hintergründe und historischen Einflüsse gibt, die zur Entwicklung der Gestalttherapie geführt haben. Für einen vertieften Zugang sei der Leser auf Sreckovic (1999) sowie auf Bocian und Staemmler (2000) verwiesen. Bocian und Staemmler setzen sich vertieft mit Berührungspunkten und Grenzen zwischen Gestalttherapie und Psychoanalyse auseinander. Die Autoren beschreiben differenziert psychoanalytische Wurzeln und Einflüsse wie auch Brüche mit der Psychoanalyse und theoretische Reformulierungen der Gestalttherapie. Als Beispiel sei hier Staemmlers neugefasster Begriff von Regression genannt. Nach Staemmler stellt Regression kein Zurückfallen auf ontogenetisch frühere Zustände dar, sondern eine Reduktion des Organismus auf bestimmte Funktionen, wie Denken oder Sensumotorik. Das Buch von Bocian und Staemmler (2000) enthält auch ein persönliches Interview mit Tilmann Moser, der aus der Perspektive der Psychoanalyse für eine stärkere Kommunikation mit den Richtungen wie der Gestalttherapie plädiert, die sich historisch an der Bruchstelle des deutschen Nationalsozialismus und des beginnenden 2. Weltkrieges formiert haben.

Box I:
Biographische Hintergründe und historische Einflüsse

Friedrich Perls war geboren und aufgewachsen in Berlin, hatte in seiner Jugend die Schauspielklasse Max Reinhardts besucht, eine Erfahrung, die ihn für sein Leben prägte. Dann hatte er jedoch zur sozialen »Absicherung« Medizin u.a. bei dem Psychiater Karl Bonhoeffer studiert (Sreckovic 1999). Studium und Promotion schloss er 1921 ab. Zwischenzeitlich war F. Perls als Sanitätsoffizier im 1. Weltkrieg – eine Erfahrung von sinnlosem Töten. Er selbst kam in eine lebensbedrohliche Situation, die ihn tief erschüttert hat. Als eine der wichtigsten Begegnungen seines Lebens beschrieb Perls den Kontakt mit dem Philosophen Salomo Friedlaender. Von ihm habe er das »Denken in Gegensätzen« gelernt (Perls 1981). Friedlaender hatte eine neue Form der Dialektik entwickelt: Alles existiert in Gegensätzen, das eine ist nicht ohne sein anderes zu bestimmen. Der Grundgedanke von Polaritäten, die aus einem Ursprung stammen, der von Friedlaender als »schöpferische Indifferenz« bezeichnet wird, sowie die Bedeutung der Balance zwischen Polaritäten in der Persönlichkeit (Friedlaender 1918) beeinflusste F. Perls maßgeblich und floss in die Theorie und Praxis der Gestalttherapie ein. Später erkannte F. Perls diese Ideen wieder in den Schriften Lao-tses zum Taoismus (Staemmler & Bock 1987). Seine Ausbildung machte F. Perls am Berliner Psychoanalytischen Institut, wobei er bei verschiedenen Psychoanalytikern in Berlin, Frankfurt und Wien in Behandlung, Lehr- und Kontrollanalyse war. 1925/1926 ging er zunächst für wenige Monate in Psychoanalyse zu Karen Horney, bevor er nach Frankfurt umzog. Trotz der kurzen Zeit seiner Analyse bei ihr blieb Karen Horney für F. Perls wichtig. Sie unterstützte ihn in verschiedenen Etappen seiner Entwicklung zum Analytiker. In den 1940er Jahren, nach seiner Emigration in die USA, half sie F. Perls in New York Fuß zu fassen. Karen Horney gehörte später zu den Neo-Analytikern, wendete sich ab von Freuds Triebsublimierungstheorie und arbeitete in erster Linie theoretisch innerhalb der Psychoanalyse an Alternativen zur Freudschen Auffassung der Geschlechtsentwicklung, da sich Freuds Theoriebildung stark auf die männliche Entwicklung konzentriert hatte. In Frankfurt war F. Perls Mitte der 1920er Jahre Assistent bei Kurt Goldstein, der für seinen organismisch ganzheitlichen Ansatz bekannt geworden und eng mit den Gestaltpsychologen verbunden war. Seine Analyse setzte F. Perls für ein Jahr bei Clara Happel fort und begann schließlich in Wien bei Helene Deutsch eine Kontrollanalyse, die für ihn enttäuschend verlief (Sreckovic 1999). Besser verlief die zweite Kontrollanalyse bei Edward Hitschmann, über den Perls mit den Ideen von Ferenczi, Rank und Federn in Berührung kam. Als eine Erfahrung »größtmöglicher Kontaktlosigkeit« (Staemmler & Bock 1987, 31) beschrieb Perls die Fortsetzung seiner Analyse bei Eugen Harnik (Perls 1981, 49). Dieser war ein Vertreter der »passiven Analyse«, einem Behandlungsansatz mit hohen Abstinenzprinzipien. Nach 18 Monaten brach F. Perls die Behandlung ab und ging 1930 zu Wilhelm Reich, der bereits begonnen hatte, mit nonverbalem Körperausdruck, wie er aktuell in der Sitzung auftritt, zu arbeiten. Mit Reich entwickelte sich in der Behandlung eine fruchtbare und lebendige Zusammenarbeit, die mit Hitlers Machtergreifung und der Flucht von Reich 1933 endete. Zum von Wertheimer gegründeten Berliner Kreis der Gestaltpsychologen gehörte auch Kurt Lewin, dessen Feldtheorie später zu einem Kernstück der Theorie der Gestalttherapie werden sollte. Lewin begründete später in den USA die Aktionsforschung und gilt als Entdecker der Gruppendynamik (Hall & Lindzey 1978). Mitte der 1920er Jahre hatte Friedrich Perls in Frankfurt seine spätere Frau Lore kennen gelernt. Lore Posner hatte Psychologie bei Goldstein studiert und promovierte zu dieser Zeit zu gestaltpsychologischen Wahrnehmungsphänomenen bei dem Gestaltpsychologen Adhémar Gelb, der eng mit Goldstein zusammen arbeitete. Unter dem Einfluss von Friedrichs Perls begann auch Lore Posner zunächst eine psychoanalytische Behandlung, die später als Lehranalyse fortgesetzt wurde. Für zweieinhalb Jahre war sie bei Karl Landauer, der durch seine theoretischen Arbeiten zur Ich-Organisation und zur Theorie der Affekte Bedeutung erlangte. Landauer beeinflusste [hat das irgendeine besondere Bedeutung?] Lore Posner sowohl in theoretischer wie auch behandlungstechnischer Hinsicht. Insbesondere seine Theorie der Affekte und seine eigenständige therapeutische Haltung in der Auseinandersetzung mit aktiver Technik, wie sie Sandor Ferenczi, Otto Rank und Georg Groddeck entwickelten, hatten schließlich einen nachhaltigen Einfluss auf Theorie und Behandlungsmethode der Gestalttherapie (Bocian 1994). Auch Frieda Fromm-Reichmann, nach ihrer Emigration in die USA bekannt geworden durch ihre psychoanalytische Psychosenforschung und -behandlung, zählte zu den bekannten Lehranalytikerinnen und Lehrananlytikern von Lore Posner. In den Jahren vor der Machtübernahme durch die Nationalsozialisten entstand in Frankfurt ein enger Forschungszusammenhang mit einem einzigartigen Austausch von Vertretern aus Philosophie, Psychoanalyse, Sozialforschung und Gestaltpsychologie (Bocian 1994). Außer bereits genannten Persönlichkeiten gehörten zu diesem Kreis als prominenteste Vertreter auch Max Horkheimer, der später mit Adorno und Marcuse die Frankfurter Schule begründete, sowie Sigmund Heinz Fuchs, den F. Perls an Goldsteins Institut kennen lernte, und der später unter dem Namen S. H. Foulkes in England die analytische Gruppentherapie entwickelte. Beeinflusst war das Ehepaar Perls also neben der Psychoanalyse von den ganzheitlichen Sichtweisen der Hirnforschung Goldsteins und der Gestaltpsychologie sowie insbesondere auch der Feldtheorie Kurt Lewins. Gleichermaßen prägend waren für Friedrich Perls und Lore Posner Begegnungen mit den Philosophen Martin Buber, Paul Tillich und Max Scheler, die zu jener Zeit in Frankfurt Philosophie-Vorlesungen hielten. Die Philosophie Bubers vom menschlichen Dialog mit seinen heilenden Kräften im »Ich-Du« sowie die starke Betonung der Verantwortung des Menschen, wie sie die Existenzphilosophie vertrat, haben die Perls nachhaltig beeinflusst. Tillich hatte mit seinem Konzept der Grenze, die als Kontaktgrenze »in Tätigkeit« innerhalb der menschlichen Begegnung eine trennende und verbindende Funktion hat, einen nachhaltigen Einfluss auf die Theorie der Gestalttherapie: Die Wurzeln der gestalttherapeutischen Auffassung von einer sich verändernden Grenze als Selbstprozess gehen auf Tillich zurück (Staemmler & Bock 1987). Über Scheler kamen die Perls in Kontakt mit der Phänomenologie Husserls, der in seiner Ethik postulierte, dass Werte nicht neu gesetzt, sondern als ein zuvor schon Vorhandenes entdeckt werden (Hartmann-Kottek 2000b). Seit dem Ende der 1920er Jahre lebte das Ehepaar Perls in Berlin, absolvierte dort Kontrollanalysen und Fallseminare bei verschiedenen Psychoanalytikerinnen und -analytikern, vor allem bei Karin Horney und Otto Fenichel. Otto Fenichel erstellte die erste empirische Studie zur Psychoanalyse und arbeitete später wie Fromm-Reichmann zu Psychosen. Am Berliner Psychoanalytischen Institut arbeiteten zu dieser Zeit auch Wilhelm Reich und Erich Fromm, und es gab in Berlin und Frankfurt innerhalb der Psychoanalyse experimentelle Strömungen, in denen mit aktiven Techniken experimentiert wurde und die sich wegbewegten von der strikten Abstinenz der Analytiker. Das Ehepaar Perls war antifaschistisch aktiv und emigrierte unmittelbar nach Hitlers Machtergreifung zunächst nach Amsterdam und schließlich auf Vermittlung des Freud-Biographen Ernest Jones nach Südafrika. Dort war F. Perls 1935 maßgeblich an der Gründung des ersten Instituts für Psychoanalyse beteiligt. 1936 stellte F. Perls auf dem Internationalen Psychoanalytischen Kongress in Marienbad sein Konzept vom »Oralen Widerstand« vor, in dem er sich mit der ausgehenden oralen Phase auseinander setzte. L. Perls hatte differenzierte Beobachtungen an den eigenen Kindern zur Zahnbildung und der damit gleichzeitig einhergehenden Aggressionsentwicklung des Kindes gemacht. Basierend auf diesen Beobachtungen kamen die Perls zu dem Schluss, dass Aggression im ursprünglichen Sinne des Wortes einen wichtigen Bestandteil des Auf-ein-Objekt-Zugehens [lat. ag-gredi, Kompositum aus ad (zu, hin) und gradi (gehen, schreiten)] darstellt (Kapitel II in Perls 1947, 1978). Aggression wird also wie später in der Gestalttherapie als ein wichtiges, d.h. zunächst grundsätzlich positives Element von Kontaktnahme aufgefasst. F. Perls' Vortrag stieß auf fast einhellige Ablehnung (außer bei Landauer). Auch von einer Begegnung mit Freud war F. Perls enttäuscht. Im folgenden Jahr beschloss die Internationale Psychoanalytische Vereinigung, Analytikern, die ihre Lehrerlaubnis nach der Emigration erworben hatten, diese wieder zu entziehen. F. Perls war davon betroffen. Während ihrer zwölf Jahre in Südafrika arbeiteten die Perls noch als Analytiker, lösten sich dann aber zunehmend von der Psychoanalyse. Im Verlauf dieser Zeit traf F. Perls Jan Smuts, dessen

Buch »Holismus und Evolution« ihn für den Gedanken des Ganzheitlichen begeisterte. Die Perls begannen, ihre bisherigen Erfahrungen zu überdenken und mit einem von der Psychoanalyse abweichenden therapeutischen Setting zu experimentieren. Hierzu gehörte vor allen Dingen die Arbeit im Sitzen mit Blickkontakt zum Gegenüber sowie die bereits in Frankfurt und Berlin aufgenommenen Erfahrungen mit aktiver Technik und aktuellem körperlichem Ausdruck. Auf diese radikale Veränderung des Settings, d.h. (a) dass sich Therapeut und Klient gegenübersitzen, (b) dass der Therapeut aktiv den Körperausdruck aufgreift und (c) auf das Hier-und-Jetzt fokussiert, folgte der endgültige Bruch mit der Libido-Theorie und schließlich der Psychoanalyse insgesamt. 1944 erschien Friedrich Perls' erstes Buch »Ego, Hunger and Aggression. A Revision of Freuds Theory and Methods«, in dem sich dieser Bruch auch theoretisch manifestierte und das die »Konzentrationstherapie« begründete (Perls 1947, 1978). Südafrika verließen die Perls aufgrund von kollegialen Konflikten und Problemen mit dem zunehmend autoritären politischen System. In New York traf das Ehepaar Perls auf viele bekannte Kolleginnen und Kollegen aus Deutschland: Fromm-Reichmann, Horney wie auch andere Analytiker, z.B. Sullivan, der die interpersonale Kulturschule der Psychoanalyse begründete. All diese Psychoanalytiker wichen bereits von den traditionellen Auffassungen Freuds ab, weil diese ihnen zu biologistisch und deterministisch erschienen und die interaktiven Elemente zu wenig einbezogen. Das Ehepaar Perls schloss sich der neuen psychoanalytischen Richtung jedoch nicht an, weil ihnen die Abkehr von der traditionellen psychoanalytischen Auffassung nicht radikal genug erschien. Ihre Kritik beinhaltete sozialkritische Aspekte, bezog sich auf die Auffassung der Interaktion von Organismus und Umwelt und die Bedeutung des Körperlichen in der Therapie. In New York lernten die Perls den Philosophen und Sozialkritiker Paul Goodman kennen, der von diesem Zeitpunkt an entscheidend an der theoretischen Konzeptionierung der Gestalttherapie mitarbeitete. Goodman hatte sich intensiv mit der Arbeit von Reich befasst und diesen 1940, bald nach dessen Immigration in die USA, kontaktiert. Ebenso eingehend setzte sich Goodman mit den Arbeiten des Psychoanalytikers Otto Rank auseinander, von dem er gleichermaßen beeindruckt war. Rank hatte zusammen mit Ferenczi die Bedeutung der Gegenwart für die Übertragung und Gegenübertragung erkannt und beschrieben. Unter dem Einfluss Reichs, Ranks und Ferenczis entstand die für Gestalttherapeuten bis heute zentrale Haltung, die Aufmerksamkeit auf das Hier-und-Jetzt, auf die aktuellen Impulse, Wünsche, Gefühle, Wahrnehmungen und Gedanken zu richten. Diese therapeutische Haltung wird in dem

> Begriff »awareness« zusammengefasst. Auch Goldstein lernte Goodman in den USA kennen und war schließlich mit dessen Werk ebenso vertraut wie die Perls. Philosophisch befasste sich Goodman mit den Entwicklungslinien des Existentialismus seit Kierkegaard, der europäischen Phänomenologie z.B. bei Husserl, sowie in den 1950er Jahren auch bei Merleau-Ponti. Gleichermaßen stand Goodman und über ihn die Gestalttherapie unter dem Einfluss der amerikanischen Pragmatisten, insbesondere John Dewey. Als Pragmatiker und Funktionalist vertrat Dewey das Lernprinzip »learning by doing« sowie den Ansatz, dass eine Verbesserung der gesellschaftlichen Verhältnisse durch Erziehung zu erreichen sei. Sreckovic (1999) führt die Einführung des Kontaktbegriffs und das Modell des Kontaktzyklus in die Theorie der Gestalttherapie auf John Dewey und George Herbert Mead zurück (Dewey 1896; Mead 1903). Die wesentlich von Paul Goodman und Friedrich Perls formulierte theoretische Grundlegung der Gestalttherapie stellt den Versuch einer Integration der bisher genannten Einflüsse auf der Basis der Feldtheorie dar. Sie gelangten zu theoretischen Formulierungen, in denen unter anderem Konzepte der Psychoanalyse wie »Es«, »Ich«, »Projektion«, »Introjektion« etc. als funktionale Begriffe im Rahmen einer Feldtheorie des Selbst neu gefasst wurden.

1.2.1.1 Selbst und Kontakt in der Gestalttherapie

Gestalttherapie basiert auf Phänomenologie, Feldtheorie und Dialog. Obwohl Friedrich Perls zu Beginn seiner Laufbahn als Psychoanalytiker gearbeitet hat, haben er, seine Frau Laura und der amerikanische Philosoph Paul Goodman einen neuen Zugang in der Psychotherapie begründet. Aufbauend auf dem humanistischen und phänomenologischen Ansatz, haben sie inter- und intrapersonalen Kontakt zusammen mit seinen Störungen in das Zentrum ihrer psychotherapeutischen Arbeit gerückt. Nach ihrem Ansatz geht der Therapeut immer in einer persönlichen Weise die Beziehung zum Klienten ein. Gefühle sind ein innewohnender Anteil von Kontakt und die lebendige Bewusstheit von Impulsen, Gefühlen und Bedürfnissen hilft dabei, Potentiale für Wachstum und Veränderung aufzuspüren und zu nutzen. Im Dialog praktiziert der Therapeut mit dem Klienten die Bewusstheit von gegenwärtigen Gefühlen und Bedürfnissen und exploriert mit ihm alternative Mittel, um Befriedigung zu erlangen. In diesem Sinne werden verschiedene Dialogformen in einer manchmal imaginativen und manchmal spielerischen Form genutzt. Der Therapeut kann z.B. dem Klienten vorschlagen, in einen inneren Dialog mit sich selbst einzutreten oder Kontakt aufzunehmen mit Erinnerungen an bedeutsame Personen, zu denen die Beziehung unerledigt geblieben ist (Zeigarnik 1927; Yontef 1998; 1999, Hycner & Jacobs 1995; Greenberg, Rice und Elliott 1993). Das gestalttherapeutische Konzept des Selbst spiegelt diese zentrale Beschäftigung mit dem Kontaktprozess und seinen Störungen. In den theoretischen Schriften von Perls, Hefferline & Goodman (1951) wird das Selbst als Funktion in einem sich selbst organisierenden Kontaktprozess aufgefasst. Das Konzept des Selbst ist ein integraler Bestandteil der Feldtheorie (siehe Box II), die eine zentrale theoretische Grundlage der Gestalttherapie ist (Lewin 1917). Die Feldtheorie umfasst Holismus, Phänomenologie und Konstruktivismus, d.h. betont die subjektive Weise, in der Menschen ihre Welt »konstruieren«.

Box II: Das Organismus-Umwelt-Feld

Einer der zentralen Begriffe der Gestalttherapie ist der Feldbegriff:
»Der ›Feld-Begriff‹ steht im direkten Gegensatz zur Auffassung der herkömmlichen Wissenschaft, die die Realität immer als eine Konglomerat isolierter Teile [...] angesehen hat« (F. Perls 1978, 33). In der Gestalttherapie sieht sich der Therapeut immer als Teil des Feldes, er ist mit einbezogen in das Geschehen im Feld (Bialy & Volk-von Bialy 1998, 91).

Die Feldtheorie Lewins ist keine Theorie im üblichen Sinne. Sie ist eher eine Denkweise, die zum einen eine ganzheitliche Sicht beinhaltet und zum zweiten die Interdependenz der Erscheinungen betont. Lewin hat den Begriff des Feldes zur Beschreibung einer phänomenalen Welt aus der Physik entlehnt. Im Feld finden wir uns selbst als Teil eines Ganzen in unseren Abhängigkeiten und subjektiven Bedeutungen. Ein Apfelbaum in einer Landschaft hat für einen Obstbauern eine andere Bedeutung als für einen Autofahrer. So ist die phänomenale oder anschauliche Umwelt oder der »Lebensraum«, wie Lewin sagt, für den Bauern anders als für den Autofahrer. Entscheidend ist, dass der Feldbegriff Interdependenzen betont, anders als in einer tradiert naturwissenschaftlichen Sicht, die sich vorrangig für Ursache- und Wirkungszusammenhänge interessiert. Im Feld erkennt sich der Organismus selbst innerhalb seiner Grenzen. Auftauchende Wünsche und Bedürfnisse sind genauso Teil des Feldes wie deren Befriedigungsmöglichkeiten. Das Feld ist in ständiger Bewegung. Innerhalb des Feldes verschieben sich die Kontaktgrenzen zwischen Organismus und Umwelt in einem ständigen Veränderungsprozess. Wir können uns dies als radikal subjektivistische Sicht vorstellen, wobei hier Lewins Feldbegriff in erster Linie als Mittel dient, um die Interdependenzen zu betonen. Lewins Feldtheorie ist eine Modifikation der Gestaltpsychologie, sie hat mit dieser die Betonung des Ganzheitlichen gemein. »Das Ganze ist etwas anderes als die Summe seiner Teile« (häufig auch: »Das Ganze ist mehr als die Summe seiner Teile«), ist ein Grundsatz der Gestaltpsychologen, den Perls und Goodman wie später auch Lewin in ihre Therapietheorien aufgenommen haben. Der Beschäftigung mit den gestaltpsychologischen Wahrnehmungsphänomenen entsprang ein zweiter theoretischer Aspekt. Hier übernahmen Perls und Goodman das Begriffspaar von Figur und Hintergrund, die sich im Organismus-Umweltfeld unablässig neu formieren. Ständig schafft sich der Organismus neuen Figuren, alte treten in den Hintergrund. Dies können aufkommende Bedürfnisse sein, welche die Wahrnehmung leiten und den Organismus bewegen.

Die Beschäftigung der Gestaltpsychologen mit perzeptuellen Phänomenen hat zur Einführung neuer Termini geführt, namentlich »Figur« und »Grund«. Beide, Figur und Grund, rekonfigurieren sich unaufhörlich im Feld, fortwährend entstehen neue Figuren, während alte in den Hintergrund treten. Zum Beispiel treten unsere Körpergrenzen in den Hintergrund unseres Gewahrseins, wenn wir von einem faszinierenden Film absorbiert sind und verschwinden vollständig, wenn wir einschlafen. Im Feld verändern sich in einem ständigen Prozess die Kontaktgrenzen zwischen Organismus und Umgebung. Auftauchende Erregung und Impulse formen sich zu Figuren, bis die internen und externen Möglichkeiten zur Befriedigung erkannt worden sind. Auftauchen können Hunger oder Durst oder Gefühle wie Liebe oder Sehnsucht. Zum Beispiel kann Hunger das Auftauchen des Bildes von einem Apfel auslösen und eine Bewegung in die Küche anstoßen. Nach Lewins Prinzip der Interdependenz sind alle Bewegungen vom gesamten Feld beeinflusst. Die Kontaktgrenze ist der Punkt, an dem es zum Kontakt mit der Umwelt kommt, und ihre Bewegung ist beeinflusst vom gesamten Feld der Impulse, Gefühle, Wünsche sowie den wahrgenommenen Befriedigungsmöglichkeiten. Auf dieser holistischen Basis definieren Perls, Hefferline und Goodman (1951) das Selbst als »die Kontaktgrenze in Aktion« (siehe Box III).

Box III: Die Funktionen des Selbst im Feld

In der Feldsicht liegt auch der Bruch der Perls mit der Psychoanalyse. In dieser phänomenologischen Betrachtungsweise ändert sich unsere Kontaktgrenze, wenn wir schlafen, wenn wir müde werden, wenn wir lieben, trauern oder Angst haben etc., d.h. sie unterliegt ständiger Veränderung und Bewegung. »Das Selbst kann nicht anders verstanden werden als durch das Feld.« (Perls 1980, 130) In der Bewegung unserer Kontaktgrenze entfaltet sich das Selbst im Feld. »Das Selbst ist die Kontaktgrenze in Tätigkeit« (Perls 1981, 17) heißt, dass sich das Selbst in der Bewegung der Kontaktgrenze, d.h. im Kontaktprozess, aktualisiert. Im amerikanischen Originaltext heißt es: «The self is the contact boundary at work; its activity is forming figures and grounds.« (Perls et al., 1951, 235). Anders formuliert ist das Selbst die dem Feld innewohnende organisierende Funktion, aus der Kontakt über Bewegungen und Figurbildungen im Feld resultiert. Stellen wir uns vor, dass im Organismus-Umweltfeld Erregungen und Impulse auftauchen und sich zu Figuren formen. Das können z.B. Hunger oder Durst sein, Impulse, die das Individuum zunächst schwach, dann stärker wahrnimmt, bis sie sich formieren zu einer starken Figur. Auf dem Hintergrund solcher Figuren gerät die Kontaktgrenze in Bewegung, z.B. indem wir Kontakt aufnehmen mit Möglichkeiten innerer oder äußerer Art, das Bedürfnis zu stillen. Im nächsten Schritt setzen wir uns in Bewegung, angestoßen von der Erinnerung, dass in der Küche noch ein Apfel liegt. Nach Lewins Auffassung sind alle Bewegungen im Feld funktional als Teil des gesamten Feldes zu sehen. Stellen wir uns dies ganz abstrakt wie eine mathematische Funktion vor. Das Selbst, d.h. die Aktivität der Kontaktgrenze, ist das Resultat einer Funktion des gesamten Feldes. Die Basis meiner Bewegung zur Küche waren die auftauchenden Figuren meiner Wünsche und Bedürfnisse. Hier findet sich der zweite qualitative Sprung zur Psychoanalyse. In dem Modellrahmen Lewins werden die Impulse, die dargestellt sind als die Basis jeder Bewegung überhaupt, eben jene auftauchenden Wünsche und Bedürfnisse, über die Es-Funktion mit einer Richtung, einer Intention (»Hunger auf Apfel«) versehen. In dieser Weise kommen Gefühle zustande, also indem die Es-Funktionen Impulse mit einer Richtung versehen. Der zweite Schritt, sich mit diesen Bedürfnissen zu identifizieren (»Ich habe Hunger«), das Auftauchen der Erinnerung (»Apfel in der Küche«) und schließlich der Einsatz motorischer Kräfte in Bewegung zur Küche hin etc. werden unter Ich-Funktionen gefasst. Das Selbst wird also zunächst im ersten Schritt bestimmt durch die Es-Funktionen, die dann über die Fähigkeiten und Erinnerungen des Individuums, bezeichnet als Ich-Funktionen, z.B. in Bewegungen umgesetzt werden. Schließlich beißen wir in den Apfel, verleiben ihn uns ein und stellen mit befriedigtem Gefühl fest: Der Hunger ist gestillt. Vielleicht stellen wir aber später fest, der Apfel schmeckt mir zwar sehr gut, aber nachts gegessen, bekommt er mir nicht. Eine solch integrierte Erfahrung, welche die Person in Zukunft immer dann erinnern kann, wenn nachts Hunger auftaucht, ordnen F. Perls und Goodman dem Begriff der Persönlichkeitsfunktion zu. Die Funktion der Persönlichkeit ist es, im Organismus-Umweltfeld die Ich-Funktionen in der Wahl ihrer Zielrichtung und Methoden zu unterstützen. Zu den Ich-Funktionen gehören dann Auswahl, Entscheidungen und das Vorantreiben der Bewegung. Deutlich geworden sein sollte, dass das Selbst in der Gestalttherapie einen dynamischen Kontaktprozess bezeichnet. Theoretisch liegt hier eine Synthese vor aus den Elementen aus Lewins Feldtheorie, der Gestaltpsychologie und einigen Elementen analytischen Denkens, die aber aus ihrem Modellzusammenhang herausgelöst sind, vor allen Dingen aus dem Instanzenmodell eines psychischen Apparates. Nicht die Interpretation über das Unbewusste rückt somit in den Vordergrund, sondern die Aktualität des Organismus-Umweltfeldes in dem Ich, Es und Persönlichkeit nur noch in funktionaler Form dargestellt werden.

1.2.1.2 Stufen des Selbst im Kontakt

Der gesamte in Box III geschilderte Prozess – beginnend mit dem ersten Auftauchen von Impulsen über Handlungen, die zur Befriedigung führen oder diese verfehlen, bis hin zur Erinnerungsbildung – wird als »Kontaktzyklus« bezeichnet. Dieser kann beschrieben werden in vier Stadien: (1) Vorkontakt, (2) Kontaktnahme, (3) Vollkontakt und (4) Nachkontakt (siehe Box IV). Das Selbst entfaltet sich an der Kontaktgrenze als ein dynamischer Prozess dieser Stufen. Der Kontaktzyklus beschreibt, wie Kontakt ursprünglich von F. Perls verstanden worden war. Er wird an der Grenze zwischen dem Organismus und seiner Umgebung erfahren und umfasst die Bewusstheit inter- und intrapersonaler Erfahrung. Jüngere Interpretationen von Kontakt finden sich z.B. bei Yontefs (1998) Konzept des Dialogs. Für ihn ist Dialog eine spezielle Form von Kontakt, in dem Menschen miteinander in Berührung kommen und – im Sinne eines Selbstzwecks – teilen, was sie erfahren. Diese Form von dialogischer Beziehung (Ich-Du-Prozess) und die dialogische Einstellung (Ich-Du-Haltung) wird als grundlegend für gute Therapie angesehen (Hycner & Jacobs 1995). Die »dialogische Haltung« ist nicht durch volle Gegenseitigkeit gekennzeichnet. Diese ist nicht Merkmal der dialogischen, therapeutischen Beziehung. Mit Bezug auf Buber werden »Elementen des Zwischenmenschlichen« postuliert, also das was Voraussetzung für Dialog ist. Diese Elemente sind: Präsenz, ehrliche Kommunikation, Umfassung. Aus einer Ich-Du-Haltung heraus hat der Therapeut nicht den vordergründigen Wunsch, auf den Klienten Einfluss zu nehmen, ihn zu verändern. Die Haltung besteht vielmehr darin, den Klienten in seiner Existenz zu verstehen und ihm zu begegnen. In dieser jüngeren Fassung, wie auch in ihrer ursprünglichen Form, ist Gestalttherapie von Martin Bubers Philosophie des Dialogs inspiriert (Buber 1984). Nach gestalttherapeutischer Auffassung verinnerlicht der Klient dialogische Formen der Auseinandersetzung mit dem Therapeuten und wird zu seinem eigenen Therapeuten (in der Sprache der Objekt-Beziehungs-Theorie hieße dies, er introjiziert den Therapeuten). Greenberg, Rice und Elliott (1993) fassen dies in der Form, dass sich Dialog zwischen verschiedenen Aspekten des Selbst ereignet und Kontakt sich auf die »Lebendigkeit« dieser Interaktion zwischen den Selbstanteilen und dem Ausmaß, zu dem Gefühle aktuell erfahren werden, bezieht.

Box IV: Stufen des Kontakts

Gestalttherapie umfasst eine Theoriebildung zu menschlichen Kontaktprozessen und fokussiert in der Therapie auf den menschlichen Kontakt über den Dialog. Kontakt war in einem Beispiel in Box III beschrieben worden über die Figurwerdung der eigenen Bedürfnisse (Hunger) und den Befriedigungsmöglichkeiten sowie den dazu nötigen Aktivitäten. Die Gesamtheit aller Prozesse vom ersten Auftauchen von Impulsen, über die Aktivitäten zur Befriedigung bis zum Nacherleben wird als Kontaktzyklus bezeichnet, der in den auf Goodman und F. Perls zurückreichenden Modellannahmen der Gestalttherapie in vier Stufen unterteilt wird:

Vorkontakt: Auftauchen von ersten Impulsen, Wünschen und Bedürfnissen oder äußeren Reizen; die Es-Funktionen weisen Impulsen eine Richtung zu, wodurch sie in Gefühle transformiert werden, die auf den folgenden Stufen die weiteren Handlungen lenken: »Der Körper ist Grund, das Verlangen oder der Umweltreiz ist Figur« (Perls et al. 1981, 193).

Kontaktnehmen: Das Selbst wird über die Ich-Funktionen aktiv in Form von Entscheiden, Auswählen und die Transformation von motorischer Energie in Bewegung (wie zu einem Apfel in der Küche): »a) die Erregung des Verlangens wird Grund und ein ›Objekt‹ oder eine Gruppe von Möglichkeiten ist Figur. Der Körper verblaßt, oder umgekehrt, wie beim Schmerz, wird ein Teil des Körpers Figur. Ein Gefühl ist vorhanden. (b) Auswählen und Verwerfen, Aggression als Herangehen und Überwinden von Hindernissen, absichtliches Sich-orientieren und Zugreifen. Das sind die Identifizierungen und Entfremdungen des Ichs« (Perls et al. 1981, ebd.).

Vollkontakt: die unmittelbare Befriedigungshandlung, Verschmelzung mit dem Objekt: »Vor dem uninteressanten Hintergrund von Umwelt und Körper tritt die Figur lebhaft hervor und wird in Berührung genommen. Alles Absichtliche ist gelockert, Wahrnehmung, Bewegung und Gefühl wirken spontan und einheitlich zusammen. Das Gewahrsein besitzt am meisten Leuchtkraft in der Figur des Du« (Perls et al. 1981, 193f.).

Nachkontakt: Nacherleben, Integration von Erfahrungen über die Persönlichkeitsfunktionen, was als Wachstum bezeichnet wird: »fließende Organismus/Umwelt-Interaktion, die kein Figur/Grund-Prozeß ist: das Selbst verblaßt« (Perls et al. 1981, 194).

Diese angenommenen Kontaktstufen, wie sie weitverbreitet von Gestalttherapeuten heute zur Diagnose von Kontaktprozessen in der Therapie benutzt werden, lassen sich auf unterschiedliche Einheiten anwenden, z.B. den therapeutischen Kontakt in einer Therapiestunde. Eine andere Analyseeinheit könnte eine gesamte Therapie sein. Am Anfang einer Therapie stehen Wünsche und Bedürfnisse, Leidensdruck *(precontact)*, an zweiter Stelle steht das Erlernen von Möglichkeiten, um den Leidensdruck zu begegnen im Kontakt mit dem Therapeuten *(contact taking)*, an dritter Stelle stehen die intensiven Erfahrungen und unmittelbaren Erfahrungen zwischen Therapeut und Klient *(final contact)* und am Ende steht die Nachbereitung, das Rückbesinnen über gemachte Erfahrungen *(postcontact)*. Vorgestellt ist also mit dem Kontaktzyklusmodell ein idealtypischer Verlauf, der sich auf zeitlich unterschiedliche Prozesse anwenden lässt. Petzold (1999) und Sreckovic (1999) führen die Einführung des Kontaktbegriffs sowie des Kontakt-/Bedürfniszyklus' auf den Einfluss von Dewey (1896) und Mead (1903) zurück. Indessen zeigt das Modell, wie oben erwähnt, große Ähnlichkeit mit dem von Reich entwickelten Stufenmodell zur phänomenologischen Beschreibung des Orgasmus (Reich 1927). Verschiedene Autoren haben an dem Kontaktmodell gearbeitet und kommen zu unterschiedlichen Lösungen, z.B. drei-, fünf- oder sechsstufigen Modellen (z.B. Greenberg et al. 1993; Greenberg & Paivio 1997). In den Ansätzen vor allem aus der Prozessforschung zur Gestalttherapie stehen Fragen im Vordergrund, die sich aus dem gestalttherapeutischen Modell des Selbst ergeben bzw. an den damit verbundenen theoretischen Annahmen orientieren. Dabei lassen sich verschiedene Themenkomplexe identifizieren: (1) Überprüfung der Basis-Modellannahmen und Forschung auf der Grundlage der Theorie der Gestalttherapie (z.B. Modell des Kontaktzyklus und theoretisch postulierte Kontaktunterbrechungen), (2) Überprüfung einzelner theoretischer Begriffe und praxisrelevanter Spezifikationen und Operationalisierungen (z.B. Spaltungskonzept, »unerledigte Prozesse«), (3) Konvergenz zwischen Forschungsansätzen, die aus anderen Forschungsbereichen, z.B. Emotionsforschung, stammen, mit der Gestalttherapeutischen Theorie des Selbst (z.B. die Bedeutung der Es-Funktionen).

Eine Reihe von Forschungsarbeiten lassen sich mit ersten Frage in Verbindung bringen, wie sich ein solcher Spannungsbogen im gestalttherapeutischen Dialog aufbaut, und wie es zu intensiven Kontaktmomente zwischen Klient und Therapeut kommt. Anders gefragt: Wie lässt sich ein solcher Spannungsbogen im gestalttherapeutischen Dialog beschreiben und wie entstehen im therapeutischen Prozess intensive Kontaktmomente, in denen existenzielle, emotionale Erfahrungen in der Therapie stattfinden. Studien der »Mikroprozessforschung« zur Gestalttherapie konzentrieren sich auf Moment-zu-Moment-Prozessbeschreibungen des Spannungsaufbaus im gestalttherapeutischem Dialog (z.B. Mahrer et al. 1992; Boulet et al. 1993; Teschke 1996). Videoaufzeichnungen dienen dann dazu, Spannungspunkte im therapeutischen Prozess zu identifizieren, hierzu gehört insbesondere auch erhöhter emotionaler Ausdruck und die Frage nach Intervention und ihrer Wirkung auf die Intensität des therapeutischen Kontakts. Zum Spannungsaufbau im Dialog arbeiteten auch Greenberg und seine Kollegen, die auch die Entwicklung von Modellen zur Wirkung gestalttherapeutischer Interventionen auf den Spannungsaufbau im therapeutischen Prozess umfassten (Greenberg et al. 1993; Greenberg 1980, 1984; Clarke & Greenberg 1986; Goldman & Greenberg 1991; Greenberg & Watson 1998a,b; Paivio & Greenberg 1995; Greenberg & Foerster 1996). Über eine (Prozess-) Forschungsstrategie, die »Aufgabenanalyse« (»task analysis«) genannt wurde, erfolgte die Entwicklung von typischen Modellen, wie sich der Dialog in der Therapiesitzung entwickelt. Insbesondere im Bereich der therapeutischen Arbeit mit emotionalen Prozessen liegen heute substanzielle Beiträge der Forschungsgruppe vor, die dem zyklischen Vorgehen dieser Forschungsstrategie entstammen (Greenberg & Paivio 1997). Greenberg hat in seiner Modellierung des Dialogs mit zwei Stühlen über die Jahre mehrere Lösungen auf der Basis empirischer Daten entwickelt: Dabei wurde das zunächst vierphasige Modell zum Dialog mit zwei Stühlen auf ein Drei-Phasen-Modell zum Aufbau der emotionalen Spannung im Dialog reduziert: (1) Die Oppositionsphase *(opposition phase)*, (2) die Vermischungsphase *(mixed phase)* und (3) die Integrationsphase *(integration phase)*.

1.2.1.3 Störungen im Kontakt

Anders als in der Verhaltenstherapie oder der Psychoanalyse wird Neurose in der Gestalttherapie identifiziert anhand von Störungen im Kontakt bzw. Unterbrechungen im Kontaktzyklus. In der Vorstellung der Perls sind verschiedene Formen von Kontaktunterbrechungen verbunden mit den verschiedenen Phasen des Kontaktzyklus', wie er oben beschrieben worden ist. Bestimmte Störungen können z.B. den Ich-Funktionen zugeordnet werden, andere den Es-Funktionen, wieder weitere den Persönlichkeitsfunktionen. Auf diese Weise können wir in der gestalttherapeutischen Prozessdiagnostik zu einer phänomenologischen Beschreibung der Kontaktfähigkeit eines Klienten gelangen. Im praktischen Teil dieses Kapitels werden hierzu Bespiele gegeben.

Im therapeutischen Jargon benutzen wir das Wort »Kontakt« in vielfältigen Bezügen. Wir sagen z.B.: »Ich bin nicht in Kontakt mit meinen Gefühlen«, »Ich fühle mich nicht in Kontakt mit Dir«, »Er hat große Schwierigkeiten, zu anderen Menschen Kontakt aufzunehmen« oder »Er ist nicht in Kontakt mit sich selbst«. F. Perls und Goodman wenden sich gegen Formulierungen dieser Form, da im gestalttherapeutischen Modellrahmen das Selbst als die gerade aktive Kontaktgrenze gefasst wird. Sie lehnen es ab, vom falschen und vom wahren Selbst zu sprechen, etwa in dem Sinne, dass wir uns hinter Masken verstecken. Nach der Auffassung von F. Perls liegt das Selbst in dem aktuellen Sein einer Maske. In dieser Konzentration auf das aktuelle Geschehen spiegelt sich die phänomenologische Grundhaltung der Gestalttherapie, theoretisch gefasst in Lewins Feldtheorie. Zwei Aspekte bilden insofern die bereits umschriebene erkenntnistheoretische Basis: (1) Theorie und Praxis der Gestalttherapie haben phänomenologischen und (2) konstruktivistischen Charakter. Letzteres bedeutet im Sinne einer der Kernannahmen des philosophischen Konstruktivismus, dass sich das Subjekt seine Wirklichkeit selbst konstruiert.

Hier liegt auch die Abgrenzung zur Psychoanalyse und die verwandtschaftliche Einbindung in die humanistischen Verfahren. Aus der bisherigen Darstellung sollte deutlich geworden sein, dass die funktionale Denkweise sich abgrenzt von der räumlichen Vorstellung eines psychischen Apparates mit verschiedenen Instanzen, dessen überwiegender Teil im Bereich des Unbewussten liegt (entsprechend Freuds Vorstellungen vom Eisberg, von dem nur die Spitze sichtbar herausragt). Von solch räumlichen Vorstellungen weicht die Gestalttherapie mit ihrer funktionalen Denkweise ab, was nicht heißt, dass Gestalttherapeuten die Existenz unbewusster Prozesse ablehnen. Diese werden aber als Prozesse im Hintergrund beschrieben. Auf dieser Basis arbeiten Gestalttherapeuten mit den verschlüsselten und verborgenen Botschaften der Träume und Phantasien, des Körperausdrucks, der Atmung etc., deren Bedeutungen zunächst nicht bewusst sind, sondern im Verlauf einer Therapie ins Bewusstsein gelangen, d.h. figürlich in den Vordergrund treten.

Störungen und Unterbrechungen im Kontaktzyklus stehen im Fokus der Therapie. In der Therapiesitzung geht der Therapeut aktiv in den Kontakt mit dem Klienten, unterstützt diesen in dessen Kontaktprozessen, in der Selbstwahrnehmung seiner Gefühle und Bedürfnisse und seines Problemhintergrundes. Ein wesentlicher Teil der Arbeit richtet sich darauf, vollständige oder weniger unterbrochene Kontaktzyklen mit größtmöglicher Bewusstheit zu realisieren, d.h. »Gestalten zu schließen«. Dabei entwickelt der Patient im Verlauf der Therapie zunehmend ein Bewusstsein für seine Impulse und Bedürfnisse und für all das, was im Hintergrund darauf wartet, zur Figur (Gestalt) zu werden. Das Selbst wird bewusst in der aktuellen therapeutischen Erfahrung, z.B. über »Experimente«, die der Therapeut in der Sitzung gestaltet. Experimente unterstützen den Klienten darin, dass die verschlüsselten und verborgenen Botschaften von Träumen, körperlichem Ausdruck und Kontaktunterbrechungen bewusst werden können. Die Bewusstwerdung von Impulsen und Emotionen ist fundamental für die Gestalttherapie und öffnet den Blick auf die verschiedenen Facetten des Selbst.

F. Perls und andere haben verschiedene Formen von Unterbrechungen des Kontakts wie Introjektion, Projektion und Retroflexion identifiziert, die an verschiedenen Punkten des Kontaktzyklus vorkommen.

Eine Störung oder Unterbrechung des Kontakts tritt z.B. auf in Form von introjizierten Prinzipien, Dogmen oder Tabus, wie beispielsweise »Du darfst nicht ärgerlich sein«. Wenn eine Person Aspekte des Selbst unakzeptabel findet, wie Aggression, Schwäche, Hilflosigkeit, mag sie die entsprechende Erfahrung unterbrechen und Gefühle nach außen projizieren, indem sie diese als Gefühle eines anderen erlebt. Meine aggressiven Gefühle gegen jemand anderen erlebe ich dann nicht als meine eigenen, sondern als Aggression vom anderen gegen mich. Indem ich sie projiziere, muss ich nicht für meine Aggressionen Verantwortung übernehmen, z.B. die möglichen Konsequenzen ertragen. In einer weiteren Form kann eine Person den Kontakt durch Retroflexion unterbrechen, indem nach außen gerichtete Gefühle nach innen gegen das Selbst gewendet werden. Es mag für sie akzeptabler sein, sich selbst zu verletzen, als Ärger oder Enttäuschung einem anderen gegenüber auszudrücken.

Box V: Störungen des Kontakts

»Freud sah die aktive Blockierung von Erfahrung und nannte sie ›Verdrängung‹. Er sah auch die Entfremdung von unserer Erfahrung und nannte sie ›Projektion‹. Was ich aufzeigen möchte ist, daß der kritische Punkt die häufige Unterbrechung all dessen ist, was wir im Jetzt erleben. Wir unterbrechen auf verschiedene Weise: Wir fangen an zu erklären, wir stellen fest, daß wir schon zu viel Zeit in der Gruppe in Anspruch genommen haben [...] Diese Unterbrechung des Bewußtheitskontinuums verhindert Reifung, hindert die Therapie daran, erfolgreich zu sein, [...] hindert innere Konflikte daran, gelöst zu werden« (Perls 1980, 93).

F. Perls (1947) hatte ursprünglich mit der Begründung seiner Konzentrationstherapie in Anlehnung an Anna Freud 22 Formen der Vermeidung beschrieben, die er unter drei Oberkategorien zusammenfasst: (a) Subtraktion: z.B. etwas wird ausgeblendet; (b) Addition: etwas wird hinzugefügt, z.B. Überkompensation; (c) Veränderung: etwas wird verschoben, sublimiert, projiziert, fixiert oder retroflektiert. Mit Grundlegung der Gestalttherapie werden indessen Unterbrechungen des Kontakts zwischen Klient und Therapeut definiert, die aus diesen Mitteln der Vermeidung vereinfacht hervorgingen. Fünf Störungsformen werden beschrieben, die den Kontaktzyklus unterbrechen, bevor er vollzogen wird oder ihn zumindest beträchtlich stören: (1) Konfluenz *(confluence)*, (2) Introjekte *(introjects)*, (3) Projektion *(projection)*, (4) Retroflexion *(retroflection)* und (5) Egotismus *(egotism)*.

Konfluenz: »con-fluere« heißt »ineinanderfließen« und wird im Feld definiert als ein Zustand von Grenzenlosigkeit. Dies ist zunächst an sich nicht neurotisch, wie alle Unterbrechungen immer auch gesunden Zwecken dienen. Wenn wir schlafen, sind wir beispielsweise in den Tiefschlafphasen grenzen- und damit auch kontaktlos, genauso ist das Auflösen von Grenzen auch ein wichtiger Teil der Liebe. Dies sind zwei Beispiele für gesunde Formen tiefer, vollständiger Konfluenz. Im Sinne gestalttherapeutischer Auffassung neurotisch wird diese erst dann, wenn jede im Feld auftauchende Erregung, die sich zu einer Figur zu formieren droht, schnell und im Keim erstickt werden muss. Der Organismus hat hierfür verschiedenen Möglichkeiten zur Verfügung. z.B. Muskellähmung, Erstarren, Anhalten der Atmung. Diese vom Organismus benutzten Formen helfen, aufkommende Impulse, Bedürfnisse und Gefühle zu unterdrücken, sodass sie wieder in den Hintergrund treten. F. Perls und Goodman sprechen von dem sich »Anklammern an das Nichtgewahrsein«. Verhindert wird noch vor dem Aktiv-Werden der Ich-Funktionen, dass diese überhaupt angestoßen werden können. Dahinter steht noch auf der frühen Stufe der Es-Funktionen im Vorkontakt die Angst, sich zu identifizieren, zu entscheiden oder aktiv zu werden (die Angst vor »Ich-Werdung« des Selbst).

Introjektion/Introjekte: Zu einem späteren Zeitpunkt des Kontaktzyklus' werden die Introjekte aktiv. In der Therapie erkennbar werden diese manchmal als innere Verbote, Prinzipien, Dogmen etc. Aktiv werden die Introjekte im Bereich zwischen Vorkontakt und während der Kontaktnahme, d.h. bei Beginn oder im Verlauf der Aktivität der Ich-Funktionen. Sie hindern den Klienten z.B. in kritischen Situationen daran, sich zur Wehr zu setzen, wenn der Ausdruck von Aggressionen im Elternhaus stark tabuisiert war. Bildlich gesprochen lassen sich Introjekte als »unverdaute Ganzheiten«, die unter dem Druck des Elternhauses »unzerkaut geschluckt« wurden, beschreiben. Ein Introjekt kann alle Aktivitäten, welche die Ich-Funktionen betreffen, unterbrechen und behindert damit auch indirekt die Persönlichkeitsfunktionen. Dies geschieht, indem sich die Person noch im frühen Stadium des Kontaktzyklus', d.h. des Erfahrungenmachens, in ihren Handlungen unterbricht, sodass sie die Konsequenzen gar nicht erleben und integrieren kann. Dies ist aber Voraussetzung, damit es am Ende eines Kontaktzyklus' zu Wachstum kommen kann, d.h. Erfahrungen über die Persönlichkeitsfunktion integriert werden können.

Projektion: Diese Form der Unterbrechung findet sich ebenfalls zum Zeitpunkt, wenn das Selbst aktiv wird in den Ich-Funktionen. Wenn im Feld während des Vorkontakts Erregung aufgetaucht ist und als solche identifiziert wurde, d.h. eine erste Figur entstanden ist, kommt es zur Entstehung eines Gefühls, das die Verbindung herstellt zwischen Erregung und möglichen Objekten der Befriedigung. Projektion unterbricht genau an dieser Stelle, wenn ein Gefühl auftaucht. Aus Angst vor dem eigenen Gefühl bleibt der neurotische

Projektor nicht lange genug bei diesem zunächst freischwebenden Gefühl, um es als sein eigenes erkennen zu können. Da es beängstigend ist, verlegt er es nach außen. Indem er es nicht als eigenes anerkennt, vermeidet er auch mögliche negative Konsequenzen seines Gefühls. Projektionen sind insofern Störungen der Ich-Funktionen, des Sich-Identifizierens mit dem eigenen Gefühl.

Retroflexion: Ebenfalls vorwiegend auf der Stufe der Kontaktnahme wird eine weitere Unterbrechungsform angenommen: die Retroflexion. Wenn die Orientierung des Verhaltens nach außen gerichtet ist, aber gleichzeitig eine Befürchtung besteht, infolge seiner Aktivitäten verletzt zu werden, kehrt der Organismus die Bewegung in sich selbst um. Von außen bleibt der Organismus inaktiv. In einer Gruppe z.B. hält ein Klient Äußerungen und Kommentare zum Gruppengeschehen zurück. F. Perls und Goodman setzen den Mechanismus der Retroflexion in Beziehung mit psychosomatischen Beschwerden.

Egotismus: Eine weitere Kontaktunterbrechung, die ursprünglich definiert worden war, ist der Egotismus. Das Wort »ego-tism« verweist auf ein Festhalten an den Ich-Funktionen, bevor der Kontaktprozess seinen weiteren spontanen Verlauf nehmen kann. Die Stelle, an der der Egotismus unterbricht, ist unmittelbar, bevor das Subjekt die unmittelbare Befriedigung erreicht. Eben an dieser Stelle tauchen neue Bedenken auf, die den vollen Kontakt verhindern. Alle bisher genannten Kontaktunterbrechungen behindern den spontanen Zyklus des Selbst, von dem angenommen wird, dass er einmal initiiert seinen innewohnenden Verlauf nimmt. Der Egotismus verhindert den zentralen Schritt im Kontaktvollzug: den Vollkontakt. Bezogen auf das Beispiel mit dem Apfel hat eine Person alles getan, um schließlich den Apfel essen zu können. Den Apfel bereits in der Hand haltend kommen ihr plötzlich Zweifel, ob womöglich ein Wurm darin oder er zu sauer sein könne und sie entscheidet sich dagegen hineinzubeißen. Wie der Egotismus sind auch alle anderen Kontaktunterbrechungen in der Folge beteiligt an der Störung des weiteren Kontaktverlaufs, etwa in der letzten Phase, wenn es um die Integration von Erfahrungen über die Persönlichkeitsfunktion geht.

In ihrer Überarbeitung der Gestalttherapie strukturieren Polster & Polster (1973, 1987) die Kontaktunterbrechungen etwas um. Sie nehmen den Egotismus heraus und fügen die Kategorie »Deflexion« hinzu:

Deflexion: »Die Deflexion ist eine Methode, sich dem direkten Kontakt mit einem anderen Menschen zu entziehen. Es ist eine Art, den aktuellen Kontakt abzuschwächen. Dies wird durch Weitschweifigkeit erreicht, durch eine übertriebene Ausdrucksweise, dadurch, daß man stets im scherzhaften Ton spricht, daß man den Gesprächspartner nicht direkt ansieht, daß man nie zur Sache kommt, daß man schlechte Beispiele heranzieht, die nichts besagen, daß man höflich statt direkt ist, daß man sich einer stereotypen Sprache bedient, daß man über die Vergangenheit spricht, wo doch die Gegenwart relevant ist, daß man seine eigenen Worte in Frage stellt.« (Polster & Polster 1987, 93f.)

Die Einführung dieser Störungskategorie wurde von Gestalttherapeuten kontrovers diskutiert, insbesondere unter dem Gesichtspunkt, ob das mit »Deflexion« beschriebene Störungsbild nicht durch die anderen Kategorien der Kontaktunterbrechung, z.B. Retroflexion und Konfluenz, schon beschrieben sei.

1.2.1.4 Theorieentwicklung zur erfahrungsorientierten Arbeit mit Emotionen

Greenberg und Paivio (1997) formulieren eine Theorie erfahrungsorientierter therapeutischer Arbeit mit Emotionen, in deren Rahmen sie auch eine Klassifikation von Emotionen geben. Ihr Ansatz basiert auf dem Konzept der »emotionalen Schemata« und integriert zentrale Aspekte zum Emotionsverständnis aus dem gestalttherapeutische Modell des Kontaktzyklus: Emotionale Schemata werden definiert als komplexe Konfigurationen, die uns in unseren Handlungen in der Welt leiten. Emotionen sind nachweislich wichtig für die Konfliktlösung, wie auch für den Therapieerfolg (Watson & Greenberg 1996; Greenberg & Watson 1998a,b). Die zentralen gestalttherapeutischen Auffassungen, wie Emotionen im Feld auf der Basis von auftauchenden Impulsen und über die Es-Funktionen entstehen, waren schwer verständlich formuliert und wurden von der akademischen Psychologie kaum rezipiert. Demgegenüber stellt die Einführung des emotionalen Schemas durch Greenberg (1980) ein Konstrukt dar, das aus der akademischen Psychologie stammt und auch verstanden wird. Greenberg adaptiert den Schemabegriff Piagets. »Der Aufbau der Wirklichkeit beim Kinde«, das 1950 erschienene Grundlagenwerk Piagets beschreibt, wie das Kind zunächst sensomotorische Schemata entwickelt, die es verinnerlicht (Piaget 1975). Wir begreifen, indem wir im wahrsten Sinne des Wortes begreifen: Indem das Kleinkind die Gegenstände zunächst anfasst, d.h. im wörtlichen Sinne begreift, entwickelt es zunächst sensomotorische Schemata, die es dann auf einer höheren Entwicklungsstufe weiterentwickelt. In dieser nächsten Entwicklungsstufe beginnt das

Kind also aus den sensomotorischen Schemata die Repräsentation der Dinge und der Welt aufzubauen. Dieser Gedanke Piagets beinhaltet also, dass Schemata, auch die der repräsentierten Gegenstände, grundsätzlich auf einer sensomotorischen Basis entstanden sind. Greenberg überträgt den piagetschen Begriff in den emotionalen Bereich. Emotionale Schemata umfassen nach seinem Verständnis primäre oder sekundäre Affekte analog den jüngeren Befunden der Neurobiologie. Am bekanntesten sind hier die Experimente von LeDoux (1996), der nachweisen konnte, dass es verschiedene große Bahnungen im Gehirn gibt, die in das emotionale Gehirn führen. Diese verlaufen nicht nur über den Neokortex, d.h. über die höheren kognitiven Funktionen. Eine andere Bahnung führt direkt aus der Sinneswahrnehmung in die emotionalen Verarbeitungszentren. Dieser Befund steht im Widerspruch zu den Annahmen der kognitiven Theoretiker, wie z.b. Lazarus, für den alle emotionalen Prozesse kognitiv vermittelt sind. Die Entdeckung von LeDoux steht damit gleichermaßen teilweise im Widerspruch zu der Auffassung der kognitiv-behavioralen Therapie, die Veränderungen zumindest im Sinne ihres theoretischen Ansatzes nur über kognitive Einflüsse vornimmt. Veränderungen im Gefühlsbereich unserer Patienten sind indessen nach den Befunden von LeDoux nicht allein über Interventionen auf der kognitiven Ebene erreichbar.

Hintergrund dieser neueren Erkenntnisse bilden die Ansätze der Hirnforschung zur Analyse der Furcht, die nahe legen, dass emotionale Anteile der Wahrnehmungsinhalte besonders früh im Verarbeitungsprozess die für Kampf- und Fluchtreaktion zuständigen Hirnareale aktivieren. Diese schnelle Verarbeitung einfacher emotionaler Wahrnehmungsinhalte läuft nicht über die höheren Hirnzentren des Neokortex, sondern über subkortikale Bahnen außerhalb des Bewusstseins, wobei dem Mandelkern als Teil des emotionalen Gehirns eine besondere Bedeutung zukommt (LeDoux 1993, 1996). Es findet also eine subkortikale Verarbeitung emotional bedeutsamer, insbesondere aversiver, d.h. für Flucht- und Kampfreaktionen wichtiger Stimuli statt, bevor über die höheren Verarbeitungszentren eine kognitive Verarbeitung im Sinne einer Konstruktion von Objekten und Ereignissen erfolgt. Neben einer langsamen Bahnung, die über die kognitive Vermittlung läuft, d.h. eben die Wahrnehmung von Objekten und Ereignissen, findet sich auch eine schnelle Bahnung, die mit doppelt so großer Geschwindigkeit wie die Bahn über den Neokortex Informationen in den Mandelkern übermittelt, von wo aus weitere »automatische« emotionale Reaktionen aktiviert werden. Die Entdeckung dieser schnellen Bahnung ist von großer Bedeutung für unser Verständnis von der Verarbeitung von Emotionen, weil sie zeigt, dass Emotionen nicht unbedingt über höhere kognitive Prozesse verarbeitet werden. Es gibt sozusagen auch einen »direkten« Weg.

Zu den Befunden der Hirnforschung kommen hunderte von Experimenten, die bis heute den Nachweis führen, dass emotionale Prozesse auf allen Ebenen der kognitiven Verarbeitung einen Einfluss haben. Emotionen beeinflussen unsere Wahrnehmungen, unser Denken und Problemlösen, unsere Entscheidungen, unsere Gedächtnisprozesse nicht nur, sie steuern sie vielmehr sogar. Aus den Befunden der neuropsychologischen und allgemein experimentalpsychologischen Forschung lässt sich schließen, dass therapeutische Veränderungen mindestens nicht allein über kognitive Funktionen vermittelt sein können. Die in dem prozess- und erfahrungsorientierten entwickelten Ansätze zielten eben genau darauf, den Klienten dabei zu unterstützen, seine gestörten emotionalen Prozesse unmittelbar zu durchleben, durchzuarbeiten und zu neueren adäquaten Lösungsansätzen zur Befriedigung seiner Bedürfnisse zu gelangen. Für die Therapie wird insofern der Arbeit mit Emotionen eine besondere Rolle eingeräumt. Insbesondere arbeiten Greenberg, Rice & Elliott (1993, 2003) den handlungsleitenden Charakter der Emotionen heraus. Dazu ist es für den Heilungsprozess in einem ersten Schritt von Bedeutung, dass der Klient seine Gefühle erforscht und zum Ausdruck bringt. Darüber hinaus umfasst der therapeutische Prozess aber auch die Integration kognitiver Aspekte, z.B. die Wiedererinnerung an traumatische Ereignisse.

Erkenntnistheoretisch entwickeln Greenberg, Rice & Elliott (1993, 2003) die Modellvorstellung eines dialektisch-konstruktivistischen Prozesses: Bedeutungen werden bottom-up auf der Basis von unmittelbaren Empfindungen und top-down kognitiv und konzeptionell in einem wechselseitigen Prozess konstruiert. In ihrer erkenntnistheoretischen Positionierung berufen sich Greenberg, Rice & Elliott (1993, 2003) auf die obengenannten neuropsychologischen Befunde.

Grundlegend für die Entwicklung eines eigenständigen emotionstheoretischen Ansatzes ist außer dem Begriff des emotionalen Schemas die Unterscheidungen zwischen primären und sekundären sowie zwischen adaptiven und maladaptiven Affekten/Emotionen. Emotionale Schemata werden von Greenberg & Paivio (1997) definiert als komplexe kognitive Einheiten, die zunehmend mit komplexen Erinnerungen verbunden sind und für das integrierte Funktionieren des Menschen sorgen. Aufbauend auf Piaget werden Schemata nicht als repräsentationale, sondern als erfahrungs- und handlungskonstruierende Strukturen aufgefasst. Ein Schema besteht 1. aus einer auslösenden Komponente, die Schlüsselreize enthält, 2. einem funktionellem System, dass Zwischenziele und Wege zu diesen Zielen umfasst und 3. einer Durchführungskomponente, welche die Ausführung aktiviert. Dabei bestimmen Affekte häufig die ursprünglichen Ziele. Diese Konzeptionierung ist mit der eingangs vorgestellten Auffassung von Perls, Hefferline, Goodman (1951) kompatibel.

»Primäre« Affekte sind angeboren und unmittelbar verbunden mit Verhaltensmustern und bilden die Grundlage für die Entwicklung der emotionalen Schemata. »Sekundäre« Affekte entstehen in der Reaktion auf persönliche Erfahrungen: Aus negativen Erfahrungen bezogen auf den Ausdruck eines bestimmten primären Affekts (z.b. von Wut) entwickelt sich ontogenetisch im emotionalen Schema ein anderer, sekundärer Affekt, z.B. Trauer. Hintergrund für die Entwicklung des sekundären Affekts ist im genannten Beispiel die Angst davor, der Wut Ausdruck zu verleihen. Schemata selbst sind unbewusst.

Greenberg bleibt in seinen Konzeptionierungen (Greenberg & Paivio 1997; Greenberg, Rice & Elliott 1993, 2003) den älteren theoretischen Ansätzen der humanistischen Therapie verbunden. (a) Perls, Hefferline & Goodman (1951) hatten in ihrer organismischen Konzeptionierung den handlungsleitenden Charakter der Emotionen funktional mit Kontaktprozessen, etwa der Kontaktaufnahme mit der Umwelt, verbunden. (b) Rogers hatte die Funktion der Emotionen für die Bedeutungsbildung hervorgehoben. (c) Der Begriff der Maladaptivität in der Organismus-Umwelt-Interaktion war von Perls & Gendlin in Zusammenhang mit gestörten emotionalen Prozessen gebracht worden.

Eine der zentralen Fragen aus den Therapieforschungsarbeiten zur Bedeutung der Emotionen lautete, welche therapeutischen Einflussgrößen sich finden lassen, die den Klienten darin unterstützen, seine Konflikte leichter lösen zu können. Dabei gelang es Greenberg eine Reihe von verschiedenen, komplex zusammenwirkenden Aspekten zu identifizieren, die in der Therapie eine Rolle spielen und im Zusammenhang stehen mit einer verbesserten Konfliktlösungsfähigkeit des Klienten. Für eine Darstellung der Forschungshintergründe siehe Abschnitt 2.1.1.2.

Die Untersuchungen der kanadischen Forschungsgruppe zum emotionalen Spannungsaufbau in gestalttherapeutischen Dialogen zeichnen sich dadurch aus, dass sie die Verbindung zwischen kleinsten Veränderungen untersuchen, wie sie innerhalb einer Sitzung registriert werden können, sogenannten »Mikroprozessen« und größeren, sogenannten »Makroprozessen«, die über mehrere Sitzungen oder eine ganze Therapie hinweg ablaufen. Solche Makroprozesse resultieren dann z.B. in Konfliktlösungen und Symptomveränderungen. In einem wichtigen Schritt der Analyse von Therapiedaten werden Prozessvariablen in Beziehung gesetzt mit dem Therapieergebnis und den katamnestischen Daten über längere Zeiträume nach Abschluss der Therapie.

In den frühen Arbeiten des Forschungsprogramms fanden sie zunächst nur schwache Zusammenhänge zwischen den Prozessvariablen wie der Erfahrungstiefe oder der Stärke des emotionalen Spannungsaufbaus in einer Sitzung und den Variablen des Therapieergebnisses wie der Lösung eines Konflikt des Klienten (Greenberg & Clarke 1979; Greenberg & Higgins 1980). Greenbergs ursprüngliche These war: Je stärker der Klient seinen Emotionen und Konflikten Ausdruck verleihen könne, desto eher käme es zu einer Aufweichung des innerpsychischen Konfliktgeschehens und der äußeren Problemsituation. Schließlich kam Greenberg zu dem Schluss, dass die Ausdrucksstärke der Polarisierung des Konfliktgeschehens und die Intensität der beteiligten Gefühle nur zwei von mehreren Prädiktoren für die Vorhersage einer erfolgreichen Konfliktlösung darstellen. Es erwies sich weiterhin als wichtig, dass der Klient in seinem Konflikt zwischen widersprüchlichen Selbstanteilen einen Zugang zu seinen zugrunde liegenden Bedürfnissen und Wünschen finden kann. Wenn es dem Klienten möglich ist, seine primären Affekte und Bedürfnisse zu spüren und anzuerkennen, kann dies dazu beitragen, dass sich der innere Konflikt zu lösen beginnt (Greenberg & Dompierre 1981; Greenberg & Rice 1981; Greenberg & Webster 1982; Greenberg 1983, 1992; Clarke & Greenberg 1986; Paivio & Greenberg 1995; Greenberg & Foerster 1996; Watson & Greenberg 1996; Greenberg & Malcolm 2002). Schließlich konnten vier zentrale Vorhersagefaktoren für erfolgreiche Konfliktlösungen identifiziert werden:

(1) Polarisierung: Im Modell des gestalttherapeutischen Dialogs mit zwei Stühlen kommt es zunächst zu einer Polarisierung. Dies ist typisch gestalttherapeutisch: in den Konflikt hineingehen, statt ihn zu vermeiden. Der Konflikt wird voll entfaltet, es kommt zu einem Aufbau der oppositionellen Seiten, z.B. indem die eine Seite zunehmend harsch wird (Topdog) und die andere unterwürfig oder depressiv (Underdog) (z.B. Greenberg & Webster 1982; Greenberg & Malcolm 2002).

(2) Gefühlsausdruck: die Stärken des Gefühlsausdruckes auf beiden Seiten gehören ebenfalls zu prognostischen Kriterien, die als Prädiktoren dienen für eine komplexe Vorstellung, was für die erfolgreiche Konfliktlösung nötig ist (z.B. Greenberg 1983, 1992; Greenberg & Foerster 1996; Watson & Greenberg 1996).

(3) Repräsentation des jeweils anderen Teils im Stuhl-Dialog (Konfluenz): In den 1980er Jahren gelang es dann, durch eine zunehmende Differenzierung der Modellvorhersagen zu besseren Vorhersagen zu kom-

men. Es wurde nötig, in das Modell das, was in anderen Phasen der Konfliktlösung geschieht, für die Prognose mit einzubeziehen. Hierzu zählte die Repräsentation des jeweils anderen Teiles in einem Dialog. Wenn wir also zwei oppositionelle Teile des Selbst im Widerstreit erleben, dann kommt es nach idealtypischem Verlauf dazu, dass beide Selbstanteile Erinnerungen entwickeln, die ein Verständnis ermöglichen für den jeweils anderen Teil. Modellhaft kommt es dann zu einer Auflösung der oppositionellen Spannung, die abgelöst wird von einer gegenseitigen Repräsentation, einem gegenseitigen Verständnis, somit in gestalttherapeutischer Sprache – einem Konfluenzprozess. In der Fassung Greenbergs ist dies allerdings auch ein kognitives Geschehen. Die wechselseitige Repräsentation des anderen stellt also einen weiteren Prädiktor für die Konfliktlösung dar (z.B. Greenberg 1992; Greenberg & Malcolm 2002).

(4) Zugang zu zugrunde liegenden (primären) Gefühlen: Der vierte und letzte Prädiktor liegt in dem Zugang zu den zugrunde liegenden Gefühlen und Bedürfnissen der beiden Seiten. Dies findet sich z.b. in der Auflösung einer Reaktionsbildung: Ein Patient wehrt zunächst seine eigentlichen Wünsche, z.b. nach Annäherung, ab und projiziert Feindseligkeit aus der eigenen Angst und resultierenden Feindseligkeit heraus. Es findet letztlich in der Auseinandersetzung eine Auflösung statt, indem von den sekundären Gefühlen ein Zugang zu den primären Gefühlen stattfindet (z.B. Greenberg & Foerster 1996; Watson & Greenberg 1996).

Insgesamt sind emotionaler Spannungsaufbau, begleitender Ausdruck der Emotionen, Aufbau einer Repräsentation der Sicht des anderen und Zugang zu den zugrunde liegenden Emotionen und Bedürfnissen prognostisch wichtig für die Aufweichung eines innerpsychischen Konfliktes sowie der äußeren Problemsituation (vergleiche auch Martinez 2002).

Den Ausdruck von tieferen Emotionen fördern jene aktiven gestalttherapeutischen Interventionen, die geeignet sind, sogenannte innere »Spaltungen«, Widersprüche, Ambitendenzen und unerledigte Prozesse in der Therapie sichtbar werden zu lassen (Greenberg 2002). Für diese Interventionen konnte im Rahmen des Forschungsprogramms in der umschriebenen Serie von Studien konsistent belegt werden, dass sie den Gefühlsausdruck stärker aktivieren als andere therapeutische Herangehensweisen. Gefördert wird der Klient weiterhin in seinem Zugang zu verschütteten Emotionen und Bedürfnissen, was ihn, wie die Daten belegen, in der Bewältigung seiner Konflikte unterstützt, sodass der Klient sein Selbstwertgefühl und Selbstbewusstsein steigern kann und sich die Symptome vermindern.

1.2.2 Praxis der Gestalttherapie

Die Konzentration auf die gegenwärtigen unmittelbaren Erfahrungen ist das zentrale Arbeitsmittel der Gestalttherapie: In einem gegenwärtigen Moment entfaltet sich eine ganze Welt des Klienten; alles, was er geworden ist, spiegelt sich in ihm. Trotz der Betonung dessen, dass Erfahrung nur in der Gegenwart geschieht, bedeutet dies nicht, dass die Vergangenheit und die Zukunft bedeutungslos sind. »Erinnerung und Planung (und sie geschehen in der Gegenwart) haben nur Bedeutung, wenn es eine vergangene Erfahrung gibt und wenn es eine Zukunft geben kann« (From 1984, 8). Erfahren ist weit wichtiger als die Interpretation des Therapeuten. Aus diesem Grund schlagen Gestalttherapeuten ihren Klienten oft »Experimente« vor, um zu neuen emotionalen Erfahrungen zu gelangen. Anders als in einer strukturierten Gruppe wird in der Gestalttherapie Wert gelegt auf die spontane und unmittelbare Erfahrung. Eine freie und unstrukturierte therapeutische Situation konfrontiert den Klienten mehr als eine strukturierte damit, Verantwortung für seine Handlungen zu übernehmen (Naranjo 1993). Wenn ein Klient in einer Gruppentherapie sagt, er würde gerne die Gruppe anschreien, konfrontiert die Frage «Warum tust Du es dann nicht?» den Klienten mit seinem eigenen Konflikt: dem Wunsch, andere Leute anzuschreien, und wie er sich davon abhält, es zu tun.

1.2.2.1 Emotionaler Ausdruck

Wenn in der Therapie Emotionen auftauchen, können sich überraschende und unmittelbare Einsichten herstellen. Vielfach gelingt es dem Klienten gerade, wenn er sich im therapeutischen Prozess von seinen Emotionen leiten lässt, tiefere verschüttete oder verleugnete Emotionen und Bedürfnisse zu entdecken und dem Therapeuten gegenüber zum Ausdruck zu bringen. Emotionen sind entscheidend für unsere Konstruktion der Welt, sie leiten uns, zeigen uns, was wir wollen und sind bestimmend für unsere Identität – vertreten Perls, Hefferline & Goodman (1951). Nach ihrer Auffassung werden im Feld auftauchende Impulse über die Es-Prozesse mit situativen und intentionalen Aspekten versehen und darüber in Emotionen umgewandelt (Abschnitt 1.2.1.2). Einfacher gesagt, enthalten Emotionen neben den von außen und innen eintreffenden Impulsen des Organismus immer auch eine Fülle von Erinnerungsspuren. Emotionen sind verbunden mit unzähligen Episoden unseres Lebens, in denen unsere Handlungen eine bestimmte Richtung annahm, die befriedigend oder unbefriedigend verliefen. Allgemein wird die herausragende Bedeutung der Emotionen für den therapeutischen Prozess auch jenseits der humanistischen Therapieorientierung zunehmend anerkannt.

Einer der wichtigsten Prozesse in der Gestalttherapie ist, dass der Klient seine eigenen Emotionen akzeptiert und beginnt, Verantwortung für sie zu übernehmen, statt sie zu verleugnen, zu unterdrücken oder zu projizieren (siehe 1.2.1.3). F. Perls (1947) beleuchtete als erster die Bedeutung der Emotionen in seiner Diskussion von Aggression, die gegen das Selbst gewendet wird, als ein Indikator eines pathologischen Prozesses. Dies ist metaphorisch repräsentiert in dem Bild eines Kindes, das unkritisch die Befehle der Eltern »schluckt« (introjiziert), wenn es Angst hat, dass die aggressiven Impulse bestraft werden. Brothers (1986) gibt ein Forschungsbeispiel dazu, wie bestimmte Aspekte von Aggression zur gesunden Entwicklung beitragen können. In der jüngeren Geschichte der Psychotherapie wurden in der zweiten Hälfte des 20. Jahrhunderts gerade bezogen auf den Ausdruck von Aggressionen in der Therapie eine Reihe von Ansätze entwickelt, die den Ausdruck von heftigen Gefühlen unterstützen oder sogar forcieren.

Heute evaluieren die meisten Gestalttherapeuten den Ausdruck von z.B. reiner Aggression in der Therapie zwar als kurzzeitig kathartisch, aber weniger kurativ im Sinne einer anhaltenden Heilung, als ursprünglich angenommen. Der geringe Einfluss von reinem Gefühlsausdruck auf den Heilungsprozess zeigt sich auch in den Daten von drei Forschungsarbeiten (Rosner 1996; Conoley et al. 1983; Beutler et al. 1984). Heftiger Ausdruck von Gefühlen kann Klienten und Therapeuten jedoch einen Eindruck von der Stärke der inneren Konflikte vermitteln. Insofern kann der Ausdruck von Ärger und Wut speziell beim Durcharbeiten von traumatischen Erlebnissen therapeutisch wichtig sein, insbesondere wenn sich die aggressiven Gefühle mit innerem Schmerz und Trauer mischen. In der Terminologie der Gestalttherapie bedeutet dies, dass »Emotionen ihre eigene unabhängige Gestalt erreichen sollen«, was heißt, dass beides, Wut und Trauer, zu einem unabhängigen und vollen Ausdruck finden, um den Heilungsprozess zu erleichtern. Dabei ist der Ausdruck von solch primären Emotionen eng damit verbunden, dass ein Klient seine unterdrückten Bedürfnissen anerkennt (Greenberg und Paivio 1997; Goldman & Greenberg 1997; Malcolm & Greenberg 1998). Der Ausdruck von Emotionen und Zugang zu den zugrunde liegenden Wünschen und Bedürfnissen stellt einen wichtigen Schritt auf dem Weg dar, Verantwortung für das eigene

Schicksal übernehmen zu können, sich auszusöhnen oder zu verzeihen und traumatische Erlebnisse zu verarbeiten.

In ähnlicher Weise belegen Mulder et al. (1994), dass der Ausdruck von Emotionen entscheidend sein kann für die Bewältigung der Belastungs- und Anpassungsstörung bei Patienten mit lebensbedrohlichen Erkrankungen wie HIV/AIDS. Viola & McCarthy (1994) haben die gestalttherapeutische Methode der Dramatisierung zusammen mit anderen Interventionen integriert in ihre Arbeit mit Überlebenden des Vietnamkriegs und des Golfkriegs. Butollo et al. (1998) dokumentieren ihre Arbeit mit Kriegstraumatisierten im Kriegsgebiet des ehemaligen Jugoslawien und gelangen auf dem Hintergrund von D. Sterns Forschungsarbeiten zu einer Modellbildung der Folgen für die Entwicklung von Kindern kriegstraumatisierter Eltern. Auf der Basis einer Reformulierung der gestalttherapeutischen Selbst/Kontaktzyklustheorie begreifen die Autoren die Kontaktstörung zwischen kriegstraumatisierten Eltern und deren Kindern über eine Störung der emotionalen Resonanz, wenn der Kontakt zwischen Eltern und Kind aufgrund der emotionalen Traumatisierung der Eltern durch Nicht-Antworten auf die Kontaktsignale des Kindes unterbrochen wird. Auf eine genauere Formulierung der therapeutischen Prozesse in der Arbeit mit Emotionen wird im folgenden Abschnitt eingegangen. Einen umfassenden Überblick über Konzepte und Kontroversen in der Traumaforschung geben Butollo & Hagl (2003). In diesem Band entwickeln die Autoren auch ein Modell für eine integrative Traumatherapie, die verhaltenstherapeutische und gestalttherapeutisch-dialogische Ansätze umfasst. Vier Phasen der posttraumatischen Entwicklung in der Traumatherapie werden beschrieben: (1) Phase der Entwicklung von Sicherheit, (2) Phase der Entwicklung innerer Stabilität in Bereich der Gefühle und autonomen Körperfunktionen, (3) Phase des Kontakts, der Konfrontation und dialogischen Exposition, (4) Phase der Integration. Das integrative Therapiemodell zeigt, wie Gestalttherapie für bestimmte Störungen in einem modifizierten Behandlungsansatz eingesetzt werden kann. Die Autoren geben vorläufige evaluative Daten aus einer Studie zum Einsatz ihres integrativen Therapieansatzes mit Kriegstraumatisierten aus dem Balkankrieg, die zwischen 1992 und 1995 in Bosnien durchgeführt worden war.

Die vorgestellten Ansätze zeigen, wie der emotionsfokussierende, dialogische Ansatz der Gestalttherapie unter verschiedenen Modifikationen bei unterschiedlichen Patienten eingesetzt werden kann. Dabei fokussieren die oben genannten Beispiele auf Patienten mit Belastungsstörungen. Weitere Therapiemodifikationen u.a. für Patienten mit schweren Persönlichkeitsstörungen werden von Hartmann-Kottek (2004) dokumentiert. In Abschnitt 2.1.2 dieses Bandes werden Therapieevaluationen für unterschiedliche Patientengruppen zusammengefasst. Diese umfassen vor allem: affektive Störungen (2.1.2.1), Persönlichkeitsstörungen bis zu schweren Störungsgraden (2.1.2.2), Substanzabusus (2.1.2.3) und psychosomatische Störungen (2.1.2.4).

1.2.2.2 Emotions- und erlebensfokussierende Interventionen

»*Existential, experiental, experimental.* Gestalttherapie ist ein existenziell-phänomenologischer Ansatz und als solcher erfahrungsbezogen and experimentell«. Mit diesen Worten beschreibt Laura Perls (1989, 177) den Kern gestalttherapeutischer Haltung und Herangehensweise. Im Zentrum liegt die Unmittelbarkeit der Wahrnehmung, die Bewusstheit der eigenen Impulse und Gefühle im Sinn einer frei flottierenden Aufmerksamkeit des Therapeuten.

Isadore From warnt entschieden vor einer reduktionistischen Darstellung der Gestalttherapie als einer Summe von verschiedenen Techniken. Dennoch können trotz des holistischen Ansatzes unterschiedliche Methoden und Interventionen identifiziert werden (From 1984). Der Therapeut entmutigt den Klienten darin, zu interpretieren, zu denken und zu rationalisieren, weil dies die Bewusstheit von Gefühlen und sensorischen Erfahrungen verhindert. Eine Bewegung weg von einer Planung für die Zukunft, dem Reden über die Vergangenheit oder dem Denken in Abstraktionen wird dagegen ermutigt. Bewusstheit kann auch erreicht werden über ein Experimentieren mit dem Ausdruck von Impulsen und Gefühlen (Naranjo 1993). Die Entwicklung von Gestalttherapie ist verbunden mit der Entwicklung einer Reihe von Mikro- und Makrotechniken. Mikrotechniken beschreiben, was der Therapeut auf einer Moment-zu-Moment-Ebene tut, während Makrotechniken komplexe Interventionen umfassen, die sich über längere Zeiträume, z.B. eine ganze Sitzung oder eine Sitzungssequenz, erstrecken. Eine kleine Auswahl in der Gestalttherapie entwickelter Mikro- und Makrotechniken wird im Folgenden kurz beschrieben. Die ausgesuchten Interventionsbeispiele können vor allem der klassischen Gestalttherapie zugeordnet werden und werden in der modernen, dialogischen Gestalttherapie z.T. seltener verwendet, oder wenn dann stärker integriert in den dialogischen Prozess.

1.2.2.2.1 Mikrointerventionen

In der Wiederholung von Äußerungen schlägt der Therapeut vor, dass der Klient eine Geste, einen verbalen Ausdruck oder einen speziellen Aspekt von Körpersprache wiederholt. Zum Beispiel zeigt ein depressiver Klient, der keinen Gefühlszugang hat, ein Schulterzucken. Der Therapeut mag den Klienten bitten, diese Geste vielfach zu wiederholen, während er ihn gleichzeitig über seine Gefühle befragt. Das unterstützt den Klienten, seinem Gefühl von tiefer Resignation Ausdruck zu verleihen und sie mit dem Therapeuten zu teilen.

Übertreibungen und Elaborierungen sind Techniken, die auf ähnlichen Bewusstheitsprinzipien beruhen. Ein Klient wird gebeten, ein bestimmtes Verhalten zu wiederholen und zu intensivieren mit der Zielsetzung, automatisches Verhalten zu verlangsamen und unbewusstes Verhalten neu zu erfahren. Verdeckte Verhaltensaspekte können auf diese Weise beleuchtet werden. Wenn ein Klient eine Neigung zum Grinsen hat, mag der Therapeut ihn bitten, sich auf seinen Gesichtsausdruck zu konzentrieren und »hineinzugehen«, es zu übertreiben. Beispielsweise fühlte sich ein Klient, während er sich auf seinen Gesichtsausdruck konzentrierte, so als würde er im Alter von zwölf Jahren seiner strengen Mutter gegenübersitzen, die ihm jeden Ausdruck von Ärger verbot. Dies erlaubt und intensiviert die Weiterarbeit am Beziehungsgeschehen zwischen Klient und Therapeut.

Identifikation erfordert vom Klienten die Konzentration auf seine Wahrnehmungen wie z.B. Kopfschmerzen, Spannungsgefühle, Schmerzen im Bauch oder ein Traumelement. Dies ist eine der frühsten Techniken von Gestalttherapie. Sie kann vom Therapeuten z.b. mit einer Frage wie »Was sagen Ihre Tränen?« oder »Können Sie Ihrer Einsamkeit eine Stimme geben?« eingeführt werden. Identifikation kann betrachtet werden als eine projektive Technik, in der primäre Emotionen und Reaktionen wie Abscheu und Verachtung aufgedeckt und symbolisiert werden.

1.2.2.2.2 Makrointerventionen

Repräsentation oder Dramatisierung ist eine Technik, mit welcher der Klient dazu angeleitet wird, verschiedene Rollen zu übernehmen, zum Beispiel eine Familienszene darzustellen. Dramatisierung wird vielfach in Gruppen praktiziert, wo verschiedene Rollen von verschiedenen Teilnehmern übernommen werden können, ist aber gleichermaßen in der Einzeltherapie effektiv und gut einsetzbar. Diese Technik ist zum Teil inspiriert durch Psychodrama-Praktiken; die Möglichkeiten für Dramatisierungen sind unendlich. Das Sich-Identifizieren mit widerstreitenden Aspekten von inneren Konflikten hilft dabei, emotionale Prozesse zu aktivieren und gibt eine greifbare Darstellung und unmittelbare Erfahrung für den Klienten wie auch für die anderen Gruppenteilnehmer und den Therapeuten. Habituelle Konfliktmuster, die über die Lebenszeit rigide wiederholt wurden, werden bewusst und erlauben dem Klienten, die Kette von wiederholtem neurotischen Verhalten zu durchbrechen. Dramatisierungen werden praktiziert in der Ein- und Zwei-Stuhl-Methode oder in der Traumarbeit.

Box VI: Makrointerventionen

Fallbeispiel: Zwei-Stuhl-Methode und Erledigung eines nicht abgeschlossenen Gefühlsprozesses (unfinished business)

Eine über fünfzigjährige Frau berichtet mit Trauer von ihrem vor 20 Jahren verstorbenen Vater, den sie als streng, versagend und leistungsorientiert erlebt hat. In ihren Partnerschaften hatte sich das konflikthafte Geschehen zwischen Wünschen an den Vater und die gleichzeitig bestehende Ablehnung stets wiederholt. Deprimiert erzählt sie in der Gruppe von ihrer letzten Begegnung mit ihrem Vater vor seinem Tod, der so weit weg von dem zu sein scheint, wie sie sich ihren Vater eigentlich gewünscht hätte. Der Therapeut schlägt ihr ein gestalttherapeutisches Experiment vor, wozu sie bereit ist. Zwei Stühle werden geholt und der Therapeut lädt die Klientin ein, sich zunächst auf den einen Stuhl zu setzen und sich dort vorzustellen, sie sei ihr realer Vater. Als dieser möchte sie sich auf diesem Stuhl vor der Gruppe vorstellen und beschreiben. Gegenüber auf dem anderen Stuhl soll sie sich mit dem Wunschvater identifizieren und sich in einigen Worten gleichermaßen zunächst vorstellen als die dort repräsentierte Figur. Dann beginnt der eigentliche Dialog. Realer Vater und Wunschvater kommen ins Gespräch nach den Fantasien der Klientin. Theoretisch repräsentieren beide Figuren eigene Selbstanteile der Klientin, die sie nicht integriert hat, oder in gestalttheoretischer Sprache, die (ab-) gespalten sind. In der dialogischen Form wird in der Gestalttherapie die Spaltung auf die Spitze getrieben, der reale Vater zeigt sich im Dialog versagend, kritisierend, abweisend, der Wunschvater läuft auf, während sich die beiden Männer, dargestellt von der Klientin, über ihre Tochter unterhalten. Die Kritik nimmt zu. Die Stimme des realen Vaters wird harscher, auf dem Stuhl des Wunschvaters tauchen Erinnerungen auf, mit denen der Wunschvater versucht, den realen Vater zu überzeugen, dass Härte nicht immer angemessen ist. Schließlich im Dialog wird die Klientin sehr traurig, setzt aber dennoch ihr Spiel fort. Jetzt weichen sich die Fronten auf. Wunschvater und realer Vater kommen sich näher, realer Vater so, wie sich ihn die Klientin als real projiziert, wird weicher, nachgiebiger, erinnert sich an weiche und schöne Momente. Das ganze Geschehen spielt sich also ab als Projektion der Klientin.

In einer der folgenden Sitzungen kehrt die Klientin zurück in die Gruppe und erzählt von einer inneren Auseinandersetzung am Grab des Vaters, an das sie zwischenzeitlich nach 20 Jahren das erste Mal gegangen war, wobei es ihr am Grab des Vaters auch möglich war, über ihre eigenen Härten nachzudenken und umgekehrt seine weichen Anteile neu zu entdecken. Dabei stellt der Besuch des Grabes die Fortsetzung des im vorherigen Dialog mit zwei Stühlen eingeleiteten inneren Dialoges der Klientin dar. Die Erfahrung im therapeutischen Dialog, die Erfahrung von Zuspitzung und Auflösung, ermöglichten auch im realen Leben eine stärkere integrative Erfahrung, in der die eigenen harten Persönlichkeitsanteile der Klientin genauso integriert werden konnten wie die nachdenklichen und weichen Seiten des Vaters. Im Anschluss gelang es der Klientin, ihre jahrelang immer wieder reproduzierten Beziehungsmuster aufzubrechen, in denen sie die Beziehung zum Vater stets wiederholt hatte.

1.2.2.3 Traumarbeit

Entsprechend einer Querschnittsuntersuchung zum Einsatz von Traumarbeit durch Psychotherapeuten in Florida (Keller et al. 1995) wird die Gestaltmethode häufiger eingesetzt als der Freudianische Ansatz. Prominente Gestalttherapeuten wie Polster und Polster (1973) geben der Arbeit mit Träumen eine zentrale Stellung in Gestalttherapie. Eine Reihe von Methoden wird benutzt, um der Traumarbeit Unmittelbarkeit zu verleihen. Der Klient wird z.B. gebeten, den Traum so zu erzählen, als würde er sich in der Gegenwart ereignen, was dem Träumer verhilft, einen direkteren Zugang zum Inhalt des Traumes zu bekommen. Der Klient kann auch darum gebeten werden, den Traum darzustellen, sich mit einer Figur, einer Stimmung zu identifizieren und die Traumerfahrung aus dieser Perspektive zu berichten. Gefühle, die im Verlauf des Erzählens von einem Traum auftauchen, sind eine wichtige Quelle von Informationen, die Hinweise geben auf das Selbst des Träumers. Träume werden verstanden als die Projektionen des Klienten, die das Funktionieren des Selbst repräsentieren, die existenzielle Situation des Träumers im Leben. Im unten gegebenen Beispiel beschreibt die Klientin ein unvollständiges Haus und wird traurig und später ärgerlich, während sie sich mit diesem Element identifiziert. Das Durcharbeiten des Traums ermöglicht dem Klienten, Teile des Selbst, die im Hintergrund gehalten werden, zu reintegrieren. Der in Box VII dargestellte Dialogausschnitt ist einer Sitzung von F. Perls entnommen und gibt ein von ihm selbst kommentiertes Beispiel für gestalttherapeutische Traumarbeit (Perls 1969, 95ff.).

Box VII: Traumarbeit

In den beiden rechten Spalten neben dem Dialogtext finden sich Kategorisierungen der Interventionen auf einer Mikro- und Makroebene.

Traumdialog	Mikro-Intervention	Makro-Intervention
(Nora ist Teilnehmerin eines Traumseminars, in dem die Gestaltmethoden wie Identifikation und Dramatisierung bereits vorgestellt worden waren.) Nora: In meinem Traum war ich in einem unvollständiges Haus und die Treppen hatten keine Geländer. Ich steige die Stufen hoch und komme sehr hoch, aber ich gelange nirgendwo hin. Ich weiß, dass in meiner Realität wäre es furchtbar, so hoch auf diesen Treppen zu steigen. Im Traum ist es ziemlich schlimm, aber es ist nicht so schlimm, und ich wundere mich, wie ich es ertragen könnte.		
Perls: Okeh. Sei das unvollständige Haus und wiederhole den Traum.	Wiederholung, Identifizierung	Dramatisierung
(Obwohl die Klientin bereits mit der Methode vertraut ist, zeigt sie in dieser Arbeit doch erhebliche Schwierigkeiten mit dieser Arbeitsform)		
N: Ich bin das Haus und ich bin unvollständig. Und ich habe nur ein Skelett, die Teile und kaum die Stockwerke. Aber die Treppen sind da. Und ich habe keine Geländer, um mich zu schützen, und dennoch, ich laufe hoch und –		
P: Nein nein. Du bist das Haus. Du läufst nicht.	Identifizierung	Dramatisierung (Fortsetzung)

N: Also, man läuft auf mir hoch. Und ich ende irgendwo oben und es – und es führt nirgendwo hin und –	
P: Sag das zu Nora. Du bist das Haus und sprich zu Nora. N: Du läufst auf mir empor und du kommst nirgendwo hin. Und du kannst fallen. Normalerweise fällst du.	Identifizierung
P: (...) Jetzt sag dasselbe zu einigen Leuten hier, als Haus. »Wenn du auf mir versuchst hochzulaufen....«	persönlichmachen
N: Wenn du versuchst, auf mir hochzulaufen, wirst du fallen.	
P: Kannst du mir mehr sagen, was du machst mit ihnen, wenn sie versuchen in dir zu leben und so weiter? ... (Nora stöhnt) Bist du ein komfortables Haus, um drin zu leben?	Identifizierung
N: Nein, ich bin offen und ungeschützt und es gibt Winde, die hineinblasen. (Die Stimme sinkt zum Flüstern) Und wenn du auf mir hochsteigst, wirst du fallen, und wenn du mich bewertest ... werde ich fallen.	
P: Fängst du an, etwas zu spüren? Was fühlst du?	emotionaler Ausdruck
N: Ich will kämpfen.	
P: Sag das zum Haus.	Wiederholung
N: Ich möchte dich bekämpfen. Ich schere mich nicht um dich. Ich tue es doch. Ich will das nicht. (weint) ... Ich will nicht weinen und ich will dich nicht – ich will noch nicht mal, dass du mich weinen siehst. (weint) ... Ich habe Angst vor dir ... Ich möchte nicht, dass du mich bedauerst.	
P: Sag das noch mal.	Wiederholung
N: Ich will nicht, dass du mich bedauerst. Ich bin stark genug auch ohne dich. Und ich brauch dich nicht und – ich, ich wünschte, ich bräuchte dich nicht (Ende des Dialogausschnitts).	
P: Was für Böden hast du?	
N: Beton. Betonböden, nur einfach unbedeckt...	

P: Ganz schön stark, hmmm? Mit einem soliden Fundament.		
N: Ja.		
P: Kannst du das zur Gruppe sagen, dass du solide Fundamente hast?	persönlich-machen, Wiederholung	Dramatisierung (Fortsetzung)
N: Du kannst gehen und es ist sicher. Und du könntest damit leben, wenn du dich nicht daran stören würdest, dass es ein bißchen unkomfortabel ist. Ich bin verläßlich.		
P: So, was brauchst du, um vollständig zu sein? ...	Identifizierung	
N: Ich weiß nicht. Ich – ich denke nicht, dass ich etwas brauche, ich – ich fühle einfach, ich – ich will mehr.		
P: Aha. Wie können wir das Haus ein bißchen wärmer machen?	Ausphantasieren	
N: Also, es decken, schließen – Fenster einsetzen, Wände hochziehen, Vorhänge, schöne Farben – schöne, warme Farben.		
P: Okeh, du kannst all diese Ergänzungen sein – alles, was fehlt, und sprich zu dem unvollkommenen Haus. »Ich bin hier, um dich zu vervollständigen, dich zu ergänzen.«	Identifizierung	Dramatisierung
N: Ich bin hier, um dich zu vervollständigen. Du bist ganz gut, aber du könntest viel besser und viel hübscher zum Drin-Wohnen sein, wenn du mich hast – du wärst wärmer und heller und weicher – schöne Farben haben, vielleicht Teppiche haben, ein paar weiche und helle Dinge und vielleicht eine Heizung.		
P: Wechsle den Stuhl. Sei das unvollständige Haus.		
N: Tja, du bist Luxus. Man kann auch ohne Luxus auskommen... Und ich weiß nicht, ob ich mir dich leisten könnte.		
N: Naja, wenn du denkst, ich bin es wert, dann könntest du – dann wirst du es versuchen und mich bekommen. Und es wird dir ein netteres, besseres Gefühl geben.		

N: Naja, bist du wirklich nicht falsch? Ich meine, bist du nicht eigentlich nur Hülle?...		
N: Du bist die Struktur.		
N: Ja, das bin ich.		
N: Naja, wenn du denkst, du kannst ohne mich leben, dann nur zu. Warum tust du's nicht?		
P: Was tut die linke Hand gerade? Hast du es gemerkt? Jaaa, tu das noch ein bißchen mehr. [...] N: Na ja-	Wiederholung, Übertreibung	Aufmerksamkeitswechsel: Körperfokussierung
P: Nein, es war deine linke Hand.		
N: Ich stoße dich nicht weg. Ich kitzle dich...	Identifizierung	
P: Aha... Jetzt wechsle wieder den Platz.		Dramatisierung (Fortsetzung)
N: Ich fühle wirklich, dass ich störrisch und hartnäckig bin und ich glaube nicht, dass ich dich wirklich brauche. Ich meine, es wäre schön, wenn du da wärst – vielleicht werde ich sogar, wenn du da bist, versuchen, mich zu erinnern, wie es davor war... Ich will dich überzeugen und ich muss mir mehr Mühe geben... Wir könnten alle in Betonhäusern ohne Wände leben.		
P: Was tust du gerade mit deiner linken Hand? (Perls reibt sein Gesicht) Das machst du gerade, oder?		Aufmerksamkeitswechsel: Körperfokussierung
N: Mein Gesicht reiben.		
P: Laß deine Finger mit deinem Gesicht sprechen.	Identifizierung	Dramatisierung
N: Ich reibe dich ... um deine Aufmerksamkeit zu bekommen ... Wer bist du? ... Ich denke zu sehr.		
P: Du denkst zu sehr. Okeh. Nora, wie geht es dir mit diesem kleinen Stück Arbeit, was wir hier gemacht haben? Erschrocken?		
N: Nein.		

P: Hast du eine existenzielle Botschaft bekommen?

N: Es war sehr gut.

P: Du hast etwas bekommen, ja? Laß mich noch etwas mehr über den Traum insgesamt sagen. [...]

Dies sind Ausschnitte aus dem in der Sitzung folgenden Kommentar von F. Perls:
»Das wichtigste ist, den Grundgedanken von Projektion zu verstehen. Jeder Traum oder jede Geschichte enthält das gesamte Material, das wir brauchen. Die Schwierigkeit besteht darin, die Idee der Fragmentierung zu verstehen. Alle verschiedenen Teile sind verstreut. [...] Noras Projektion ist das unvollständige Haus. Am Anfang erfährt sie sich nicht als ein unvollständige Haus. Es ist so projiziert, als würde sie in dem Haus leben. Aber sie selbst ist das unvollständige Haus. Was fehlt, ist Wärme und Farbe. Sobald sie das Haus wird, erkennt sie an, dass sie solide Fundamente hat usw. Wenn du fähig bist, dich vollständig in jedes kleine Teil des Traums hineinzuprojizieren – und dieses Ding wirklich wirst – dann beginnst du zu reassimilieren, dir wieder anzueignen, was du abgelehnt hast, was du weggegeben hast. Je mehr du von dir weggibst, um so verarmter wirst du. Hier ist eine Gelegenheit, es wieder zurückzunehmen. Die Projektion erscheint oft als etwas Unangenehmes – eine Spinne, ein Zug oder ein totes Haus, ein unvollständiges Haus. Aber wenn du beginnst zu begreifen ›Das ist mein Traum. Ich bin verantwortlich für den Traum. Ich habe dieses Bild gemalt. Jeder Teil bin ich.‹, dann beginnen die Dinge zu funktionieren und zusammen zu kommen, anstatt unvollständig und fragmentiert zu sein.«

1.3 Weiterentwicklungen der Gestalttherapie

Gestalttherapie wurde ursprünglich ausschließlich in Einzeltherapie, später überwiegend in Gruppen praktiziert. In der Aufbruchphase der Gestalttherapie war das Gruppensetting Bestandteil des innovativen Charakters und einer neuen therapeutischen Identität. Der Gruppe wurde – vergleichbar einer »Urhorde« mit selbstregulierenden Kräften – eine entscheidende Rolle im Heilungsprozess zugeschrieben. Indessen schenkte frühe Gruppenarbeit der Gruppendynamik eigentlich wenig Aufmerksamkeit. Diese Arbeit kann vielmehr beschrieben werden als eine Form der Einzeltherapie in der Gruppe. Aus einer Erhebung von Frew (1988) geht hervor, dass fast alle Gestalttherapeuten in ihrer eigenen Ausbildung Erfahrungen mit der Gruppenarbeit gemacht haben. Moderne Ausbildungsinstitute führen auch heute Ausbildung in der Gruppe durch oder nutzen eine Kombination von Einzel- und Gruppen-Lehrtherapie. Das erste Ausbildungsinstitut für Gestalttherapie wurde 1952 in New York gegründet, gefolgt von Instituten in Cleveland und Esalen an der Westküste der USA. Jedes dieser Institute steht bis heute für unterschiedliche Stile in der Gestalttherapie. Zwei Hauptströmungen sind in den letzten

40 Jahren erkennbar: (1) Die Einzeltherapie wurde aus der Arbeit in Gruppen herausgelöst und ist heute die am häufigsten praktizierte Form von Gestalttherapie. (2) Die interpersonale und systemische Dynamik hat – teilweise unter dem Einfluss von Kurt Lewin, der als erster Gruppendynamik beobachtet und beschrieben hatte – zunehmend große Bedeutung für die gestalttherapeutische Gruppenarbeit gewonnen.

Sreckovic (1999) identifiziert drei Hauptströmungen in der Gestalttherapie: (a) die wachstumsorientierte Tradition, (b) die sozialtherapeutische Tradition und (c) die klinische Tradition. Alle drei Traditionen bestehen heute nebeneinander. Die wachstumsorientierte Tradition ist die am stärksten führerorientierte Form der Gestalttherapie (Guru-Modell) und wird durchgeführt in Serien von sporadischen Workshops, deren Form und Methoden teilweise vorstrukturiert sind. Dieser ursprüngliche Stil der Gruppenarbeit war lange Zeit verbunden mit der Westküste der USA. Die sozialtherapeutische Tradition legt einen Hauptschwerpunkt auf die Selbsterfahrung in der Gruppe. Die klinische Tradition umfasst weitere Professionalisierung mit einem stärkeren Schwerpunkt in einzeltherapeutischer Behandlung. Sie ist zudem sowohl auf der diagnostischen wie auch der Behandlungsebene wesentlich stärker auf Langzeitprozesse ausgerichtet. Für diese Tradition lassen sich die Ursprünge am stärksten in New York erkennen. Unter den wichtigsten Vertretern finden sich Jim Simkin, Gary Yontef und Erving Polster. Polster und Polster (1973) haben eine Anzahl von theoretischen und praktischen Beiträgen zur Gestalttherapie geleistet. Ihre theoretischen Ideen hinsichtlich des Konzepts des Selbst und der Kontaktstörungen wurden weithin diskutiert, aber nicht generell akzeptiert. Ihre praktischen Beiträge umfassen einen stärker akzeptierenden und weniger konfrontativen Stil und waren sehr einflussreich. Yontef (1998, 1999) beschreibt in der Diskussion eines neuen Modells der Gestalttherapie dieses als stärker dialogisch und beziehungsorientiert und ebenfalls weniger konfrontativ. Seit den 1970er Jahren war Gestalttherapie vor allem in Nordamerika einflussreich. Die Betonung von unmittelbarer emotionaler Erfahrung und Gruppenarbeit in der gestalttherapeutischen Arbeit erwies sich schließlich auch als attraktiv für viele europäische Therapeuten. Aus diesem Grund wurde Gestalttherapie – nach der klientenzentrierten Therapie – die am zweithäufigsten praktizierte humanistische Psychotherapieform in Europa.

1.3.1 Die Entwicklung der prozess-erfahrungsorientierten Therapie

An der Schnittstelle zwischen Forschung und Praxis wurde in den 1990er Jahren von Greenberg, Rice & Elliot (1993) die prozess-erfahrungsorientierte Therapie (P/E) begründet. Im Hintergrund stehen die Forschungsstudien, die zeigen, dass gestalttherapeutische Interventionen emotionale Prozesse in spezifischer Weise aktivieren. Die Therapietheorie macht in vieler Hinsicht das explizit, was in der Gestalt- und klientenzentrierten Therapie intuitiv entwickelt wurde. Insofern stellt die P/E in Theorie und Praxis eine Projektion von humanistischem Erfahrungswissen in einen wissenschaftsbasierten Raum dar. Die prozess-erfahrungsorientierte Therapie kann als eine integrative Neuentwicklung innerhalb der humanistischen Therapieorientierungen betrachtet werden. Sie basiert im wesentlichen auf den Forschungen an der York-Universität und stellt einen Versuch dar, zentrale therapeutische Aspekte der klientenzentrierten und Gestalttherapie zusammen zu führen. Integriert werden in diesen experimentellen Therapieansatz (a) die humanistische Orientierung auf Erfahrung und Prozess, (b) die Basishaltung von klientenzentrierter Therapie, Empathie und Verbalisierung zu fördern, sowie (c) die gestalttherapeutische Haltung, auf das Hier-und-Jetzt zu fokussieren und darüber aktiv Erfahrung zu ermöglichen. Unter spezifizierten Bedingungen, insbesondere wenn der Patient nicht im Kontakt mit seinen Gefühlen ist, schlägt der Therapeut wesentlich der Gestalttherapie entnommene Experimente vor, die dem Patienten helfen können, seine zugrunde liegenden Gefühle und Erfahrungen zu erforschen.

Theoretisch ist dieser Ansatz (wie in Abschnitt 1.2.1.4 dargestellt) stark beeinflusst von der kognitiven Psychologie Piagets und seinem Schema-Begriff: Bereits eingeführt worden ist der Begriff des »emotionalen Schemas«, das die Erfahrungen und Handlungen leitet (Greenberg 1975; Greenberg & Paivio 1997). Greenberg & Paivio (1997) gehen davon aus, dass dysfunktionale emotionale Schemata das gesunde Funktionieren von Erfahrungen und Verhalten stören. Wie in der Gestalttherapie gehen die Autoren davon aus, dass Erfahrung und Bedeutungsgebung Ergebnis eines Konstruktionsprozesses sind, integriert aus sensorischen, perzeptuellen und emotionalen Informationen und Erinnerungen. Die Therapie zielt auf diesen Konstruktionsprozess (Abschnitt 1.2.1.4). Die Therapie soll dem Klienten einen Zugang zu seinen dysfunktionalen Schemata sowie den zugrunde liegenden, meist kindlichen Erfahrungen ermöglichen. Ziel ist, zu einer adäquateren Symbolisierung der Erfahrungen und einer Neustrukturierung der emotionalen Schemata zu gelangen.

Im therapeutischen Prozesses steht zunächst im Vordergrund, dass der Therapeut den Klienten empathisch versteht (siehe unten »therapeutischen Prinzipien«). Dies hilft dem Klienten, sich zunächst selbst tiefer zu explorieren. Dabei werden schließlich wichtige und belastende Aspekte des Erlebens des Patienten fokussiert. Im gesamten Prozess ist es Aufgabe des Therapeuten, auf bestimmte diagnostische Kriterien zu achten, die als »kognitiv-affektive Marker« bezeichnet werden und bestimmte Schwierigkeiten des Klienten indizieren. Diese Marker bilden den prozessdiagnostischen Anteil an der therapeutischen Arbeit.

Prozessdiagnostik: Ein zentraler Aspekt der therapeutischen Arbeit ist die Prozessdiagnostik. Der Therapeut fördert einerseits die Selbstexploration des Patienten, behält aber gleichzeitig den Prozess im Blickpunkt. Das heißt, der Therapeut wechselt dazwischen, (a) dem Patienten in seiner Selbstexploration zu folgen und (b) den Prozess aktiv in die Hand zu nehmen, wenn bestimmte diagnostische Kriterien (»affektiv-kognitive Marker«) erfüllt sind.

Affektiv-kognitive Marker: Im Rahmen der Prozessdiagnose identifiziert der Therapeut bestimmte Marker. Sechs verschiedene Marker indizieren bestimmte aktive Interventionen: (1) Problematische Reaktion auf ein bestimmtes Ereignis, (2) mangelhaftes Selbstverständnis, (3) konflikthafte Selbstbewertung, (4) Selbstunterbrechungskonflikt, (5) unabgeschlossener Prozess und (6) Verletzbarkeit. Ist der Klient mit sich selber, seinen Erfahrungen und Gefühlen in Kontakt, folgt der Therapeut. Ist der Klient blockiert, greift der Therapeut aktiv in den Prozess ein.

Aktive Interventionen: Stellt der Therapeut im Verlauf einer Sitzung fest, dass die Kriterien eines Markers erfüllt sind, z.B. wenn der Klient nur an der Oberfläche seiner Erfahrungen ist, schaltet er sich ein und unterstützt den Klienten, eine Erfahrung lebendig und unmittelbar erneut zu durchleben. Dabei betonen die Autoren, dass es wichtig ist, alle Aspekte des Ereignisses, die zu einem emotionalen Schema gehören, z.B. emotionale, perzeptuelle, aber auch kognitiv-intellektuelle, zu re-prozessieren. Es lassen sich drei Basistypen von Klientenaktivitäten unterscheiden (Rice & Greenberg 1990): (a) Experiential search: emotionale Fokussierung ähnlich dem Focusing von Gendlin und gestalttherapeutischem Awareness. Beim Wiederaufleben einer alten, unerledigten Situation richten die Klienten ihre Aufmerksamkeit auf das eigene innere Erleben, um es im Hier-und-Jetzt zu erforschen; (b) active expression: aktiver, spontaner Ausdruck des unmittelbaren Erlebens unterstützt vom Therapeuten, z.B. durch Zwei-Stuhl-Technik; (c) interpersonal experiential learning: Der Klient erlebt in der therapeutischen Beziehung Bestätigung und Verständnis, wenn er Schwierigkeiten, Angst, Verzweiflung ausdrückt und eigentlich Ablehnung durch den Therapeuten erwartet.

Im Folgenden werden Marker definiert und die zugehörigen aktiven Interventionen beschrieben:

Marker für problematische Reaktionen auf ein bestimmtes Ereignis: Klient erinnert sich an eine Reaktion in einer bestimmten Situation, die er selbst als problematisch ansieht. Dieser Marker bildet die Indikation für die Interventionsstrategie der systematischen evozierenden Erschließung: In dieser Interventionsstrategie leitet der Therapeut den Klienten dazu an, die kritische Szene in verlangsamter Form während der Therapiestunde erneut zu durchleben und zu untersuchen. Exploriert werden dabei Auslösesituation und emotionale Reaktion.

Marker für unklares inneres Empfinden: Der Klient hat in seinem inneren Erleben ein vages Gefühl, dass etwas nicht in Ordnung ist und es fällt ihm schwer, sein inneres Erleben in Worte zu fassen. Dieser Marker bildet die Indikation für die Interventionsstrategie des erlebensorientierten Focusing: Nachdem in der Therapiestunde imaginativ ein sicherer Raum geschaffen worden ist, richtet der Klient die ganze Aufmerksamkeit auf sein inneres Empfinden, erforscht dieses vertieft und sucht Benennungen für das Empfinden.

Marker für Spaltung: Zwei Aspekte des Selbst befinden sich konflikthaft im Widerspruch, begleitet von einer emotionalen Spannung zwischen diesen Aspekten. Dieser Marker bildet eine Indikation für die Interventionsstrategie des Dialoges mit zwei Stühlen: Identifiziert und getrennt werden zunächst die beiden Selbstaspekte, die auf zwei Stühlen repräsentiert sind. Im Rollenspiel übernimmt der Klient die Darstellung beider Seiten, die in einen Dialog eintreten.

Marker für selbstunterbrechende Spaltungen: Ein Teil des Selbst kontrolliert und blockiert den Ausdruck eines anderen Teils. Dieser Marker bildet ebenfalls eine Indikation für die Interventionsstrategie des Dialoges mit zwei Stühlen: Wie unter (3) werden zunächst die beiden Selbstaspekte identifiziert und getrennt, die der Klient auf zwei Stühlen darstellt. Im Rollenspiel lässt der Klient diese dann in einen Dialog eintreten.

Marker für unerledigte Prozesse (unfinished business): Ein Klient berichtet ein anhaltendes unaufgelöstes Gefühl, gegenüber dem er sich hilflos fühlt und das sich auf eine wichtige (»signifikante«) Person bezieht. Dieser Marker bildet die Indikation für die Interventionsstrategie des Dialoges mit leerem Stuhl: Der Klient bring intensiv seine unaufgelösten

Gefühle zum Ausdruck. Optional kann aus Sicht der signifikanten Person geantwortet werden, um zu einer Differenzierung der Sichtweisen zu gelangen.

Marker für Verletzbarkeit: Eine starke selbstrelevante negative Emotion verbunden mit körperlichem Ausdruck ist charakteristisch für viele Situationen, in denen ein Klient sich verletzlich gefühlt hat. Indessen hat der Klient einen tiefen Widerwillen dagegen, diese Emotion auszudrücken. Dieser Marker bildet die Indikation für die Interventionsstrategie des empathischen Bestätigens: Der Klient bringt seine unaufgelösten Gefühle zum Ausdruck und durchlebt intensiv die gefürchtete Emotion oder den schmerzlichen Selbstaspekt.

Eine Veränderung der emotionalen Schemata und der mit ihnen verbundenen Erlebens- und Verhaltensmöglichkeiten des Klienten braucht die Basis der Sicherheit der therapeutischen Beziehung. Die Sicherheit erlaubt zusammen mit den erfahrungsevozierenden Interventionsstrategien emotionale und episodische Informationen neu zu erfahren, zu verbalisieren und in das emotionale Schema zu integrieren. Durch den unmittelbaren Kontakt mit z.B. angstauslösenden Aspekten, können neues Erleben und zugrunde liegende primäre Gefühle und Bedürfnisse in das Gewahrsein kommen. Der Ausdruck von Gefühlen wird über die aktiven Interventionen neu erprobt und erfahren, und zuvor im Hintergrund liegende Erfahrungen, Erinnerungen, Gefühle und Bedürfnisse können über ihre Verbalisierung in das emotionale Schema reintegriert werden. In jüngeren Veröffentlichungen schlägt Greenberg vor, dass die Umstrukturierung der emotionalen Schemata am ehesten stattfindet, indem eine Emotion in eine andere transformiert wird (Greenberg 2002). Dies ist in erster Linie möglich, indem der Klient zu seinen verschütteten, zugrunde liegenden Emotionen und Bedürfnissen Zugang findet.

Sechs therapeutische Prinzipien werden formuliert, wobei die ersten beiden den von Rogers definierten Basisvariablen entsprechen: (1) Empathisches Verstehen des Patienten, seines inneres Bezugssystems, seiner Informationsverarbeitung und seiner aktuell ablaufenden Prozesse; (2) Ausdruck dieses empathischen Verstehens durch den Therapeuten und Aufbau einer akzeptierenden, fördernden Arbeitsbeziehung; (3) Entwicklung von Zielen, gezielte Motivierung und Förderung der Mitarbeit des Klienten bei der Ausführung von Aufgaben in der Therapie. Wichtig sind bei dieser Aufgabe Transparenz in Information und Austausch bei der Erstellung von Zielen. (4) Prozess-direktives Vorgehen zur gezielten Förderung erfahrungsorientierter Prozesse beim Klienten; (5) Förderung der

Selbstregulation des Klienten, seines Wachstums und seiner Selbstbestimmung und (6) Förderung, Durchführung und Abschließen spezifischer therapeutischer Aufgaben bis zur vollständigen Evaluation der Wirkung der therapeutischen Strategien. Im Zentrum steht die Veränderung emotionaler Verarbeitungsprozesse über eine Veränderung der emotionalen Schemata und der damit verbundenen emotionalen Bedeutungsbildung.

Den Ausdruck von tieferen Gefühlen fördert jene aktiven gestalttherapeutischen Interventionen, die innere »Spaltungen«, Widersprüche, Ambitendenzen und unerledigte Prozesse in der Therapie sichtbar werden lassen (Greenberg 2002). Für diese Interventionen konnte im Rahmen des Forschungsprogramms in einer Serie von Studien konsistent belegt werden, dass sie den Gefühlsausdruck stärker aktivieren als andere therapeutische Herangehensweisen. Gefördert wird der Klient weiterhin in seinem Zugang zu verschütteten Gefühlen und Bedürfnissen, was ihn, wie die Daten belegen, in der Bewältigung seiner Konflikte unterstützt, sodass der Klient sein Selbstwertgefühl und Selbstbewusstsein steigern kann und sich die Symptome vermindern. Bei der Entwicklung der prozess-erlebnisorientierten Therapie entnahmen Greenberg, Rice & Elliott (2003) die zentralen Methoden zur Bearbeitung von Spaltungen und unerledigten Prozessen der Gestalttherapie. Gestalttherapeutische Interventionen wurden zusammen mit Gendlins emotionalem Fokussieren, dass einer fokussierten gestalttherapeutischen Arbeit an der Bewusstheit der inneren Wahrnehmung gleicht, in eine gesprächstherapeutische Basis integriert.

Dieser Ansatz wurde inzwischen auch in einer Reihe klinischer Studien verfolgt (Goldman, Greenberg & Angus 2000, Greenberg & Malcolm 2002; Greenberg & Watson 1998; Greenberg & Webster 1982; Paivio & Greenberg 1995; Watson, Gordon, Stermac, Kalogerakos & Steckley 2003; Watson & Greenberg 1996). Diese zeigen, dass gestalttherapeutische dialogische Interventionen und emotionales Fokussieren integriert in einen klientenzentrierten Ansatz mit größerer Effektivität zu einer Reduktion depressiver und anderer Symptome führen als klientenzentrierte Therapie alleine.

Elliott et al. (2004) berichtet eine Reihe weiterer Studien zu verschiedenen klinischen Störungsbildern (Depression: Gibson 1998; Jackson & Elliott 1990, PTSD nach Straftat: Elliott, Davis & Slatick 1998, Missbrauch in der Kindheit: Clarke 1993; Paivio 1997, interpersonelle Probleme: Toukmanian & Grech 1991, interpersonelle Probleme und Angst: Lowenstein 1985, Entscheidungskonflikte: Clarke & Greenberg 1986; Greenberg & Webster 1982, ungelöste Beziehungsprobleme: Paivio & Greenberg 1995; Greenberg & Malcolm 2002). In einigen dieser Arbeiten wurden Klienten, die Marker-Spezifizierungen für Spaltungen und unabgeschlossene Prozesse (unfinished business) erfüllen, untersucht. Indessen belegen die Studien eine Verminderung einer generellen klinischen Symptomatologie unter den Indikations- (Marker-) Bedingungen und den gestalttherapeutischen Interventionen. Eine genauere Aufarbeitung des Forschungsstandes findet sich in den Abschnitten 2.1.1.2 und 2.1.2.

Vorliegende Daten lassen auf gute Wirkungen der prozess-erfahrungsorientierten Therapie bei Patienten mit unterschiedlichen Störungen schließen. Hinzu kommt, dass die humanistischen Therapien, aus denen die prozess-erfahrungsorientierte Therapie entwickelt wurde, inzwischen einen Forschungsstand aufweisen, der die Wirksamkeit für eine Anzahl von Störungsbildern belegt. Dies gilt insbesondere für die beiden Hauptsäulen klientenzentrierte und Gestalttherapie. Beide Therapieformen erbringen Wirksamkeitsnachweise für unterschiedliche Störungsbilder wie milde und schwere neurotische Störungen, aber auch für die Behandlung schwer gestörter wie z.B. psychiatrisch behandelter Patienten mit Erkrankungen wie Schizophrenie (Bozarth, Zimging & Tausch 2001; Prouty 2001).

Die prozess-erfahrungsorientierte Therapie ist für diesen Forschungsband zur Gestalttherapie von besonderem Interesse, weil in ihr ein Erfahrungsschatz an intuitivem therapeutischen Handlungswissen, das in der Gestalttherapie speziell zur Arbeit mit gestörten emotionalen Prozessen entwickelt wurde, dokumentiert ist (siehe zur Arbeit mit Emotionen die Abschnitte 1.2, insbesondere 1.2.2, zu den Forschungen über gestalttherapeutische Interventionen 2.1.1. und 2.1.2 und die Metaanalysen in Abschnitt 2.3.6).

1.4 Von der Praxis zur Forschung

Für den erfahrungsorientierten (oder auch experientiell genannten) Ansatz waren Gestalttherapeuten auf der Suche nach einer modifizierten, effektiven therapeutischen Behandlungstechnik, die auch geeignet ist für die Therapie von unterschiedlich schwer gestörten Patienten (Hartmann-Kottek 2004). Der Behandlungsansatz umfasst dabei Modifikationen, insbesondere der Arbeit mit emotionalen Störungen, wie sie in einer Reihe von psychischen Erkrankungen vorkommen. Aus einigen älteren demographischen Untersuchungen lässt sich schätzen, in welchem Umfang Gestalttherapeuten in verschiedenen Bereichen der psychosozialen Versorgung arbeiten (Box VIII). Eine Aktualisierung dieser Daten steht für Deutschland aus und wäre von den Verbänden zu leisten. Indessen liegen aktuelle Daten für eine Therapeuten- und Patientenstichprobe aus der Schweiz vor. Tabelle 1 gibt indessen einen Eindruck von der Breite der Störungen, zu denen klinischen Fallberichte und Untersuchungen über den Einsatz von Gestalttherapie vorliegen. In Abschnitt 2.1.2 wird ausführlicher auf die Breite unterschiedlicher klinischer Störungsbilder eingegangen, zu denen Studien über die Wirksamkeit von Gestalttherapie vorliegen.

> **Box VIII: Arbeitsfelder der Gestalttherapeuten**
>
> Die älteren Umfragen von Schubert (1983) und Heekerens (1984) beschreiben Arbeitsfelder von Gestalttherapeuten und geben einen Überblick, in welch unterschiedlichen institutionellen Bereichen und mit welchem Klientel gestalttherapeutisch gearbeitet wird. Mehrheitlich behandeln Gestalttherapeuten schwer gestörte Klienten mit Abhängigkeiten, Psychosen, depressiven und Angst-Neurosen (Schubert 1983). Exemplarisch hervorgehoben sei hier der Bereich der Behandlung von Drogengebrauchern, der zum erheblichen Teil von Gestalttherapeuten abgedeckt wird. Die Daten von Schubert (1983) belegen weiterhin, dass der überwiegende Teil der Gestalttherapeuten in öffentlichen Institutionen angestellt ist. Eine Liste der Einrichtungen, in denen Gestalttherapeuten tätig sind, hat die Deutsche Vereinigung für Gestalttherapie (DVG 1990) herausgegeben. Heekerens (1984) konnte die Daten von Schubert (1983) bestätigen. Darüber hinaus zeichnet sich bei Heekerens (1984) ab, dass Gestalttherapie keinesfalls nur eine von mehreren Therapierichtungen ist, die therapeutisch arbeitende Personen neben einer anderen, eigentlich ausgeübten Therapieform als »Zusatz«- oder »Zweit«-Ausbildung erlernen: zwar gab die Mehrzahl aller Gestalttherapeuten an, Therapieausbildungen anderer Schulenprägung abgeschlossen zu haben oder sich in Weiterbildung zu befinden. Doch arbeiteten die befragten Personen mit einer weiteren Therapieausbildung primär gestalttherapeutisch oder eklektisch, und nur ein kleiner Anteil der Befragten machte die Angabe, andere Therapieformen primär einzusetzen. Die Befunde werden ergänzt durch Daten speziell für Psychologen, die Wasilewski (1989) im Rahmen eines Gutachtens zu Kosten von Psychotherapie bei Mitgliedern des Berufsverbands Deutscher Psychologen erhoben hat. Danach geben 25,5 Prozent der selbstständig arbeitenden klinischen Psychologen des BDP an, Gestalttherapie als erste Weiterbildung abgeschlossen zu haben, wogegen nur 1,7 Prozent der Psychologen Gestalttherapie als zweite Weiterbildung wählen. (Die Studie von Wasilewski wurde in die Liste der angefügten Arbeiten nicht aufgenommen, da sonst keine weiteren Befunde zur Gestalttherapie enthalten sind.)

> Aktuelle Daten legt Schulthess (2005) aus der Schweiz für 108 befragte Gestalttherapeuten und 969 gestalttherapeutisch behandelte Patienten vor. Die Daten geben, neben einer Reihe von personenbezogenen Daten, Aufschluss über (a) Hauptdiagnosen (nach ICD-10) der behandelten Patienten und Behandlungssetting sowie (b) den Hintergrund (z.B. Behandlungserfahrung und -rahmen) der Behandler. Zu (a): Für die Hälfte aller behandelten Patienten geben die Behandler neurotische, Belastungs- und somatoforme (27 Prozent) sowie affektive Störungen (23 Prozent) an. Verhaltens- und emotionale Störungen mit Beginn in der Kindheit und Jugend finden sich bei 15 Prozent und Persönlichkeits- und Verhaltensstörungen bei 14 Prozent der behandelten Patienten. Psychische und Verhaltensstörungen durch psychotrope Substanzen werden zu sieben Prozent als Hauptdiagnose genannt. Schwere psychische Störungen wie Schizophrenie, schizotype und wahnhafte Störungen werden bei zwei Prozent der Patienten diagnostiziert. Der größte Teil der Patienten (38 Prozent) wird in Langzeittherapien, 24 Prozent in stützenden Behandlungen und 14 Prozent in kurzfristigen Kriseninterventionen behandelt. Kurzzeittherapien werden nur bei acht Prozent der Behandlungen angegeben. Zu (b): Die Therapeutendaten geben Aufschluss darüber, dass der überwiegende Teil der Behandlungen selbstständig in eigener Praxis (64 Prozent) durchgeführt wird. Von den nichtselbstständig arbeitenden Therapeuten ist noch einmal ein großer Anteil in Praxen tätig, wo sie in delegierter Therapie Behandlungen durchführen (42 Prozent der nichtselbstständigen Behandler). Die übrigen nichtselbstständigen Therapeuten führen therapeutische Behandlungen durch im Rahmen von ambulanten Diensten und Beratungsstellen (15 Prozent), in psychiatrischen Kliniken (12 Prozent) sowie in verschiedenen anderen Institutionen wie Drogentherapieeinrichtungen etc.

Theorie wie Praxis haben die Forschung direkt angeregt. Differenzierte Forschungsstrategien wurden entwickelt, um gestalttherapeutische Interventionen zu untersuchen und zu zeigen, wie diese Veränderung in der Therapie hervorrufen. Wesentliche Beiträge sind in der Prozessforschung zu Mikro- und Makrointerventionen sowie in der kombinierten Prozess-Therapieergebnisforschung geleistet worden. Die Prozessforschung wird der Prozessorientierung von Gestalttherapie gut gerecht und hat zu der Entwicklung von Modellen geführt, mit denen sich die praktische gestalttherapeutische Arbeit gut beschreiben lässt. Dargestellt wird z.B., wie in realen Dialogen oppositionelle Spannungen aufgebaut werden und Emotionen daraufhin Ausdruck finden, wodurch Persönlichkeitsänderungen und

Heilung möglich werden. Die Therapieergebnisforschung umschreibt die Effektivität von Gestalttherapie.

Gestalttherapie arbeitet im sich kontinuierlich verändernden Feld von Kontakt über das Medium des gegenwartsbezogenen Dialogs wie auch mit experimentellen Mitteln, die eingesetzt werden, um Impulse und Emotionen zu fokussieren. Viele Facetten der Gestalttherapie spiegeln sich in der Forschung. Vielleicht ist diese ein geeignetes Transportmittel, um die theoretischen Ansätze und Arbeitsmöglichkeiten der Gestalttherapie in der Gesamtlandschaft der Psychotherapie zu vermitteln. Indessen wurde die Frage der wissenschaftlichen Aufarbeitung unter Gestalttherapeuten heftig und kontrovers diskutiert. Einige Aspekte dieser Diskussion werden unter den Perspektiven
- Erkenntnisinteresse und Methodenkritik,
- Ethik und Pragmatik,
- Neue Wege und technische Grenzen,

zusammenfassend dargestellt. Dabei bewegt sich die Forschung zur Gestalttherapie innerhalb dieser Spannungsfelder, und die kontroversen Haltungen finden sich nach wie vor unter Gestalttherapeuten verschiedener Orientierungen.

1.4.1 Erkenntnisinteresse und Methodenkritik

In der Unterscheidung zwischen »nomothetischem« und »ideographischem« Forschungsmodell kann das nomothetische als an den Naturwissenschaften orientiert, d.h. auf allgemeine Gesetze ausgerichtet, beschrieben werden, während sich das ideographische Forschungsmodell auf das Verstehen des einzigartigen Individuums richtet. Ohne Zweifel fand und findet sich bis heute unter Gestalttherapeuten eine kritische oder skeptische Haltung gegenüber einer auf allgemeine Gesetze nach dem nomothetischen Modell bzw. auf Normierung zielenden Forschung. Dies galt bislang auch für ein konventionelles Therapieforschungsinteresse, das die Frage nach der Effektivität und – über die Ansammlung genügend großer Datenmengen – einer differentiellen Indikation der verschiedenen Therapien für verschiedene Patientengruppen stellt. In der Auseinandersetzung von Gestalttherapeuten mit Fragen einer wissenschaftlichen Herangehensweise an die Gestalttherapie und deren Wirkungsweise sind zudem herkömmliche Forschungsansätze sowie eine Reihe von Begriffen kritisch reflektiert worden (siehe *Gestalttherapie*, Sonderheft Forschung, 1992). Dies bezieht sich an erster Stelle auf den Effektivitätsbegriff selbst sowie auf eine an einem Effektivitätsbegriff orientierte Wirksamkeitsforschung, die dem Reduktionismus psychometrischer Operationalisierungen folgt. Ein reduzierter Begriff von »Therapieeffektivität« erfuhr dabei weitgehend Ablehnung. Dies hat in der Entwicklung von gestalttherapeutischen Forschungsparadigmen in den letzten 25 Jahren vor allem zu einer Konzentration auf therapeutische Prozesse geführt. Zwei Forschungsebenen sind dabei wie in der Einleitung bereits skizziert zu unterscheiden: die der (1) Mikroprozessstudien, in denen innerhalb einer Sitzung Moment-zu-Moment-Veränderungen erfasst werden, um z.b. die Veränderung im emotionalen Ausdruck oder der Erfahrungstiefe zu erfassen, und (2) Makroprozessstudien, in denen Prozesse über ganze oder mehrere Sitzungen hinweg erfasst werden, z.B. über Inhaltsanalysen. Darüber hinaus suchten Forschungspragmatiker nach Zusammenhängen zwischen Prozessen auf der Mikro- und Makroebene, d.h. zwischen kurz- und langzeitlich überdauernden Veränderungen in Bereichen wie Konfliktbewältigung, emotionalen Prozessen, Symptomatik, Persönlichkeit sowie der generellen Einschätzung der subjektiven Lebensfreude und -qualität. Ein solcher Ansatz, der Fragen inhaltlicher Prozesse, die in der therapeutischen Situation von einem Moment zum nächsten geschehen, mit Fragen nach einer längerfristig wiedergewonnenen psychischen Gesundheit und Lebensqualität verbindet, könnte sich auch für die Zukunft als interessanter Forschungsansatz erweisen.

Ein weiterer viel versprechender Ansatz wird von wissenschaftlich interessierten Gestalttherapeuten in einem Wiederaufgreifen des auf Kurt Lewin zurückgehenden Aktions- und Feldforschungsansatzes gesehen. Lewins Feldkonzept integriert als Modellformulierung Phänomenologie und Holismus. In der grundlegenden Theorieformulierung der Gestalttherapie ist die Theorie des Selbst unmittelbar mit dem Feldbegriff verbunden. Realitätsnahe Feldstudien wurden und werden vor allem in Europa zur Gestalttherapie sowie zur integrativen und experientiellen Therapie (beides sind Weiterentwicklungen mit wesentlich gestalttherapeutischen Basiselementen) durchgeführt. Untersucht und befragt wurden dabei sowohl Klienten aus Kliniken wie auch aus privater Praxis. In einer Studie von Schigl (2000) wurden ehemalige Therapieklienten der Gestalttherapie nach dem Vorbild der Consumer-Reports-Studie von Seligman befragt. Die Ergebnisse einer solchen Studie sind zwar »unordentlicher« als kontrolliert durchgeführte Forschungsarbeiten, dafür aber realitätsnäher. Gesellschaftspolitisch sind Befragungen wie die von Seligman oder Schigl von spezieller Relevanz, weil sie vor Augen führen, wie ehemalige Psychotherapieklienten selbst einschätzen, in welcher Form sie von ihrer Therapie profitiert haben. Dies stellt einen grundsätzlich anderen Ansatz dar als die Evaluationsforschung zur Rechtfertigung vor Kostenträgern. Forschung in diesem Sinne heißt somit auch, Verantwortung übernehmen für Transparenz gegenüber den Klienten. Auch andere Forscher haben die Methode von Feldstudien gewählt (z.b. Pauls & Reicherts 1999; Teschke 1996). Hier werden Aufzeichnungen von Therapiesitzungen in Praxen von frei praktizierenden Therapeuten zur Grundlage genommen. Im Fokus der Analyse des Materials stehen die therapeutischen Prozesse, Augenmerk wird aber auch z.b. auf gestalttherapeutische Elemente als diagnostische Methode im Kontaktprozess gelegt (z.b. Pauls & Reicherts 1999). Der Feldstudien-Ansatz geht auf Lewin zurück und ist damit gut vereinbar mit dem holistischen Charakter von Gestalttherapie. Aus diesem Grund könnte der Feldforschungsansatz eine Menge beitragen für zukünftige Prozessforschung in der Gestalttherapie.

Darüber hinaus steht die Gestalttherapie seit den 1970er Jahren auch auf dem Prüfstand einer Forschung, die im Sinne der klassischen Evaluationsforschung von teilweise unabhängigen Forschergruppen aus anderen Schulenrichtungen durchgeführt wird. Dies ist dann der Fall, wenn Gestalttherapie verglichen wird mit den Wirkungen anderer Therapieformen, z.B. kognitiver Verhaltenstherapie.

1.4.2 Ethik und Pragmatik

Nach Portele (1992) sollte Psychotherapieforschung ebenso wie Therapie selbst zwei ethischen Forderungen genügen (nach Heinz von Foerster, siehe Portele 1992, 101):
- dem »ethischen Imperativ«: »Handle stets so, dass die Anzahl der Wahlmöglichkeiten erhöht wird; also beim Klienten, Therapeuten, beim Leser (Empfänger), in der Forschung usw.«
- dem »Gebot der Liebe«: »Betrachte dein Gegenüber als autonom und unterstütze ihn dabei, sich autonom zu sehen [...] Macht ist das Gegenteil von Liebe. Wenn ich versuche, den anderen von außen zu bestimmen und er sich von außen bestimmen läßt, wenn er sich unterwirft, wird das Machtspiel gespielt.«

Mit diesen ethischen Forderungen wendet sich Portele gegen eine Forschung, die im Dienste von Macht steht, Kontrolle und Unterwerfung dient oder darauf abzielt, Wahlmöglichkeiten für Patienten oder Therapeuten einzuschränken: gemeint ist die Ablehnung einer auf Normierung abzielenden wissenschaftlichen Herangehensweise. Bis heute stellt diese Ablehnung jedoch eigentlich eine erst in einigen Ansätzen ausformulierte wissenschaftskritische Haltung dar, die Therapie als einmaliges, nicht vor-

hersagbares, intersubjektives und co-kreatives Handeln betrachtet. Dies ist verbunden mit der unter Gestalttherapeuten verbreiteten Auffassung, dass die Kraft eines – mit empirischen Methoden nicht messbaren – schöpferischen Handelns zweier Menschen wirksamer ist als eine bestimmte therapeutische Technik oder kontrollierte Methoden, programmatische Verfahren wie z.B. technisch definierte und manualisierte Interventionen zu bestimmten Störungsbildern. Neben dieser grundsätzlich kritischen Haltung gegenüber einer normierenden empirischen Forschung finden sich in den letzten 20 Jahren aber auch zunehmend pragmatisch orientierte Ansätze. So setzte sich langsam die Haltung durch, dass es in der Psychotherapieforschung ein legitimes Ziel ist, wissen zu wollen, ob das, was man tut, auch wirkt und ob das, von dem man glaubt, dass es wirksam ist, auch wirklich das ist, was wirkt. Die Frage ist dabei natürlich auch, wie »wirken« definiert wird. Letztlich dient es dem Patienten grundsätzlich, wenn Therapeuten sich Rechenschaft ablegen über die Qualität von Ausbildungen und therapeutischer Arbeit. Indessen zeigen sich vielfach Skepsis und Ablehnung bei Therapeuten, wenn es um die eigene Beteiligung an einer Studie geht. Die von Therapeuten formulierte Skepsis reflektiert teilweise die oben dargestellte kritische Haltung und ist darin begründet,
- dass in der Praxis tätige Therapeuten häufig glauben, dass empirische Forschung der Frage, was in der Therapie wirklich wirkt, nicht gerecht werden kann,
- dass man Wirksamkeitsforschung als von außen auferlegten Zwang zu Legitimationszwecken betrachtet,
- dass Forschung bei Therapeuten auch Ängste auslöst, z.B. dass Misserfolge dokumentiert werden könnten und die vertrauliche Handhabung solch sensibler Daten trotz anderslautender Versicherungen nicht gewährleistet sein könnte,
- dass der intime therapeutische Prozess leiden könnte, der Schutzraum des Patienten verletzt, bzw. das therapeutische Geschehen durch den Forschungsprozess verzerrend beeinflusst werden könnte.

Ablehnung von empirischer Forschung ist insofern möglicherweise auch persönlich motiviert oder Teil einer verantwortungsvollen Schutzhaltung gegenüber dem Patienten. Sie kann zudem nicht losgelöst gesehen werden von einem weiteren Feld, in dem es verstärkt um Macht und Kontrolle geht: durch Krankenkassen und durch wissenschaftlich rivalisierende Positionen. Forschung ist immer auch ein Eingriff in den therapeutischen Prozess, der sorgfältig mit den Klienten vor- und nachbereitet sein muss. Gelingt dies, kann sie sogar einen positiven Einfluss auf das therapeutische Geschehen haben. Systematische Befragungen können zu einem höheren

Bewusstsein über den therapeutischen Prozess bei Therapeuten und Klienten beitragen, vorausgesetzt der Schutzraum des Klienten bleibt erhalten.

1.4.3 Neue Wege und technische Grenzen

Zunehmendes Interesse erfährt mittlerweile unter praktisch arbeitenden Gestalttherapeuten eine Forschung, die nach wirkungsrelevanten therapeutischen Prozessen fragt und die auf der Suche ist nach einem Erfahrungsgewinn zugunsten einer höheren Flexibilität und klientengerechteren Arbeitsweise. Beispielhaft für diese neue wissenschaftliche Herangehensweise steht die Erforschung der Bedeutung von Gefühlen in der Gestalttherapie. Gefühlsprozesse in der Therapie erfahren heute in der internationalen Wissenschaftsgesellschaft – über die Therapieschulen hinweg – besondere Aufmerksamkeit. Bewusstheit und Ausdruck von Gefühlen gehören seit Begründung der Gestalttherapie zum Schwerpunkt der therapeutischen Arbeit, der therapeutischen Erfahrungs- und Theoriebildung. Gleichermaßen stehen sie im Fokus einer spezifischen Forschung zur Gestalttherapie in internationalen Forschungszusammenhängen, z.B. zur Arbeit mit Spaltung und unerledigten Gefühlen und der Bedeutung dieser Arbeit für das Therapieergebnis (vor allem Greenberg & Paivio 1997; Greenberg, Rice, & Elliott 1993). Viele der hier skizzierten neuen Forschungsansätze kombinieren verschiedene Forschungsmethoden, um dem Problem von zu eingeengten Schlüssen zu begegnen. Zusammengeführt werden in den Forschungsprogrammen dann qualitative und quantitative Daten, d.h. Interviews, Ratings und Fragebögen in offener oder standardisierter Form. Aufwendig sind die Auswertungen in den Prozessstudien von Video- und Audioaufzeichnungen, in denen Klienten, Therapeuten, wie oben dargestellt, anhand der Mitschnitte über ihre Gefühle, Erfahrungen und Einsichten von einem Moment zum nächsten befragt werden.

Ähnlich aufwendig ist es, einzelne therapeutische Statements zu kategorisieren und zu gruppieren, um den in ihnen enthaltenen emotionalen Ausdruck abzulesen. Methoden wie diese lassen sich forschungstechnisch oft nur für jeweils kleine Personenanzahlen realisieren. Ähnliches gilt für Inhaltsanalysen. Auf einer weiteren Ebene findet sich das »alltägliche Forschen«, für das Fuhr (1992) ein Plädoyer schrieb. In ähnlichem Sinne spricht sich Portele (1992) für eine an der unmittelbar menschlichen Erfahrung orientierte Form der Forschung aus. Allerdings liegen bislang erst wenige Forschungsansätze vor, in denen der den Versuch gemacht wird, eine Form von Einzelfalldarstellungen von Therapieverläufen zu dokumentieren, in denen hermeneutische Analysemethoden eingesetzt und so ein Gegenbeispiel zu empirischer Forschung mit Fragebogen etc. gegeben wird. Die Falldarstellungstradition in der gestalttherapeutischen Literatur beschränkt sich viel mehr darauf, mit Fallvignetten, meist bloß kurzen Ausschnitten von Sitzungen, die angewandte Methode und deren Wirkungsweise zu demonstrieren. Erst die Verbindung mit Forschungsinstrumenten der Empirie (Fragebogen, Tests, systematische Beobachtung und Analyse von Videoausschnitten etc.) hat Arbeiten hervorgebracht, welche heute aus Sicht der Gestalttherapie als gelungene wissenschaftliche Arbeiten betrachtet werden (z.B. Teschke 1996). Die meiste Akzeptanz unter den praktisch arbeitenden Gestalttherapeuten erfährt heute der Erkenntnisweg der Aktionsforschung, wo im Idealfall das Trennende zwischen Forschendem und zu Beforschendem aufgehoben wird und der (Therapeut-) Forscher sich als Teil des zu beforschenden Prozesses versteht. Dies geht jedoch zwangsläufig zu Lasten der wissenschaftlichen Objektivität.

Eine grundlegende Problematik der Forschungsmethoden wird deutlicher anhand von verschiedenen Studienbeispielen, die illustrieren, wie wichtig es ist, Forschungsziel und -methode auf einander abzustimmen. Zwei Studien mit kleinen Gruppen von schizophrenen Patienten wurden von Serok und Kollegen in den Jahren 1983 und 1984 durchgeführt. In einer ersten Studie dokumentierten Serok & Zemet (1983) nur eine moderate Verbesserung in der Wahrnehmung von Schizophrenen nach einer zehnwöchigen Gestalttherapie; dies im Kontrast zu einer unbehandelten Kontrollgruppe, die keine Verbesserung in derselben Zeit zeigte. In einer zweiten Studie konnten Serok et al. (1984) eine weitaus stärkere Verminderung von Störungen nach einer gleichlangen Gestalttherapie nachweisen. Diese umfasste die folgenden Bereiche: (1) Wahrnehmung des Selbst und anderer, (2) Selbst und Persönlichkeitsfunktionen, (3) Evaluierungen des Pflegepersonals bezogen auf das Vorkommen von verbalen und physischen Attacken, sowie positiver Kontakt und Kommunikation. In der erstgenannten Studie mit den weniger überzeugend dokumentierten Veränderungen hatten Serok & Zemet (1983) mit projektiven Verfahren gearbeitet, die offener und »interessanter« scheinen als die standardisierten Ratingverfahren der zweiten Studie. Mit den standardisierten Ratings der zweiten Studie ließen sich die positiven Einflüsse der Therapie jedoch wesentlich eindeutiger dokumentieren. Ähnliches findet sich in zwei Studien zur Gestalttherapie bei Schmerzpatienten (Teegen et al. 1986; Heinl 1996, 1998): Wenig verlässlich standardisierte Forschungsinstrumente, wie z.B. projektive Verfahren oder Patientenzeichnungen, führen immer zu weniger klaren Befunden und dokumentieren damit die Wirkungsweise einer Therapie weniger objektiv, können aber beispielhaft Therapiewirkungen besser veranschaulichen als Zahlen.

2. Forschungsübersicht

Weit verbreitet ist die Auffassung, Gestalttherapie sei von empirischer Begleitforschung unberührt geblieben. Diese Fehlmeinung trifft sich mit der über lange Zeit vorherrschenden Skepsis vieler Gestalttherapeuten gegenüber akademischer Psychotherapieforschung. Indessen ist wenig bekannt darüber, mit welchen Zielsetzungen, Fragestellungen und Methoden sowie in welchem Umfang empirische Studien zur Gestalttherapie durchgeführt wurden. Entgegen Vorurteil und Skepsis findet sich eine beachtenswerte Anzahl empirischer Studien zur Gestalttherapie in internationalen Publikationen der letzten ca. 30 Jahre.

Die folgende Tabelle 1 gibt eine nach Themen gegliederte Übersicht über Fallberichte, Einzelfallanalysen und Forschungsstudien. Untersucht wurden insgesamt mehr als 4500 Personen, davon ca. 3000 in klinischen Therapieergebnisstudien, davon mehr als die Hälfte unter gestalttherapeutischen Behandlungsbedingungen. Der Rest setzte sich zusammen aus Personen in den Kontrollgruppen oder anderen Behandlungsformen. Diese Tabelle gibt dem Praktiker und dem wissenschaftlich Arbeitenden die Möglichkeit, Fallstudien und Forschungsstudien zur Arbeit mit Klienten mit spezifischen Störungen zu finden. Über die Dokumentation der klinischen Fallstudien zu diagnostischen Subgruppen hinaus gibt sie auch einen Eindruck über die Breite der Arbeit in verschiedenen Problemfeldern.

Im anschließenden Teil werden die Befunde aus 74 Prozess-, Therapieergebnis- sowie kombinierten Prozess-Ergebnis-Studien zur Gestalttherapie oder zu gestalttherapeutischen Interventionen inhaltlich vorgestellt. In einem Viertel der Untersuchungen findet sich Gestalttherapie kombiniert mit anderen Verfahren wie Transaktionsanalyse, kognitiv-behavioraler Therapie, klientenzentrierter Therapie und weiteren Verfahren.

In diesem Teil wird ein Resümee der bislang vorliegenden Befunde zur Gestalttherapie gezogen. Dieses Kapitel gliedert sich in zwei Unterabschnitte zu (a) Therapieprozessen und (b) Therapiewirkungen oder -ergebnissen.

Dabei folgt die Darstellung der Prozessstudien einem Weg von kleinsten bis zu zeitlich langfristigen therapeutischen Prozessen: (1) Studien zu dem Geschehen in einer Sitzung, z.B. zu den Effekten von einzelnen Interventionen, d.h. Forschungsstudien zu Mikroprozessen; (2) Studien, die eine Verbindung herstellen zwischen Mikroprozessen und Makroprozessen, d.h. therapeutischen Entwicklungen, die über mehrere Sitzungen oder auch größere Therapiesequenzen hinweg verfolgen; (3) Studien zu Makroprozessen, d.h. Prozessen, die ganze Therapien betreffen; (4) Ergebnisforschung zu verschiedenen klinischen Subgruppen.

Die Übersicht zur Prozessforschung beginnt somit an der Basis der Therapie, mit der Mikroprozessforschung, d.h. vorgestellt werden zunächst Studien, die Moment-zu-Moment-Aufnahmen des therapeutischen Prozesses in einer Sitzung liefern. Dabei wirft die Mikroprozessforschung vor allem ein Licht auf die unmittelbaren Effekte einzelner therapeutischer Interventionen, die oftmals nur aus einzelnen Sätzen bestehen, wie sie in der Einleitung im Praxisteil skizziert worden waren. Dem Abschnitt zu den Mikroprozessstudien folgt eine Beschreibung des Forschungsprogramms der kanadischen York-Universität unter Leitung von Leslie Greenberg. In diesem Projekt werden fortschreitend verfeinerte und datenangepasste Modellierungen von Prozessen unter den Makrointerventionen vorgenommen. Zum Zweiten stellt dieses Forschungsprogramm auch ein Verbindungsstück von den Mikro- zu Makroprozessen und schließlich zum Therapieergebnis dar, d.h. Moment-zu-Moment-Veränderungen innerhalb einer Sitzung werden in Beziehung gesetzt zu längerfristigen Veränderungen über einzelne Sitzungen hinaus. In einem weiteren Abschnitt wird die Befundlage zu Makroprozessen zusammengefasst. Nach der Prozessforschung folgt eine Darstellung der Befundlage zu verschiedenen diagnostischen Subgruppen. Am Ende der Abschnitte zu Therapieprozess- und klinischer Wirksamkeitsforschung finden sich die im Text beschriebenen Untersuchungen in tabellarischen Übersichten mit den wichtigsten Angaben zu untersuchten Personen, Setting, Maßen etc. In Abschnitt 2.2. findet sich ein Überblick zur Befundlage für verschiedene diagnostische Subgruppen sowie die Daten zu verschiedenen Settings (Einzel- vs. Gruppentherapie, stationäre vs. ambulante Behandlung etc.) und den Follow-up-Erhebungen.

Insgesamt vermitteln die Studien eine Vorstellung von den vielfältigen Möglichkeiten der Gestalttherapie und belegen bei hinreichender Sorgfalt der Untersuchungsdurchführung gestalttherapeutische Wirkungsweise und Effizienz.

Die Darstellung endet mit einer Sichtung und Reanalyse der metaanalytischen Befundlage, wie sie in verschiedenen Metaanalysen beschrieben wurde. Die Übersicht beginnt mit einer Darstellung der Befundlage aus verschiedenen Metaanalysen. Zu den Metaanalysen wurde eine Reihe von kritischen Reanalysen durchgeführt. Insbesondere wurden in der Literatur berichtete statistische Schätzungen von Verzerrungsfaktoren bestehender Metaanalysen dokumentiert und selber vorgenommen. Es folgt eine eigene Auswertung von Therapievergleichsstudien, in denen Gestalttherapie mit kognitiv-behavioraler Therapie verglichen wurde. Das wesentliche Ziel besteht darin, in einem ersten Schritt die Stellung der Gestalttherapie innerhalb der humanistischen Therapien einzuschätzen und in einem zweiten Schritt den Stellenwert der humanistischen Therapien in der therapeutischen Landschaft insgesamt einzuschätzen. Damit liefert dieses Buch einige Schlüsse und Hypothesen zur Stellung der Therapieformen untereinander. Dies erfolgt unter Berücksichtigung der Wirksamkeit der humanistischen Grundorientierung insgesamt sowie der Gestalttherapie im Verhältnis zu anderen humanistischen Therapierichtungen.

Tabelle 1: Nach Stichworten organisierte Zusammenstellung der Befunde zur Gestalttherapie: Einzelfallanalysen, Dissertationen und publizierte qualitative und quantitative Studien zur Gestalttherapie

Abschied in der Therapie	Chu (1989) Müller-Ebert (2001)	mehrere Fallbeispiele mehrere Fallbeispiele
Abtreibung	Buckles (1982)	mehrere Fallbeispiele
Aggression	Moran et al. (1978) Schmoll (1999)	N=56, n=28 Einzelfall
Aggressions- und Konflikttoleranz	Coté (1982) Greenberg, Seeman & Cassius (1978) Foulds (1970, 1971a,b) Foulds & Hannigan (1976b, 1976c, 1977) Guinan & Foulds (1970)	N=60, n=20 N=36, n=25 N=40/60/30, n=20/30/15 N=72/36/60, n=36/18/30 N=20, n=10
aggressives Verhalten bei Schulkindern	Goodman & Timko (1976)	Schulklasse
aggressives Verhalten schizophrener Patienten	Serok, Rabin & Spitz (1984)	N=14, n=7
Agoraphobie	Butollo (1995) Butollo et al. (1997a,b, 1998) Chambless, Goldstein, Gallagher & Bright (1986)	 N=n=56 N=35
Alkoholismus	Clemmens (1997) Moran et al. (1978) Roche (1986)	mehrere Fallbeispiele N=56, n=28 N=159 (Diss.)
Allergie	Hundertmark, Petzold & Teegen (1986) Teegen, Johannsen & Voght (1986)	N=31 N=n=22

alte Menschen	Bäumges & Petzold (1983)	mehrere Fallbeispiele
	Crose (1990)	N=36, n=12
	Jesiolowski (1989)	2 Fallbeispiele (Diss.)
	Koffman (1998)	mehrere Fallbeispiele (Diss.)
	O'Leary & Nieuwstraten (1999, 2001a)	Diskursanalyse einer Gruppensitzung
	O'Leary & Nieuwstraten (2001b)	Diskursanalyse von Erinnerungen
	Petzold (1977)	mehrere Fallbeispiele
	Petzold (1979a,b)	N=n=40
	Petzold (1983)	mehrere Fallbeispiele
	Vryders (1999)	ausgewählte Interaktionen
Altersdepression	Petzold (1977)	mehrere Fallbeispiele
	Petzold (1979a)	N=n=40
Angst	Butollo et al. (1997a,b, 1998)	N=n=56
	Butollo et al. (1999)	mehrere Fallbeispiele
	Butollo (2003)	N=138
	Cross, Sheehan & Khan (1980, 1982)	N=42, n=15
	Gagnon (1985)	mehrere Fallbeispiele
	Greenberg & Paivio (1997)	mehrere Fallbeispiele
	Lago (1981)	Einzelfall
	Lightner (1976)	N=24 (Diss.)
	Mahrer et al. (1984)	N=6, n=2
	Martinez (2002)	N=24
	Moran et al. (1978)	N=56, n=28, follow up
	Mulder et al. (1994)	N=39, n=15
	Mulder et al. (1995)	N=175, n=12 (immunolog. Daten zu Mulder (1994)
	Nelson & Groman (1978)	30 StudentInnen
	O'Dell & Seiler (1975)	N=50, n=15
	Pauls & Reicherts (1999)	N=15, n=11
	Petzborn (1980)	N=40, n=20 (Diss.)
	Serlin (1977)	Einzelfall
	Serlin (1981)	Einzelfall
	Stein (1984)	mehrere StudentInnen (Diss.)
Angst, soziale	Butollo et al. (1997a,b, 1998)	N=n=56
	Carstens (1976)	(Diss.)
	Harris (1977)	(Diss.)
	Saltzman (1989)	Einzelfall
Angst vor Vögeln	Lago (1981)	Einzelfall
Angst vor Zahnarzt	Lamb (1982)	Einzelfall
Anorexie	Burke (1983)	Einzelfall
	Carlo (1985)	Einzelfall
	Hornyak & Baker (1989)	mehrere Fallbeispiele

Anorgasmie	Wendt (1979)	Einzelfall
Anspannung	Serlin (1977)	Einzelfall
Anwendungsbereich der Gestalttherapie	Schubert (1983) Willaims (2001)	247 GestalttherapeutInnen 2 Fallbeispiele
Arbeiter	Besems (1980)	mehrere Fallbeispiele
Arbeiter-Ehepaare	Thomas & Thomas (1986)	Einzelfall
arbeitsbed. psychosomatische Störungen	Heinl & Petzold (1980) Petzold & Heinl (1983)	mehrere Fallbeispiele mehrere Fallbeispiele
Arbeitsbeziehung, therapeutische	Weerasekera et al. (2001)	N=34
Arbeitslosigkeit	Conolly (1975)	(Diss.)
Ärger	Conoley, Conoley, McConnell & Kimzey (1983) Greenberg & Paivio (1997) Padover (1992) Pearce (1988) Soulière (1995) Woods (1984)	N=61, n=30 mehrere Fallbeispiele 258 StudentInnen (Diss.) Einzelfall N=40, n=20 (Diss.) 5 Fallbeispiele (Diss.)
Arthritis	Bernstein (1980) Hill, Beutler & Daldrup (1989) Woods (1984)	Einzelfall N=n=6 5 Fallbeispiele (Diss.)
Asthma	Thomas & Thomas (1986)	Einzelfall
Assimilation problematischer Erfahrung, Assimilationsmodell	Honos-Webb, Stiles, Greenberg & Goldman (1998) Honos-Webb, Surko, Stiles & Greenberg (1999)	2 Einzelfallanalysen Einzelfallanalyse
Aufmerksamkeit	Sabetti (1975)	(Diss.)
Awareness	Barrilleaux & Bauer (1976) Boulet et al. (1993) Clance et al. (1994) Greenberg & Clarke (1979) Greenberg & Dompierre (1981) Greenberg & Higgins (1980) Hollander (1980) Stein (1984)	N=26, n=13 N=n=2 N=30, n=15 N=n=16 N=n=16 N=42, n=28 50 TherapeutInnentrainees (Diss.) mehrere StudentInnen (Diss.)

Beratung (psychologische)	Greenberg & Dompierre (1981)	N=n=16
	Ibanez (1984)	N=44, n=22 (Diss.)
	Long (1977)	(Diss.)
	Lumma & Sintke (1999)	Einzelfall
	Manchester (1978)	Kinder (Diss.)
	Rahm (1979)	mehrere Fallbeispiele
	Salmon (1972)	N=32 (Diss.)
	Shahid (1979)	N=24 (Diss.)
	Wemhoff (1978)	(Diss.)
Beratungstraining	Salmon (1972)	N=32 (Diss.)
Bewertung/Beurteilung anderer	Foulds (1973)	N=28, n=14
	Foulds, Girona & Guinan (1970)	N=32, n=16
	Foulds & Guinan (1973)	N=60, n=30
	Guinan, Foulds & Wright (1973)	N=n=10
	Kamphaus (1980)	N=80, n=22
	Mcmain (1996)	N=n=27 (Diss.)
Bewertung der Beziehung zu anderen	Foulds (1973)	N=28, n=14
	Foulds, Girona & Guinan (1970)	N=32, n=16
	Foulds & Guinan (1973)	N=60, n=30
	Foulds, Wright & Guinan (1970)	N=n=15
	Jessee (1978), Jessee & Guerney (1981)	36 Paare (1978: Diss.)
	Mcmain (1996)	N=n=27 (Diss.)
	O'Shea (1981a,b)	N=62, n=20 (Diss.)
Bewusstheit der eigenen Gefühle und Bedürfnisse	Barrilleaux & Bauer (1976)	N=26, n=13
	Greenberg & Dompierre (1981)	N=16
	Greenberg & Higgins (1980)	N=42, n=28
	Greenberg & Rice (1981)	3 Fallbeispiele
	Weiss (2002)	Einzelfall
	Yalom et al. (1977)	N=33, n=11
Borderline	Bauer (1979)	2 Fallbeispiele
	Eidemiller & Kulakov (1991)	32 Jugendliche
	Greenberg, E. (1989)	mehrere Fallbeispiele
	Votsmeier (1988)	Einzelfall
	Schoenberg (2000)	qualitative Studie (Diss.)
	Neumann (2001)	Einzelfall
Bulimie	Coffey (1986)	N=20, n=11 (Diss.)
	Pauls & Reicherts (1999)	N=15, n=11
	Root (1989)	mehrere Fallbeispiele
	Schattmayer-Bolle (1990)	Einzelfall

	Fitzthum (1999)	Einzelfall
bulimische Kinder	Manchester (1978)	Kinder (Diss.)
Candida	Edwards (1999)	Einzelfall
Cholitis ulcerosa	Lammert & Platt (1985)	Einzelfall
Depression, depressive Störungen	Amendt-Lyon (1999) Beutler et al. (1991a, 1991b, 1993) Goldman, Greenberg & Angus (2000) Greenberg & Watson (1998a,b) Hecker & Latka (1990) Mahrer et al. (1984) Mestel & Votsmeier-Röhr (2000) Moran et al. (1978) Mulder et al. (1994) Mulder et al. (1995) Pauls & Reicherts (1999) Rosner (1996), Rosner et al. (1999, 2000) Teschke (1996) Tyson & Range (1987) Watson & Greenberg (1996) Watson et al. (2003) Werrasekera et al. (2001)	Einzelfall N=63, n=22 N=38, n=19 (Replikation Watson & Greenberg 1996) N=34, n=17 Einzelfall N=6, n=2 N=n=800 N=56, n=28 N=39, n=15 N=175, n=12 (immunolog. Daten zu Mulder (1994) N=15, n=11 Reanalyse der Studie von Beutler et al. (1991, 1993) N=n=5 N=44, n=11 N=36, n=17 N=66, n=33 N=34, Reanalyse der Prozessdaten von Watson und Greenberg (1996) und Greenberg und Watson (1998)
Depression, neurotische	Bauer et al. (1985) Hartmann-Kottek (1979) Tyson (1981)	Einzelfall N=n=10 N=44, n=33 (Diss.)
Depression, reaktive	Aylward (1988) Cook (2000) Hartmann-Kottek (1979) Parlett & Hemming (1996) Petzold (1977) Richter & Stocksmeier (1990)	Einzelfall (Diss.) N=n=10 Einzelfall mehrere Fallbeispiele Einzelfall
Derealisation	Anderson (1978a,b)	N=80, n=20 (1978a: Diss)
devotes Verhalten	Coté (1982)	N=60, n=20
dialogische Intervention	Klöckner (1999)	Einzelfall

Dogmatismus; Änderung von Werten	Foulds, Guinan & Warehime (1974a) Little (1986) Nichols (1973) Nichols & Fine (1980)	N=30, n=15 23 Eltern (Diss.) N=14, n=7
Drogenabusus	Gruenke (2002) Lehmann (1984) Ludwig & Vormann (1981) Petzold (1993) Röhrle et al. (1989)	N=n=20 N=142 N=142 mehrere Fallbeispiele N=n=47
Drogengebraucher	Eppelsheimer (1992) Gruenke (2002) Lehmann (1984) Ludwig & Vormann (1981) Pernhaupt (1984) Roeser (1994) Röhrle et al. (1989)	Einzelfall N=n=20 N=142 N=142 mehrere Teilnehmer mehrere Fallbeispiele N=n=47
Dysphonie	Behrendt (1981)	mehrere Fallbeispiele
Dysthymia	Tillett (1994)	Einzelfall
Egotism	Prosnick (1997)	N=n=155 (Diss.)
eheliche Probleme	Frew (1983) Korb (1984) Mackay (1996, 2002) Schoen (1984) Tugrul (1993)	53 Ehepaare (Diss.) Einzelfall N=n=8 (1996: Diss.) Einzelfall Einzelfall
Ehepaare in Krisen-Situationen	Hemming (1994) Ingram (1985) Jessee (1978), Jessee & Guerney (1981) Thomas & Thomas (1986)	Einzelfall Partner 36 Paare (1978: Diss.) Einzelfall
Eifersucht	Wienand-Kranz (1983)	Einzelfall
Ekel (vor Sexualität)	Okhowat (1985)	Einzelfall
Eltern autistischer Kinder	Stone (1982)	4 Mütter
Eltern geistig behinderter Kinder	Loeb (1977)	6 Elternpaare
Eltern, mit ›Problemkindern‹	Little (1981, 1986)	23 Eltern (1981: Diss.)

Tab. 1/7

Emotionales Miterleben in Gruppen	Rosner et al. (2000)	N=38, n=19
Emotionen identifizieren	Machado et al. (1999)	N=72: 36 erfahrene Therapeuten vs. 36 Studenten
Entfremdung	Anderson (1978a,b)	N=80, n=20 (1978a: Diss)
Entscheidungs(un)fähigkeit	Clarke & Greenberg (1986) Greenberg (1992) Greenberg & Webster (1982) Mackay (2002) Serok & Bar (1984)	N=46, n=16 N=n=18 N=n=31 N=n=8 N=33, n=13
Entwicklungsprobleme	McConville & Wheeler (2001)	mehrere Fallbeispiele
Enuresis	Joubert (1999)	6 Fallbeispiele (Diss.)
Erfahrungstiefe (ES)	Barrilleaux & Bauer (1976) Esser et al. (1984) Goldman, Greenberg & Angus (2000) Greenberg (1980) Greenberg (1983) Greenberg (1992) Greenberg & Clarke (1979) Greenberg & Webster (1982) Hill, Beutler & Daldrup (1989) Watson & Greenberg (1996)	N=26, n=13 N=30, n=15 N=38, n=19 (Replikation Watson & Greenberg 1996) N=n=3 N=n=28 N=n=18 N=n=16 N=n=31 N=n=6 N=36, n=17
Erkältung	Wakenhut (1978)	mehrere Fallbeispiele
Erwartung an Therapie	Handlon (2001)	Einzelfall
Erziehungsprobleme	Gaub, Gerhardt & Tolstrup (1986)	15 Frauen
Essstörungen	Angermann (1998) Burke (1983) Carlo (1985) Coffey (1986) Fitzthum (1999) Hornyak & Baker (1989) Pauls & Reicherts (1999) Root (1989) Schattmayer-Bolle (1990)	Einzelfall Einzelfall Einzelfall N=20, n=11 (Diss.) Einzelfall mehrere Fallbeispiele N=15, n=11 mehrere Fallbeispiele Einzelfall
Fähigkeit zu Nähe und persönlichem Kontakt	Coté (1982) Foulds (1970, 1971a,b) Foulds & Hannigan (1976b, 1976c, 1977) Frew (1983)	N=60, n=20 N=40/60/30, n=20/30/15 N=72/36/60, n=36/18/30 53 Ehepaare (Diss.)

	Guinan & Foulds (1970)	N=20, n=10
	Jessee (1978), Jessee & Guerney (1981)	36 Paare (1978: Diss.)
Familie/ Familienbeziehungen	Andrews (1990) Brown (1983) Chemin, Caron & Joly (1992) Wiener (1995) Zinker (1994)	4 Fallbeispiele (Diss.) mehrere Fallbeispiele 100 Familien Einzelfall mehrere Fallbeispiele
Feministische Therapie	Konrad & Yoder (2000)	Studenteneinschätzungen zu Therapieverfahren
Flugzeugabsturz/ Entführung	Pollard, Mitchell & Daniels (2002)	15 Betroffene
funktionelle Beschwerden	Teegen, Frassa & Hoeninger (1979) Teegen, Johannsen & Voght (1986)	N=n=16 N=n=22
funktionelle Störungen	Hartmann-Kottek (1979) Heinl, Petzold & Walch (1983) Teegen, Johannsen & Voght (1986)	N=n=10 5 Fallbeispiele N=n=22
Gastritis	Wakenhut (1978)	mehrere Fallbeispiele
Geburtsvorbereitung	Spagnuolo Lobb (1992)	N=250, n=100
Gefangene	Conté (1999) Hecker (1992) Prieger & Schwinn (1988) Reeder (1997) Serok & Levi (1993)	Einzelfall Einzelfall Einzelfall N=108, n=18 (Diss.) N=18, n=9
geistige Behinderung	Kresse (1995) Micknat (2001)	Einzelfall Einzelfall
Gewalttäter, Missbraucher	Kasper & Alford (1988) Schmoll (1999)	2 Einzelfälle, Basis ist Studie mit 125 Männern Einzelfall
Gewalttäter, häusliche	Wolfus & Bierman (1996)	N=101, n=57
Gewichtsprobleme	Pearce (1988) Manchester (1978)	Einzelfall Kinder (Diss.)
Glaukom	Bäumges & Petzold (1983)	mehrere Fallbeispiele
Grenzenlosigkeit	Harman et al. (1986)	Einzelfall

Grippe	Wakenhut (1978)	mehrere Fallbeispiele
Gynäkolog. Probleme	Wicke (1995)	Einzelfall
Hauptsymptome bei psychiatrischen Patienten	Cross, Sheehan & Khan (1980, 1982) Hartmann-Kottek (1979)	N=42, n=15 N=n=10
Hautkrankheiten	Teegen et al. (1981)	N=n=24
Hemiplegie	Quaak (1992)	Einzelfall
Hemmungen, neurot.	McLaughlin (1976)	(Diss.)
Herzangst	Butollo et al. (1997a,b, 1998)	N=n=56
Herzbeschwerden, funktionelle	Schaeffer (1979)	
Herzinfarkt-Rehabilitation	Röttger (1982)	3 Fallbeispiele
hirnorganisches Psychosyndrom	Neill (1979)	Einzelfall
HIV	Eppelsheimer (1992) Mulder et al. (1994) Mulder et al. (1995) Siemens (2000) Strümpfel (1992)	Einzelfall N=39, n=15 N=175, n=12 (immunolog. Daten zu Mulder (1994) Einzelfall mehrere Fallbeispiele
Hüftschmerzen	Wakenhut (1978)	mehrere Fallbeispiele
Hyperaktivität	Fraser (1997) McConville (2001) Schad (2003)	Einzelfall (Diss.) Einzelfall Einzelfall
Hypnose und Gestalttherapie	Burke (1983) Carlo (1985) Lamb (1982)	Einzelfall Einzelfall Einzelfall
Hypochondrie	Mahrer et al. (1984)	N=6, n=2
Hysterie	Moran et al. (1978)	N=56, n=28
Immunologische Parameter	Mulder et al. (1995)	N=175, n=12
Indikation zur Gestalttherapie	Schubert (1983)	247 GestalttherapeutInnen

Inzest	Besems & van-Vugt (1990)	mehrere Fallbeispiele
	Harman et al.(1986)	Einzelfall
	Ingram (1985)	Einzelfall
	Kelly (1993)	Einzelfall
	Sluckin, Weller & Highton (1989)	Einzelfall
	Wolfert (1998)	Einzelfall
Jugendliche	Cook (2000)	(Diss.)
	Christian (1983)	mehrere Schulklassen (Diss.)
	Eidemiller & Kulakov (1991)	32 Fallbeispiele
	Fodor & Collier (2001)	Einzelfall
	Ibanez (1984)	N=44, n=22 (Diss.)
	Neill (1979)	Einzelfall
	McConville (2001)	Einzelfall
	McConville & Wheeler (2001)	mehrere Fallbeispiele
	Serok (1982)	N=n=6
	Ritter (1999)	Einzelfall
Jugendliche, gewalttät.	Wathney (1982)	mehrere Fallbeispiele
Jugendliche, straffällige	Miller (1980)	N=16, n=8 (Diss.)
Kinder	Aspinall & Fodor (1999)	Studentenratings
	Baulig & Baulig (2001)	2 Fallbeispiele
	Bjorno (1984)	Einzelfall
	Fraser (1997)	Einzelfall (Diss.)
	Joubert (1999)	6 Fallbeispiele (Diss.)
	Micknat (2001)	Einzelfall
	Mortola (1999)	Einzelfall
	Oaklander (2000)	4 Fallbeispiele
	Oevermann (1999)	Einzelfall
	Ownby (1983)	Einzelfall
	Pauls (1992)	N=n=30
	Pauls & Diethelm (1992)	Fallbeispiel Kinderheim (Diss.)
	Roberds (1969)	Einzelfall
	Schad (2003)	Einzelfall
	Sluckin, Weller & Highton (1989)	Einzelfall
	Strobl (2000)	Fallbeispiel Kindergarten
	Tervo (1988)	Einzelfall (Diss.)
Kinder mit Gewalterfahrungen	Sluckin, Weller & Highton (1989)	Einzelfall
Kinder mit Sprachbehinderung	Pauls (1992)	N=n=30
Kinder, aggressive	Bjorno (1984)	Einzelfall
	Bjorno (1990)	Einzelfall
	Raulinat (1991)	Einzelfall

Kinderlosigkeit, ungewollte	Wicke (1995)	Einzelfall
Klientenerfahrungen	Imes (1998) Mascow (1999) Roschger-Stadlmayer & Wildberger (2000)	mehrere Fallbeispiele (Diss.) N=90, n=42
klinische Anwendungen der Integrativen Gestalttherapie	Hutterer-Krisch et al. (1999)	mehrere Fallbeispiele
Körperbild-/wahrnehmung	Clance et al. (1994) Hershbell (1998) Kramer (1978) Smith et al. (1998) Thompson (1978)	N=30, n=15 N=11 (Diss.) N=50 (Diss.) mehrere Fallbeispiele N=30 (Diss.)
kommunikative Fähigkeiten	Wingett (1976)	(Diss.)
Konfliktlösung, intrapsychisch	Clarke (1981) Greenberg (1983) Greenberg & Dompierre ('81) Mackay (2002)	N=48, n=16 (Diss.) N=n=28 N=16 N=n=8
Kontrollüberzeugung	Foulds, Guinan & Warehime (1974b) Kursh (1980)	N=30, n=15 N=43 (Diss.)
Kopfschmerzen	Wakenhut (1978)	mehrere Fallbeispiele
Körperwahrnehmung	Clance et al. (1994) Heinl (1996, 1998)	N=30, n=15 N=123, n=60
Krankheitsbewältigung	Behrendt (2001) Imes, Clance, Gailis & Atkeson (2002)	Einzelfall 3 Fallbeispiele
Krebspatienten	Baker (2000) Buentig (1988) Hardy (1999) Petzold (1980)	Einzelfall mehrere Fallbeispiele Einzelfall Einzelfall
Kriegserfahrungen	Kosijer (1998) Pollard et al. (2002) Hoffman-Widhalm (1999)	Einzelfall qualitative Studie mehrere Fallbeispiele
Krisenintervention	Valentin-Mousli, B. (1988)	Einzelfall
Kunsttherapie und	Neumann (2001)	Einzelfall

Gestalttherapie	Stone (1982)	4 Mütter
Kurzzeittherapie und Gestalttherapie	Willaims (2001)	2 Fallbeispiele
Lehrer-Fortbildung/ Training	Burow (1993) Fittkau (1983) Key & Schiff (1978) Ladenhauf (1981) Rjumshina (2000) Shiflett & Brown (1972) Witchel (1973)	mehrere Fallbeispiele 15 TeilnehmerInnen 28 TeilnehmerInnen Ausbildungsgruppen 25 TeilnehmerInnen N=70 N=20 (Diss.)
Lernstörungen, Kinder	Bjorno (1984) Roberds (1969) Schad (2003)	Einzelfall (Diss.) Einzelfall
Lernwiderstand	Craft (1989) Okere (1984)	mehrere Schulklassen (Diss.) mehrere Erwachsene (Diss.)
Merkmale, Inhalt, Arbeitweisen und Wirksamkeit der Gestalttherapie v.a. im Vergleich mit anderen Verfahren	Ahlers & Ventouratou-Schmetterer (1998) Anderson (1978a,b) Boulet et al. (1992) Boulet et al. (1993) Brunink & Schroeder (1979) Cohen (1996) Fleischer (1974) Goodstein (1971, 1972) Healy (1980) Kahn (1974) Kolodziejski (1973) Konrad & Yoder (2000) Liebermann, Yalom & Miles (1973) Mahrer (1979) Mahrer et al. (1986, 1992) Mahrer et al. (1987, 1991) Marion (1976) Mecheril (1991), Mecheril & Kemmler (1992) Padover (1992) Peterson & Bradley (1980) Raming & Frey (1974) Rohrbaugh & Bartels (1975) Rosenberger (1983) Rouse (1986) Sabetti (1975) Shuger & Bebout (1980)	2 Therapeutinnen N=80, n=20 (1978a: Diss.) N=n=4 N=n=2 18 TherapeutInnen mehrere TherapeutInnen (Diss.) Einzelfall (Diss.) (Diss.) (Diss.) (Diss.) (Diss.) Studenteneinschätzungen zu Therapieverfahren N=279, n=24 (Diss.) N=n=6 Einzelfall (Diss.) N=40, n=10 (1991: Diss.) 258 StudentInnen (Diss.) 54 TherapeutInnen Clusteranalyse zu Perls-Text N=85, n=15 60 TherapeutInnen (Diss.) 41 Sitzungsanalysen / 134 TherapeutInnen (Diss.) (Diss.) N=62, n=31

	Templeton (1980)	(Diss.)
	Tervo (1988)	Einzelfall (Diss.)
	Tesch (1988)	N=20, n=10 TherapeutInnen (Diss.)
	Tilley (1977)	(Diss.)
	Thomas & Schmitz (1993)	N=240
	Viney (1994)	N=8, n=2
	Willaims (2001)	2 Fallbeispiele
Metaphern, Arbeit mit	Angus & Rennie (1989)	N =n=5
Migräne	Pichel (1977)	Einzelfall
	Smith (1981)	N=33, n=16 (Diss.)
	Thomas & Thomas (1986)	Einzelfall
Missbrauch	Paivio & Nieuwenhuis (2001)	N=32, n=32, bei Wartelisten Kontrollgruppe von n=21
	Paivio & Greenberg (1995) erweitert durch Greenberg & Malcolm (2002)	N=34, n=17 N=n=26
Multiple Persönlichkeitsstörung MPS	Tyler (1995)	Einzelfall
Musik und Gestalttherapie	Gagnon (1982)	mehrere Fallbeispiele (Diss.)
Mutter-Tochter-Konflikt	Ulbing (1992)	Einzelfall
Mystik und Gestalttherapie	Prosnick (2000)	N=25
Nachwirkungen der NS-Zeit in der Therapie	Baumgartner et al. (1999)	Interviews
narzisstische Störungen	Beaumont (1994) Müller-Ebert, Josewski, Dreitzel & Mueller (1988)	Fallzahl unklar mehrere Fallbeispiele
	Teschke (1996)	N=n=5
Neugier (krankhaft)	Miller (1987)	Einzelfall
neurologische Patienten	Quaak (1992)	Einzelfall
neuropsychiatr. Störungen	Eidemiller & Kulakov (1991)	32 Fallbeispiele
Neurotizismus	Foulds & Hannigan (1976a)	N=36, n=18
	Greenberg, H. et al. (1978)	N=36, n=25
	Miglionico (1979)	N=55 (Diss.)
	Nelson & Groman (1975)	30 StudentInnen

neurotische Störungen	Greenberg, H. et al. (1978) Yalom et al. (1977)	N=36, n=25 N=33, n=11
Neurotische und ich-strukturelle Störungen	Wolf (1999, 2000a,b)	N=134, n=94
Organisationen	Burke (1983) Loboda (1992) Nevis (1988)	mehrere Fallbeispiele Einzelfall mehrere Fallbeispiele
orthopädische Patienten	Heinl (1996, 1998) Heinl & Petzold (1980) Sandweg & Riedel (1998), Riedel (2000)	N=123, n=60 mehrere Fallbeispiele N=n=201, N=n=167
Paare	Borofsky & Kalnins-Borofsky (1999) Curtis (1999) Fredericson & Handlon (1999) Frew (1983) Geib & Simon (1999) Jessee (1978), Jessee & Guerney (1981) Lee (1999) Lesonsky et al. (1986) Mackay (1996, 2002) Papernow (1999) Thomas & Thomas (1986) Wheeler & Backman (1999) Zinker (1994)	Einzelfall mehrere Fallbeispiele 2 Fallbeispiele 53 Ehepaare (Diss.) Einzelfall 36 Paare (1978: Diss.) mehrere Fallbeispiele N=20 Paare N=n=8 (1996: Diss.) mehrere Fallbeispiele Einzelfall mehrere Fallbeispiele mehrere Fallbeispiele
Pädagogik	Craft (1989) Chemin, Caron & Joly (1992) Gannon (1972) Ibanez (1984) Lumma & Sintke (1999) O'Donnell (1978) Pauls (1992) Wingett (1976)	mehrere Schulklassen (Diss.) 100 Familien N=60 (Diss.) N=44, n=22 (Diss.) Einzelfall (Diss.) N=n=30 (Diss.)
Panik	Butollo et al. (1997a,b, 1998) Butollo (2003) Whines (1999)	N=n=56 N=n=137 Einzelfall
Patientenzufriedenheit	Schigl (1999, 2000) Roschger-Stadlmayer & Wildberger (2000)	Evaluationsstudie N=90, n=42
Pensionierung	Petzold (1983)	mehrere Fallbeispiele
Persönlichkeitsfunktionen, z.B.	Foulds, Guinan & Hannigan (1974)	N=n=18

Tab. 1/15

Verantwortlichkeit	Foulds & Hannigan (1978)	N=36, n=18
	Foulds, Wright & Guinan (1970)	N=n=15
Persönlichkeits-	Bauer (1979)	2 Fallbeispiele
störungen	Beaumont (1994)	mehrere Fallbeispiele
	Eidemiller & Kulakov (1991)	32 Jugendliche
	Greenberg, E. (1989)	mehrere Fallbeispiele
	Greenberg, H. et al. (1978)	N=36, n=25
	Müller-Ebert, Josewski, Dreitzel & Mueller, (1988)	mehrere Fallbeispiele
	Neumann (2001)	Einzelfall
	Pauls & Reicherts (1999)	N=15, n=11
	Schoenberg (2000)	qualitative Studie (Diss.)
	Teschke (1996)	N=n=5
	Votsmeier (1988)	Einzelfall
	Yalom et al. (1977)	N=33, n=11
Phobie	Butollo (1990)	Einzelfall
	Butollo et al. (1997a,b, 1998)	N=n=56
	Butollo (2003)	
	Chambless, Goldstein, Gallagher & Bright (1986)	N=n=137
	Johnson (1977),	N=35
	Johnson & Smith (1997)	N=24
	Lago (1981)	N=23, n=7 (1977: Diss.)
	Martinez (2002)	Einzelfall
politische Verzweiflung	Chu (1987)	2 Fallbeispiele
Posttraumatische	Baddeley (1996)	2 Fallbeispiele
Belastungsstörung	Elliott et al. (1998)	n=6 (Pilotstudie)
(PTSD)	Geib & Simon (1999)	Einzelfall
	Hoffman-Widhalm (1999)	mehrere Fallbeispiele
	Lammert & Platt (1985)	Einzelfall
	Serok (1985)	2 Fallbeispiele
	Sluckin, Weller & Highton (1989)	Einzelfall
	Kosijer (1998)	Einzelfall
Praktizierende –	Brownell (2001)	21 GestalttherapeutInnen (Diss.)
Selbstfürsorge, Stress, Gesundheit	Gilstrap (1999)	Angestellte dreier Beratungszentren (Diss.)
psychiatrische Patienten	Bauer (1979)	2 Fallbeispiele
	Bilek & Weidinger (1994)	mehrere Fallbeispiele
	Cross, Sheehan & Khan (1980, 1982)	N=42, n=15
	Eidemiller & Kulakov (1991)	32 Jugendliche (Diss.)
	Goldthwait (1975)	
	Greenberg, H. et al. (1978)	N=22, n=11

	Greenberg, E. (1989)	mehrere Fallbeispiele
	Haefner-Ehreiser (2000)	3 Fallbeispiele
	Hartmann-Kottek (1979)	N=n=10
	Neumann (2001)	Einzelfall
	Neill (1979)	Einzelfall
	Quirmbach (1990)	Einzelfall
	Schoenberg (2000)	qualitative Studie (Diss.)
	Serok (1982)	N=n=6
	Serok, Rabin & Spitz (1984)	N=14, n=7
	Serok & Zemet (1983)	N=17, n=9
	Votsmeier (1988)	Einzelfall
Psychoimmunologie	Mulder et al. (1995)	N=175, n=12
Psychosen	Neill (1979)	Einzelfall
	Bilek & Weidinger (1994)	mehrere Fallbeispiele
	Greenberg, H. et al. (1978)	N=36, n=25
	Haefner-Ehreiser (2000)	3 Fallbeispiele
	Hartmann-Kottek (1979)	N=n=10
	Quirmbach (1990)	Einzelfall
	Serok (1982)	N=n=6
	Serok & Zemet (1983)	N=17, n=9
	Serok, Rabin & Spitz (1984)	N=14, n=7
psychosomatische Krankheiten	Bernstein (1980)	Einzelfall
	Thomas & Thomas (1986)	Einzelfall
	Woods (1984)	5 Fallbeispiele (Diss.)
Realitätsbewusstsein	Evans (1981)	6 Sitzungsanalysen (Diss.)
Rehabilitation	Conolly (1975)	(Diss.)
	Sandweg & Riedel (1998), Riedel (2000)	N=n=201, N=n=167
	Vryders (1999)	ausgewählte Interaktionen
	Wolf (1999, 2000a,b)	Evaluationsstudie
Reifung	Korb (1984)	Einzelfall
Religion, rel. Erziehung	Briner (1986)	Einzelfall
	Killoran (1993)	N=n=52 (Diss.)
	Schneider (1992)	Einzelfall
Rheuma	Hill, Beutler & Daldrup (1989)	N=n=6
	Woods (1984)	5 Fallbeispiele (Diss.)
Scham	Chu & de LasHeras (1995)	mehrere Fallbeispiele
	Evans (1994)	Einzelfall
	Greenberg & Paivio (1997)	mehrere Fallbeispiele
	McConville (2001)	Einzelfall
	Lee (1999)	mehrere Fallbeispiele
	Möller (1998)	Therapeuten-Gruppe

Scheidung	Aylward (1988) Engle & Holiman (2002a,b) Mackay (2002)	Einzelfall Einzelfall N=n=8
Schizophrenie	Goldthwait (1975) Greenberg, H. et al. (1978) Hartmann-Kottek (1979) Quirmbach (1990) Serok & Zemet (1983) Serok (1982) Serok, Rabin & Spitz (1984)	(Diss.) N=36, n=25 N=n=10 Einzelfall N=17, n=9 N=n=6 N=14, n=7
Schlangenphobie	Johnson (1977), Johnson & Smith (1997)	N=23, n=7 (1977: Diss.)
Schmerzbewältigung	Hardy (1999)	Einzelfall
Schmerzen, chronische	Imes, Clance, Gailis & Atkeson (2002) Smith (1981)	mehrere Fallbeispiele N=33, n=16 (Diss.)
Schmerzen, psychogenetische/ -somatische	Heinl (1991) Heinl (1996, 1998) Rogers (1983) Sandweg & Riedel (1998), Riedel (2000)	5 Fallbeispiele N=123, n=60 Einzelfall N=n=201, N=n=167
Schüchternheit	Carstens (1976)	(Diss.)
Schuldgefühle	Crocker (1984)	8 Fallbeispiele
Schüler mit Leistungsschwächen	Felton & Biggs (1972) Felton & Davidson (1973)	N=79, n=61
Schulkinder/Schüler	Alexander & Harman (1988) Christian (1983) Craft (1989) Felton & Biggs (1972) Felton & Davidson (1973) Goodman & Timko (1976) Laborde & Brown (1981) Oevermann (1999) Philipps (1976) Raulinat (1991) Ritter (1999) Roberds (1969) Schad (2003)	1 Schulklasse mehrere Schulklassen (Diss.) mehrere Schulklassen (Diss.) N=79, n=61 1 Schulklasse N=133, n=97 Einzelfall mehrere Fallbeispiele Einzelfall Einzelfall (Diss.) Einzelfall
Schulschwänzer	Gannon (1972) O'Donnell (1978)	N=60 (Diss.) (Diss.)

Seelsorger	Ladenhauf (1981)	mehrere Fallbeispiele
Selbstakzeptanz	Adesso et al. (1974)	N=36, n=18
	Campbell (1977)	Einzelfall
	Coté (1982)	N=60, n=20
	Foulds & Guinan (1973)	N=60, n=30
	Foulds & Hannigan (1976b, 1976c, 1977)	N=72/36/60, n=36/18/30
	Foulds (1970, 1971a,b)	N=40/60/30, n=20/30/15
	Foulds, Girona & Guinan (1970)	N=32, n=16
	Guinan & Foulds (1970)	N=20, n=10
	Kraus (1972)	N=33 (Diss.)
	McGrath (1990)	N=120, n=60 (Diss.)
	Mestel & Votsmeier-Röhr (2000)	N=n=800
	Serok & Bar (1984)	N=33, n=13
Selbstbewertung, negative	Adesso et al. (1974)	N=36, n=18
	Serok & Bar (1984)	N=33, n=13
Selbstbild	Crocker (1984)	8 Fallbeispiele
	Greenberg, Seeman & Cassius (1978)	N=36, n=25
	Guinan, Foulds & Wright (1973)	N=n=10
	Nichols & Fine (1980)	N=14, n=7
	Nichols (1973)	(Diss.)
Selbsterfahrung / Encounter	Anderson (1978a,b)	N=80, n=20 (1978a: Diss.)
	Castanedo (2000)	N=15
	Fittante (1988)	mehrere Therapeuten-trainees (Diss.)
	Hollander (1980)	50 TherapeutInnentrainees (Diss.)
	Mager Russel (1990)	Einzelfall (Diss.)
	O'Leary & Page (1990)	7 StudentInnen
	Ritter (1999)	Einzelfall
Selbstkonzept	Finando et al. (1977)	72 StudentInnen
	Kursh (1980)	N=43 (Diss.)
	Manchester (1978)	Kinder (Diss.)
Selbstkonzept, Selbst-wahrng. Schizophrener	Serok, Rabin & Spitz (1984)	N=14, n=7
Selbstsicherheit	Fodor & Collier (2001)	Einzelfall
	McGrath (1990)	N=120, n=60 (Diss.)
	Weiss (2002)	Einzelfall
Selbstunterstützung	Nichols (1973)	(Diss.)
	Lee (1982)	N=32 (Diss.)

Selbstverwirklichung	Bryan (1983) Kimball & Gelso (1974) Wemhoff (1978)	N=18, n=6 (Diss.) N=n=28 (Diss.)
Selbstwertgefühl	Campbell (1977) McGrath (1990)	Einzelfall N=120, n=60 (Diss.)
sexuelle Deviation	Rosen (1972)	
sexuelle Dysfunktionen	Beck (1995) Briner (1986) Cross, Sheehan & Khan (1980, 1982) Donadio (1975) Friedman (1999) Harman (1979) Harman (1989) Jessee (1978), Jessee & Guerney (1981) Okhowat (1985) Shahid (1979) Tugrul (1993) Valentin (1999) Wendt (1979) Yalom et al. (1977)	2 Fallbeispiele Einzelfall N=42, n=15 Einzelfall Einzelfall mehrere Fallbeispiele Einzelfall 36 Paare (1978: Diss.) Einzelfall N=24 (Diss.) Einzelfall Einzelfall Einzelfall N=33, n=11
sexuelle Störungen bei Paaren	Jessee (1978), Jessee & Guerney (1981) Shahid (1979)	36 Paare (1978: Diss.) N=24 (Diss.)
Somatisierungsstörungen	Pauls & Reicherts (1999)	N=15, n=11
soziale Fehlanpassung	Cross, Sheehan & Khan (1980, 1982) Greenberg, Seeman & Cassius (1978) Hartmann-Kottek (1979) Reeder (1997) Serok & Bar (1984)	N=42, n=15 N=36, n=25 N=n=10 N=108, n=18 (Diss.) N=33, n=
Spaltung	Greenberg (1980) Greenberg (1983) Greenberg & Clarke (1979) Greenberg & Higgins (1980) Greenberg et al. (1998a,b), Watson & Greenberg (1996)	N=n=3 N=28, n=14 N=16 N=42, n=14 N=34, n=17
Spieltherapie, Gruppe	Sweeney & Homeyer (1999)	mehrere Fallbeispiele
Spiritualität	Killoran (1993)	N=n=52 (Diss.)

Spontaneität	Coté (1982) Foulds (1970, 1971a,b) Foulds & Hannigan (1976b, 1976c, 1978) Guinan & Foulds (1970)	N=60, n=20 N=40/60/30, n=20/30/15 N=72/36/60, n=36/18/30 N=20, n=10
Sterbende	Lückel (1981) Lückel (1985) O'Leary & Nieuwstraten (2001a) Petzold (1980) Petzold (1982) Spiegel-Rösing & Petzold (1984)	mehrere Fallbeispiele mehrere Fallbeispiele Diskursanalyse einer Gruppensitzung Einzelfall Einzelfall mehrere Fallbeispiele
Straftäter	Conté (1999) Serok & Levi (1993)	Einzelfall N=50
Stressreduktion	Smith (1981)	N=33, n=16 (Diss.)
Suizid, Suizidalität	Alexander & Harman (1988) Prashantham (1975) Richter & Stocksmeier (1990)	Einzelfall Einzelfall Einzelfall
Supervision	Galloway (1999) Hoyt & Goulding (1989) Möller (1998) Schreyoegg (1991)	97 Gestalt-Supervisoren (Diss.) Einzelfall Therapeuten-Gruppe Einzelfall
Symbolik, Arbeit mit	Angus & Rennie (1989) Wollschläger & Wollschläger (1998)	N=n=5 32 Fallbeispiele
Systemische Therapie, Vergleich mit Gestalttherapie	Ahlers & Ventouratou-Schmetterer (1998) Andrews (1990)	2 Therapeutinnen 4 Fallbeispiele (Diss.)
Terrorismusopfer	Pollard et al. (2002)	15 Betroffene
TherapeutInnenmerkmale / -fähigkeiten	Brunink & Schroeder (1979) Caffaro (1989,1991) Erickson (1993) Fittante (1988) Greenberg & Sarkissian (1984) Kolodziejski (1973) Larson (1980) Mahrer et al. (1986, 1992) Mahrer et al. (1987, 1991)	18 TherapeutInnen 175 TherapeutInnen (1989: Diss.) 23 TherapeutInnen mehrere Therapeutentrainees (Diss.) N=22, n=11 (Diss.) 879 TherapeutInnen N=n=6 Einzelfall

	Molitor (1984)	mehrere TherapeutInnen (Diss.)
	O'Leary et al. (1998)	24/17 verschieden erfahrene TherapeutInnen
	Padover (1992)	258 StudentInnen (Diss.)
	Peterson & Bradley (1980)	54 TherapeutInnen
	Rosenberger (1983)	60 TherapeutInnen (Diss.)
	Rouse (1986)	41 Sitzungsanalysen / 134 TherapeutInnen (Diss.)
	Sicoli & Hallberg (1998)	33 verschieden erfahrene TherapeutInnen
	Tervo (1988)	Einzelfall (Diss.)
	Viney (1994)	N=8, n=2
Therapiemerkmale	Mecheril (1991)	N=40, n=10 (Diss.)
Therapie beenden	Chu (1989)	mehrere Fallbeispiele
	Müller-Ebert (2001)	mehrere Fallbeispiele
Transfluence	Prosnick (1997)	N=n=155 (Diss.)
Trauer	Buckles (1982)	mehrere Fallbeispiele
	Chu (1989)	mehrere Fallbeispiele
	Crocker (1984)	8 Fallbeispiele
	Fabian (2000)	Einzelfall
	Field & Horowitz (1998)	N=n=73
	Forrest (1996)	N=54 (Diss.)
	Lamb (1982)	Einzelfall
	Oaklander (2000)	4 Fallbeispiele
Traumarbeit	Gegenfurtner (in Vorber.)	N=n=30
	Grabner (1998)	Interviews zu Arbeitsweisen
	Keller et al. (1995)	228 TherapeutInnen
	Perls (1969)	mehrere Fallbeispiele
	Templeton (1980)	(Diss.)
Traurigkeit	Greenberg & Paivio (1997)	mehrere Fallbeispiele
Trennung, Abschied	Chu (1989)	mehrere Fallbeispiele
	Gerlich (1992)	Einzelfall
	Müller-Ebert (2001)	mehrere Fallbeispiele
Unabhängigkeit	Nichols (1973)	(Diss.)
	Weiss (2002)	Einzelfall
ungelöste/unbewältigte Probleme/Gefühle (»unfinished business«)	Greenberg (1992)	N=n=18
	Greenberg (2002)	N=n=26
	Greenberg & Foerster (1996)	N=n=20
	Mackay (1996, 2002)	N=n=8 (1996: Diss.)
	Mcmain (1996)	N=n=27 (Diss.)
	O'Leary & Nieuwstraten (1999)	Diskursanalysen von Gruppensitzungen

	Paivio & Greenberg (1995) erweitert durch Greenberg & Malcolm (2002) Souliere (1995)	N=34, n=17 N=n=26 N=40, n=20 (Diss.)
Unterschichtklienten	Heinl, Petzold & Walch (1983) Thomas (1986) Thomas & Thomas (1986)	5 Fallbeispiele mehrere Fallbeispiele Einzelfall
Vaginismus	Tugrul (1993)	Einzelfall
Verantwortungsgefühl	Nichols (1973)	(Diss.)
Veränderungskonzepte (Verhalten, Wahrnehmung etc.)	Boulet et al. (1993) Fleming & Jackson Jr. (2000) Handlon & Fredericson (1998) Korb (1976) Kroschel (1992) Marion (1976)	N=n=2 N=47 mehrere Fallbeispiele (Diss.) Einzelfall (Diss.) (Diss.)
Vergewaltigung	Valentin-Mousli (1988)	Einzelfall
Verhaltensstörungen	Neill (1979) Tillett (1994)	Einzelfall Einzelfall
Wahrnehmung schizophrener Patienten	Serok, Rabin & Spitz (1984) Serok & Zemet (1983)	N=14, n=7 N=17, n=9
Widerstand	Engle & Holiman (2002a,b) Kroschel (1992) Prosnick (1997)	Einzelfall Einzelfall (Diss.) N=n=155 (Diss.)
Wutanfälle, unkontrollierte	Bjorno (1990)	Einzelfall
Zazen Meditation, Vergleich mit Gestalttherapie	Mahrer (1979)	(Diss.)
Zeitliche Orientierung	Lightner (1976)	N=24 (Diss.)
Zwanghaftigkeit, Zwangsstörungen	Butollo et al. (1997a,b, 1998) Dixon (1983) Friedman (1999) Hartmann-Kottek (1979) Niemeier (1980) Pauls & Reicherts (1999) Serlin (1981) Teschke (1996)	N=n=56 N=31 (Diss.) Einzelfall N=n=10 (Diss.) N=15, n=11 Einzelfall N=n=5

2.1 Inhaltliche Darstellung der Forschung zur Gestalttherapie

Die gestalttherapeutische Arbeitsweise spiegelt sich in den verschiedenen Forschungsansätzen und -schwerpunkten sowie den Methoden wissenschaftlicher Arbeiten wieder. Bei einem großen Teil der Forschungsarbeiten werden detaillierte und fein regulierte Aspekte des dialogischen Verlaufs zwischen Therapeut und Klient betrachtet. Im theoretischen Teil dieses Buches wurde beschrieben, dass Gestalttherapeuten dem Kontakt- oder Dialogverlauf, d.h. dem Prozess der Beziehung zwischen Therapeut und Klient in einer Stunde und auch längerfristig besondere Aufmerksamkeit schenken. Im metaanalytischen Teil reflektiert sich dies darin, dass auch bei nicht-gestalttherapeutisch orientierten Autoren die Prozessforschung zur Gestalttherapie viel Beachtung findet. So haben beispielsweise Orlinsky, Grawe und Parks (1994) in ihrer Analyse von Prozessstudien dem therapeutischen Wirkfaktor »experiential confrontation« eine wesentliche Stellung eingeräumt.

Um der besonderen Bedeutung, welche die Prozessforschung in der Gestalttherapie hat, gerecht zu werden, beginnt die inhaltliche Darstellung der Forschung zur Gestalttherapie hier mit der Prozessforschung. In diesem Bereich sind bereits in nennenswerter Zahl Studien publiziert worden. Im zweiten Teil dieses Kapitels (Abschnitt 2.1.2) wird dann eine inhaltliche Übersicht über die bestehenden Evaluations- und Therapievergleichsstudien gegeben, die zu spezifischen klinischen Subgruppen durchgeführt wurden.

2.1.1 Prozessforschung

Der folgende Abschnitt präsentiert zunächst einen Überblick über die Forschung, die Mikroprozesse, d.h. das Therapiegeschehen in einer Sitzung von einem Moment zum nächsten, untersucht. Im Brennpunkt dieser Forschung stehen Fragen zur dialogischen Aktivierung von im Hintergrund liegenden Ressourcen, sowie die Frage, wie es zu bedeutsamen Begegnungsmomenten zwischen Therapeut und Klient kommt. Gerade Höhe- und Wendepunkten in der Therapie wird eine wichtige Bedeutung für die Unterstützung des Klienten in seiner Entwicklung zugemessen. Mikroprozessstudien untersuchen detailliert, wie sich die emotionale Spannung in wichtigen Momenten des therapeutischen Dialogs aufbaut. Sie analysieren, welche Bedingungen zu Höhe- und Wendepunkten in der Therapie führen, d.h. zu solchen Momenten, in denen die therapeutische Arbeit sich zuspitzt und Einsichten und emotionale Erfahrungen möglich werden. Die emotionale Bewegtheit in diesen Momenten ist manchmal so groß, dass Klient und Therapeut sich noch Jahre später an solche Situationen erinnern. In einem zweiten Abschnitt werden Studien präsentiert, die systematisch die Prozessdaten in einer einzelnen Sitzung mit längerfristigen, d.h. über mehrere Sitzungen oder die gesamte Therapie laufenden Entwicklungsprozessen, hier als »Makroprozesse« bezeichnet, zueinander in Beziehung setzen. In einem dritten Schritt werden schließlich Ergebnisse aus Studien berichtet, die spezifisch zu solchen Makroprozessen durchgeführt wurden.

Es gibt mehrere Forschergruppen, die sich speziell mit Fragen zum Therapieprozess beschäftigen. Mittlerweile sind bereits 41 Prozessstudien zur Gestalttherapie publiziert. Etwa die Hälfte dieser Untersuchungen wurde an der York-Universität in Kanada unter der Leitung von Leslie S. Greenberg durchgeführt. Greenberg hat seit dem Ende der 1970er Jahre die detaillierteste und umfassendste Serie von Studien zu therapeutischen Methoden publiziert, die aus der Gestalttherapie stammen (z.B. Greenberg 1980; Clarke & Greenberg 1986; Greenberg & Watson 1998a, b). Im Rahmen dieser Serie verglich er vielfach die Tiefe und Intensität der Erfahrung in gestalttherapeutischen Dialogen mit denen anderer Behandlungsformen. Dabei zeigen seine Ergebnisse, dass die positiven emotionalen Erfahrungen, die Klienten in der Therapie machen, sie auch bei der Lösung ihrer Konflikte und Probleme außerhalb der Therapiesituation unterstützen. Da Greenberg in seiner Forschung eine Verbindung von Mikro- über Makroprozessen zum Therapieergebnis und darüber hinaus zu den langanhaltenden, katamnestisch erhobenen Therapieerfolgen zieht, wird sein Programm hier in einem gesonderten Abschnitt dargestellt. Eine zweite Forschungsgruppe unter der Leitung von A. R. Mahrer untersuchte die spezifischen therapeutischen Strategien und Interventionen von Gestalttherapeuten und verglich sie teilweise mit denen von Therapeuten aus anderen Schulen. In diesen Studien gelang es, wichtige Momente im therapeutischen Dialog zu identifizieren. In einem weiteren Schritt wurden Interventionen, die solchen Momenten vorausgingen, analysiert (z.B. Mahrer et al. 1984, 1986, 1987, 1991, 1992). In diesen Studien von Mahrer et al. werden eine Reihe von Interventionen beschrieben, die den Klienten überraschen, herausfordern und konfrontieren. Dies geschieht z.B., indem der Therapeut den Fokus vom Inhalt des Dialogs auf die Körpersprache des Klienten verschiebt und dessen körperlichen Ausdruck in Beziehung setzt zum persönlichen Geschehen zwischen Therapeut und Klient (Mahrer et al. 1992). Boulet verwandte eine ähnliche Forschungsstrategie zur Identifizierung von wichtigen Therapiemomenten (Boulet et al.

1992, 1993). Wie Mahrer entwickelte er ein Kategoriensystem, um einzelne Statements von Therapeuten und Klienten zu klassifizieren. Teschke entwickelte die Grundidee dieser Forschungsstrategie dahin weiter, mit Hilfe von Videoaufzeichnungen wichtige Momente in der Therapie zu identifizieren (Teschke 1996). Diese Ansätze verfolgen im Kern die Idee, den Spannungsaufbau im Dialog nachzuzeichnen und die Bedeutung wichtiger emotionaler Erfahrungen, wie sie sich in therapeutischen Höhe- und Wendepunkten verdichten, nachzuweisen.

Eine Darstellung der Fülle von Einzelthemen, die in der Mikroprozessforschung untersucht werden, würde den Rahmen dieser Arbeit sprengen. Viele Themen sind auch erst in Ansätzen bearbeitet oder liegen nur als unveröffentlichte Dissertation vor. Hierzu findet der Leser weiterführende Quellen in der vorangestellten Tabelle 1. Im folgenden Abschnitt können nur einige der wichtigsten Ergebnisse zusammengefasst werden. Die Darstellung der Befunde folgt in erster Linie inhaltlichen Gesichtspunkten, was dazu geführt hat, dass an einigen Stellen Studien und Befunde zu einem Thema berichtet werden, die im strengen Sinne nicht auf derselben Prozessebene anzusiedeln sind. Dies ist der Fall, wenn z.B. Befunde aus Studien der Therapieprozessforschung ergänzt werden durch Daten aus systematischen Therapeutenbefragungen. Im Bereich der Untersuchung von Prozessen innerhalb einer Sitzung liegen Daten zu folgenden Schwerpunkten vor:
- der Arbeit mit Träumen, Metaphern und Körperbildern (Angus & Rennie 1989; Clance et al. 1994; Grabner 1998; Gegenfurtner [in Vorbereitung]; Templeton 1980)
- der Prozessbeschreibungen von emotions- und erfahrungsaktivierenden gestalttherapeutischen Dialogen sowie wichtigen oder existenziellen Therapiemomenten (Mahrer et al. 1984, 1986, 1991, 1992; Boulet et al. 1992, 1993; Viney 1994; Lesonsky et al. 1986; Brunink & Schroeder 1979; Brothers 1986; Rosner 1996; Conoley et al. 1983; Beutler et al. 1984; Greenberg und Paivio 1997; Watson & Greenberg 1996; Goldman & Greenberg 1997; Malcolm & Greenberg 1998; Mecheril & Kemmler 1992; Mulder et al. 1994; Butollo et al. 1998)

2.1.1.1 Mikroprozesse

Träume, Metaphern, Körperbilder

Die Arbeit mit Träumen, Metaphern und inneren Bildern sowie Körperbilder vermittelt einen Blick auf psychische Prozesse im Hintergrund des

Patienten. Dabei stellen Metaphern und Träume eine gute Basis für tiefergehende therapeutische Exploration und Durcharbeitung des Beziehungsgeschehens in der Therapie, wie auch im Leben des Patienten, dar.

In den Mikroprozessstudien stellen Video- und Audioaufzeichnungen aus Therapiesitzungen eine elementare Datenquelle dar, so auch in einer Studie zur Bedeutung von Metaphern in psychoanalytischen und gestalttherapeutischen Sitzungen von Angus & Rennie (1989). Sie spielten jeweils Therapeuten und Klienten unabhängig voneinander ausgewählte Aufzeichnungen von Passagen aus gemeinsamen Therapiesitzungen vor, in denen bestimmte Metaphern, z.B. für die Beziehung zwischen Therapeut und Klient, benutzt wurden. Die Tonbandaufzeichnungen dienten dann in den Audiokonfrontationen als Erinnerungshilfe für die Gefühle, Erfahrungen und Einsichten, wie sie in den aus der Sitzung aufgezeichneten Momenten abgelaufen und erlebt worden waren. Die Autoren konnten zeigen, dass die Metaphern den Klienten zu einer größeren Bewusstheit impliziter Gefühle und Überzeugungen im Beziehungsgeschehen verhelfen und den Zugang zu verschütteten Kindheitserinnerungen, -phantasien und -gefühlen eröffnen können. Der verbesserte Zugang zu kindlichen Gefühlen führte gleichzeitig zu einer vertieften Bewusstheit der eigenen Identität im allgemeinen Beziehungsgeschehen wie auch im therapeutischen Arbeitsbündnis. Weitere Details sind der Tabelle am Ende des Teils zur Prozessforschung zu entnehmen (Tabelle 3). Zur therapeutischen Arbeit mit inneren Vorstellungen gehört u.a. auch die Exploration des inneren Bildes vom eigenen Körper. Die Erforschung dieses inneren Körperbildes hat beispielsweise besondere Bedeutung bei Patienten, die Essstörungen aufweisen. In einer Serie von Studien setzt sich Clance mit den Prozessen und Effekten erfahrungsorientierter Therapien auf das innere Bild des Patienten von seinem Körper auseinander (Clance et al. 1979, 1980, 1994). Clance et al. (1994) untersuchte dabei auch den geschlechtsspezifischen Einfluss von Gestalttherapie auf das eigene Körperbild, die Haltung zum eigenen Körper und die Selbstwahrnehmung. Nachgewiesen wurden positive Veränderungen in Körper- und Selbstwahrnehmung für Männer und Frauen gleichermaßen. Ein geschlechtsspezifischer Einfluss der Behandlung im Sinne eines stärkeren Einflusses auf Männer trat jedoch nur tendenziell auf. Clance hat ihre Studien mit Erwachsenen und Kindern durchgeführt, wobei die Stichproben nicht alle klinischen Störungsbilder umfassen. Indessen stellt die Serie von Arbeiten, die Clance durchführte, eine Ergänzung zu den berichteten Befunden zur Bedeutung der gestalttherapeutischen Arbeit mit Metaphern, inneren Bildern und Träumen dar.

Eine laufende Studie zur gestalttherapeutischen Arbeit mit Träumen wird derzeit an der Universität München im Rahmen eines Dissertationsprojekts und zweier Diplomarbeiten durchgeführt (Gegenfurtner [in Vorbereitung]). 30 Therapiestunden von verschiedenen Therapeuten und Klienten wurden qualitativ- und quantitativ-inhaltsanalytisch ausgewertet, um daran die gestalttherapeutische Traumarbeit zu dokumentieren und eine systematische Arbeitsmethode einschließlich eines theoretischen Grundlagenansatzes zu entwickeln. Die Arbeit umfasst die Entwicklung eines Kategoriensystems für gestalttherapeutische Traumarbeit wie auch für gestalttherapeutische Arbeit im Allgemeinen. Mit dem von Gegenfurtner entwickelten Kategoriensystem wird die Beschreibung von Prozessverläufen möglich. Die Prozessanalyse der Stunden zeigt, dass die Arbeitsmethoden der Gestalttherapie hilfreich sind, den Traum prozessual zu aktivieren, d.h. Traum oder Traumelemente ins unmittelbaren Erleben zu bringen.

Die Daten der Arbeit von Gegenfurtner legen auch nahe, dass sich die Arbeitsweisen in der heutigen Gestalttherapie deutlich verändert haben gegenüber dem Vorgehen der Gründer. Hatten die Gründer noch sehr viele Identifikationen im Verlauf einer Arbeit vorgenommen, fokussieren moderne Gestalttherapeuten stärker, d.h. sie konzentrieren sich eher auf weniger Aspekte, die dafür aber vertiefter exploriert werden. Hatten F. Perls und J. Simkin Dramatisierungen stärker durchspielen lassen und den Traum aus verschiedenen Perspektiven nacherleben lassen, zeichnet sich die moderne Gestalttherapie dadurch aus, dass Identifikation von den Therapeuten in stärkerer Form (a) hilfreich unterstützt, (b) emotional vertieft und (c) erforscht wird. Indessen stellt Gegenfurtner auf der Basis ihrer Therapeuten-Nachbefragungen fest, dass moderne Gestalttherapeuten die ursprünglichen Konzepte zum Traumverständnis, v.a. Traum als Projektion von Selbstanteilen und als existenzielle Botschaft, nach wie vor als theoretischen Hintergrund haben. Die Autorin entwickelt einen idealtypischen Rahmen für die Traumarbeit, die Grundlagen für die Einleitung, die Durchführung und den Abschluss einer Traumarbeit umfassen.

Einen inhaltsanalytischen Vergleich zwischen psychoanalytischer, gestalttherapeutischer und existenzanalytischer Arbeit mit Träumen in der therapeutischen Praxis legte Grabner (1998) vor. Die Autorin befragte jeweils 20 Psychoanalytiker, Gestalttherapeuten und Existenzanalytiker zu einem Traum, den sie ihnen vorlegte. Ein von der Autorin an dem Traum entwickeltes Kategoriensystem umfasste die Aspekte Wunscherfüllung, Sexualität, Interaktionen im Traum, Beziehung zur gegenwärtigen Situation, Beziehungen im Umfeld des Träumers, emotionale und persönlichkeitsdiagnostische Aspekte. In den Wahrnehmungen und Assoziationen der Therapeuten zum präsentierten Traum fand die Autorin stärkere Ähnlichkeit zwischen Gestalttherapeuten und Existenzanalytiker, was in der beiden Therapierichtungen gemeinsamen phänomenologisch geprägten Auffassung vom Traum begründet ist. Demgegenüber betonten Psychoanalytiker besonders den Charakter der Funktion der Wunscherfüllung. Indessen ähnelten sich bei den von den Therapeuten geäußerten möglichen Arbeitsweisen existenzanalytische und psychoanalytische Interventionsstrategien stärker, wogegen die geplanten Herangehensweise der Gestalttherapeuten sich durch erfahrungsorientierte Interventionen charakterisieren ließ.

Die Arbeit mit Metaphern, Träumen und inneren Bildern stellt in der Gestalttherapie ein zentrales Medium des Zugangs zum inneren Erleben und Beziehungsgeschehen des Patienten sowie zu den im Hintergrund liegenden Ressourcen dar. Polster & Polster (1973) räumen der Arbeit mit Träumen einen zentralen Platz in der Gestalttherapie ein. In Abschnitt 1.2.2.4 sind bereits die Daten von Keller et al. (1995) erwähnt, die auf der Basis einer Stichprobe von 500 klinischen Therapeuten eine hohe Verbreitung des gestalttherapeutischen Ansatzes in der Arbeit mit Träumen dokumentieren.

Erlebnisaktivierung und wichtige Therapiemomente

Wie im theoretischen Teil beschrieben, waren die Perls beeinflusst von Martin Bubers Philosophie des menschlichen Dialogs (Buber 1984). Der holistische Charakter der Beziehung zwischen Therapeut und Klient, wie Gestalttherapeuten ihn verwenden, beinhaltet, dass auch der Therapeut seine Impulse und Gefühle in die therapeutische Situation einbringt. Ein zentrales Interesse der Psychotherapieforscher richtet sich dementsprechend auf die Frage nach dem heilenden Potenzial des Dialogs. Dieses Interesse hat zu einer beträchtlichen Anzahl von Studien zu Mikroprozessen in der psychotherapeutischen Behandlung geführt, wobei die Mehrzahl der Arbeiten den therapeutischen Dialog in das Zentrum stellt.

Viele Studien der Mikroprozessforschung zur Gestalttherapie konzentrieren sich deshalb vor allem auf Prozessbeschreibungen des erlebnisaktivierenden Charakters von gestalttherapeutischen Dialogen. Vor allem Mahrer (Mahrer et al. 1984, 1986, 1987, 1991, 1992) und Boulet (Boulet et al. 1992, 1993), in gewissem Umfang auch andere Autoren (Viney 1994; Lesonsky et al. 1986; Brunink & Schroeder 1979; Mecheril & Kemmler 1992; Kemmler et al. 1991) definieren »wichtige Momente« im therapeutischen Dialog und beschreiben ihren Kontext, d.h. die Bedingungen, unter denen sie zustande kommen und ihre Wirkungen auf den unmittelbaren therapeutischen Verlauf. Hier soll eine knappe Auswahl der Befunde wiedergegeben werden. Über die Methode, einzelne therapeutische Statements zu kategorisieren und zu clustern, werden in diesen Arbeiten meist Momente von intensivem emotionalen Ausdruck identifiziert. Verschiedene Autorengruppen haben hierzu eigene Kategoriensysteme entwickelt und erprobt (Mahrer et al. 1984, 1986, 1991, 1992; Boulet et al. 1992, 1993)[1]. Wegen dieser aufwendigen Methodik ergibt sich für diesen Forschungsbereich zwangsläufig eine eher kleine Anzahl untersuchter Probanden. Aufbauend auf dieser Methodik unternahm Teschke (1996) eine phänomenologische Analyse von Videoaufzeichnungen aus Langzeittherapien mit dem Ziel, wichtige Wendepunkte im therapeutischen Prozess, die er »existenzielle Momente« nennt, zu identifizieren. Dabei verfolgte er die Annahme, dass diese zu einer Stärkung der therapeutischen Allianz führen. Teschke (1996) arbeitete mit drei Ratergruppen (Therapeut, Klient, Beobachter), um solche Momente über Konsens (in erster Linie zwischen Therapeut und Klient) zu bestimmen. Als zweite Methode, um solche Momente zu identifizieren, fragte Teschke die Klienten aus seinen Studien nach Ablauf von ein bis zwei Jahren nach solchen Momenten. Ausgehend von der Annahme, dass sich »existenzielle Momente« besser erinnern lassen als andere therapeutische Episoden, bat er sie, sich daran zurück zu erinnern. Mit Hilfe einer Inhaltsanalyse wurden solche Momente im gesamten therapeutischen Verlauf inhaltlich lokalisiert, um anhand der Ergebnisse zu verfolgen, ob ein qualitativer Wechsel in der Beziehung zwischen Therapeut und Klient im Sinne von größerem Vertrauen zustande kam. Teschkes (1996) Untersuchung zeigt, dass »existenzielle Momente« in der Therapie vorkommen, wenn Spontaneität und Authentizität den Therapeuten und Klienten leiten. Dabei kann auch der Klient eine solche Situation einleiten. »Existenzielle Momente« identifiziert Teschke als Sequenzen von vollendeten Gestalten, d.h. dass in ihnen ein Bedürfnis befriedigt, eine Frage geklärt, ein »unabgeschlossener Prozess« abgeschlossen werden kann. Die Untersuchung belegt, wie wichtig Spontaneität und Echtheit in der Therapie sind und dass Veränderungen häufig offenbar eher das Ergebnis von überraschenden und spontanen Äußerungen sind. Dialogische Sequenzen, die »existenzielle Momente« enthalten, werden von Teschke als relativ kurz beschrieben, sie dauern ca. eine Minute. Eingeleitet werden sie häufig durch eine überraschende Aktion oder Reaktion vom

---

1. Im Kontext einer Forschung zu gestalttherapeutischen Dialogen wurden weitere Kategoriensysteme z.B. zur Erfassung von Paarkommunikation (Lesonsky et al. 1986), zur positiven/negativen Selbstbewertung (Adesso et al. 1974), zur Körper- und Selbstwahrnehmung (Clance et al. 1994) und zum emotionalen Gehalt von Klienten- und Therapeutenäußerungen (Mecheril et al. 1992; Viney 1994) sowie zum therapeutischen Stil (Brunink et al. 1979) entwickelt.

Therapeuten oder vom Klienten, aus der dann eine starke Gestalt (s.o.) entsteht, die im folgenden Verlauf geschlossen werden kann.

Für die Einschätzung wichtiger Therapiemomente findet Teschke zwischen Therapeut und Klient eine Übereinstimmung von 34 Prozent, unter Einbezug der dritten unabhängigen Ratergruppe verringert sich diese Übereinstimmung noch weiter. Es ist bemerkenswert, wie gering die Übereinstimmung zwischen Therapeut, Klient und unabhängigen Ratern ist, was als wichtiger oder »existenzieller« Therapiemoment einzuschätzen ist. Dabei entspricht diese Größenordung etwa der aus einer Untersuchung von Fiedler & Rogge (1989) zur Konkordanz von Therapeuten- und Klienteneinschätzungen von veränderungsrelevanten Therapieepisoden, die 27 Prozent Übereinstimmung fanden. Diese Daten erinnern an ein Ad-hoc-Experiment, das Yalom (2002) mit einer Patientin durchführte, in dem beide, Therapeut und Patientin, unabhängig voneinander ein Therapietagebuch führten. Der Vergleich der beiden Tagebücher zeigt im Nachhinein überraschend verschiedene Wahrnehmungen und Bewertungen der einzelnen Stunden und Interventionen zwischen Patientin und Therapeut. Diese Daten konfrontieren uns Therapeuten damit, dass auch das Erleben intensiver Kontaktmomente immer einer subjektiven Bewertung unterliegt, die meistens eher nicht zwischen Therapeut und Klient übereinstimmen.

Indessen sind diese Ergebnisse und Schlüsse zu der Frage, wie intensive Therapiemomente zustande kommen, vereinbar mit Befunden von Mahrer et al. (1991). Mahrer verfolgt in seinen Analysen von dialogischen Sequenzen die Identifizierung von therapeutischen Mustern, die er »Mikrostrategien« nennt (z.B. Mahrer et al. 1984, 1986). Im weiteren Verlauf seiner Forschungsentwicklung ging es Mahrer darum, die Bedeutung von spezifischen Mikrostrategien für Sitzungsphasen mit erhöhtem Gefühlsausdruck (»client change events«, Mahrer et al. 1991) und signifikanten Therapiemomenten (Mahrer et al. 1992) zu untersuchen. Für die untersuchten gestalttherapeutischen Sequenzen konnte Mahrer zwei Varianten von Mikrostrategien identifizieren, die zu Veränderungen im Sinne einer intensivierten emotionalen Spannung beim Klienten in der Therapie führten: (1) Der Therapeut fokussiert auf Veränderungen im emotionalen Ausdruck beim Klienten (z.B. Anzeichen von Traurigkeit). (2) Der Therapeut verwendet konfrontierende und herausfordernde Interpretationen und Fragen. Ein Beispiel für den durch Interventionen des Therapeuten bewusst erhöhten emotionalen Ausdruck findet sich im obigen Ausschnitt aus F. Perls Traumarbeit (vergleiche Box VII zu Traumarbeit). Dort fragt F. Perls an einer Stelle seine Patientin Nora, ob sie beginne, etwas zu fühlen, was bei ihr den Ausdruck von zunächst aggressiven, dann traurigen Gefühlen fördert. Häufig reicht bereits ein kleiner Anstoß, z.B. eine Intervention der

Art: »Was fühlen Sie gerade?«, um den erhöhten Gefühlsausdruck zu fördern. Suggestiver und darum vorsichtiger zu verwenden, aber bei vielen Patienten wirksamer, sind Interventionen wie »Sie sehen gerade traurig aus.« Ein Beispiel zu (2) findet sich ebenfalls in einer Sitzung von F. Perls, die von Mahrer analysiert wurde. In einem bestimmten Moment sagt Perls zu seiner Klientin: »Was macht Ihr Fuß gerade mit mir?«, als diese, ohne sich dessen bewusst zu sein, mit dem Fuß in seine Richtung wippt. Die Frage konfrontiert die Klientin mit ihrem unbewussten Körperausdruck und eröffnet damit die Chance, im Hintergrund liegende, für diese soziale Situation tabuisierte Gefühle, wie z.b. Ärger auf den Therapeuten, zu identifizieren und zum Ausdruck zu bringen. Dieser therapeutische Stil ist typisch für die Arbeit von F. Perls, der auch »Hintergrund«-Aspekte des Feldes überraschend in den Vordergrund bringt. Mahrer et al. (1992) empfehlen diese beiden Interventionstypen wegen ihrer starken Wirkung auf die Intensität des therapeutischen Kontakts.

Indessen finden die zwei genannten Interventionen bei Gestalttherapeuten der heutigen Generation keineswegs ungeteilten Zuspruch. In einer Expertenbefragung, die ich mit Gestaltlehrtherapeuten im Kontext eines Seminars zu Forschungsbefunden der Gestalttherapie 2002 durchführte, fand sich reger Widerspruch speziell gegenüber dem Beispiel zum zweiten Interventionstypus. Eine Reihe von Interventionsformen, die von den Begründern verwendet worden waren, überfordern aus heutiger Sicht einen Teil der Patienten in der klinischen Praxis. In der Weiterentwicklung der Gestalttherapie wurde der Therapiestil von F. Perls bereits von einigen bekannten Gestalttherapeuten grundlegend kritisiert und modifiziert (insbesondere: From 1984; Polster & Polster 1973; Yontef 1998, 1999). Gleichwohl können die beiden Interventionsstrategien, wenngleich in modifizierter Form, bis heute als zentral für den gestalttherapeutischen Ansatz gelten:
(1) der Wechsel vom Vordergrund, z.B. dem Inhalt einer Erzählung des Klienten, auf den aktuell im Hier-und-Jetzt auftauchenden Hintergrund, z.B. die aktuell begleitenden Gefühle und sonstige Selbstwahrnehmungen des Klienten, oder sein Körperausdruck;
(2) die Hinführung oder Konfrontation des Klienten mit seiner Verantwortung insbesondere für das Beziehungs- und Kontaktgeschehen zwischen ihm und dem Therapeuten oder anderen Personen des Umfeldes.

Auf die theoretische Bedeutung der Emotionen in der Gestalttherapie und einige der bekanntesten gestalttherapeutischen Interventionsstrategien zur Unterstützung des emotionalen Ausdrucks wurde in den Abschnitten 1.2.2.1 bis 1.2.2.2 bereits eingegangen. Dabei wurde auch eine Entwicklungstendenz innerhalb der Gestalttherapie nachgezeichnet, innerhalb derer die Bedeutung von Gefühlsausdruck gegenüber früheren Ansätzen neu bewertet wird. Im den folgenden Abschnitten 2.1.1.2 (Von Mikro- zu Makroprozessen) und 2.1.1.3 (Makroprozesse) werden die Forschungsgrundlagen für kurz- und langfristige Veränderungen, die im Zusammenhang mit emotionaler Aktivierung zu finden sind, noch ausführlich dargestellt.

Was die Bedeutung des Ausdrucks von Emotionen betrifft, scheinen sich die verschiedenen therapeutischen Schulen seit längerem aufeinander zu zu bewegen. Dies spiegelt sich auch in Studien wie z.B. in der Arbeit von Mecheril & Kemmler (1992), die einen Vergleich des sprachlichen Umgangs mit Emotionen in Psychoanalyse und Gestalttherapie vornahmen. Klienten- und Therapeutenäußerungen aus Therapieaufzeichnungen von 40 Sitzungen wurden mit einem fünfstufigen Kategoriensystem auf den emotionalen Gehalt hin geratet. In den gestalttherapeutischen und psychoanalytischen Sitzungen finden sich im gleichen Umfang emotional gefärbte Äußerungen. Die Therapien unterscheiden sich insofern wenig bezogen auf den emotionalen Ausdruck. Die Autoren stellen die Frage, ob es nicht eher die schulenspezifischen Erwartungen der Therapeuten sind, welchen Stellenwert sie dem Ausdruck von Emotionen geben, die sich unterscheiden. Es scheint, als seien verschiedene Therapieorientierungen in der Realität ihrer Behandlungspraxis gar nicht so weit voneinander entfernt. Zu einer solchen Positionierung gelangt auch der prominente Metaanalytiker Luborsky (Luborsky et al. 1997, 1999, 2002, 2003), der dem individuellen Stil eines Therapeuten größere Bedeutung beimisst als der therapeutischen Orientierung selbst. Luborsky et al. (2003) gehen davon aus, dass alle Formen von Psychotherapie sich aus ähnlichen Basisaktivitäten zusammensetzen und insofern weder in ihren Prozessen noch in ihren Wirkungen stark unterscheiden. Indessen ist dies ein alter Streitpunkt in der Psychotherapieforschung. Dabei argumentieren die Vertreter der Gegenposition in diesem Streit, dass Unterschiede in Prozessen und Wirkungen durch zu ungenaue Erhebungen nur überdeckt sind. Bezogen auf die Arbeit von Mecheril & Kemmler (1992) lässt sich schwer einschätzen, ob Unterschiede aufgetreten wären, wenn die Autoren die Kategorien feiner bzw. trennschärfer gestaltet oder Verteilungshäufigkeiten besser kontrolliert hätten.

Im folgenden Abschnitt wird von einer Untersuchungsserie berichtet, welche tatsächlich Unterschiede zwischen gestalttherapeutischen und anderen Therapien entstammenden Interventionen für die Aktivierung emotionaler Prozesse belegen kann. Indessen beziehen sich keine der im Folgenden dargestellten Vergleiche auf Gestalttherapie und Psychoanalyse.

2.1.1.2 Von Mikro- zu Makroprozessen

Über einen Zeitraum von 20 Jahren haben Leslie S. Greenberg und seine Kollegen Prozessforschung zu Dialogformen, die aus der Gestalttherapie stammen, durchgeführt. Die Forschungsansätze in dieser Zeit wurden zunehmend verfeinert und stellten schließlich eine Verbindung von Prozess und Therapieergebnisforschung her. Mit über 20 Studien hat Greenberg einen substantiellen Beitrag im Feld der Forschung zur Gestalttherapie geleistet. Ein großer Teil dieser Forschung umfasste die Entwicklung von idealtypischen Modellen zu gestalttherapeutischen Interventionen (Greenberg 1980; Greenberg et al. 1993; Clarke & Greenberg 1986; Goldman & Greenberg 1991). Dabei basierte die Modellentwicklung auf der Analyse von realen Dialogsequenzen aus den Sitzungen. Die Entwicklung von typischen Modellen, die illustrieren, wie sich der Dialog in einer Therapiesitzung entwickelt, wurde durch eine Forschungsstrategie erreicht, die »Aufgabenanalyse« (»task analysis«, Greenberg 1984) genannt wird. Diese Methode umfasst ein zyklisches Vorgehen von wiederholtem Vergleich zwischen theoretischen Kategorien und empirischen Daten aus Therapiesitzungen (Greenberg & Foerster 1996; Singh & Greenberg 1992).

Zwei Modelle zu spezifischen Interventionstechniken wurden über mehrere Jahre hin entwickelt: (1) das Modell zur »Zwei-Stuhl-Methode« für den Dialog zwischen konfligierenden Aspekten des Selbst (Greenberg et al. 1993) und (2) das Modell der »Leerer-Stuhl-Methode« für Unfinished Business mit signifikanten Personen der Vergangenheit (Greenberg et al. 1993; Paivio & Greenberg 1995). Die Modelle zu den Stuhl-Dialogen wurden seit ca. 1980 mehrfach modifiziert, das zunächst vierphasige Modell zum Dialog mit zwei Stühlen (Greenberg 1980) wurde z.B. auf ein Drei-Phasen-Modell zum Aufbau der emotionalen Spannung im Dialog (Greenberg 1983) reduziert: (1) Die Oppositionsphase (opposition phase), (2) die Vermischungsphase *(mixed phase)* und (3) die Integrationsphase (integration phase)[2]. Die weitere Modellentwicklung schloss die Definition der Qualität von Gefühlen und Bedürfnissen sowie das Auftauchen von Erinnerungen und Erfahrungen des Klienten ein. Um zu diesen Modellen zu gelangen und sie später an empirischem Material zu über-

---

2. Eine Evaluation des dreistufigen Modells zum Zwei-Stuhl-Dialog führte Mackay (2002) durch mit acht Klienten, die unentschieden waren, ob sie sich scheiden lassen sollen. Die Autorin findet in ihren Daten »mäßige empirische Unterstützung« (»moderate support«) für das dreistufige Modell.

prüfen, werden Therapiesitzungen zunächst aufgezeichnet. Anschließend werden sie in kleine Segmente zerlegt und zufällig von unabhängigen Ratern anhand der Stimmqualität nach emotionalem Inhalt, Intensität, Tiefe der Erfahrung etc. kategorisiert. Setzt man die so kategorisierten Segmente dann wieder nach ihrem ursprünglichen Verlauf zusammen, lässt sich die Aktivierung von Emotionen, wie sie im Dialogverlauf auftreten, nachzeichnen. In einer Reihe von Studien verglich Greenberg gestalttherapeutische Dialogformen mit Focusing, empathischem Spiegeln und kognitivem Problemlösen. Die Ergebnisse all dieser Studien zeigten konsistent, dass die gestalttherapeutischen Dialogformen zu einer größeren Intensität in der Aktivierung von Emotionen und Erfahrungstiefe führen.

2.1.1.2.1 Entwicklung der Forschungsstrategie

Obwohl alle Studien ergaben, dass Dialoge mit zwei Stühlen größere Tiefe in der Erfahrung und emotionalen Aktivierung hervorrufen als Interventionen aus anderen Therapieformen, unterschieden sich in diesen frühen Arbeiten Gestalttherapie und die jeweiligen Vergleichsbehandlungen nicht hinsichtlich der Erfolgsquote im Erreichen therapeutischer Ziele wie z.B. der Lösung von inneren Konflikten (vgl. Greenberg & Clarke 1979; Greenberg & Higgins 1980). Es war Greenberg also zunächst nicht gelungen, aus den Prozessdaten zur Erfahrungstiefe und emotionalen Aktivierung vorherzusagen, ob Klienten zu einer erfolgreichen Konfliktlösung gelangen. Dies führte zunächst Greenberg & Webster (1982) zu einer ersten und später Greenberg (1983) zu einer zweiten neuen Forschungsstrategie, die hier exemplarisch für die Entwicklung des Forschungsprogramms dargestellt werden.

1. Forschungsstrategie: Auf der Basis des Prozessmodells wurde von Greenberg & Webster (1982) für die behandelten Klienten vorhergesagt, ob sie ihren Konflikt lösen würden oder nicht. So konnte die Vorhersagekraft von den jeweiligen Prozesscharakteristika der Gruppen mit dem vorhergesagten »gelösten Konflikt« bzw. »ungelösten Konflikt« verifiziert werden anhand der realen Konfliktlösungen (Greenberg 1983, 1992; Greenberg & Foerster 1996). Nach dieser Strategie wurden also die Gruppen auf der Basis einer aus den Prozessdaten abgeleiteten Vorhersage determiniert: Dialoge, in denen die emotionale Spannung stärker aufgebaut wurde, dienten als Prädiktor für eine erfolgreiche Problemlösung. Es war in der Tat möglich, das Ergebnis aus den Prozessdaten vorherzusagen. Wenn also der emotionale Spannungs-

aufbau und die Erfahrungstiefe groß sind, unterstützt dies den Klienten, sein Verhalten zu verändern und eine Konfliktlösung zu finden.

2. Forschungsstrategie: In umgekehrter Weise verfolgte Greenberg (1983) die erste Forschungsstrategie. Jetzt wurden die Klienten ex post danach gruppiert, ob sie einen Konflikt real gelöst hatten. Die Bewertung, ob ein Konflikt als gelöst kategorisiert wurde, richtete sich nach einer Reihe von Kriterien, z.B. ob der Klient sein Ziel erreicht hatte, ob er fähig war, eine Entscheidung zu treffen und schließlich, ob die Problemlösung tatsächlich zu einer Verminderung von Symptomen geführt hatte. Dabei erwies sich in der Tat, dass die »Konfliktlöser« beim Vergleich mit »Nicht-Lösern« zuvor einen stärkeren Spannungsaufbau in der Oppositionsphase gezeigt hatten zusammen mit einer größeren Erfahrungstiefe und der über die Stimmqualität erfassten emotionalen Aktivierung.

Die Befunde aus dieser Serie von Forschungsstudien sind konsistent und zeigen, dass Klienten in den Dialogen, die zu einer Konfliktlösung führten, involvierter waren, d.h. es zu einem emotional höherem Spannungsaufbau und größerer Erfahrungstiefe kam. Die grundlegende Prozessforschungsstrategie in Greenbergs Programm war hier bereits als Aufgabenanalyse benannt und als ein zyklisches Vorgehen beschrieben worden, in dem theoretische Kategorien mit empirischen Daten wiederholt verglichen werden. Die zyklische Natur dieses Verfahrens ermöglichte die ständige Verfeinerung der Modelle.

2.1.1.2.2 Vorhersagemodelle für erfolgreiche Konfliktlösung

Greenberg (1992) entwickelte schließlich ein Modell für den Dialog mit zwei Stühlen, in dem verschiedene Stadien der Konfliktlösung identifiziert wurden. Diese Stadien referieren auf einen Dialog zwischen zwei Seiten des Selbst, die nach gestalttherapeutischen Konzepten als Topdog und Underdog identifiziert werden. Der Topdog bezieht sich auf Introjekte, die der Klient projiziert als Teil seines Selbst. Dieser Teil des Selbst wird charakterisiert als strikt, kritisch, unflexibel und leistungsorientiert, während der Underdog die Seite des Selbst repräsentiert, die sanfter und nachgiebiger auf der Seite der Wunscherfüllung steht. Hier weicht Greenbergs Kategorisierung ab von den ursprünglichen Vorstellungen von F. Perls, der Topdog und Underdog als zwei zusammengehörige Prinzipien verstand, in denen der Topdog zwar die Leistungsseite verkörperte, der

Underdog indessen den gleichzeitig vorhandenen »inneren Boykotteur« repräsentiert. Für eine detaillierte Beschreibung gestalttherapeutischer Dialogformen siehe Box VI (Dialog der »zwei Väter«), eine nähere Erläuterung der Top- und Underdog-Begriffe findet sich unten in Box IX. Im ersten Dialogstadium dieses modellhaften Verlaufs dominiert der Topdog mit harter Kritik. Im zweiten Stadium können die Gefühle des Underdogs, z.B. Trauer und Verzweiflung, stärker Ausdruck finden. Dies führt dazu, dass der Topdog in seiner Kritik spezifischer wird. Darauf reagiert der Underdog mit Erinnerungen an typische Missverständnisse der Vergangenheit, an verletzte Gefühle und an unerfüllte Wünsche der Kindheit. An diesem Punkt des Dialogs beharrt der Topdog zunächst auf seinen Prinzipien und Werten und macht deutlicher, dass die Wünsche des Underdogs unerfüllt bleiben werden. Oft ist es Mitleid, was dann letztlich zu einem Aufweichen im Dialog und einer anschließenden Problemlösung führt: Der Topdog wird bewegt durch das, was der Underdog ausdrückt, er wird toleranter. Die hier skizzierte Folge von Ereignissen ist idealtypisch. Sie zeigt, wie die Integration von konfligierenden Elementen im Dialog einen Einfluss auf Konfliktsituationen außerhalb der Therapiesitzungen hat.

Box IX: Topdog und Underdog

In der Unterscheidung zwischen Topdog und Underdog machen wir »Bekanntschaft mit der häufigsten Spaltung in der menschlichen Persönlichkeit. Das ist die Topdog-/Underdog-Spaltung. Der Topdog ist in der Psychoanalyse bekannt als das Über-Ich oder Gewissen.« (Perls 1976, 146) Der Topdog ist charakterisiert als der Verfolger und Täter. Dabei ist der Topdog »immer selbstgerecht« (ebd.) »rechtschaffen und autoritär; er weiß alles besser. [...] Der Topdog ist ein »Tyrann, der arbeitet mit ›Du sollst‹ und ›Du sollst nicht‹.« (Perls 1974, 27) Damit steht der Topdog für den Horneyschen »Shouldism«. »Ein Teil von Euch redet zu dem anderen Teil und sagt: ›Du sollst besser sein, Du sollst nicht so sein, Du sollst das nicht tun, Du sollst das nicht sein, was Du bist‹ [...]. Die ›Du-sollst‹-Philosophie gründet sich auf das Phänomen der Unzufriedenheit.« (Perls 1980, 90) »Der Topdog manipuliert durch Androhung von Katastrophen« (Perls 1974, 27). »Freud entdeckte den Topdog, das Über-Ich, aber er erkannte nie, dass dem Topdog ein Underdog gegenübersteht, der genauso nach Kontrolle strebt wie der Topdog.« (Perls 1980, 172f) Der Underdog ist das Gegenstück zum Topdog, das »Opfer«. »Der Underdog manipuliert, indem er sich ständig verteidigt und

> rechtfertigt [...]. Der Underdog hat keine Macht.« (Perls 1974, 27) Er ist der Verlierer, der sagt »Schau her, ich versuch's immer wieder. Ich kann nichts dafür, wenn es nicht geht.« (ebd.) So ist der Underdog »verschlagen, und normalerweise läuft er dem Topdog dem Rang ab, denn der Underdog ist nicht so primitiv wie der Topdog. So kämpfen also der Topdog und der Underdog um die Herrschaft [...] und der Mensch fällt in den Kontrollierer und den Kontrollierten auseinander.« (ebd.) »So führen diese beiden, Topdog und Underdog, ein Leben gegenseitiger Frustration und fortgesetzter Versuche, einander zu kontrollieren.« (Perls 1980, 98) »Der Konflikt zwischen Topdog und Underdog wird verewigt, bis sie integriert werden und bis sich die Person um ihre eigenen Rechte sorgt, statt mit oder gegen den Sollte-Zwang [...] zu arbeiten. Wenn Topdog und Underdog integriert sind, weiß die Person, was sie will.« (Perls 1980, 172f)

Es war beschrieben worden, dass die Prozessmodelle in den Therapievergleichsstudien zunächst für die Vorhersage erfolgreicher bzw. nicht-erfolgreicher Konfliktlösung nicht ausgereicht hatten. Dies führte Greenberg und Foerster (1996) zu einer weiteren Präzisierung des Prozessmodells für Konfliktlösung. Es gelang ihnen empirisch zu validieren, dass für die erfolgreiche Vorhersage einer Konfliktlösung verschiedene in Abschnitt 1.2.1.4 ausgeführten Faktoren einbezogen werden müssen:

(1) Polarisierung der Spannung, Stärke des Gefühlsausdrucks (Greenberg & Webster 1982; Greenberg 1983, 1992; Greenberg & Foerster 1996; Watson & Greenberg 1996; Greenberg & Malcolm 2002),
(2) Zugang zu zugrunde liegenden (primären) Gefühlen, Wünschen und Bedürfnissen (Greenberg & Webster 1982; Greenberg 1983, 1992; Greenberg & Foerster 1996; Watson & Greenberg 1996; Greenberg & Malcolm 2002),
(3) Veränderung in der Repräsentation des anderen (Greenberg 1992; Greenberg & Foerster 1996; Watson & Greenberg 1996; Greenberg & Malcolm 2002) und
(4) Selbstbestätigung oder Verständnis durch den anderen (Greenberg 1992; Greenberg & Foerster 1996; Watson & Greenberg 1996: Greenberg & Malcolm 2002). Entscheidend ist, dass neben der starken Polarisierung im Spannungsaufbau zwischen Top- und Underdog der Topdog schließlich durch die Äußerungen der Wünsche und Bedürfnisse des Underdogs erreicht wird bzw. vice versa, wodurch dann die Spannung aufweicht und es letztlich zur Integration kommt (Greenberg & Foerster 1996).

Greenberg & Foerster (1996) waren in der Lage, mit einer spezifischen Modifikation dieses Modells empirisch zu zeigen, dass mit einer erfolgreichen Konfliktlösung ein intensiver Ausdruck von Gefühlen und Bedürfnissen verbunden ist und dass sich zum Ende der Therapiesitzung die Wahrnehmung des anderen verändert hat. In Gestaltterminologie heißt dies, dass abgespaltene Teile des Selbst zu stärkerer Integration finden.

In einer jüngeren Studie baute Greenberg auf diesen Erfahrungen aus früheren Prozess-Ergebnis-Studien auf (Watson & Greenberg 1996; Greenberg & Watson 1998a, b) und untersuchte sie erfolgreich auch im klinischen Bereich. In dieser Studie wurden gestalttherapeutische Dialoge mit leerem Stuhl und mit zwei Stühlen in eine gesprächstherapeutische Basis integriert, ein Ansatz, der wie oben dargestellt als »prozess-erfahrungsorientierte Therapie« (P/E) bezeichnet wird (Greenberg et al. 1993). Mit dieser Therapie wurde einer Gruppe depressiver Patienten behandelt (Watson & Greenberg 1996; Greenberg & Watson 1998a, b). 34 Klienten, die nach DSMIII eine Major Depression aufwiesen, nahmen an 16-20 Sitzungen von entweder klientenzentrierter Therapie (C/C) oder Prozess-erfahrungsorientierter Therapie (P/E) teil. P/E Sitzungen, in denen die gestalttherapeutischen Dialogformen mit zwei Stühlen oder leerem Stuhl jeweils an den beschriebenen Indikationsmarkern eingesetzt wurden, zeigten signifikant tiefere Erfahrungen, emotionale Intensität, einen größeren Grad an Problemlösung im Vergleich zu klientenzentrierten Sitzungen. Die Befunde zum Therapieergebnis werden im nächsten Teil näher beschrieben. Die Ergebnisse untermauern die Befunde aus früheren Studien, nach denen gestalttherapeutische Interventionen zu günstigeren Therapieergebnissen führen (Tabellen 2, 3 und 4). Weerasekera et al. (2001) reanalysierten Watson & Greenberg (1996) und Greenberg & Watson (1998) bezüglich der Frage, welche Bedeutung der Qualität der therapeutischen Arbeits-Vertrauenbeziehung zukommt. Dabei zeigte sich in den Korrelationsanalysen, dass eine früh entstandene Vertrauensbeziehung ein positives Therapieergebnis vorhersagen konnte, sofern sie nicht mit einer frühen Stimmungsaufhellung verbunden war.

Dialoge mit zwei Stühlen setzte die Forschergruppe um Greenberg ein, wenn so genannte »Spaltungskonflikte« (s.u.) erkennbar wurden. Die Leerer-Stuhl-Methode kam zur Anwendung bei der Indikation von »unerledigten Gefühlen mit wichtigen Personen«. Auch in dieser Studie klassifizierten sie Aufnahmen von Therapiesitzungen nach der Verarbeitungstiefe, der emotionalen Intensität, sowie nach dem Ausmaß, zu dem Problemlösen stattfand und anderen Entwicklungen innerhalb der Sitzungen. Nach den Sitzungen wurden Symptomveränderungen und andere Aspekte, wie z.B. Selbstwertgefühl und interpersonale Probleme, erhoben. Auf diese

Weise waren die Autoren in der Lage, systematisch den Weg aus Ereignissen innerhalb einer Sitzung über die Sitzungen hinweg bis zum Therapieergebnis zu verfolgen. Wie in den früheren Studien konnten die Therapieergebnisse mit den Prozessdaten in Beziehung gesetzt werden. Für die gestalttherapeutischen Interventionen konnte die Effektivität zusammen mit einer größeren beobachteten Erfahrungstiefe und emotionalen Intensität nachgewiesen werden.

Die Zwei-Stuhl-Methode für einen Spaltungskonflikt

In früheren Abschnitten war bereits erwähnt worden, dass in den Forschungszusammenhängen zwischen der York-Universität und anderen Arbeitsgruppen versucht wurde, die Indikation gestalttherapeutischer Interventionen zu spezifizieren. In der prozess-erfahrungsorientierten Therapie wurde dies realisiert über Markierungspunkte (»marker«), die einen bestimmten Konflikt des Klienten beschreiben. Ein solcher typischer Konflikt ist der Spaltungskonflikt. Dieser ist durch vier Merkmale im Ausdruck des Klienten gekennzeichnet: Die ersten beiden Merkmale sind die beiden konfligierenden Aspekte des Selbst. Eine Seite bewertet oder unterbricht jeweils eine zweite, die als das Erfahrungs-Selbst bezeichnet wird. Das dritte Merkmal ist ein »Juxtapositions«-Indikator, der signalisiert, dass sich die beiden Teile in Opposition befinden. Das vierte Merkmal zeigt einen Kampf zwischen diesen in Opposition befindlichen Aspekten des Selbst an, oft in der Form von negativen Gefühlen wie Schuld, Ärger etc. (Greenberg 1984). Das Modell für den Dialog mit zwei Stühlen (Greenberg 1992; Greenberg et al. 1993) ist abgeleitet von den gestalttherapeutischen Konzepten des »Topdog« und des »Underdog« (siehe Box IX). Der Topdog (manchmal als der kritisierende Anteil bezeichnet) umfasst Introjektionen von fremden Ansichten, fremden Standards, Normen und Prinzipien. Dieser Anteil wird beschrieben als strikt, kritisch, harsch, abweisend, inflexibel und leistungsorientiert. Der Underdog wird dargestellt als unterwürfig mit zurückgehaltenen Bedürfnissen (zu den Stadien des Dialogs siehe oben). Der Einsatz von Stuhl-Dialogen wird oft gewählt bei der Bearbeitung von Konflikten in der realen Lebenssituation, wie z.B. »Ich möchte gerne (einer Person) näher kommen, aber ich kann nicht«. Durch den Prozess wird ein tieferer Konflikt sichtbar wie »Sei vorsichtig, du wirst verletzt werden«. Wenn sich der Dialog in Richtung einer Auflösung entwickelt, werden die beiden Aspekte des Selbst expandiert und formieren sich neu im Sinne eines integrierteren Funktionierens des Selbst mit überwundenen Grenzen wie »Du kannst verletzt werden, aber es ist es wert, nahe zu sein, und ich werde dich unterstützen.«

In einer Reihe von Studien haben Greenberg und seine Kollegen den Dialog mit zwei Stühlen mit (a) emotionalem Fokussieren, (b) empathischem Spiegeln und (c) kognitivem Problemlösen verglichen. In allen Vergleichsstudien fanden sich konsistent eine größere Erfahrungstiefe[3] und emotionale Aktivierung unter den Dialogen mit zwei Stühlen (siehe Tabelle 2): (Greenberg & Clarke 1979; Greenberg & Higgins 1980; Greenberg & Dompierre 1981; Greenberg & Rice 1981; Greenberg & Webster 1982, Greenberg 1983, 1992; Paivio & Greenberg 1995; Greenberg & Foerster 1996; Greenberg & Watson 1998a, b; Goldman, Greenberg & Angus 2000).

Im einzelnen zeigte sich bei den Vergleichen mit (a) empathischem Spiegeln, dass der Dialog mit zwei Stühlen außer zu einer größeren Erfahrungstiefe auch zu größerer Veränderung in der Bewusstheit (awareness) eigener Gefühle und Wahrnehmungen führte (Greenberg & Clarke 1979; Greenberg & Rice 1981) sowie eine weiter fortgeschrittene Lösung innerer Konflikte bewirkte (Greenberg & Clarke 1979; Greenberg & Dompierre 1981). Vergleiche mit (b) emotionalem Fokussieren zeigten, dass Zwei-Stuhl-Arbeiten signifikant größere Erfahrungstiefe hervorrufen, aber beide Behandlungen gleichermaßen signifikante Verbesserungen in der Bewusstheit eigener Gefühle und Wahrnehmungen bewirken (Greenberg & Higgins 1980).

Der Vergleich mit (c) verhaltenstherapeutischem Problemlösen zeigte, dass die Zwei-Stuhl-Methode geeigneter war, Unentschlossenheit zu reduzieren. Beide Behandlungsformen waren effektiver als eine Kontrollbedingung, in der Klienten auf einer Warteliste bis zum Ende des Untersuchungszeitpunkts unbehandelt blieben (Wartelisten-Kontrollgruppe). In einer Serie von Studien, die erfolgreiche und nicht-erfolgreiche Konfliktlösungsepisoden verglichen, fand Greenberg in den erfolgreichen Konfliktlösungsepisoden größere Erfahrungstiefe (Greenberg 1980, 1983, 1984) und stärker fokussierte und emotionalere Muster der Stimmqualität (Rice, Koke, Greenberg & Wagstaff 1979). Um die Beziehung zwischen Lösungsprozessen und Therapieergebnis besser zu verstehen, untersuchten Greenberg & Webster (1982; dort in der im Abschnitt »Entwicklung der Forschungsstrategie« bereits skizzierten Studie) 31 Klienten, die ein sechswöchiges Programm absolvierten, um an innerpsychischen Konflikten und ihrer Beziehung zu einer Entscheidung in einer

---

3. Eine größere Erfahrungstiefe fanden unabhängig von der Greenberg-Gruppe auch Esser et al. (1984) beim Vergleich gestalttherapeutischer Interventionen mit empathischem Spiegeln.

Problemsituation zu arbeiten. Die Klienten wurden auf der Basis von drei entscheidenden Komponenten für Konfliktlösung als »Problemlöser« oder »Nicht-Problemlöser« klassifiziert nach dem Modell: (1) Kritik im anderen Stuhl (Topdog), (2) Ausdruck von gefühlten Wünschen durch das Selbst, (3) Aufweichen von vorheriger Kritik im anderen Stuhl. Die Problemlöser waren nach der Behandlung signifikant weniger unentschlossen und ängstlich als die Nicht-Problemlöser. Nach den Sitzungen, in denen sich die Kritik aufweichte, berichteten die Problemlöser größere Konfliktlösung, weniger Unbehagen, größere Stimmungsaufhellung und größeres Erreichen von Zielen als die Nicht-Problemlöser (siehe Tabelle 3).

Die Leerer-Stuhl-Methode für offene Gestalten (unfinished business)

Das Modell für den Dialog mit leerem Stuhl bei »unerledigten Gefühlen« (unfinished business) basiert auf der gestalttheoretischen Grundannahme, dass nicht erledigte Handlungen und unbefriedigte Bedürfnisse als »offene Gestalten« im Hintergrund des Bewusstseins weiter wirksam sind (Perls et al. 1951; Polster & Polster 1973; Zeigarnik 1927). Wenn schematische Gefühlserinnerungen von signifikanten Personen ausgelöst werden, durchlebt die Person nach Greenberg et al. (1993) unerledigte emotionale Reaktionen erneut. Der Leere-Stuhl-Dialog ist ein therapeutisches Mittel, einer unerledigten Situation in der Imagination erneut zu begegnen, insbesondere wenn der signifikante Andere nicht erreichbar ist (Perls et al. 1951). Typisch für unabgeschlossene Prozesse sind anhaltende schlechte Gefühle gegenüber einer anderen Person, wobei diese Gefühle nicht ausgedrückt wurden. Die unerledigte Angelegenheit wird oft durch Äußerungen des Aufgebens oder nonverbale Signale von zurückgehaltenen Gefühlen erkennbar (Greenberg & Safran 1987). Bei Anwendung dieser Interventionstechnik nimmt eine Person dann einem leeren Stuhl gegenübersitzend imaginativ Kontakt mit dem signifikanten Anderen auf, um zuvor gehemmte schmerzvolle Gefühle zum Ausdruck zu bringen. Dies bedeutet oft, eine unterbrechende Tendenz zu überwinden, indem der Affekt stimuliert wird, bis er schwer zu ignorieren ist und begleitende ungelebte Bedürfnisse akzeptiert und ausgedrückt werden. Lösung involviert eine Umstrukturierung von relevanten Selbst-Andere-Schemata, was zu einem neuen Verständnis des anderen und der Selbstannahme führt. Eine im Rahmen einer Abschlussarbeit[4] durchgeführte Studie von King (1988) verglich die Ef-

---

4. Unpublizierte Abschlussarbeiten finden sich nicht in der Tabelle und Abstractsammlung.

fekte von Dialogen mit leerem Stuhl und empathischem Spiegeln bei unerledigten Gefühlen und zeigte, dass die Leere-Stuhl-Arbeit eine Woche nach der Sitzung zu einem größeren Anstieg an Toleranz für den signifikanten Anderen sowie größerem Selbstvertrauen in der Beziehung zum signifikanten Anderen führte. Greenberg & Foerster (1996) haben gezeigt, dass eine erfolgreiche Konfliktlösung einen intensiven Ausdruck von Gefühlen und Bedürfnissen und eine Veränderung in der Wahrnehmung des anderen involvieren. In einer ersten Studie, die Therapieprozesse mit dem Therapieergebnis in Verbindung brachte, zeigten Paivio & Greenberg (1995) in einer 12 Sitzungen umfassenden Behandlung von Klienten mit unerledigten Gefühlen, dass diejenigen, die an Dialogen mit leerem Stuhl teilgenommen hatten, bessere therapeutische Ergebnisse erzielten, als Klienten, die einer psychologischen Lernbehandlung zugewiesen waren. Drei weitere Studien, die den Einfluss von Therapieprozessen auf das Therapieergebnis bei Klienten untersuchten, die an der Leerer-Stuhl-Behandlung teilnahmen, zeigten, dass die Klienten, die solche Dialoge hatten, die gemäß dem entwickelten Modell zu Lösungen führten, tatsächlich bessere Dialog-Sitzungen sowie bessere Sitzungen nach der Lösung hatten und allgemein einen besseren Behandlungseffekt aufwiesen (Malcolm & Greenberg 1998; Pederson & Greenberg 1996; Greenberg & Foerster 1996; s. Tabelle 3).

Basierend auf Stiles et al. (1990) werden von verschiedenen Autoren extensive, qualitative und quantitative Einzelfallanalysen durchgeführt (z.B.: Honos-Webb et al. 1998, 1999). In den Arbeiten wird anhand der Transkripte und quantitativen Ratings der Assimilationsprozess problematischer Erfahrungen im Therapieverlauf nachvollzogen. Ausgangspunkt ist das Assimilationsmodell von Stiles et al. (1990), nach dem der Klient im Verlauf der Therapie idealtypisch eine Reihe von kognitiv-affektiven Stufen durchläuft, im Verlauf derer eine problematische Erfahrung in ein kognitiv-affektives Schema integriert wird. Die acht Stufen dieses Assimilationsprozesses gemäß der »Assimilation of Problematic Experiences Scale« (APES) reichen von »abgewehrter Erfahrung«, der untersten Stufe, auf der nur Unruhe und unklare Gefühle eine problematische Erfahrung markieren, über die Stufen vage Bewusstheit, Verstehen / Einsicht, Durcharbeiten, Problemlösung bis zur Bewältigung im Sinne einer vollständigen Assimilation. Honos-Webb, Stiles, Greenberg & Goldman (1998) können dabei zeigen, dass ein nach konventionellen Auswahlkriterien erfolgreicher Therapiefall die Stufen von APES in mehreren zentralen problematischen Erfahrungen durchläuft, während ein erfolgloser Klient in seinem Assimilationsprozess auf zwei Ebenen blockiert war. Honos-Webb, Surko, Stiles & Greenberg (1999) geben ein weiteres Beispiel des Falles einer Frau mit Major Depression, zu deren Therapieverlauf 43 relevante Passagen inhaltsanalytisch und nach APES ausgewertet wurden. In diesem Fallbeispiel beschreiben die Autoren die Integration verschiedener innerer Stimmen der Klientin, so die Integration der Stimme der Bedürftigkeit und Schwäche in die Stimme der »Superwoman« und die der Stimme der Rebellion in die »Goodgirl-Stimme«. Am Ende dieses Assimilationsprozesses steht nach dieser Fallanalyse die höhere Integration der inneren Vielstimmigkeit.

Auch andere Autoren haben zu verschiedenen Themen, wie unabgeschlossene Prozesse (O'Leary & Nieuwstraten 1999), Dialog mit zwei Stühlen (Johnson & Smith 1997; Mackay 2002), Forschungsarbeiten vorgelegt. O'Leary & Nieuwstraten (1999) analysierten Transkripte aus einem sechsjährigen Langzeittherapieprojekt für ältere Menschen unter dem Gesichtspunkt, wie diese in einer Gestalt-Gruppentherapie unfinished business abschließen können. Dabei betonen die Autoren die Bedeutung des »Persönlich-Machens« der Erfahrung und beschreiben die Funktion der Gruppe im Sinne eines griechischen Chores, der die Erfahrung unterstreicht. Keine dieser Studien erreicht indessen die Systematik der Forschungsarbeiten an der York-Universität. (Eine Darstellung der genannten Arbeiten findet sich im Abstract-Teil und in den Tabellen 3, 4 und 5.)

2.1.1.2.3 Konfliktlösung in gestalttherapeutischen Dialogen: Prozessdaten

Dem Aufbau der emotionalen Spannung im therapeutischen Dialog nähern sich Greenberg und seine Forschungsgruppe an über die Untersuchung der Prozessvariablen a) »emotionale Aktivierung«, b) »Erfahrungstiefe« und c) »Bewusstheit der eigenen Gefühle« (awareness), welche die Autoren im größten Teil ihrer Untersuchung in den Sitzungen erheben. Das Ziel des Forschungsprogramms bestand zunächst in der Entwicklung von Modellen zu gestalttherapeutischen Interventionsformen, wobei diese Modelle im fortgeschrittenen Verlauf des Forschungsprogramms mit dem Therapieergebnis in Verbindung gebracht wurden. Inhaltlich interessierten die Autoren die Zusammenhänge zwischen Mikroprozessen in der Therapie, wie z.B. die durch die Intervention angestoßene emotionale Aktivierung, und der Zusammenhang zu Makroprozessen, wie Veränderungen in der Vertrauensbasis zwischen Therapeut und Patient, Konfliktlösungen oder Symptomveränderungen. In der Mehrzahl dieser Arbeiten wurden gestalttherapeutische Interventionsformen auf den Prozess- und

Outcomevariablen verglichen mit empathischem Spiegeln, kognitivem Problemlösen und emotionalem Fokussieren.

In den ersten Jahren dieses Forschungsprogramms war es Greenberg nicht gelungen, eine seiner zentralen Hypothesen zu belegen, die darin bestand, dass die Stärke des emotionalen Spannungsaufbaus in einer Sitzung prognostisch relevant ist für die Konfliktlösung des Patienten. Anders formuliert war die Annahme: Je stärker der Konflikt seinen Ausdruck findet, je größer die Polarisierung der konfligierenden Anteile des Selbst in der Sitzung deutlich werden kann, um so eher kann es dann später zu einer Aufweichung des innerpsychischen Konfliktgeschehens und der äußeren Problemsituation kommen. Diese Hypothese ließ sich also zunächst nicht bestätigen.

Zwar führten in der gesamten Untersuchungsserie gestalttherapeutische Stuhl-Dialoge zu einer größeren Erfahrungstiefe und stärkerem emotionalen Ausdruck als klientenzentriertes und kognitiv-behaviorales Vorgehen, aber die Einflussgrößen waren komplizierter, als ursprünglich angenommen.

Die Stärke des Ausdrucks der Polarisierung des Konfliktgeschehens und die beteiligten Gefühlsqualitäten stellten nur zwei Prädiktoren für die Vorhersage der Konfliktlösung dar. Wichtig ist weiterhin, dass die konfligierenden Teile des Selbst auch einen Zugang finden zu ihren zugrunde liegenden Bedürfnissen und Wünschen. So kann beispielsweise eine Reaktionsbildung überwunden werden, wenn ich z.B. zugeben kann, dass ich genauso ein schönes Leben führen möchte wie mein Nachbar, statt diesen Wunsch abzuwehren und gegen meinen Nachbarn Abscheu zu empfinden. Zusammengenomen sind Spannungsaufbau, begleitender Gefühlsausdruck und Zugang zu den zugrunde liegenden Gefühlen und Bedürfnissen prognostisch wichtig für die Aufweichung eines innerpsychischen Konfliktes sowie der äußeren resultierenden Problemsituation.

Tabelle 2 zeigt eine Übersicht aus Daten zum Zusammenhang von Therapieprozess und -ergebnis aus dem Forschungsprogramm an der kanadischen York-Universität. In dieser Tabelle finden sich elf Prozess-Outcome-Studien der Forschungsgruppe um Leslie Greenberg, zeilenweise chronologisch geordnet, mit den Quellenverweisen in der linken Spalte.

Tabelle 2: Prozessvariablen aus den Studien an der York-Universität
(umseitig)

Vergleich gestalttherapeutischer Stuhl-Dialoge auf Variablen zum Therapieprozess und -Ergebnis

Studie	Empathisches Spiegeln			Emotionales Fokussieren			Vergl. erfolglose/-reiche Stuhldialoge			Beziehung zum Therapieergebnis
	Awareness	Emotionale Aktivierung	Erfahrungstiefe	Awareness	Emotionale Aktivierung	Erfahrungstiefe	Awareness	Emotionale Aktivierung	Erfahrungstiefe	
Greenberg & Clarke 1979	+		+							o
Greenberg & Higgins 1981	+			o		+				o
Greenberg & Dompierre 1981	+		+							o
Greenberg & Rice 1981	+	o	+							+
Greenberg & Webster 1982								+	+	
Greenberg 1983								+	+	+
Clarke & Greenberg 1886								+	+	+
Greenberg 1992								+	+	+
Paivio & Greenberg 1995								+	+	+
Greenberg & Foerster 1996									+	+
Watson & Greenberg 1996	+	+	+							+

Im linken Block der Tabelle finden sich Vergleiche von gestalttherapeutischen Stuhl-Dialogen mit empathischem Spiegeln der Gesprächspsychotherapie, im mittleren werden Stuhl-Dialoge mit emotionalem Fokussieren nach Gendlin verglichen. Im rechten Block werden gestalttherapeutische Stuhl-Dialoge, die zu erfolgreichen Konfliktlösungen geführt haben, kontrastiert mit solchen, die keine erfolgreiche Konfliktlösungen erreichten. Die wichtigsten Prozessvariablen sind jeweils unter dem Vergleichstyp (empathisches Spiegeln, emotionales Fokussieren bzw. beim Vergleich erfolgreicher vs. erfolgloser Dialoge) in drei weiteren Spalten aufgeführt. Diese Prozessvariablen lauten: Awareness (Bewusstheit der eigenen Gefühle), emotionale Aktivierung und Tiefe der gemachten Erfahrung. Emotionale Aktivierung wird in der Regel über ein Rating-Verfahren ermittelt, in dem kleinste Segmente aus Aufzeichnungen einer Therapiesitzung analysiert werden. Diese Äußerungen werden nach dem emotionalen Gehalt geratet, also danach, wie hoch die emotionale Ladung in der Stimmqualität ist. Auf diese Weise erhält man ein Bild davon, wie stark in einer Sitzung die emotionale Aktivierung zu einem bestimmte Zeitpunkt bzw. bei einer bestimmten Äußerung war. Die Bewusstheit der Gefühle und die Erfahrungstiefe werden über eine Reihe von Fragen von den Klienten oder auch von den Therapeuten ermittelt, je nach Design der jeweiligen Untersuchung.

Ein »Plus« in der Spalten-Zeilen-Kombination signalisiert eine Überlegenheit der gestalttherapeutischen Intervention gegenüber den zwei Vergleichsinterventionen. Ein »Minus« würde dann stehen, wenn sich auf den Prozessdaten eine Unterlegenheit der gestalttherapeutischen Intervention fände. Es lässt sich erkennen, dass keiner der Vergleiche auf den Prozessvariablen Awareness, Gefühlsaktivierung und Erfahrungstiefe zu einer Unterlegenheit der Gestalttherapie geführt hat. Eine leere Zelle heißt, dass keine Untersuchungsdaten in der entsprechenden Untersuchung vorliegen. Ein »o« bedeutet: Es gab keinen signifikanten Unterschied.

Der Tabelle 2 lässt sich entnehmen, dass sich weitgehend konsistent in allen Untersuchungen, in denen Vergleiche auf den genannten Prozessvariablen durchgeführt wurden, für die gestalttherapeutischen Dialoge mit zwei Stühlen eine höhere Awareness, emotionale Aktivierung und eine größere Erfahrungstiefe findet für die Vergleiche mit empathischem Spiegeln, sowie eine größere Erfahrungstiefe beim Vergleich mit emotionalem Fokussieren.

Was impliziert es für den Therapieverlauf und den Erfolg der Behandlung, wenn höhere emotionale Aktivierung in der Sitzung auftritt und was bedeutet dies für die Lösung von Konflikten der Patienten? Erste Hinweise finden sich im Vergleich im 3. Block: Hier zeigt sich in vier resp. fünf

Untersuchungen eine größere emotionale Aktivierung resp. Erfahrungstiefe in den gestalttherapeutischen Dialogen, die außerhalb der Therapie zu einer erfolgreichen Konfliktlösung geführt haben. In der letzten Spalte ganz rechts ist abgetragen, wie die untersuchten Prozessvariablen mit dem Behandlungserfolg zusammenhängen. Hier zeigt ein »Plus«, dass ein statistisch bedeutsamer Zusammenhang zwischen Prozessvariablen und einem im weitesten Sinne positiven Ergebnis (wozu z.b. auch ein gelöster Konflikt gehören könnte) besteht. Der Nachweis, dass eine erhöhte emotionale Aktivierung etwas zu tun haben könnte mit einem positiven Therapieverlauf, d.h. einem gelösten Konflikt oder der Verminderung von Symptomen, gelang den Autoren in den ersten Untersuchungen (Greenberg & Clarke 1979; Greenberg & Higgins 1980) noch nicht.

Wenn also ein Patient in einer Sitzung seine Gefühle stark ausdrückt, z.B. weint oder aggressive Gefühle zeigt, so konnte in den frühen Untersuchungen zunächst nicht nachgewiesen werden, dass dies prognostisch relevant ist für eine Konfliktlösung und damit auch für weitere affektive Veränderungen, also z.b. eine Verbesserung der depressiven Störung. Die Probleme bei einem Nachweis von Zusammenhängen sind sicher zum Teil in Operationalisierungsproblemen begründet, also z.b. in der Schwierigkeit zu erfassen, was überhaupt unter »Konfliktlösung« zu verstehen ist. Im einfachen Fall stellt sich die Frage, ob eine Konfliktlösung äußerlich sichtbar sein muss. Dies kann gar nicht immer der Fall sein, da Konfliktlösung auch ohne äußere Änderung im Patienten selbst geschehen kann, z.B. wenn der Patient zu einer inneren Aussöhnung gelangt. Konfliktlösung kann in diesem Fall auch nur in der Aussöhnung mit sich selbst bestehen, d.h. indem der Patient zur Integration von abgespaltenen Anteilen gelangt (bspw. den konflikthaft besetzten Vater in sich selbst erkennt). Ein solcher Prozess kann gelingen, ohne dass sich in der »äußeren Welt«, beispielsweise am Verhältnis zu den Eltern, zum Chef, zu signifikanten Personen oder einer anderen Situation im Leben des Patienten etwas ändern muss. Diesem Umstand, dass Konfliktlösung äußere und innere Momente umfasst, kann man wissenschaftlich durch genügend differenzierte Methoden gerecht werden. Ein weiteres Hauptproblem besteht darin, dass emotionale Aktivierung sinnvollerweise kein uni-dimensionales Konstrukt ist, sondern dass das, was beim Patienten passiert, eine weitaus komplexere Modellbildung erfordert. In ihrem Forschungsprogramm hat die Autorengruppe mit Hilfe einer Methode, die sie »Aufgabenanalyse« genannt haben, eine zirkuläre Verfeinerung von Modellen auf der einen Seite und Datenerhebung auf der anderen Seite erreicht, bis man zu einem Modell kam, das vier Komponenten umfasste (siehe Abschnitt 1.2.1.4).

Die Prozessvariablen zur Vorhersage erfolgversprechender Konfliktlösung umfassen demnach: (1) Aufbau der oppositionellen Spannung zwischen den konfligierenden Anteilen des Selbst, (2) emotionale Aktivierung auf beiden konfligierenden Seiten des Selbst, (3) die wechselseitige Repräsentation beider Selbstanteile, (4) der Zugang zu den zugrunde liegenden (primären) Gefühlen. Starker Gefühlsausdruck in der therapeutischen Sitzung ist, wie viele Gestalttherapeuten heute aus der Erfahrung bereits wissen, allein nicht heilsam. Heilsam für konflikthaftes Geschehen im Patienten ist die volle Entfaltung des Konflikts – einschließlich der begleitenden Emotionen. Zur Auflösung gehören aber auch kognitive Komponenten, insbesondere die Erkenntnis, dass die konflikthaften Anteile Persönlichkeitsanteile des Patienten selbst darstellen und die Spaltung in »gut« und »böse« relativ und vom Patienten selbst konstruiert ist. Zuletzt ist für die Heilung (Konfliktlösung) wichtig, dass der Patient in der Sitzung Zugang findet zu seinen eigenen zugrunde liegenden Bedürfnissen und Gefühlen, was impliziert, dass er die Abwehr derselben, z.B. den Wunsch nach Nähe, anerkennt.

In ihrer Emotionstheorie verweisen die Autoren der Greenberg-Gruppe auf eine Differenzierung zwischen primären und sekundären Emotionen. Diese Unterscheidung war oben am Beispiel der Reaktionsbildung illustriert worden. Im Sinne der Emotionstheorie heißt dies, dass sich an der Oberfläche andere Emotionen finden als das eigentlich zugrunde liegende Gefühl oder Bedürfnis.

In dem Vorhersagemodell für erfolgreiche Konfliktlösung haben wir es mit einem idealtypischen Modell zu tun. Ein Ziel der Forschung liegt in statistisch abgesicherten Modellvorhersagen. Mit den komplexeren Modellen war es möglich, solche Vorhersagen zu treffen. In Tabelle 2 lässt sich dies daran ersehen, dass ab einem bestimmten Stand des Forschungsprogramms nachweisbar wurde, dass ein positives Therapieergebnis in Zusammenhang steht mit einem erfolgreichen bzw. starken Stuhl-Dialog, d.h. einem starken Aufbau oppositioneller Kräfte, einer gegenseitigen Repräsentation und einem Ankommen an den zugrunde liegenden Gefühlen und Bedürfnissen.

Kritische Stimmen zum Forschungsprogramm der York-Universität

Greenbergs Arbeit hat in diesem Buch einen speziellen Platz eingenommen, weil er den gestalttherapeutischen Interventionen besondere Aufmerksamkeit geschenkt hat. Auch methodisch war Greenberg einflussreich, indem er prozess- und ergebnisorientierte Forschung kombinierte. Dieser Ansatz wird inzwischen auch von anderen Forschungsgruppen zur Gestalttherapie, z.B. Pauls & Reicherts (1999) verfolgt. Greenbergs Arbeiten sind bei Gestalttherapeuten nicht uneingeschränkt auf Akzeptanz gestoßen. Häufig kam gerade von Gestalttherapeuten die Kritik, dass seine Untersuchungen zu gestalttherapeutischen Interventionen zu stark technischen Charakter annähmen, sich vor allem auf reduzierte Auszüge von gestalttherapeutischen Vorgehensweisen bezögen und deshalb an der Grundhaltung der Gestalttherapie vorbeigingen. Eine solche kritische Haltung schränkt die Möglichkeit Therapieforschung zu betreiben einerseits zu stark ein, andererseits hebt sie die Gestalttherapie ins Unfassbare. Indessen würden die meisten Gestalttherapeuten die Frage bejahen, ob Dialogarbeiten in der Form, wie Greenberg sie untersucht, typisch gestalttherapeutisch sind. Greenberg ist selbst Gestalttherapeut und hatte vor Beginn seiner wissenschaftlichen Laufbahn ein gestalttherapeutisches Ausbildungsinstitut in Toronto gegründet. Der größte Teil seines Forschungsprogramms zwischen 1978 und Anfang der 1990er Jahre wurde zu rein gestalttherapeutischen Interventionen durchgeführt. Erst mit der Begründung der prozess-erfahrungsorientierten Therapie fand eine Verschmelzung von klientenzentriertem und gestalttherapeutischen Vorgehen statt. Dennoch lassen die in der Forschungsgruppe gewählten Designs eine separate Auswertung der Effekte der gestalttherapeutischen Interventionen über die Prozessdaten nach wie vor zu, zumal als Vergleichsbehandlung rein klientenzentrierte Therapie gewählt wird.

Andere kritische Anmerkungen zum Forschungsprogramm von Greenberg kommen aus den Reihen der empirisch-wissenschaftlich arbeitenden Gestalttherapeuten selbst. Teschke (1996) merkt zu den Arbeiten von Greenberg kritisch an, dass Greenberg zwischen dem Erleben in der Therapie und einem reduktionistisch bestimmten Therapieergebnis einen Zusammenhang herstellt. Auch andere Kritiker dieses Ansatzes sehen darin eine grundsätzliche Verletzung der gestalttherapeutischen Haltung, die ja den so genannten mittleren Modus[5] (»middle-mode«) umfasst – etwa die Gefahr einer Fixierung auf erfolgreich verlaufende Dialoge. Es liegen in der Tat Hinweise vor, die darauf hindeuten, dass ein solcher Ansatz speziell bei Anfängertherapeuten u.U. zu einer Fixierung auf erfolgreiche Dialoge führen kann, die dann – und das ist vielleicht viel existenzieller – aus dem middle-mode herausführt. Dies ist sicher einer der gravierendsten Kritikpunkte, ebenso die Frage, was denn eigentlich eine erfolgreiche Konflikt-

---

5. Unter »mittlerer Modus« wird in der Gestalttherapie eine therapeutische Haltung verstanden, die in der Mitte zwischen aktiv, absichtsvoll/willentlich und zielgerichtet und passiv, spontan/unwillkürlich und ungerichtet liegt.

lösung ist. Im Gegensatz dazu gelangte Teschke zu einer rein phänomenologischen Beschreibung von wichtigen (»existenziellen«) Momenten in der Therapie. Der Autor betrachtet solche Momente als wichtig in sich selbst und kritisiert ein In-Beziehung-Setzen zur Lösung von Konflikten oder zur Symptomreduktion als instrumentelle Sicht. Teschkes Argumentation ist dabei, dass existenziellen Momenten, wie er dies empirisch zeigt, immer ein Element von innerer Spontaneität vom Therapeuten und Klienten vorausgeht. Wichtige Therapieerfahrungen lassen sich – so in der Interpretation seines Datenmaterials – schwerlich absichtsvoll herbeiführen, sondern entstehen gerade aus dem lebendigen Kontakt.

Ungeachtet all dieser kritischen Einwände wird sich Gestalttherapie langfristig dem internationalen wissenschaftlichen Diskurs nicht entziehen können, d.h. auch die gestalttherapeutische Vorgehensweise und Haltung wird pragmatisch an Auszügen ihrer selbst überprüft werden. Dabei wird die Diskussion der metaanalytischen Ergebnisse im letzten Kapitel zeigen, dass gerade die Evaluierung von Gestalttherapie mit Standardverfahren deren Wirksamkeit belegt und dies sogar überzeugender als mit nicht-genormten Forschungsinstrumenten. Es mag sinnvoll sein, an diesem Punkt zu betonen, dass Gestalttherapie mit ihrem zentralen Fokus auf Hier-und-Jetzt und Awareness eine phänomenologische Methode in sich selbst darstellt, anstelle einer Summe von verschiedenen dialogischen Methoden zu sein. Der Hauptansatz von Greenbergs Arbeit ist jedoch typisch gestalttherapeutisch, vor allem seine Fokussierung auf die Bedeutung von auftauchenden Emotionen und dem Spannungsaufbau im therapeutischen Dialog sowie auf die Arbeit daran, einen Konflikt zuzuspitzen statt ihn gleich aufzulösen. Greenbergs Kombination von Daten aus dem Therapieprozess und dem Ergebnis kann als richtungsweisend für zukünftige Forschung gelten, vor allem für Wissenschaftler, die an gestalttherapeutischen Methoden interessiert sind und zu einem tieferen Verständnis der Interaktion zwischen Therapeut und Klient gelangen wollen.

2.1.1.3 Makroprozesse

Forschungsansätze, die auf einer Makroebene ansetzen, untersuchen Prozesse, die über längere Zeiträume ablaufen, d.h. über viele Therapiesitzungen oder ganze Therapien. Die hier dargestellten Forschungsstudien verbinden wie auch im letzten Abschnitt die Untersuchung von Prozessaspekten mit dem Therapieergebnis. Eher aus technischen als aus inhaltlichen Gründen findet sich eine separate Darstellung der Therapieergebnisse im späteren Abschnitt zur Therapieerfolgs- oder Evaluationsforschung. Grundsätzlich ließen sich auch einige der späten Arbeiten der York-Universität hier einfügen, da auch sie Makroprozesse zum Gegenstand haben. Da die Forschungsarbeiten aber auf einer kleineren Analyseeinheit, nämlich den Prozessen innerhalb der Therapiesitzung, beginnen, wurden sie in einem eigenen Abschnitt dargestellt.

2.1.1.3.1 Soziale Kompetenzen und Fähigkeit zu persönlichem Kontakt

Die Arbeit von Cross und Mitarbeitern (Cross et al. 1980, 1982; Sheehan & Cross 1981) stellt eine recht bekannt gewordene Studie im Bereich der Makroprozessforschung dar. In dieser Studie wurden Einzeltherapien von ambulant betreuten psychiatrischen Patienten über eine Drei-Monats-Periode dokumentiert. Eine Gruppe wurde mit Gestalttherapie und Transaktionsanalyse behandelt, eine zweite mit kognitiv-behavioraler Therapie. Ein zentraler Gegenstand dieser Studie war das Ausmaß, in dem Klienten außerhalb ihrer therapeutischen Behandlung Hilfe suchten, von anderen Professionellen und unprofessionellen Personen (z.B. Freunde, Bekannte, Familienmitglieder oder Priester). Die Studie ging insofern der Frage nach, ob und inwiefern behaviorale Therapie im Vergleich zu einer gestalttherapeutischen/transaktionsanalytischen Behandlung Klienten unterschiedlich darin unterstützen, zusätzliche Hilfe zu suchen, aufzubauen und zu halten. Die Studie zeigte, dass die Klienten, die mit Gestalttherapie und Transaktionsanalyse behandelt wurden, dazu tendierten, weniger zusätzliche Hilfe außerhalb der Therapie zu suchen als die Klienten aus der mit kognitiv-behavioraler Therapie behandelten Gruppe. Auf den ersten Blick sprechen diese Ergebnisse gegen die Erwartungen von Gestalttherapeuten und Transaktionsanalytikern, die ja gerade auf die soziale Unterstützung orientiert sind. Indessen zeigten die Ergebnisse bei genauerer Analyse, dass im Verlauf der Drei-Monats-Periode die kognitiv-behavioral behandelten Klienten mehr Kontakte mit Personen verloren, an die sie sich Hilfe suchend gewendet hatten als in der Gruppe der humanistisch behandelten Klienten. Es liegt der Schluss nahe, dass mit Gestalttherapie und Transaktionsanalyse behandelte Klienten mehr stabile Kontakte in ihrem bestehenden Netzwerk aufgebaut hatten. Soziale Unterstützung drückt sich nicht nur in der Quantität von kurzfristigen Kontaktaufnahmen aus – die Fähigkeit, existierende Kontakte aufrechtzuerhalten, ist viel bedeutsamer. Gerade für psychiatrische Patienten oder Menschen mit Verwahrlosungstendenzen ist es oft nicht schwer, kurzfristige Kontakte herzustellen. Für sie ist es oftmals sehr viel schwieriger, soziale Kontakte aufrechtzuerhalten. Insofern ist ein stabiles soziales Umfeld für diese Patientengruppe ein wichtiges Therapieziel, das seinerseits zur Stabilisierung beitragen kann. Bezogen auf Verbesserungen der Fähigkeit zu persönlichem Kontakt finden sich auch Belege in einer Reihe von nichtklinischen Studien, wobei sich der Aspekt »Kontaktfähigkeit« als eine der herausragenden Variablen herausstellte (siehe Tabelle 22). Die Bewältigung affektiver Störungen wie Depression und Angst bei HIV-positiven homosexuellen Männern untersuchten Mulder et al. (1994) anhand der gesuchten sozialen Unterstützung und der Fähigkeit, sich emotional zu artikulieren. Wie in der Cross-Studie steht insofern auch hier die Idee im Zentrum, dass die therapeutische Hilfe zu höheren sozialen Kompetenzen führt, welche die HIV-Betroffenen beim Aufbau eines sozialen Netzes unterstützen kann und so bei der Bewältigung von affektiven Symptomen in der vorliegenden Belastungsstörung hilft. Hierzu führten Mulder et al. (1994) einen Tripelvergleich zwischen kognitiv-behavioraler Therapie, Gestalttherapie und unbehandelter Kontrollgruppe durch. Auf keiner der untersuchten Variablen fand sich ein Unterschied zwischen den beiden Behandlungsbedingungen. Anders als in der Cross-Studie konnten für die kognitiv-behavioral und gestalttherapeutisch behandelten HIV-Betroffenen keine differentiellen Effekte in den therapeutisch erworbenen sozialen Kompetenzen festgestellt werden. Gleichermaßen waren beide Behandlungsformen gleich erfolgreich in der Verminderung von depressiven, ängstlichen und sonstigen Symptomen im Vergleich zur unbehandelten Kontrollgruppe. Indessen blieben die beschriebenen Prozessvariablen vor allem zu den sozialen Fähigkeiten der Klienten, aber auch zum Bewältigungsstil und zum emotionalen Ausdruck im Kontrollgruppenvergleich unter der Signifikanzgrenze.

In der Zukunft könnten sich die Variablen »soziale Kompetenz« und »Fähigkeit zu persönlichem Kontakt« als besondere Wirkvariablen der Gestalttherapie herausstellen. Hinweise darauf finden sich neben den Daten von Cross et al. (1980, 1982) auch in der retrospektiven Analyse von Schigl (1998, 2000), welche die katamnestischen Daten von 431 gestalttherapeutisch behandelten Klienten auswertete. Ausgehend von der Annahme, dass die Zufriedenheit mit der Therapie ein Indikator für den Therapieerfolg ist, verglich die Autorin die Daten von zufriedenen und unzufriedenen Klienten. Die Zufriedenen berichten Veränderungen in den sozial relevanten Bereichen Partnerschaft, Beruf, Freizeit und Kontaktfähigkeit signifikant häufiger als die Unzufriedenen. Dabei nimmt die Angabe dieses Bereichs für die Zufriedenheit sowohl in den Spontannennungen wie auch in den Fragen mit vorgegebenen Antwortkategorien einen hohen Stellenwert nach den Symptomveränderungen ein. Dass insgesamt 80 Prozent der gestalttherapeutisch Behandelten substantielle Verbesserungen bezogen auf Lebenszufriedenheit und Selbstwertgefühl im sozialen und beruflichen Bereich angaben, kann insofern als zusätzlicher Hinweis dafür gesehen werden, dass die Verbesserung der sozialen Kompetenzen nach dem heutigen Stand eine für die Gestalttherapie besonders relevante Wirkvariable darstellt.

2.1.1.3.2 Copingstrategien und Persönlichkeitszüge

Eine andere Forschergruppe unter der Leitung von Beutler untersuchte Klienten, die nach DSM III als major depressiv diagnostiziert worden waren (Beutler, Engle, Mohr, Daldrup, Bergan, Meredith & Merry 1991; Beutler, Machado, Engle & Mohr 1993; Beutler, Mohr, Grawe, Engle & MacDonald 1991). Sie verglichen kognitiv-behaviorale Therapie mit zwei anderen Behandlungsformen: Fokussierte erfahrungsorientierte Therapie (focused experiential therapy, FEP) und supportive, selbst durchgeführte Therapie (supportive, self-directed therapy, S/SD). FEP ist ein Programm, das gestalttherapeutische Interventionen enthält. S/SD ist ein angeleitetes Selbsthilfe-Programm. (Eine ausführlichere Darstellung von Treatments und Untersuchungsdesign findet sich im Abschnitt »Forschung zum Therapieergebnis« unter »Affektive Störungen«). Beutler interessierte sich für die Effekte von verschiedenen Therapieformen auf Klienten mit unterschiedlichen Copingstrategien und Persönlichkeitszügen. Dabei untersuchte er eine Copingstrategie, deren Ausprägungen er kategorisierte als entweder internalisierend (self-punishment, worry, compartmentalization) oder externalisierend (acting out, projecting, direct avoidance). Ein zweiter Aspekt, dessen Bedeutung er untersuchte, war das Widerstandspotential, das er definierte als die Stärke der Opposition gegen Direktiven von Autoritäten. Einer seiner Hauptbefunde war, dass depressive Klienten mit externalisierenden Copingstrategien mehr von kognitiv-behavioraler Therapie profitierten als von der Selbsthilfe. Dagegen profitierten Klienten, die internalisieren, mehr von der kognitiv-behavioralen Therapie. Die Behandlung mit FEP (manualisierter[6] Gestalttherapie) führte zu mittleren Ergebnissen, die gleich gut waren für »Externalisierer« und »Internalisierer«. Das gestalttherapeutische Programm wirkte insofern unabhängig von dem

---

6. Es kann hier angemerkt werden, dass viele Gestalttherapeuten für ein manualisiertes Programm wie FEP den Namen Gestalttherapie nicht akzeptieren würden, wie schon in anderen Zusammenhängen diskutiert worden ist. Indessen ist die Zielsetzung dieses Buches, eine umfassende Bestandsaufnahme wissenschaftlicher Ergebnisse zur Gestalttherapie zusammenzutragen, auch wenn einige Ergebnisse nur als Eckdaten betrachtet werden können.

Faktor Copingstrategie. Klienten mit hohem Widerstandspotential zeigten die besten Ergebnisse in der S/SD-Gruppe, während die Klienten mit niedrigem Widerstand überhaupt nicht von S/SD profitiert hatten. Für diese Klientengruppe zeigte sich für das gestalttherapeutische Programm tendenziell die höchste Effektivität, gefolgt von kognitiv-behavioraler Therapie. Für kognitiv-behaviorale Therapie findet sich wiederum in einer Tendenz eine höhere Effektivität gegenüber FEP bei Klienten mit hohem Widerstandspotential. Der Anstieg in der Effektivität von FEP und kognitiv-behavioraler Therapie bei Klienten mit niedrigem Widerstandspotential kann darüber erklärt werden, dass beide Therapierichtungen direktiver sind als die selbstangeleitete S/SD. Klienten mit niedrigem Widerstandspotential scheinen also bei einer stärkeren Anleitung in der Therapie bessere Fortschritte zu machen, was gerade bei Patienten mit hohem Widerstandspotential nicht der Fall ist. Die Prozessdaten der Beutler-Studie wurden für die beiden Treatment-Gruppen kognitiv-behaviorale Therapie und manualisierte Gestalttherapie unter verschiedenen Hypothesen von Rosner (1996; Rosner et al. 1999, 2000) reanalysiert. Dabei verfolgte die Autorin zum einen die Frage, ob sich für das Persönlichkeitsmerkmal »Neigung, Ärger zu unterdrücken« in ähnlicher Weise wie für die oben beschriebenen Copingstrategien Unterschiede für die Wirksamkeit der beiden Behandlungen feststellen ließen. Sie interessierte auch, ob Klienten, die Ärger unterdrücken, eher von einer Therapieform profitieren, die den Ausdruck von Ärger stärker fördert, was von den Autoren für die FEP angenommen wird. Eine zweite Frage betraf den Aspekt der aktiven Arbeit in einer Gruppe und der Gefühlserfahrungen von den zu einem untersuchten Zeitpunkt in der Gruppe gerade nicht arbeitenden Klienten. Rosner untersuchte, ob Klienten, die nicht in einer Arbeit direkt involviert waren, dennoch ähnliche Gefühle hatten wie der zu diesem Zeitpunkt arbeitende Klient und ob damit auch passive, nur teilnehmend-beobachtende Gruppenteilnehmer von der therapeutischen Erfahrung des aktiv arbeitenden Klienten mitprofitieren. Zuletzt fragte die Autorin nach dem Zusammenhang von emotionaler Aktivierung und vokalem Ausdruck für die Erfolge der Therapie. Die Befunde sind für alle Fragen eher schwach und die zugrunde liegenden Hypothesen ließen sich nicht bestätigen. So sprechen die Befunde gegen die Annahme, dass Personen, die Ärger unterdrücken, eher von FEP profitieren. Auch hatten Gruppenteilnehmer, die aktuell nicht arbeiteten, keineswegs ähnliche Emotionen wie die aktiv arbeitenden Klienten. Im Vergleich zwischen den Therapieformen finden sich intensivere Gefühlserfahrungen zwar unter der FEP, aber nur für die aktiv arbeitenden, nicht für die teilnehmend-beobachtenden Klienten. Aktiv arbeitende FEP-Klienten empfanden stärker die Gefühle Liebe und Ärger, während aktiv arbeitende CT-Klienten stärker ausgeprägt die Gefühle Trauer und Angst erlebten. Die Analyse findet nur einen schwachen Zusammenhang zwischen der Aktivierung und den erlebten Gefühlen sowie dem Therapieergebnis am Ende der Therapien. Dabei zeigte sich, dass sich der Ausdruck von Ärger bei Personen, die zu einer Unterdrückung von Ärger neigen, nicht als Vorhersage für das Therapieergebnis eignet, wie auch die Stärke des verbalen Ausdrucks in keinem erkennbaren Zusammenhang mit dem Therapieergebnis steht.

In ähnlicher Weise hatten Conoley et al. (1983) keine differentiellen Ergebnisse zum Ausdruck von Ärger in einer Untersuchung mit Studenten als Probanden gefunden. Gegenüber einer Kontrollgruppe findet sich in nach ein therapeutischen Sitzung mit kognitiven Methoden oder gestalttherapeutischem Dialog mit Stühlen in beiden Behandlungsgruppen ein bedeutsam reduzierter Blutdruck (als physiologischer Ärgerindikator) und geringere Werte in einem Fragebogen (FQ, als subjektiver Indikator zur Höhe des Ärgers). Eine Hypothese zur einer »repression-sensitiza-

Studie Nr./ Autoren	Beschr. d. Stichproben	N= ges. n = GT	Untersuchte Interventionen/Gruppen	Setting	Untersuchte Behandlungs-Einheiten
Adesso et al. 1974	Studenten	N=36 n=18	1. Gestalttherapie 2. Diskussionsgr.	G, a	Prozess in Sitzung
Angus et al. 1989	Klienten aus freier Praxis	N=4 n=1	5 v. Klienten u. 6 v. Therapeuten in einer Therapiesitzung gebildete Metaphern	E, a	In-Sitzung: je eine Sitzung pro Therapeut-Klient-Paar
Barrilleaux et al. 1976	Studenten	N=26 n=16	1. Gestalttherapie 2. Encountergruppe	G, a	In-Sitzung, vor u. n. 8 Sitzungen
Beutler et al. 1991a, b 1993	Depression	N=63 n=22	1. Kognitive Verhaltens-Gruppentherapie (CT) 2. Fokussierte expressive Gruppentherapie (FEP, manualisierte Form der Gestalttherapie) 3. Supportive Self-Directed Therapy (S/SD, angeleitete Selbsthilfe)	G (wöchentl. Telef. für S/SD)	S=20 wöchentl. Sitzungen f. CT u. FEP

tion«-Variable (Stress vermeiden, Angst und Ärger verleugnen gegenüber sich dem Stress annähern, Angst und Ärger nicht verleugnen) ließ sich nicht bestätigen: Personen, die Ärger nicht verleugnen, profitierten nicht stärker von der gestalttherapeutischen Technik zur Förderung des emotionalen Ausdrucks von Ärger.

Die Arbeiten der Beutler-Gruppe wurden hier wie bei verschiedenen anderen Autoren den Makroprozessstudien zugeordnet. Untersucht werden aber eigentlich Persönlichkeitseigenschaften im Sinne von Moderatorvariablen, die Aufschluss geben über die Interaktionseffekte zwischen Persönlichkeitsvariablen und Therapietyp. Langfristig läuft dieser Forschungsansatz darauf hinaus, Prognosen zu geben, für welchen Persönlichkeitstyp unter welcher Therapieform die besten Ergebnisse zu erwarten sind.

Tabelle 3: Studien zu Therapieprozessen in der Gestalttherapie

Untersuchungsmethoden/ Instrumente	Ergebnisse
Rating positive/negative Äußerungen	Zunahme positiver selbstbezogener Äußerungen von der ersten zur fünften Sitzung nur in der Experimentalgruppe
Tonband-induziertes Nacherleben d. Therapiesequenzen, die Beziehungsmetaphern enthalten; dazu getrennte Interviews m. Klient & Therapeut zum jeweils aktuellen Erleben, Fühlen, Verstehen	Die Autoren kommen zu dem Schluss, dass Metaphern Klienten zu einer größeren Bewusstheit impliziter Gefühle und Überzeugungen führen; sie eröffnen den Zugang zu kindlichen Phantasien, Gefühlen u. Erinnerungen u. geben Klienten in den untersuchten Fällen das Gefühl tieferer Verbundenheit mit d. Therapeuten. Metaphern dienen (a) als Verbindung von Elementen des Bedeutungskontextes, (b) der Repräsentation von Aspekten der Selbstidentität und (c) individuellen Charakteristika von Rollen-Beziehungsmustern
Erfahrungstiefe: ES, emotionale Reaktion: RSS, AEQ	keine Gruppen-Personen-Zeiteffekte
Depression: BDI, HRSD; Symptome: BSI; SCL-90-R; psychiatrische Störungen: GSI; Therapeutenqualitäten BLRI; therap. Beziehung WAI	Analysen zum Coping d. Probanden: 1. Externalisierung (z.B. Projektion): starke Externalisierer besser für Selbsthilfe (S/SD) geeignet. Internalisierer profitieren besser von der behavioralen CT. Manualisierte Gestalttherapie (FEP) für In- u. Externalisierer gleich geeignet 2. Bei geringem Widerstand bessere Effekte f. FEP u. CT, bei hohem Widerstand S/SD effektiver

Studie	Population	N	Bedingungen		Anmerkungen
Ergänzende Prozessanalyse zu Beutler et al. 1991, 1993 von Rosner 1996, Rosner et al. 1999, 2000	Depression	N=43 n=22	1. Kognitive Verhaltens-Gruppentherapie (CBT) 2. Fokussierte expressive Gruppentherapie (FEP, manualisierte Form d. Gestalttherapie)	G, a	S=20 wöchentl. Sitzungen f. CBT u. FEP
Boulet et al. 1992	Klienten ohne Angabe der Störung	n=4	458 Klientenäußerungen	E, a	In-Sitzung: wichtige Momente (»good moments«); 4 GT-Sitzungen v. Perls, Sagan u. E. Polster; v. 4 Psychologen geratet
Boulet et al. 1993	Klienten ohne Angabe der Störung	N=n=2	Identifikation v. wichtigen Therapiemomenten über Rating v. 210 Klientenäußerungen	E, a	In-Sitzung: 2 GT-Sitzungen v. Perls v. 4 Psychologen geratet
Brunink et al. 1979	Therapeutenbefragung	N=n=18	1. Psychoanalytiker 2. Gestalt- u. 3. Verhaltenstherapeuten	–	Interviews
Clance et al. 1994	Studenten	N=30 n=15	1. Gestalt-Experimental-Gruppe 2. Kontrolle: Diskussionsgruppe	G, a	12 Sitzungen: davon 8 strukturiert, 4 unstrukturiert zum Gestalt-Awarenesstraining
Clarke & Greenberg 1986	Personen mit Entscheidungskonflikten	N=46 n=16	1. Problemlösegrup. (Kognitive VT) 2. Zwei-Stuhl-Methode d. Gestalttherapie 3. Wartegruppe	G, E, a	post-Sitzung: 2 Einzel- sitzungen pro Proband

Depression: BDI, HRSD; Symptome: BSI; SCL-90-R; psychiatrische Störungen: GSI; Therapeutenqualitäten BLRI; therap. Beziehung WAI; Prä-Therapie-Screening: Ärger, Unterdrückung MAI; In Sitzung: Rating des verbalen Verhaltens CEAS-r und des vokalen Ausdrucks NAI	1. Die Befunde sprechen gegen d. Annahme, dass Gruppenteilnehmer, d. aktuell nicht arbeiten, stellvertretend ähnliche Emotionen haben, wie aktiv arbeitende Klienten. 2. Obwohl FEP-Klienten intensivere Gefühlserfahrungen zeigen, ergibt sich dafür ein Unterschied zur CBT nur f. aktiv arbeitende Klienten. Aktiv arbeitende FEP-Klienten empfinden stärker Liebe, während aktive CBT-Klienten eher Trauer und Angst ausdrücken. 3. Der angenommene Zusammenhang zw. emotionaler Aktivierung und Outcome ist schwach u. f. beide Therapien nur verbunden mit d. Outcome am Ende d. Therapie. 4. Dabei erweist sich d. Ausdruck von Ärger v. Personen, d. Ärger unterdrücken, nicht als relevant f. d. Therapie-Outcome; dies auch nicht unter FEP (außer einer Zwischenphase). 5. Vokale Ausdrucksstärke erweist sich nicht als relevanter Prädiktor für Outcome.
Evaluation eines theoretisch aus d. Literatur extrahierten 10-Kategoriensystems zur Identifikation v. wichtigen Momenten über Interkorrelationen/Interraterübereinstimmungen	8 d. 10 Kategorien erweisen sich als genügend trennscharf zur Identifikation wichtiger Therapieereignisse
1.10-Kategoriensystem zur Identifikation v. wichtigen Momenten aus d. Studie Boulet et al. 1992 (s.o.) 2. Clusterbildung über geratete Klientenäußerungen	1. Fast die Hälfte d. Klientenäußerungen werden mindest. über eine Kategorie als wichtige Momente geratet. 2. 60.6 % der als wichtig klassifizierten Äußerungen werden über mehrere Kategorien als wichtig geratet. Daraus können vier Cluster gebildet werden. 3. Mit fortschreitender Zeit i.d. Sitzung steigt die Frequenz von wichtigen Momenten & Clustern in der Beziehung zu Therapeuteninterventionen
Inhaltsanalyse nach therapeutischer Aktivität, zeitlichem Fokus, Interviewfokus, Initiative, Kommunikation u. therapeutischem Klima	keine Unterschiede bezogen auf Empathie; Unterschiede vor allem bezogen auf direkte Führung & Unterstützungstechniken; Gestalttherapeuten benutzen mehr direkte Führung
Körper- u. Selbstwahrnehmung: BC-SC; projiziertes Körperbild: Draw-A-Person: DAP	1. Körper- u. Selbstwahrnehmung: (a) hypothesenkonforme positive Treatment-Effekte, (b) obwohl ein stärkerer Effekt f. Männer i. d. Treatmentgr. auftritt, wird diese nicht signifikant f. die Interaktion Treatment-Kontrolle x Geschlecht. 2. Das projektive Verfahren gibt keine interpretierbaren Ergebnisse
Entscheidungsfindung: ACDM u. SVI	beide Behandlungen ergeben fortgeschrittene Entscheidungsfindung auf der SVI (stärkste Effekte für gestaltth. Zwei-Stuhl-Methode)

Conoley et al. 1983	Studentinnen	N=61	1. kognitive Umstrukturierung (R-E-Therapie) 2. Empty Chair Methode (Gestaltth.) 3. Kontrolle	E, a	post-Sitzung: eine 20-Minuten-Intervention
Cross et al 1980, 1982	psychiatrische Patienten, nichtpsychotisch	N=42 n=15	1. Gestalttherapie + Transaktionsanalyse 2. Breitspektrum- VT 3. Wartegruppe	E, a	Z=3
Elliot et al. 1998	posttraumat. Belastungsstörungen	n=6	1. P/E (2. CBT; nicht berichtet in dieser Phase der Pilotstudie)	E, a	Z=16
Greenberg & Clarke 1979	Studenten	N=n=16	1. Zwei-Stuhl-Methode d. Gestalttherapie 2. empathisches Spiegeln	E, a	je eine Sitzung Zwei-Stuhl-Methode u. empathisches Spiegeln
Greenberg & Dompierre 1981	Klienten aus privaten Praxen u. versch. Beratungseinricht.	N=n=16	1. Zwei-Stuhl-Methode 2. Focusing, empathisches Spiegeln	E, a	In-Sitzung: jeweils eine Sitzung
Greenberg & Foerster 1996	Klienten mit unbewältigten Problemen (»unerledigte Geschäfte«)	N=n=20	Zwei-Stuhl-Methode: Ex-post-Gruppenbildung: 11 erfolgreiche, 11 nicht erfolgreiche Problemlösungen	E, a	In-Sitzung: 22 Dialoge

Ärgerverminderung: systolisch. Blutdruck u. FQ	beide effektiv in der Reduktion von Ärger. Keine Personen-Treatment-Effekte hinsichtlich Annäherung u. Vermeidung
Symptome: TCDBS; soziale Situation: SSIAM: Persönlichkeit: POI; Patienten- u. Therapeutenrating zur Veränderung d. Störungen: CARS; Patienten- u. Therapeutenratings zur globalen Befindlichkeit; Suche/Akzeptanz des Patienten von Hilfe bei (nichtprofess.) Personen seines Umfeldes: ACS	Outcome: Prä-post: n=15/15 Keine signifikanten Unterschiede zw. Treatmentgruppen; Interaktion Prä-Post x Treatment-/Kontrollgruppe nicht aufgeschlüsselt, keine Unterschiede zw. VT und Gestalt/TA. Differentielle Befunde in den Prozessdaten: VT-Gruppe sucht/akzeptierte mehr alternative Hilfe
Belastungsstörung: K-PTSD klinisches Inventar zur Angst: MCMI-A, SCL90-R GSI:; Gefühle TAS	Geringe Veränderung zur Mitte der Behandlung (ca. nur 30% der Effektstärke die zum Ende der Behandlung erreicht wird)
Erfahrungstiefe: ES; Awareness: FQ, BLRI; Erreichen v. Zielen: GAS	größere Erfahrungstiefe u. Awareness bei Zwei-Stuhl-Dialog; keine Unterschiede zwischen den Behandlungsformen bezüglich dem Erreichen v. Zielen
Erfahrungstiefe: ES; Befindlichkeit: TCDBS; Awareness; Verhaltensfortschritte: CRBS	größere Erfahrungstiefe und Awareness in Gestaltth. gegenüber empathischem Spiegeln; verbunden mit den unterschiedlichen Erfahrungen im therapeutischen Dialog kommen Klienten, die im Zwei-Stuhl-Dialog gearbeitet haben, in ihrem Verhalten nach der Therapie weiter bezogen auf die Lösung ihrer Konflikte als die Klienten, die in der Therapie gespiegelt wurden; die subjektive Befindlichkeit ist dabei nicht differentiell zw. den Treatments
1. Aufgabenanalyse (»task analysis«): zyklische Modellentwicklung unter Einbeziehung d. empirischen Daten als (phänomenologisch ausgerichtete) Methode der Therapieprozessforschung; dazu werden zunächst sog. Schlüsselereignisse (»key in-session events«) identifiziert, an denen sich die Prozesse ablesen lassen, die ein Klient bei der Lösung eines Konflikts durchläuft; im nächsten Schritt wird die Palette verschiedener Lösungsmöglichkeiten zunächst theoretisch identifiziert, dann zyklisch zunächst in kleinen Schritten, dann insgesamt, empirisch verifiziert 2. Messinstrumente: Erfahrungstiefe: ES, Sozialverhalten: SASB; emotionale Aktivierung: EAS, CVQ	ein Modell d. Aktivitäten v. Klienten zur Lösung »unerledigter Geschäfte« wird entwickelt: bei erfolgreichen Problemlösungen in d. Sitzung: 1. intensiver Gefühlsausdruck; 2. Ausdruck v. Bedürfnissen; 3. Veränderung in der Repräsentation des anderen; 4. Selbstbestätigung oder Verständnis des anderen; die Validierung dieses Prozessmodells über die Prozess- und Outcomedaten bestätigt die Bedeutsamkeit der oben genannten Prozessvariablen in der Unterscheidung des Prozessverlaufes in gelösten vs. ungelösten Problemen resultieren sowie in der Differenzierung zwischen Lösern und Nicht-Lösern hinsichtlich: Symptomatologie u. interpersonellen Problemen (Daten berichtet von Greenberg & Hirschheimer 1994)

Greenberg & Higgins 1981	Studenten	N=42 n=14	1. Zwei-Stuhl-Methode d. Gestalttherapie 2. Focusing, empathisches Spiegeln 3. Kontrollgruppe	E, a	In Sitzung: je Proband eine Sitzung
Greenberg & Rice 1981	Studenten	N=n=3	1. Zwei-Stuhl-Methode 2. Klient-zentrierte Therapie	E	In-Sitzung: je Klient 3 Gestaltsitz. + 3 GT-Sitz.
Greenberg & Webster 1982	Klienten mit Entscheidungsschwierigkeiten	N=31	Zwei-Stuhl-Methode: Ex-post-Gruppenbildung nach Prozessmodell: auf Basis der Prozess-Maße): 13 erfolgreiche, 18 nicht erfolgreiche Problemlösungen	E, a	In-Sitzung: 6 wöchentliche Sitzungen
Greenberg 1980	Klienten, die »Spaltungen« (splits) zeigen	N=n=3	Zwei-Stuhl-Methode	E, a	In-Sitzung: 9 Sitzungen zu Spaltungen
Greenberg 1983	Klienten aus privaten Praxen u. Uni-Beratung	N=28	Zwei-Stuhl-Methode: Ex-post-Gruppenbildung nach Outcome-Maßen: 14 erfolgreiche, 14 nicht erfolgreiche Problemlösungen	E, a	In-Sitzung: 28 Dialoge
Greenberg 1992	unerledigte Entscheidungsprobleme	N=n=18	18 Zwei-Stuhl-Dialoge; davon: 9 mit gelösten, 9 mit ungelösten Konflikten	E, a	In-Sitzung: Zwei-Stuhl- Dialog
Hill, Beutler & Daldrup 1989	akute rheumatische	N=n=6	Manualisierte Form d. Gestalttherapie (FEP); hier unters.:	E, a	1. In-Sitzung 2. zwischen Sitzungen

Erfahrungstiefe: ES; Befindlichkeit: TCDBS; Awareness; Bewertung d. Therapeutenverhaltens	größere Anzahl v. Segmenten mit hoher Erfahrungstiefe in Gestaltth. gegen über Fokussierung; Problemlösung, Befindlichkeit nicht differentiell zw. den Treatments
emotionale Aktivierung: Stimmqualität: VQ; Erfahrungstiefe: ES; Awareness: Klienten-Selbstrating; Rating zum Therapeutenverhalten	differentielle Befunde: größere Erfahrungstiefe u. Awareness in Gestaltth.; Stimmqualität nicht-differentiell
Prozess-Maße: Erfahrungstiefe: ES; Sozialverhalten: SASB; emotionale Aktivierung u. hier auch: (Selbst-) Kritik: CVQ; Outcome-Maße: Entscheidungsklärung: SVI; Ängstlichkeit: STAI; Gefühlsbewertung: TCDBS; Verhaltensänderung: BR; Zielerreichung: GAS & WAE; Symptomveränderung: PPQ	hypothesenkonforme Gruppenunterschiede auf allen Outcome-Maßen, d. h. für Symptom-/Leidensdruckverminderung z.B. Angst, Entscheidungsfindung zusammen mit einer Veränderung des Verhaltens und Erreichen der gesetzten Ziele (SVI, STAI, TCDBS, BR, GAS, WAI & PPQ); damit können die aus dem Prozessmodell abgeleiteten Vorhersagen bestätigt werden: baut sich im therapeutischen Dialog eine stärkere Spannung auf, die Ausdruck einer tieferen Erfahrung des Klienten ist, hilft dies dem Klienten eher dabei, sein Verhalten zu verändern und Lösungen für seine Konflikte zu finden
Erfahrungstiefe: ES; emotionale Beteiligung: Stimmqualität: CVQ; geratet werden Zwei-Minuten-Segmente	für therapeutische Dialoge zu Spaltungen, die als Ausdruck ungelöster innerer Konflikte gelten können, wird ein Vier-Phasen-Modell aufgestellt, das den dialogischen Prozess von der Identifikation eines Konflikts bis zu seiner Lösung beschreibt, wobei in der letzten Phase die Spaltung aufgehoben wird
Prozess-Maße: Erfahrungstiefe: ES; Sozialverhalten: SASB; Kritik/emotionale Aktivierung: CVQ; Outcome-Maße: Zielbeschwerden: TCDBS; Konfliktlösung: CRBS	auf Basis des Befundmusters wird ein dreistufiges Modell d. Konfliktlösung erstellt: Oppositions-, Vermischungs- u. Integrationsphase; Klienten, die in der Lösung ihrer Konflikte weiter kommen, z.B. sich in ihrem Sozialverhalten ändern (SASB), zeigten zuvor im therapeutischen Dialog einen stärkeren Spannungsaufbau in der Oppositionsphase, die sich ausdrückt in einer größeren Erfahrungstiefe und der über die Stimmqualität erfassten stärkeren emotionalen Beteiligung
1. Aufgabenanalyse über Expertenwissen (task analysis) 2. empirische Verifikation: Erfahrungstiefe: ES; emotionale Stimmqualität: CVQ; Sozialverhalten: SASB; Verarbeitungstiefe: LCPP; Konfliktlösung: CRS; Leidensdruck: TCDBS.	entwickelt wird ein Stufenmodel d. Konfliktlösung im Zwei-Stuhl-Dialog (zw. Topdog=TD und Underdog=UD): das Modell enthält folgende Stufen: 1. (a) TD: harsche Kritik (b) UD: affektive Reaktion (c) UD: Gefühlsdifferenzierung (d) TD: spezifizierte Kritik (e) UD: auftauchende Erfahrung (f) TD: Äußerung von Werten, Prinzipien (g) UD Äußerung von Bedürfnissen, Wünschen; 2. Aufweichung des harten Dialogs; 3. Integration; das Modell wird über die empirischen Daten evaluiert, wobei die genannten Komponenten über die Prozessmaße differenziert werden können
1. Prozess-Maße v. unabhängigen Ratern über 58 Therapiesequenzen: Erfahrungstiefe: ES; Prozess-	1. Die Prozessanalyse zeigt, daß d. Sitzungen v. Therapeut 1 v. Klienten bez. »smoothness« geringer u. Abhängigkeit/Symptomschwere nach d. Sitzung höher eingeschätzt worden.

	Arthritis		1. Therapeuteneffekte 2. Klienteneffekte 3. Meßzeitpunkte		3. Prä-post von 10 Therapiesitzungen
Honos-Webb et al. 1998	Major Depression	N=n=2	P/E: 1 erfolgreicher und 1 nicht-erfolgreicher Fall nach konventionellen Outcome-Kriterien aus der Studie Greenberg & Watson (1998)	E, a	In-Sitzung: Transkripte von erfolgreichem Fall (15 Sitzungen) und nicht-erfolgreichem Fall (19 Sitzungen)
Honos-Webb et al. 1999	Major Depression	N=n=1	1 Fall aus Greenberg & Watson (1998); 3 unabhängige Rater	E, a	In-Sitzung: Transkripte von 43 relevanten Passagen zu 2 Hauptthemen
Kimball et al. 1974	Studenten	N=28	1. Gestaltmarathon 2. Kontrollgruppe	G, a	18 Std. Marathon
Lesonsky et al. 1986	Paare	N=20 Paare	1. Lockeres Gespräch 2. wechselseitige Projektionsübung 3. angeleiteter Austausch über 2.	Paare, a	In-Sitzung: 1 Std.
Machado et al. 1999	erfahrene Therapeuten im Vergl. m. Psychologiestud.	N=72	1. Therapeuten (n=36) 2. Studenten (n=36)	G, a	In-Sitzung: Therapiemitschnitte aus Beutler et al. (1991)
Mackay 2002	Klienten mit Entscheidungskonflikt, wg. Scheidung	N=n=8	1. Konflikt: gelöst vs. nicht-gelöst (Faktor Conflict Resolution CR) 2. Kontakt: unterbrochen vs. nicht-unterbrochen (Contact vs. Interruption Cont. C) 2x2-faktorielles Design (ex-post): CRxC	o.A., a	vor- und nach 6 Sitzungen Q-Sort-Methode
Mahrer et al. 1984	Patienten m. versch.	je 9 Ratings	Mikrostrategien = Muster von Therapeutenstatements	E, a	In-Sitzung: 923 Therapeuten-

skala: VPPS; 2. Prozess-Maße v. Klienten: Sitzungsevaluation: SGQ u. BLRI; 3. Sitzungsoutcome: Symptome: SCL-90-R/GSI; VPPS u. VAS; 4. Therapieoutcome gesamt: Symptome: GSI, psychische Befindlichkeit: Subskala VPPS u. positive Gefühle: SEQ	3. Entgegen den Hypothesen korrelieren Klienten-Partizipation u. Erfahrungstiefe negativ m. Treatment-Outcomes
Outcome: BDI, SCL-90-R, IIP, RSE; Prozess: BLPES, WAI; untersucht werden erfolgreicher und erfolgloser Fall anhand des Modells für die Assimilation problematischer Erfahrungen (Assimilation of Problematic Experiences Scale APES)	1. Bei dem erfolgreichen Fall fand ein Assimilationsprozess in mindestens 3 problematischen Erfahrungen statt 2. Auch bei dem unerfolgreichen Fall finden sich Fortschritte nach normativen Kriterien, dabei war die Assimilation auf 2 Ebenen von APES blockiert
Outcome u. Prozessmaße wie Greenberg & Watson (1998); qualitative Inhaltsanalysen und quantitative APES-Ratings der 43 Passagen	Die Assimilation problematischer Erfahrungen stieg erwartungsgemäß nach den APES-Ratings über die Sitzungen. Die qualitativen Analysen ergaben, dass die Assimilation gegensätzlicher Stimmen (Bedürftigkeit und Schwäche, dominante »Superwoman«-Stimme sowie Rebellion und Anspruchshaltung, »Good-Girl«-Stimme) zu einer komplexeren und flexibleren Gemeinschaft von Stimmen führt.
Vorerhebung: Ich-Stärke: Teil d. MMPI; Prä-/Post-Erhebung: Selbstverwirklichung: POI	kein Beleg für die Annahme, daß ich-starke Klienten eher von Marathon profitieren
Evaluation eines Ratingsystems zur Paarkommunikation: a) Qualität d. Erfahrungsorganisation b) Ausdrucksstil c) Sprache	1. geringe Interrater-Reliabilität 2. geratete aufeinander folgende Ereignisse hängen hoch zusammen
Können erfahrene Therapeuten unter unterschiedliche Bedingungen genauer identifizieren	1. erfahrene Therapeuten können unter unterschiedlichen Bedingungen Emotionen genauer identifizieren als unerfahrene Psychologiestudenten; 2. kein Unterschied zwischen den Gruppen in der Genauigkeit des Ratings der emotionalen Intensität
1. Test des Drei-Stufen-Modells zum gestalttherap. Zwei-Stuhl-Dialog von Greenberg 2. Entscheidungsfindung der Klienten, ob sie sich scheiden lassen sollen, wird nachvollzogen	Mäßige empirische Unterstützung für das Drei-Stufen-Modell:
Kategoriensystem f. therap. Interventionen	1. Identifikation v. therapeutenspezifischen Mustern (Mikrostrategien)

	Störungen: Hypochondr., Angst, Depress.	v. 8 Sitz. v. N=6 n=2	(hier: v. prominenten) (a) VT- (b) GT- und (c) Gestalttherapeuten			statements
Mahrer et al. 1986	Klienten ohne Angabe der Störung	je 9 Ratings v. N=6 n=1	Mikrostrategien = Muster von Therapeutenstatements d. Richtungen: (a) Gestalttherapie (b) Jungianische Therapie (c) behaviorale Konditionierg. (d) klient-zentriert (e) beziehungs-dynamische (f) Rati	E, a	In-Sitzung: 122 Therapeutenstatements aus 6 Situngen v. prominenten Therapeuten verschied. Schulen, geratet v. 9 Psychologen
Mahrer et al. 1987	37-jähriger Manager o. Angabe d. Störung	Klienten-Äußerungen von N=1 gerated v. 10 Ratern	Inhalt, Verteilung u. Zustandekommen v. wichtigen Momenten	E, a	In-Sitzung: 192 Klienten-Äußerungen aus der 34. u. 35. Sitzung
Mahrer et al. 1991	Klienten ohne Angabe der Störung	12 Ratings v. N=1	1. Identifikation v. »client change events«: CCE d.h. Sitzungsphasen m. a) erhöhtem Gefühlsausdruck, b) erhöhter Konfrontationsstärke 2. Identifikation v. Interventionen, die CCE vorausgehen.	E, a	In-Sitzung: 2 Perls-Gestalt-Sitzungen, gerated v. 12 klinischen Psychologen
Mahrer et al. 1992	Klienten ohne Angabe der Störung	12 Ratings v. N=5	1. Identifikation v. signifikanten Therapiemomenten (s.T.) d.h. Sitzungsphasen m. (a) erhöhtem Gefühlsausdruck, (b) erhöhter Konfrontationsstärke 2. Identifikation v. Interventionen, die s.T. vorausgehen	E, a	In-Sitzung: 6 Sitzungen v. 5 prominenten Gestalttherapeuten geratet v. 12 klinischen Psychologen
Martinez 2002	Phobien	N=24	Untersucht wurde 2-Stuhldialog zur Bearbeitung von Phobien in drei Bedingungen 1. Full treatment (FT): eine Seite (a) aversive Stimulussituation; zweite Sei-	G, a	5 Sitzungen in 5 Wo

35 Kategorien f. therap. Interventionen	2. Spezifikation d. Mikrostrategie f. d. Erstinterview. 3. Spezifikation klientenspezifischer Mikrostrategien 4. Veränderungen d. Mikrostr. über die Zeit 5. Konsistenz v. Mikrostr. 6. Mikrostr. als Untersuchungsinstrument
	1. Identifikation v. therapeutenspezifischen Mustern (Mikrostrategien) d. verschied. Schulen. 2. Spezifikation d. Mikrostrategie
Kategoriensystem zur Identifikation wichtiger Therapiemomente nach Mahrer (1985)	(1) ein großer Anteil von (38%-55% aller Klienten-Äußerungen) werden gemäß dem Kategoriensystem als wichtige Momente eingestuft, (2) eine Verteilung von wichtigen und sehr wichtigen Momenten in einer bestimmten Untergruppe der 12 Kategorien zu finden war: (a) wichtiges Material über die Person oder Beziehungen (b) expressive Kommunikation (c) Ausdruck starker Gefühle außerhalb der Therapie und (d) Feststellen einer qualitativen Veränderung eines persönlichen Zustandes, (3) eher Serien von wichtigen Momenten als Einzelereignisse auftraten, sich in der Sitzung Stadien oder Phasen und (4) distinktive Cluster von wichtigen Momenten identifizieren ließen. (5) Aus den Daten ließen sich Hypothesen ableiten über die therapeutischen Methoden, die effektiv sind um wichtige Therapiemomente herzustellen und aufrecht zu halten.
1. Kategoriensystem zur Identifikation: wichtige Therapiemomente 2. Inhaltsanalyse v. 12 Interventionsbeschreibungen, die zu wichtigen Therapiemomenten (CCE) führen	2 Interventionsmethoden werden identifiziert, die CCE hervorbringen: 1. herausfordernde & konfrontierende Interventionen, »wie d. Klient mit dem Therapeuten umgeht«; 2. überraschender Wechsel des Aufmerksamkeitsfokus
1. Kategoriensystem zur Identifikation wichtiger Therapiemomente 2. Inhaltsanalyse v. 12 Beschreibungen, (a) der Interventionen, d. wichtigen Therapiemomenten (s.T.) vorausgehen, (b) der signifikanten u. folgenden Therapiemomente	6 Kategorien v. signifikanten Therapiemomenten einschl. d. Patientenzustandes u. der therap. Interventionen werden dargestellt
Symptommasse zur Angst SRI, STAI, FSS Prozessmaß: SD	Stärkste Symptomveränderung finden sich unter FT und SRP, die sich unter einander nicht unterscheiden, d. h. die Darstellung der Stimulus und Responseseite (FT) bringt keine größere Symptomverminderung als die Darstellung der aversiven Symptome alleine (SRP), beide sind aber der reinen Darstellung

			te (b) phobische Reaktion 2. Stimulus role play (SRP): Nur die Seite der aversiven Stimuli wird im Dialog dargestellt 3. Response role play (RRP) umfasst nur die Darstellung der phobischen Reaktion		
Mecheril et al. 1992	1. Klienten aus psychoanalytischer (PA), Rational-emotiver Therapie (RET), Gesprächs- (GT) u. Gestalttherapie (GST); 2.Therapeuteninterviews: PA & GST		1. Klienten: 1.1 PA, 1.2 GST; 2. Therapeuten: 2.1 PA, 2.2 GST	E, a	1. In Sitzung: je 10 30-minütige Therapieausschnitte aus (a) PA u. (b) GST. 2. Interviews mit d. Therapeuten v. PA u. GST
O'Leary & Nieuwstraten 1999	alte Menschen mit unerledigten Gefühlen („unerledigtes Geschäft")	N=n=7, 3 Rater (Psychologen)	Gestaltgruppentherapie für alte Menschen	G, a	Sitzungstranskripte aus d. 4. Jahr eines 6-jährigen Gruppen-therapieprojektes
Paivio & Greenberg 1995	Personen m. unerledigten Gefühlen	N=34 n=17	1. Leerer-Stuhl-Dialog 2. Aufmerksamkeits- Placebogruppe (Vorlesung u. Diskussion)	G, a	In-Sitzung u. Prä-post: 12 Sitzungen

der Responseseite (RRP) gegenüber überlegen. Die Prozessdaten sind hingegen schwer interpretierbar. Die Autoren interpretieren ihre Ergebnisse im Sinne der gestalttherapeutischen Projektionsauffassung

1. 5-stufiges System zur Kategorisierung v. (a) Klienten- u. (b) Therapeutenäußerungen nach ihrem emotion. Gehalt. (dabei z.B. Kat. 1: unemotionale Äußerungen) 2. Befragung v. Therapeuten (hier berichtet PA & GST) zu ihrem verbalen Verhalten bez. auf das 5-stufige Kat. (s.1.)	1. Beide: PA & GST d. weitaus meisten Äußerungen von Klienten & Therap. d. Therapieprotokolle sind emotional getönt (Kat. 2-5) sowohl für PA als auch GST, aber: 2. Gestalt weniger unemot. als PA, dafür mehr emot. Äußerungen. 3. Beide Therapieformen die meisten Äußerungen in Kat. 3 (gefühlsgetönte Kognition) 4. Unterschiede vor allem in der Erwartung d. Therapeuten (Interviews) von PA und GST bez. auf Kategorienhäufigkeiten
Die Inhaltsanalyse fokussiert auf die folgenden Aspekte: (a) »unerledigtes Geschäft« (allgemein), (b) die Einführung von »unerledigtem Geschäft« in der Gruppe, (c) das eigene Modell von »unerledigtem Geschäft«, (d) die Rolle der Gruppe bei »unerledigtem Geschäft«, (e) Coping-Mechanismen für »unerledigtes Geschäft«.	»unerledigtes Geschäft« wird bei älteren Menschen häufig in unpersönlicher Sprache ausgedrückt. Die therapeutische Zielsetzung besteht dann darin, den Ausdruck persönlich zu gestalten, ihn zu erforschen und abzuschließen. Die anderen Gruppenteilnehmer übernehmen dabei die Rolle eines »griechischen Chores«, der die therapeutische Arbeit begleitet.
Outcome: Symptome: SCL-90-R; interpersonale Probleme: IIP; Hauptbeschwerden: TC; »unerledigte Geschäfte«: UFB-RS; Sozialverhalten: SASB; arbeitstherapeutische Beziehung: WAI. Prozess-Maße: Behandlungsstimmigkeit: adherence checklist: Rating v. 698 Therapeutenstatements; therapeutisches Arbeitsbündnis: WAI	signifikant größere, hypothesenkonforme Veränderungen f. d. Gestalt »empty chair« Behandlungsgruppe auf allen Outcome-Maßen: 1. Symptome (SCL-90-R); interpersonale Probleme (IIP); Beschwerden (TC discomfort & change); »unerledigte Geschäfte« (UFB-RS) & Sozialverhalten (SASB other, self & introject). 2. klinisch relevante Veränderungen wurden f. eine Subgruppe der Untersuchungsteilnehmer m. Symptomen in klinisch relevanten Bereich nur f. d. Behandlungsgr. festgestellt; gleichermaßen wurde eine Schwelle für klinisch bedeutungsvolle Besserung »unerledigte Geschäfte« nur in der Behandlungsgruppe überschritten; stabile Befunde auf allen Outcome-Maßen im 4- u. 12- Monats-Follow-up außer SASB-introject. Prozessdaten: 1. Die Analyse der 698 Therapeutenäußerungen sowie die Bewertung d. Arbeitsbündnisses (WAI) belegen die konsistente Arbeitsweise u. ein gutes Arbeitsbündnis

Greenberg & Malcolm 2002; erweiterte Behandlungsgruppe zu Paivio & Greenberg 1995, s.o.	Patienten mit unerledigten Konflikten mit signifikanten Personen (Eltern), z.B. sexueller Missbrauch	N=n=26	1. Leerer-Stuhl-Dialog	E,a	S=12-14 Std. wöchentl. einst. Sitzungen
Teschke 1996	Zwangs-, depressive u. narzisstische Störungen	N=n=5	Fall 1: 21 Sitz., Fall 2: 23 Sitz., Fall 3: 10 Sitz., Fall 4: 5 Sitz. ab 76, Fall 5: letzten 2 Sitz. B	E, a	In-Sitzungen: wichtige/ existentielle Momente in 44 Std.
Viney 1994	Klienten ohne Angabe der Störung	N=8 n=2	1. Therapie personaler Konstrukte (PCT) 2. Klient-zentrierte Therapie (CCT) 3. Rational-emotive Therapie (RET) 4. Gestalttherapie (GT) 5. Transaktionsanalyse (TA)	E, a	In-Sitzung: 10 Sitzungen v. 5 prominenten Therapeuten; »Gefühlssequenzen f. Angst, Feindseligkeit, Hilflosigkeit, Depression in den Mustern Therapeut-Klient & Klient-Therapeut
Watson & Greenberg 1996; Greenberg & Watson 1998a,b (in Press)	Depression	N=36 n=17	1. Klient-zentriertes Treatment (CC) 2. Prozess-experientiel Therap. (PE= Basis: Klient-zentrierte Therapie dazu: 3 aktive Interventionen: a) 2-Stuhl-Dialog bei Konfliktspaltungen b) leerer-Stuhl-Dialog bei »unerledigten Geschäften«	E, a	In-Sitzung: 16-20 Sitzungen pro Proband

Prozess: interpersonales Verhalten: SASB; Erfahrungstiefe ES; emotionale Qualität CVQ; emotionale Aktivierung EAS-R; Bedürfnisse: NEED; Arbeitsbündnis: WAI; Outcome: Hauptsymptome TC/TCDS; Lösung unerledigter Probleme UFBRS; interpersonale Probleme IIP;	Veränderungen f. d. Gestalt »empty chair« Behandlungsgruppe auf allen Outcome-Maßen: 1. Symptome (SCL-90-R); interpersonale Probleme (IIP); Beschwerden (TC discomfort & change); »unerledigte Geschäfte« (UFB-RS) & Sozialverhalten (SASB other, self & introject).
1. teilnehmende Beobachter 2. Videoaufz. alle Sitzungen 3. videoinduziertes Nacherleben (VINE) v. Klient, Therap., 1 Beobachter 4. episodische Darstellung Fall 1 & 2. 5. Identifikation wichtige existentielle Momente über Konsens Prüfung v. Rating Klient, Therap., (1 Beobachter) 6. Beschreibung Prozessverlauf vor, in u. nach existentiellen Momenten (Wendepunkte)	2. klinisch relevante Veränderungen wurden f. eine Subgruppe der Untersuchungsteilnehmer m. Symptomen in klinisch relevanten Bereich nur f. d. Behandlungsgr. festgestellt; gleichermaßen wurde eine Schwelle für klinisch bedeutungsvolle Besserung »unerledigter Geschäfte« nur in der Behandlungsgruppe überschritten; stabile Befunde auf allen Outcome-Maßen im 4- u. 12- Monats-Follow-up außer SASB-introject.
Log-lineare Analyse auf der Variablen Therapierichtung; nach Sequenz trat auf, trat nicht auf; und das Auftreten ist (nicht) verzögert	1. Therapeut-Klient-Sequenzen v. Angst-Angst, Angst-Feindseligkeit, Hilflosigkeit-Feindseligkeit am häufigsten bei PCT u. CCT. 2. Klient-Therapeut-Sequenzen v. Angst-Angst, Hilflosigkeit-Angst & Hilflosigkeit-Hilflosigkeit am häufigsten bei CCT. 3. differentielle Befunde f. die verschiedenen Gefühlssequenzen i. d. Verzögerung; z.B. Angst-Angst u. Hilflosigkeit-Hilflosigkeit eher verzögert, dies aber kaum differentiell zw. Therapieformen, außer Gestalttherap.: In der Therapeut-Klient-Sequenz ist Angst-Feindseligkeit verzögert
Outcome-Maße siehe Tabelle zu Outcome-Studien unter Greenberg & Watson (in Press) Prozess-Maße: Erfahrungstiefe: ES; Aufmerksamkeit und emotionale Aktivierung: CVQ; Haltung gegenüber d. aktuellen therapeutischen Erfahrung (expressive stanze): EST; Problemlösung: DRS; Klienten-Evaluation i. d. Sitzung: GSEQ; Post-Sitzungs-Veränderung: CTSC; Depressivität: BDI; Symptome: SCL-90-R; Selbstwert: RSE; interpersonale Probleme: IIP	1. Die Analyse der 698 Therapeutenäußerungen sowie die Bewertung d. Arbeitsbündnisses (WAI) belegen die konsistente Arbeitsweise u. ein gutes Arbeitsbündnis

Weerasekera et al. 2001, Reanalyse d. Prozessdaten von Watson & Greenberg 1996 und Greenberg & Watson 1998	Depression	N = 34	s. o. Watson & Greenberg 1996	E, a	In-Sitzung: 16-20 Sitzungen pro Proband

2.1.2 Forschung zum Therapieergebnis

Die folgende Zusammenfassung von Forschungsergebnissen aus Evaluationsstudien dokumentiert die Befunde von ca. 4500 Klienten, von denen etwa die Hälfte mit Gestalttherapie behandelt wurden. Die andere Hälfte unterzog sich anderen Arten von Therapie oder blieb unbehandelt, z.b. in Warte-Kontrollgruppen. Studien wurden bei einer Reihe von klinischen Subgruppen einschließlich affektiven und Persönlichkeitsstörungen, psychiatrischen Störungen (stationär und ambulant behandelt), sowie Substanzabusus und psychosomatischen bzw. funktionellen Störungen durchgeführt. Die Forschungsbefunde werden hier nach klinischen Subgruppen und nach dem verwendeten Setting (Gruppen- bzw. Einzeltherapie) gegliedert. Die Therapievergleichsstudien umfassen Vergleiche zwischen Gestalttherapie und entweder klientenzentrierter oder kognitiv-behavioraler Therapie (siehe Tabellen 4 und 5).

Die Studien, die Prozess- und Ergebnisforschung kombinieren, sind aus den vorherigen Abschnitten bereits bekannt. Indessen werden die Aspekte des Designs, die für das Verständnis des Therapieergebnisses bedeutsam sind, in diesem Kapitel nochmals im Zusammenhang dargestellt.

Am Ende dieses Kapitels werden katamnestische Studien dargestellt. Zusammengefasst werden die Befunde der Therapieergebnisforschung zur Gestalttherapie schließlich in tabellarischen Übersichten, die nach diagnostischen Subgruppen gegliedert ist, gefolgt von einer tabellarischen Übersicht der Evaluationsstudien.

2.1.2.1 Affektive Störungen

Eine Reihe von Studien untersuchte die Effekte von Gestalttherapie bei der Behandlung von affektiven Störungen. Beutler und Kollegen führten Studien zur Gruppentherapie von Depression durch (Beutler et al. 1991a,b,

Tab. 3/10	
Prozessmaß therapeutische Vertrauensbeziehung WAI korreliert mit anderen Prozess- und Symptommaßen und der Zeit	Je früher sich eine Vertrauensbeziehung abzeichnet, um so besser ist das Therapieergebnis (Outcome)

1993, ex-post-analysiert von Rosner 1996; Rosner et al. 1999, 2000). In Beutlers Studie wurde kognitiv-behaviorale Therapie (CBT) in einem Tripelvergleich mit »Focused Experiential Therapy« (FEP), einem manualisierten Programm mit gestalttherapeutischen Interventionstechniken und einer dritten, »Supportive, Self-Directed Therapy« (S/SD) genannten Behandlung, verglichen (Beutler et al. 1991a,b, 1993). S/SD ist ein angeleitetes Selbsthilfeprogramm, in dem die Klienten wöchentliche Anrufe von nichtprofessionellen Helfern (Studenten) erhalten. Die Telefonate enthalten zeitlich offene Gespräche zu Problemen und ungeleitete Gefühlsreflexionen. Den Klienten wurden zudem »Hausaufgaben« gegeben, die ein selbständiges Lektüreprogramm von populärer psychologischer Literatur umfasste. Wie im Teil »Makroprozesse« im Abschnitt »Copingstrategien und Persönlichkeitszüge« beschrieben, kategorisierten Beutler et al. (1991a,b) die Bewältigungsstrategien ihrer Probanden entweder als internalisierend oder externalisierend und untersuchten zudem die Variable »Widerstandspotential«. FEP zeigte sich in seiner Wirksamkeit als unabhängig von der bevorzugten Copingstrategie der depressiven Patienten, während CBT bessere Ergebnisse bei externalisierenden Patienten ergab als die Selbst-Hilfe. Patienten mit geringem Widerstandspotential profitierten tendenziell stärker von FEP als von CBT (eine genauere Darstellung der Ergebnisse des Prozessforschungsanteils s.o.). In der Studie fand sich kein Unterschied zwischen FEP und CBT bezüglich der Symptomreduktion (Beutler at al. 1991a,b). Die Ergebnisse waren stabil über drei und zwölf Monate nach der Therapie.

Ebenfalls im Makroprozess-Kapitel genannt worden war die Studie von Mulder et al. (1994). Sie verglichen kognitiv-behaviorale und Gruppen-Gestalttherapie für ambulant behandelte HIV- und AIDS-Patienten, die einen hohen Anteil an depressiven und / oder Angstsymptomen aufwiesen. Untersucht wurden Änderungen in der affektiven Stimmungslage, verschiedene Symptomvariablen, emotionaler Ausdruck, psychiatrische Symptome, Bewältigungsstrategien und die Frage, inwieweit soziale Unterstützung von den Patienten gesucht wurde. Zwischen beiden Therapiebedingungen waren keine Unterschiede erkennbar in den unmittelbaren Behandlungseffekten oder im Follow-up, abgesehen von den subjektiven Bewertungen der Patienten, die zugunsten der Gestalttherapie ausfielen. Mulder et al. (1994) hatten die Gestalttherapie eigentlich als eine Kontrolle für kognitiv-behaviorale Therapie eingesetzt, sie kamen jedoch zu dem Ergebnis, dass für die von ihnen untersuchte Patientengruppe die Gruppen-Gestalttherapie eine gleich gute Alternative ist. Ein Jahr später berichten Mulder et al. (1995) Daten zu immunologischen Parametern. Hierzu zählten Veränderungen in der Abnahme der CD-4-Zellen sowie T-Zellen-Vermehrung als Reaktion auf die Gabe von anti-CD-3-monoklonalen Antikörpern. Die immunologischen Parameter wurden vor der psychotherapeutischen Gruppenintervention sowie 24 Monate nach deren Ende gemessen. Zwischen CBT- und gestalttherapeutischer Gruppe fanden sich keine Unterschiede bezogen auf die Abnahme der CD-4-Zellen wobei auch insgesamt keine signifikanten Veränderungen in der Anzahl der CD-4-Zellen vor und 24 Monate nach der Intervention festgestellt werden konnten. Dabei zeigten Patienten, die stärker von der Psychotherapie profitierten (im Sinne einer größeren Abnahme ihrer Störungen) auch eine geringere Abnahme der CD-4-Zellen. Insgesamt unterschieden sich die immunologischen Parameter jedoch nicht von der psychotherapeutisch unbehandelten Vergleichsgruppe von 149 HIV-Patienten. Die Autoren diskutieren diese Befunde unter dem Gesichtspunkt, dass die Gruppengröße der psychotherapeutisch behandelten Patienten zu gering war, um einen systematischen Einfluss von Psychotherapie auf immunologische Parameter nachweisen zu können. Indessen liegen für einen Teil der Gruppe auch Daten vor, die für einen Zusammenhang von psychischen Störungen und immunologischen Parametern sprechen.

Greenberg & Watson (1998) führten eine Therapie-Ergebnis-Studie mit depressiven Patienten durch, in der sie klientenzentrierte Therapie (CCT) und prozess-erfahrungsorientierte Therapie (P/E) miteinander verglichen. Das Therapieergebnis wurde an Veränderungen der generellen depressiven Symptomatik, Selbstachtung und interpersonalen Problemen gemessen. Auf allen Ergebnismaßen zeigten sich in der P/E-Therapie schnellere Verbesserungen in der Mitte der Behandlung als bei CCT. Am Ende der Behandlung fanden sich bei beiden Gruppen signifikante Verbesserungen. Bezogen auf die depressive Symptomatik gab es zum Ende der Behandlung keinen Unterschied mehr zwischen den Behandlungsgruppen, wobei die Patienten der P/E-Gruppe größere Verbesserungen im Selbstwert, interpersonellem Funktionieren und generellem Niveau im symptomatischen Leiden zeigten. Insofern konnte gezeigt werden, dass aktive Gestaltinterventionen in der P/E-Behandlung die Therapieerfolge beschleunigt und verstärkt hatten. Bei dem Sechs-Monats-Follow-up waren die Gruppen auf allen Ergebnismaßen nicht mehr zu unterscheiden. Goldman, Greenberg & Angus (2000, im Druck) replizierten die Studie von Greenberg & Watson (1998) und fanden gleichermaßen, dass beide Behandlungen in der Verminderung von Depressionen erfolgreich waren. Indessen fand sich in der Studie von Goldman et al. (2000, im Druck), dass P/E zu einer größeren Verbesserung von depressiven Symptomen führte, es lagen jedoch keine Unterschiede zwischen den Gruppen in der übrigen allgemeinen Symptomlage wie auch in der Verbesserung des Selbstwertgefühls oder interpersonellen Funktionen vor. Eine weitere Forschungsarbeit führte die Kohorten von beiden Studien zusammen. Dies erlaubte aufgrund der gesteigerten Gruppengröße eine Analyse mit größerer statistischer »Power«, in der Vergleiche zwischen Behandlungsgruppen mit jeweils 36 Klienten angestellt werden konnten. Die Ergebnisse dieser Vergleiche mit größeren Gruppen zeigten eine stärkere Verbesserung für P/E auf allen Ergebnismaßen:

Es ergab sich eine stärkere Verminderung von depressiven Symptomen und allgemeiner Symptomatologie wie auch die Verbesserung der interpersonellen Funktionen und des Selbstwertgefühls (Goldman et al. 2000, im Druck). Über den Vergleich mit der Gesprächstherapie ließ sich die zusätzliche Wirkung der aktiven (gestalttherapeutischen) Interventionen abschätzen. Auf dem Symptommaß BDI liegt die Änderungseffektstärke bei ES = 2.86, d.h. ca. 33 Prozent höher für P/E als für klienten-zentrierte Therapie (ES = 2.29); hinsichtlich der allgemeinen Symptomatologie liegt die Änderungseffektstärke bei ES = 1.98, d.h. ca. 40 Prozent höher für P/E als für klienten-zentrierte Therapie (ES = 1.40); für soziale Funktionen (IIP: ES(E/P) = 1.29 vs. ES(CC) = .76) und das Selbstwertgefühl (RSE: ES(E/P) = 1.31 vs. ES(CC) = .79) finden sich sogar um über 70 Prozent höhere Effektstärken für P/E. Die Effektstärken der gestalttherapeutische Interventionen einschließenden P/E liegen also je nach Skala um 25 bis 73 Prozent höher als für CC.

In einer jüngst erschienenen Arbeit kontrastierten Watson et al. (2003) prozess-erfahrungsorientierte Therapie (P/E) mit kognitiv-behavioraler Therapie (CBT) bei weitgehend gleichem Forschungsinstrumentarium wie in den Studien von Greenberg & Watson (1998) sowie Goldman et al. (2000, im Druck) und gleicher klinischer Störungsgruppe (nach DSMIII als major depressiv klassifizierte Patienten). Verglichen wird prozess-erfahrungsorientierte (P/E) und kognitiv-behaviorale Psychotherapie (CBT) in der Behandlung major depressiver Klienten, die randomisiert einer Treatment-Bedingung zugeordnet wurden. In der Studie wurde darauf geachtet, dass die Zugehörigkeit der Untersucher zu einer therapeutischen Schule *(researcher allegiance)* ausgeglichen war, d.h. die Untersuchung wurde von einem Team, das sich aus einer gleichen Anzahl erfahrungsorientierter und behavioraler Therapeuten zusammensetzte, durchgeführt. 66 major depressive Klienten nahmen an 16 wöchentlich stattfindenden Therapiesitzungen teil. Untersucht wurden Änderungen in der depressiven Störung (BDI), im Selbstwertgefühl (RSE), in der allgemeinen Symptombelastung (SCL-90-R-GSI) und hinsichtlich dysfunktionaler Haltungen (DAS). Zum Ende der Therapie zeigten Klienten in beiden Gruppen signifikant niedrigere Störungen in den genannten Symptomen sowie geringere reaktive und suppressive Bewältigungsstrategien (PF-SOC) bei erhöhter Reflektiertheit in ihren Bewältigungsstrategien. Während die Behandlungen insgesamt gleich wirksam waren, erwies sich die Abnahme bei interpersonalen Problemen (IIP) unter P/E als signifikant größer im Vergleich zur CBT. In Effektstärken zeigte sich unter P/E eine mehr als doppelt so hohe Abnahme der interpersonalen Probleme. Die Autoren diskutieren diesen Befund mit Blick auf Ergebnisse der zweiten Sheffield Studie (Shapiro et al. 1990), die ebenfalls herausgefunden hatten, dass Klienten in explorativer Therapie eine stärkere Verminderung interpersonaler Probleme berichten als unter CBT.

Auch in Studien zu der Behandlung von einfacher Phobie erwies sich Gestalttherapie als wirksames Verfahren. Johnson & Smith (1997) wählten für ihre Untersuchung aus einer umfangreichen Grundpopulation 23 Studenten im ersten Studienjahr auf der Basis von phobischen Reaktionen auf subjektiven und objektiven Maßen aus. Die Probanden wurden zufällig einer von drei Behandlungsgruppen zugeordnet: (a) gestalttherapeutischer Dialog mit leerem Stuhl, (b) systematische Desensibilisierung und (c) unbehandelte Kontrollgruppe. Nach der Behandlung wurden Maße zum Vermeidungsverhalten der Teilnehmer und ihrer subjektiven Erfahrung erhoben. Probanden aus beiden Behandlungsgruppen zeigten eine gleich starke signifikante Verminderung von phobischen Symptomen beim Vergleich mit der unbehandelten Kontrollgruppe, was die Autoren zu dem Schluss führt, dass der gestalttherapeutische Dialog mit leerem Stuhl eine gleichermaßen effektive Behandlung für einfache Phobie ist wie die systematische Desensibilisierung.

Einen interessanten Ansatz zur Behandlung phobischen Vermeidungsverhaltens untersucht Martinez (2002) auf der Basis der Annahme, dass phobisches Vermeidungsverhalten im Traum aufrechterhalten wird, indem aversive Eigenschaften nicht als eigen und selbstproduziert anerkannt, sondern – wie in der ursprünglichen gestalttherapeutischen Auffassung vom Traum – als Projektion, als selbstkonstruiert angesehen werden. Mar-

tinez (2002) untersucht dazu die Wirksamkeit gestalttherapeutischer Dialogarbeit, in dem sich der Klient mit verschiedenen Selbstanteilen systematisch identifiziert. Die Rücknahme der Projektion eines aversiven Erlebens, in dem der Klient dies über gestalttherapeutisches Rollenspiel als selbstkonstruiert erleben kann, führt gemäß der zentralen Untersuchungshypothese dazu, dass der Klient auch sein phobisches Vermeidungsverhalten aufgeben kann. 24 Teilnehmer mit mehrjährigen Phobien wurden zufällig einer von drei Gruppen zugeordnet, in denen Rollenspiele in den folgenden verschiedenen Formen durchgeführt wurden:
(1) vollständige Behandlung (full treatment FT): Rollenspiel von beiden Seiten sowohl der
    (a) aversiven Eigenschaften eines phobischen Stimulus als auch
    (b) der phobischen Reaktion,
(2) Stimulus-Rollenspiel (stimulus role play SRP): Das Rollenspiel umfasst nur die einem phobische Stimulus zugeordneten aversiven Eigenschaften und
(3) Rollenspiel der Reaktion (response role play RRP): Das Rollenspiel umfasst nur die phobische Reaktion. Über verschiedene (Angst-Symptom-) Maße (SRI, STAI, FSS) hinweg erweisen sich die unter (1) FT und (2) SRP genannten Rollenspiele, die eine Darstellung der aversiven Eigenschaften einschließen, der dritten Form des Rollenspiels (3) RRP als überlegen, d.h. die Rollenspiel-Darstellung, die aversive Stimulus-Eigenschaften einschließt, führt zu einer stärkeren Verminderung der Phobien als die Reaktionsdarstellung, die allein die Reaktion umfasst. Der Autor interpretiert die Ergebnisse im Sinne seiner aus der gestalttherapeutischen Projektionsauffassung abgeleiteten Hypothese, dass phobisch aversive Eigenschaften eines Stimulus selbstkonstruiert sind. Eine Umstrukturierung, die mit der Symptomverminderung verbunden ist, lässt sich nach Auffassung von Martinez effektiver erreichen, indem im Rollenspiel die aversiven Eigenschaften des phobischen Stimulus statt der phobischen Reaktionen dargestellt werden. Das neben den Symptomskalen mit erhobene Semantische Differential SD liefert schwer interpretierbare Ergebnisse. Martinez illustriert seine verschiedenen Versuchsbedingungen mit kurzen, prägnanten Dialogsequenzen, die illustrieren, wie Klienten inneres aversives Erleben nach außen projizieren.

Diese Studien demonstrieren die Effektivität für gestalttherapeutische Interventionen mit affektiven Symptomen wie depressiven und phobischen Störungen. Laufende Forschungen aus dem Forschungsprojekt »Münchner integrative mehrphasige Behandlung von Angststörungen (MIMBA).«

von Butollo et al. (1997a,b; Maragkos, Wentzel & Butollo 2000) untersuchen eine Kombination von Gestalt- und Verhaltens-Gruppentherapie für Patienten, die an Angststörungen und Phobien leiden. Das Therapiekonzept setzt sich aus einem verhaltens-einzeltherapeutischen und gestalt-gruppentherapeutischen Therapiemodul zusammen, wobei das VT-Modul immer vor dem gestalttherapeutischen Modul durchlaufen wird. Die bisherigen Zwischenbefunde sind vielversprechend. Butollo (2003) liefert die Daten aus der Gesamtstichprobe von 137 Patienten, aus der folgende differentielle Daten berichtet werden:
(1) Alle Personen mit eindeutigen Diagnosen (»reine Angststörungen« ohne komplexe Symptomatik): n = 33 (im Prätest), n = 31 (nach VT), n = 35 (nach MIMBA);
(2) alle Personen mit komplexer Symptomatik (starker Anteil an Persönlichkeitsstörungen): n = 7 (jeweils im Prätest, nach VT sowie nach MIMBA);
(3) alle Personen mit Agoraphobie und Panikstörungen: n = 17 (jeweils im Prätest, nach VT sowie nach MIMBA); berichtet werden die Daten der SCL-90 mit GSI und Unterskalen. Dabei zeigt sich für die Gruppen (1) und (3), d.h. die reinen Angststörungen und typischen Phobien ohne komplexe Symptomatik, eine systematische Verbesserung auf GSI und allen Subskalen der SCL-90 vom Prätest über den Zeitpunkt nach dem VT-Modul bis zum Abschluss des gestalttherapeutischen Behandlungsmoduls. Demgegenüber zeigen Personen mit komplexer Symptomatik keine systematische Verbesserung auf GSI und den nicht-angstbezogenen Subskalen (Depression und Somatisierung). Leichte Effekte finden sich für diese Patientengruppe auf den Unterskalen soziale Unsicherheit und Ängstlichkeit und die stärksten Effekte für beide Behandlungsmodule für die phobische Angst. Die Daten zeigen, dass die Kombination von Verhaltens- und Gestalttherapie erfolgreich zur Behandlung von Angststörungen eingesetzt werden kann, insbesondere Verbesserungen bei Patienten ohne komplexe Persönlichkeitssymptomatik erzielt werden. Das Forschungsprojekt ist als integratives Projekt von besonderem Interesse, insofern, als angenommen werden kann, dass eine auf die Angst- und phobische Symptomatik fokussierende verhaltenstherapeutische Arbeit für diese spezielle Patientengruppe eine gute Vorbereitung für eine stärker am Kontakt arbeitende Gestaltgruppentherapie sein kann. Mit der Gestaltgruppentherapie lassen sich dann weitere vertiefte Therapieerfolge erzielen. Das Forschungsprojekt zeigt insofern, dass die Kombination von VT und Gestalttherapie Sinn macht, insbesondere zur Behandlung von Angst- und phobischen Patienten ohne komplexe Persönlichkeitssymptomatik. Indessen lässt das Design

keinen Aufschluss darüber zu, in welchem Ausmaß die Kombination einer rein verhaltenstherapeutischen oder rein gestalttherapeutischen Gruppentherapie verstärkt Wirksam ist.

Eine andere laufende Studie wird von Pauls & Reicherts (1999) zur einzeltherapeutischen Behandlung einer Reihe von Störungen wie Zwanghaftigkeit, depressive und Angststörungen durchgeführt (siehe Tabelle 4). In einer von Fliegener (in Vorbereitung)[7] durchgeführten und bislang nicht abgeschlossenen und unveröffentlichten Feldstudie werden 40 Gestalt-Einzelpsychotherapien mit verschiedenen Prozess- und Therapieergebnis-Instrumenten begleitet. Die Anfangsdiagnostik erfolgt nach dem ICD10. Sozialdemographische Daten (Alter, Geschlecht, Bildung, aktuelle Berufsausübung, psychotherapeutische Vorerfahrungen) des Klienten sowie (Alter, Geschlecht, Grundberuf, Psychotherapieausbildung, Berufserfahrung) der Therapeuten werden erfasst. Zu Therapiebeginn, nach jeder 20. Sitzung, am Therapieende sowie in einer Halbjahres- und einer Jahreskatamnese, finden ein Goal-Attainment Scaling (drei wichtigste Probleme), das BDI, ADS (Depressivität), STAI (Trait-Angst), U-Bogen von Ulrich und Ulrich (Unsicherheit), die SCL-90-R (mit den Skalen: Somatisierung, Zwanghaftigkeit, Unsicherheit im Sozialkontakt, Depressivität, Ängstlichkeit, Aggressivität / Feindseligkeit, phobische Angst, paranoides Denken, Psychotizismus), GBB (Erschöpfung, Magenbeschwerden, Gliederschmerzen, Herzbeschwerden, Beschwerdedruck), das IIP (interpersonale Probleme) sowie (ab der 20. Sitzung) der VEV (Veränderung des Erlebens und Verhaltens) Verwendung. Am Ende der Therapie erhalten Therapeut und Klient je einen Abschlussfragebogen. Als wichtig wahrgenommene Lebensereignisse während des Therapie- und Katamnesezeitraums werden mit subjektiver Bewertung und Bedeutsamkeit erfragt. Nach jeder fünften Sitzung wird die Lebenszufriedenheit des Klienten erhoben. Wesentliche Prozessmerkmale werden nach jeder einzelnen Sitzung mit einem Therapeuten- und einem Klientenstundebogen (mit den Faktoren: 1. Sessionoutcome: kognitive und emotionale Bewusstwerdungsprozesse / 2. Therapeutische Beziehung: Sicherheit und Vertrauen des Klienten, Achtsamkeit und Timing des Therapeuten / 3. Engagement und Offenheit des Klienten / 4. Arbeit an Problemen außerhalb der Therapie / 5. Arbeit an Problemen innerhalb der Therapie / 6. Körperliche Erleichterung des Klienten) erfasst. Parallel zu dieser Gruppe werden mit dem gleichen Instru-

---

7. Die Studie findet sich nicht in der Abstractsammlung, da es sich um bislang unveröffentlichte Forschungsberichte handelt.

mentarium Verhaltenstherapien untersucht. Ein Vergleich zur kognitiv-behavioralen Behandlung von Depressionen befindet sich in Vorbereitung. Zur posttraumatischen Belastungsstörung liegt bislang eine Pilotstudie von Elliott et al. (1998) vor, wobei mehrere im Abschnitt 2.1.2.5 zu anderen Populationen vorgestellte Untersuchungen auch Patienten enthalten, die unter PTBS leiden, etwa nach Missbrauch (Paivio & Greenberg 1995; Paivio 1997; Paivio & Niewenhuis 2001). In der Pilotstudie von Elliott et al. (1998) werden sechs Klienten mit einer Belastungsstörung nach der Erfahrung eines Verbrechens in einer Kurzzeittherapie in 16 Sitzungen mit erfahrungsorientierter Therapie behandelt. Wegen des kleinen Stichprobenumfangs lagen zum Zeitpunkt der Veröffentlichung nur geschätzte Effektstärken zur Mitte und zum Ende der Behandlung vor, wobei die berichteten Behandlungseffekte zum Ende der Behandlung deutlich anstiegen. Stärkste Effekte fanden sich auf den spezifischen Erhebungsinstrumenten zur PTBS (K-PTSD), Angst (MCMI-A) und globaler Symptomatik (GSI).

Weitere Forschungsarbeiten in Form von unveröffentlichten Abschlussarbeiten und Dissertationen liegen zu nachfolgend aufgeführten Störungsbildern vor. In Klammern finden sich die Gesamtstichprobengröße (N), sowie die Anzahl gestalttherapeutisch behandelter Patienten (n), sofern diese Daten vorlagen, und die Quelle:
- Angst (N = 24: Lightner 1976, Diss.; N = 40, n = 20: Petzborn, 1980, Diss.)
- Neurotische Depression (N = 44, n = 33: Tyson, 1981, Diss.)
- Neurotizismus (N = 55: Miglionico, 1979, Diss.)
- Zwangsstörungen (N = 31: Dixon, 1983, Diss.)

Zu der gestalttherapeutische Interventionen integrierenden prozess-erfahrungsorientierten Therapie wurden weiterhin die folgenden Studien durchgeführt:
- Depression (N = 6: Gibson 1998, Diss; N = 15: Jackson & Elliott 1990)
- PTSD nach Straftat (N = 6: Elliott, Davis & Slatick 1998)

2.1.2.2 Persönlichkeitsstörungen und psychiatrische Störungen

2.1.2.2.1 Stationäre Behandlung

Die Effektivität von Gestalttherapie konnte auch in der Arbeit mit schwer gestörten hospitalisierten Patienten gezeigt werden. In drei Studien mit kleinen Gruppen von psychiatrischen Patienten mit gemischten Symptomen (Hartmann-Kottek 1979) und Schizophrenen (Serok et al. 1983, 1984) wurde die Wirksamkeit von Gestalt-Gruppentherapie für schwer gestörte Patienten nachgewiesen. In einer ersten Studie dokumentierten Serok et al. (1983) eine moderate Verbesserung in der Realitätswahrnehmung von Schizophrenen nach einer zehnwöchigen Gestalttherapie. Eine unbehandelte Kontrollgruppe zeigte in derselben Zeit keine Verbesserung. In einer zweiten Studie wiesen Serok et al. (1984), wiederum im Vergleich mit einer unbehandelten Kontrollgruppe, eine Verminderung von Störungen auf 17 von 18 untersuchten Dimensionen nach einer Gestalttherapie nach. Diese Skalen umfassten die folgenden Bereiche: (1) Wahrnehmung des Selbst und anderer, (2) Selbst und Persönlichkeitsfunktionen, (3) Evaluierungen des Pflegepersonals bezogen auf das Vorkommen von verbalen und physischen Attacken sowie positiver Kontakt und Kommunikation. Hartmann-Kottek (1979) führte eine kleine Studie ohne Kontrollgruppe zu Persönlichkeitsänderungen bei zehn Patienten durch, die an schweren strukturellen Störungen wie Schizophrenie, schwere Depression und Zwängen litten. Nach einer zweimonatigen stationären Behandlung zeigten die Werte auf 13 von 14 Skalen einer Reihe von Persönlichkeitstests, die vor der Behandlung starke Abweichungen zur Durchschnittsbevölkerung gezeigt hatten, eine Verbesserung in den normalen Bereich. Positive Befunde waren auch noch zwölf Monate nach der Behandlung für alle bis auf einen Patienten aufzufinden. Eine umfangreichere Evaluation stationärer Therapie mit einer gleichermaßen gemischten Gruppe von 94 »neurotischen und ich-strukturell gestörten Patienten«, die an der Hardtwaldklinik in Bad Zwesten durchgeführt worden war, legte Wolf (1999, 2000a,b) vor[8]. Die Behandlungseffekte konnten mit denen einer 34 Personen umfassenden Wartegruppe verglichen und zu Katamnesezeitpunkten acht und dreißig Monate nach Behandlungsende auf ihre Stabilität überprüft werden. Auf nahezu allen Skalen der verwendeten Untersuchungsinstrumente, Veränderungsfragebogen (VEV), Gießentest (GT) und Freiburger Persönlichkeits-Inventar (FPI), fanden sich signifikante Verbesserungen im Behandlungsverlauf sowie teilweise weitere Verbesserungen nach Behandlungsende zu den beiden Katamnesezeitpunkten. In der Befragung am Behandlungsende

---

8. Die Studie liegt vollständig dokumentiert nur als unveröffentlichter Forschungsbericht vor. Da ein Teil der Daten allerdings auf der Fifth International Conference on Client-Centered and Experiential Psychotherapy vom 24. bis 29. Juni 2000 in Chicago veröffentlicht wurde, wurden die Untersuchungsdaten hier in der Abstractsammlung und den Tabellen 4* und 5* dokumentiert.

geben 86 Prozent der Patienten eine sehr gute bis mittlere Verbesserung ihrer Hauptsymptomatik an. Die Therapieevaluation wurde zwar z.T. mit veralteten Untersuchungsinstrumenten durchgeführt, was die Interpretierbarkeit der Ergebnisse einschränkt, indessen liegt die Bedeutung der Arbeit in der relativ hohen Gruppengröße.

2.1.2.2.2 Ambulante Behandlung

Gruppentherapie konnte auch als effektiv in der ambulanten Behandlung von psychiatrischen Patienten mit schweren Persönlichkeitsstörungen nachgewiesen werden (Greenberg, Seeman & Cassius 1978). Patienten wurden entweder einer Gestaltmarathontherapie oder einer Kontrollgruppe zugewiesen. Klienten in den gestalttherapeutischen Gruppen zeigten signifikante Verbesserungen in Bezug auf Persönlichkeitsdysfunktionen, Selbstbild und interpersonale Beziehungen; sie selbst bewerteten die Therapie als sehr hilfreich. Die Ergebnisse stützen die Befunde einer Studie von Yalom et al. (1977), welche die Auswirkungen von einer Wochenendgruppentherapie auf die Langzeiteinzeltherapie für eine moderat gestörte, gemischte Patientengruppe untersuchte. Sie fanden positive Effekte der Behandlung durch die Wochenendgruppentherapie auf die Einzelbehandlungen. Diese Ergebnisse zeigten sich in den unabhängigen Ratings von Patienten und Therapeuten, wobei diese Ratings auch in einem Zwölf-Wochen-Follow-up stabil waren.

Esser et al. (1984) führten eine Untersuchung zu zwei Behandlungsformen mit 30 Klienten durch, die als psychoneurotisch bezeichnet wurden, deren Profile einer psychiatrischen Population ähnlich waren. Eine Behandlung kombinierte (ähnlich wie P/E) klientenzentrierte Therapie mit gefühlsevozierenden Interventionen aus der Gestalttherapie. Diese wurde mit einer rein klientenzentrierten Behandlung verglichen. 20 Therapeuten führten beide Behandlungen in zehn jeweils 45-minütigen Sitzungen durch. Esser et al. (1984) interessierten sich speziell für die Effekte der »evokativen Gestaltinterventionen« auf die Erfahrungstiefe der Klienten. Die Ergebnisse zeigten eine signifikant größere Erfahrungstiefe bei der Behandlung mit der klientenzentrierten Therapie mit den gestalttherapeutischen Interventionen, ähnlich den Ergebnissen aus Studien zur prozess-erfahrungsorientierten Therapie mit depressiven Klienten von Greenberg & Watson (1998a,b) und Goldman et al. (2000, in Druck). Indessen fand sich zur Überraschung der Autoren keine signifikante Korrelation zwischen der Verarbeitungstiefe und dem Therapieerfolg, wie sie in den Arbeiten der Greenberg-Gruppe aufgetreten war.

Die Prozess-Ergebnis-Studie von Cross und Kollegen (Cross, Sheehan & Khan 1980, 1982; Sheehan & Cross 1981) ist ein bekanntes Beispiel für die Einzeltherapie mit ambulant behandelten psychiatrischen Patienten. Die Patienten waren entweder einer Kombination von Gestalttherapie und Transaktionsanalyse (TA) oder kognitiv-behavioraler Therapie (CBT) für einen dreimonatigen Untersuchungszeitraum zugewiesen. Im Fokus standen Makroprozesse in der Therapie, dies untersuchten die Autoren u.a. daran, in welchem Ausmaß Patienten Unterstützung außerhalb der Therapiesitzungen von anderen Professionellen oder Nicht-Professionellen suchten. Wie im Teil »Makroprozesse« unter »Copingstrategien und Persönlichkeitszüge« ausführlicher beschrieben, tendierten Patienten der TA / Gestalt-Therapiegruppe dazu, weniger zusätzliche Helfer zu suchen als die Patienten, die mit CBT behandelt wurden, hielten diese Kontakte jedoch stabiler aufrecht. Post-Therapieergebnisse zeigten keine signifikanten Unterschiede zwischen den Gruppen bezogen auf Veränderungen hinsichtlich der Zielsymptome, der sozialen und Persönlichkeitsfunktionen und der psychiatrischen Einschätzungen. Interessanterweise ergab sich eine etwas stärkere Symptomverminderung zum Ende der Studie und größere Verbesserungen in den globalen Einschätzungen der Therapeuten für die TA/Gestalttherapie, obwohl diese Therapie nicht speziell symptomorientiert ist. Follow-up-Daten vier und zwölf Monate nach Behandlungsende zeigten keine statistischen Unterschiede zwischen den Gruppen (Cross et al. 1982). Diese Ergebnisse sind besonders bedeutsam angesichts der Tatsache, dass Verhaltenstherapie traditionellerweise als die Therapie der Wahl für stark gestörte psychiatrische Patienten angesehen wurde (siehe Tabelle 4).

2.1.2.3 Substanzmissbrauch

Eine Reihe von Arbeiten belegt die Effektivität von Gestalttherapie in der Behandlung von Abhängigkeitsstörungen. Ergebnisse solcher Studien sollten indessen mit Vorsicht interpretiert werden, sofern die Therapie im Rahmen eines stationären Programms durchgeführt wurde. Es ist dabei oft nicht klar, ob positive Ergebnisse auf Gestalttherapie, Sozial-, Arbeitstherapie oder medizinische Behandlungen zurückgeführt werden können. Moran et al. (1978) untersuchten psychologische und physiologische Effekte von zehn Stunden Gestalt- und Körpertherapie für Alkoholiker im Kontext eines stationären Behandlungsprogramms. Die positiven Effekte dieser kurzen Behandlung waren in Verbesserungen im Blutdruck, Angst, hysterischen Symptomen, emotionaler Verfassung und Selbstbild dokumentiert. Röhrle et al. (1989) untersuchten die Effekte einer Gruppentherapie auf depressive Symptome und Persönlichkeitsdysfunktionen an einer drogenabhängigen Population. Die durchgeführte Behandlung enthielt gestalttherapeutische, psychodynamische und behaviorale Elemente. Die Ergebnisse zeigten eine Verminderung von depressiven Symptomen und eine verbesserte Persönlichkeitsentwicklung am Ende der Behandlung. Die Behandlungseffekte bestätigten sich auch in einer nach vier Jahren durchgeführten Follow-up-Katamnese. Eine weitere Studie (Ludwig & Vormann 1981) zur Gestalt- und Sozialtherapie für Drogenabhängige ergab eine langfristige Abstinenzrate von 70 Prozent bis zu neun Jahren nach der Entlassung (siehe Tabelle 4). Die positiven Effekte von Gestalttherapie sind durch die Befunde eines einzeltherapeutischen Gestalt-Nachsorge-Projekts mit Opiat- und politoxikoman Abhängigen erhärtet worden (Broemer et al. [in Vorbereitung][9]). Die Ergebnisse haben eine hohe Patienten-Compliance zusammen mit einer Abstinenzrate von über 80 Prozent gezeigt.

Eine weitere Forschungsarbeit in Form einer unveröffentlichten Dissertation liegt zu folgendem Störungsbildern vor; in Klammern finden sich die Gesamtstichprobengröße (N) und die Quelle:
* Alkoholismus (N = 159: Roche 1986, Diss.)

2.1.2.4 Psychosomatische und funktionelle Störungen

Eine Anzahl von Studien, die an psychosomatischen Kliniken durchgeführt worden sind, untersuchte die Effekte von Gestalttherapie bei psychosomatischen Störungen und chronischem Schmerz. Heinl führte eine kontrollierte Studie zur gestalttherapeutischen Arbeit mit Patienten durch, die an chronischen Rückenschmerzen litten (Heinl 1998). Für diese bot sie eine gestalttherapeutische Kurztherapie in Form einer fünftägigen Intensivgruppe mit 40 Therapiestunden an. Die Studie wurde mit 123 Teilnehmern durchgeführt. 60 Patienten wurden in drei Behandlungsgruppen aufgeteilt, weitere 30 Patienten wurden zwei Wartelisten-Kontrollgruppen zugeordnet, während die verbleibenden 33 Patienten in zwei weitere unbehandelte Kontrollgruppen unterteilt wurden. Eine katamnestische Erhebung wurde über eine schriftliche Ergänzungsbefragung mit einer 80-prozentigen Rücklaufquote durchgeführt. Die Messzeitpunkte lagen zehn

---

9. Die dargelegten Befunde beruhen auf einer persönlichen Mitteilung des Hauptautors, der Forschungsbericht steht aus.

Wochen vor und zehn Wochen nach der Intensivtherapie. Katamnesedaten wurden 12 und 24 Monate nach Therapieende erhoben. Als Untersuchungsinstrument dienten verschiedene orthopädische, Körper-, Erlebens-, Verhaltens- sowie Persönlichkeitsskalen und ein Katamnesebogen. Zwei statistische Analysen wurden vorgenommen: (1) Die erste umfasste die Veränderung auf den verschiedenen o.g. Maßen (Müller & Czogalik 1995). (2) Zusätzlich wurde eine Faktorenanalyse durchgeführt, um Wirkfaktoren der Behandlung zu extrahieren (Czogalik et al. 1995)[10]. (1) Verbesserungen konnten in allen Behandlungsbereichen gezeigt werden und waren stabil in der Ein- und Zwei-Jahres-Katamnese nach Behandlungsabschluss. Die größten Veränderungen fanden sich bei (a) affektiven Störungen, (b) Störung im Erleben und Verhalten und (c) Störung im physischen Wohlbefinden. Veränderungen in den berichteten Schmerzerfahrungen der Klienten waren nicht so groß wie die Veränderungen in den anderen psychosozialen Symptomen. (2) Die Faktorenanalyse, die basierend auf den Daten der Ein- und Zwei-Jahres-Katamnese durchgeführt wurde, ergab als besondere Wirkfaktoren das Gefühl von Akzeptanz, Sicherheit und Schutz in der Gruppe. Vergleichbare Ergebnisse wurden in einer Forschungsstudie von Sandweg & Riedel (1998) gefunden, die über einen fünfjährigen Zeitraum an einer orthopädischen und psychosomatischen Klinik durchgeführt worden war. In dieser Zeit waren 251 Patienten mit Gestalttherapie behandelt worden, von denen 201 am Ende der Behandlung an der Studie teilnahmen. Die Studie umfasste Selbst- und Fremdbeurteilungen vor und nach der Behandlung sowie katamnestische Patientenbefragungen ein und drei Jahre nach Therapieabschluss, an denen sich mehr als 80 Prozent der Studienteilnehmer beteiligten. Die Patienten beantworteten dabei Fragen zu Beschwerden, aufgrund derer sie ursprünglich in die Klinik gekommen waren. Daten zu einer Wiederholungsbehandlung werden bei Riedel (2000) beschrieben. Wie in der Studie von Heinl (1998) wurden größere Verminderungen in den psychosozialen Symptomen als im Schmerzerleben selbst gefunden. Indessen mag dieses Ergebnis ein statistisches Artefakt sein, da keine der Studien standardisierte Maße zum Schmerzerleben verwendete. In beiden Studien berichteten ca. 55 Prozent der Patienten eine Verminderung des Schmerzes nach der Gestalttherapie. Weitere Studien haben die positiven Ergebnisse von Gestalttherapie in Verbindung mit medizinischer Behandlung gezeigt. So führte z.B. gestalttherapeutische Arbeit mit Patienten, die an funktionellen Schmerzen litten

---

10. Beide Analysen liegen als unveröffentlichte Forschungsberichte vor und finden sich deshalb nicht in den Tabellen 4 und 5.

(Teegen et al. 1986), zu einer Reduzierung ihrer Medikamenteneinnahme (siehe Tabelle 4). Eine ähnliche Studie führten auch Hill et al. (1989) mit einer kleinen Gruppe von sechs Patienten durch, die an rheumatischer Arthritis litten (siehe Tabelle 3 und 4 sowie Abstract in der Sammlung im Anhang 7.1).

Weitere Forschungsarbeiten in Form von unveröffentlichten Abschlussarbeiten und Dissertationen liegen zu nachfolgend aufgeführten Störungsbildern vor. In Klammern finden sich die Gesamtstichprobengröße (N), sowie die Anzahl gestalttherapeutisch behandelter Patienten (n), sofern diese Daten vorlagen, und die Quelle:
- Migräne und chronische Schmerzen (N = 33, n = 16: Smith 1981, Diss.)
- sexuelle Dysfunktion (N = 24: Shahid 1979, Diss.)

2.1.2.5 Andere Populationen

Paivio & Greenberg (1995) führten eine Studie durch mit 34 Patienten, die nach einem telefonischen Screening unter Ausschluss von psychotroper Medikation, Alkoholproblemen und schweren Persönlichkeitsstörungen wie Borderline, Psychose etc. aus einer Grundgesamtheit von 250 Personen ausgewählt worden waren, weil sie ungelöste Konflikte mit signifikanten Personen (Eltern) aufwiesen. Paivio (1997) und Elliott et al. (1998) beschreiben, dass ein Teil der Patienten dieser Studie physisch, emotional oder sexuell missbraucht worden waren und unter die Diagnose posttraumatisches Belastungssyndrom fielen. In dieser Studie von Paivio und Greenberg bearbeiteten 17 Personen in einer Serie von gestalttherapeutischen Dialogen mit leerem Stuhl ihre ungelösten Gefühle und konnten mit einer psychoedukativen gleich großen Vergleichsgruppe verglichen werden. Patienten unter der Behandlung mit Leerem-Stuhl-Dialog zeigten signifikant größere Verbesserungen auf allen Variablen, die auch im Follow-up nach vier und zwölf Monaten weitgehend stabil blieben. Greenberg & Malcolm (2002) erweiterten die Behandlungsgruppe von Paivio & Greenberg (1995) um 15 zusätzliche Patienten auf n = 26, um zwischen Ex-Post differenzierten Konfliktlösern und Nicht-Konfliktlösern zu unterscheiden. Dabei zeigte sich, dass zwei Prädiktoren das Therapieergebnis, d. h. die Verminderung der Hauptbeschwerden und die Lösung des Konflikts vorhersagen konnten:

(1) Diejenigen Personen, die zu Beginn der Behandlung unerfüllte personale Bedürfnisse gegenüber den signifikanten anderen Personen gezeigt hatten und im Verlauf der Stuhl-Dialoge zu einer Veränderung der Sicht des anderen gelangten, hatten signifikant bessere Behand-

lungsergebnisse, ein Befund, der sich als stärkerer Prädiktor für das Therapieergebnis erwies als die Qualität des therapeutischen Arbeitsbündnisses.
(2) Die Prozessvariable emotionale Aktivierung erwies sich als signifikanter Prädiktor für die Konfliktlösung. Die beiden Studien von Paivio & Greenberg (1995) mit der Kontrollgruppe und Greenberg & Malcolm (2002) mit der erweiterten Behandlungsgruppe und der Ex-Post-Differenzierung zwischen Konfliktlösern und Nicht-Konfliktlösern zeigen die Effektivität des gestalttherapeutischen Dialoges für Patienten mit unerledigten Konflikten mit einer signifikanten Person der Vergangenheit (Eltern) bei überdurchschnittlich hohen Effektstärken in Vergleich zu anderen erfahrungsorientierten Psychotherapien (Elliott et al. 2004). Greenberg & Webster (1982) und Clarke & Greenberg (1986) untersuchten den Einfluss von Zwei-Stuhl-Technik bei Klienten mit Entscheidungskonflikten. Greenberg & Webster (1982) verglichen 31 erfolglose mit erfolgreichen Konfliktlösern während Clarke & Greenberg (1986) mit 48 Personen einen Vergleich von Dialog mit zwei Stühlen mit kognitivem Problemlösen und unbehandelter Kontrollgruppe vornahmen. Die gestalttherapeutische Technik erwies sich dabei in beiden Studien als effektiv, in der Studie von Clarke & Greenberg (1986) gleichermaßen effektiv wie das behaviorale Treatment. Beide Behandlungen waren wirksamer als die unbehandelte Kontrollbedingung, die Klienten auf den Stufen ihrer Entscheidungsfindung zu unterstützen.

Eine Studie zur Wirksamkeit erfahrungsorientierter Therapie mit Erwachsenen, die in der Kindheit missbraucht worden sind, berichten Paivio & Niewenhuis (2001). Die Studie stellt die vollständige Datenerhebung zu Paivio (1997) dar. 32 in der Kindheit missbrauchte Erwachsene wurden entweder einer Behandlungsgruppe oder einer Wartelistenkontrollgruppe, mit denen eine Behandlung nach Ablauf der 20-wöchigen Behandlungszeit der Treatmentgruppe durchgeführt wurde. Die Untersuchung gibt signifikante Verbesserung in den traumabezogenen und allgemeinen Problem- und Symptombereichen im Vergleich mit der unbehandelten Wartegruppe sowie im Vorher-Nachher-Vergleich der später behandelten Wartegruppe. Der Follow-up nach neun Monaten zeigte stabile Effekte.

Ein erfahrungsorientiertes Behandlungsprogramm – beruhend auf dem erfahrungsorientierten Ansatz von Greenberg, Rice & Elliott (1993) zur Therapie von häuslichen Gewalttätern – untersuchten Wolfus und Bierman (1996) mit 57 Gewalttätern, die an dem Behandlungsprogramm *(Relating Without Violence)* teilnahmen, 20 Gewalttätern, die unbehandelt blieben, und 24 weiteren Straffälligen ohne Gewalt in ihrem Lebenslauf. Das

Programm diente (a) der Verbesserung von psychologischen und emotionalen Faktoren, von denen die Autoren annehmen, dass sie mit der häuslichen Gewalt in Zusammenhang stehen und (b) der Unterstützung der Konfliktlösungsfähigkeit von Gewalttätern. Die behandelten Gewalttätigen zeigten dabei größere Fähigkeiten in der Konfliktlösefähigkeit sowie in den Bereichen Aggression und Abwehrmechanismen. Die Verbesserungen entsprechen den Zielen des Programms.

Felton & Davidson (1973) führte mit 61 leistungsgestörten Highschool-Schülern eine fünfmonatige Gestaltbehandlung durch. Verglichen mit einer Kontrollgruppe von 18 unbehandelten, aber gleichermaßen gestörten Schülern, führte die Therapie zu einem signifikanten Anstieg in der Verantwortung für eigene Gefühle, Handlungen und die Konsequenzen von Handlungen (internale Kontrollüberzeugung), die ihrerseits direkt verbunden mit verbesserten Schulleistungen war. Lernstörungen von Kindern und andere Langzeit-Fehlanpassungen werden in der Literatur oft mit Beziehungsstörungen der Eltern, Praktiken der Kindererziehung und der Wahrnehmung des Kindes durch die Eltern verbunden. In einer Studie von Little (1986) mit 23 Eltern, die ihre Kinder als »problematisch« ansahen, zeigte die Autorin, dass dieses Labeling vielfach mit den elterlichen Erziehungsstilen, basierend auf zu rigorosen Haltungen und Werten, verbunden war. Little zeigte eine Verbesserung in den Erziehungsstilen einschließlich der inneren Bewertung der Kinder nach einer fünfmonatigen Gestaltbehandlung im Vergleich zu einer unbehandelten Gruppe. Andere Studien, die Gestalttherapie als Mittel präventiver psychosozialer Gesundheitsversorgung untersucht haben, kamen ebenfalls zu vielversprechenden Ergebnissen, so z.B. Jessee und Guerney (1981) in ihrer Untersuchung von Paartherapie mit Ehepaaren. Sie verglichen eine gestalttherapeutische Behandlung mit einer »Relationship Enhancement« (RE)-Behandlung, in denen Ehepaare spezifische Kommunikations- und Problemlösestrategien vermittelt wurden. Differentielle Effekte zwischen den beiden Behandlungen waren, wie die Autoren diskutieren, wegen eines Stichprobenfehlers schwer zu interpretieren. Beide Behandlungen zeigten sich als hocheffektiv auf allen Variablen (z.B. bezogen auf die Qualität der Kommunikation und den Umgang mit partnerschaftlichen Problemen). In einer umfangreichen Studie mit 250 Frauen zeigte Spagnuolo Lobb (1992), dass Frauen, die an Gestalttherapie im Rahmen der Geburtsvorbereitung teilnahmen, kürzere Wehenzeiten hatten, weniger Schmerzen erlebten und ein positiveres Bild von sich selbst und ihren Beziehungen hatten als Frauen der unbehandelten Kontrollgruppe. In seiner Arbeit mit alten Menschen, die dazu tendieren, zunehmend depressiv und isoliert zu werden, demonstrierte Petzold (1979b) die positiven Effekte von Gestalttherapie in Form einer gesteigerten Fähigkeit von 40 Patienten

zwischen 68 und 82 Jahren, soziale Kontakte wieder herzustellen und zu einem sozial integrierteren Leben zurückzufinden (siehe Tabellen 4 und 5). Thomas & Schmitz (1993)[11] nahmen eine Analyse von statistischen Daten einer deutschen Krankenkasse vor und zeigten eine gleichermaßen starke Reduzierung von berichteten Krankschreibungstagen für Patienten, die mit eklektischer Therapie (vor allem Gestalt und klientenzentriert) behandelt wurden im Vergleich zu Patienten, die sich in Verhaltens- und analytischen Therapien befanden. Weitere Forschungsarbeiten in Form von unveröffentlichten Berichten, Abschlussarbeiten und Dissertationen liegen zu nachfolgend aufgeführten Störungsbildern vor. In Klammern finden sich die Gesamtstichprobengröße (N), sowie die Anzahl gestalttherapeutisch behandelter Patienten (n), sofern diese Daten vorlagen, und die Quelle:
- ungelöste Beziehungskonflikte, Ärgerbewältigung (N = 40, n = 20: Souliere 1995, Diss.)
- Bulimie und Essstörungen (N = 20, n = 11: Coffey 1986, Diss.)
- eheliche Probleme (N = n = 8: Mackay 1996, Diss., 2002)
- Gefangene (N = 108, n = 18: Reeder 1997, Diss.)
- Entwicklungsstörungen der Kindheit und des Jugendalters (N = n = 18: Bongers & Waldner 1998, Bericht im Eigendruck)
- straffällige Jugendliche (N = 16, n = 8: Miller 1980, Diss.)
- Schulschwänzer (N = 60: Gannon 1972, Diss.)
- Trauer (N = 54: Forrest 1996, Diss.)

Zu der gestalttherapeutische Interventionen integrierenden prozess-erfahrungsorientierten Therapie wurden weiterhin die folgenden Studien durchgeführt:
- interpersonelle Probleme (N = 18: Toukmanian & Grech 1991)
- interpersonelle Probleme und Angst (N = 12: Lowenstein 1985, master thesis)
- Entscheidungskonflikte (N = 16: Clarke & Greenberg 1986; N = 31: Greenberg & Webster 1982)
- Missbrauch in der Kindheit (N = 9: Clarke 1993; N = 22: Paivio 1997, wobei diese Studie erweitert berichtet wird von: Paivio & Niewenhuis 2001 mit N = 32, s.o. in diesem Abschnitt)
- häusliche Gewalttäter (N = 48: Goldman et al. 1996)

---

11. Die Studie von Thomas et al. (1993) findet sich nicht in den Tabellen oder in der Abstractsammlung, da sie eine Reihe von verschiedenen Verfahren einschließlich Gestalttherapie unter eklektischen Therapien zusammenfasst.

2.1.3 Katamnestische Studien

Zwei umfangreiche katamnestische Studien zur Gestalttherapie und zur experientiellen Therapie sind in jüngerer Zeit abgeschlossen wurden. Eine wurde in Österreich mit 431 ambulant behandelten Patienten durchgeführt (Schigl 1998, 2000), eine zweite mit 800 stationär behandelten Patienten, die mit experientieller Therapie behandelt worden waren, die gestalttherapeutische Interventionen integrierte (Mestel & Votsmeier-Röhr 2000). Schigl nahm die Consumer Reports Study (Seligman 1995a,b) als Modell für ihre Erhebung an Klienten, die Gestalttherapie abgeschlossen hatten. Sie ergänzte den Fragebogen von Seligman durch zwei standardisierte Skalen. Die Vorteile einer Studie dieser Art liegen im Umfang und Realismus. Nachteilig dagegen ist die Heterogenität der Stichprobe, z.B. variierte die Länge der Therapien zwischen 10 und 190 Wochen bei einem Durchschnitt von 70 Wochen. Annähernd 2/3 der Patienten litt an Depressionen, depressionsähnlichen Zuständen oder Trauer. Fast die Hälfte der Patienten nannte Konflikte mit ihren Partnern und sexuelle Probleme, während die am zweithäufigsten berichtete Störung Angst war, die in einigen Fällen Panik einschloss. 63 Prozent der befragten Patienten gaben an, sie hätten ihre anfänglichen Ziele in der Gestalttherapie vollständig oder größtenteils erreicht. Faktorenanalysen zeigten, dass die Veränderungen, die durch Gestalttherapie erreicht wurden, über die verschiedenen ex-post-kategorisierten Beschwerdegruppen gleich waren. 86 Prozent der Befragten bejahten die Frage, ob sich ihre ursprüngliche Symptomatik durch die Gestalttherapie vermindert habe (Schigl 2000). Dabei zeigten 73 Prozent aller Patienten eine starke bis mittlere Verbesserung ihrer Symptome und Probleme, während fünf Prozent eine Verschlechterung ihrer Problemlage beklagten (Schigl 1998). Indessen gaben, was den Bereich der spezifisch klinischen Symptome betrifft, nur vier Prozent der Befragten keine positive Veränderung an (Schigl 2000). In den Bereichen von sozialem und beruflichen Verhalten berichteten 80 Prozent der Patienten eine substantielle Verbesserung in ihrer Lebenszufriedenheit, gestiegenes Selbstwertgefühl und Selbstrespekt sowie vertiefte Einsicht in ihre Probleme. Ein anderer wichtiger Befund war, dass die Hälfte der Patienten, die zu Beginn der Behandlung Psychopharmaka eingenommen hatten, diese zum Zeitpunkt der Katamnese abgesetzt hatten. Dabei war die Anzahl von Patienten, die Tranquilizer nahm, sogar um 76 Prozent gefallen. 90 Prozent aller Patienten berichteten, dass sie in der Gestalttherapie Strategien gelernt hatten, wie sie erfolgreich mit dem Wiederauftreten ihrer Symptome umgehen können (Schigl 1998). Dabei gaben 64 Prozent der Befragen an, dass sie nur noch sehr selten Rückfälle erlitten, 35 Prozent sind mehr oder weniger häufig mit Rückfällen konfrontiert (Schigl 1999, 2000).

Mestel & Votsmeier-Röhr (2000) führten eine katamnestische Studie mit 800 depressiven Patienten durch, die ein und drei Jahre nach Abschluss einer stationären Psychotherapie in einer psychosomatischen Klinik befragt worden waren. Die Schwierigkeit, die Therapieergebnisse zu interpretieren, ist in dieser Studie ähnlich wie in zwei Studien mit stationären Patienten, die oben berichtet worden waren (Moran et al. 1978; Röhrle 1998). Obwohl Mestel & Votsmeier-Röhr (2000) an erster Stelle Gestalttherapie von ihren experientiellen Behandlungsmodalitäten nennen, lässt sich in dieser Studie der Einfluss der gestalttherapeutischen Behandlungselemente nicht differentiell zu anderen experientiellen Elementen differenzieren. Als Untersuchungsinstrumente dienten (1) das Becksche Depressions-Inventar (BDI), (2) die Symptomcheckliste (SCL-90-R), (3) das Inventar interpersonaler Probleme (IIP) und (4) die strukturelle Analyse von sozialem Verhalten (SASB). Vergleichbar zur Studie von Schigl (1998) ergaben die Ergebnisse starke bis mittlere Verbesserungen auf den Indizes für depressive und allgemeine Symptome in den Selbstakzeptanz-Skalen des SASB, jedoch geringere Verbesserungen bei den interpersonalen Problemen. Diese umfangreichen Studien von Schigl (1998) und Mestel & Votsmeier-Röhr (2000) mit ihrer Nähe zur therapeutischen und klinischen Realität stützen sich gegenseitig, was die Langzeiteffekte von Gestalttherapie und experientieller Therapie mit gestalttherapeutischen Interventionen betrifft.

Auch weitere katamnestische Erhebungen zur Gestalttherapie haben gute Effektivitätsraten ergeben. Von 21 Untersuchungen, die oben in diesem Abschnitt zur Evaluationsforschung berichtet worden waren und die katamnestische Daten überwiegend zwischen vier und zwölf Monaten nach der Therapie erhoben hatten, zeigte nur eine Studie Evidenz für einen Rückgang der erzielten Verbesserungen. Dies war die kurze Behandlung, die nur über zehn Stunden ging (Moran et al. 1978). Zwei katamnestische Studien, die signifikante Verbesserungen gefunden hatten, zeigten noch weiter fortgeschrittene Verbesserungen zwei bis zwölf Monate nach Abschluss der Behandlung. Dies kann entweder durch zusätzliche Spontanremissionen oder fortgesetzte Therapieeffekte, nachdem die Behandlungsperiode vorbei war, erklärt werden (Cross et al. 1980, 1982; Teegen et al. 1986) (siehe Tabellen 4 und 5).

Weitere katamnestische Befunde gestalttherapeutischer Arbeit für stationär behandelte Patienten finden sich im Rahmen der von einer unabhängigen Forschergruppe ausgeführten Evaluation der Kliniken der Wicker-Gruppe (Barghaan et al. 2002; Harfst et al. 2003)[12]. Die Daten basieren

---

12. Die Studie findet sich nicht in der Abstractsammlung, da sie bislang nur in Form eines unveröffentlichten Forschungsberichtes dokumentiert wurde.

auf bemerkenswerten Stichprobengrößen und erlauben den Vergleich verschiedener Abteilungen unter denen sich auch eine Abteilung befindet, in der ein tiefenpsychologisch fundierter, gestalttherapeutischer Ansatz in der Behandlung psychosomatischer Patienten und Patienten mit posttraumatischer Belastungsstörung Anwendung findet. Die Evaluation erlaubt auch einen Vergleich mit den psychoanalytischen und behavioral arbeitenden Abteilungen. Die Autoren kommen auf der Basis von 117 katamnestischen Datensätzen von psychodynamisch-gestalttherapeutisch behandelten Patienten zu folgenden Schlüssen: »Die erreichten Verbesserungen entsprechen in den verschiedenen psychosozialen und körperlichen Maßen Veränderungen von zumeist großer Effektstärke. Im Vergleich zu den anderen Kliniken der Wicker-Gruppe zeigen sich hier sogar überdurchschnittlich hohe Effektstärken, was aber auch mit der längeren mittleren Behand-

Studie Nr./ Autoren	Diagnostische Beschreibung der Gruppen	N= ges. n= GT	Beschreibung der untersuchten Behandlungsarten	Gruppe /Einzel (G/A) ambul./ station. (a/s)	Dauer der Behandl. S=Stunden Z=Zeitraum (in Monaten)
Beutler et al. 1991a, b; 1993	Depression	N=63 n=22	1. Kognitive Verhaltens-Gruppentherapie (CT) 2. Fokussierte expressive Gruppentherapie (FEP, manualisierte Form d. Gestalttherapie) 3. Supportive Self-Directed Therapy (S/SD, angeleitete Selbsthilfe)	G, E (wöchentl. telef. f. S/SD)	S=20 wöchentl. Sitzungen f. CT u. FEP
Butollo et al. 1997a, b; 1998 laufende Studie	Angststörungen, vorwiegend Agora- u. soziale aber auch Herz- u. einfache Phobien, Panik, Zwänge	N=n=56	1. Verhaltens-Einzeltherapie u. Gestalt-Gruppentherapie 2. Gestalt-Gruppentherapie	E, G, a	vorauss. angegeb. optimale Behandlungsdauer: S=20 Std. Einzel + S=40 Std. Gruppe
aktualisierter Zwischenbericht von Butollo et al. 1996,	Angststörungen mit und ohne Persönlichkeitsstörung, Agoraphobie u. Panik	N=137 n siehe nächste Spalte	1. »reine Angststörungen« ohne komplexe Symptomatik n=35 2. mit komplexer	E, G, a	siehe Spalte oben

lungsdauer[13] der Patienten in der Abteilung Psychotherapie und Psychosomatik zusammenhängen kann. Die Stabilität der erreichten Behandlungserfolge über den Entlassungszeitpunkt hinaus erscheint insbesondere bei den psychischen Beschwerden ausgesprochen zufriedenstellend.« (Barghaan, Harfst, Dirmaier, Koch & Schulz 2002, 31).

---

13. Die Behandlungsdauer war an dieser Abteilung um durchschnittlich knapp eine Woche länger als an den anderen untersuchten Abteilungen, was die Autoren mit einer etwas anderen Kostenträgerstruktur in Zusammenhang bringen.

Tabelle 4: Studien zur klinischen Wirksamkeit der Gestalttherapie

Unters.-Instrumente (Abkürzungen s. Anhang)	Ergebnisse n = Anzahl hypothesenkonf. Befunde / alle Erhebungen (bezogen auf das gewählte Prüfverfahren)	Follow-up (Monate) Befunde stabil? j=ja; n=nein
Depression: BDI, HRSD; Symptome: BSI; SCL-90-R; psychiatrische Störungen: GSI; Therapeutenqualitäten BLRI; therap. Beziehung WAI	Prä-/Post-Gruppenvergleich: Alle drei Treatments gleichermaßen wirksam auf GSI, HRSD, BDI: n=3/3 (keine Zeit x Gruppeninteraktion) weitere Analysen zum Coping d. Probanden: 1. Externalisierung (z.B. Projektion) starke Externalisierer besser f. Selbsthilfe (S/SD) geeignet. Internalisierer profitieren besser von der behavioralen CT. Manualisierte Gestalttherapie (FEP) f. In- u. Externalisierer gleich geeignet 2. Bei geringem Widerstand bessere Effekte f. FEP u. CT bei hohem Widerstand S/SD effektiver	(n. 3 u. 12 Monaten) stabile Therapieeffekte f. alle 3 Treatments u. differentiellen Coping-Effekt-Analysen
Symptome: SCL-90-R; Stress: SVF; Unsicherheit: UFB	vorläufige Zwischenergebnisse: signifikante Symptomreduzierung auf nahezu allen Subskalen d. SCL-90-R, differentielle Befunde zeichnen sich für verschied. diagn. Subgruppen auf SVF u. UFB ab	
siehe Spalte oben	Die Gruppen 1 und 3 mit reinen Angststörungen und typischen Phobien ohne komplexe Symptomatik (Persönlichkeitsstörungen) zeigen eine systematische Verbesserung auf GSI und allen SCL90-Subskalen vom Prätest über den Abschluss der VT bis zum Abschluss	

1997a, b, 1998; Butollo 2003			Symptomatik (starker Anteil an Persönlichkeitsstörungen) n=7 3. Agoraphobie u. Panik n=17		
Clarke & Greenberg 1986	Personen mit Entscheidungskonflikten	N=46 n=16	1. Problemlösegruppe (Kognitive VT) 2. Zwei-Stuhl-Methode d. Gestalttherapie 3. Wartegruppe	G, E, a	post-Sitzung: 2 Einzelsitzungen pro Proband
Cross et al 1980, 1982	psychiatrische Patienten, nicht-psychotisch	N=42 n=15	1. Gestalttherapie u. Transaktionsanalyse 2. Breitspektrum- VT 3. Wartegruppe	E, a	Z=3
Elliott et al. 1998	posttraumatische Belastungsstörungen	n=6	1. P/E (2. CBT; nicht berichtet in dieser Phase der Pilotstudie)	E, a	Z=16
Esser et al. 1984	Psychoneurotische Symptomatik (Profilähnlichkeit zu einer psychiatrischen Stichprobe)	N=30 n=15	1. Kombination Klientenzentrierte Gesprächstherapie / erlebnisaktivierende Interventionen der Gestalttherapie 2. Klientenzentrierte Gesprächstherapie	E, a	S=10 Sitzungen
Felton et al. 1973	Schüler m. Leistungsschwächen	N=79 n=61	1. Gestalttherapie 2. unbehandelte Kontrolle	G, a	S=57 Sitzungen

	der Gestalttherapie. Gruppe 2 (komplexe Symptomatik) zeigt systematische Tendenzen auf den Unterskalen soziale Unsicherheit und Ängstlichkeit sowie Effekte für phobische Angst. Sonst keine systematischen Effekte für Patienten mit komplexer Symptomatik		
Entscheidungsfindung: ACDM u. SVI	beide Behandlungen ergeben fortgeschrittene Entscheidungsfindung auf der SVI (stärkste Effekte für gestaltth. Zwei-Stuhl-Methode)		
Symptome: TCDBS; soziale Situation: SSIAM: Persönlichkeit: POI; Patienten- u. Therapeutenrating zur Veränderung d. Störungen: CARS; Patienten- u. Therapeutenratings zur globalen Befindlichkeit; Suche/Akzeptanz des Patienten von Hilfe bei (nichtprofess.) Personen seines Umfeldes: ACS	Outcome: Prä-post: n=15/15, keine signif. Unterschiede zw. Treatmentgruppen, Interaktion Prä-Post x Treatment-/Kontrollgruppe nicht aufgeschlüsselt; keine Unterschiede zw. VT und Gestalt/TA. Differentielle Befunde in den Prozessdaten: VT-Gruppe sucht/akzeptierte mehr alternative Hilfe	(Für N=26:) (nach 4 & 12 Mon.) stabile Befunde und weitere Verbess. für VT und Gestalt/ TA (außer Sexualität), n=14/5, Outcome: nicht differentiell zw. Treatments. Prozessdaten: differentiell zw.Treatments	
Belastungsstörung: K-PTSD klinisches Inventar zur Angst: MCMI-A, SCL90-R GSI:; Gefühle TAS	1. Größte geschätzte Veränderungseffektstärken auf K-PTSD vor 2. MCMI-A vor 3. SCL90-R GSI vor 4. IES vor 5. TAS		
Erfahrungstiefe: ES Veränderung: FPI, VEV	In Sitzungen mit gestalttherapeutischen Interventionen: höhere Erfahrungstiefe, signifikante Verbesserungen auf drei FPI-Skalen, dabei Depressivität am deutlichsten vermindert. Bei rein klientenzentrierter Behandlung: Verbesserung auf einer Skala des FPI, wobei auf anderen Skalen, z.B. Depressivität, sogar Verschlechterungen auftraten. Auf der Veränderungsskala VEV beide Gruppen gleichermaßen positive Effekte. Keine direkten Gruppenvergleiche berichtet. Kein Nachweis eines statistisch bedeutsamer Zusammenhang zwischen Erfahrungstiefe und dem Therapieerfolg.		
internale externale Attribuierung IE	Prä-/Post-Kontrollgruppen-Vergleich: n=2/2; Experimentalgruppe zeigt am Ende d. Behandlung signifikant höhere interne Kontrollüberzeugungen; Ex-post-		

Goldman et al. 2000, in Druck, York II (Replik. u. Erweiterungsstudie: zu Greenberg & Watson 1998)	Depression	N=36 n=19; gepoolt mit York I: N=72 n=36	1. Erfahrungsorientierte Therapie (PE, Process-Experiential therapy, gestalttherapeutische Basis) 2. Klient-zentrierte Therapie (CC, Client Centred)	E, a	S=15-20 Std.
Greenberg & Malcolm 2002; erweiterte Behandlungsgruppe zu Paivio & Greenberg 1995, s.o.	Patienten mit unerledigten Konflikten mit signifkanten Personen (Eltern), tw. physischer, emotionaler oder sexueller Missbrauch mit der Diagnose PTBS	N=n=26	1. Leerer-Stuhl-Dialog	E,a	S=12-14 Std. wöchentl. einst. Sitzungen
Greenberg et al. 1978	Schizophrenie, neurotische und Persönlichkeitsstörungen	N=36 n=25	1. Gestalttherapie u. Transaktionsanalyse (subjetcts as their own control) 2. Gestalttherapie + Transaktionsanalyse (subjects as equivalent control) 3. unbehandelte Kontrolle	G, a	S=45 Std. (Marathontherapie)
Greenberg & Watson 1998, York I	Depression	N=34 n=17	1. Erfahrungsorientierte Therapie (PE, Process-Experiential therapy, gestalt-therapeutische Basis) 2. Klient-zentrierte Therapie (CC, Client Centred)	E, a	S=15-20 Std.
Greenberg & Webster 1982	Klienten mit Entscheidungsschwierigkeiten	N=31	Zwei-Stuhl-Methode / Ex-post-Gruppenbildung nach Prozessmodell: auf Basis d. Prozess-Maße): 13 erfolgreiche, 18 nicht	E, a	In-Sitzung: 6 wöchentliche Sitzungen

	Analyse bestätigt dies geschlechtsunabhängig	
Depression: BDI, LIFE; allg. Symptomatol.: SCL-90-R, TCBS; Selbstwertgef. RSE; interperson. Probleme: IIP; therap. Bez.: WAI, BLRI, TAES	Die gepoolten Daten von York I und II ergeben stärkere Verbesserungen für P/E auf allen Ergebnismassen; Symptommasse BDI und GSI: ES ca. 33% höher für P/E als CC; IIP und RSE: ES ca. 70% höher für P/E als CC	
Prozess: interpersonales Verhalten: SASB; Erfahrungstiefe ES; emotionale Qualität CVQ; emotionale Aktivierung EAS-R; Bedürfnisse: NEED; Arbeitsbündnis: WAI; Outcome: Hauptsymptome TC/TCDS; Lösung unerledigter Probleme UFBRS; interpersonale Probleme IIP;	Klienten mit unerfüllten interpersonalen Bedürfnissen gegenüber den Eltern, die zu einer Veränderung der Sicht des Anderen gelangten hatten signifikant besseren Outcome. Die Veränderung der Sicht des Anderen erwies sich als stärkerer Prädiktor für einen positiven Therapie-Outcome als die Stärke des therapeutischen Arbeitsbündnisses. Gleichermaßen konnten Konfliktlöser und Nicht-Konfliktlöser über die Prozessvariable emotionale Aktivierung unterschieden werden.	
Selbstkonzept: TSCS; Semantisches Differential: SD; interpersonale Veränderung: HS	Prä-/Post-Vergleich: Experimentalgr. 1: n=9/9 Experimentalgr. 2: n=7/9 Prä-/Post-Vergleich f. beide Experimentalgruppen: n=17/21	für Experimentalgr. 1: nach zwei Wochen: n=7/9
Depression: BDI, LIFE; allg. Symptomatol.: SCL-90-R, TCBS; Selbstwertgef. RSE; interperson. Probleme: IIP; therap. Bez.: WAI, BLRI, TAES	1. Prä-Mitte-Post: signifikante Treatment-Haupteffekte auf allen Outcome-Variablen (BDI, RSE, SCL-90-R, IIP, TCBS): n=5/5, 2. Different. Treatmenteffekte: 2.1 schnellere (Mid-Treatment) Behandlungseffekte f. PE auf BDI (Depress.), RSE (Selbstw.), SCL-90-R (allg. Sympt.), IIP (interpers. Probl.) 2.2. Post-treatment-Effekte: PE überlegen auf RSE, SCL-90-R, IIP	(n. 6 Mon.) Treatmenteffekte auf allen Variablen stabil, aber differentielle Behandlungseffekte zw. CC u. PE nicht mehr erkennbar
Prozess-Maße: siehe Prozesstabelle 3; Outcome-Maße: Entscheidungsklärung: SVI; Ängstlichkeit: STAI; Gefühlsbewertung:	hypothesenkonforme Gruppenunterschiede auf allen Outcome-Maßen, d. h. für Symptom-/Leidensdruckverminderung z. B. Angst, Entscheidungsfindung zusammen mit einer Veränderung des Verhaltens und Erreichen der gesetzten Ziele	In beiden Gruppen erwiesen sich die Erfolge im vierwöchigen

			erfolgreiche Problemlösungen		
Hartmann-Kottek 1979	Verdachtsdiagnosen bei Einweisung: Schizophrenie, endogene, neurotische & Involutions-Depression, funkt. und Zwangsstörungen	N=n=10	Gestalttherapie	G & E, a & s	S=4-8 Wochenstunden, Z (station.) = 2 Mon. Z (ambul.) = 5 Mon.
Heinl 1996, 1998	Patienten mit chronischen psychosomatischen Schmerzsyndromen des Bewegungssystems	N=123 n=60	1. Drei Gestalttherapiegruppen 2. Zwei Wartelisten-Kontrollgruppen 3. Zwei unbehandelte Kontrollgruppen	G, s	S=40 Z=5-tägige Intensivgruppe
Hill, Beutler & Daldrup 1989	akute rheumatische Arthritis	N=n=6	Manualisierte Form d. Gestalttherapie (FEP); hier unters.: 1. Therapeuteneffekte 2. Klienteneffekte 3. Messzeitpunkte	E, a	1. In-Sitzung 2. zwischen Sitzungen 3. Prä-post von 10 Therapiesitzungen
Jessee et al. 1981	Partnerprobleme	N=36 Paare n=18 Paare	1. Kommunikationstraining RE (Relationship Enhancement) 2. Gestalttherapie GRF (Gestalt Relationship Facilitation Treatment)	G, a	S=12 Sitzungen à 2,5 Std. Z=12 Wochen

TCDBS; Verhaltensänderung: BR; Zielerreichung: GAS & WAE; Symptomveränderung: PPQ	(SVI, STAI, TCDBS, BR, GAS, WAI & PPQ) Prozessbefunde siehe Prozesstabelle 3	Follow-up als stabil
versch. Persönlichkeitstests: GT, FPI, MMQ	Prä-post nach 2 Monat. stat. Behandl.: n=13/14 (von 20 getesteten Subskalen wichen bei stat. Aufnahme 14 v. d. Bevölkerungsnorm ab, auf 13 Subskalen: Normalisierungen). Nach weiteren 5 M. ambul. Nachbehandl. (ohne Angabe statist. Param.): Rückgang psychosomat. Sympt., Hemmung, Stimmungsaufhellung, Autoagress., Depress., Angst, Selbstannahme, soziale Integration, Neurotizismus	(Katamn. Gespr. nach 12 Mon.) 1 von 10 Patienten erneut behandlungsbedürftig, alle übrigen integriert
(a) Bogen zur Behandlungsvorbereitung (b) Orthopädischer Fragebogen (c) Katamnesefragebogen (d) Körperfragebogen (e) Körpererleben KE (f) Symptomliste KASSL (g) Erleben und Verhalten VEV (h) Persönlichkeit FPI.	(1) Verbesserungen konnten in allen Behandlungsbereichen gezeigt werden. Die größten Veränderungen bei (a) affektiven Störungen, (b) Störung im Erleben und Verhalten und (c) physischen Wohlbefinden. Veränderungen in den berichteten Schmerzerfahrungen der Klienten waren nicht so groß wie die Veränderungen in den anderen psychosozialen Symptomen. (2) Die Faktorenanalyse, die basierend auf den Daten der Ein- und Zwei-Jahres-Katamnese durchgeführt wurde, ergab als besondere Wirkfaktoren das Gefühl von Akzeptanz, Sicherheit und Schutz in der Gruppe.	Verbesserungen waren stabil in der Ein- und Zwei-Jahres-Katamnese nach Behandlungsabschluss
1. Prozess-Maße v. unabhängigen Ratern über 58 Therapiesequenzen: Erfahrungstiefe: ES; Prozessskala: VPPS; 2. Prozess-Maße v. Klienten: Sitzungsevaluation: SGQ u. BLRI; 3. Sitzungsoutcome: Symptome: SCL-90-R/GSI; VPPS u. VAS; 4. Therapieoutcome gesamt: Symptome: GSI, psychische Befindlichkeit: Subskala VPPS u. positive Gefühle: SEQ	1. FEP effektiv im Outcome, aber Effekte schwanken zw. (a) Therapeuten (Therapeuteneffekt) u. (b) Klienten. Im Einzelvergleich nur zwei Klienten des 2. Therapeuten statistisch erfolgreich. 2. Die Autoren diskutieren ihre Studie kritisch bez. auf Gruppengröße und Behandlungsdauer 3. Entgegen den Hypothesen korrelieren Klienten-Partizipation u. Erfahrungstiefe negativ m. Treatment-Outcomes	
MAS (Marital Adjustment Scale); MCI (Marital Communications Inventory); IRS (interpersonal Relationships Scale); RCS (Relationship Change Scale); HPCS (Handling Problems Change	Prä-/Post-Vergleiche: n=6/6; auf allen Skalen fanden sich für beide Treatments hochbedeutsame Verbesserungen	

Johnson & Smith 1997	Schlangenphobie	N=23 n=8	1. Gestalttherapie 2. Systematische Desensibilisierung 3. Unbehandelte Kontrolle	E, a	S=7
Little 1986	Eltern v. Problemkindern	N=23 n=15	1. Gestalttherapie 2. unbehandelte Kontrolle	G, a	S=20 (10 Sitzungen à 2 Std.)
Ludwig et. al. 1984	Drogenabhängigkeit	N=142	sozialtherapeutische Behandlung innerhalb therapeutischer Gemeinschaften, Gestalttherapie	G, s	
Martinez 2002	Phobien	N=24	Untersucht wurde 2-Stuhldialog in Dialogarbeiten zu die phobischen Angstreaktionen unter drei Bedingungen 1. Full treatment (FT): eine Seite (a) aversive Stimulussituation; zweite Seite (b) phobische Reaktion 2. Stimulus role play (SRP): Nur die Seite der aversiven Stimuli wird im Dialog dargestellt 3. Response role play (RRP) umfasst nur die Darstellung der phobischen Reaktion	G, a	5 Sitzungen in 5 Wo
Mestel & Votsmeier-Röhr 2000	Depression	N=n=800	Integrative experientelle Behandlungsform mit Gestalttherapie und weiteren humanistischen Elementen innerhalb des stationären Settings	G, s	Z=min. 6 Wochen

Scale); SCS (Satisfaction Change Scale)			
Vorselektion: MMPI Vermeidungsverhalten (AT), Snake Questionnaire (SQ) narrative Befragungen	unter beiden Behandlungsbedingungen signifikante Verbesserungen auf den objektiven Maßen (AT) verglichen mit der unbehandelten Kontrollgruppe. Keine weiteren Gruppenunterschiede. Die narrativen Daten belegen, dass gestalttherapeutisch behandelte Klienten mehr über sich selbst erfahren hatten, während systematisch sensibilisierte Klienten bessere Möglichkeiten zur Entspannung aus der Behandlung gewonnen haben.		
Einschätzung d. ELPVSS (Subskalen: RE Zurückweisung, IG Ignorieren, OP Überbewerten, OI Verwöhnen, EXT extrinsische u. INT intrinsische Wertung)	Prä-Tests: zur Einschätzung d. Stichprobe wurde diese auf d. LPVSS m. 2 normativen Stichproben verglichen. In beiden Vergleichen ergaben sich signifik. Unterschiede auf jeweils 5/6 Subskalen d. LPVSS. Prä-/Post-Vergl.: n=5/6; die Treatmentgruppe zeigt Veränderungen zum Normalbereich auf d. Skalen RE, OP, OI, EXT, INT. Keine Veränderungen in d. Kontrollgruppe. Weiter multivariate Auswertung		
deskriptive Daten zur Drogenabstinenz und beruflich-sozialen Integration			Katamnesen nach 1-9 Jahren: 70,5% drogenstabil, deskriptive Daten z. berufl. Werdegang
Symptommaße zur Angst SRI, STAI, FSS Prozessmaß: SD	Stärkste Symptomveränderung finden sich unter FT und SRP, die sich unter einander nicht unterscheiden, d. h. die Darstellung der Stimulus und Responseseite (FT) bringt keine größere Symptomverminderung als die Darstellung der aversiven Symptome alleine (SRP), beide sind aber der reinen Darstellung der Responseseite (RRP) gegenüber überlegen.		
Depressivität: BDI Symptomcheckliste SCL-90-R Interpersonale Probleme: IIP Soziales Verhalten: SASB	Katamnestische Erhebung nach 1 und 3 Jahren: Starke bis mittlere Verbesserungen auf den Indizes für depressive und allgemeine Symptome in den Selbstakzeptanz-Skalen des SASB, jedoch geringere Verbesserungen bei den interpersonalen Problemen.		

Studie	Störung	N	Behandlung	Typ	Dauer
Moran et al. 1978	Alkoholismus, Angst, Depression, Agressionsproblematik	N=56 n=28	1. Gestalttherapie, Bioenergetiku. versch. Behandl. d. station. Settings 2. nur versch. Behandl. d. station. Settings	G, s	S=10
Mulder et. al. 1994	HIV-Seropositive Depression, Angst	N=39 n=15	1. »Experiential« Gestalttherapie 2. Kognitive VT 3. Wartegruppe	G, a	S=46 Std. 17 Sitzungen Z=15 Wochen
Ergänzende Follow-Up-Daten zu Mulder et al. 1994 von: Mulder et al. 1995	dito	N=175 n=12	1. »Experiential« Gestalttherapie n=12 2. Kognitive VT n=14 3. psychotherap. unbeh. immunolog. Vergleichsgr. n=149	dito	dito
Paivio & Greenberg 1995	unerledigte Geschäfte / ungelöste Gefühle; nach GSI (SCL-90-R): erhöhte Depressivität, Angst und interpersonelle Probleme	N=34 n=17	1. Gestalttherapeutischer Leerer-Stuhl-Dialog (»empty chair«) ECH 2. Psychoedukative Gruppe PED	E, a	S=12; Z=3
Paivio & Nieuwenhuis 2001	Erwachsene, die in der Kindheit emotional, körperlich oder sexuell missbraucht worden sind	N=32, davon 21 Wartelistenkontrolle, deren spätere Behandlungsergebnisse einflossen	1. Emotionsfokussierte Therapie für »Adult Survivors« EFT-AS 2. Wartegruppe später mit EFT-AS behandelt	E, a	S=20 Sitzungen à 1 Std. / Wo.

Angst als Zustand / Persönlichkeitsmerkmal: STAI; Persönlichkeit: MMPI; Patienten-Selbstrating, psychiatrisches Interview & Rating	Kontrollgruppenvergl.: n=7/47	(6 Monate) keine stabilen Befunde
affektiver Zustand: POMS, BDI; psychiatrische Symptome: GHQ; Coping: COPE; soziale Unterstütz.: SSQ, emotionale Ausdruck: EES; Patientenrating 1. Abnahme der CD-4-Zellen 2. Vermehrung v. T-Zellen auf Gabe v. anti-CD-3-monoklonalen Antikörpern	1. Kontrollgruppenvergl. (beide Therapieform. zusammen, Baseline als Kovariate): n=3/3, 2. Prä-/Post-Vergl. (beide Therapieform. zusammen): =1/3, 3. Untersch. zw. Therapieform.: Keine Untersch. zw. Gestaltth. und kognitiver VT bezügl. affektive Symptome, Coping, sozialer Unterstützung und emotionaler Ausdruck; subjektives Rating der Teilnehmer: Gestalttherapie effektiver nach der Therapie	(6 Monate) weiterhin keine Unterschiede zw. den Therapieformen erkennbar, auch nicht mehr in subjektiven Rating der Teilnehmer (24 Mon.) 1. keine Unter-sch. z. psychotherap. unbeh. Vgl.gr. 2. für. kl. Anzahl v. Pat. m. größ. Verbess. psych. Störungen bess. immunol. Werte
generelle Symptomatologie: SCL-90-R Interpersonale Störungen: IIP Zielproblematik: TC Soziales Verhalten: SASB unerledigte Geschäfte: UFB-RS Zusammenarbeit Therapeut/Patient: WAI	Die erfahrungsorientierte Therapie erzielte für die meisten Klienten klinisch bedeutsame Ergebnisse und signifikant größere Verbesserungen als die psychologische Informationsgruppe in allen Erhebungsvariablen.	(4 Mon. und 1 Jahr) Alle Behandlungserfolge außer SASB-Introjekt-Maß blieben stabil.
traumabezogenen Störungen und Vermeidungsverhalten IES; Symptomcheckliste SCL90-R mit GSI; Probleme der Klienten TC; interpersonalen Probleme das IIP; Konflikte mit spezifischen Personen der Vergangenheit RS; wie die Patienten mit sich selber umgehen SASB; als Vorhersagemaße dienten: Childhood Trauma Questionnaire Klienten CTQ; schwere	Unter Behandlung mit EFT-AS signifikante Verbesserungen in den verschiedenen Störungsbereichen nur minimale Verbesserungen der Wartegruppe im unbehandelten Intervall, dann nach Behandlung vergleichbare Verbesserungen wie Treatmentgruppe.	(9 Monate) im Durchschnitt stabile Effekte

Pauls & Reicherts 1999 (in Vorbereitung) laufende Studie	Pimärdiagnose: vorw. versch. Formen d. Depression, aber auch Angst-, Zwangs- und diverse Persönlichkeitsstörungen, Bulimia nerv., divers. Somatisierungsstörungen	N=15 n=11	1. Gestalttherapie 2. Wartekontrollgr.	E, a	Langzeitstudie m. Erhebungen n. d. 1., 3., jeder weiteren 15. Sitzung. Bislang: S=30 Std.
Petzold 1979	Altersprobleme	N=40	1. Gestalttherapie u. Psychodrama m. Heimbewohnern 2. Gestalttherapie u. Psychodrama m. Nicht-Heimbew. 3. unbehandelte Kontrolle	G, s. a	Z=12
Röhrle et al. 1989	Drogenabhängigkeit	N=47	verhaltens-, gestalttherapeutische u. psychoanalytische Methoden inner-halb d. sozialtherapeut. Gemeinschaft; vorgenommen werden divers. katamnest. Gruppenvergleiche	G, s	S=30 Wochenstunden Z=6 Mon.
Sandweg & Riedel 1998, Riedel 2000	psychosomatische Erkrankung des Bewegungssystems	N=n=201 (167 in 3-Jahres-Katamnese)	Tiefenpsychologische Therapie, speziell Gestalttherapie	G/E, s	individuell variierend

der Symptomatik PTSD mit globalem Index PSS-I; Prozessmaße: Arbeitsbündnis WAI; Interventionsgenauigkeit IFT		
Symptomatik: SCL-90-R Persönlichkeits-Fähigkeitsbereich: FPI-R; emotional Erleben: DOE; Zielerreichungsanalyse d. individuell. Symptomatik: ZEA globale Erfolg GE Stimmausdruck: standardis. Gestaltexperiment zu Beginn u. Ende d. Therapie; Einschätzungsbogen & Checkliste CEV nach jeder Sitzung	vorläufige Ergebnisse: signifikante Therapieeffekte: SCL-90-R, ZEA (allg. & Ziel-Sympt.), FPI-R (Persönlichk. Subskalen: Lebenszufriedenheit & Emotionalität), DOE (Subskalen körperl. Emotion, Repräsentation v. emot. Erlebniszuständen, emot. Resonanz d. sozialen Umsystems, Beachtung & Kontrolle. Keine Veränderung: emotion. Kommunikation). Hohe subjektive Zufriedenheit mit der Behandlung.	vorgesehen ist d. Katamnese 15 Wochen n. Behandlungsende
qualitative & quantitative Aspekte des sozialen Netzes der Patienten: KSA	Prä-/Post-Kontrollgruppenvergleich: n=3/3: signifikante Verbesserung der KSA (qualit. & quant. Index f. d. soz. Netz) für behandelte Heim- & Nicht-Heimbewohner. Weitere Verschlechterung der KSA in unbehandelter Kontrolle	
Persönlichkeit: GT, Selbstrating	Prä-/Post-Vergleiche:n=5/6	(Nach 4 Jahren) 1. Vergl. m. prästationären Daten: n=5/6 2. Vergl. m. poststationären Daten: n=2/6
3 Patientenfragebögen; Therapeuteneinschätzung: PPSKB + VAS; Niveau Ich-Funktionen und Abwehrmechanismen: Ich-F; Einschätzung des Orthopäden	Auf der VAS (max. 100 Punkte): Abnahme der beschriebenen Schmerzen von 63,8 Punkten um 49,3 Punkte. Globalevaluation der Beschwerden: 50% beschreiben ihren Zustand als verbessert, davon 30% als sehr verbessert. 45% der Patienten bewerten ihren Zustand als unverändert. Globalevaluation der psychischen Befindlichkeit: mehr als 60% verbessert bis sehr verbessert. Beweglichkeit: 50% bewerten sie als verbessert bis sehr verbessert Lebenszufriedenheit: 60% geben Verbesserung an. Störungen im Persönlichkeitsbereich (Merkmale: Angepaßtheit, Ordnungsbedürftigkeit, Gefügigkeit,	(1 und 3 Jahren) (a) Schmerzen: nach 1 Jahr Zunahme, nach 3 Jahren jedoch deutliche Abnahme; Nach 3 Jahren Bewertung Verbesserung stabil, 25% halten Schmerzen für

Schigl 1998, 2000	Depressionen Partnerschafts- konflikte sexuelle Probleme Angst Psychosomati- sche Störungen	N=n=431	abgeschlossene Gestalt- therapie (Katamnese- studie)	E, a	Z=2,5 - 44 durchschnitt- lich 16 Monate
Serok et. al. 1983	Schizophrenie	N=17 n=9	1. Gestalttherapie u. versch. Behandl. d. station. Settings 2. nur versch. Behandl. d. station. Settings	G, s	Z=2,5, S=1,25 Wo- stunden
Serok et. al. 1984	Schizophrenie	N=14 n=7	1. Gestalttherapie u. versch. Behandl. d. station. Settings 2. nur versch. Behandl. d. station. Settings	G, s	Z=3, S=4x2 Wochen- Stunden
Spagnuolo Lobb 1992	Geburts- vorbereitung	N=250 n=100 (jede Gruppe à 15 Teil- nehm.)	1. Gestalttherapeutischer Ansatz 2. Atem- u. autogenes Training 3. unbehandelte Kontrolle	G, a	S=min. 30 (10 Sitzungen à 3 Std.) Z=10 Wochen
Teegen et al. 1986	funktionelle Störungen Depression	N=n= 24	Manualisierte Therapie auf gestalt-therapeutischer Basis mit häuslich.	G, a	S=8 Sitzun- gen à 1,5 Wochen-

	Verpflichtung und Verantwortung) korrelieren positiv mit Schmerzstärke. Als prognostisch relevant für den Behandlungserfolg ließ sich die emotionale Ansprechbarkeit nachweisen. Anders als in anderen Untersuchungen fand sich kein Zusammenhang zwischen Depressivität und Auftreten der Symptomatik. Ausführliche Dokumentation der Bedingungen und Effekte einer Wiederholungsbehandlung.	unverändert. (b) psych. Befinden: Befunde nach 3 Jahren stabil. (c) Beweglichkeit: nach 3 Jahren noch 25% verbessert.
Fragebogen nach Consumer Reports Study (Seligman 1995), 2 standardisierte Fragebögen zur Gesundheits- und Lebensqualität (vgl. Schigl 1998)	86% gaben eine Verminderung der Symptome an, davon bei 15,8% ganz verschwunden, 35,4% leichter oder seltener. 35 % zwar noch vorhanden, aber besserer Umgang. 1,5% Symptomverschiebung, bei 4,1% keine Veränderung. Im sozialen und beruflichen Verhalten: 80% substantielle Verbesserung in ihrer Lebenszufriedenheit, gestiegenes Selbstwertgefühl und Selbstrespekt sowie vertiefte Einsicht in ihre Probleme. Zu ca. 50% verminderte Psychopharmakaeinnahme zum Katamnese-Zeitpunkt. Davon Tranquilizer sogar um 76% gefallen. 90% aller Patienten berichteten, daß sie in der Gestalttherapie Strategien gelernt hatten, wie sie erfolgreich mit dem Wiederauftreten ihrer Symptome umgehen können.	
2 Skalen z. Realitätswahrnehmung: NRT, FRT	Post-Treatment-Kontrollgruppenvergl.: n=1/2	
Wahrnehm. v. Grundelementen: BGT; Wahrnem. von sich selbst u. anderen: HFT; Selbstkonzept: TSCS; Verhaltensbewertung (zu Psychomotorik, Erscheinung)	Prä-/Post-Kontrollgruppenvergl.: n=17/18	
1. Dauer & Art von Wehen u. Geburt; 2. Wahrnehmung v. Wehen & Geburt n. d. Geburt; 3. Zufriedenheit d. Frau als Mutter, Ehefrau etc.; 4. Einschätzung d. Treatments	Post-Kontrollgruppen-Vergl.: n= 3/4: kürzere Dauer v. Wehen u. Geburt, geringere Schmerzen, positivere Selbstwahrnehmung d. gestalttherapeutisch behandelten Frauen. Weitere qualit. Daten werden berichtet.	
somatisches Befinden: ZBL; Persönlichkeit: FPI Fragen	A-priori-Gruppenunterschiede zw. Frauen u. Männern zur Prä-Testung: FPI (Persönlichkeit), ZBL u. Fragen zu Beschwerden, Medikamenten-konsum:	(nach 2 Mon.) Ergebnisse stabil, weitere

			Übungen 1. Frauengruppe 2. Männergruppe		stunden Z=2
Watson et al. 2003	Depression,	N=66 n=33	1. erfahrungsorientierte Therapie (PE, Process-Experiential therapy, gestalt-therapeutische Basis) 2. kognitiv-behaviorale Therapie (CBT)	E, a	S=16 Sitzungen
Wolf 1999, 2000a,b	Ängste, Selbstunsicherheit, Psychosomatische Störungen	N=134 n=94	1. Gestalttherapie u. versch. Behandl. d. station. Settings 2. Wartegruppe	G & E, s	S=48, Z=12
Wolfus & Bierman (1996)	häusliche Gewalttäter	N=101, n=57	1. erfahrungsorientiertes Behandlungsprogramm (Relating Without Violence RWV) 2. unbehandelte Kontrollgruppe mit 20 Gewalttätern 3. unbehandelte Kontrollgruppe mit 24 Straffälligen ohne Gewalttätigkeit	G & E, a	S=12 4-stündige Gruppensitzung und 24x45 Min. Einzelth. Z=12 Wo.
Yalom et al. 1977	versch. neurot. u. Persönlichkeitsstörungen, vorw. Depress. und Angst	N=34 n=22	1. Gestalttherapie 2. Gestalttherapie-Wartegr. 3. Meditationsgruppe (alle Teilnehmer schon vor Beginn d. Studie in einzeltherap. Behandlung)	G, a	S=22 Std. (Wochenendtherapie)

zu Dauer, Stärker, Häufigkeit d. Beschwerden; Medikamentenkonsum; Einstellungen/Reaktionen auf Beschwerden; freie Zeichnungen (Emotionen)	Frauen gaben generell erheblich höhere Werte an. Prä-/Post-Katamnese Gruppenvergl.: n=7/11, FPI auf Psychosomatik- u. Emotionalität-Subskalen, sowie ZBL, Beschwerdeausmaß u. Medikamentenkonsum nur bei den Frauen signifikante Verringerungen, Beschwerdehäufigkeit bei beiden Gruppen bedeutsam verringert. Insgesamt Frauen stärkere Effekte bei höheren Ausgangswerten. Weiterhin werden qualitative Daten zu Emotionalität und Einstellungen berichtet.	signifikante Verbesserung in der Männergruppe bezogen auf d. Beschwerdeausmaß
Depression: BDI; allg. Symptomatol.: SCL-90-R; Selbstwertgef. RSE; interperson. Probleme: IIP; dysfunktionale Haltungen (DAS); reaktive und suppressive Bewältigungsstrategien (PF-SOC)	Klienten in beiden Gruppen zeigten signifikant niedrigere Störungen in den genannten Symptomen: Depression (BDI), Selbstwertgefühl (RSE), allgemeine Symptombelastung (SCL-90-R-GSI), dysfunktionale Haltungen (DAS) und geringere reaktive und suppressive Bewältigungsstrategien (PF-SOC); unter P/E größere Abnahme der interpersonalen Problemen (IIP) als unter CBT	
Veränderungsfragebogen: VEV Persönlichkeit: GT, FPI Katamnesefragebogen	86% der Patienten geben einen sehr guten bis befriedigenden Erfolg bezogen auf ihre Hauptsymptomatik an. Signifikante Verbesserungen finden sich auf den FPI-Skalen Nervosität, Depressivität, Geselligkeit, Gelassenheit, Gehemmtheit, sowie den GT-Skalen Grund–stim–mung, Durchlässigkeit und soziale Potenz zum Ende der Behandlung sowie für die meisten dieser Skalen fortgesetzt zu den Katamnesezeitpunkte	8-Mon.-Katamnese: stabile Behandlungserfolge, 88% der Antwortenden erlebten Th. als hilfr., 30-Mon.-Katamnese, weiter gebesserte Symptomlage 100%, aller Antwortenden geben an, die Th. als hilfr. erlebt zu haben
Selbstkonzept:TSCS, Persönlichkeit: PRF, Konfliktlösungsstrategien: ACTS	Für RWV-behandelte Gewalttäter: größere Verbesserungen in der Konfliktlösefähigkeit auf ACTS und im Persönlichkeitstest PRF auf den Unterskalen Aggression und Abwehrmechanismen im Vergleich zur unbehandelten Gewalttätergruppe. Alle drei Gruppen verbesserten sich hinsichtlich des Selbstkonzeptes TSCS auf den Persönlichkeitsunterskalen Impulsivität und Umgang mit Gefühlen (Nurturance). Prä-/Post-Vergleiche 1. Experimentalgruppen: n=10/19 aber auch: 2. Kontrollgruppe: n= 2/19	
14 Patientenskalen zu Befindlichkeit, Zufriedenheit, Beschr. d. Therapeuten (nach: OH, L, TC, Y) 9 Therapeutenskalen u. Fragebögen zur Einschätzung der Wirkung d. Wochenendtherapie auf die Einzeltherapie		(nach 12 Wo) Prä-Follow-up Vergleiche:1. Experimentalgruppen: n=7/19, Kontrollgruppe n=3/19

2.2 Klinische Wirksamkeitsstudien zur Gestalttherapie im Überblick

In diesem Abschnitt findet sich eine kurze Übersicht und Charakterisierung der empirischen Arbeiten, die Aufschluss geben über die klinische Indikation von Gestalttherapie. Berücksichtigt wurden dabei auch Studien, in denen Gestalttherapie, wie häufig in der klinischen Realität, gemischt mit anderen Therapieformen angewendet wurde, einschließlich

Autor	Diagnose	Behandlung	Kontrollgruppe (+ = ja, - = nein), V = Vergleichsstudie
Serok & Zemet (1983)	Schizophrenie	Gestalt	+
Serok et al. (1984)	Schizophrenie	Gestalt	+
Cross et al. (1980, 1982)	Persönlichkeitsstörungen, psychiatrische Diagnosen	Gestalt + TA	V
Hartmann-Kottek (1979)	Persönlichkeitsstörungen, psychiatrische Diagnosen	Gestalt	–
Esser et al. (1984)	psycho-neurotisch, psychiatrisches Profil	Gestalt + GT	V
Greenberg H. et al. (1978)	Persönlichkeitsstörung	Gestalt + TA	+
Yalom et al. (1977)	Persönlichkeitsstörung	Gestalt	+
Beutler et al. (1991a,b, 1993)	Depression	FEP	V
Greenberg & Watson (1998)	Depression	P/E	V
Goldman et al. (2000, i.Druck)	Depression	P/E	V
Watson et al. (2003)	Depression	P/E	V
Mestel & Votsmeier-Röhr (2000)	Depression	experientiell, integrativ mit Gestalt	Follow-up-Studie
Pauls & Reicherts (1999)	verschiedene affektive und Persönlichkeitsstörungen	Gestalt	+

Studien zur prozess-erfahrungsorientierten Therapie mit den integrierten gestalttherapeutischen Interventionen.

Veröffentlichte Studien

Tabelle 5: Veröffentlichte klinische Studien zur Gestalttherapie und Gestalttherapie gemischt mit anderen Therapien

Setting: ambulant (a) stationär (s)	Setting: Einzel (E) Gruppe (G)	Gesamtanzahl (N), davon gestalttherapeutisch behandelt (n)	Behandlungsdauer	Follow-up
s	G	N=17, n=9	2,5 Monate	–
s	G	N=14, n=7	3 Monate	–
a	E	N=42, n=15	3 Monate	4 +12 Monate
a, s	E, G	N=n=10	s: 2 Monate a: 5 Monate	12 Monate
a	E	N=30, n=15	10 Sitzungen	–
a	G	N=36, n =25	45 h (Marathon)	2 Wochen
a	G	N=34, n=22	22 h	12 Wochen
a	E, G	N=63, n=22	20 Sitzungen	3 + 12 Monate
a	E	N=34, n=17	15-20 h	6 + 12 Monate
a	E	N=38, n=19	15-20h	–
a	E	N=66, n=33	16h	–
s	G	N=n=800	min. 6 Wochen	1-3 Jahre
a	E	N=15, n=11	indiv. variierend	15 Wochen

Wolf (1999, 2000a,b)	verschiedene affektive und Persönlichkeitsstörungen	Gestalt	+
Schigl (1998, 2000)	verschiedene affektive und Persönlichkeitsstörungen	Gestalt	Follow-up-Studie
Martinez (2002)	Phobie	Gestalt	Vergl. versch. Behandlungsbedingungen
Johnson & Smith (1997)	Schlangenphobie	Gestalt	V
Butollo et al. (1997a,b)	Phobie, Angst, Panik, Zwang	Gestalt + CBT	–
Butollo (2003) aktualisierter Studienstand zu Butollo et al. (1997a,b)	Phobie, Angst, Panik, Zwang	Gestalt + CBT	Daten differenziert nach Diagnose
Mulder et al. (1994)	Angst, Depression bei HIV-Infektion	Gestalt	V
Mulder et al. (1995) immunol. Param. z. Mulder (1994)	"	"	"
Moran et al. (1978)	Alkoholabhängigkeit	Gestalt	+
Ludwig & Vormann (1981)	Drogenabhängigkeit	Gestalt + SozT	Follow-up-Studie
Röhrle et al. (1989)	Drogenabhängigkeit	integrativ: PA, VT, Gestalt	–
Sandweg & Riedel (1998), Riedel (2000)	psychosomatische Schmerzen	psychodynamisch, integrativ mit Gestalt	–
Heinl (1996, 1998)	psychosomatische Schmerzen	Gestalt	+
Teegen et al. (1986)	funktionelle Störung	Gestalt	–
Hill et al. (1989)	rheumatische Arthritis	FEP	–
Elliott et al. 1998	posttraumat. Belastungsstörung	P/E	Pilotstudie (geplant: V)

s	E, G	N=134, n=94	12 Monate	8 + 30 Monate
a	E	N=n=431	indiv. variierend	indiv. variierend
a	G	N=24 in 3 Gruppen	5 h	–
a	E	N=23, n =8	7 h	–
a	E, G	N=n=56	E: 20 h, G: 40 h	–
"	"	N=137 in 3 diagnost.Gruppen	"	–
a	G	N=39, n=15	46 h	6 Monate
"	"	N=175, n=12	"	24 Monate
s	G	N=56, n=28	10 Sitzungen	6 Monate
s	G	N=n=142	indiv. variierend	1-9 Jahre
s	G	N=n=47	6 Monate	4 Jahre
s	G/E	N=n=201	indiv. variierend	1-3 Jahre
s	G	N=123, n=60	40 h	1-2 Jahre
a	G	N=n=24	2 Monate	2 Monate
a	G	N=n=6	10 h	–
a	o.A.	N=n=6	16 Sitzungen	–

Paivio & Nieuwenhuis (2001)	Missbrauch	experientiell EFT-AS	+
Wolfus & Biermann (1996)	häusliche Gewalttäter	experientiell RWV	+
Paivio & Greenberg (1995)	unerledigte Konflikte m. Eltern, z.B. Mißbrauch	Gestalt	+
Greenberg & Malcolm (2002) ergänzt: Paivio & Greenberg (1995)	unerledigte Konflikte m. Eltern, z.B. Mißbrauch	Gestalt	+
Greenberg & Webster (1982)	Entscheidungskonflikte	Gestalt	–
Clarke & Greenberg (1986)	Entscheidungskonflikte	Gestalt	V
Jessee & Gurney (1981)	Eheprobleme	Gestalt	V
Little (1986)	Eltern von Problemkindern	Gestalt	+
Felton & Davidson (1973)	Schüler mit Leistungsschwächen	Gestalt	+
Petzold (1979)	Altersprobleme	integrative Therapie, experientiell mit Gestalt	+
Spagnuolo Lobb (1992)	Geburtsvorbereitung	Gestalt	+

Die Tabelle 5 gibt eine Übersicht über 38 publizierte klinische, d.h. echte Patientenstudien, die zur Gestalttherapie und zur Gestalttherapie gemischt mit anderen Therapieformen durchgeführt worden sind. Die Studien in der Tabelle wurden nach diagnostischer Inrmation geordnet, wobei die zweite Spalte die zentrale Angabe zur Diagnose[14] enthält. Die dritte Spalte gibt Information über den Behandlungstyp (Gestalttherapie, Gestalttherapie gemischt mit anderen Therapieformen, prozess-erfahrungsorientier-

---

14. Die meisten der hier genannten Studien untersuchten Patienten mit gemischten Diagnosen, wobei die erstgenannte Diagnose oder die übergeordnete Kategorie für Klassifikationszwecke als maßgeblich verwendet wurde.

a	E	N=32, n=11 (Wartel.=21)	20 Wochen	9 Monate
a	E, G	N=101, n=57	12 Wochen	–
a	E	N=34, n=17	3 Monate	1995: 4 + 12 Monate
a	E	N=n=26	3 Monate	1995: 4 + 12 Monate
a	E	N=n=31	6 Wochen	4 Wochen
a	e	n=48, n=16	2 h	–
a	G	N=36, n=18	12 Sitzungen	–
a	G	N=23, n=15	10 Sitzungen	–
a	G	N=79, n=61	57 Sitzungen	–
a, s	G	N=n=40	12 Monate	–
a	G	N=250, n=100	10 Sitzungen	–

te Therapie P/E). Das Vorhandensein einer Vergleichs- oder Kontrollgruppe ist dokumentiert durch ein Plus in der nächsten Spalte, ein »V« in dieser Spalte kennzeichnet eine Therapievergleichsstudie. Außerdem finden sich in der Tabelle Informationen zum Setting, d.h. ob das Treatment ambulant (»a«) oder stationär (»s«), in Gruppen- (»G«) oder Einzeltherapie (»E«) erfolgte. Die Tabelle enthält keine unveröffentlichten Forschungsberichte, Abschlussarbeiten etc.

Die Studien lassen sich gemäß dem Behandlungstyp folgendermaßen charakterisieren:
- Behandlung mit »klassischer« Gestalttherapie – 21 Studien
- Behandlung mit manualisierter Gestalttherapie FEP – 2 Studien
- Behandlung mit Gestalttherapie gemischt mit anderen

- Therapien einschließlich integrativ und P/E – 15 Studien

Davon sind:
- Studien mit Kontrollgruppen – 16 Studien
- Therapievergleichsstudien – 10 Studien
- Studien ohne Kontrollgruppe und Follow-up-Studien – 12 Studien

Im Folgenden werden die Studien zusammengestellt nach den Hauptdiagnosen, wobei die Auflistung auch unveröffentlichte Arbeiten und weitere Studien zu experientiellen Therapien, die in Tabelle 5 nicht enthalten sind, umfassen. Gesamtstichprobenumfänge, sowie die Anzahl davon gestalttherapeutisch-erfahrungsorientiert behandelter Personen siehe Tabelle 1:
- Schizophrenie
  - Serok & Zemet (1983)
  - Serok et al. (1984)
- psychiatrische und Persönlichkeitsstörungen[15]
  - Cross et al. (1980, 1982)
  - Hartmann-Kottek (1979)
  - Esser et al. (1984)
  - Greenberg H. et al. (1978)
  - Yalom et al. (1977)
- Depression
  - Beutler et al. (1991a,b, 1993)
  - Greenberg & Watson (1998)
  - Goldman et al. (2000, i. Druck)
  - Watson et al. (2003)
  - Mestel & Votsmeier-Röhr (2000)
  - (Tyson & Range 1987; Tyson 1981, Diss.)[16]
  - Gibson (1998), Diss.
  - Jackson & Elliott (1990)

---

15. Entgegen früherer Lehrmeinung erweist sich Gestalttherapie als geeignet für die Arbeit mit frühgestörten Patienten. Vorausgesetzt werden muss eine therapeutische Stilmodifikation, in der weniger polarisierend und emotional aktivierend, dafür persönlichkeitszentriert stabilisierend und strukturaufbauend gearbeitet wird. Vergleiche das Kapitel zu Frühstörungen in Hartmann-Kottek (2004).

16. Die Dissertation von Tyson (1981) wurde zwar von Tyson & Range (1987) publiziert, dennoch habe ich sie nicht unter den publizierten klinischen Studien in Tabelle 5 und 6 eingeordnet. Das Problem bestand darin, dass die in der Studie angegebene Diagnose »milde Depression« der untersuchten Gruppe eine eindeutige Zuordnung in den klinischen Bereich nicht zuließ. Aus diesem Grund habe ich sie zwar im Sinne eines Kompromisses unter den zusätzlichen klinischen Belegen eingeordnet, hier aber in Klammern gesetzt.

- affektive und Persönlichkeitsstörungen
  - Pauls & Reicherts (1999)
  - Wolf (1999, 2000a,b)
  - Schigl (1998, 2000)
- Phobie
  - Martinez (2002
  - Johnson & Smith (1997)
  - Butollo et al. (1997a,b); aktualisierter Studienstand: Butollo (2003)
- Angst
  - Lightner (1976), Diss.
  - Petzborn (1980), Diss.
- Angst und Depression gemischt bei HIV
  - Mulder et al. (1994, 1995)
- Zwangsstörungen
  - Dixon (1983), Diss.
- Posttraumatische Belastungsstörung
  - Elliott et al. (1998)
- Abhängigkeit
  - Moran et al. (1978)
  - Ludwig & Vormann (1981)
  - Lehmann (1984)
  - Röhrle et al. (1989)
  - Gruenke (2002)
  - Roche (1986, Diss.
- psychosomatische und Schmerzstörungen
  - Sandweg & Riedel (1998), Riedel (2000)
  - Heinl (1996, 1998)
  - Teegen et al. (1986)
  - Hill et al. (1989)
  - Smith (1981), Diss.
- sexuelle Dysfunktion
  - Shahid (1979), Diss.
- Essstörungen
  - Coffey (1986), Diss.
- Entwicklungsstörungen der Kindheit und des Jugendalters
  - Bongers & Waldner (1998), Bericht im Eigendruck
  - Miller (1980), Diss.
- verschiedene Diagnosen ohne klinische Hauptdiagnose
  - Paivio & Nieuwenhuis (2001)
  - Wolfus & Bierman (1996)
  - Paivio & Greenberg (1995)

- Greenberg & Malcolm (2002), ergänzt: Paivio & Greenberg (1995)
- Greenberg & Webster (1982)
- Clarke & Greenberg (1986)
- Barghaan et al. (2002), Harfst et al. (2003)
- Miglionico (1979), Diss.
- Souliere (1995), Diss.
• spezielle Gruppen und präventive psychosoziale Gesundheitsvorsorge
  - Jessee & Guerney (1981)
  - Mackay (1996), Diss., publiziert: 2002
  - Little (1986)
  - Felton & Davidson (1973)
  - Gannon (1972), Diss.
  - Petzold (1979)
  - Forrest (1996), Diss.
  - Spagnuolo Lobb (1992)

Alle aufgeführten Arbeiten, auch die unpublizierten, stellen Gruppenuntersuchungen dar, die an Personen mit einem klinisch relevanten Problem durchgeführt wurden. Dabei wurden die Behandlungsgruppen in den unveröffentlichten Arbeiten in einem ähnlichen Verhältnis, wie die in Tabelle 5 aufgeführten, veröffentlichten Studien, mit unbehandelten Kontrollgruppen oder anderen Behandlungsbedingungen verglichen. Fast alle Untersuchungen, die keine Kontroll- oder Vergleichsgruppe enthalten, haben Feldstudiencharakter, mit den dazu gehörigen Vor- und Nachteilen. Zu den Vorteilen gehört dabei vor allem die Realitätsnähe dieser Arbeiten. Zu den Nachteilen zählen Unschärfen in der Diagnostik und den Behandlungsmodalitäten. Von allen Studien findet sich in vier Arbeiten Gestalttherapie mit nichtexperientiellen Elementen aus behavioraler und psychoanalytischer Therapie kombiniert (Mestel & Votsmeier-Röhr, 2000; Butollo et al. 1997a,b; Butollo 2003; Röhrle et al. 1989; Sandweg & Riedel 1998; Riedel 2000).

Die qualitativ besten Studien mit den höchsten Effektstärken, die publiziert worden sind, finden sich für affektive und Angststörungen (Beutler et al. 1991a,b, 1993; Mulder et al. 1994; Greenberg et al. 1998; Johnson et al. 1997; Martinez 2002; Pauls & Reicherts 1998; Butollo et al. 1997a,b). Ausführlich beschrieben wurden in den obigen Abschnitten die Studien zu Patienten mit DSM III Major depressive Disorder in den Untersuchungen von Beutler et al. (1991, 1993) zur »Focused-Experiential Therapy« (FEP) und zur prozess-erfahrungsorientierten Therapie mit den gestalttherapeutischen Interventionen von Greenberg et al. (1998) sowie die Studie zu Gestalttherapie von Mulder et al. (1994). Letztere untersuchten zwei

Gruppen von AIDS-Patienten mit depressiven und Angstreaktionen. Johnson & Smith (1997) verglichen gestalttherapeutische und verhaltenstherapeutische Methoden zur Behandlung einer phobischen Störung. In die Kategorie der affektiven Störungen gehören weitere Studien, die auch in der Liste aufgeführt sind, aber keine Vergleichs- oder Kontrollgruppe haben bzw. noch nicht abgeschlossen sind (Pauls & Reicherts 1999; Butollo et al. 1997a,b). Weiterhin findet sich eine Anzahl qualitativ beachtenswerter Studien mit psychiatrischen Patienten, z.B. mit der Diagnose Schizophrenie, und Personen mit schweren Persönlichkeitsstörungen (Serok et al. 1983, 1984; Greenberg et al. 1978; Yalom et al. 1977; Cross et al. 1980, 1982; Hartmann-Kottek 1979). Dargestellt wurden im Abschnitt zur Therapieergebnisforschung die beiden kleinen Kontrollgruppenstudien mit hospitalisierten schizophrenen Patienten von Serok et al. (1983, 1984). Die frühere der beiden Studien ergab auf den eingesetzten Erhebungsinstrumenten mittlere, die zweite sehr gute Ergebnisse für die gestalttherapeutische Behandlung dieser schwer gestörten Patienten. Cross et al. (1980, 1982) verglichen eine Mischung aus Gestalttherapie und Transaktionsanalyse mit kognitiv-behavioraler Therapie für eine Gruppe von gemischt psychiatrischen Patienten. Gemischte Gruppen mit Persönlichkeitsstörungen finden sich ebenfalls in den Arbeiten von Greenberg et al. (1978), Yalom et al. (1977) sowie in der kleinen, von Hartmann-Kottek (1979) durchgeführten Langzeitstudie zu Persönlichkeitsänderungen mit aus der stationären psychiatrischen Behandlung entlassenen Patienten. Zur Evaluation stationärer psychotherapeutischer Behandlung liegt eine Kontrollgruppenstudie von Wolf (1999) vor, in der eine umfangreiche Stichprobe psychiatrischer Patienten unter der Diagnose »gemischte neurotische und ichstrukturelle Störung« gestalttherapeutisch behandelt wurde. Die Arbeit schließt auch eine Langzeitkatamnese nach der Entlassung ein. Die Studien zu Abhängigkeitserkrankungen weisen zu einem großen Teil das Problem auf, dass sie in einem stationären Setting durchgeführt worden sind, in dem Gestalttherapie mit Sozial- und anderen Therapien vermischt wurde (Moran et al. 1978; Ludwig et al. 1984; Röhrle et al. 1989). Eine Ausnahme bildet die Arbeit zur gestalttherapeutischen Nachsorge zuvor stationär behandelter politoxikomaner Patienten von Broemer et. al. (in Vorbereitung). Eine weitere Gruppe qualitativ interessanter Studien zur Gestalttherapie ohne Konfundierung mit anderen Therapien (teils mit Kontrolle) findet sich zu psychosomatischen Störungen einschließlich funktioneller Schmerzen (Heinl 1996, 1998; Teegen et al. 1986; Sandweg & Riedel 1998; Hill et al. 1989). Zwei dieser Studien wurden zur Behandlung von Schmerzpatienten in deutschen psychosomatischen Kliniken mit gestalttherapeutischem Ansatz durchgeführt. Dabei wurden die Studien von Heinl (1996, 1998) und Sandweg et al. (1998) mit beachtenswert großen Stichproben von 123 resp. 251 Patienten durchgeführt, während Hill et al. (1989) nur eine sehr kleine Stichprobe von sechs Patienten untersuchten. Zuletzt findet sich eine Anzahl von Studien zu verschiedenen Gruppen, wie z.B. Kindern mit Leistungsstörungen (Felton & Davidson 1973), Eltern von Problemkindern (Little 1986), Ehepaaren mit Partnerschaftsproblemen (Jessee et al. 1981) und anderen Populationen, die als psychosoziale Risikogruppen eingestuft werden können (Petzold 197; Spagnuolo Lobb 1992).

Die aufgeführten Untersuchungen geben Informationen zu gestalttherapeutischen Behandlungserfolgen im stationären Setting wie auch in der ambulanten Behandlung zum Einzel- und Gruppentherapiesetting. Die Therapiedauer lag dabei im Range von 10 und 60 Behandlungsstunden.

21 der in den Tabellen 4 und 5 aufgeführten Studien geben katamnestische Informationen bis zu neun Jahren nach Behandlungsabschluss, wobei die meisten Studien Katamnesen im Zeitraum zwischen drei und zwölf Monaten erheben. Von den 21 genannten Arbeiten berichten 20 stabile Befunde. Lediglich die Studie von Moran et al. (1978) mit einer relativ kurzen Behandlung von alkoholabhängigen Patienten ergab keine stabilen Ergebnisse. Außerordentlich umfangreiche Nachbefragungen finden sich in den Arbeiten von Schigl (1998, 2000) mit 431 ehemaligen Klienten der Gestalttherapie in Österreich und der Arbeit von Mestel et al. (2000) mit 800 ehemals stationär mit erfahrungsorientierter Therapie, die gestalttherapeutische Methoden einschloss, behandelten Patienten. Beide Arbeiten dokumentieren die Stabilität der Behandlungsergebnisse und Zufriedenheit der Patienten bis zu drei Jahren nach Therapieabschluss.

2.3 Metaanalytische Befunde

Ein Problem in vielen Forschungsfeldern ist, dass unterschiedliche Untersuchungen zu einem Themenschwerpunkt häufig voneinander abweichende Ergebnisse hervorbringen. Um diesem Sachverhalt gerecht zu werden, wurde die Methode der Metaanalysen eingeführt, bei der versucht wird, einzelne Ergebnisse von Untersuchungen zu standardisieren und über diese standardisierten Maße, die Effektstärken genannt werden, Ergebnisse aus verschiedenen Untersuchungen zusammenzufassen. Zu den verschiedenen Analysemethoden und Berechnungsformen von Effektstärken siehe Spalte 5 in Tabelle 6.

Vielfach ist die Methode der Metaanalyse kritisiert worden. Nach dem Erscheinen der ersten Metaanalyse zu Psychotherapiestudien von Smith & Glass (1977) hatte Eysenck (1978) diesen Ansatz in einem kurzen, aber berühmt gewordenen Aufsatz vernichtend als »Mega-silliness« bezeichnet (»garbage in – garbage out«, d.h. wenn schlechte Untersuchungen einfließen, kann auch das Gesamtergebnis nicht besser werden). Als Verzerrungsfaktoren gelten in der Regel: (1) Publikationsbias (erfolglose Untersuchungen bleiben unveröffentlicht und fließen deshalb in die Gesamteinschätzung nicht mit ein), sowie (2) die Gleichsetzung und rechnerische Vermengung inhaltlich unterschiedlicher Problembereiche, z.B. soziale Probleme, Persönlichkeitsfunktionen, Symptome etc. und verschiedener Skalierungen (das sogenannte »Äpfel und Birnen«-Argument, vgl. z.B. Rüger 1994). Dem zweiten Problem versuchten verschiedene Metaanalytiker gerecht zu werden. Dieser Schwierigkeit begegneten z.B. die Autoren der umfassendsten Metaanalyse, die je erstellt wurde (Grawe et al. 1994), indem sie (a) die erfassten Studien nach einem differenzierten Güteprofil bewerteten und (b) die verschiedenen erfassten Variablen klassifizierten und getrennt auswerteten.

Eine Übersicht über Metaanalysen, die Auswertungen zur Gestalttherapie enthalten oder die spezifisch zur Gestalttherapie durchgeführt worden sind, enthält Tabelle 6. Angegeben ist jeweils das Datum der Publikation und das Ende der Literaturrecherche. In der vierten Spalte ist die Anzahl von Studien aufgeführt, die in die Analyse einbezogen worden sind. In Klammern dahinter findet sich die jeweilige Anzahl der klinischen, d.h. echten Patientenstudien, soweit dies dem Text entnehmbar war. Die Analysen unterscheiden sich in der Methodik ihrer Verrechnung, in ihrer Vorgehensweise, beispielsweise in der Methode der Berechnung von Effektstärken, wie auch in der Gesamtanzahl von verrechneten Studien und der Anzahl von klinischen Studien. Diese Unterschiede zwischen den Metaanalysen in der Anzahl einbezogener Studien sind teilweise ein Ergebnis der Einschlusskriterien, so z.B. ob nur (a) echte Patientenstudien oder (b) nur Kontrollgruppenstudien aufgenommen worden sind. Ein zweiter Grund für die Unterschiede in der Anzahl der Studien liegt in der Literatursuche, z.B. in der Frage, welche Quellen berücksichtigt werden: Die internationalen Datenbanken enthalten vielfach nicht alle Informationen. Sogar sehr gute Studien sind dort manchmal nicht verzeichnet, insbesondere, wenn die Studien nicht in Englisch publiziert worden sind. Weiterhin können nicht-englischsprachige Studien häufig von englischsprachigen Forschern nicht verarbeitet werden.

Aufgrund der unterschiedlichen Literaturrecherchen, Aufnahmekriterien und Berechnungsvorschriften, die oft nicht die Einbeziehung aller Studien zulassen, beruhen die Metaanalysen oft auf sehr unterschiedlichen Datenpools. Bei den beiden Metaanalysen in der Tabelle 6 von Schumacher (1986) und Bretz et al. (1994) differiert das Ende der Literaturrecherche nur um zwei Jahre und beide Arbeiten gehören aufgrund der niedrigen Eingangskriterien für die Aufnahme von Studien zu den umfangreichsten Metaanalysen zur Gestalttherapie. Indessen überschneiden sich die Datenpools der beiden Arbeiten nur zu 33 Prozent, d.h. von 38 Studien, die Bretz et al. (1994) auswerteten, wurden nur 16 auch von Schumacher ausgewertet, die insgesamt 26 Studien einbezogen. Dabei beschränkt sich diese Problematik keineswegs nur auf Metaanalysen zur Gestalttherapie. Sie bildet vielmehr in der gesamten Landschaft der Metaanalysen einen großen Unsicherheitsfaktor. Generell sagt die Anzahl von Studien nicht unbedingt etwas über die Verlässlichkeit der ermittelten Effektstärken aus, d.h. eine größere Anzahl einbezogener Studien bedeutet nicht unbedingt größere Realitätsnähe der Schätzung zum »wahren Wert« der Effektivität einer Therapieform. Vielmehr kann davon ausgegangen werden, dass die Effektstärken, die z.b. von Bretz et al. (1994) berechnet wurden, deren Analyse auch viele nichtklinische und qualitativ minderwertige Studien umfasste, eher eine schlechtere Schätzung für die Wirksamkeit der Gestalttherapie darstellt, als die Metaanalysen, die strenge Maßstäbe an die Aufnahme von Studien anlegen[17]. Umgekehrt lässt sich sagen, dass diejenigen Metaanalysen, die z.B. aufgrund klarer Aufnahmekriterien relativ wenige Studien einschließen, weitaus verlässlichere Aussagen enthalten. Dies betrifft insbesondere die Metaanalysen von Grawe, Donati & Bernauer (1994), Orlinsky, Grawe & Parks (1994) sowie Elliott (2001) und Elliott, Greenberg & Lietaer (2004).

2.3.1 Ältere Metaanalysen der Psychotherapieforschung

Die in verschiedenen älteren Metaanalysen über Wirksamkeitsstudien zur Gestalttherapie jeweils berechneten Effektstärken stehen in etwa auf einer Stufe mit denen von verschiedenen psychoanalytischen Therapien, rational-emotiver Therapie und Rogerianischer Gesprächspsychotherapie (Smith & Glass 1977; Smith, Glass & Miller 1980; Shapiro & Shapiro

---

17. Die Metaanalyse von Bretz et al. (1994) war entstanden unter dem massiven Rechtfertigungsdruck des nahenden Psychotherapeutengesetzes in der BRD. Dieser Druck mag erklären, dass die Autoren der fehlerhaften Logik erlagen, dass eine größere Anzahl von Studien höhere Verlässlichkeit bedeutet.

1982; Nicholson & Berman 1983). Dabei scheinen die meisten Therapieformen, einschließlich der dynamischen und humanistischen Verfahren, hinter die behavioralen Methoden zurückzufallen. So rangieren die Effektstärken in diesen älteren Metaanalysen für die dynamischen und humanistischen Therapieformen zwischen .64 und .29 (Smith et al. 1980; Shapiro et al. 1982; Nicholson & Berman 1983), während die behavioralen Therapien zwischen 1.08 und .75, also durchschnittlich um .5 höher liegen (siehe Tabelle 7). Ferner liegen für die verhaltenstherapeutischen Methoden weitaus mehr Studien vor als für alle übrigen Verfahren. Nun ziehen nicht alle Autoren aus diesen Daten den Schluss, dass die behavioralen Methoden wesentlich wirksamer sind als die psychodynamischen und humanistischen Therapien. Vielmehr konnten schon Smith & Glass (1977) nachweisen, dass sich die Unterschiede in der Effektivität zwischen den therapeutischen Orientierungen maßgeblich darauf zurückführen ließen, unter welchen spezifischen Rahmenbedingungen die zu einer Therapieform gemachten Untersuchungen durchgeführt wurden. Als Haupteinflussgröße fanden sie die Reagibilität der Erhebungsinstrumente (»reactivity of outcome measure«) und für Therapievergleichsstudien die Schulenzugehörigkeit der Forschergruppe (»experimenter allegiance«). Die meisten anderen Einflüsse, wie Dauer der Therapie, Erfahrung der Therapeuten oder Diagnose, korrelierten nur gering mit den Effektstärken. Nach der Herausrechnung der Verzerrungsfaktoren aus dem Gesamtpool der Daten wie auch aus dem Pool von Studien, in denen Therapien direkt verglichen werden (»same experiment«), kamen die Autoren zu dem Schluss, dass sich die unterschiedlichen therapeutischen Verfahren in ihrer Effektivität grundsätzlich nicht unterscheiden, Unterschiede finden sich nur in verschiedenen Problembereichen, in denen sich die eine oder andere Therapieform als stärker erweist. Leider berücksichtigen bis heute viele Metaanalytiker den Umstand nicht, dass die Rahmenbedingungen von Studien bei der Interpretation von Effektstärken mit einbezogen werden sollten. Grawe et al. (1994) kritisieren an Smith, Glass & Miller (1980), es gebe »eine große Anzahl von Problemen, die ihre Aussagekraft an Punkten, an denen wir interessiert sind, erheblich einschränken.« Sie nennen dabei den Umfang, Art und die Auswahl des einbezogenen Datenmaterials und kritisieren die hohe Zahl von (nichtklinischen) Analogiestudien sowie den theoretischen Ansatz, eine Berechnung anhand einer Stichprobe aller vorliegenden Studien zu erstellen, statt alle verfügbaren Studien zu untersuchen (Grawe, Donati und Bernauer 1995, 49ff.)

Autoren	publi-ziert	Ende d. Literatur-suche	Anzahl v. Studien (klinische Studien)	Berechnungsformel	Beschreibung der Berechnung und sonstige Analysen	Effektstärke für Gestalttherapie
Smith, Glass & Miller	1977	nicht dokum.	8 (nicht dokum.)	$ES = (\bar{X}_B - \bar{X}_K) / STD_K$	ES = Effektstärke, X_B = Mittelwert Behandlungsgruppe, X_K = Mittelwert Kontrollgruppe, STD_K = Post-Standardabweichung Kontrollgruppe	ES = 0,26
Smith, Glass & Miller	1980	1977	18 (3)	"		ES = 0,68
Schumacher	1986	1984	26 (5)	"		gesamt: ES = 0,65; davon klinische Studien: ES = 0,96, nicht-klinische Studien: ES = 0,58
Grawe, Donati & Bernauer	1994	1984	7 (7)	keine Berechnung von Effektstärken für Gestalttherapie	1. Anzahl von Signifikanzen im Vergleich zur Anzahl durchgeführter Tests unter verschiedenen Kategorien von Messinstrumenten 2. Qualitätsbewertung der Studien mithilfe eines Güterprofils 3. Effektstärken-Unterschiede zwischen verschiedenen Behandlungsformen aus Therapievergleichsstudien	Gestalttherapie wird von den Autoren als »im Übergangsbereich zu den wissenschaftlich fundierten Verfahren« eingeschätzt. »... die wenigen Untersuchungen, die vorliegen, lassen eher auf eine gute Wirksamkeit und ein eher breites Wirkungsspektrum schliessen.« (S. 736)
Orlinsky, Grawe & Parks	1994	Engl.: 1992 Dtsch: 1991	5 (4)	keine Berechnung von Effektstärken	Korrelationen zwischen Prozess- und Outcomevariablen	»Experiential confrontation apears to be a potent form of intervention across several process perspectives.« (S. 359). Dabei arbeitet die Gestalttherapie gemäß Grawe et al. (1994, S. 736) und Grawe (1998, S. 133) wesentlich mit diesem Vorgehen.
Bretz, Heekerens & Schmitz	1994	1986	38 (8)	$ES_d = (\bar{X}_B - \bar{X}_K) / STD_h$ wobei $STD_h = ((n_B-1)*STD_B{}^2+(n_K-1)*STD_K{}^2) / (n_B+n_K-2)$	ES_d = Effektstärke mit harmonisierter Standardabweichung beider Gruppen, STD_h = harmonisierter Standardabweichung beider Gruppen n_B = Anzahl Probanden Behandlungsgruppe, n_K = Anzahl Probanden Kontrollgruppe, STD_B = Standardabweichung Behandlungsgruppe	unkorrigiert: ES_d = 0,43, korrigiert: ES_d = 0,50

Tabelle 6a: Metaanalysen, die Daten zur Gestalttherapie enthalten

Autoren	publiziert	Ende d. Literatursuche	Anzahl v. Studien (klinische Studien)	Berechnungsformel	Beschreibung der Berechnung und sonstige Analysen	Effektstärke für Gestalttherapie
Greenberg, Elliott & Lietaer	1994	1992	3 (3)	$ES_V = (\bar{X}_{prä} - \bar{X}_{post}) / STD_{post}$ $ES_K = (\bar{X}_B - \bar{X}_K) / STD_K$ $ES_{VB} = (\bar{X}_B - \bar{X}_{VB}) / STD_{VB}$	ES_V = Veränderungseffektstärken für Prä-/Post-Vergleiche, $X_{prä}$ = Mittelwert Behandlungsgruppe vor Behandlungsbeginn, X_{post} = Mittelwert Behandlungsgruppe nach Behandlungsende ES_K = Effektstärke im Kontrollgruppenvergleich ES_{VB} = Effektstärke im Therapievergleich	$ES_V = 1{,}27$ ($ES_V = 1{,}30$ für erfahrungsorientierte Therapien zusammengenommen) ($ES_{VB} = +0{,}4$ für prozess-direktive einschließlich Gestalttherapie im Vergleich zu kognitiv-behavioraler Therapie)
Elliot	1996	1993	11 (6)	"	"	$ES_V = 0{,}86$ $ES_K = 0{,}73$ $ES_{VB} = -0{,}23$
Elliot	2001	1999	7 (7)	"	"	$ES_V = 1{,}12$ $ES_K = 1{,}05$ $ES_{VB} = 0{,}11$
Elliot, Greenberg, Lietaer	2004	2002	10 (10)	"	"	$ES_V = 1{,}23$ $ES_K = 0{,}64$ $ES_{VB} = -0{,}07$

Tabelle 6b: Metaanalysen, die Daten zur Gestalttherapie enthalten

	Type of therapy	Average effect size	Standard deviation	Stand. error of mean	Number of effects
1	Other cognitive therapies	2,38	2,05	0,27	257
2	Hypnotherapy	1,82	1,15	0,26	19
3	Cognitive-behavioral therapy	1,13	0,83	0,07	127
4	Systematic desensitization	1,05	1,58	0,08	373
5	Eclectic behavioral therapy	0,89	0,75	0,12	37
6	Dynamic-eclectic therapy	0,89	0,86	0,08	103
7	Behavior modification	0,73	0,67	0,05	201
8	Psychodynamic therapy	0,69	0,50	0,05	108
9	Implosion	0,68	0,70	0,09	60
10	Rational-emotive therapy	0,68	0,54	0,08	50
11	Transactional analysis	0,67	0,91	0,17	28
12	Vocational pers. developm.	0,65	0,58	0,08	59
13	Gestalt therapy	0,64	0,91	0,11	68
14	Adlerian therapy	0,62	0,68	0,18	15
15	Client-centered therapy	0,62	0,87	0,07	150
16	Placebo treatment	0,56	0,77	0,05	200
17	Undifferentiated counseling	0,28	0,55	0,06	97
18	Reality therapy	0,14	0,38	0,13	9
	Total	0,85			

Tabelle 7: Effektstärken verschiedener Therapien nach Smith, Glass & Miller (1980). Die Tabelle zeigt, dass nominal die meisten behavioralen Verfahren höhere Effektstärken als psychodynamische und humanistische Therapien aufweisen. Deutlich ist die starke Schwankungsbreite zwischen den verschiedenen Therapieverfahren, die einhergeht mit einer starken Schwankung bei der Anzahl eingehender Untersuchungen.

2.3.1.1 Erste Metaanalyse zur Gestalttherapie

Im Jahr 1986 war am Psychologischen Institut der Universität Tübingen im Rahmen einer Abschlussarbeit eine Metaanalyse zur Gestalttherapie erstellt worden, deren Literaturrecherche im Jahr 1984 endete. Diese Metaanalyse von Schumacher (1986) umfasste insgesamt 43 Versuchsbedingungen aus 26 Studien, von denen allerdings nur sieben Bedingungen aus fünf Studien als klinisch relevant gelten können, d.h. echte Patientenstudien waren. Eine weitere zu dem Zeitpunkt bereits vorliegende klinische Studie (von Greenberg et al. 1978) hatte die Autorin nicht berücksichtigt, vermutlich war sie ihr nicht bekannt. Schumachers Berechnungsweise der Effektstärken war identisch mit der von Smith & Glass (1977) und Smith et al. (1980). Das über alle Bedingungen hinweg ermittelte mittlere Ergebnis von ES = 0.65 unterschied sich nicht wesentlich von dem von Smith et al. (1980) in Tabelle 6. Aber die Analyse zeigte im einzelnen doch ein anderes Bild. Bei der Differenzierung zwischen klinischen Patienten- und anderen Studien ergab sich für die mittlere Effektstärke:
- für sieben Bedingungen aus klinischen Studien ES = 0,96 (std = 0,45)
- für 36 Bedingungen aus nichtklinischen Studien ES = 0,58 (std = 0,51)

Damit liegen bei Schumacher (1986) die klinischen Effekte der Gestalttherapie erheblich höher als die Effektstärken bei Smith et al. (1980), die vor allem nichtklinische Studien zur Gestalttherapie einbezogen hatten. Die durchschnittliche Effektstärke von Bedingungen, unter denen klinische Gruppen untersucht wurden, liegt in der Analyse von Schumacher (1986) mit ca. 40 Prozent bedeutend höher als bei den Bedingungen von nicht-klinischen Untersuchungen. Ein solches Ergebnis muss zum damaligen Zeitpunkt jedoch angesichts der geringen Studienanzahl noch als instabil bewertet werden, vor allem berücksichtigt es nicht den von Smith & Glass (1977) nachgewiesenen Aspekt, dass die Untersuchungsbedingungen einen wesentlichen Einfluss auf die Effektstärke haben.

Abbildung 3 zeigt einen weiteren Parameter, der in dieser Metaanalyse untersucht worden ist. In der Abbildung ist die Effektstärke als eine extrapolierte[18] Funktion der Anzahl von Behandlungsstunden dargestellt. Deutlich erkennbar ist, dass die durchschnittliche Effektstärke im untersuchten

---

18. Gebildet wurde der Mittelwert aus der mittleren Effektstärke aller Studien, die oberhalb einer Stundenzahl, und der mittleren Effektstärke aller Studien, die unterhalb dieser Stundengrenze liegen.

Bereich der analysierten Studien zwischen 12 und 36 Behandlungsstunden systematisch steigt.

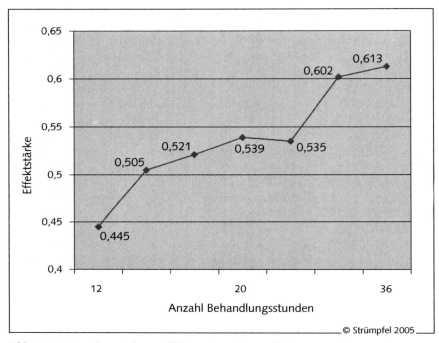

Abb. 3: Anstieg der mittleren Effektstärke (ES) gestalttherapeutischer Studien in Abhängigkeit von der mittleren Anzahl der Behandlungsstunden (nach Schumacher 1986). Die Behandlungsdauer variierte in den analysierten Studien zwischen 12 und 36 Stunden.

Ein weiterer Aspekt, der in dieser Metaanalyse beleuchtet wurde, bezieht sich auf die Untersuchung spezifischer gestalttherapeutischer Interventionsformen. Die größte Effektstärke wies die Gruppe von Studien auf, die zur gestalttherapeutischen Technik der Dialoge mit zwei Stühlen gemacht wurden. Bei dieser Differenzierung zwischen Studien zu Dialogen mit Stühlen und anderen Studien ergab sich für die mittlere Effektstärke:
- für fünf Bedingungen aus Studien zu Dialogen mit Stühlen ES = 1,17 (std = 0,28)
- für 35 Bedingungen aus allen übrigen Studien ES = 0,58 (std = 0,52)

Es ist deutlich, dass die wenigen Studien zu Stuhl-Dialogen, die auf dem Stand der damaligen Analyse vorlagen, die höchsten durchschnittlichen

Effektstärken haben und dies bei einer relativ geringen Streuung zwischen den Bedingungen. Auf den ersten Blick könnte man dieses Ergebnis so interpretieren, dass gestalttherapeutische Dialoge mit Stühlen zum effektivsten Repertoire der gestalttherapeutischen Interventionen gehören. Dieser Schluss ist jedoch bei weitem zu unscharf, berücksichtigt er doch nicht die von Smith et al. (1977) formulierte Bedeutung von Rahmenbedingungen von Studien. Tatsächlich weisen die Studien zu Stuhl-Dialogen eine höhere wissenschaftliche Qualität, z.B. in der Standardisierung auf und bringen deshalb (aufgrund von geringeren Varianzen) höhere Effektstärken hervor (vgl. die Tabellen 2 und 3 zu den Dialogen mit Stühlen, die Schumacher bis 1986 vorlagen und für eine aktuelle Übersicht von Prozessvariablen aus Studien zu Dialogen mit Stühlen, sowie den Abschnitt »Von Mikro- zu Makroprozessen«). Vor allem aber ist von den gestalttherapeutischen Interventionsformen der Dialog mit Stühlen einer wissenschaftlich standardisierten Annährung am leichtesten zugänglich, weil er sich eher standardisiert durchführen lässt als andere Interventionstypen der Gestalttherapie.

2.3.1.2 Die Metaanalyse von Grawe, Donati & Bernauer 1994

1994 erschien die Studie von Grawe, Donati & Bernauer, welche aufgrund ihrer Bewertungen der einzelnen Therapieformen heftige Diskussionen auslöste. Die Datensammlung der Berner Arbeitsgruppe um Grawe bildete ein Kernstück für den Bericht der Enquêtekommission zu Fragen eines Psychotherapeutengesetzes in der Bundesrepublik Deutschland (Meyer et al. 1991), wodurch dieser Metaanalyse weitreichende gesellschaftlich Bedeutung erhielt.

Die Autoren der Studie legten die bislang umfangreichste und sorgfältigste Metaanalyse von 897 Studien zur Wirksamkeit von 33 verschiedenen Therapieverfahren aus sechs therapeutischen Orientierungen vor. Diese umfassen:
- humanistische Therapien (wie Gesprächstherapie, Gestalttherapie, Psychodrama, Transaktionsanalyse)
- psychodynamische Therapien (wie Langzeitpsychoanalyse, psychoanalytische Kurzzeittherapie, Ich-Analyse)
- kognitiv-behaviorale Therapien (wie systematische Desensibilisierung, kognitive Therapie nach Beck, Breitspektrumverhaltenstherapie)
- interpersonale Therapien (wie Paar- und Familientherapie)
- »Entspannungsverfahren« (wie Hypnose, progressive Muskelentspannung)

- eklektische und richtungsübergreifende Therapien (Methoden aus mindestens zwei Therapierichtungen)

Grawe et al. (1994) erfassten in dem Hauptteil ihrer Analyse Studien bis zum Jahr 1984. Bis zur endgültigen Veröffentlichung vergingen zehn Jahre. Spätere Arbeiten bis ca. zur Jahreswende 1991/1992 wurden nachträglich gesichtet und in die Interpretation einbezogen. Bei den später einbezogenen und separat analysierten Arbeiten handelte es sich um Therapievergleichsstudien, d.h. Studien, in denen direkte Vergleiche zwischen Verhaltenstherapie, systemischer, psychoanalytischer sowie klientenzentrierter Therapie angestellt wurden.

Die Auswertungsform war darauf angelegt, den oben benannten Argumenten gegenüber Metaanalysen (Eysenck 1978) entgegenzuwirken: dass schlechte Studien einfließen und gleichbehandelt werden mit guten und verschiedene Erhebungsinstrumente und Skalierungen vermischt werden. Dabei hatten die Autoren jede einzelne Studie sorgfältig kategorisiert und nach einem Güteprofil bewertet. Das Güteprofil erfasste für jede Studie die (a) klinische Relevanz, (b) interne Validität, (c) Güte der Information, (d) Vorsicht bei der Interpretation, Reichhaltigkeit der Messungen, (e) Güte der Auswertung, (f) Reichhaltigkeit der Ergebnisse und die (g) Indikationsrelevanz.

Die Befunde (Anzahl signifikanter Ergebnisse gegenüber Anzahl untersuchter Bedingungen) waren in Form von Ergebnisprotokollen gemäß folgenden Bereichen systematisch gruppiert worden nach den folgenden Kategorien:
- globale Erfolgsbeurteilung
- Hauptsymptome, individuell bestimmt
- Hauptsymptome, für alle Patienten einer Stichprobe gleich klassifiziert
- sonstige Befindlichkeitsmaße
- Persönlichkeits- oder Fähigkeitsbereich
- zwischenmenschlicher Bereich
- Arbeit
- Freizeit
- Sexualität
- psycho-physiologische Maße

Im zweiten Teil der Analyse werten die Autoren Studien aus, in denen direkte Vergleiche zwischen verschiedenen Therapien durchgeführt worden waren.

Zur Gestalttherapie waren im Hauptteil der Metaanalyse insgesamt sieben klinische Wirksamkeitsstudien ausgewertet worden. Die Bewertung des Forschungsstandes zur Gestalttherapie der vor 1984 publizierten Studien beginnen Grawe et al. (1994, 736) mit den Worten:»Im Übergangsbereich zu den wissenschaftlich fundierten Psychotherapien ist gegenwärtig die Gestalttherapie einzuordnen.« Hintergrund dieser gegenüber früheren Einschätzungen des Forschungsstandes zur Gestalttherapie deutlich positiveren Bewertung waren (a) die Güte der Befunde aus den vorliegenden Untersuchungen:»Die wenigen Untersuchungen, die vorliegen, lassen eher auf eine gute Wirksamkeit und ein breites Wirksamkeitsspektrum schließen.« (ebd., 737) und (b) die Befunde einer weiteren Metaanalyse von Orlinsky, Grawe & Parks (1994), die Studien der Prozess-/Wirksamkeitsforschung analysierte und in der auch Studien zur Gestalttherapie einbezogen waren. In dieser»hatte sich die Prozessvariable ›experiential confrontation‹ als sehr guter Wirkfaktor erwiesen und viele gestalttherapeutische Techniken sind hauptsächlich auf die Aktivierung dieses Wirkfaktors ausgerichtet.« (Grawe et al. 1994, 736). Kritisiert wird, dass»noch viel zu wenig kontrollierte Studien zur Wirkung der Gestalttherapie« vorliegen und»der Anwendungsbereich noch viel zu wenig abgeklärt ist« (ebd., 736f.).

Obwohl Grawe et al. (1994) differentiell nach den verschiedenen Messverfahren ausgewertet und jede einzelne Studien nach dem Satz von Qualitätskriterien eingeschätzt haben, berechneten sie schließlich keine Effektstärken über den Hauptpool, der in ihren Ergebnisprotokollen dokumentierten Studien zu den einzelnen Therapieverfahren. Auf eine metaanalytische Verrechnung oder deren Darstellung verzichteten die Autoren der Metaanalyse vollständig mit der Begründung, dass die Berechnung von Effektstärken die Gefahr birgt, dass»bedeutsame Unterschiede in der Art der Untersuchungen zu den verschiedenen Therapieverfahren« u.U. nicht genügend berücksichtigt werden, wenn»man die absolute Höhe von Effektstärken für verschiedene Therapiemethoden miteinander vergleicht. Die Ergebnistabellen bei Smith et al. (1980) suggerieren z.B. solche Unterschiede in der Wirksamkeit für die verschiedenen Therapiemethoden und lassen leicht vergessen, dass diese Effektstärken unter sehr unterschiedlichen Bedingungen zustande gekommen sind.« Mit dieser Begründung haben die Autoren, wie sie anmerken,»auf gewisse quantitative Informationen verzichtet, die in vielen Studien vorhanden gewesen wäre.« (Grawe et al. 1994, 67). Über den Hauptdatensatz der 874 bewerteten und ausgewerteten Studien berechneten die Autoren also keine Effektstärken, sondern kamen zu qualitativen Einschätzungen des Forschungsstandes, der Befundanzahl, der dokumentierten Behandlungsbreite etc. einzelner Therapieverfahren, wie der oben aufgeführten Einschätzung der Gestalttherapie.

Um zu einer Einschätzung der Effektivität von verschiedenen Therapien zu gelangen, werten sie statt des Hauptdatensatzes einen wesentlich kleineren Pool von 41 Therapievergleichsstudien, in denen verschiedene Therapieformen in einer Studie direkt verglichen wurden, aus. Dabei folgten die Autoren der folgenden Logik: »Die Vorbehalte gegenüber dem Aussagewert von Effektstärken, wenn sie von ihren Entstehungsbedingungen losgelöst werden, gelten allerdings nicht für den direkten Vergleich verschiedener Therapiemethoden innerhalb desselben Versuchsplanes, da hier per definitionem gleiche Voraussetzungen für das Finden höherer oder weniger hoher Effektstärken für die eine oder andere Therapiemethode bestehen.« (Grawe et al. 1994, 67). Berücksichtigt werden konnten in ihrer Auswertung Therapievergleichsstudien, die bis 1991 veröffentlicht waren. Dabei lagen Studien für den paarweise direkten Vergleiche von psychodynamischer, Familien-, klientenzentrierter und behavioraler Therapie vor. Für die paarweisen Vergleiche von Familien- und behavioraler Therapie sowie von Gesprächstherapie und Psychoanalyse geben die Autoren keine Effektstärken an, verweisen aber auf die Verteilung der Ergebnisse der Signifikanztests in den Untersuchungen. Über diese Vergleiche hatten sie für Gesprächstherapie und Psychoanalyse etwa gleich starke Effekte festgestellt. Gleichermaßen erwiesen sich behaviorale und Familientherapie in den Effektstärken auf einer Ebene. Effektstärkenvergleiche mit Signifikanztest führten Grawe et al. (1994) hingegen für Vergleichsstudien von behavioraler Therapie mit Psychoanalyse, sowie behavioraler und Gesprächstherapie[19] durch. Dabei ermitteln die Autoren folgende Effektstärken paarweise für den Vergleich mit behavioraler Therapie (Verhaltenstherapie):

- Psychoanalyse: ES = 0,83 (std = 0,64) versus Verhaltenstherapie: ES = 1,23 (std = 0,84)
- Gesprächstherapie: ES = 0,87 (std = 0,38) versus Verhaltenstherapie: ES = 1,13 (std = 0,48)

Die Autoren kommen zu dem Schluss, dass behaviorale Therapie hochsignifikant wirksamer ist als Psychoanalyse und Gesprächstherapie, aber ähnlich wirksam ist wie Familientherapie: »Es scheint demnach so zu sein, dass die beiden mehr auf Problembewältigung gerichteten Verfahren Ver-

---

19. In den angegebenen Daten für den Vergleich von Gesprächstherapie und Verhaltenstherapie wurde eine stark abweichende Studie ausgeklammert. Unter Einschluss dieser Studie ergeben sich Effektstärken für Gesprächstherapie in der Höhe von ES=1,21 (std=1,14) und Verhaltenstherapie von ES=1,82 (std=2,24).

haltenstherapie und Familientherapie insgesamt wirksamer sind als die beiden eher klärungs- oder einsichtsorientierten Verfahren Gesprächstherapie und psychoanalytische Therapie, während innerhalb der bewältigungsorientierten und klärungsorientierten Methoden keine deutlichen Wirksamkeitsunterschiede zwischen den verschiedenen Vorgehensweisen bestehen.« (ebd., 669).

Wie in Abschnitt 2.3.1 berichtet, hatten Smith et al. (1980) bereits dokumentiert, dass der größte Teil der Effektstärkeunterschiede in Therapievergleichsstudien darauf zurückzuführen ist, welcher Schulenorientierung die Forschergruppe angehört (»allegiance effect« für »same experiment data«, vergleiche Abschnitte 2.3.1 sowie 2.3.3). Eine Analyse der Frage, aus welcher Schulenrichtung die Forschergruppen stammen, die eine Therapievergleichsstudie durchgeführt haben, machen Grawe et al. (1994) nicht, obwohl Smith et al. (1980) bereits dokumentiert hatten, dass nach Herausrechnung des »allegiance effects« Unterschiede zwischen verschiedenen Therapien verschwinden. Spätere Analysen konnten dies auch für die in der Metaanalyse analysierten Therapievergleichsstudien nachweisen (vergleiche 2.3.3).

Indessen hatten Grawe et al. (1994) die Analyse von Smith et al. (1980) heftig angegriffen. Ihre Kritik bezog sich vor allem auf eine nicht hinreichend erschöpfenden Literaturrecherche, der Einbeziehung von Analogiestudien, d.h. nichtklinischen Studien, die z.B. mit Studenten durchgeführt wurden, sowie der Effektstärkenauswertung von Studien, die unter unterschiedlichen Bedingungen entstanden sind. Trotz ihrer Kritik an Smith et al. (1980) greifen Grawe et al. (1994) am Ende ihrer Analyse (ebd., 670) auf diese und zwei andere ältere, weniger umfassende Metaanalysen zurück (Smith, Glass & Miller 1980; Shapiro & Shapiro 1982; Nicholson & Berman 1983), um die Wirksamkeit der kognitiv-behavioralen Therapien mit der anderer Therapieformen zu vergleichen (siehe Abbildung 5 oben): »Die Ergebnisse all dieser Analysen stimmen darin überein, dass die Effektstärken für die kognitiv-behavioralen Verfahren etwa doppelt so hoch sind wie die der dynamisch/humanistischen«. Dies ist ein Bruch in der bis dahin stringenten Argumentationslinie von Grawe et al. (1994), weil sie die von Smith et al. (1980) nachgewiesene Bedeutung der Durchführungsbedingungen von Studien (wie z.B. die Verwendung von unterschiedlich reagiblen Erhebungsinstrumenten, siehe Abschnitte 2.3.1 und 3.2) nicht einbezieht, auf welche Grawe et al. (1994) selbst verweisen, wenn sie begründen, warum sie selbst über ihren Hauptdatensatz keine Effektstärken berechnet haben. Vor allem aber hatten Smith, Glass und Miller (1980) nach der Korrektur der Effektstärken gemäß

- der unterschiedlichen Reagibilität verschiedener Erhebungsinstrumente in dem Gesamtdatenpool (»reactivity of outcome measure«)
- des Allegiance-Effektes in den Daten der Therapievergleichsstudien

festgestellt, dass keine Effektivitätsunterschiede mehr zwischen den Therapierichtungen festzustellen waren (vgl. Abschnitte 2.3.1 und 3.2).

Weiterhin stehen die in diesem Buch vorgelegten Reanalysen von Verzerrungsfaktoren und der Ergebnisprotokolle (s.u. Abschnitt 3.2), d.h. der von Grawe et al. (1994) sorgfältig differentiell bewerteten und kategorisierten Forschungsergebnisse einzelner Therapierichtungen, im Widerspruch zu den nominalen Befunden der älteren Metaanalysen (vor allem: Abschnitt 3.1.3 und dort Tabelle 15). Dabei belegen die Ergebnisprotokolle auch, dass für die humanistischen Verfahren nach der Verhaltenstherapie die größte Anzahl von Untersuchungen gegenüber den anderen therapeutischen Grundorientierungen vorliegt: Die Metaanalyse berichtet z.B. mehr als doppelt so viele in kontrollierten, klinischen Studien untersuchte Effekte für humanistische wie für psychodynamische Verfahren[20]

Es stimmt, wie Grawe et al. (1994) argumentieren, dass die Ergebnisse der 897 Studien ihres Hauptdatenpools »unter sehr unterschiedlichen Bedingungen zustande gekommen sind«. Es stellt sich jedoch die Frage, warum Grawe et al. (1994) dann die älteren Metaanalysen als zusätzlichen Beleg für ihren Schluss einer höheren Effektivität der kognitiv-behavioralen Verfahren hinzuziehen, zumal ihre eigenen weit umfangreicheren und stärker kontrollierten Daten Hinweise enthalten, die im Widerspruch zu den nominalen, von Verzerrungsfaktoren unbereinigten Befunden der älteren Metaanalysen stehen (siehe Abschnitt 3.2). Viele Autoren setzten sich sehr kritisch mit den in der Analyse verwendeten Methoden auseinander und später durchgeführte Metaanalysen anderer Autoren (vor allem Luborsky et al. 1999, 2002, 2003; Elliot 2001; Elliott et al. 2004; s.u. Abschnitt 2.3.3) kamen zu völlig anderen Ergebnissen als Grawe et al. (1994).

In ihrer Bewertung des Forschungsstandes zur Gestalttherapie verweisen Grawe et al. (1994) auch die Befunde einer weiteren Metaanalyse von Orlinsky, Grawe & Parks (1994), die Studien der Therapieprozess-Outcomeforschung zum Gegenstand hatte. In dieser »... hatte sich die Prozessvariable ›experiential confrontation‹ als sehr guter Wirkfaktor erwiesen und viele gestalttherapeutische Techniken sind hauptsächlich auf die

---

20. Dieser Umstand hat deshalb Bedeutung, weil die Gruppe der humanistischen Verfahren in Deutschland bis heute nicht wissenschaftlich anerkannt ist.

Aktivierung dieses Wirkfaktors ausgerichtet.« (Grawe et al., 736). Diese Analyse wird im Folgenden dargestellt.

2.3.1.3 Die Metaanalyse von Orlinsky, Grawe und Parks 1994

In dieser bekannten Metaanalyse wurden Merkmale von therapeutischen Prozessen in Verbindung gebracht mit den Therapieergebnissen. Es wurde also eine große Anzahl von Prozess-Wirksamkeitsstudien, daraufhin analysiert, welche Therapieprozesse mit einem positiven Therapieergebnis in Zusammenhang stehen.

Ein für die Gestalttherapie wichtiger Befund der Autoren war, dass der Interventionstyp »experiential confrontation« und das Therapieergebnis in einem positiven Zusammenhang stehen. »Experiential confrontation« erwies sich in dieser Metaanalyse als ein starken Prädiktor für ein positives Therapieergebnis. Grawe (1998) kommentiert diesen Befund der Metaanalyse später wie folgt: »Der Therapeut lenkt die Aufmerksamkeit auf das, was gerade prozessual aktiviert ist, und macht es zum Inhalt. Es spricht einiges dafür, daß dies die wirksamste Methode ist, um beim Patienten neues Bewußtsein für sein Erleben und Verhalten zu schaffen.« (132). Diesen Hauptwirkfaktor bezeichnen die Autoren als »experiential confrontation« und verweisen darauf, dass Gestalttherapie zusammen mit anderen prozessorientierten Therapien zu einem wesentlichen Teil auf diesem Faktor beruht. Dabei bezieht sich »experiential confrontation« »nicht nur auf das Beziehungsverhalten des Patienten gegenüber dem Therapeuten, sondern auf alles Erleben und Verhalten, das gerade abläuft.« (ebd.). Indessen scheint es nicht immer nur positiv zu sein, wenn der Therapeut den Prozess zum Inhalt macht. So untersuchten Orlinsky et al. (1994) auch die Frage, ob Übertragungsdeutungen nicht gleichermaßen ein gutes Mittel zur Erzielung bedeutsamer Einsichten darstellen. Dies scheint nicht immer der Fall zu sein, vielmehr korreliert die Anzahl der Übertragungsdeutungen pro Therapiesitzung in einigen empirischen Studien sogar negativ mit dem Therapieergebnis. »Prozeß zum Inhalt zu machen, scheint demnach nicht immer gut zu sein [...] Das Risiko besteht hauptsächlich darin, daß der Patient sich angegriffen fühlt und defensiv reagiert.« (Grawe 1998, 133). Anders als bei der unmittelbar auf die sinnliche Erfahrung gerichteten »experiential confrontation« sind die Forschungsbefunde zu Übertragungsdeutungen nach Orlinsky et al. (1994) also uneindeutiger, weil die Gefahr besteht, dass diese aus Sicht des Patienten leichter als Kritik aufgefasst werden, auf die er defensiv reagiert. Diese Gefahr scheint nicht zu bestehen, wenn der Patient über die »experiential confrontation«

Unterstützung in seiner Selbstexploration erfährt. Grawe (1998) kommt daraufhin zu dem Schluss, dass, »wenn ein Therapeut prozessual aktiviertes problematisches Beziehungsverhalten des Patienten ihm gegenüber ansprechen will, [...] er größten Wert darauf legen [muss, Anm. *Strümpfel*], [...] daß der Patient die Intervention als positive Hilfestellung erleben kann.« (133).

Durchführung der Metaanalyse

Die Übersicht von Orlinsky, Grawe und Parks (1994) fasst die Daten aus Studien bis 1992 zusammen, die Therapieprozess und -ergebnis miteinander in Beziehung setzen. Deutschsprachige Arbeiten sind bis 1991 erfasst. Die Analyse integriert insgesamt 2354 Einzelbefunde. Die Daten stammen dabei zu einem großen Teil auch aus humanistischen und psychodynamischen Therapiestudien. Die Metaanalyse fasst Befunde zusammen, die sich korrelativen Überprüfungen ergeben, wobei deren Interpretierbarkeit, wie die Autoren selbstkritisch anmerken, für Wirkungs- und Bedingungszusammenhänge eingeschränkt ist.

Die Einschlusskriterien umfassen Arbeiten

(1) mit »echten« Patienten, die an realen Problemen leiden und von »echten Therapeuten behandelt werden. Einbezogen werden auch sogenannte Simulationsstudien. Damit sind Studien gemeint, in denen die Patienten auch Studenten oder Personen aus der Region sein können, die aber unter echten Bedingungen behandelt werden.

(2) Als zweites Einschlusskriterium sollten die Studien bestimmte Aspekte des therapeutischen Prozesses erfassen. Dabei sind dies Aspekte, die entweder natürlich auftreten oder experimentell kontrolliert wurden. Außerdem sollten die Prozessaspekte in Zusammenhang mit variierenden Outcomevariablen erfasst sein. Dabei legten die Autoren eigene Definitionen von Prozess und Outcome zugrunde, die der Klassifikation der Autoren einer aufgenommenen Studie widersprechen konnten, z.B. wenn Einsichten in einer Stunde als Outcome klassifiziert wurden. Die Definition von Outcome, die Orlinsky, Grawe & Parks (1994) zugrunde legten, umfasste dabei nur Veränderungen, die außerhalb der Sitzung evaluiert wurden.

(3) Das dritte Einschlusskriterium definierte sich an dem, was die Autoren als Befund zählten: Hierunter zählten sie eine methodisch unabhängige Beobachtung einer Beziehung zwischen Prozess- und Outcomevariablen.

Zu Beginn ihrer Arbeit diskutieren und klären die Autoren Basiskonzepte von Therapieprozess und Outcome, die lange Zeit vielfältig verwendet werden. Auf der Prozessebene gelangen sie dabei zu einer Kategorisierung von therapeutischen Prozessen, die reicht von Mikromoment-Prozessen (z.B. Ausdrucksänderungen) über Sitzungssequenz-Prozesse (Prozesse in Sequenzen von Sitzungen, Behandlungsepisoden) bis zur therapeutischen Karriere (die ganze Behandlungsgeschichte eines Patienten). Auf der Outcomeebene reicht die Unterscheidung (unter Ausschluss dessen, was manche Autoren als *in-session outcome* beschreiben) von *post-session outcome* (unmittelbare Veränderungen nach der Sitzung, wie Stimmungsverbesserungen, Konfliktlösungen) über Meso-Outcome (Veränderungen über mehrere Sitzungen in der Persönlichkeit, Kongruenz, dysfunktionalen Überzeugungen) bis zum Meta-Outcome (Veränderungen unter dem Einfluss der Behandlungen retrospektiv über den Lebenslauf betrachtet).

Die Autoren beziehen sich in ihrer Analyse auf das »Generic Model of Psychotherapy« von Orlinsky & Howard (1987) als Rahmenmodell. Sechs Aspekte des therapeutischen Geschehens, die diesem Modell entstammen, stellen dabei die Analyseeinheiten für Prozesse dar.

(1) Therapeutischer Vertrag: Hierzu zählen alle Aspekte des therapeutischen Rahmens oder Settings, wie Einzel-, Gruppen- oder Familientherapie, sowie die vereinbarten Ziele und Bedingungen.

(2) Therapeutische Handlungen: Diese umfassen alle Prozesse zwischen Therapeut und Patient, um den therapeutischen Vertrag zu erfüllen, wie z.B. Problempräsentation, Verständnis des Problems durch den Therapeuten, therapeutische Interventionen und die Kooperation des Patienten. Weiterhin finden sich interpersonale Aspekte, zu denen positive und negative Aspekte angenommen werden können, wie

(3) die therapeutische Bindung,

(4) die Bezogenheit auf sich selbst, wie z.B. die Offenheit. Ein weiterer Aspekt umfasst

(5) die unmittelbaren Veränderungen in einer Sitzung (»in-session impacts«) als Resultat der therapeutischen Handlungen, wie z.B. Veränderungen in der Bindung oder in der Bezogenheit auf die eigene Person, die Entschärfung eines Konflikts etc. In einem letzten Aspekt

(6) erfassen die Autoren den sequenziellen Fluss innerhalb einer Sitzung und über Sitzungen hinweg, wenn z.B. Veränderungsmuster über die Zeit identifiziert werden.

Die aufgeführten sechs Aspekte dienen im Rahmen der Analyse von Orlinsky, Grawe & Parks (1994) als Kategorien, nach denen die Befunde zu Prozess-Outcome-Zusammenhängen dargestellt werden. Des Weiteren werden die Daten zum einen aus der Prozessperspektive zum anderen aus der Outcomeperspektive organisiert.

Ergebnisse aus der Prozess-Perspektive

Therapeutic Contract: Die Befunde zu dem therapeutischen Vertrag zeigen für verschiedene therapeutische Rahmenbedingungen (»contract provisions«) keine konsistenten Befunde. Psychotherapie kann in unterschiedlichen Behandlungssettings wirksam sein: als Einzel-, Gruppen- oder Familientherapie, in wöchentlicher oder anderer Frequenz, zeitbegrenzt oder ohne Stundenlimitierung. Gleichermaßen zeigt die Art der Honorarvereinbarung keinen Einfluss. Auch wenn andere Variablen, wie die Schwere der Störung, in die Auswertung einbezogen wird, ergeben sich keine anderen Befunde. Reicher sind Ergebnisse, wenn es um die Realisierung des therapeutischen Vertrages (»contract implementation«) geht: Die Autoren identifizierten die Stabilität von Behandlungssettings und der Treue eines Therapeuten zu seinem Behandlungsmodell als vielversprechende Wirkfaktoren. Unter den Patientenvariablen erweisen sich Übereinstimmung zwischen Therapeut und Patient hinsichtlich der therapeutischen Ziele, die Erwartung des Patienten und seine Bereitschaft mitzuarbeiten, die »patient suitability«, und die Erfahrung des Therapeuten als besonders robuste Variablen, die in mehr als 2/3 aller Studien zu diesen Fragen signifikante Befunde ergaben.

Therapeutic Operations: In 70 Prozent der Untersuchungen sind positive Therapieergebnisse damit assoziiert, wie der Patient sich und seine Probleme kognitiv und über sein Verhalten in die Therapie einbringt, wobei die Autoren insbesondere der Offenheit des Patienten bezogen auf die Darstellung ihrer Lebens- und zentralen partnerschaftlichen Probleme hervorheben für den Therapieerfolg. Auf der Seite des Therapeuten sind die Befunde wiederum weniger konsistent. Indessen zeigt sich für die Fokussierung auf die Probleme des Patienten und bei genügend Takt und Umsicht auf die Gefühle des Patienten ein positiver Zusammenhang mit dem Therapieergebnis. Im Bereich der therapeutischen Interventionen liegt eine beachtliche Evidenz vor, die erfahrungsorientierte Konfrontation (»experiential confrontation«), wie sie sich in gestalttherapeutischen Dialogen mit Stühlen findet, eher stützt als Interpretationen, für welche die Daten insgesamt uneinheitlicher sind. Therapeutische Erkenntnisse und Einsichten sind mit dem Therapieergebnis positiv verbunden; dabei gibt es viele Befunde, die belegen, dass dem Lernen durch Erfahren ein besonderer Stellenwert einzuräumen ist. Paradoxe Intentionen zeigen eine konsistent positive Beziehung zum Therapieergebnis. Selbstenthüllungen des Therapeuten erweisen sich für den Behandlungserfolg als irrelevant. Der Kooperationsbereitschaft versus dem Widerstand des

Patienten kommt bezogen auf die Interventionen des Therapeuten besondere Bedeutung zu.

Therapeutic Bond: Die Qualität der therapeutischen Beziehung oder Bindung kann als besonders wichtige prognostische Größe für das Therapieergebnis gelten. Zur Bindung gehört der kommunikative, interaktive und affektive Kontakt, und die Bereitschaft sich auf die therapeutische Beziehung einzulassen. Dabei basieren die Daten zur therapeutischen Bindung auf mehr als 1000 Einzelbefunden. Sie ist dann besonders eng verbunden mit dem Therapieergebnis, wenn sie aus der Perspektive des Patienten erhoben werden.

Self-Relatedness: In ähnlich starker Weise wie die Bindung steht die Offenheit des Patienten versus eine Verteidigungshaltung in einem Zusammenhang mit dem Therapieergebnis. Hierzu zählt die Kooperativität und der Beitrag des Patienten zur therapeutischen Bindung. Offenes Ausdrucksverhalten und »Teamwork« zählen die Autoren gleichermaßen zu den prognostisch wichtigen Prozessvariablen, in denen der Therapeut den Patienten unterstützen kann.

In-Session-Impact: Mit dem Outcome einer Therapie stehen die positiven Erfahrungen, die ein Patient in einer Sitzung auf unterschiedlichen Prozessebenen macht, in enger Verbindung. Dies allerdings nur, wenn die positiven Erfahrungen aus der Sicht des Patienten erhoben wurden. Überraschenderweise stehen die positiven therapeutischen Effekte, die in einer Sitzung erreicht wurden, aus der Sicht des Therapeuten nicht mit dem Outcome in Verbindung. Dies ist besonders bemerkenswert, insbesondere dann, wenn die Veränderungen, die der Patient erfährt, aus den Interventionen des Therapeuten, seinen Interpretationen, seiner Empathie oder anderen Aktivitäten heraus erfolgte. Die Autoren interpretieren dies in dem Sinne, dass Therapeuten möglicherweise zu involviert sind in das therapeutische Geschehen, um Verbindungen ziehen zu können zwischen verschiedenen Prozessfaktoren, sogar oder gerade aus den eigenen Handlungen resultierende Prozesse, und dem Therapieergebnis.

Sequential Flow: Den wissenschaftlichen Kenntnisstand des zeitlichen Verlaufsfaktors von Psychotherapie schätzen die Autoren zwar in einem frühen, aber auch sehr viel versprechenden Entwicklungsstadium ein. Eine Ausnahme bildet über alle Therapietypen hinweggesehen die Länge der Therapie. Eine große Anzahl von Befunden spricht bereits dafür, dass die Dauer der Behandlung allgemein, wenn auch nicht linear, mit besseren

Behandlungseffekten verbunden ist. Die Autoren sehen zwar, dass die Daten ihrer Prozess-Outcome-Analyse dafür sprechen, dass Patienten häufig schon in relativ kurzen Therapieepisoden Besserungen erfahren. Indessen sprechen die Daten gleichermaßen dafür, dass, wenn Patienten über kurze Behandlungszeiten hinausreichende längerfristige Unterstützung suchen, sie auch von dieser profitieren. Diese Tatsache widerspricht den Annahmen von vielen Verfechtern von Kurzzeitbehandlungen. Die Autoren fordern eine stärkere wissenschaftliche Fundierung der Bedeutung der Therapiedauer.

Ergebnisse aus der Outcomeperspektive

Die Ergebnisse aus der Outcomeperspektive zeigen aus Patientensicht an, dass Therapiewirkung konsistent mit 24 Prozessvariablen verbunden ist, von denen 13 die Bedeutung der Bindung reflektieren. Zur therapeutischen Bindung tragen die folgenden gemeinsamen Variablen bei: *mutal affirmation, communicative attunement* und *global relational quality*. Der Patientenbeitrag reflektiert sich in: *contribution to the bond, role engagement, interactive collaboration, expressiveness* und *affirmation of the therapist*. Der Therapeutenbeitrag zur Beziehung besteht aus Patientensicht in: *therapist's contribution to the bond, role engagement, credibility versus unsureness, collaboration* und *affirmation*. Weiterhin ist die Therapiewirkung aus Sicht der Patienten konsistent verknüpft mit therapeutischen Interventionen wie Interpretationen, »experiential confrontation«, paradoxer Intention, der Patientenkooperation sowie wachgerufenen Gefühlen. Die Erfahrung des Therapeuten ist ebenfalls von signifikanter Bedeutung, wie auch die Offenheit des Patienten und die positiven Erfahrungen in einer Sitzung. Unter den zeitlichen Faktoren ist das Stadium der Therapie und die Therapiedauer aus Sicht der Patienten positiv mit dem Therapieergebnis verbunden.

Aus der Therapeutenperspektive sind 28 Variablen wichtig für das Therapieergebnis, von denen 18 mit denen der Patientensicht übereinstimmen. Die Patienten- und Therapeutenperspektive auf die Wirkung konvergieren hinsichtlich der globalen Beziehungsqualitäten und vielen Aspekten der therapeutischen Bindung, wie auch der Therapeutenerfahrung, der Kooperation des Patienten, der positiven Gefühle und der Offenheit des Patienten, der Erfahrungen in der Therapie und der Therapiedauer. Bereiche, in denen sich die Therapeuteneinschätzungen unterscheiden, finden sich für die Variablen: *goal consensus, role preparation, patient suitability, change strategies, patient exploration, patient motivation, therapist empathy, patient experiencing* und *therapist self-congruence*, die alle von

Seiten der Therapeuten, aber nicht von den Patienten, als wichtig erachtet wurden. Für die Patienten, aber nicht die Therapeuten, finden sich als wichtige Interventionsstrategien, die einen Einfluss auf den Therapieerfolg haben: paradoxe Intention, »experiential confrontation«, Interpretation und globaler Gefühlsausdruck des Patienten, die Glaubwürdigkeit und Sicherheit des Therapeuten sowie das Stadium der Therapie. Die Autoren schließen, dass was ein Therapeut macht, wichtig ist für den Patienten, sofern der Therapeut glaubwürdig ist und den Patienten in seinem emotionalen Prozess erreicht.

Elf Prozess-Outcome-Variablen erweisen sich als besonders robust, in dem Sinne, dass sie signifikante Befunde über verschiedene Beobachtungsperspektiven aus Prozess- und Outcomesicht darstellen. Hierzu gehören die Geeignetheit des Patienten für die Therapie, die Kooperativität des Patienten anstelle seines Widerstandes, die globale therapeutische Bindung, der Patientenbeitrag zur therapeutischen Bindung, der Patientenbeitrag zur interaktiven Zusammenarbeit, die Ausdrucksstärke des Patienten, die Bestätigung des Patienten durch den Therapeuten, die wechselseitige Bestätigung, die Offenheit des Patienten gegenüber einer Verteidigungshaltung, therapeutische Bewusstwerdung und die Behandlungsdauer.

Die Bedeutung der aktiven Teilnahme des Patienten an der Therapie ist eine der wichtigsten Einflussgrößen für die Wirksamkeit. Die therapeutische Bindung, speziell aus der Sicht des Patienten, ist gleichermaßen wichtig für die Verbindung für Prozess- und Therapieergebnis. Der Beitrag des Therapeuten zu einem guten Therapieergebnis liegt vor allen Dingen in seiner Empathie, sowie den Patienten zu bestätigen, mit ihm in selbstkongruenter Form zusammenzuarbeiten, sowie in der erfahrenen Verwendung von wirksamen Interventionen wie »experiental confrontation«, Interpretationen und paradoxen Intentionen.

Bei der Integration ihrer Ergebnisse gehen die Autoren vom »Generic Modell of Psychotherapy« aus. Im Zentrum dieses Modells stehen die drei Aspekte: therapeutischer Vertrag, therapeutische Handlungen und therapeutische Bindung, an denen Therapeut und Patient gleichermaßen beteiligt sind. Die Autoren gehen davon aus, dass es im Verlauf einer Therapie zu positiven Rückkopplungseffekten kommt, die den Behandlungserfolg herbeiführen bzw. verstärken. Hierfür spricht, dass es sich immer wieder als wichtige Voraussetzung für ein gutes Therapieergebnis zeigte, wenn der Patient sich selbst für seine eigene Veränderung verantwortlich fühlte, wobei kommunikative Aspekte und die Art der Bindung von zentraler Bedeutung sind.

Insgesamt sind Bindung und die Qualität der Beteiligung des Patienten insofern die wichtigsten Determinanten für das Therapieergebnis. Dabei hat sich gezeigt, dass Aktivitäten des Patienten im Sinne einer aktiven Beteiligung an der Therapie in einigen Studien ein besserer Prädiktor für das Therapieergebnis darstellen als die Techniken der Therapeuten.

2.3.1.4 Die Metaanalyse von Bretz, Heekerens & Schmitz 1994

Im selben Erscheinungsjahr wie dem der Metaanalyse von Grawe et al. (1994) erschien eine Metaanalyse von Bretz, Heekerens & Schmitz (1994). Die Autoren wendeten in der Verrechnung von 38 Studien, die bis 1986 durchgeführt worden waren, eine andere Form der Berechnung von Effektstärken an als die bisher aufgeführten. Bretz et al. (1994) berechnen keine Änderungseffekte, sondern ausschließlich Vergleichseffekte zwischen Treatment- und Kontrollgruppe in den Post- und Follow-up-Erhebungen. Diese Vergleichseffekte wurden dann mittels einer für beide Gruppen zusammen genommenen, harmonisierten Gesamtstreuung standardisiert. Der Vorteil dieser harmonisierten Berechnung liegt in der geringeren Störanfälligkeit bei bestimmten Stichprobenfehlern. Unklar bleibt dabei, wie die Autoren in ihrer Analyse zwischen Therapievergleichs- und Kontrollgruppenstudien unterschieden haben[21]. In die Analyse haben die Autoren alle Studien einbezogen, die eine Effektstärkenberechnung nach ihrer Methode zuließen. Dabei überschnitt sich nur ein Drittel der von Bretz et al. (1994) einbezogenen Studien mit den von Schumacher (1986) verrechneten Arbeiten. Von den 22 Studien, die Bretz et al. (1994) zusätzlich einbezogen, sind nur vier nach dem Ende der Literaturrecherche von Schumacher erschienen.

Der Hauptschwachpunkt der Analyse liegt darin, dass die Autoren anders als in der Metaanalyse von Grawe et al. (1994) keine Qualitätskontrolle der aufgenommenen Studien durchführten. Qualitative Kriterien für die Aufnahme einer Studie im Sinne von Mindestanforderungen waren nicht gegeben. Eine (z.B. gegenüber Schumacher 1986) extensivere Literaturrecherche in teilweise weniger bekannten Quellen führte dazu, dass in dieser Metaanalyse mehr qualitativ niederwertige Studien einbezogen wurden. Verrechnet mit qualitativ hochwertigen Studien führte dies zu einer Konfundierung im Sinne der Eysenckschen (1978) Kritik (»garbage

---

21. Denkbar ist im ungünstigsten Fall sogar, dass aus der Gesamt-Effektstärke, die für die Gestalttherapie ermittelt wurde, die Effektstärken der jeweiligen Vergleichstherapien abgezogen wurden. Leider ist das Datenmaterial der Autoren nicht mehr verfügbar.

in – garbage out«). Die unkritische Verrechnung von Studien unterschiedlicher Qualität führte zu einer gegenüber den anderen Metaanalysen verringerten Gesamteffektstärke von ES = .43 für die Gestalttherapie. Anders als andere Metaanalysen (und für die Gestalttherapie Schumacher 1986) berichten die Autoren keine Unterschiede zwischen Patienten- und Nichtpatientenstudien. Dieses merkwürdige und von anderen Analysen abweichende Ergebnis kann eventuell auf die mangelnde Qualitätskontrolle eingehender Studien zurückgeführt werden. Ob weiterhin die verschiedenen Datenpools oder das unterschiedliche methodisch-rechnerische Vorgehen der Autoren für ausbleibende Unterschiede zwischen klinischen und nichtklinischen Studien eine Rolle spielten, lässt sich nicht rekonstruieren. Problematisch ist, dass die Darstellung im Text sowie die Auswertung nicht zwischen Therapievergleichs- und Kontrollgruppenstudien differenzieren. Möglicherweise wurden die in anderen Analysen vorhandenen Differenzen zwischen Patienten- und Nichtpatientenstudien bei Bretz et al. (1994) lediglich verwischt. Bedeutung und Aussagekraft dieser Metaanalyse bleiben unklar durch die genannten Kritikpunkte: (a) fehlende Kontrolle des Einflusses der Qualität von Studien und (b) nicht vorgenommene Differenzierung nach unterschiedlichen Studientypen.

2.3.2 Vergleiche zwischen verschiedenen humanistischen Therapien

2.3.2.1 Die Metaanalyse von Greenberg, Elliot & Lietaer 1994

Anders als Bretz et al. (1994) differenzierten Greenberg, Elliot & Lietaer (1994) zwischen Therapievergleichs- und Kontrollgruppenstudien sowie Studien ohne Kontrollgruppe. In einem ersten Teil der Analyse wendeten sie die Berechnungsform nach dem Prä-/Post-Vergleich an, die an den Prätest-Standardabweichungen der jeweiligen Gruppe relativiert wurden. Tabelle 8 gibt einen Überblick über die zentralen Ergebnisse dieses Teils der Analyse.

klienten-zentriert	supportiv/nondirektiv	Focusing	prozess-erfahrungs-orientiert	Gestalt	kathartisch-emotiv
1,15	1,15	0,65	1,84	1,27	1,27

Tabelle 8: Ergebnisse der Prä-/Post-Effektstärken aus der Metaanalyse von Greenberg, Elliott & Lietaer (1994) für (1) klientenzentrierte Therapie, (2) nichtdirektive/supportive Therapie (Non-Directive/Supportive plus Minor Directive), (3) Focusing, (4) prozess-erfahrungsorientierte Therapie (P/E), (5) Gestalttherapie und (6) karthatisch-emotive Therapie

Die Ergebnisse für Gestalttherapie basieren in dieser Analyse auf nur drei Studien, wobei Auswahlkriterien und Kategorisierung der Studien als problematisch bezeichnet werden müssen (s.u. und Box X). Ungeachtet dieser Probleme schließen die Autoren, dass die drei ähnlichen Therapieformen P/E, Gestalttherapie und karthartisch-emotive Therapie unter den untersuchten humanistischen Verfahren die wahrscheinlich wirksamsten sind.

Bei den Vergleichen mit Kontrollgruppen und anderen Therapien in Vergleichsstudien poolen die Autoren die Daten zu den verschiedenen erfahrungsorientierten Therapien. Dabei ergibt sich eine durchschnittliche Effektstärke von ES = 1,3 (std = 0,77) für 16 Vergleiche aus 15 Studien mit unbehandelten Kontrollgruppen. In 26 Studien wurden die erfahrungsorientierten Therapien mit anderen Behandlungen verglichen. Die mittlere Differenz zu anderen Behandlungen lag dabei mit einer Effektstärke von ES = 0,04 (std = 0,74) nahe Null.

Box X:

Wie problematisch die Kategorisierung von Therapien sein kann, zeigt das Beispiel der Studie von Beutler, Frank, Schieber, Calvert & Gaines (1984). Aus dieser wurde in den Metaanalysen von Greenberg et al. (1994) und Elliot (1996a,b, 2001) und Elliot et al. (2004) eine Versuchsbedingung, die unter den Therapievergleichen mit Gestalttherapie verrechnet wurde, obwohl sie in der eigentlichen Studie nicht als »Gestalttherapie« bezeichnet worden war.

Die Studie von Beutler et al. (1984) untersuchte stationär psychiatrisch behandelte Patienten, die zufällig einer von drei therapeutischen Gruppen und einer Kontrollgruppe zugewiesen wurden. Die Behandlungsgruppen umfassten (1) eine interaktive, prozessorientierte Gruppe, (2) eine expressiv-experientielle (EE) und (3) eine verhaltenstherapeutische Gruppe. Die EE-Behandlung enthielt Techniken, die sich als gestalttherapeutisch identifizieren lassen. Die »Therapeuten« in diese Studie bestanden aus einer Krankenschwester, acht psychiatrischen Ärzten im zweiten Jahr nach dem Examen, zwei klinischen Psychologen, einem Sozialarbeiter und zwei Psychologiestudenten im Hauptstudium. Die expressiv-experientielle (EE) Gruppe wurde im Gegensatz zu den anderen beiden Gruppen angeleitet von Therapeuten, die diese Behandlungsform nicht freiwillig gewählt hatten und die nicht mit therapeutischen Vorgehensweise unter dieser Bedingung identifiziert waren. Anders als in den anderen Gruppen fand sich hier außerdem ein leichter Therapeuteneffekt insofern, als die Therapeuten der EE-Gruppe die geringste klinische Erfahrung von allen Gruppen hatten und gleichzeitig über keine Erfahrung mit den verwendeten Techniken verfügten. Zudem beschreiben die Autoren eine schlechte Übereinstimmung zwischen der Form, wie die EE-Therapeuten arbeiteten und den Instruktionen des supervidierenden Therapeuten. Die Autoren fragen, ob die Anwendung der vorgesehenen EE-Techniken nicht einfach ein höheres Maß an Ausbildung erfordert als die Techniken der anderen Gruppen. In der EE-Gruppe wurde (a) der emotionale Ausdruck, v.a. auch von negativen Gefühlen wie Ärger und Wut und (b) die Aufgabe der Abwehr gefördert. Unter der Voraussetzung, dass die Therapeuten nicht identifiziert waren mit dem, was sie taten, könnte für die Patienten der EE-Gruppe ein Doublebind entstanden sein: Sie bekamen ein therapeutisches Angebot gemacht, welches die Therapeuten selbst nicht für gut hielten. Die Autoren kommen zu dem Schluss, dass die EE-Behandlung für die Kurzzeit-Krisenintervention nicht adäquat ist. Indessen zeigt die Studie lediglich, dass EE-Techniken nicht einfach blind verwendet werden können, sondern Einfühlung und Erfahrung in der klinischen Anwendung erfordern wie auch ein Identifiziertsein mit dem eigenen Vorgehen. Die Autoren selbst haben davon abgesehen, die beschriebene Behandlung als gestalttherapeutisch oder gestalttherapeutisch orientiert zu bezeichnen und auch das Wort Gestalttherapie im gesamten Text vermieden. Dennoch wurde diese Studie in den verschiedenen Metaanalysen zu humanistischen Therapien von Greenberg et al. (1994) und Elliot (1996a,b, 2001) anders als in allen anderen Metaanalysen (z.B. Grawe et al. 1994; Bretz et al. 1994) bei den Therapievergleichsstudien zur Gestalttherapie mit verrechnet.

In der Metaanalyse von Greenberg, Elliott & Lietaer (1994) wurde in der Kategorie der Gestalttherapie eine Studie eingeordnet, in der das als »Gestalttherapie« kategorisierte Treatment von den Autoren selbst (Beutler et al. 1984) als »expressive experiential« bezeichnet wurde. Zudem wurde die Behandlung von therapeutischen Laien (z.b. Krankenpflegepersonal), die nicht mit dem identifiziert waren, was sie taten, durchgeführt und bestand lediglich im starkem Gefühlsausdruck. Weiterhin wurden Untersuchungen zu gestalttherapeutischen Interventionen, die in den Studien auch so bezeichnet wurden, der prozess-erfahrungsorientierten Therapie (P/E) zugeordnet. Diese Differenzierung ist bis zu einem gewissen Grade willkürlich, insbesondere wenn man sich die Hauptkriterien für P/E-Therapie ansieht: P/E-Therapie integriert eine Reihe gestalttherapeutischer Interventionen, die unter bestimmten, spezifizierten Indikationen (»cognitive-affective markers«) eingesetzt werden, in ein klientenzentriertes Vorgehen (siehe Abschnitt 1.3.1 zur P/E-Therapie).

Nicht alle Studien, die in der Metaanalyse von Greenberg, Elliott & Lietaer (1994) unter P/E Therapie eingeordnet worden sind, untersuchten ein Treatment mit einer klientenzentrierten Basis. Vor allem Studien zu gestalttherapeutischen Dialogen, die vor der Entwicklung der P/E durch Greenberg, Rice & Elliott (1993) entstanden, stellen Studien ohne spezifizierte Marker dar, wurden aber dennoch in dieser Metaanalyse in der P/E-Kategorie subsummiert. P/E-Therapie wird von Greenberg, Elliott und Lietaer selbst als experimentelle Mischform (»hybrid«) von Gestalttherapie und klientenzentrierter Therapie angesehen. Demgegenüber realisieren die älteren Arbeiten (Clarke & Greenberg 1986; Greenberg & Webster 1982 und Paivio & Greenberg 1992) Markerbedingungen für Dialoge mit leerem und zwei Stühlen nur indirekt über die Problemauswahl der untersuchten Personen (»decisional conflicts« und »unresolved relationship issues«). Ein weiter Kritikpunkt liegt in der Vermischung von Einzel- und Paartherapie in der P/E-Kategorie. Dabei erweisen sich die Paarbehandlungen als ungleich wirksamer im Vergleich zu Einzeltherapien, was an dem spezifischen Behandlungssetting liegen kann. In den späteren Metaanalysen werden die Autoren diesem Kritikpunkt gerecht und werten Paarbehandlungen getrennt aus. Diese Kategorisierungsprobleme ergeben sich jedoch für die Prä-/Post-Auswertungen der Studien.

Ungeachtet der für die Prä-/Post-Vergleiche aufgeführten Kategorisierungsprobleme gibt die Analyse von Greenberg, Elliott & Lietaer (1994) Hinweise darauf, dass die drei am nächsten verwandten bzw. sich überschneidenden Therapieformen P/E, Gestalttherapie und karthartisch-emotive Therapie unter den untersuchten humanistischen Verfahren die erfolgreichsten sind. Ein Schluss, den auch die Autoren nahe legen. Reanalysiert man die Studien nach dem Kriterium, ob das Wort »Gestalttherapie« in der Beschreibung der Therapieform oder untersuchten Einzelinterventionen von den Autoren selbst verwendet wird, nivellieren sich die Effektstärken zwischen P/E und Gestalttherapie (bei ca. ES = 1.4). In ähnlicher Weise gleichen sich die Effektstärken zwischen den drei prozess-direktiven Verfahren (Gestalttherapie, P/E und karthatisch-emotiver Therapie) an, wenn die Studien für Paartherapien separat verrechnet werden, was die Autoren in ihren späteren Analysen machen.

2.3.2.2 Die Metaanalyse von Elliot 1996a,b

In einer jüngeren Metaanalyse stellte Elliot (1996a,b) schon im Titel die Frage, ob klientenzentrierte Erfahrungstherapien effektiv sind. In diesem Zusammenhang untersuchte der Autor auch die Effektstärke von Gestalttherapie im Prä-/Post-Vergleich, in der Differenz zu Kontrollgruppen und im Vergleich zu anderen Therapien. Dies geschah in der gleichen Weise, wie bereits in der früheren Metaanalyse A von Greenberg, Elliot & Lietaer (1994) differenziert worden war. Der Pool der Studien zur Gestalttherapie umfasste weitere (wenngleich ältere) Studien, die in der früheren Metaanalyse noch nicht einbezogen worden waren. Dabei handelte es sich um Studien zu Wochenend-Marathon-Therapien, die jeweils an einem Wochenende durchgeführt worden waren. Indessen kann als problematisch gewertet werden, dass sieben von diesen acht neu hinzugenommenen Studien keine klinische Relevanz zukommt; untersucht worden waren Selbsterfahrungsgruppen mit Studenten. Entsprechend schlecht fällt die Effektstärke zur Gestalttherapie aus. Während diese in der Metaanalyse von Greenberg, Elliot & Lietaer (1994) noch vor klientenzentrierter Therapie lag, rutschte sie unter Einbeziehung der Wochenend-Therapie-Studien jetzt ans untere Ende der Skala der untersuchten humanistischen Therapieformen. Diesem Problem der klinischen Relevanz tragen die späteren Metaanalysen von Elliot (2001) Rechnung, indem sie die Selbsterfahrungs-Wochenend-Therapien in einer getrennten Kategorie unabhängig von Gestalttherapie auswertet.

2.3.2.3 Die Metaanalyse von Elliot 2001

Auf 99 Therapiebedingungen in 86 Therapiestudien stützt sich diese Metaanalyse zu humanistischen Therapien von Elliot (2001), womit sich die Anzahl der analysierten Studien gegenüber 37 Studien in der Metaanalyse von Greenberg, Elliot & Lietaer (1994) mehr als verdoppelt hat. Die nichtklinischen Arbeiten wurden aus dem Pool der Studien zur Gestalttherapie wieder herausgenommen. Dabei schließt diese Metaanalyse wiederum auch Nichtkontrollgruppenstudien mit ein, in denen Prä-/Post-Veränderungs-Effektstärken erfasst wurden. Die Effekte wurden mit den Effektstärken aus Kontrollgruppenstudien und Therapievergleichsstudien verglichen, womit diese Analyse ein Maximum an Informationen mit einbezog. Ebenfalls erfasst wurde eine größere Anzahl deutschsprachiger Studien. Zudem wurde eine statistische Äquivalenz-Analyse (»Nachweis der Nullhypothese«; nach Rogers, Howard & Vessey 1993) durchgeführt, die Elliot für die Abschätzung der Bedeutung von Effektivitätsunterschieden in Therapievergleichsstudien benutzt. Zuletzt umfasste diese Metaanalyse auch die statistische Kontrolle des Einflusses von bestimmten Faktoren, wie z.B. (a) von der Zugehörigkeit eines Forschers zu einer therapeutischen Orientierung und (b) von verschiedenen Messinstrumenten auf die Effektstärke (Tabelle 9). Dabei zeigte sich zu (a), dass die Schulenzugehörigkeit

Erhebungsinstrument	n	M	SD
Symptome, individuell	22	2,54	1,17
Verbesserungsratings	14	1,83	0,95
Symptome, klinische Ratings	35	1,52	0,75
spezifische Beziehungsqualität	31	1,31	0,95
Symptome, Klientenratings	101	0,93	0,59
soziale / interpersonale Anpassung	37	0,88	0,76
Selbstkonzept / -wert	45	0,83	0,62
emotionaler Ausdruck / Erleben	22	0,64	0,44
Persönlichkeit / Coping / Gesundheit	50	0,59	0,45
Gesamt	357	1,07	0,71

Tabelle 9: Die mittleren Effektstärken (M) für verschiedene Erhebungsinstrumente nach Elliot (2001). Die Effektstärken wurden durchschnittlich über die verschiedenen Behandlungen hinweg ermittelt. Die Tabelle zeigt auch die Anzahl der Vergleiche (n) und die Standardabweichung (SD) zwischen den Effektstärken einzelner Vergleiche.

der Forscher mit der gefundenen Effektstärke der Therapievergleichsstudien zu .61 korrelierte, d.h. 37 Prozent der Varianz in den Effektstärkeunterschieden der Therapievergleichsstudien ließen sich allein auf die therapeutische Orientierung des Forschers zurückführen. Die Ergebnisse einer Studie werden also beträchtlich zugunsten der vom Forscher vertretenen Therapieorientierung verzerrt.

Zu (b): Die größten Effektstärken fanden sich bei Skalen, welche die individuellen Symptome und Probleme der untersuchten Personen erfassen, gefolgt von Veränderungseinschätzungen durch die Behandler und den klinischen Symptomen. Die schlechtesten Effektstärken ergeben sich auf Messinstrumenten, die Persönlichkeitsveränderungen erfassen (Tabelle 9). Die unterschiedlichen Effektstärken für die verschiedenen Erhebungsinstrumente lassen sich aus mehreren Gründen heraus erklären. Vor allem

Therapieform	Veränderungs-ES			Kontrollgruppen-ES		
	n	Mittelwert	Standardabweichung	n	Mittelwert	Standardabweichung
klienten-zentriert/ supportiv	44	0,97	0,55	13	0,8	0,59
supportiv/ nondirektiv	9	0,94	0,41	3	0,41	0,17
prozess-erfahrungs-orientiert	14	1,25	0,58	3	0,86	0,49
emotional-fokussierend/Paare	10	1,59°	0,65	7	1,91°	0,80
Gestalt	7	1,12	0,78	1	1,05	
Encounter	8	0,70	0,34	7	0,73	0,37
andere	7	0,97	0,41	2	0,92	0,92
F (df)		2,75* (6,92)			3,72** (6,29)	
e ta^2		0,15			0,43	

° Signifikant größere Effektstärke im Vergleich mit allen anderen Behandlungsformen zusammengenommen (p < ,05)
* p < ,05; ** p < ,01

Tabelle 10: Effektstärken für verschiedene humanistische Therapien nach Elliot (2001)

können sie anzeigen, dass unterschiedliche Problembereiche in der Therapie schneller oder langsamer Veränderungen aufweisen. Beispielsweise verändern sich Persönlichkeitsstörungen langsamer als affektive Symptome. Andererseits können die Effektstärkeunterschiede auch die Genauigkeit reflektieren, mit denen die Erhebungsinstrumente Veränderungen erfassen; dabei ist ein komplexes Konstrukt wie Persönlichkeit wiederum schwerer operationalisierbar als im Vergleich zu einem Symptom.

Zeilenweise verglichen werden können in Tabelle 10 die Effektstärken von: (1) klientenzentrierter/supportiver Therapie, einer gesprächstherapeutischen Form, in der ein Therapeut dem Klienten in einem vertiefenden Verständnis folgt und diese zurückspiegelt, (2) supportiv-nondirektiver Gesprächstherapie, die betont, dass der Klient die Führung in der Therapie hat, eine Herangehensweise, die Carl Rogers erstem innovativen therapeutischen Ansatz entspricht, (3) prozess-erlebnisorientierter Therapie (s.u.), in der ein Therapeut zwischen folgendem und aktiv leitendem Aktivitätsmodus wechselt, in Abhängigkeit von den Bedingungen des therapeutischen Geschehens, (4) emotional-fokussierende Paartherapie, einer Therapieform für Paare, die in enger Verwandtschaft zu prozess-erlebnisorientierten Therapie entwickelt wurde, (5) Gestalttherapie, (6) Encounter, einer Selbsterfahrungsform, die in Deutschland so gut wie keinen Niederschlag gefunden hat und (7) einer Restkategorie (»andere«). Paartherapie und Encountergruppen fallen aus der Vergleichbarkeit der verschiedenen Ansätze heraus, da sie den im Einzelsetting praktizierten (bzw. praktizierbaren) andere Therapieverfahren nicht entsprechen.

Die Untersuchung der Effektstärken der einzelnen humanistischen Therapierichtungen (klientenzentriert, nicht-direktiv/supportiv, P/E, emotional-fokussierte Paartherapie, Gestalttherapie, Encounter und andere) zeigte die Gestalttherapie bei der Veränderungseffektstärke auf dem dritten Platz, bei den Kontrollgruppenvergleichen auf dem zweiten Platz und bei den Vergleichsstudien auf dem vierten Platz der sieben genannten Therapierichtungen. Dabei gilt auch hier die Kritik, dass die Einbeziehung der Studie von Beutler et al. (1984) unter die Gestalttherapie den Wert der Vergleichseffektstärke für Gestalttherapie stark verminderte (siehe Box X).

Die Befundlage legt den Schluss nahe, dass die Gestalttherapie sowie die prozess-erfahrungsorientierte Therapie (P/E), die gestalttherapeutische Interventionen integriert, zu den wirksamsten humanistischen Verfahren gehören.

2.3.2.4 Die Metaanalyse von Elliott, Greenberg & Lietaer 2004

Wie in der Metaanalyse von Orlinski, Grawe & Parks (1994) eingangs erwähnt, kommt der Fokussierung auf den Prozess besondere Bedeutung zu. Hier stellt sich die Frage, wie sich einschätzen lässt, in welcher Weise sich Awareness und Prozessfokussierung auf die Effektivität auswirken.

Die Metaanalyse von Elliott, Greenberg & Lietaer (2004) umfasste für die Vorher-/Nachher-Vergleiche Daten aus 127 Stichproben aus 112 Studien. Dabei gehen die Daten einer Gesamtanzahl von 6.169 Klienten ein. Bezogen auf die Kontrollgruppenstudien liegen 42 Kontrollgruppenvergleiche aus 37 Studien vor, die 1149 Klienten untersuchten. 74 Vergleiche (55 Studien, 1375 Klienten) zwischen erfahrungsorientierten und nicht-erfahrungsorientierten Therapien sowie fünf Vergleiche zwischen verschiedenen erfahrungsorientierten Therapien (fünf Studien, 164 Klienten) werden weiterhin analysiert. Von den Vorher-/Nachher-Vergleichen untersuchten 52 klientenzentrierte Therapie (C/C) in relativ reiner Form, währenddessen elf non-direktive Therapie mit weniger direktiven Elementen untersuchten. 18 Studien untersuchten aufgabenfokussierte, integrative und prozess-erfahrungsorientierte Therapie (P/E). Zehn Studien evaluierten die relativ nah verwandte emotional-fokussierende Therapie (EFT) für Paare. Insgesamt wurden zehn Studien zur Gestalttherapie, sowie elf zu Encounter / Sensitivitätsgruppen (meist Marathongruppen) analysiert. 15 untersuchten die Befunde von verschiedenen erfahrungsorientierten humanistischen Therapien (focusing-orientiert, Psychodrama, integrative Ansätze). Die durchschnittliche Studienlänge liegt bei 22 Sitzungen, die durchschnittliche Anzahl von Klienten bei 52. 71 Prozent der Untersucher gehörten den erfahrungsorientierten Schulen an. Effektstärkenberechnungen wurden im Wesentlichen nach Smith, Glass und Miller (1980) und Johnson (1989) durchgeführt.

Im Gegensatz zu ihren früheren Metaanalysen haben die Autoren die Outcomeforschung in dieser Metaanalyse besonders hervorgehoben; sie weisen darauf hin, dass es wesentlich mehr solide Evidenz für die erfahrungsorientierten, humanistischen Therapien gibt als in der zehn Jahre zuvor veröffentlichten Metaanalyse (Greenberg et. al. 1994). Die Datenmenge für erfahrungsorientierte Therapien hat zu einer Verdoppelung der Outcomestudien in den letzten zehn Jahren geführt. Die Autoren geben als positive Wirkungsbereiche vier wichtige Bereiche an: Depression, Angststörung, Trauma und Eheprobleme; insbesondere zur Depression haben die erfahrungsorientierten Therapien eine breite Forschung aufzuweisen. Für die Angststörung sehen die Autoren die Evidenz als gemischt aber ausreichend, um eine Wirksamkeit als wahrscheinlich anzusehen. Für die Behandlung von traumatischen und Missbrauchsereignissen legen die Daten dar, dass prozesserfahrungsorientierte Therapie speziell wirksam ist, wobei keine direkten Nachweise für die Wirksamkeit von klientenzentrierter Therapie in diesem Problembereich vorliegen. Die emotionalfokussierte Therapie für Paare hat weiterhin einen großen Forschungszuwachs zu verzeichnen und erweist sich als die erfahrungsorientierte Therapie mit den höchsten Effektstärken.

Therapieform	Veränderungs-ES n	Mittelwert	Kontrollgruppen-ES n	Mittelwert
klienten-zentriert/supportiv	52	0,91	11	0,78
supportiv/nondirektiv	11	0,84	3	0,43
prozess-erfahrungs-orientiert	18	1,26	3	0,89
emotional-fokussierend/Paare	10	1,40	6	1,93
Gestalt	10	1,23	3	0,64
Encounter	11	0,69	9	0,75
andere	15	0,86	7	0,68

Tabelle 11: Effektstärken für verschiedene humanistische Therapien nach Elliot et al. (2004)

Vergleicht man die übrigen therapeutischen Ansätze, wird deutlich, dass auch unter der größeren Datenbasis gegenüber der 2001 veröffentlichten Analyse (Elliot 2001) die prozess-erfahrungsorientierten Verfahren einschließlich der Gestalttherapie die höchsten Effektstärken aufweisen. Dieser Befund heißt nicht, dass diese Verfahren tatsächlich die effektivsten humanistischen Therapien sind, da die Bedingungen, unter denen die verglichenen Verfahren untersucht wurden, nicht konstant sind. Auch sind die Anzahl verrechneter Vergleiche in einigen Zellen (insbesondere auch für die Gestalttherapie mit n = 1 unter Kontrollgruppen-ES[22]) sehr klein. Insgesamt zeichnet sich nach heutigem Forschungsstand ab, dass die prozesserlebnisorientierten Therapieansätze, einschließlich der Gestalttherapie, die Gruppe der effektivsten humanistischen Therapieverfahren bildet.

---

22. Kritisch angemerkt werden muss, dass Elliott bei weitem nicht alle kontrollierten, klinischen Studien zur Gestalttherapie erfasst hat.

Die Autoren kommen weiterhin zu dem Schluss, dass prozessdirektive, erfahrungsorientierte Therapien wie prozess-erfahrungsorientierte, Gestalt- und emotions-fokussierte Therapie für Paare im Vergleich mit kognitiv-behavioraler Therapie oder klientenzentrierter Therapie tendenziell etwas höhere Effektstärken haben (Elliot et al. 2004, 528). Dabei räumen die Autoren ein, dass dieser Schluss aufgrund eines Autorenbias zustande gekommen sein kann, weil die meiste Forschung zu erfahrungsorientierter Therapie von Forschern, die dieser Richtung zugehören, durchgeführt worden ist. Dabei betonen die Autoren ausdrücklich, dass kontrollierte Outcomeforschung zu klientenzentrierter Therapie deren Langzeitwirkung nachgewiesen hat. Auf die Befunde dieser Metaanalyse zum Vergleich humanistischer Therapien mit kognitiv-behavioraler Therapie wird im folgenden Abschnitt näher eingegangen.

2.3.3 Vergleiche humanistischer Therapieformen mit behavioraler Therapie

Die Kontroverse um die Wirksamkeit der verschiedenen Therapieschulen hat sich in den vergangenen Jahren zugespitzt. Viele akademische Psychotherapieforscher und insbesondere kognitiv-behavioral orientierte Therapeuten vertreten die Ansicht, dass humanistische Therapien den kognitiv-behavioralen Therapien in der Effektivität unterlegen sind. Hintergrund dieser Annahme sind die von Grawe, Donati und Bernauer (1994) vorgelegten Daten, mit denen die Autoren die nicht-behaviorale Psychotherapieszene schockiert hatten. Damals waren die Autoren auf der Basis der von ihnen analysierten Therapievergleichsstudien zu dem Schluss gekommen, dass behaviorale Therapien etwa doppelt so wirksam seien wie psychodynamische und humanistische Therapien.

Elliott hatte in verschiedenen Metaanalysen (zuletzt: Elliott 2004) Studien, die Vergleiche zwischen humanistischen und behavioralen Therapien vornehmen, unter dem Gesichtspunkt reanalysiert, welcher therapeutischen Schule die jeweilige Forschergruppe zugehörte. Dabei zeigte sich, dass die von Grawe et al. (1994) postulierten Effektivitätsunterschiede[23] zwischen den verschiedenen Therapieformen sich für die Vergleiche zwi-

---

23. Grawe et al. (1994) hatten den eigentlichen Hauptpool ihrer Daten, der Studien einschloss, die bis zum Jahr 1984 veröffentlicht waren, nie auf Effektivitätsunterschiede zwischen den verschiedenen Therapieschulen hin geprüft. Ihre Schlüsse basierten mit guten Gründen auf einem viel kleineren Pool von Studien, in denen direkte Vergleiche zwischen verschiedenen Therapien durchgeführt wurden.

schen kognitiv-behavioraler Therapie (CBT) und humanistischen Therapieformen teilweise nivellieren (Tabelle 12). Der Faktor der Schulen-Zugehörigkeit einer Forschergruppe erweist sich als so durchschlagend, dass, wenn er aus den Therapievergleichsdaten herausgerechnet wird, keine Effektivitätsunterschiede mehr zwischen den Schulen vorhanden sind.

Die zuletzt von Elliott (2004) publizierte Metaanalyse basiert auf 74 Vergleichen, von denen 46 die Effekte humanistischer Therapien mit denen kognitiv-behavioraler Therapie vergleichen. In allen übrigen Bedingungen werden humanistische Therapien gegen eine Sammelkategorie anderer Therapieformen (»psychodynamic, psychoeducational, treatment as usual«) kontrastiert. Die Ergebnisse sind in Tabelle 12 zeilenweise dokumentiert, eine Zeile entspricht jeweils einem Vergleich. Die Kriterien für die verschiedenen Tests auf Un-/Gleichheit finden sich in den Fußnoten der Tabelle 12 und detailliert in Elliott (2004).

In dem Vergleich zwischen humanistischen und anderen Therapien (Tabelle 12) zeigten sich die humanistischen Verfahren gleich stark gegenüber der mittleren Effektstärke (a) aller anderen Therapien zusammen genommen und (b) der kognitiv-behavioralen Therapie. Statistisch waren sie besser als die nicht-kognitiv-behavioralen Verfahren. Klientenzentrierte/nicht-direktive/supportive Therapie war statistisch abgesichert weniger effektstark als kognitiv-behaviorale Therapie. Dagegen lagen die reine klientenzentrierte und prozess-erfahrungsorientierte Therapie (P/E, Gestalttherapie und emotional-fokussierte Therapie) in einem gleichen Wirkungsspektrum wie kognitiv-behaviorale Therapie. Tendenziell lag reine klientenzentrierte unter und prozess-erfahrungsorientierte Therapie über der Wirksamkeit von kognitiv-behavioraler Therapie.

Die beiden Schlüsse, dass humanistische Therapien (a) gegenüber nichtkognitiv-behavioralen Therapien besser abschneiden, während sie (b) mit kognitiv-behavioralen auf einem etwa gleichwertigen Leistungsniveau stehen, kann Elliott statistisch auf dem Ein-Prozent-Niveau absichern (Vergleichs-Effektstärken: ES = -0.16 vs. 0.36; t = 2.87, p < .01). Beide Aussagen lassen sich über verschiedene Einzelvergleiche erhärten. Dabei führt Elliott einen Äquivalenztest durch, über den sich die gleiche Effektivität von humanistischen und kognitiv-behavioralen Therapien gleichermaßen statistisch absichern ließ (Elliott 2001, 67).

Indessen findet sich für den Vergleich von nicht-direktiver klientenzentrierter Therapie mit kognitiv-behavioraler Therapie eine Überlegenheit der kognitiv-behavioralen Therapie (4. Vergleich). Keine statistischen Unterschiede finden sich hingegen bei den Vergleichen zwischen reiner klientenzentrierter Therapie und kognitiv-behavioraler Therapie (5. Vergleich) sowie prozess-direktiven Verfahren (z.B. prozess-erfahrungsorientierte Therapie und Gestalttherapie) und kognitiv-behavioraler Therapie (6. Vergleich in Tabelle 12). Eine Überlegenheit kognitiv-behavioraler Therapie lässt sich aus dieser Analyse also zunächst einzig gegenüber nichtdirektiver klientenzentrierter Therapie bestätigen. Dies entspricht den Befunden von Grawe, Donati & Bernauer (1994), deren Datenpool in dem von Elliott (2001) inkludiert ist. Grawe und seine KollegInnen waren daraufhin zu dem Schluss gekommen, dass die kognitiv-behaviorale Therapie »hochsignifikant wirksamer ist als psychoanalytische und Gesprächstherapie« und »die Effektstärken für die kognitiven-behavioralen Verfahren etwa doppelt so hoch sind wie die der dynamisch/humanistischen« Therapien zusammengenommen (Grawe et al. 1994, 670).

Vgl.Nr.	Verglichene Therapien	n	M_D	SD_D	t(0)	t(0,4)	Ergebnis
1	erfahrungsorientierte vs. nicht-erfahrungsorientierte Therapien	74	0,04	0,56	0,61	-5,50**	äquivalent
2	erfahrungsorientierte vs. CB Therapien	46	-0,11	0,51	-1,49	+3,88**	äquivalent
3	erfahrungsorientierte vs. nicht-CB Therapien	28	2,90	0,57	+2,65*	-1,03	besser
4	CC/nondirektiv-supportiv vs. CB	32	-2,50	0,45	-3,11**	+1,96+	kaum abweich.
5	reine CC vs. CB	20	-1,90	0,44	-1,94+	+2,15*	kaum abweich.
6	prozess-direktiv vs. CB	14	2,00	0,51	1,43	-1,49	unbestimmt
7	mehr vs. weniger prozess-direktiv	5	4,80	0,26	+4,07*	-0,60	besser

t (0) = gewöhnlicher Gesamtgruppen-t-Wert gegen eine Nichtdifferenz-Nullhypothese
t (0,4) = Gleichheits-t-Wert gegen eine 0,4fachen Standardabweichungsunterschied als Nullhypothese
»Ergebnis« bezieht sich auf die Ergebnisinterpretation der vergleichenden Testung: äquivalent = signifikant weniger als das 0,4fache Standardabweichungskriterium, aber nicht signifikant größer als Null; unbestimmt = weder signifikant verschieden noch äquivalent; besser oder schlechter = humanistische Therapie zeigt schlechteres oder besseres Ergebnis (signifikant verschieden von 0, aber nicht signifikant verschieden vom 0,4fachen Standardabweichungskriterium)
CBT = kognitiv-behaviorale Therapie
+p < ,01 * p < ,05 ** p < ,01

Tabelle 12: Vergleiche mit behavioraler Therapie

Elliott reanalysierte die Daten dieser Studien darauf, wer die Studien durchgeführt hat, d.h. welcher therapeutischen Orientierung die Forschergruppen zuzurechnen sind. In den Vergleichen 7 bis 10 der Tabelle 13 finden sich die Ergebnisse dieser Auswertung, in der die Auswirkungen der Zugehörigkeit einer Forschergruppe zu einer therapeutischen Orientierung kontrolliert werden. Im Ergebnis dieser statistische Analyse heben sich alle Wirksamkeitsunterschiede zwischen den verschieden humanistischen Unterverfahren und kognitiv-behavioraler Therapie auf. Insbesondere die oben beschriebenen Unterschiede zwischen nicht-direktiver klientenzentrierter Therapie und kognitiv-behavioraler Therapie nivellieren sich also, wenn statistisch kontrolliert wird, wer die Studien durchgeführt hat (Tabelle 13, Vergleiche 7 bis 10).

Vgl.Nr.	Verglichene Therapien	n	M_D	SD_D	t(0)	t(0,4)	Ergebnis
1	erfahrungsorientierte vs. CB	46	-0,05	0,43	-0,74	+5,65**	äquivalent
2	erfahrungsorientierte vs. Nicht-CB-Therap.	28	-0,08	0,50	0,81	-3,45**	äquivalent
3	CC/nondirektiv-supportiv vs. CB	32	-0.03	0,42	-3,70	+4,97**	äquivalent
4	reine CC vs. CB	20	-0,03	0,43	-3,20	-3,89**	äquivalent
5	pozessdirektive vs. CB	14	-0,09	0,44	-0,76	+2,65**	äquivalent
6	mehr vs. weniger prozess-direktiv	5	0,01	0,22	0,08	-3,90**	äquivalent

t (0,4) = Gleichheits-t-Wert gegen eine 0,4fachen Standardabweichungsunterschied als Nullhypothese
»Ergebnis« bezieht sich auf die Ergebnisinterpretation der vergleichenden Testung: äquivalent = signifikant weniger als das 0,4fache Standardabweichungskriterium, aber nicht signifikant größer als Null; unbestimmt = weder signifikant verschieden noch äquivalent; besser oder schlechter = humanistische Therapie zeigt schlechteres oder besseres Ergebnis (signifikant verschieden von 0, aber nicht signifikant verschieden vom 0,4fachen Standardabweichungskriterium)
CBT = kognitiv-behaviorale Therapie
+p < ,01 * p < ,05 ** p < ,01

Tabelle 13: Vergleiche mit behavioraler Therapie unter Kontrolle der therapeutischen Orientierung der Forschergruppe

Bei statistischer Kontrolle der Schulenzugehörigkeit von Forschergruppen nivellierten sich die Unterschiede zwischen kognitiv-behavioraler Therapie und den verschiedenen Untergruppen der humanistischen Orientierung.

Insgesamt lassen sich die Ergebnisse wie folgt zusammenfassen:

1. Humanistische Therapien sind nicht unterlegen gegenüber nicht-humanistischen.
2. Humanistische Therapien sind besser als alle übrigen nicht-kognitiv-behavioralen Therapieformen.
3. Humanistische und kognitiv-behaviorale Therapien erweisen sich nicht als unterschiedlich effektiv.

Nach heutigem Forschungsstand erweist sich die Gruppe der humanistischen Therapien insgesamt als gleich wirksam wie die kognitiv-behavioralen Verfahren.

3. Eigene Analysen

3.1 Reanalyse der Metaanalysen zur Gestalttherapie

Die in Abschnitt 2.3 berichteten Metaanalysen, die Daten zur Gestalttherapie enthalten, unterscheiden sich stark in ihrer methodischen Vorgehensweise wie auch in den berichteten globalen Effektstärken, die für die Gestalttherapie jeweils ermittelt wurden (siehe Tabelle 6). Insbesondere sind in den verschiedenen Metaanalysen die Kriterien für die Auswahl der Studien unterschiedlich gesetzt, z.b. ob nur klinische oder auch nichtklinische Studien in die Analyse aufgenommen wurden. Zudem hat die Art, vor allem die Genauigkeit der Literaturrecherche einen Einfluss darauf, wie viele Studien letztlich in eine Metaanalyse eingehen. So ist bereits in der Einleitung von Abschnitt 2.3 berichtet worden, dass sich z.B. in den beiden umfangreichsten Metaanalysen zur Gestalttherapie von Schumacher (1986) und Bretz et al. (1994), in denen der Zeitpunkt des Endes der Literaturrecherche nur um zwei Jahre differiert, die aufgenommenen Studien nur zu einem Drittel überschneiden. Der Einfluss dieser Faktoren ist in Tabelle 6 dokumentiert: So ist nicht nur der Zeitpunkt des Endes der Literaturrecherche, d.h. der bestehende Forschungsstand, von Bedeutung, sondern vor allem auch die jeweilige Auswahl einbezogener Studien.

Abbildung 4 zeigt die drei wichtigsten Variablen, die in einem Zusammenhang stehen mit der in acht Metaanalysen ermittelten Gesamteffektstärke für kontrollierte Studien zur Gestalttherapie. Dies sind
- die Anzahl klinischer Studien,
- die Anzahl nichtklinischer Studien,
- das Jahr des Endes der Literaturrecherche.

In den drei Abbildungen ist die für Gestalttherapie in den acht Metaanalysen über die jeweils aufgenommenen Studien errechnete mittlere Kontrollgruppeneffektstärke aufgetragen gegen diese drei Einflussgrößen. Die

Abb. 4: In den drei Abbildungen ist die in acht Metaanalysen über Kontrollgruppenstudien zur Gestalttherapie berechnete Gesamteffektstärke aufgetragen gegen die Anzahl klinischer Studien (oben), die Anzahl nichtklinischer Studien (Mitte) und das Ende der Literaturrecherche (unten). Die beobachteten Effektstärken sind über gestrichelte Linien verbunden, die durchgezogene Linie kennzeichnet den daraus errechneten Wachstumstrend der Gesamteffektstärke für Gestalttherapie.

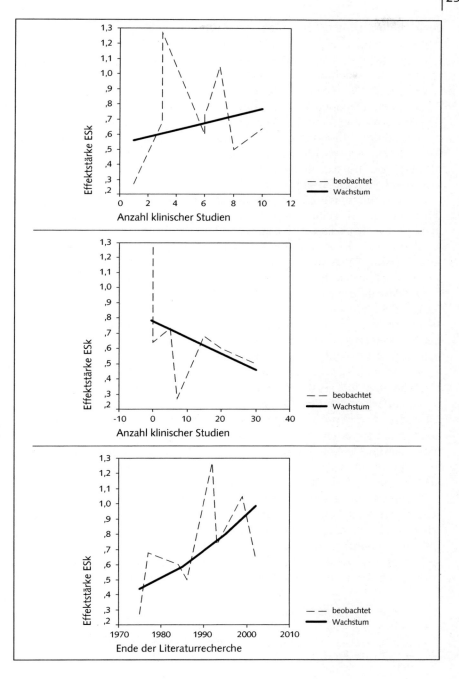

gestrichelten Linien verbinden dabei die berechneten Effektstärken, die durchgezogenen zeigen den jeweiligen Wachstumstrend auf den drei genannten Variablen. Die stärksten Zusammenhänge mit den Gesamteffektstärken finden sich dabei für die Anzahl aufgenommener nichtklinischer Studien und das Ende der Literaturrecherche.

Die Anzahl nichtklinischer Studien korreliert signifikant negativ mit den Effektstärken aus den acht Metaanalysen: $r = -0{,}68$ (Spearman's rho). Dies bestätigt – fast trivialerweise – die zu Beginn des metaanalytischen Kapitels zitierte Einschätzung Eysencks, dass das Gesamtergebnis einer Metaanalyse umso schlechter ausfällt, je mehr minderwertige (hier: nichtklinische) Studien aufgenommen werden.

Dem gegenüber zeigt sich abhängig von der Variable »Jahr des Endes der Literaturrecherche« ein positiver Trend für die errechneten Effektstärken bei einer Korrelation zwischen den Variablen von: $r = 0{,}55$ (Spearman's rho). Die über die Zeit verbesserten Forschungsmethoden könnten erklären, dass mit fortgeschrittenem Forschungsstand auch der Nachweis der Effektivität besser gelingt.

Die Anzahl klinischer Studien korreliert nicht mit der Effektstärke ($r = 0{,}0$). In der obersten Graphik von Abbildung 5 findet sich jedoch ein leichter Wachstumstrend[1] in der Effektstärke, d.h. bei zunehmender Anzahl in einer Metaanalyse aufgenommener klinischer Studien, steigt die in der Metaanalyse für Gestalttherapie ermittelte Effektstärke leicht an.

Nimmt man alle drei Variablen als Prädiktoren für die in den Metaanalysen berechnete Gesamteffektstärke, so ergibt sich ein multipler Korrelationskoeffizient von $R = 0{,}91$. Dabei hat auch der Prädiktor der Anzahl der klinischen Studien einen signifikanten Einfluss. Rechnerisch ergibt sich aus dem korrigierten Korrelationskoeffizienten, dass sich 70 Prozent – und damit der größte Anteil aller Unterschiede zwischen den in den acht Metaanalysen für die Gestalttherapie angegebenen Kontrollgruppeneffektstärken – über die drei Prädiktoren aufklären lassen.

Zusammenfassend bestätigen diese Ergebnisse die Erkenntnisse aus einer Reihe von Analysen, dass die für eine Therapieform ermittelten Effektstärken von einer Anzahl von Einflüssen abhängen. In der hier vorgenommenen Auswertung von Kontrollgruppenstudien in acht Metaanalysen zeigt sich, dass mit zunehmendem Forschungsstand und größerer Qualitätskontrolle auch die nachgewiesene Effektivität der Gestalttherapie steigt.

---

1. Verschiedene nichtlineare Regressionen ergaben keine besseren Anpassungen als die vorgenommenen linearen.

3.2 Weitere Reanalysen und Untersuchung von Verzerrungsfaktoren

In den bisherigen Kapiteln war gezeigt worden, wie von verschiedenen Autoren Verzerrungsfaktoren von Metaanalysen in der Psychotherapieforschung untersucht und beschrieben worden sind. Im folgenden Abschnitt wird der Weg, den Smith et al. (1977, 1978, 1980) begonnen hatten und den Luborsky et al. (1999, 2002, 2003) und Elliot (1996a,b, 2001) wieder aufnahmen (s.o.), weiter verfolgt. Dies geschieht anhand der publizierten Daten aus den bestehenden Metaanalysen, insbesondere der Metaanalysen, welche die umfangreichsten Daten dokumentiert haben, nämlich Smith et al. (1980) und Grawe et al. (1994). Ziel ist hier, das umfangreiche Datenmaterial zu den verschiedenen Therapieformen, wie es z.b. in den Ergebnisprotokollen zu den verschiedenen Therapien bei Grawe et al. (1994) dokumentiert ist, genauer zu analysieren. Berichtet worden war, dass die Autoren die Auszählung von Signifikanzen nach unterschiedlichen Erhebungsinstrumenten in den Ergebnisprotokollen dokumentiert hatten.

Im Folgenden werden über verschiedene Modellrechnungen anhand der Daten dieser Metaanalysen Verzerrungseffekte ermittelt und abgeschätzt. Untersucht wird dabei u.a. die Frage, ob verschiedene therapeutische Orientierungen nicht ein unterschiedliches Erkenntnisinteresse verfolgt und dementsprechend unterschiedliche Untersuchungsmethoden verwendet haben. Ein Aspekt ist z.B., ob psychodynamische und humanistische Therapien nicht eher einen Schwerpunkt in ihrem Erkenntnisinteresse im Bereich Persönlichkeitsveränderung haben, während Forscher zu den behavioralen Therapien (insbesondere in den älteren Arbeiten) ihn eher auf den Bereich der Symptomverminderung legten. Diese Frage ist vor allem deshalb von Bedeutung, weil sich Symptomverminderungen leichter nachweisen lassen als z.B. Persönlichkeitsveränderungen – über die drei Prädiktoren aufklären lassen (Abbildung 5 auf der folgenden Seite und Tabelle 9 in Abschnitt 2.3.2.3).

Smith, Glass und Miller (1980) hatten argumentiert, dass nach der Herausrechnung der Reagibilität unterschiedlicher Wirksamkeits-Erhebungsinstrumente keine Unterschiede zwischen den Therapierichtungen mehr verbleiben (Korrektur der »reactivity of outcome measures«, Ergebnisse: 105f.). Smith und Glass schreiben bereits 1977 in ihrer Zusammenfassung: »Few important differences in effectiveness could be established among many quite different types of psychotherapy. More generally, virtually no difference in effectiveness was observed between the class of all behavioral therapies [...] and the non-behavioral therapies (Rogerian, psychodynamic, rational-emotive, transactional analysis etc.).« (Smith und Glass 1977, 752) In ihrer um 100 Studien umfangreicheren Analyse von 1980 kommen

Smith, Glass und Miller auch auf der Grundlage von direkten Therapievergleichen (»same experiment data«) zu dem gleichen Schluss. Da Symptomskalen höhere Effektstärken aufweisen (siehe oben Tabelle 9, Elliot 2001), stellt sich die Frage, in welchem Ausmaß dieser Verzerrungsfaktor die unkorrigierten Effektstärken für verschiedene therapeutische Verfahren beeinflusst. In Abbildung 5 sind zur Veranschaulichung nochmals die Effektstärken für Symptomskalen und alle anderen Erhebungsinstrumente dargestellt nach Elliot 2001. In Tabelle 14 finden sich zum Vergleich über alle Therapieformen hinweg die prozentualen Häufigkeiten statistischer Signifikanzen für Symptomskalen und alle anderen Instrumententypen ermittelt über die Ergebnisprotokolle in Grawe et al. (1994).

	Prä-/Post-Vergleich n/N	in Prozent	Kontrollgruppen-Vergleich n/N	in Prozent
Symptom-Skalen	567/711	80 %	345/520	66 %
sonstige Skalen	90/127	54 %	306/749	41 %

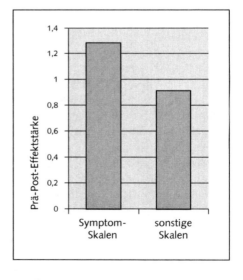

Tabelle 14 und Abb. 5: In der Abbildung links finden sich Effektstärken für Symptomskalen und andere Erhebungsinstrumente aus der Metaanalyse von Elliot (2001). In der Tabelle rechts finden sich zum Vergleich Symptomskalen und alle anderen Erhebungsinstrumente im Prä-/Post- und Kontrollgruppenvergleich über alle Therapieorientierungen hinweg, ermittelt aus den Ergebnisprotokollen von Grawe et al. (1994). In der linken Spalte der Tabelle 14 finden sich die Auswertungen für Prä-/Post-Vergleiche, in der rechten die für Kontrollgruppenvergleiche. Vor dem Schrägstrich ist die Anzahl der signifikanten Befunde angegeben, dahinter die Gesamtzahl der vorgenommenen Messungen für die jeweilige Orientierung. In Klammern ist die Prozentzahl signifikanter Befunde relativ zu den Messungen angegeben. Deutlich zeigen die Symptomskalen die größten Effektstärken (Abbildung links) und die größte Wahrscheinlichkeit für signifikante Befunde (Tabelle rechts) auf. Die Daten in Abbildung 5 und aus den Kontrollgruppenstudien und Prä-/Post-Vergleichen in Tabelle 14 weisen dabei das gleiche Bild auf.

Vergleicht man die Daten für Symptomskalen und andere Erhebungsinstrumente, so wird deutlich, dass sich für Symptomskalen die höchsten Effektstärken ergeben (Abbildung 5) bzw. die größte Wahrscheinlichkeit für signifikante Befunde besteht – im Schnitt für alle Therapieorientierungen 80 Prozent (siehe Tabelle 14). Symptomskalen führen zu höheren Effektstärken und mit einer größeren Wahrscheinlichkeit zu statistischen Signifikanzen als alle übrigen Erhebungsinstrumente. Die Auszählung aus der Metaanalyse von Grawe et al. (1994) weist große Übereinstimmung auf mit den in Abbildung 4 dokumentierten Effektstärke-Daten von Elliot (2001) hinsichtlich der herausragenden Reagibilität von Erhebungsinstrumenten, die Symptome erfassen.

Für die hier allgemein geltende Rangfolge lassen sich verschiedene Erklärungen finden: (a) Symptome, vor allem im affektiven Bereich, lassen sich am leichtesten beeinflussen, oder zumindest eher als Veränderungen im Persönlichkeits- und in anderen Bereichen, (b) Hauptsymptome der jeweiligen Patientengruppen haben die höchsten Ausgangswerte und unterliegen (nach dem Ausgangswertprinzip) schon aus statistischen Gründen einer höheren Veränderungswahrscheinlichkeit, (c) die Rangreihe gibt die Messgenauigkeit unter den verschiedenen Skalen an. Auch weitere Erklärungsmöglichkeiten sind denkbar.

Die Abbildung 6 stellt im oberen Teil der Grafik zunächst grafisch zum augenscheinlichen Vergleich die Effektstärken für dynamisch-humanistische und kognitiv-behaviorale Therapien aus drei Metaanalysen gegenüber (vgl. Grawe et al. 1994, 670) sowie im unteren Teil der Grafik Anteil von Symptomskalen im Verhältnis zur Gesamtzahl von Erhebungen in beiden Therapiekategorien. Dieser Anteil von Symptomskalen in der Forschung der behavioralen und nicht-behavioralen Therapieklassen in Abbildung 6 unten wurde aus den Ergebnisprotokollen zu den verschiedenen Therapieverfahren in Grawe et al. (1994) ermittelt. Abgebildet sind die prozentualen Anteile von Symptomskalen in Erhebungen zu dynamisch-humanistischen (linker Balken) und kognitiv-behavioralen Therapien (rechter Balken). Die Abbildung 6 unten gibt also an, wie hoch der Anteil von reinen Symptommaßen an der Gesamtanzahl von Messungen ist. Es ist deutlich, dass die Studien zu behavioralen Therapien (vor 1984[2]) einen relativ erheblich größeren Anteil an Messungen haben, die sich auf die Symptomebene beziehen. Smith et al. (1980) gaben sogar an, dass in den von ihnen ausgewerteten Studien zur behavioralen Therapie doppelt so viele Symptomska-

---

2. Die Literaturrecherche für den Hauptteil der Metaanalyse, auf dem die Ergebnisprotokolle beruhen, endete 1984.

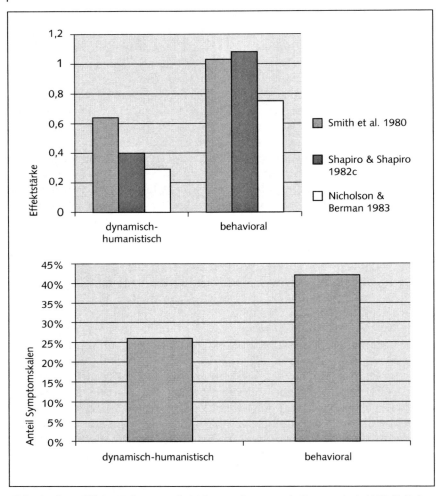

Abb. 6, oben: Effektstärken aus drei Metaanalysen nach Grawe et al. (1994), links dynamische und humanistische Orientierungen zusammengefasst, rechts die kognitiv-behaviorale Orientierung. Für beide Orientierungen sind jeweils in den Säulen von links nach rechts die mittleren Effektstärken nach den Metaanalysen von Smith et al. (1980), Shapiro & Shapiro (1982) und Nicholson & Berman (1983) angegeben.

Abb. 6, unten: Prozentualer Anteil von Messungen, die auf die Hauptsymptome gerichtet sind relativ zu der Gesamtzahl von Messungen für die jeweils zusammengefassten dynamisch-humanistischen sowie die kognitiv-behavioralen Orientierungen (ermittelt aus den Angaben für Prä-/Post-Vergleiche aus den Ergebnistabellen für einzelne Therapieformen in Grawe et al. 1994)

len verwendet werden wie in den Studien anderer Orientierungen. Während in den Untersuchungen zu humanistischen und dynamischen Therapien etwa jede vierte Messung sich auf Symptome bezieht, ist dies in den Studien zu behavioralen Therapien jede zweite. Dies ist nicht überraschend, da die behavioralen Therapien anders als die ganzheitlich ausgerichteten Therapien stark symptomorientiert arbeiten. Gleichzeitig wird hier deutlich, wie sich der von Smith et al. 1980 bereits beschriebene entscheidende Verzerrungsfaktor der Reagibilität der Erhebungsinstrumente, der in die bisherigen Metaanalysen immer vorbehaltlos eingeflossen ist, auswirkt: In den Studienpools der verschiedenen Therapieformen werden die verschiedenen Erhebungsinstrumente unterschiedlich häufig eingesetzt, wobei dies vor allem für die besonders veränderungsrelevanten Maße zu den Hauptsymptomen gilt, wie die Abbildung 5 unten zeigt.

Von den hier berichteten vier Metaanalysen (Smith et al. 1980; Shapiro & Shapiro 1982; Nicholson & Berman 1983 sowie Grawe et al. 1994) stellt die Metaanalyse von Grawe et al. (1994) mit 897 eingeschlossenen Studien die umfassendste Metaanalyse dar. Die anderen Metaanalysen analysierten weitgehend Teilmengen dieses Datenpools, sodass davon ausgegangen werden kann, dass der Anteil der verschiedenen Erhebungsinstrumente für die Studien der verschiedenen Therapieschulen zumindest ähnlich verteilt sein könnte.

Smith et al. (1980) hatten nach Berücksichtigung der Reagibilität der Erhebungsinstrumente ihre in Abbildung 5 oben angegebenen Effektivitätsunterschiede zwischen behavioralen und dynamisch-humanistischen Therapien selbst als verzerrt beschrieben. Nach dem Herausrechnen der Reagibilität nivellierten sich die Unterschiede zwischen diesen beiden Hauptgruppen.

Um hier zu einer Schätzung zu gelangen, wie hoch der Anteil der Effekte von Erhebungsinstrumenten auf die Unterschiede in den Effektstärken zwischen den verschiedenen Therapieformen ist, wurden zwei Modellrechnungen vorgenommen.

3.2.1 Reagibilität der Erhebungsinstrumente

3.2.1.1 Vorhersage von Effektstärken: Modellrechnung I

Smith et al. (1980; siehe Tabelle 7) hatten nachgewiesen, dass die Rangfolge der Effektstärken für die verschiedenen Therapieverfahren, wie sie gefunden wurde, das Ergebnis von Verzerrungsfaktoren ist. Im Folgenden soll hier der Frage nachgegangen werden, wie stark der Einfluss der verwendeten Erhebungsinstrumente auf die unterschiedlichen Effektstärken verschiedener therapeutischer Verfahren eingeschätzt werden kann. Basierend auf der Annahme, dass der relative Anteil der Symptomskalen, wie er von Grawe et al. (1994) dokumentiert ist, auch für die von Smith untersuchten, älteren Studien gilt, wurde eine Modellrechnung durchgeführt. Für sieben Therapieformen, die von Smith und Grawe übereinstimmend kategorisiert worden waren (Transaktionsanalyse, klientenzentrierte Therapie, Gestalttherapie, Hypnotherapie, Rational-Emotive-Therapie, Systematische Desensibilisierung und kognitiv-behaviorale Therapie), konnte die Korrelation zwischen Rangfolge gemäß der Effektstärke nach Smith et al. (1980) und dem relativen Anteil der Symptomskalen an der Anzahl der Gesamtmessungen (dokumentiert nach Grawe et al. 1994) mit dem Spearmanschen Rangkorrelationskoeffizienten errechnet werden[3]. Sie beträgt $r_{SP} = .88$ und ist hochsignifikant ($t = 4.5$, $df = 5$). Bei Hinzunahme der nicht übereinstimmend kategorisierten dynamischen Therapien verringert sich der Korrelationskoeffizient etwas, bleibt aber noch immer hochsignifikant. Nach dieser Modellrechnung sind 77 Prozent der Unterschiede in den Effektstärken zwischen den einbezogenen Therapieformen nur darauf zurückzuführen, wie hoch der Anteil von Symptomskalen in den Forschungsparadigmen der verschiedenen Therapieformen ist.

3.2.1.2 Vorhersage von Effektstärken: Modellrechnung II

Eine zweite Modellrechnung anhand der Ergebnisprotokolle der Metaanalyse von Grawe et al. (1994) belegt gleichermaßen, wie hoch die Be-

---

3. Bei der dargestellten Berechnung handelt es sich um eine vom Autor selbst durchgeführte Testrechnung auf der Basis realer Werte aus den beiden Metaanalysen. Als rechnerische Simulation demonstriert die Spearman'sche Korrelation auf der Basis realer Werte, wie stark Effektstärken von der paradigmatischen Forschungsstrategie unter einer bestimmten Therapierichtung beeinflusst werden können. Natürlich beziehen sich die Arbeiten von Smith et al. (1980) und Grawe et al. (1994) auf unterschiedliche Forschungszeitpunkte. Smith et al. (1980) berichteten selbst, dass Angstskalen die höchste Reagibilität aufweisen. Ihre Analyse des Einflusses von Erhebungsinstrumenten auf die Effektstärken ihrer Metaanalyse basiert indessen gegenüber der hier vorgenommenen auf einer anderen Kategorisierung von Forschungsinstrumenten, was wahrscheinlich zu einer geringeren Varianzaufklärung für die Effektstärkenunterschiede zwischen den Verfahren führt, als sie sich in den beiden hier vorgenommenen Modellrechnungen ergibt. Indessen reichte die Größe der Varianzaufklärung auch bei Smith et al. (1980) dazu aus, die Autoren zu dem Schluss zu bringen, dass sich nach Berücksichtigung der unterschiedlichen Forschungsstrategien keine Wirksamkeitsunterschiede zwischen den verschiedenen therapeutischen Schulen feststellen lassen.

deutung der verwendeten Erhebungsinstrumente für die Effektstärke ist. Nach den Ergebnisprotokollen der Metaanalyse wurde eine multiple Korrelation mit den Prädiktoren »jeweiliger Anteil der verschiedenen Erhebungsinstrumente an der Gesamtanzahl von Messungen« zur Vorhersage einer nach Borz & Doring (1996, 593) für jede der 33 Therapien binomial bestimmten Effektstärke (Kriteriumsvariable) berechnet. Hierzu mussten die Erhebungsinstrumente in größeren Kategorien zusammengefasst werden, da nur einzelne der 33 Therapien unter allen Kategorien von Erhebungsinstrumenten der Ergebnisprotokolle von Grawe et al. (1994) Erhebungen aufwiesen. Erhebungsinstrumente wurden unter vier Oberkategorien zusammengefasst:
- Symptome: individuell und für alle Patienten gleich definiert,
- Persönlichkeits- und Fähigkeitsbereich,
- sozialer und zwischenmenschlicher Bereich, einschließlich Freizeit, Arbeit, Sexualität und
- sonstige Erhebungsinstrumente wie globale Erfolgsbeurteilung, sonstige Befindlichkeitsmaße und psychophysiologische Maße.

Die ersten drei dienten dabei als Prädiktoren für die binomial ermittelte Effektstärke, die aus der Anzahl signifikanter Ergebnissen relativ zur Anzahl vorgenommener Messungen für jede Therapie berechnet wurde. Dabei ergab sich eine Varianzaufklärung von 48 Prozent zwischen binominalen Effektstärken (d) von 26 Therapieformen mit vorliegenden Daten unter den ersten drei Kategorien für die Prä-/Post-Vergleiche, sowie eine Varianzaufklärung von über 49 Prozent für 22 Therapien mit entsprechenden Daten im Kontrollgruppenvergleich (für die vollständige Darstellung der Ergebnisse der multiplen Korrelationen siehe Anhang 7.3).

Effektstärkeunterschiede zwischen den sechs therapeutischen Orientierungen können in Einzelkorrelationen allein über den Anteil von Erhebungsinstrumenten zur Erfassung von Symptom an der Gesamtheit aller Erhebungen zu 41 Prozent für den Prä-/Post-Vergleich und zu 27 Prozent für Kontrollgruppenvergleiche aufgeklärt werden.

Bei den hier vorgenommenen Modellrechnungen auf der Basis der Daten von Smith et al. (1980) und Grawe et al. (1994) lässt sich schätzen, dass etwa die Hälfte[4] der Unterschiede in den Effektstärken zwischen The-

---

4. Diese Schätzung basiert jedoch auf der Vorhersage von binomial ermittelten Effektstärken, die hier eigentlich selber nur als Schätzungen für »echte« Effektstärken verwendet wurden. Würden »echte« Effektstärken verwendet, könnten die Effekte, wie Modellrechnung I zeigt, sogar noch höher ausfallen, da diese eine genauere Abbildung der zugrunde liegenden Effekte gewährleisten.

rapien bzw. therapeutischen Orientierungen allein auf die Zusammenstellung der Erhebungsinstrumente in den Forschungsparadigmen der verschiedenen Therapieformen zurückgeführt werden kann[5]. Unter anderem die fehlende Berücksichtigung dieses Aspekts führte nachträglich, so auch Grawe et al. (1994, 670), zu einer fälschlichen Interpretation der älteren Metaanalysen (Smith et al. 1980; Shapiro & Shapiro 1982 und Nicholson & Berman 1983), indem die unkorrigierten doppelt so hohen Effektstärken für die kognitiv-behavioralen Verfahren im Sinne eines zusätzlichen Beleges für eine erheblich stärkere Wirksamkeit gegenüber den verbalen (d.h. den gepoolten humanistischen und psychodynamischen) Verfahren interpretiert wurden.

Es wird also deutlich, dass vor allem die behaviorale Therapieorientierung aufgrund ihres therapeutischen Ansatzes ihre Wirksamkeitsnachweise über lange Zeit gezielter und effektiver geführt hat als die anderen Therapieorientierungen. Im Vergleich mit den behavioralen Verfahren erscheinen die dynamischen und humanistischen Verfahren in den älteren Metaanalysen allerdings nur deshalb weniger wirksam, weil sich ihre aus ihren therapeutischen Zielsetzungen ergebenden Forschungsinteressen und die daraus resultierenden Forschungsstrategien stärker auf schwerer zu erfassende Veränderungen, wie z.B. in den zwischenmenschlichen Beziehungen, richteten.

Es soll hier noch einmal ausdrücklich betont werden, dass es sich bei den beiden vorgenommenen Berechnungen über den Einfluss der Reagibilität der Erhebungsinstrumente um Modellrechnungen handelt, die zwar auf realen Eckdaten beruhen aber keinen Anspruch erheben, eine vollkommen realistische Abbildung der wahren Verhältnisse zu sein. Dazu liegen die Daten zu ausschnitthaft vor. Die vorgenommenen Modellrechnungen demonstrieren aber, dass der Einfluss der unterschiedlichen Reagibilität der Erhebungsinstrumente auf die Effektstärken unterschiedlicher Therapieverfahren in älteren Metaanalysen mit einiger Wahrscheinlichkeit stark unterschätzt wurde. Indessen kommen Smith & Glass (1977) und Smith et al. (1980), obwohl sie einen statistisch geringeren Einfluss der Reagibilität der Erhebungsinstrumente angeben, als er hier über die Modellrechnungen geschätzt wird, zu dem Schluss, dass sich nach Her-

---

5. Es ließe sich einwenden, dass diese hohen Korrelationen dadurch zustande kommen, dass die behaviorale Therapie tatsächlich höhere Effekte im Symptombereich aufweist und sich dadurch die durchschnittlich höhere Reagibilität der Symptomskalen gegenüber anderen Erhebungsinstrumenten ergibt. Indessen zeigt sich eine unterschiedliche Reagibilität der verschiedenen Erhebungsinstrumente unabhängig von der therapeutischen Orientierung (vergleiche hierzu Abbildung 4 und Tabelle 14).

ausrechnung dieses Faktors die Effektstärken der verglichenen Therapiegruppen nicht mehr unterscheiden. Auch für Smith & Glass stellt die Reagibilität einen Hauptverzerrungsfaktor in Effektstärkevergleichen zwischen verschiedenen Therapien dar.

3.2.2 Weitere Verzerrungsfaktoren

Smith & Glass (1977) und Smith et al. (1980) konnten noch für andere Verzerrungsfaktoren über den Gesamtdatensatz einen statistisch bedeutsamen Einfluss nachweisen, z.b. für den Zeitpunkt der Messung nach Abschluss der Therapie, oder die blinde versus nichtblinde Erhebung von Daten (»blind assessment«, Smith et al. 1980, 113), die sich über alle Therapieformen hinweg als signifikant wirksame Faktoren erweisen. Diese Verzerrungsfaktoren scheinen sich über die verschiedenen Therapieformen jedoch so zu verteilen, dass sie für den Therapievergleich eher keinen oder nur geringen Einfluss haben.

In einer von Elliott (2001) durchgeführten Metaanalyse über humanistische Therapien werden die Mehrzahl der untersuchten Einflussgrößen nicht signifikant. Diese für diese Metaanalyse unerheblichen Einflussgrößen umfassen:
- Jahr der Publikation
- Herkunft der Studie
- Anzahl untersuchter Patienten
- stationäre versus ambulante Therapie
- Erfahrung der Therapeuten
- Problem oder Störung der untersuchten Patientenstichprobe

Signifikante Einflüsse über den gesamten Datenpool konnten dagegen auf folgenden Faktoren festgestellt werden:
- Reagibilität der Erhebungsinstrumente,
- Behandlungsmodalität (Einzel-, Gruppentherapie, Paartherapie, Therapieprogramm, Wochenendmarathon),
- Therapielänge unter den Kontrollgruppenvergleichen.

Für die Therapievergleichsstudien signifikanten Einfluss hat der Faktor:
- Schulenzugehörigkeit der Forschergruppe,
- der Allegiance-Effekt.

Von den genannten einflussreichen Faktoren war die Reagibilität der Erhebungsinstrumente bereits in den vorherigen Abschnitten ausführlich diskutiert worden. In Bezug auf die Behandlungsmodalität erweist sich Paartherapie in zehn Studien zur emotional fokussierten Paarbehandlung als außerordentlich effektstark, wie sich auch in Daten der Metaanalysen von Elliott (2001) und Elliott et al. (2004), die hier in den Tabellen 10 und 11 dargestellt sind, zeigt. Unter den Kontrollgruppenvergleichen korreliert die Therapielänge überraschenderweise negativ mit den Effektstärken, was Elliott (2001) mit möglicherweise längeren Therapien für stärkere Störungen erklärt. Für die Effektstärken aus Prä-/Post-Vergleichen und Therapievergleichsstudien wird der Faktor Therapielänge indessen nicht signifikant.

3.2.2.1 Der Allegiance-Effekt

Der Effekt der Zugehörigkeit der Forschergruppe zu einer therapeutischen Schule, der Allegiance-Effekt, gehört in den Metaanalysen von Smith & Glass (1977), Smith et al. (1980) und Elliott (2001) zu den bedeutsamen Faktoren, für die ein Einfluss auf Effektstärken nachgewiesen werden konnte. In den genannten Metaanalysen ist der Einfluss der Schulenzugehörigkeit auf die Effektstärkendifferenzen zwischen den in Therapievergleichsstudien miteinander kontrastierten Behandlungen hochsignifikant. Nach Herausrechnung dieses Effektes aus den Vergleichen zwischen kognitiv-behavioraler Therapie und psychodynamisch-humanistischen Therapien kommen Smith & Glass (1977) und Smith et al. (1980) zu dem Schluss, dass sich diese beiden Therapieklassen in der Wirksamkeit nicht mehr unterscheiden. Elliott (2001) kann dies für die verschiedenen humanistischen Therapien insgesamt, sowie für die jeweils paarweisen Vergleiche mit kognitiv-behavioraler Therapie gleichermaßen nachweisen. Die Größenordnung des Allegiance-Effektes ist dabei in den Metaanalysen von Smith et al. (1980) und Elliott (2001) ähnlich hoch: Die Größe diese Effekts liegt etwa bei einem Drittel der Effektstärke für Psychotherapie insgesamt, d.h. bei +/- 15 Prozent der mittleren Effektstärke, die über alle Therapien hinweg ermittelt wurde (Smith et al. 1980, 121; Elliot et al. 2001, 68[6]). Diese Höhe entspricht etwa der Größe der Differenz der Effektstärken in den paarweisen Effektstärkevergleichen von Psychoanalyse und behavioraler Therapie, sowie Gesprächstherapie und behavioraler

---

6. Für den Vergleich von humanistischen und nichthumanistischen Therapien gibt Elliot für Therapievergleichsstudien eine hochsignifikante negative Korrelation mit der Effektstärke von ES = -0,61 an. Dies entspricht einer Varianzaufklärung von 37 Prozent, was etwas höher liegt als der Wert, den Smith et al. (1980) ermittelten.

Therapie aus den Daten von Therapievergleichsstudien in Grawe et al. (1994, 662/668; siehe oben Abschnitt 2.3.1.2). Dabei hatten Grawe et al. (1994) den Allegiance-Effekt nicht berücksichtigt. Luborsky et al. (1999, 2002, 2003) hatten die Bedeutung des Allegiance-Effektes für Vergleiche von verschiedenen behavioralen und kognitiv-behavioralen sowie psychodynamischen und psychopharmakologischen Treatmentbedingungen in Therapievergleichsstudien nachgewiesen. Auch Luborsky et al. (1999, 2002, 2003) fanden, dass sich nach Herausrechnung der Schulenzugehörigkeit der Forschergruppe alle Unterschiede zwischen den Treatmentbedingungen nivellierten.

Bisher ist nicht genau untersucht, wie der Allegiance-Effekt zustande kommt. Eine Erklärungsmöglichkeit besteht darin, dass eine Forschergruppe die ihnen weniger vertraute Therapieform nicht so adäquat realisiert wie die Therapie derjenigen Schule, aus der die Forschergruppe selbst stammt. Box X gibt ein Beispiel für eine Treatmentbedingung, die von manchen Metaanalytikern (z.B. Elliott 2001; Elliott et al. 2004) unter Gestalttherapie klassifiziert wurde. Diese von den Autoren (Beutler, Frank, Schieber, Calvert & Gaines 1984) als »expressiv-experientiell« bezeichnete Treatmentbedingung bestand darin, dass hospitalisierte Patienten auf Kissen einschlagen sollten. Angeleitet wurden sie dabei von therapeutisch unerfahrenen Pflegekräften, die nicht identifiziert waren, mit dem, was sie taten. In ähnlicher Weise lässt sich auch vorstellen, dass behaviorale oder gesprächstherapeutische Vergleichsbedingungen von Vertretern der jeweils anderen Schulenrichtung weniger professionell realisiert werden als die eigene favorisierte Therapieform.

In künftigen Therapievergleichsstudien sollten insofern immer in ausgewogenem Verhältnis Vertreter der zu vergleichenden Therapieformen zusammenarbeiten.

3.2.2.2 Verzerrungen durch Drop-outs

Ein Problem ergibt sich daraus, dass die Daten vieler Studien zu unterschiedlichen Zeitpunkten veröffentlicht werden, z.B. die Ergebnisse der Prä-/Post-Vergleiche unmittelbar nach dem Therapieabschluss und die Katamnesedaten in späteren Publikationen (z.B. Beutler et al. 1991a,b, 1993). In der Regel finden sich zu den späteren Katamnesezeitpunkten höhere Drop-out-Zahlen als unmittelbar nach Therapieabschluss (z.B. Cross 1980, 1982). In der Cross-Studie war in der Publikation von 1982 die Probandenzahl durch Drop-outs insbesondere in einer der beiden Gruppen (CBT-Gruppe) erheblich vermindert. Wie häufig in der Literatur verglichen Cross et al. (1982) die katamnestischen Daten der noch teilnehmenden Probanden mit den Daten unter den früheren Messzeitpunkten varianzanalytisch, wobei sich in der Publikation von 1980 zwischen den Gruppen keine Unterschiede feststellen ließen. Wenn man indessen über die zweite Publikation (Cross et al. 1982) Effektstärken berechnet, finden sich in der abgewandelten Berechnungsform von Smith & Glass (1977) und Smith et al. (1980) (oben unter (1) beschrieben) unterschiedliche Veränderungseffektstärken ES_V in den beiden Behandlungsgruppen, weil durch höhere Drop-outs in der CBT-Gruppe die Gruppenvarianz einseitig vermindert ist. Metaanalysen, die auf dieser Berechnungsvorschrift basieren, z.B. Greenberg et al. (1994), Elliot (2001) und Elliot et al. (2004), haben ungeachtet unterschiedlicher Drop-out-Zahlen nur die spätere Publikation von Cross et al. (1982) metaanalytisch verrechnet, in der nur die Daten der Patienten, die noch zu den späteren Analysezeitpunkten an der Untersuchung teilnahmen, einbezogen wurden. Verzerrungen, wie verringerte Varianzen durch höhere Drop-out-Zahlen in einer der Behandlungsgruppen (CBT-Gruppe) flossen dann in alle Messzeitpunkte ein.

Insbesondere bei Cross et al. (1980, 1982) hatte die Effektstärkenverrechnung der späteren Publikation in den Metaanalysen von Greenberg et al. (1994), Elliot (2001) und Elliot et al. (2004) zu erheblichen Verzerrungen geführt. Berechnet man die Effektstärke bei Prä-/Post- nach Cross et al. (1980) und Post- zu Katamnese 1 (resp. Katamnese 1 zu Katamnese 2) nach Cross et al. (1982), so ergeben sich ganz andere Daten als bei Elliot, der immer nur die später publizierten Daten aus Cross et al. (1982) verwendet hatte. Die höhere Zahl von Drop-outs in der CBT-Gruppe verzerrte die Effektstärke beim Kontrast mit der Gestalt- / TA-Gruppe in der Berechnungsvorschrift nach Smith et al. (1980) zugunsten der CBT-Gruppe in den Analysen von Elliot.

3.2.3 Auswertung der Ergebnistabellen der Metaanalyse von Grawe et al. 1994

Wie in 2.3.1.2 berichtet, hatten die Autoren der Metaanalyse von Grawe et al. (1994) darauf verzichtet, den Hauptdatenpool von 897 Studien über die Berechnung von Effektstärken auszuwerten. Die Autoren begründen dies mit dem berechtigten Hinweis, dass solche Effektstärken Unterschiede suggerieren, die aber auf Untersuchungen basieren, die unter schwer zu kontrollierenden unterschiedlichen Bedingungen zustande gekommen sind.

Tabelle 15 gibt eine Übersicht der summierten Daten aus den Ergebnistabellen der Metaanalyse. Verglichen werden hier die verschiedenen therapeutischen Orientierungen: interpersonale, humanistische, kognitiv-behaviorale, psychodynamische Therapien, Entspannungsverfahren[7] und eklektische Therapien. Dabei erfolgt jeweils eine getrennte Auswertung für Prä-/Post-Vergleiche und Kontrollgruppenvergleiche. Vor dem Schrägstrich findet sich die über alle Messverfahren und Unterverfahren der therapeutischen Orientierung summierte Anzahl der signifikanten Befunde, dahinter die Gesamtzahl der Messungen für die jeweilige Orientierung. In der folgenden Spalte ist die Prozentzahl signifikanter Befunde relativ zu den Messungen angegeben. Mit Ausnahme der eklektischen Therapien, für welche die Anzahl von Erhebungen zu gering ist, findet sich für alle therapeutischen Orientierungen der typische Effekt, dass Prä-/Post-Vergleiche leichter signifikant werden als Kontrollgruppenvergleiche, wie auch schon in den Effektstärken bei Smith et al. (1980). Dabei liegt die Anzahl der signifikanten Befunde relativ zur Anzahl vorgenommener Messungen für humanistische ähnlich hoch wie für interpersonale Therapien; diejenige für die verhaltenstherapeutischen Methoden im Schnitt unter der für die humanistischen.

Nähme man die Prozentzahl signifikanter Befunde als Schätzung für eine Effektivität, ohne Verzerrungsfaktoren zu berücksichtigen, wie z.B. die Effektstärken, die Smith et al. (1980) zunächst vorlegen (Tabelle 7), könnte man zu dem Schluss gelangen, dass die interpersonalen und humanistischen Therapien die wirksamsten seien. Ein solcher Schluss kann jedoch nicht gezogen werden, insbesondere wegen des Einflusses hochwirksamer Verzerrungsfaktoren, die z.B. von Smith et al. (1980) herausgearbeitet wurden. Indessen stehen diese aus den Ergebnistabellen der Metaanalyse von Grawe et al. (1994) zusammengefassten Daten im Widerspruch zu den Schlussfolgerungen der Autoren (siehe Tabelle 15) wie auch zu den älteren Metaanalysen, welche die Autoren als zusätzliche Belege für ihre Schlussfolgerungen heranziehen. Die oben genannten Zahlenverhältnisse, dass die interpersonalen und humanistischen Therapien herausragend wirksame Ergebnisse aufweisen, finden sich jedoch auch, wenn man die Unterschiede zwischen den verschiedenen Verfahren nur auf den Symptomskalen, d.h. den am stärksten reagiblen Erhebungsinstrumenten vergleicht (Tabelle 16). Zumindest legen diese im Widerspruch zu den alten Metaanalysen stehenden Daten nahe, dass die

---

7. Unter Entspannungsverfahren fassten die Autoren progressive Muskelentspannung, autogenes Training, Meditation und Hypnose.

Wirkung der humanistischen Therapien insgesamt unterschätzt worden sein könnte.[8]

	Prä-/Post-Vergleich n/N	in Prozent	Kontrollgruppen-Vergleich n/N	in Prozent
interpersonal	52/65	80 %	39/57	68 %
humanistisch	90/127	71 %	85/129	66 %
behavioral	780/1186	66 %	417/860	48 %
psycho-dynamisch	36/76	47 %	21/59	36 %
Entspannung	132/225	59 %	70/139	50 %
eklektisch	17/35	49 %	19/25	76 %

Tabelle 15: Auswertung der Ergebnistabellen nach Grawe et al. (1994). Die Tabelle zeigt Häufigkeiten von Signifikanzen und Messungen aus den Untersuchungen zu den verschiedenen therapeutischen Orientierungen (humanistische, psychodynamische, kognitiv-behaviorale, interpersonale Therapien, »Entspannungsverfahren«[9] und eklektische Therapien). In der linken Spalte finden sich die Auswertungen für Prä-/Post-Vergleiche, in der rechten die für Kontrollgruppenvergleiche. Vor dem Schrägstrich ist die Anzahl der signifikanten Befunde angegeben, dahinter die Gesamtzahl der vorgenommenen Messungen für die jeweilige Orientierung. In Klammern ist die Prozentzahl signifikanter Befunde relativ zu den Messungen angegeben.

Tabelle 16: Auswertung der Symptomskalen (zusammengefasst individuell und für alle Patienten einer Gruppe gleich definierte Symptome) aus den Ergebnistabellen in Grawe et al. (1994). Die Tabelle zeigt Häufigkeiten von Signifikanzen und Messungen aus den Untersuchungen zu den verschiedenen therapeutischen Orientierungen (humanistische, psychodynamische, kognitiv-behaviorale, interpersonale Therapien, »Entspannungsverfahren« und eklektische Therapien). In der linken Spalte finden sich die Auswertungen für Prä-/Post-Vergleiche, in der rechten die für Kontrollgruppenvergleiche. Vor dem Schrägstrich ist die Anzahl der signifikanten Befunde angegeben, dahinter die Gesamtzahl der vorgenommenen

---

8. Vielfach wurden die Daten für dynamische und humanistische Verfahren zusammengefasst, wenn sie mit den kognitiv-behavioralen verglichen wurden (vergleiche Grawe et al. 1994, 670). Der Einfluss, den eine solche Zusammenfassung haben könnte, ist schwer einzuschätzen (siehe Tabelle 15 und 16).

9. Unter dem Begriff »Entspannungsverfahren« fassten die Autoren wie in Abschnitt 2.3.1.2. beschrieben Hypnose, progressive Muskelentspannung, autogenes Training und Meditation.

Prä-/Post-Vergleich		Kontrollgruppen-Vergleich		Messungen für die jeweilige Orientierung. In Klammern ist die Prozentzahl signifikanter Befunde relativ zu den Messungen angegeben.
n/N	in Prozent	n/N	in Prozent	
40/43	93 %	23/28	82 %	
28/35	80 %	31/37	84 %	
411/506	81 %	233/360	65 %	
12/19	63 %	8/17	47 %	
65/94	69 %	41/65	63 %	
11/14	79 %	9/13	69 %	

Tab. 16

Jenseits der Verzerrungsfaktoren schränkt natürlich auch die Tatsache, dass das Auszählen von Signifikanzen gegenüber einer Effektstärkeberechnung einen hohen Informationsverlust darstellt, die Interpretierbarkeit der Daten in den Tabellen 15 und 16 stark ein. Dennoch zeigen die Daten ab einer bestimmten Datenmenge durchaus konsistente Befunde, z.b. bei Vergleich von Prä-/Post- und Kontrollgruppen-Auswertungen. Der typische Effekt, dass Prä-/Post-Vergleiche höhere Effektstärken liefern, findet sich in der Tabelle 15 für alle therapeutischen Orientierungen, einschließlich der Entspannungsverfahren, außer für die eklektischen Therapien, bei denen die zugrunde liegende Datenmenge noch zu gering ist, um von einer Stabilisierung der Ergebnisse ausgehen zu können. Indessen sind andere Verzerrungsfaktoren viel schwerer abzuschätzen (z.B. systematisch unterschiedliche Therapiedauer von humanistischen und behavioralen Therapien in den Studien). Ungeachtet solcher Verzerrungsfaktoren bleibt die Tatsache, dass eine summarische Auswertung der Ergebnistabellen der Metaanalyse von Grawe et al. (1994) deutlich andere Ergebnisse erbringt als die vorherigen Metaanalysen und im Widerspruch steht zu den Schlüssen der Autoren dieser Metaanalyse.

Jenseits der aufgeführten Probleme, der Frage, ob bzw. wie sich Häufigkeiten von Signifikanzen überhaupt auswerten lassen und der angemessenen Berücksichtigung von Verzerrungsfaktoren, ist es bis heute häufige Praxis in Metaanalysen, Daten von unter unkontrollierbar verschiedenen Bedingungen zustande gekommenen Studien zu interpretieren.

Der Hauptdatenpool dieser Metaanalyse bildet inzwischen einen veralteten Forschungsstand ab. Seit Abschluss der Literaturrecherche sind inzwischen mehr als 20 Jahre vergangen. Indessen stellt der aus 897 Studien bestehende Datenpool bis heute eine der größten Datensammlungen der

Geschichte der Psychotherapieforschung dar. Weiterhin ist die Auswahl der Studien bemerkenswert, die wie in Abschnitt 2.3.1.2 berichtet, nur klinisch relevante, kontrollierte Untersuchungen einbezog. Eine Auswertung dieses Datenpools hätte womöglich zu anderen Ergebnissen geführt als die älteren, unter viel weniger kritischen Gesichtspunkten, zustande gekommenen Metaanalysen.

Grawe et al. (1994) greifen am Ende des Buches auf Studien einer aktuelleren Recherche zurück, in denen direkte Therapievergleiche durchgeführt werden. Zwar unterliegen in direkten Therapievergleichen beide Therapieformen scheinbar gleichen Bedingungen, aber auch Therapievergleichsstudien weisen teilweise statistische wie theoretische Probleme auf. Smith et al. (1980) hatten bereits den Effekt nachgewiesen, den die Schulenzugehörigkeit einer Forschergruppe (»experimenter allegiance«, Smith et al. 1980, 119ff., hier Abschnitt 3.2.2.1) in Therapievergleichsstudien durchschnittlich hat. Die Effektstärken gaben sie für die Therapiebedingungen, die von den Forschern vertreten wurde, mit ES = 0,95 an. Für therapeutische Vergleichsbedingungen, die von den Forschern nicht favorisiert wurden, lag die Effektstärke deutlich niedriger bei einem ES = 0,66. Der Allegiance-Effekt war also schon vor der Metaanalyse von Grawe et al. (1994) bekannt und hätte bei der Interpretation der Daten von Therapievergleichsstudien von den Autoren berücksichtigt werden müssen. Diese Kritik gilt für die Interpretation ihrer eigenen metaanalytischen Auswertungen von Therapievergleichsstudien, wie auch die stützende Hinzunahme der Daten von Smith et al. (1980).

Die weitere Entwicklung der Analyse von Therapievergleichsstudien wurde in diesem Band exemplarisch anhand der Metaanalysen von Elliott (2001) und Elliott et al. (2004) für den Vergleich humanistischer und kognitiv-behavioraler Verfahren berichtet (Abschnitte 2.3.2.3 und 2.3.2.4). Sie belegen nach Herausrechnung des Allegiance-Effektes, dass sich kognitiv-behaviorale und humanistische Verfahren in ihrer Wirksamkeit nicht unterscheiden. Zu gleichen Schlussfolgerungen kommen Luborsky et al. (1999, 2002, 2003) in ihren Analysen von Therapievergleichsstudien. Der Größenordnung des Allegiance-Effektes, die Smith & Glass (1980) nachweisen konnten, kommt 25 Jahren später der von Elliott (2001) ermittelten sehr nahe: bis heute lassen sich die Effektstärkedifferenzen zwischen in einer Untersuchung verglichenen Therapien statistisch über die Schulenzughörigkeit der Forscher aufklären.

Auch unter theoretischen Erwägungen sind direkte Therapievergleiche nicht unproblematisch. Es stellt sich z.B. die Frage, auf was eine Therapieorientierung zielt: auf schnelle Symptomveränderungen oder tiefenstrukturelle Persönlichkeitsveränderungen. Unter den verschiedenen Zielrichtungen können andere Verlaufsformen angenommen werden. Diesen Aspekt könnten Smith et al. (1980) im Sinn gehabt haben, wenn sie für den Vergleich von verbalen und behavioralen Therapien darauf hinweisen, dass sich die beiden Therapiegruppen auf weniger reagiblen Erhebungsinstrumenten, die z.B. Persönlichkeitsveränderungen erfassen, nicht unterscheiden.

Zusammenfassend lässt sich sagen, dass die Berner Gruppe den Hauptteil ihrer Datensammlung, die 897 Studien umfasste und damit bis heute als einer der größten vorliegenden Datensammlungen der Psychotherapieforschung gelten kann, metaanalytisch nicht ausgewertet hat. Die Datenverhältnisse, die auf der hier vorgenommenen Auszählung von statistischen Signifikanzen beruhen, stehen im Widerspruch zu den von den Autoren der Metaanalyse gezogenen Schlussfolgerungen, was die Effekte der humanistischen Therapien gegenüber behavioralen Therapien betrifft. Dabei belegen die Daten, dass die humanistischen Verfahren weit effektiver sind, als dies in früheren weniger umfassenden Metaanalysen belegt werden konnte.

Grawe et al. (1994) verweisen darauf, dass die 897 Studien ihres Hauptdatenpools »unter sehr unterschiedlichen Bedingungen zustande gekommen sind«, greifen dann aber selber als Beleg auf die von ihnen zuvor kritisierten Effektstärkenunterschiede aus den älteren Metaanalysen zurück. Dieser vorgenommene Rückgriff auf die älteren metaanalytischen Ergebnisse bleibt hinter dem von ihnen ursprünglich selbst formulierten Anspruch zurück, verschiedene Wirksamkeitsbereiche (»Äpfel und Birnen«) sorgfältig getrennt auszuwerten. Gerade die älteren Metaanalysen sind erheblich geprägt durch Verzerrungen infolge der unterschiedlich häufig verwendeten Erhebungsinstrumente in den therapeutischen Grundorientierungen sowie für die direkten Therapievergleichsstudien durch den Verzerrungsfaktor der Schulenzugehörigkeit der Forscherteams, der Allegiance-Effekt. Auf diese beiden, wahrscheinlich wichtigsten Verzerrungsfaktoren wiesen Smith, Glass und Miller (1980) in ihrer Metaanalyse bereits hin und kommen deshalb zu dem Ergebnis, dass sich keine Wirksamkeitsunterschiede zwischen den verschiedenen therapeutischen Verfahren nachweisen lassen: »In the original uncorrected data, the behavioral therapies did enjoy an advantage in magnitude of effect because of more highly reactive measures. Once this advantage was corrected, reliable differences between the two classes disappeared.« (Smith, Glass & Miller 1980, 105) »Different types of psychotherapy (verbal or behavioral; psychodynamic, client-centered, or systematic desensitization) do not produce different types or degrees of benefit.« (ebd. 184) Demgegenüber zitieren Grawe et al. jedoch nur die Effektstärken von Smith et al. (1980), die noch nicht um diese Verzerrungsfaktoren bereinigt sind, und stellen die Behauptung auf, die Daten von Smith, Glass & Miller (1980) zusammen mit den Daten aus anderen Metaanalysen würden die Überlegenheit der kognitiv-behavioralen Verfahren bestätigen: »Die Ergebnisse all dieser Analysen stimmen darin überein, dass die Effektstärken für die kognitiv-behavioralen Verfahren etwa doppelt so hoch sind wie die der dynamisch-humanistischen« (Grawe et al. 1994, 670)

Die auf die verwendeten Erhebungsinstrumente zurückzuführende Varianzaufklärung in den Effektstärkeunterschieden zwischen den Therapien liegt nach den hier durchgeführten Modellrechnungen in einem Bereich zwischen 53 Prozent und 77 Prozent. Gemäß diesen Schätzungen lassen sich also bis zu 3/4 der Effektstärkeunterschiede zwischen den Therapieformen in den älteren Metaanalysen alleine darauf zurückführen, wie hoch der Anteil der Symptomskalen gegenüber anderen Erhebungsinstrumenten in den Untersuchungen ist. Deutlich wird, dass durch die unterschiedliche Verwendung der Erhebungsinstrumente in den verschiedenen Therapieverfahren eine starke Verzerrung vorliegt, wodurch die psychodynamischen und humanistischen Verfahren mit ihrem größeren Forschungsinteresse an Persönlichkeitsveränderungen mit einem negativen Bias bewertet wurden. Vor diesem Hintergrund lässt sich die Behauptung einer geringeren Wirksamkeit der humanistischen Verfahren gegenüber den kognitiv-behavioralen Verfahren nicht aufrechterhalten.

3.3 Eigene Analysen zur Gestalttherapie

Im folgenden Abschnitt geht es darum, wie die Wirksamkeit von Gestalttherapie in der gegenwärtigen psychotherapeutischen Landschaft einzuschätzen ist. Hierzu ist es notwendig, Ankerpunkte zu finden, an denen die Wirksamkeit der Gestalttherapie gemessen werden kann.

Dies erfolgt hier zunächst in einem ersten Schritt, indem die Gestalttherapie auf der Basis der vorliegenden Vergleichsstudien mit der bereits gut untersuchten kognitiv-behavioralen Therapie verglichen wird. Verschiedene Fragen sind im Rahmen eines solchen Vergleichs von besonderem Interesse:
(1) An erster Stelle steht die Frage der therapeutischen Wirksamkeit, ob sich prozess-erfahrungsorientierte/Gestalttherapie und kognitiv-behaviorale Therapie global in ihrer Wirksamkeit oder im zeitlichen Verlauf ihrer Wirkung unterscheiden. Lassen sich Unterschiede ermitteln zwischen Gestalttherapie und kognitiv-behavioraler Therapie, z.B. im Sinne einer schnelleren therapeutischen Wirkung von einem der genannten Verfahren? Lassen sich kurz- oder langfristig nach Abschluss der Behandlung stabilere Wirkungen von einem der beiden Verfahren finden?

(2) Ein zweiter Fragenkomplex betrifft die Frage, ob sich Gestalttherapie durch spezifische Wirkungen in bestimmten Veränderungs- und Problembereichen auszeichnet, die sich von denen anderer Standardverfahren, wie eben der kognitiv-behavioralen Therapie unterscheiden. Gestalttherapie ist als ganzheitliches Verfahren nicht darauf ausgerichtet, an spezifizierten Symptomen zu arbeiten. Zeigt Gestalttherapie dennoch vergleichbare Wirkungen auf der Symptomebene? Wie unterscheiden sich Gestalttherapie und kognitiv-behaviorale Therapie z.b. hinsichtlich der Veränderungsbereiche Emotionalität, Persönlichkeit, Coping sowie hinsichtlich somatoformer Probleme? Als kontakt-, erlebens- und emotionsfokussierende Behandlungsform ließe sich erwarten, dass Gestalttherapie im Vergleich zur kognitiv-behavioralen Therapie auch andere Wirkungen in zwischenmenschlichen und sozialen Problembereichen hat.

Um zu gewährleisten, dass Gestalttherapie und kognitiv-behaviorale Therapie unter gleichen Bedingungen verglichen werden, bezieht die folgende metaanalytische Untersuchung zu diesen Fragenkomplexen nur direkte Therapievergleichsstudien mit ein. Um auch statistische Artefakte kontrollieren zu können, werden hier für alle Fragestellungen die Effektstärken mit zwei verschiedenen Verfahren berechnet und deren Ergebnisse dann miteinander verglichen.

Nach diesem Vergleich von Gestalttherapie und kognitiv-behavioraler Therapie wird in einem zweiten Schritt im Rahmen einer hypothesengenerierenden Analyse der Frage der Entwicklung des Selbst in der gestalttherapeutischen Behandlung anhand von weiterem Untersuchungsmaterial noch genauer nachgegangen.

Diese Analyse folgt der Frage, ob spezifische Wirkungen der Gestalttherapie innerhalb der Selbst- und Persönlichkeitsfunktionen, wie z.B. die Verbesserung der Fähigkeit zu persönlichem Kontakt, Konfliktfähigkeit und der Gefühlsreagibilität zu erwarten sind. Für diesen Fragenkomplex bezieht die metaanalytische Auswertung (Kontrollgruppen-) Studien verschiedener Autoren ein, die alle mit dem selben Verfahren – einem Exzerpt aus dem Minnesota Multiphasic Personality Inventory (MMPI) – Fragen der Selbstentwicklung untersucht haben. Auf diese Weise ist es möglich, die Daten auf den verschiedenen Subskalen des Erhebungsinstrumentes aggregiert über eine Reihe von Studien auf Effekte zu den verschiedenen Selbstfunktionen zu überprüfen.

Im ersten Schritt werden somit zunächst Unterschiede zwischen Gestalttherapie und kognitiv-behavioraler Therapie in ihren Wirkungen über die Zeit sowie in verschiedenen Veränderungs- und Problembereichen analysiert. Im zweiten Analyseschritt geht es dann darum, Hypothesen zu den

Wirkungen der Gestalttherapie im Bereich der Selbstfunktionen für zukünftige Forschungsvorhaben zu spezifizieren.

3.3.1 Vergleich Gestalttherapie und kognitiv-behaviorale Therapie

3.3.1.1 Überblick über die Studien

Es existieren derzeit vier klinische Studien, in denen Gestalttherapie direkt mit kognitiver Verhaltenstherapie verglichen wird (Cross et al. 1980, 1982; Beutler et al. 1991, 1993; Mulder et al. 1994; Watson et al. 2003). Dabei werden hier unter Gestalttherapie auch Behandlungsformen subsumiert, die experimentelle Weiterentwicklungen der Gestalttherapie darstellen. Hierzu zählen das fokussierte erfahrungsorientierte Programm (FEP; Beutler et al. 1991, 1993), die prozess-erfahrungsorientierte Therapie (P/E; Watson et al. 2003) sowie Gestalttherapie mit transaktionsanalytischen Elementen (Cross et al. 1980, 1982). Die gesamte Gruppe der gestalttherapeutischen Behandlungsformen, einschließlich ihrer experimentellen Weiterentwicklungen, wird im Folgenden als prozess-erfahrungsorientierte/Gestalttherapie bezeichnet.

Die Ergebnisse der statistischen Analysen, die von den Autoren der verschiedenen Studien durchgeführt wurden, haben mit einer einzigen Ausnahme zu keinerlei statistisch abgesicherten differentiellen Befunden zwischen den verschiedenen Formen der erfahrungsorientierten/Gestalttherapie und der kognitiv-behavioralen Therapie geführt. Einzig in der Studie von Watson et al. (2003) findet sich im Bereich der interpersonalen Probleme, erfasst über den IIP, eine größere Verbesserung unter der prozess-erfahrungsorientierten/Gestalttherapie gegenüber der kognitiv-behavioralen Therapie für die behandelten depressiven Patienten. Eine ausführliche Darstellung der Ergebnisse all dieser Studien findet sich im Kapitel 2.1.2 über Studien zur Effektivität der Gestalttherapie mit klinischen Gruppen, sowie nach Autoren geordnet in der Abstractsammlung im Anhang.

3.3.1.2 Methodisches Vorgehen

Untersuchungsdimensionen

In diesem Kapitel wird der Frage nachgegangen, ob sich Unterschiede in der Wirksamkeit zwischen Gestalttherapie und kognitiv-behavioraler Therapie finden lassen. Dies wird untersucht auf der Dimension Behandlungstyp. Dabei wird auf dieser Dimension kognitiv-behaviorale Therapie zunächst mit der Familie prozess-erfahrungsorientierter/Gestalttherapie als Ganzes verglichen.

Anschließend wird in einem explorativen Schritt für die verschiedenen prozess-erfahrungsorientierten/Gestalttherapien der Frage nachgegangen, ob sich die vier verschiedenen, in den Untersuchungen eingesetzten Formen prozess-erfahrungsorientierter/Gestalttherapie beim Vergleich mit der kognitiv-behavioralen Therapie untereinander in ihrer Wirksamkeit unterscheiden. Dies wird kontrolliert auf der Dimension prozess-erfahrungsorientierter/Gestalt Behandlungstyp, mit den Behandlungsformen:
- klassische Gestalttherapie
- Gestalttherapie kombiniert mit Transaktionsanalyse (TA)
- fokussiertes expressives Programm (FEP)
- prozess-erfahrungsorientierte Therapie (P/E)

Ein Problem beim direkten Vergleich dieser vier Behandlungstypen liegt darin, dass sich die vorliegenden Untersuchungen unterscheiden, was Behandlungsbedingungen, untersuchte Gruppe, Erhebungsinstrumente, Behandlungsdauer etc. betrifft. Indessen lassen sich über die Kontrastierung mit kognitiv-behavioraler Therapie – in Grenzen – Rückschlüsse ziehen, da die kognitiv-behaviorale Vergleichstherapie einen gemeinsamen Anker im Sinne eines einheitlichen Vergleichswertes darstellt. Der hier vorgenommene explorative Vergleich der verschiedenen prozess-erfahrungsorientierten Behandlungstypen kann insofern als Grobeinschätzung dienen, ob sich in zukünftigen Untersuchungen einer der vier prozess-erfahrungsorientierten/gestalttherapeutischen Behandlungstypen als wirksamer erweisen könnte.

In einem weiteren Schritt wird auf der Dimension Zeit die Effektivität aller Behandlungen zusammen über die Zeit einschließlich den Followups geprüft. Dabei sind in den Untersuchungen maximal vier Erhebungszeitpunkte auszumachen:
- prä   vor Behandlungsbeginn
- post   unmittelbar nach Behandlungsende
- fu1 (Follow-up 1)   3-6 Monate nach Behandlungsende
- fu2 (Follow-up 2)   ca. 12 Monate nach Behandlungsende

Verglichen werden auf dieser Dimension Verlaufscharakteristika zwischen prozess-erfahrungsorientierter/Gestalttherapie und kognitiver Verhaltenstherapie, im Sinne einer schnelleren und/oder nachhaltigeren Wirksamkeit einer Behandlungsform. Es liegen jedoch nicht für alle Untersuchungen Follow-up-Daten vor, insbesondere sind die Daten der Studie von Watson et al. (2003) noch nicht vollständig publiziert.

Um die Wirksamkeit der unterschiedlichen Verfahren weiter zu differenzieren, wird dann auf der Dimension Veränderungsbereiche untersucht, ob sich prozess-erfahrungsorientierte/Gestalttherapie und kognitiv-behaviorale Therapie in ihrer Wirkung in verschiedenen Veränderungsbereichen unterscheiden.

Mit Blick auf mögliche versteckte differentielle Befunde, die unter einer größeren Datenaggregierung sichtbar werden könnten, wurden die in den hier untersuchten Studien verwendeten Erhebungsinstrumente anhand des Kategorisierungssystems von Elliott (siehe z.B. Elliott 2001; Elliott et al. 2004) zu drei übergeordneten Bereichen (s.u.) zusammengefasst. Dieses System von Kategorien für Erhebungsinstrumente der Psychotherapieforschung war von Elliott für seine eigenen Metaanalysen (ebd.) entwickelt worden. Sein Kategoriensystem weist deutliche Ähnlichkeiten mit von anderen Autoren entwickelten Systemen zur Klassifikation von Erhebungsinstrumenten der psychotherapeutischen Forschung auf, wie z.B. der von Grawe et al. (1994) verwendeten Kategorisierung.

Für die in diesem Kapitel vorgenommene Analyse wurden drei Veränderungsbereiche bestimmt, die sich zusammensetzen aus Unterkategorien, die von Elliott (ebd.) definiert worden waren:
- Symptome
- Soziale, relationale Funktionen, interpersonale Problembewältigung
- Persönlichkeit, Coping und physische Gesundheit

Im Folgenden wird beschrieben, wie sich die drei Hauptveränderungsbereiche gemäß der Klassifikation von Erhebungsinstrumenten nach Elliott (2001), Elliot et al. (2004) zusammensetzen.

Symptome: Im Bereich der Symptome werden gemäß Elliott (2001) Unterkategorien unterschieden nach:
- Ind: individuell für jeden Patienten definierte Symptome
- Csy: Ratings von Klinikern auf standardisierten Instrumenten
- Ssy: Ratings von Patienten auf standardisierten Instrumenten

In die Gruppe der Patientenratings fallen bspw. die meisten in den Studien verwendeten Symptomskalen wie BDI (Beck Depression Inventory), HRSD (Hamilton's Depression Skala) etc.

Soziale, relationale Funktionen und interpersonale Problembewältigung: Im Bereich der sozialen Funktionen, Beziehungsqualitäten und interper-

sonalen Problembewältigung werden Maße, die Beziehungsqualitäten, soziale Anpassung (z.B. SSIAM) und interpersonalen Probleme (z.b. IIP) erfassen, nach Elliott zusammengefasst gemäß folgenden Unterkategorien:
- (1) Rel: Qualität der Beziehungen
- (2) Adj: Interpersonale Probleme, soziale Anpassung in Beruf, Familie etc.

Persönlichkeit, Selbst, Coping, Somatik: Dieser letzte, so von Elliott übernommene Veränderungsbereich umfasst die Aspekte Persönlichkeit, Selbst (z.B. die Rosenberg-Self-Esteem Skala, RSE), Erfahrungsqualitäten (wie Erfahrungstiefe mit der Experiencing Scale, EXP) und Coping sowie Erhebungsverfahren zur körperlichen Verfassung und Gesundheit:
- Scm: Selbstkonzept und -wert
- Exp: emotionaler Ausdruck und Erleben
- PC: Persönlichkeit, Coping, Gesundheit

Eine Auswertung der vier Studien für den Vergleich von prozess-erfahrungsorientierter/Gestalttherapie und kognitiv-behavioraler Therapie erfolgt hier gemäß den drei übergeordneten Veränderungsbereichen. Die Unterkategorien dienen hier vor allem dem Vergleich mit der Metaanalyse von Elliott (2001), um über das Ausmaß der Übereinstimmung zu einer Einschätzung des Geltungsbereichs der vorliegenden Analyse zu gelangen.

Wie oben berichtet, konnte Elliott (2001) wie auch andere Autoren zeigen, dass unterschiedliche Erhebungsinstrumente über verschiedene Behandlungsbedingungen hinweg unterschiedliche Effektstärken ergeben. Dabei zeigen Symptome die höchsten Effektstärken, während die Erhebungsinstrumente in dem Veränderungsbereich »Persönlichkeit, Selbst, Coping, Somatik« a priori die geringsten Effektstärken aufweisen. Elliott konnte also eine Rangskala von »A-priori-Effektstärken[10]« für unterschiedliche Erhebungsinstrumente dokumentieren.

Hier wird deshalb auch das Ausmaß der Übereinstimmung mit der Rangskala von A-priori-Effektstärken für verschiedene Erhebungsinstrumente mit den Daten aus der Metaanalyse von Elliott (2001) geprüft. Die Daten von Elliots auf einer erheblich größeren Anzahl von Untersuchungen be-

---

10. Ich werde im Folgenden die Bezeichnung »a priori-Effektstärken« verwenden für das in den vorausgegangenen Abschnitten beschriebene Phänomen der unterschiedlichen Reagibilität der Erhebungsinstrumente.

ruhenden Metaanalyse stellen somit ein Außenkriterium für die Verlässlichkeit der hier vorgenommenen Analyse dar.

Berechnung der Effektstärken

Um die Unterschiede der Effekte zwischen Gestalttherapie und kognitiv-behavioraler Therapie zu bestimmen, werden zwei verschiedene Berechnungsvorschriften für Effektstärken nach (1) Smith et al. (1980; in abgewandelter Form) und (2) Bretz, Heekerens & Schmitz (1994) angewandt. Die Verwendung von zwei verschiedenen Berechnungsvorschriften dient hier der wechselseitigen Kontrolle von Verzerrungsfaktoren, wie sie in einem Beispiel in Abschnitt 3.2.2.1 beschrieben werden.

(1) Veränderungseffektstärken ES_V: Diese Variante der Effektstärkenberechnung verwendet Elliott in seinen verschiedenen Metaanalysen (z.B. Elliott et al. 2004). Smiths Verrechnungsvorschrift wurde dahingehend abgewandelt, dass für jede Gruppe Veränderungseffektstärken berechnet wurden, und zwar vom Prä- zum Post-Zeitpunkt, vom Post-Zeitpunkt zum ersten und zweiten Katamnesezeitpunkt (fu1 und fu2). Der Grund für dieses Vorgehen lag für Elliott darin, dass nicht jede der Studien zusätzlich zu den Therapievergleichen eine unabhängige Kontrollgruppe umfasst und so auch Studien ohne Vergleichs- oder Kontrollgruppe analysiert werden können. Weiterhin verwenden Smith et al. (1980) die Standardabweichung der Kontrollgruppe zum Behandlungsabschluss für die Standardisierung der Mittelwertsdifferenzen. In Abwandlung von Smith et al. (1980) wird hier die Standardabweichung der jeweiligen Behandlungsgruppe zum Zeitpunkt der Prä-Messung (anstelle der Post-Messung) zur Standardisierung der Veränderungen zwischen den Zeitpunkten einer jeweiligen Behandlungsgruppe angewandt. Wittmann[11] empfiehlt die Standardabweichung zum Prä-Zeitpunkt als verlässlichste Form der Standardisierung. Indessen weist Grawe (1996) darauf hin, dass Veränderungen in den Standardabweichungen über die Zeit auch Teil eines Therapieeffektes sein können, wenn etwa die Streuungen sich systematisch über die Zeit verringern. Um dies zu prüfen, wurden hier für jede Studie auch die Streuungen auf Homogenitätsverletzungen bzw. systematische Veränderungen über die Messzeitpunkte kontrolliert.

---

11. Gemäß einer persönlichen Empfehlung von Werner W. Wittmann an R. Mestel (zitiert nach Mestel et al. 2000).

(2) Effektstärke ES_d mit zwischen den Gruppen gepoolter (harmonisierter) Streuung: Zum Vergleich mit der Veränderungseffektstärke ES_V unter (1) wird eine zweite Effektstärkenberechnung mit zwischen den Behandlungsgruppen gepoolten Streuungen verwendet. Diese zweite Effektstärke wird ermittelt gemäß einer Berechnungsvorschrift nach Bretz, Heekerens & Schmitz (1994). Unterschiede in den Streuungen zwischen den Gruppen gehen in diese Berechnungsvorschrift nicht ein. Anders als in der Berechnung der Veränderungseffektstärke ES_V unter (1) werden bei der Berechnung der Effektstärken ES_d direkt zu einem Zeitpunkt Mittelwertdifferenzen zwischen den Gruppen gebildet und über eine gemeinsame, d.h. harmonisierte, Streuung beider Gruppen zu diesem Zeitpunkt standardisiert.

Die unter (1) und (2) beschriebenen Effektstärkeberechnungen sind hinreichend distinkt, um Verzerrungen z.B. durch Drop-outs wechselseitig kontrollieren zu können.

Verzerrungen durch Drop-outs

Abschnitt 3.2.2.1 gibt ein Beispiel wie es in metaanalytischen Berechnungen zu Verzerrungen durch Drop-outs kommen kann. Um eine solche Verzerrung durch einseitige Drop-outs zu vermindern, werden in der hier vorliegenden Analyse für die Effektstärkeermittlung immer die Daten verwendet, welche die meisten Patienten umfassen. Grundsätzlich werden deshalb hier immer die frühsten Publikationen von Behandlungsergebnissen an den verschiedenen Messzeitpunkten, also die Veröffentlichungen, welche die meisten Probanden umfassen, zur Berechnung von Effektstärken verwendet. Das sind z.B. für Prä-/Post-Vergleiche die Effektstärkedifferenzen aus der früheren Publikation (z.B. Cross et al. 1980). Die spätere Publikation (z.B. Cross et al. 1982) wird dann nur für die Berechnung der Differenzen zu den verschiedenen Katamnesezeitpunkten (Veränderung von Post zu den Katamnesezeitpunkten fu1 und fu2) einbezogen.

Als Grundprinzip gilt hier insofern: Es werden immer die frühsten Publikationen von Behandlungsergebnissen zu den jeweiligen Messzeitpunkten, welche die meisten Probanden umfassen, zur Berechnung von Effektstärken verwendet.

Kontrollen

Vor der Analyse der vorliegenden Studien anhand der o.g. Fragen werden alle verwendeten Daten zunächst vier Kontrollprüfungen unterzogen:

(1) Überprüfung von Streuungen auf Inhomogenität
(2) Überprüfung auf Stichprobenfehler
(3) Vergleich der Daten der Unterkategorien von Erhebungsinstrumenten mit der umfangreichen Metaanalyse von Elliott (2001)
(4) Vergleich der verschiedenen Effektstärkemaße ES_v und ES_d

(1) *Überprüfung von Streuungen auf Inhomogenität:* Im Hintergrund der Frage nach ungleichen Streuungen stehen zwei konträr zueinander stehende Aspekte: (1) Zum einen können sich in unterschiedlichen Streuungen zwischen den Behandlungsgruppen Stichprobenfehler verbergen, oder ungleiche Veränderungen in den Streuungen über die Zeit gehen auf unterschiedliche Drop-out-Zahlen zurück. Letzteres ist beispielsweise der Fall, wenn in einer Behandlungsgruppe mehr Probanden die Behandlung abbrechen und dies möglicherweise bestimmte Patienten betrifft (z.b. mit besonders stark ausgeprägter Störung). In diesem Fall sind die Ergebnisse der Behandlungen im Nachhinein verzerrt. Dieser Verzerrungsaspekt betrifft vor allem die Veränderungseffektstärke ES_V, in der die Standardisierung über die Standardabweichung einer jeweiligen Behandlungsgruppe erfolgt. (2) Veränderungen von Streuungen, z.B. über die Zeit systematisch verkleinerte Streuungen, können aber auch einen spezifischen Behandlungserfolg reflektieren, wenn bspw. vor Behandlungsbeginn schwerer beeinträchtigte Patienten durch eine Behandlung gleichermaßen in einen Normalbereich gelangen wie leichter gestörte Patienten. In diesem Fall drückt sich der Erfolg einer Behandlung auch in einer systematischen Streuungsverminderung über die Zeit aus. Überprüft werden die Streuungen deshalb nicht nur allgemein auf Inhomogenität, sondern gleichermaßen auf systematische Veränderungen (siehe Box XI).

Box XI: Überprüfung der Streuungen auf Inhomogenität und systematische Verzerrungen

(1) Inhomogenität der Streuungen finden sich gemäß F-Tests in zwei der vier vorliegenden Untersuchungen nämlich bei Cross et al. (1981, 1983) und Mulder et al. (1994). Es liegen dabei Unterschiede in den Streuungen zwischen den Gruppen wie auch innerhalb der Gruppen über die Zeit vor. In den beiden anderen Untersuchungen liegen keine nachweisbar inhomogenen Streuungen vor.

(2) Dabei sind die inhomogenen Streuungen nicht systematisch, sondern verteilen sich zufällig. Auch zeigen sich auf den verschiedenen Variablen keine tendenziell systematischen Veränderungen im Sinne einer Verminderung oder Vergrößerung über die Zeit. Indessen sind in der späteren Veröffentlichung der Cross-Studie (Cross et al. 1982), in der die Daten des Langzeit-Follow-up berichtet werden, die Drop-out-Zahlen in der Gruppe der kognitiv-behavioralen Behandlungsbedingungen erhöht, wodurch sich eine Verringerung der Streuung unter dieser Behandlungsbedingung ergibt. Mit dem hier gewählten Vorgehen, die Prä-/Post-Effektstärken über die frühsten veröffentlichten Daten zu berechnen, lässt sich diese Verzerrung zu Ungunsten der gestalttherapeutischen Bedingung, wie sie sich z.B. bei Elliott (2001) unkritisch findet, minimieren. Die Verzerrung zu Ungunsten der Gestalt/TA-Gruppe fließt hier nur in die Follow-up-Daten mit ein.

Über alle Untersuchungen hinweg verteilen sich die Unterschiede in den Streuungen zufällig, wobei Einzelinterpretationen bei Cross et al. (1981, 1983) und Mulder et al. (1994) mit Blick auf das jeweilige Effektstärkemaß mit besonderer Vorsicht erfolgen müssen. Dies gilt bei den Studien von Cross et al. (1981, 1983) und Mulder et al. (1994) für die Veränderungseffektstärke ES_V, nicht für die Effektstärke ES_d mit den gepoolten Streuungen.

(2) *Überprüfung auf Stichprobenfehler:* Unterschiede zwischen den Vergleichsgruppen, die vor Behandlungsbeginn bestehen, in dem Sinne, dass eine Patientengruppe stärker beeinträchtigt ist, lassen sich über die Effektstärke $ES_{d\text{-prä}}$ (Effektstärke ES_d vor Behandlungsbeginn, siehe Box XII) erkennen. Eine systematische Verzerrung im Sinne eines Stichprobenfehlers lässt sich so identifizieren. Die in Box XIII angegebenen Effektstärken vor Behandlungsbeginn lassen über die Untersuchungen hinweg keine systematische Verzerrung im Sinne eines Stichprobenfehlers erkennen.

> **Box XII: Das Effektstärkemaß $ES_{d\text{-prä}}$ aus den Messungen vor Behandlungsbeginn**
>
> Die Effektstärkendifferenz vor Behandlungsbeginn gibt an, inwieweit über alle Untersuchungen und Erhebungsinstrumente hinweg Verzerrungen im Sinne von Stichprobeneffekten vorliegen. Tabelle 17 zeigt die in den einzelnen Untersuchungen ermittelten mittleren Differenzen der Effektstärken für die Erhebungen vor Behandlungsbeginn. Die Tabelle gibt in der zweiten Zeile an, wie stark diese Effektstärkendifferenzen streuen, und in der dritten Zeile, wie viele Werte pro Untersuchung eingehen.
>
> | | FEP Beutler et al. (1991, 1993) | GEST+TA Cross et al. (1980) | GEST Mulder et al. (1994) | P/E Watson et al. (2003) | Ges.auswertg. (Mittel) über die 4 Studien |
> |---|---|---|---|---|---|
> | Mittelwerte M | -0,02 | 0,00 | -0,22 | 0,04 | -0,05 |
> | Standardabw. SD | 0,17 | 0,43 | 0,37 | 0,31 | 0,11 |
> | Anzahl Vergleiche n | 4 | 15 | 13 | 8 | 4 |
>
> **Tabelle 17:** Die Tabelle zeigt die Effektstärkedifferenz zwischen prozesserfahrungsorientierter/Gestalttherapie und kognitiv-behavioraler Therapie für die vier vorliegenden Vergleichsstudien. Für jede Studie wurden Effektstärkedifferenzen über alle Erhebungen vor Behandlungsbeginn ermittelt. In der rechten Spalte ist die mittlere Effektstärkedifferenz angegeben. Unter den Mittelwerten sind die Streuungen der Effektstärkedifferenzen und darunter die Anzahl eingehender Werte aufgeführt.
>
> In der rechten Spalte findet sich die über die Untersuchung gemittelte Effektstärke von $ES_d = -0,05$. Da der Wert nahe »0« liegt, lässt sich über die Untersuchungen hinweg keine Stichprobenverzerrung feststellen.

(3) *Veränderungsbereiche:* Vergleich mit der Metaanalyse von Elliott (2001): Mit der Metaanalyse von Elliott und den darin enthaltenen Daten zu A-priori-Effektstärken von Erhebungsinstrumenten liegt ein externes Kriterium vor, mit dem die vorliegenden Daten verglichen

werden können. Die Höhe der Übereinstimmung der A-priori-Effektstärken der Kategorien von Erhebungsinstrumenten mit den Daten der umfangreichen Metaanalyse von Elliott gibt Hinweise auf die Generalisierbarkeit der vorliegenden Daten (s.u. zum Faktor: Erhebungsinstrumente, Box XIII). Es findet sich bei einer bedeutsamen Korrelation von r = .83 eine 70-prozentige Übereinstimmung für die Unterkategorien von Erhebungsinstrumenten, aus denen sich die drei Veränderungsbereiche zusammensetzen, zwischen den Daten der Metaanalyse von Elliott (2001) und den in die hier vorgenommene Analyse eingehenden Daten. Der hier zugrunde liegende Datenpool zeigt insofern eine hinreichend große Ähnlichkeit mit einer erheblich größeren Stichprobe von Therapie-Untersuchungen (Box XIII).

Box XIII: Erhebungsinstrumente

Tabelle 18 zeigt die Ergebnisse zu den genannten Kategorien von Erhebungsinstrumenten aus den vorliegenden vier Untersuchungen im Vergleich zu den Daten aus der umfangreichen Metaanalyse von Elliott (2001). Er, wie auch andere Autoren hatten berichtet, dass unterschiedliche Erhebungsinstrumente a priori zu unterschiedlichen Effektstärken führen.

Kategorie von Erhebungsinstrument		Elliot 2001 ES_V	4 Vergleichsstudien ES_V
Symptome, individuell	Ind.	2,54	2,09
Symptome, klinische Ratings	Csy.	1,52	1,21
Symptome, Klientenratings	Ssy.	0,93	1,05
Qualität der Beziehung	Rel.	1,31	0,21
soziale/interpersonale Anpassung	Adj.	0,88	0,63
Selbstkonzept/-wert	Scm.	0,83	0,78
emotionaler Ausdruck / Erleben	Exp.	0,64	0,32
Persönlichkeit / Coping / Gesundheit	PC	0,59	0,44

Tabelle 18: A-priori-Effektstärken unterschiedlicher Kategorien von Erhebungsinstrumenten der Psychotherapieforschung aus der vorliegenden Analyse (rechte Spalte) im Vergleich zu den Daten der umfangreichen Metaanalyse von Elliott (2001).

> Dabei finden sich die höchsten Effektstärken generell im Symptombereich und dort an erster Stelle für individuell definierte Symptome gefolgt von Symptomratings von Klinikern. Ab dritter Stelle folgen die von den Patienten selbst gerateten Symptome.
>
> Über alle Kategorien von Erhebungsinstrumenten hinweg findet sich eine signifikante Korrelation (bei zweiseitiger Testung auf dem Fünf-Prozent-Niveau) zwischen den Daten der vorliegenden Untersuchung und der Metaanalyse von Elliott (2001) in der Höhe von r = .83. Das heißt, es liegt eine nahezu 70-prozentige Übereinstimmung vor zwischen den hier analysierten Daten der vier vorliegenden Studien und der von Elliott (2001) auf einer weitaus größeren Stichprobe von 99 Versuchsbedingungen basierenden Auswertung.

(4) *Vergleich der verschiedenen Effektstärkemaße ES_v und ES_d:* Besondere Aufmerksamkeit wird hier der Gegenüberstellung der verschiedenen Effektstärkemaße ES_v und ES_d geschenkt. Interpretable Effekte auf und zwischen den Dimensionen sollten unter beiden Effektstärkemaßen die gleiche Richtung haben, um darüber eine Absicherung gegen statistische Artefakte, die auf der spezifischen Berechnungsvorschrift eines jeweiligen Effektstärkemaßes beruhen könnten, zu haben. Die Ergebnisse auf den oben genannten Dimensionen werden im folgenden Ergebnisteil jeweils zwischen den beiden Effektstärkeberechnungen verglichen.

Zusammenfassung Kontrollen:

(1) Zunächst wurde überprüft, ob eine Inhomogenität der Streuungen (Box XI) vorliegt und ob diese systematischen Charakter hat, insbesondere im Sinne einer zunehmenden Verminderung der Streuungen über die Zeit. Es ließen sich dabei keine systematischen Verzerrungen feststellen, wobei insbesondere die Daten von Cross et al. (1980, 1982) und Mulder et al. (1994) aufgrund von inhomogenen Streuungen mit Vorsicht zu interpretieren sind, v.a. auf der Veränderungseffektstärke ES_V. (Detailliertere Beschreibung s. Box XI).

(2) Weiterhin findet sich kein Stichprobenfehler im Sinne von Unterschieden in der durchschnittlichen Ausprägung der Störung zwischen den Behandlungsgruppen vor Behandlungsbeginn. Diese wurden zum Zeitpunkt der Prä-Erhebungen auf dem Effektstärkenmaß ES_d mit der zwischen den Behandlungsgruppen gepoolten, harmonisierten Streuung geprüft (siehe Box XII).

(3) Als drittes wurden die Daten der Kategorien von Erhebungsinstrumenten, aus denen sich die hier definierten drei Veränderungsbereiche zusammensetzen, mit denen aus der umfangreichen Metaanalyse von Elliott (2001) verglichen. Dabei ergab sich eine bedeutsame Übereinstimmung zwischen den Daten, auf denen die vorliegende Analyse beruht und der weit umfangreicheren Metaanalyse von Elliott (2001).

3.3.1.3 Ergebnisse

(1) *Globaler Effektivitätsvergleich Gestalttherapie und kognitiv-behaviorale Therapie*
Basierend auf den vier vorliegenden Untersuchungen werden zunächst auf den beiden errechneten Effektstärkemaßen ES_v und ES_d die prozess-erfahrungsorientierte/Gestalttherapie und kognitiv-behaviorale Therapie gegenübergestellt. Tabelle 19 zeigt über alle Erhebungsinstrumente und Zeitpunkte die durchschnittlichen Einzeldifferenzen zwischen prozess-erfahrungsorientierter Gestalttherapie und kognitiv-behavioraler Therapie. Die Tabelle gibt in der linken Spalte die Veränderungseffektstärken ESV an, in der rechten finden sich die Effektstärken ES_d, die auf den gepoolten, harmonisierten Streuungen beruhen. Tabelle 19 gibt die Differenzen an zwischen prozess-erfahrungsorientierter/Gestalttherapie und kognitiv-behavioraler Therapie, negative Werte indizieren dabei eine größere Effektivität der kognitiv-behavioralen, positive eine größere Effektivität der prozess-erfahrungsorientierten Gestalttherapie. Unter den Effektstärkedifferenzen finden sich jeweils die Streuungen der Einzeldifferenzen über die verschiedenen Untersuchungen hinweg. Darunter ist die Anzahl der eingehenden Untersuchungen angegeben, die zu dem jeweiligen Messzeitpunkt Daten erhoben haben.

		ES_V prä-post	ES_d post
t1	M	-0,06	-0,07
	SD	0,30	0,18
	n	4	4
		post-fu1	fu1
t2	M	-0,01	0,01
	SD	0,43	0,32
	n	3	3
		post-fu2	fu2
t3	M	-0,06	0,31
	SD	0,84	0,07
	n	2	2

Tabelle 19: In der Tabelle sind die Effektstärkedifferenzen gemittelt über die vier Untersuchungen auf beiden Effektstärkemaßen ESv und ES_d zu den verschiedenen Erhebungszeitpunkten angegeben. Unter den Mittelwerten sind die Streuungen der Effektstärkedifferenzen und darunter die Anzahl eingehender Werte aufgeführt.

Über die vier Untersuchungen gemittelte Effektstärkedifferenzen (siehe rechte Spalte in Tabelle 19) zeigen keinen Trend zugunsten einer der beiden Behandlungsarten außer im Lanzeit-Follow-up (fu2) unter dem Effektstärkemaß ES_d im Sinne eines Trends zu größerer Nachhaltigkeit der Behandlungseffekte unter der prozess-erfahrungsorientierten/Gestalttherapie. Dieser Trend basiert allerdings nur auf den Daten aus zwei Untersuchungen und kann nicht über das Veränderungseffektstärkemaß ESv bestätigt werden.

(2) Vergleich der vier prozess-erfahrungsorientierten/gestalttherapeutischen Verfahren
Ein differenzierteres Bild ergibt sich, wenn die Effektivitätsvergleiche für die Einzelverfahren der gestalttherapeutischen Familie jeweils separat vorgenommen werden. Die Ergebnisse finden sich in der folgenden Tabelle 20.

		FEP Beutler et al. (1991, 1993)		GEST+TA Cross et al. (1980)		GEST Mulder et al. (1994)		P/E Watson et al. (2003)	
		ES_V prä-post	ES_d post	ES_V prä-post	ES_d post	ES_V prä-post	ES_d post	ES_V prä-post	ES_d post
t1	M	-0,51	-0,32	0,08	0,08	0,10	-0,07	0,08	0,10
	SD	0,24	0,26	0,42	0,41	0,35	0,31	0,41	0,18
	n	4	4	15	15	13	13	8	8
		post-fu1	fu1	post-fu1	fu1	post-fu1	fu1		
t2	M	0,49	0,22	-0,25	0,16	-0,26	-0,35		
	SD	0,42	0,19	0,36	0,58	0,20	0,31		
	n	3	3	12	12	13	13		
		post-fu2	fu2	post-fu2	fu2				
t3	M	0,54	0,26	-0,66	0,35				
	SD	1,10	0,35	0,80	0,33				
	n	4	4	12	12				

Tabelle 20: In der Tabelle sind die Effektstärkedifferenzen für die vier Untersuchungen auf beiden Effektstärkemaßen ESv und ES_d zu den verschiedenen Erhebungszeitpunkten angegeben. Unter den Mittelwerten sind die Streuungen der Effektstärkedifferenzen und darunter die Anzahl eingehender Werte aufgeführt.

Im Einzelnen finden sich für die vier prozess-erfahrungsorientierten/gestalttherapeutischen Verfahren klassische Gestalttherapie, Gestalttherapie kombiniert mit Transaktionsanalyse (TA), fokussiertes expressives Programm (FEP) sowie prozess-erfahrungsorientierte Therapie (P/E) beim Vergleich mit kognitiv-behavioraler Therapie (CBT) folgende Besonderheiten:

- Klassische Gestalttherapie: In der Studie von Mulder et al. (1994) zur psychotherapeutischen Behandlung von unheilbar somatisch erkrankten Patienten, die hohe Angst- und Depressionswerte aufweisen, finden sich auf beiden Effektstärkemaßen keine Unterschiede zwischen Gestalttherapie und CBT bei Behandlungsende. Ein kleiner Trend zu einer größeren Nachhaltigkeit in der Behandlung im Kurzzeit-Follow-up (fu1) zugunsten der CBT bleibt in einer nichtinterpretierbaren Größenordnung.
- Gestalttherapie/Transaktionsanalyse-Kombination: Beim Vergleich von Gestalttherapie gemischt mit Transaktionsanalyse (Cross 1980, 1982) findet sich zum Behandlungsende kein Unterschied zur CBT. Ein Jahr nach Behandlungsende zeigt das Veränderungseffektstärkemaß ESv einen Trend zugunsten der CBT, während das Effektstärkemaß ES_d bei kleinerer Streuung eingehender Werte einen Trend zugunsten der Gestalttherapie/TA-Kombination ergibt. Beschrieben worden war, dass speziell in der Studie von Cross (1980, 1982) die Drop-outs einseitig zugunsten der Verhaltenstherapie das Effektstärkemaß ESv verzerren (siehe Abschnitt 3.2.2.1). In das Effektstärkemaß ES_d geht diese Verzerrung aufgrund der gepoolten Varianzen nicht ein. Überraschenderweise findet sich ein dadurch genau gegenläufiger Trend, der insgesamt auf eine stärkere Nachhaltigkeit der Wirkungen der Gestalttherapie/TA-Kombination in der Behandlung von psychiatrischen Patienten verweist. Insgesamt sind die Ergebnisse der Cross-Studie damit aber schwer interpretabel.
- Fokussiertes expressives Programm FEP: Für den Vergleich von FEP und CBT in der Behandlung von DSMIII Major Depressiven von Beutler et al. (1991, 1993) findet sich eine tendenziell, statistisch in den Einzelbefunden nicht abgesicherte schnellere Wirksamkeit der CBT zum Behandlungsende, dem ein Jahr nach Behandlungsabschluss (Follow-up 2; fu2) ein gleichgroßer Trend zugunsten größerer Nachhaltigkeit in den Behandlungseffekten der FEP gegenübersteht.
- Prozess-erfahrungsorientierte Therapie P/E: In der Studie von Watson et al. (2003) liegen bislang keine veröffentlichten Katamnesedaten vor. Bei Behandlungsende zeigen sich aber über alle Daten hinweg keine Unterschiede zwischen P/E und CBT. Der statistisch abgesicherte, dif-

ferentielle Befund der besseren Wirksamkeit der P/E auf dem IIP, d.h. im Bereich der Lösung interpersonaler Probleme, mittelt sich im Rahmen der vorgenommenen Effektstärkenberechnung über die verschiedenen Problembereiche hinweg aus.

Der Vergleich der verschiedenen Unterverfahren der gestalttherapeutischen Familie über die Kontrastierung der Wirksamkeit mit der kognitiv-behavioralen Therapie stellt, wie eingangs beschrieben, nur eine explorativ vorgenommene Grobeinschätzung dar. Um die Verfahren systematisch überprüfen zu können, wäre ein metaanalytisches Design nötig, in das ein Vielfaches der hier vorliegenden Untersuchungsdaten eingehen müsste. Dies gilt insbesondere, wenn zusätzlich diagnostischen Subgruppen Beachtung geschenkt würde, was hier vollständig vernachlässigt wird. In dem Falle, dass diagnostische Subgruppen differenziert analysiert würden, müsste die Anzahl eingehender Untersuchungen leicht um den Faktor 100 größer sein als die vorliegende Untersuchungsanzahl. Ein solcher metaanalytischer Untersuchungsplan wäre nicht mehr realistisch.

Indessen spiegeln die Ergebnisse zu den einzelnen Untersuchungen wider, was sich auch statistisch in den Einzelbefunden der Untersuchungen findet: Lediglich kleinere Trends finden sich, die zwischen den verschiedenen Behandlungsformen der gestalttherapeutischen Familie in die eine oder andere Richtung zeigen. Diese Trends könnten auch im Bereich von Zufallsschwankungen liegen. Insofern lässt sich aus dieser explorativen Analyse keine Hypothese formulieren, dass sich die Unterverfahren der gestalttherapeutischen Familie in ihrer Effektivität unterscheiden.

(3) Veränderungsbereiche
Drei (Haupt-)Veränderungsbereiche waren oben definiert worden: (1) Symptome, (2) soziale/relationale Funktionen / interpersonale Problembewältigung sowie (3) Persönlichkeit / Selbst / Coping / Somatik. Die Definition dieser drei Veränderungsbereiche erfolgte über die Kategorisierung der Erhebungsinstrumente nach Elliott (2001). Bereits berichtet worden war in Abschnitt 3.2.2.1, dass die hier vorliegenden Daten dieser Kategorien von Erhebungsinstrumenten mit den Daten der sehr viel umfangreicheren Metaanalyse von Elliott (2001) bedeutsam korrelieren. Der relativ hohe Zusammenhang stützt die Interpretierbarkeit der unter den Veränderungsbereichen subsumierten Daten.

Auf der Basis dieser Kategorisierung von Elliott (2001) wurde eine Auswertung in den drei Veränderungsbereichen über die Zeit vorgenommen. Tabelle 21 zeigt die drei Veränderungsbereiche (1) Symptome, (2) soziale/relationale Funktionen / interpersonale Problembewältigung sowie (3) Persönlichkeit / Selbst / Coping / Somatik. In Tabelle 21 sind nebeneinander die mittleren Effektstärkendifferenzen ESv und ES_d für die Behandlungsgruppen aufgeführt. Darunter ist jeweils die Streuung und die Anzahl eingehender Studien unter dem Veränderungsbereich bzw. dem Zeitpunkt angegeben. Negative Werte kennzeichnen wiederum größere Verbesserungen unter der kognitiv-behavioralen Therapie, positive unter der prozess-erfahrungsorientierten/Gestalttherapie.

		ES_V prä-post	ES_d post	ES_V post-fu1	ES_d fu1	ES_V post-fu2	ES_d fu2
Symptome	M	0,01	-0,07	-0,07	-0,23	-0,79	0,25
	SD	0,31	0,17	0,48	0,40	1,17	0,15
	n	4	4	3	3	2	2
soziale / relationale / interpersonale Funktion	M	-0,10	-0,20	-0,17	-0,09	0,94	0,44
	SD	0,46	0,41	0,06	0,75	1,55	0,20
	n	4	4	2	2	2	2
Persönlichkeit / Selbst / Coping / Somatik	M	-0,02	-0,02	-0,23	0,04	-0,25	0,51
	SD	0,11	0,08	0,05	0,41		
	n	3	3	2	2	1	1

Tabelle 21: Vergleich der beiden Therapieformen auf den Oberkategorien der Erhebungsinstrumente unter beiden Effektstärkeberechnungen. Ein negatives Vorzeichen zeigt eine Überlegenheit der kognitiv-behavioralen Therapie an.

In allen drei Veränderungsbereichen finden sich zum Zeitpunkt des Abschlusses der Behandlung, wie auch im Kurzzeit-Follow-up (fu1: 3-6 Monate nach Behandlungsabschluss) keine Unterschiede zwischen prozess-erfahrungsorientierter/Gestalttherapie und kognitiv-behavioraler Therapie. Dieses Ergebnis gilt für die beiden Effektstärkeberechnungen ESV und ES_d.

Im Langzeit-Follow-up (fu2: mindestens 12 Monate nach Behandlungsabschluss) zeigen sich unter den beiden Effektstärkeberechnungen widersprüchliche Tendenzen in den Kategorien Symptome und Persönlichkeit / Coping / Selbst. Diese paradoxen Ergebnisse der beiden Effektstärkeberechnungen zeigen statistische Artefakte genau in der Form an, wie sie in Abschnitt 3.2.2.1 beschrieben worden waren. Die Effektstärken im Langzeit-Follow-up (fu2) in den Kategorien Symptome und Persönlichkeit / Coping / Selbst lassen sich insofern nicht im Sinne einer stärkeren Nachhaltigkeit einer der beiden Therapieformen interpretieren. Lediglich in der Kategorie der sozialen und relationalen Funktionen / Bewältigung interpersoneller Probleme zeigen beide Effektstärkeberechnungen gleichermaßen eine stärkere Nachhaltigkeit der Therapieeffekte unter der prozess-erfahrungsorientierten/Gestalttherapie an, die aber bei der geringen Anzahl eingegangener Studien und den speziell unter der Veränderungseffektstärke hohen Streuung schwer interpretierbar ist. Indessen hat diese Tendenz eine Entsprechung in dem Einzelbefund der Studie von Watson et al. (2003), die eine größere Verbesserung für die Bewältigung interpersonaler Probleme unter prozess-erfahrungsorientierter Therapie fand.

Zusammenfassung der Befunde aus dem Vergleich kognitiv-behavioraler und prozess-erfahrungsorientierter/Gestalttherapie

Der Vergleich von prozess-erfahrungsorientierter/Gestalttherapie und kognitiv-behavioraler Therapie ergibt auf nahezu keiner der Auswertungsdimensionen Hinweise auf eine Überlegenheit eines der beiden therapeutischen Verfahren. Die Ergebnisse der hier vorgenommenen Effektstärkeberechnungen spiegeln damit weitgehend die statistischen Ergebnisse, wie sie bereits in den einzelnen Studien dokumentiert sind, wider. Auch in den einzelnen Studien waren bis auf eine Ausnahme keine signifikanten Unterschiede zwischen prozess-erfahrungsorientierter/Gestalttherapie und kognitiv-behavioraler Therapie berichtet worden. An einigen Stellen der Auswertungsmatrix finden sich widersprüchliche Ergebnisse zwischen den beiden Effektstärkeberechnungen, die auf statistische Artefakte oder Untersuchungsprobleme hinweisen, wie sie in Abschnitt 3.2.2.1 beschrieben worden waren.

Keine Unterschiede finden sich zwischen prozess-erfahrungsorientierter/Gestalttherapie und kognitiv-behavioraler Therapie (a) für alle Untersuchungen und Erhebungsinstrumente zusammengenommen unmittelbar nach Abschluss der Behandlung und drei bis zwölf Monate danach, (b) für alle drei definierten Veränderungsbereiche unmittelbar nach Abschluss der Behandlung und im Kurzzeit-Follow-up.

Widersprüchliche Ergebnisse ergeben sich aus den beiden Effektstärkeberechnungen im Langzeit-Follow-up in den zwei Veränderungsbereichen Symptome sowie Persönlichkeit / Coping / Somatik. Eine länger anhaltende Behandlungswirkung lässt sich in diesen beiden Veränderungsbereichen für keines der beiden Therapieverfahren erkennen. Die genauere Analyse des effektstatistischen Vorgehens zeigt, dass untersuchungstechnische Probleme wie unterschiedliche Drop-outs in den verglichenen Behandlungsgruppen zu widersprüchlichen Ergebnissen unterschiedlicher Effektstärkeberechnungen geführt haben.

Lediglich in dem Veränderungsbereich soziale/relationale Funktionen / interpersonale Problembewältigung findet sich unter beiden Auswertungen ein Trend im Langzeit-Follow-up, der auf eine stärkere Nachhaltigkeit der Behandlungswirkung unter prozess-erfahrungsorientierter/Gestalttherapie in diesem Veränderungsbereich hinweisen könnte.

Die Auswertung der Erhebungsinstrumente zeigt bei einer bedeutsamen Korrelation von r = .83 eine deutliche Übereinstimmung mit der um ein Zwanzigfaches umfangreicheren Datenmenge aus der Analyse von Elliott (2001). Die hier vorgenommene Auswertung der Kategorien von Erhebungsinstrumenten, aus denen sich die drei definierten Veränderungsbereiche zusammensetzen, erfährt darüber eine statistische Absicherung.

Ungeachtet der Probleme an einigen Stellen der Auswertungsmatrix zeigen die Daten insgesamt wenig Unterschiede zwischen prozess-erfahrungsorientierter/Gestalttherapie und kognitiv-behavioraler Therapie. Vielmehr liegen die Unterschiede auf fast allen Auswertungsdimensionen in einem sehr kleinen Bereich. Von besonderem Interesse ist dabei, dass sich auch für die Verminderung von Symptomen keine Unterschiede zwischen prozess-erfahrungsorientierter/Gestalttherapie und kognitiv-behavioraler Therapie nachweisen lassen, obwohl die erfahrungsorientierten Therapien – anders als die behavioralen Verfahren – nicht spezifisch auf eine Symptomverminderung hinarbeiten. Im sozialen/interpersonalen Bereich könnten die Daten für eine länger andauernde Behandlungswirkung prozess-erfahrungsorientierter/Gestalttherapie sprechen. Auch hier fand sich eine Entsprechung in dem Einzelergebnis von Watson et al. (2003), die eine größere Bewältigung interpersonaler Probleme unter prozess-erfahrungsorientierter Therapie nachgewiesen hatten.

Einschätzung des Allegiance-Effektes

Von den ausgewerteten Untersuchungen kann nur die Studie von Watson et al. (2003) als explizit allegiance-balanciert gelten, in dem Sinne, dass Forscher mit behavioraler und erfahrungsorientierter Grundorientierung in einem Team gleichberechtigt am Forschungsprozesse beteiligt waren und sich wechselseitig kontrollierten. Für die Studie von Cross et al. (1980, 1982) ist eine solche Ausgeglichenheit der Grundorientierungen im Forscherteam nicht dokumentiert, kann aber nicht ausgeschlossen werden. Die übrigen beiden Studien von Mulder et al. (1994) und Beutler et al. (1991, 1993) wurden in Forschungseinrichtungen behavioraler Grundorientierung erstellt und die gestalttherapeutischen Versuchsbedingungen stellten in den Studien lediglich Vergleichsbedingungen zur kognitiv-behavioralen Therapie dar. Den vorliegenden Effektstärken könnte insofern noch eine Verzerrung zugunsten der behavioralen Therapie zugrunde liegen.

Eine besonders Wirkung der gestalttherapeutisch basierten, prozess- und erfahrungsorientierten Therapieverfahren im zwischenmenschlichen und sozialen Bereich ist indessen aus gestalttherapeutischer Perspektive nicht überraschend, da die Gestalttherapie in Theorie und Praxis einen Schwerpunkt zur therapeutischen Arbeit an den inter- und intrapersonellen Kontaktfunktionen des Selbst hat (siehe Kapitel 1.2).

Im Rahmen einer explorativen Analyse wird im folgenden Abschnitt versucht, spezifizierte Hypothesen zur Wirkung der Gestalttherapie in diesem Bereich der Kontakt-Selbstfunktionen zu erarbeiten.

3.3.2 Weitere hypothesengenerierende Analysen

Auf der Basis von 36 vor 1989 publizierten klinischen und nichtklinischen, überwiegend mit Kontrollgruppe oder als Therapievergleich durchgeführten Studien[12], hatte der Autor schon früher eine explorative Analyse durchgeführt, um zu Hypothesen über die Wirkungsweise der Gestalttherapie zu gelangen (Strümpfel 1992b). Die Ergebnisse ließen zum damaligen Zeitpunkt erwarten, dass Gestalttherapie bei verschiedenen Störungsgruppen wirksame Behandlungsergebnisse zeigt. Die damals vorliegenden Studien, in denen Gestalttherapie mit anderen Therapieformen verglichen wird, legten nahe, dass Gestalttherapie gegenüber anderen Therapien mindestens gleichstarke Behandlungsergebnisse aufweist. Eine ähnliche Einschätzung der Wirksamkeit der Gestalttherapie teilten zur gleichen Zeit auch Grawe et al. (1994), u.a. auf der Basis der Daten der Metaanalyse von Orlinsky, Grawe und Parks (1994) zum Zusammenhang von Therapieprozessen und -ergebnissen. Die Datenlage ließ zum Ende der 1980er Jahre eine Wirksamkeit der Gestalttherapie im Bereich Symptomverminderung erwarten, die anderen psychotherapeutischen Verfahren vergleichbar ist. Die oben in Abschnitt 3.2.1 berichtete Analyse von Therapievergleichsstudien bestätigt diese Erwartung gegenüber der kognitiv-behavioralen Therapie. Weitere klinische Therapiestudien, in denen Gestalttherapie mit anderen Therapie-

---

12 . Adesso et al. (1974), Barrilleaux & Bauer (1976), Clarke & Greenberg (1986), Conoley et al. (1983), Côté (1982), Cross et al. (1980, 1982), Felton & Davidson (1973), Foulds (1970, 1971a,b, 1973), Foulds et al. (1970, 1974), Foulds & Guinan (1973), Foulds, Guinan & Warehime (1974a,b), Foulds & Hannigan (1976a,b,c, 1977, 1978), Greenberg & Rice (1981), Greenberg, Seeman & Cassius (1980), Guinan & Foulds (1970), Guinan et al. (1973), Jessee & Guerney (1981), Kimball & Gelso (1974), Laborde & Brown (1981), Little (1986), Moran et al. (1978), Nichols & Fine (1980), O'Dell & Seiler (1975), Petzold (1979), Serok & Bar (1984), Serok et al. (1984), Serok & Zemet (1984), Teegen et al. (1986), Yalom et al. (1977)

verfahren oder Einzelinterventionen verglichen wurden, sind in folgenden Arbeiten dokumentiert: Johnson et al. (1997) finden keine Unterschiede in der Behandlung phobischer Symptome zwischen gestalttherapeutischem Dialog mit zwei Stühlen und systematischer Desensibilisierung. Greenberg & Watson (1998a,b) und Goldman, Greenberg & Angus (2000, in Druck) weisen eine schnellere Verminderung affektiver Symptome bei Behandlung mit prozess-erfahrungsorientierter Therapie gegenüber klientenzentrierter Therapie nach. Ähnliche Daten finden sich in einer früheren Arbeit von Esser et al. (1984) für die Behandlung von Klienten mit allgemein psychoneurotischer Symptomatik im Vergleich zwischen einer Mischung aus Gestalt- und Gesprächstherapie gegenüber reiner Gesprächstherapie. Barghaan et al. (2002) und Harfst et al. (2003) belegen sehr gute Effektstärken von Gestalttherapie gegenüber psychodynamischer und behavioraler Therapie im stationären psychosomatischen Behandlungssetting. Es finden sich heute durchaus eine Reihe von Arbeiten, in denen die gute Wirksamkeit der Gestalttherapie und der aus ihr hervorgegangenen Therapieformen belegt sind. Die Ergebnisse zeigen in allen Arbeiten, dass gegenüber den Vergleichstherapien entweder keine Unterschiede nachweisbar sind oder belegen bessere Wirkungen unter Gestalttherapie für die Symptomverminderung der betroffenen Patientengruppe.

In den Daten meiner explorativen Analyse der vor 1989 erschienenen Studien fiel weiterhin auf, dass Gestalttherapie gute Behandlungsergebnisse im Bereich der sozialen/relationalen Funktionen aufweisen könnte. Auch diese Erwartung ließ sich in dem in Abschnitt 3.2.1 berichteten Effektstärkenvergleich mit kognitiv-behavioraler Therapie im Langzeit-Follow-up sowie im Einzelergebnis zur Bewältigung interpersonaler Probleme in der Studie von Watson et al. (2003) belegen. Auch die Prozessdaten der Studie von Cross et al. (1980, 1982) weisen auf stabilere Sozialkontakte ambulant psychiatrisch behandelter Patienten unter der Gestalttherapie-Transaktionsanalyse-Kombination gegenüber kognitiv-behavioraler Therapie hin. Für den Bereich Partnerschaft liegt weiterhin die Vergleichsuntersuchung von Jessee & Guerney (1981) vor. Sie stellen einem gestaltpaartherapeutischen Vorgehen ein Trainingsprogramm zur Behandlung der Störungen in der Kommunikation zwischen Paaren gegenüber, wobei sich für beide Behandlungsformen keine Wirksamkeitsunterschiede nachweisen lassen.

Für die Gestalttherapie zeigen sich im Bereich des Zwischenmenschlichen, wie z.B. der Bewältigung interpersonaler Konflikte, der Paarkommunikation oder der Entwicklung sozialer Kompetenzen, besonders gute oder langanhaltende Wirkungen. Im Folgenden wird versucht, auf der Basis von empirischen Daten noch genauere Hypothesen zu entwickeln. Ziel ist, zu spezifischeren Hypothesen zu gelangen, in welcher Weise Gestalttherapie im angenommenen Bereich der interpersonalen, relationalen und sozialen Funktionen wirkt. Auf dem Hintergrund der im Abschnitt 1.2 dargestellten Theorie des Selbst, sprechen wir im Folgenden von Hypothesen zu den Selbstfunktionen im intra- und interpsychischen Kontakt.

Hypothesen zu Selbstfunktionen

Einige zentrale Erwartungen beziehen sich auf die Wirkung der Gestalttherapie im Bereich der Selbstfunktionen (siehe Abschnitt 3.2.1). Erste Hypothesen, die sich aus der explorativen Analyse der vor 1989 publizierten Untersuchungen zu den Selbstfunktionen ableiten ließen, beziehen sich auf die im Folgenden in Stichworten aufgelisteten Aspekte:

(a) Unterstützung der Selbstfunktionen
  – Bewusstheit eigener Gefühle, Bedürfnisse
  – Bezug zur eigenen existenziellen Situation
  – Beziehungs- und Kontaktfähigkeit
  – Spontaneität
  – Aggressions- und Konflikttoleranz

(b) Minderung der Störung der Selbstfunktionen
  – Selbst-Bewertungen
  – Fremd- und Beziehungsbewertung
  – Dogmatismus und Unterwürfigkeit

Die Bereiche, zu denen hier Hypothesen aufgestellt werden, gliedern sich in (a) Unterstützung der Selbstfunktionen und (b) Minderung der Störung der Selbstfunktionen. Diese Unterscheidung folgt der gestalttherapeutischen Theorie zum Selbst, das im Dienste der aktiven Kontaktgrenze steht. Dabei stellen die unter (a) dargestellten Aspekte gesunde Leistungen der Es- und Ich-Funktionen dar. Unter (b) genannte Aspekte werden eher im Sinne von Störungen und Unterbrechungen gesunder Selbstfunktionen verstanden, die den intra- und interpsychischen Kontakt beeinträchtigen oder unterbrechen. In der psychodynamischen Terminologie würden die Aspekte unter (a) am ehesten den Leistungen eines autonomen Ichs, unter (b) einem konflikthaften Geschehen mit dem Über-Ich zugeordnet, bspw. im Sinne eines Selbst-Objektwert- oder eines Kontrolle-Unterwerfungskonfliktes.

Die unter (a) und (b) aufgelisteten Aspekte stellen die »stärksten Hypothesen« zu den Wirkungen der Gestalttherapie im Bereich der Selbstfunktionen dar. Diese sind aus der ersten explorativen Analyse hervorgegangen und beziehen sich auf (a) die Förderung der inneren Selbst-Unterstützung (oder: Ressourcen) für die Bewusstheit eigener Gefühle und Bedürfnisse, die Beziehungs- und Kontaktfähigkeit, die Entwicklung eines inneren Bezugs zur eigenen existenziellen Situation und einer größeren Fähigkeit zur Spontaneität. Angenommen wird weiterhin, dass sich unter Gestalttherapie die Aggressions- und Konflikttoleranz erhöht, d.h. die Patienten eine Fähigkeit entwickeln, Konflikten zu lösen und damit verbundene Aggressionen zu ertragen, statt sie zu vermeiden. An zweiter Stelle stehen (b) die Verminderungen von Störungen und Unterbrechungen der Selbstfunktionen. Es wird erwartet, dass sich unter Gestalttherapie die Selbst-, Fremd- und Beziehungsbewertungen sowie Dogmatismus und Unterwürfigkeit verbessern, bzw. weniger konflikthaft werden.

Reanalyse mit Effektstärkenberechnungen zur Selbstentwicklung

Um zu genaueren Aussagen über eine angenommene Wirksamkeit der Gestalttherapie zu gelangen, wurde ein Teil der Studien der explorativen Analyse von Strümpfel (1992b) hier noch einmal effektstatistisch ausgewertet. Dabei handelt es sich um Studien, die alle mit demselben Verfahren, einem Exzerpt aus dem Minnesota Multiphasic Personality Inventory (MMPI) gearbeitet haben. Dieses Exzerpt war in den 1970er Jahren von Shostrom (1966) unter dem Namen »Personal Orientation Inventory« (POI) zur Untersuchung der »Selbstverwirklichung« entwickelt worden. Die Testgütekriterien sind vom Autor sowie verschiedenen anderen Autorengruppen untersucht und dokumentiert worden. Shostrom & Knapp (1964) beschreiben eine Reihe von Zusammenhängen zu den Dimensionen des MMPI. Indessen finden POI, MMPI und andere Instrumente zur Erfassung der Persönlichkeit heute immer weniger Anwendung in der modernen Psychotherapieforschung, vor allem wegen der geringen Genauigkeit dieser Verfahren. Der POI enthält, außer einem Globalwert und drei übergeordneten Dimensionen, weitere neun Unterskalen zu Bereichen wie Bezug zur eigenen existenziellen Situation, Gefühlsreagibilität, Spontaneität, Selbst-Akzeptanz, Aggressions- und Konflikttoleranz, Fähigkeit zu persönlichem Kontakt etc.

In fünf Studien waren auf diesen Subskalen die beiden in Abschnitt 3.2.1 beschriebenen Effektstärken ES_v und ES_d berechenbar (Kimball & Gelso 1974; Foulds & Hannigan 1976b,c; Guinan & Foulds 1970; Foulds 1971). Es handelt sich bei diesen Arbeiten ausschließlich um nichtklinische Studien. Weitere, vor allem klinische Studien, wie die von Cross et al. (1980, 1982), haben lediglich mit den Globalskalen oder einzelnen

Subskalen des POI gearbeitet, beziehungsweise finden sich die Daten nicht so dokumentiert, dass sie effektstatistisch auswertbar sind. Tabelle 22 zeigt die Auswertung der Effektstärkeberechnungen auf den neun Subskalen des Personal Orientation Inventory für die fünf Studien.

	ES_v		ES_d	
	M	SD	M	SD
Existentiality	0,65	0,16	0,54	0,11
Feeling Reactivity	0,81	0,29	0,88	0,46
Spontaneity	0,64	0,09	0,75	0,15
Self-Regard	0,39	0,12	0,37	0,27
Self-Acceptance	0,61	0,13	0,52	0,14
Nature of Man, Constructive	0,33	0,36	0,22	0,33
Synergy	0,38	0,27	0,30	0,18
Acceptance of Aggression	0,73	0,28	0,67	0,45
Capacity for Intimate Contact	0,82	0,24	0,81	0,29

Tabelle 22: Vergleich der Subskalen des Personal Orientation Inventory unter den Effektstärkeberechnungen ES_v und ES_d

Beide Berechnungsvorschriften in Tabelle 22 zeigen ähnliche Effekte, mit den höchsten Effektstärken auf den Subskalen Gefühlsreagibilität und Fähigkeit zu persönlichen Beziehungen und Kontakt, gefolgt von Verbesserungen der Aggressions- und Konflikttoleranz und dem Bezug zur eigenen existenziellen Situation.

Die spezifischen Erwartungen, die sich auf der Basis der Auswertung von überwiegend nichtklinischen Studien an die Gestalttherapie richteten, liegen im interpersonalen Bereich. Die Analyse in Abschnitt 3.2.1 hat gezeigt, dass Gestalttherapie im Globalbereich der sozialen/relationalen und interpersonalen Funktionen eine besonders nachhaltige Wirkung haben könnte, die diese von der kognitiv-behavioralen Therapie unterscheidet. Dabei könnten zukünftige Studien erhärten, dass die prozess-erfahrungsorientierte/Gestalttherapie eine bessere Wirksamkeit im Bereich der interpersonalen Problembewältigung gegenüber kognitiv-behavioraler Therapie (Watson et al. 2003) aufweist. Schlüsselt man diesen Bereich effektstatistisch weiter auf, finden sich – bis heute vor allem zunächst im nichtklinischen Setting dokumentiert – unter Gestalttherapie in den Selbstfunktionen die größten Veränderungen für die Bereiche: (a) Gefühlsreagibilität und (b) Fähigkeit zu persönlichen Beziehungen und Kontakt, sowie an zweiter Stelle für (c) Aggressions- und Konflikttoleranz und (d) Bezug zur eigenen existenziellen Situation.

Angesichts einer besonders guten Langzeitwirkung der Gestalttherapie in dem Globalbereich der sozialen, relationalen und interpersonalen Funktionen kommt den hier analysierten Selbstfunktionen eine besondere Bedeutung zu. Insbesondere unterstützt die Gestalttherapie die Patienten im Zugang zu ihren Gefühlen und Bedürfnissen, fördert ihre Kontakt-, Beziehungs- und Konfliktfähigkeit sowie den Bezug zur eigenen existenziellen Situation. Weitere Arbeiten sprechen für eine gute Unterstützung bei der Verbesserung dogmatischer oder unterwürfiger Haltungen in einer klinischen und einer nichtklinischen Studie (Serok et al. 1984; Foulds & Guinan 1973), sowie hinsichtlich der konflikthaften Bewertungen der eigenen Person, des anderen und der Beziehungen zu anderen Menschen in einer großen Anzahl von Studien, von denen elf mit klinischen Gruppen[13] durchgeführt worden waren (siehe Tabelle 23: (H. Greenberg, Seeman & Cassius 1980; Jessee & Guerney 1981; Kimball & Gelso 1974; Laborde & Brown 1981; Little 198;, Moran et al. 1978; Nichols & Fine 1980; O'Dell & Seiler 1975; Petzold 1979; Serok & Bar 1984; Serok et al. 1984; nichtklinische Arbeiten: Foulds 1970, 1971a,b, 1973; Foulds et al. 1970, 1974; Foulds & Guinan 1973; Foulds, Guinan & Warehime 1974b; Foulds & Hannigan 1976a,b,c, 1977, 1978; Greenberg & Rice 1981; Guinan & Foulds 1970; Guinan et al. 1973).

Studie	Bewertung des Anderen	Bewertung der Beziehung zu anderen	Selbstbewertung	Devotes Verhalten und Dogmatismus
nicht-klinische Studien	3 / 3	3 / 3	14 / 22	2 / 2
klinische Studien	5 / 6	14 / 15	10 / 11	
Gesamt	8 / 9	17 / 18	24 / 33	2 / 2

Tabelle 23: Ergebnisse aus 16 nichtklinischen und elf klinischen Studien zur konflikthaften Bewertung der eigenen Person, des anderen und der Beziehung zu anderen sowie Dogmatismus. Die Tabelle zeigt vor dem Schrägstrich die Anzahl signifikanter Befunde unter der hinter dem Schrägstrich genannten Anzahl von Prüfungen.

---

13. Mit klinischen Gruppen durchgeführte Studien sind in der Klammer vorangestellt.

Indessen können nur zukünftige sorgfältig gestaltete Therapievergleichsstudien zeigen, ob sich die hier aufgestellten Hypothesen einer spezifischen Wirksamkeit der Gestalttherapie in den genannten Selbstfunktionen bestätigen. Die heutigen Datenlage spricht dafür, dass dem prozessorientierten, emotions- und erlebensaktivierenden Vorgehen, wie es in der Gestalttherapie entwickelt wurde, eine besondere Bedeutung in der psychotherapeutischen Landschaft zukommt, und dass dieses Vorgehen neben einer anderen Therapieformen vergleichbaren Symptomverminderung die Patienten spezifisch darin unterstützt, zu einer befriedigenderen Beziehungsgestaltung im persönlichen und sozialen Leben zu gelangen.

4. Zusammenfassung

Vorgestellt wurden Daten aus 74 publizierten Forschungsarbeiten zu Therapieprozess und -ergebnis, die in zehn Metaanalysen von anderen Autoren sowie zusätzlich durch eigene Berechnungen des Autors reanalysiert wurden. Von den im inhaltlichen Teil vorgestellten Studien überprüften 38 veröffentlichte sowie weitere 25 unveröffentlichte klinische Dissertationen oder andere Studien bzw. Untersuchungen zu sonstigen experientiellen Verfahren die Wirksamkeit von Gestalttherapie und ihrer Weiterentwicklungen bei unterschiedlichen klinischen Gruppen. Die Studien umfassten Stichprobengrößen bis zu mehreren hundert Patienten.

Insgesamt gehen in die Wirksamkeitsprüfungen die Daten von ca. 4.500 Patienten aus der klinischen Praxis ein. Von diesen wurden ca. 3.000 Patienten unter gestalttherapeutischen Behandlungsbedingungen, die übrigen mit anderen therapeutischen Verfahren behandelt oder blieben als Kontrolle unbehandelt. Tabelle 1 enthält außerdem 176 Einzelfallberichte und -analysen zu verschiedenen Themenbereichen. Etwa 2/3 der 38 Wirksamkeitsstudien enthalten Daten einer Kontroll- oder Vergleichsgruppe. Teilweise finden sich entsprechend der klinischen Realität Mehrfachdiagnosen. 21 der hier zusammengefassten Studien hatten »klassische« Gestalttherapie in mindestens einer Behandlungsbedingung. Weitere 17 Studien untersuchten Weiterentwicklungen der Gestalttherapie oder die Treatmentbedingung spiegelt die moderne psychotherapeutische Praxis wieder, in der gestalttherapeutische mit anderen therapeutischen Ansätzen kombiniert werden, wie bspw. in der prozess-erfahrungsorientierten Therapie.

Die Studien belegen die Effekte der Gestalttherapie für eine Bandbreite von klinischen Störungsbildern wie: Schizophrenie, sonstige psychiatrische und Persönlichkeitsstörungen[1], affektive Störungen und Angst, Abhängigkeiten, psychosomatische Störungen sowie für die Arbeit mit speziellen Gruppen und in der präventiven psychosoziale Gesundheitsvorsorge. Die Unterschiedlichkeit der Diagnosen dokumentiert die Einsetzbarkeit von Gestalttherapie auch bei schwierigen Störungsbildern, wie sie sich bei psychiatrischen Patienten finden, oder auch bei Angststörungen, die in der Lehrmeinung der akademischen Psychotherapie eher als eine Domäne

---

1. Entgegen der früheren Lehrmeinung erweist sich Gestalttherapie als geeignet für die Arbeit mit stark beeinträchtigten Patienten. Vorausgesetzt werden muss eine therapeutische Stilmodifikation, in der weniger polarisierend und emotional aktivierend, dafür persönlichkeitszentriert stabilisierend und strukturaufbauend gearbeitet wird (vgl. Hartmann-Kottek 2004).

der behavioralen Therapie gelten. Im Folgenden werden einige der wichtigsten Befunde zu einzelnen Störungsbereichen herausgegriffen und zusammengefasst.

Psychiatrische Patienten mit unterschiedlichen Diagnosen wie Schizophrenie und schweren Persönlichkeitsstörungen zeigten nach einer gestalttherapeutischen Behandlung signifikante Verbesserungen in Bezug auf die individuell diagnostizierte Hauptsymptomatik, Persönlichkeitsdysfunktionen, Selbstbild und interpersonalen Beziehungen. Die Behandelten selbst bewerteten die Therapie als sehr hilfreich. Einschätzungen des Pflegepersonals wiesen auf Verbesserungen in den Kontakt- und Kommunikationsfunktionen der Patienten hin.

Die effektstärksten Studien finden sich zur gestalttherapeutischen Behandlung affektiver Störungen. Untersuchungen belegen die Wirkung der Gestalttherapie bei depressiven Symptomen, Ängsten und Phobien. Die Effektstärken der mit den gestalttherapeutischen Interventionen angereicherten prozess-erlebnisorientierten Therapie (P/E) liegen je nach Erhebungsinstrument um 25 Prozent bis 73 Prozent höher als für relationale klienten-zentrierte Therapie.

Gestalt- und Sozialtherapie für Drogenabhängige ergab eine langfristige Abstinenzrate von 70 Prozent, die sich bis zu neun Jahren nach der Entlassung stabil hielt. Die Ergebnisse dokumentieren weiterhin eine Verminderung von depressiven Symptomen und eine verbesserte Persönlichkeitsentwicklung am Ende der Behandlung.

In den Studien zu funktionellen Störungen berichten durchschnittlich ca. 55 Prozent der Patienten eine Verminderung von Schmerzen nach der Gestalttherapie. Die Untersuchungen belegen zudem eine starke Reduzierung ihrer Medikamenteneinnahme.

Weitere Studien belegen die Wirkung der Gestalttherapie für leistungsgestörte Schüler, Eltern, die ihre Kinder als Problemkinder begreifen, Paare mit Kommunikationsstörungen sowie – im Rahmen der psychosozialen Gesundheitsvorsorge – für alte Menschen mit dem Problem sozialer Isolierung und schwangere Frauen im Rahmen der Geburtsvorbereitung.

Von 17 Untersuchungen, die katamnestische Erhebungen enthalten und in dem Abschnitt zur Evaluationsforschung berichtet werden, zeigt nur eine Studie mit – sehr kurzer Behandlungszeit – Evidenz für einen Rückgang der erzielten Verbesserungen. In den übrigen katamnestischen Daten, die in der Mehrzahl der Arbeiten ein halbes bis drei Jahre nach Therapieabschluss erhoben worden waren, erwiesen sich die Therapieeffekte als stabil.

Weitere umfangreiche Katamnesestudien mit mehreren hundert Patienten wurden in den vergangenen Jahren zur Gestalttherapie und zur erfahrungsorientierten Therapie durchgeführt. In der katamnestischen Studie von Schigl geben 63 Prozent der befragten Patienten an, sie hätten ihre anfänglichen Ziele in der Gestalttherapie vollständig oder größtenteils erreicht. Nach Beendigung der gestalttherapeutischen Behandlung sank die Einnahme von Psychopharmaka auf die Hälfte, bei Tranquilizern sogar auf ein Viertel. Die Patienten lernten in der Gestalttherapie Strategien, um mit einer wiederkehrenden Symptomatik erfolgreich umzugehen.

Von besonderem Interesse sind auch die jüngst von einer unabhängigen Forschungsgruppe ausgewerteten evaluativen Befunde der Kliniken der Wicker-Gruppe (Barghaan et al. 2002; Harfst et al. 2003). Die Autoren kommen auf der Basis von 117 katamnestischen Datensätzen zur Bewertung des Vergleichs von psychodynamisch-gestalttherapeutisch mit psychodynamisch und/oder behavioral behandelten Patienten zu folgender Bewertung des gestalttherapeutischen Vorgehens:

»Die erreichten Verbesserungen entsprechen in den verschiedenen psychosozialen und körperlichen Maßen Veränderungen von zumeist großer Effektstärke. Im Vergleich zu den anderen Kliniken der Wickergruppe zeigen sich hier sogar überdurchschnittlich hohe Effektstärken, was aber auch mit der längeren mittleren Behandlungsdauer[2] der Patienten in der Abteilung Psychotherapie und Psychosomatik zusammenhängen kann. Die Stabilität der erreichten Behandlungserfolge über den Entlassungszeitpunkt hinaus erscheint insbesondere bei den psychischen Beschwerden ausgesprochen zufriedenstellend.« (Berghaan, Harfst, Dirmaier, Koch & Schulz 2002, 31).

Die mit teilweise mehreren hundert Patienten von unabhängigen Autoren durchgeführten katamnestischen Studien belegen insofern die langfristige Stabilität der gestalttherapeutischen Heilungsergebnisse.

Metaanalytische Befunde

In einer Metaanalyse vergleichen Elliott et al. (2004) die Ergebnisse von 112 Studien zu verschiedenen humanistischen Verfahren. Elliotts Metaanalyse schließt 42 Kontrollgruppenvergleiche aus 37 Studien ein, sowie 55 Vergleichsstudien (die 74 Vergleiche mit nicht-humanistischen Therapien umfassen) zu verschiedenen humanistischen Therapien.

---

2. Die Behandlungsdauer war an dieser Abteilung um durchschnittlich knapp eine Woche länger als an den anderen untersuchten Abteilungen, was die Autoren auf die andere Kostenträgerzusammensetzung zurückführen.

Vergleicht man die verschiedenen humanistischen Ansätze, wird deutlich, dass die prozess-erfahrungsorientierten Verfahren einschließlich der Gestalttherapie tendenziell die höchsten Effektstärken aufweisen. Insgesamt zeichnet sich nach heutigem Forschungsstand ab, dass diejenigen Therapieansätze, die aktiv prozess- und emotionsfokussierende Interventionen der Gestalttherapie einsetzen, sich in Zukunft als die Gruppe der effektivsten humanistischen Therapieverfahren erweisen könnte.

Effektstärkenvergleich kognitiv-behaviorale Therapie und Gestalttherapie

Auf der Basis von vorliegenden Therapievergleichsstudien wurden hier vom Autor metaanalytische Vergleiche zwischen prozess-erfahrungsorientierter/Gestalt- und kognitiv-behavioraler Therapie durchgeführt.

In den statistischen Einzelauswertungen der Studien fanden sich über alle Erhebungen hinweg fast keine signifikanten Unterschiede zwischen prozesserfahrungsorientierter/Gestalt- und behavioraler Therapie. Als einziger Unterschied zeigte sich in der Studie von Watson et al. (2003) eine stärkere Verbesserung der interpersonalen Problembewältigung unter prozess-erfahrungsorientierter Therapie gegenüber kognitiv-behavioraler Therapie.

Für die metaanalytischen Vergleiche wurden die Messdaten der Studien nach drei untersuchten Veränderungsbereichen gruppiert: (a) Symptome, (b) Persönlichkeit/Coping/Somatik (c) soziale/relationale/interpersonale Funktionen.

Auch unter diesen drei Veränderungsbereichen zeigen sich fast keine differentiellen Unterschiede zwischen Gestalt- und kognitiv-behavioraler Therapie. Ausbleibende Unterschiede sind deshalb bemerkenswert, weil die Verhaltenstherapie traditionell eine therapeutische Orientierung auf Veränderungen im Bereich der Symptome der Patienten verfolgt, anders als die Gestalttherapie, die sich als ganzheitliche Therapieorientierung versteht.

Indessen deutet sich im sozialen/relationalen/interpersonalen Bereich eine stärkere Nachhaltigkeit im Langzeit-Follow-up für die erfahrungsorientierte/Gestalttherapie an.

In den Daten fanden sich gleichermaßen Unterschiede in dem Sinne, dass psychiatrische Patienten unter kognitiv-behavioraler Therapie soziale Kontakte häufiger suchten, während sie unter der Behandlung mit einer Gestalttherapie-Transaktionsanalyse-Kombination diese Kontakte besser hielten. In den anderen Studien erreichten Unterschiede in den Prozessdaten zwischen Gestalt- und kognitiv-behavioraler Therapie nicht die Signifikanzgrenze oder waren schwer interpretierbar.

Aus weiteren explorativen Analysen des Autors ergeben sich Hinweise, die eine hier angenommene besondere Wirksamkeit der Gestalttherapie in dem Bereich der sozialen/relationalen/interpersonalen Funktionen spezifizieren.

Weitere klinische Studien könnten die Befunde der explorativen Analyse erhärten, dass Gestalttherapie besonders gute Verbesserungen in der Fähigkeit, persönlichen Kontakt herzustellen und Beziehungen zu halten, sowie im Umgang mit Aggressionen und Konflikten erzielt.

Der Gestalttherapie könnte weiterhin im Veränderungsbereich der sozialen/relationalen/interpersonalen Funktionen eine besondere Rolle in der Therapielandschaft zukommen, wenn sich die Befunde erhärten, dass Gestalttherapie eine spezifische Effektivität hat z.b. in Bezug auf die erfolgreiche Bearbeitung von dogmatisch starren Prinzipien, Störungen in der Selbst-, Fremd- und Beziehungsbewertung und innerem Leistungsdruck.

In psychodynamischen Termini hieße dies, dass der Gestalttherapie möglicherweise eine besondere Bedeutung zukommt in Fragen der Bearbeitung strenger Bewertungen, innerem Leistungsdruck und starrer Prinzipien.

Die Bedeutung erlebnisaktivierender Interventionen, wie sie in der Gestalttherapie seit den 1950er Jahren entwickelt wurden, ist heute für die zukünftige Therapieentwicklung noch nicht abschätzbar. Die heute vorliegenden Therapievergleichsstudien belegen indessen, dass die Effekte der Gestalttherapie vergleichbar sind mit denen anderer Therapieformen – oder sogar besser.

Effektstärkenvergleiche zwischen humanistischen und anderen Therapien

Viele akademische Psychotherapieforscher und insbesondere kognitiv-behavioral orientierte Therapeuten vertraten lange die Ansicht, dass humanistische Therapien den kognitiv-behavioralen Therapien in der Effektivität unterlegen sind. Elliott hatte in verschiedenen Metaanalysen Studien, die Vergleiche zwischen humanistischen und behavioralen Therapien vornehmen, unter dem Gesichtspunkt reanalysiert, welcher therapeutischen Schule die jeweilige Forschergruppe zugehörte (zuletzt: Elliott et al. 2004). Der Faktor der Schulen-Zugehörigkeit einer Forschergruppe erwies sich als so durchschlagend, dass, wenn er aus den Therapievergleichsdaten herausgerechnet wird, keine Effektivitätsunterschiede mehr zwischen den Schulen vorhanden sind. Dies deckt sich mit den Befunden der Arbeiten von Luborsky et al. (1999, 2002, 2003), die behaviorale, psychodynamische und Pharmakotherapien verglichen hatten.

In den Vergleichen von Elliot (2001) und Elliott et al. (2004) zeigte sich:
- Humanistische und kognitiv-behaviorale Therapien erweisen sich nicht als unterschiedlich effektiv.
- Humanistische Therapieverfahren sind den Verfahren anderer Schulen nicht unterlegen.
- Humanistische Therapien sind wirksamer als eine unspezifische Sammelgruppe aller nicht-humanistischen und nicht-behavioralen Therapieformen.

Nach heutigem Forschungsstand ist die Gruppe der humanistischen Therapien damit insgesamt nicht weniger wirksam als die kognitiv-behavioralen Verfahren.

Aus den hier vorgenommenen Reanalysen der älteren Metaanalysen, aus denen der Fehlschluss hervorging, behaviorale Therapien seien die wirksamsten, ließen sich folgende Verzerrungsfaktoren und bisher nicht bekannte Zusammenhänge identifizieren:
- 37 Prozent der Unterschiede zwischen humanistischen und behavioralen Therapien in Therapievergleichsstudien lassen sich auf die Zugehörigkeit einer Forschergruppe zu einer der therapeutischen Orientierungen zurückführen (Elliott et al. 2004).
- Etwa die Hälfte (mindestens 48 Prozent) der nominalen Effektstärken-Unterschiede zwischen den Therapien in den älteren Metaanalysen lassen sich gemäß den Modellrechnungen (Abschnitt 3.2.1.1 und 3.2.1.2 und Anhang 7.3) auf die in einer Therapieorientierung bevorzugt verwendeten Erhebungsinstrumente zurückführen. Die Höhe des Anteils der Skalen, die Symptome abprüfen, erweist sich dabei als stärkster Prädiktor, weil Symptomskalen von allen Erhebungsinstrumenten am ehesten signifikante Ergebnisse liefern.
- Im Gesamtpool der Studien vor 1984 werden in den Studien zu behavioralen Therapien zu ca. 40 Prozent häufiger Symptomskalen eingesetzt im Vergleich zu humanistischen und psychodynamischen Therapien.
- Die höheren Effektstärken der behavioralen gegenüber dynamischen und humanistischen Therapien, wie sie sich in den älteren Metaanalysen (Smith et al. 1977, 1980; Shapiro & Shapiro 1982; Nicholson & Berman 1983) fanden, lassen sich gemäß den hier vorgestellten Modellrechnungen allein auf die Unterschiede in den verwendeten Untersuchungsinstrumenten zurückführen. Dies spezifiziert die bereits von Smith et al. (1977) berichteten Befunde, dass sich die nominale Überlegenheit der behavioralen Verfahren gegenüber dynamischen und humanistischen Therapien dann aufhebt, wenn die Bedingungen, unter de-

nen die Untersuchungen der verschiedenen Studienpools durchgeführt wurden, in die Analyse einbezogen werden.
- Grawe et al. (1994) haben den Hauptteil der Studienrecherche nicht nach Effektstärken ausgewertet. Stattdessen griffen sie im Verlauf ihrer Argumentation auf die in älteren Metaanalysen ermittelten Effektstärken zurück. Dies wurde hier als Mangel in der Stringenz der Argumentationslinie der Autoren kritisiert. Eine Schätzung der Effektstärken über die in den Ergebnisprotokollen einzelner Therapieformen dokumentierte Häufigkeit von signifikanten Ergebnissen ergibt sogar ein widersprüchliches Bild zu den älteren und weniger umfassenden Metaanalysen. Nach den Häufigkeiten von Signifikanzen relativ zur Anzahl vorgenommener Messungen stehen für Prä-/Post-Vergleiche interpersonale Therapien (v.a. systemische Familientherapie) und humanistische Therapien an erster und zweiter Stelle der über die Signifikanzen geschätzten Effektstärken. Bei den Kontrollgruppenvergleichen stehen eklektische und humanistische Therapien an erster und zweiter Stelle, wobei die eklektischen Therapien auf dem erfassten Forschungsstand noch über zu wenige Daten verfügten. Erst danach folgen für beide (Prä-/Post- und Kontrollgruppen-) Vergleiche jeweils behaviorale und psychodynamische Therapien.

Zusammengenommen gilt, dass die humanistischen Therapien relativ zur Anzahl vorgenommener Messungen häufiger signifikante Ergebnisse lieferten als behaviorale und – noch deutlicher – psychodynamische Verfahren. Die zusammengefassten Daten der Ergebnisprotokolle stehen somit im Widerspruch zu den Schlüssen der Autoren, die eine Überlegenheit der behavioralen Therapien behaupteten. Eine effektstatistische Auswertung der Daten des Hauptteils der Metaanalyse von Grawe et al. (1994) wurde nie durchgeführt.

In der Metaanalyse von Grawe et al. (1994) wird ausgewiesen, dass die behavioralen Therapien weitaus die meisten empirischen Studien vorweisen. An zweiter Stelle stehen die humanistischen Therapieverfahren, für die zum Zeitpunkt des Abschlusses der Literaturrecherche mehr als doppelt so viele Studien vorlagen wie für die psychodynamischen Verfahren. Nötig wäre eine Aktualisierung der Vergleichsdaten des Forschungsstandes zwischen den verschiedenen Therapieorientierungen.

Bislang liegen noch keine direkten Therapievergleiche zwischen psychodynamischen und erfahrungsorientierten Therapien[3] vor, insbesonde-

---

3. Ausgeschlossen wurde hier wegen methodischer Probleme die Studie von Beutler et al. (1984) siehe Box X.

re zwischen Psychoanalyse, Gestalttherapie und den weiter entwickelten prozess-erfahrungsorientierten Therapien, die gestalttherapeutische Interventionen einschließen.

Zukünftige Forschung sollte in Vergleichsstudien mit psychodynamischen Verfahren spezifisch die Verlaufscharakteristika auf unterschiedlichen Prozessebenen kontrastierend zu den erfahrungsorientierten Verfahren untersuchen.

Von besonderem Interesse wäre der Vergleich erfahrungsorientierter Verfahren und hochfrequenter psychoanalytischer Langzeittherapie in ihrer Wirkung auf strukturelle bzw. Persönlichkeitsstörungen oder der Vergleich von erfahrungsorientierten Verfahren mit mittelfrequent durchgeführter psychodynamischer, d.h. tiefenpsychologischer Therapie hinsichtlich Konfliktlösung und Symptomreduzierung.

Prozessforschung

Relevante Verlaufscharakteristika von erlebnisaktivierenden gestalttherapeutischen Interventionen wurden auf verschiedenen Prozessebenen (Mikro- und Makroebene) ausgewiesen.

Träume, Metaphern, Körperbilder: Verschiedene Autoren konnten zeigen, dass die Arbeit mit Träumen, Metaphern und Körperbildern den Klienten zu einer größeren Bewusstheit impliziter Gefühle und Überzeugungen im therapeutischen Beziehungsgeschehen verhelfen und den Zugang zu verschütteten Kindheitserinnerungen, -fantasien und -gefühlen eröffnen können. Dabei liefern die Prozessstudien Belege dafür, dass Metaphern und Träume eine gute Basis für tiefergehende therapeutische Exploration und Durcharbeitung darstellen.

Wichtige Therapiemomente: Mehrere Forschungsgruppen haben sich mit der Frage beschäftigt, wodurch in der Therapiesitzung eigentlich emotionale Verdichtungen, wichtige Therapiemomente oder auch existenzielle Momente entstehen, die u.U. so gravierend für den Patienten sind, dass sie einen Wendepunkt in der therapeutischen Beziehung darstellen, z.B. im Sinne eines Anstiegs im Vertrauen, der vielfach verbunden ist mit wichtigen Einsichten und Erfahrungen.

Bei den untersuchten gestalttherapeutischen Sequenzen ließen sich verschiedene Varianten von therapeutischen Mikrostrategien identifizieren, die zu Veränderungen im Sinne einer intensivierten emotionalen Spannung beim Klienten in der Therapie führen:

• *Fokuswechsel Vordergrund-Hintergrund:* Ein für den gestalttherapeutischen Stil typischer Fokuswechsel vom Vordergrund zum Hintergrund, z.B. vom

Inhalt einer Erzählung zur aktuellen Selbst- und Fremdwahrnehmung des Patienten oder seinem Ausdrucksverhalten, steht häufig im Vorfeld von emotionalen Verdichtungen in der Sitzung und wichtigen Therapiemomenten.

• *Emotionaler Ausdruck:* Häufig ist direkte Ansprache der Gefühlsebene durch den Therapeuten die Brücke, die dem Patienten ermöglicht, Zugang zu seinen bereits in Ansätzen vorhandenen Gefühlen zu bekommen und diesen Ausdruck zu verschaffen. Wenn in der Therapie Gefühle auftauchen, können sich überraschende und unmittelbare Einsichten herstellen. Dies ist der Fall, wenn der Klient seine eigenen Emotionen akzeptiert und beginnt, Verantwortung für sie zu übernehmen, statt sie zu verleugnen, zu unterdrücken oder zu projizieren. Belegt werden konnte auch die therapeutische Wichtigkeit des Ausdrucks von Ärger und Wut speziell beim Durcharbeiten von traumatisierenden Erlebnissen, insbesondere wenn sich die aggressiven Gefühle mit innerem Schmerz und Trauer mischen. Der Ausdruck von reiner Aggression stellte sich in mehreren Forschungsarbeiten zwar als kathartisch, aber weniger kurativ, als ursprünglich angenommen, heraus.

• *Spontaneität und Authentizität:* Häufig sind es gerade überraschende Interventionen von hoher Authentizität, die emotionale Verdichtungen in der Stunde herbeiführen. Dabei zeigen die Analysen, dass es nicht nur der Therapeut ist, der den Patienten mit unerwarteten Interventionen überrascht, sondern vielmehr auch der Patient den Therapeuten z.B. mit unvermittelter Ehrlichkeit überraschen kann, womit eine Verdichtung im folgenden therapeutischen Geschehen herbeiführt wird.

Weiterhin konnten Zusammenhänge zwischen dialogischer Konfliktpolarisierung, emotionaler Aktivierung, Zugang zu unterliegenden (primären) Gefühlen und Bedürfnissen, Konfliktlösung und dem Therapieergebnis in Form (langfristig) verminderter Symptome nachgewiesen werden. In einer Serie von Untersuchungen ließ sich konsistent belegen, dass gestalttherapeutische Interventionen stärkere Erfahrungstiefe und emotionale Aktivierung evozieren als (a) empathisches Spiegeln (b) emotionales Fokussieren und (c) kognitives Problemlösen.

Belegt werden konnte, dass sich die erfolgreiche Lösung eines (neurotischen) Konfliktes aus dem Sitzungsgeschehen über vier spezifische Prozessvariablen voraussagen lässt:

• *Aufbau der oppositionellen Spannung:* Der Konflikt wird voll entfaltet, es kommt zu einem Aufbau der oppositionellen Seiten, verbunden jeweils mit einer emotionalen Aktivierung.

- *Emotionale Aktivierung der konfligierenden Teile des Selbst:* Ein klarer und eindeutiger Gefühlsausdruck auf beiden Seiten des Konflikts im Verlauf der Sitzung erweist sich als ein relevanter Faktor für die in einem späteren Stadium erfolgende Auflösung des Konflikts.

- *Wechselseitige Repräsentation des anderen Selbstanteils:* Hilfreich für die Konfliktlösung ist in einem nächsten Stadium innerhalb der Sitzung eine Auflösung der oppositionellen Spannung, die von einer gegenseitigen Repräsentation und einem gegenseitigen Verständnis der oppositionellen Seiten des Selbst abgelöst wird.

- *Zugang zu den zugrunde liegenden (primären) Gefühlen und Bedürfnissen:* In der Auseinandersetzung findet letztlich eine Kontaktaufnahme und darüber eine Auflösung des Konflikthaften statt, indem der Patient im Verlauf der Sitzung einen Zugang zu den verschütteten »primären« Gefühlen und Bedürfnissen findet.

Typisch gestalttherapeutisch geht es im Falle der neurotischen Konfliktstörung darum, in den Konflikt hineinzugehen, statt ihn zu vermeiden. Die emotionale und kognitive Entfaltung der konflikthaften Selbstanteile in der Sitzung fördert den Patient im Zugang zu seinen primären Gefühlen und Bedürfnissen und darüber in seinem psychischen Heilungsprozess.

Neue Modelle zur Bedeutung von Emotionen in der Psychotherapie

Allgemein wird in den Psychotherapieverfahren unterschiedlicher Schulen die Bedeutung von Emotionen zunehmend anerkannt. Dabei kommt der Modellentwicklung durch Greenberg, Rice & Elliott (1993, 2003) besondere Bedeutung zu. Analog zum Schemabegriff von Piaget enthalten »emotionale Schemata« immer auch Situations- und Handlungsaspekte bis zu konkreten Verhaltensplänen.

Emotionale Schemata werden als Strukturen gefasst, die der persönlichen Entwicklung entstammen, emotionale, kognitive und Verhaltenselemente enthalten und die Bedeutungsbildungen, Erfahrungen und Handlungen leiten.

Die epistemologische Grundlage von Greenberg, Rice & Elliott (1993, 2003) ist die Vorstellung eines dialektischen Prozesses:

Bedeutungen entstehen bottom-up auf der Basis von unmittelbaren Empfindungen und top-down kognitiv und konzeptionell in einem wechselseitigen Konstruktionsakt.

Hierzu bildet der aktuelle Stand der Hirnforschung die Ausgangsbasis für den emotionstheoretischen Ansatz der prozess-erfahrungsorientierten Verfahren:

Angeborene primäre Affekte und Verhaltensmuster bilden die Grundlage für die Entwicklung der emotionalen Schemata. Sekundäre Affekte entstehen in der Reaktion auf persönliche Erfahrungen.

Emotionale Schemata können adaptiv sein, d.h. angemessene und realitätsgerechte, auf die Bedürfnisbefriedigung ausgerichtete Handlungspläne bereitstellen, sind sie dagegen maladaptiv, bremsen sie den Menschen in seinen Handlungsimpulsen, stören und unterbrechen ihn so in seiner Bedeutungskonstruktion und Bedürfnisbefriedigung, z.B. indem Wahrnehmungen ausgeblendet werden.

Damit knüpft das Modell von Greenberg et al. an Rogers an, der die bedeutungsbildende Funktion der Emotionen betont hatte, wie auch an Perls und Goodman, die den handlungsleitenden Charakter der Emotionen hervorgehoben hatten. Bereits Gendlin und Perls hatten gleichermaßen den Begriff der Maladaptivität in der Organismus-Umwelt-Interaktion vor dem Hintergrund gestörter emotionaler Prozesse herausgearbeitet.

Die Entwicklung forschungsbasierter integrativer Therapieverfahren am Beispiel der prozess-erfahrungsorientierten Therapie

Die prozess-erfahrungsorientierte Therapie integriert das wissenschaftlich belegte Erfahrungswissen aus den verschiedenen humanistischen Therapien in einem eigenen therapeutischen Ansatz.

Aus Gestalttherapie und klientenzentrierter Therapie übernimmt die prozess-erfahrungsorientierte Therapie eine Orientierung auf Erfahrung und Prozess, die Basishaltung von klientenzentrierter Therapie sowie die gestalttherapeutische Haltung, auf das Hier-und-Jetzt zu fokussieren und darüber aktiv Erfahrung zu ermöglichen.

Wie in der Gestalttherapie gehen die Autoren davon aus, dass Erfahrung und Bedeutungen Ergebnis eines Konstruktionsprozesses sind, integriert aus sensorischen, perzeptuellen und emotionalen Informationen und Erinnerungen. Die Therapie zielt dabei auf eben diesen Konstruktionsprozess.

Ein zentraler Aspekt der therapeutischen Arbeit ist die Prozessdiagnostik.

Dabei ist es Aufgabe des Therapeuten, im Prozess auf diagnostische Kriterien des emotionalen Prozesses zu achten. Diese indizieren bestimmte Schwierigkeiten des Klienten und werden »kognitiv-affektive Marker« genannt.

Sechs verschiedene Marker umschreiben emotional-kognitive Probleme des Klienten: (1) problematische Reaktion auf ein bestimmtes Ereignis, (2) mangelhaftes Selbstverständnis, (3) konflikthafte Selbstbewertung, (4) Selbstunterbrechungskonflikt, (5) unabgeschlossene Prozesse, (6) erhöhte Verletzbarkeit.

Sind die Kriterien eines Markers erfüllt, unterstützt der Therapeut den Klienten, eine Erfahrung erneut und in allen Aspekte, die zu einem emotionalen Schema gehören, zu durchleben.

Im Zentrum steht die Veränderung emotionaler Verarbeitungsprozesse über eine Veränderung der emotionalen Schemata und der damit verbundenen Bedeutungsbildungen, Handlungen und Lösungsansätze. Die Unterstützung des Therapeuten richtet sich gemäß dem letztgenannten Therapieprinzip darauf, dass der Klient seine selbstgefundenen Handlungspläne und Lösungen auch abschließend in die Tat umsetzt. Insofern ist die Therapie nicht nur erfahrungs- und klärungsorientiert, sondern greift gleichermaßen auf der Handlungsebene ein.

Konfrontation durch Erfahren

Orlinsky, Grawe und Parks (1994) bringen Merkmale von therapeutischen Prozessen in Verbindung mit den Therapieergebnissen. Ein wichtiger Befund der Autoren ist, dass eine therapeutische Herangehensweise, die »prozesshaftes Erfahren im Hier und Jetzt« fördert, in einem positiven Zusammenhang mit einem guten Therapieergebnis steht. Diese Herangehensweise, die Aufmerksamkeit auf das unmittelbar prozessual aktivierte Erleben und Verhalten, das ein Patient aktuell im therapeutischen Geschehen hat, zu lenken, bezeichnen die Autoren als »experiential confrontation«.

Experiential confrontation stellt nach der Metaanalyse von Orlinski, Grawe und Parks (1994) einen starken Prädiktor für ein positives Therapieergebnis dar. Gestalttherapie beruht wesentlich auf diesem Vorgehen.

Das in der Gestalttherapie entwickelte therapeutische Vorgehen, Klienten an ihr unmittelbar prozesshaftes Selbsterleben hinzuführen und darüber die emotionale Aktivierung zu fördern, erweist sich im Lichte der von Orlinski, Grawe & Parks (1994) vorgenommenen metaanalytischen Auswertung als wirkungsvolle therapeutische Arbeitsmethode. Die aktiven gestalttherapeutischen Interventionen erweisen sich als geeignet, die Erlebensqualitäten in der therapeutischen Sitzung zu intensivieren und können heute wissenschaftlich abgesichert in Verbindung gebracht werden mit einer verbesserten Konfliktlösung unserer Patienten sowie einer Verminderung von Symptomen und Leidensdruck. Auf der Basis dieser

Befunde sowie den vorgelegten Daten zu Anwendungsbreite und Wirksamkeit müssen eine Reihe von bisherigen Bewertungen der Gestalttherapie, z.B. zur eingeschränkten Anwendbarkeit, revidiert werden.

5. Schluss

Die in diesem Buch präsentierten Ergebnisse belegen, dass die Gestalttherapie in ihrer Wirksamkeit und Anwendungsbreite nicht hinter anderen Verfahren zurücksteht und sich in bestimmbaren Veränderungsbereichen sogar durch besonders gute Behandlungsergebnisse auszeichnet. In den vorgelegten Analysen von Therapieprozessen und -wirkungen zeigte sich, dass der Gestalttherapie unter den verschiedenen Psychotherapien besondere Bedeutung im Bereich der interpersonalen Beziehungen zukommen könnte. Dies gilt insbesondere für die Bereiche Partnerschaft und soziale Beziehungen in der Familie, mit Freunden und im Beruf. Weitere Daten spezifizieren diese besonders gute Wirkung und weisen darauf hin, dass in der Gestalttherapie Patienten besonders gefördert werden in der Fähigkeit, persönlichen Kontakt herzustellen und Bindungen zu halten, Konflikte besser austragen zu können und interpersonale Probleme zu lösen. Zum einen steht im Hintergrund dieser Effekte die besondere Bedeutung der emotionsfokussierenden und erlebensaktivierenden Herangehensweise der Gestalttherapie. Gleichzeitig belegen die Daten aber auch die Wirksamkeit der Gestalttherapie in der Bearbeitung strikter Normen, Dogmen und Prinzipien sowie der Bewertung der eigenen Person, des anderen und der Beziehung zum anderen. In diesen therapeutischen Veränderungsbereichen könnten die Arbeitsweisen der Gestalttherapie auch zu einer Bereicherung für andere Therapieverfahren beitragen. Die vorgelegten metaanalytischen Befunde bestätigen dabei, dass eine erfolgreiche Verminderung von psychischen Symptomen und Störungen im ganzheitlichen Ansatz der Gestalttherapie gleichermaßen erfolgt wie in den bislang eher symptomorientierten, behavioralen Verfahren.

Gestalttherapie wurde in der Tradition der humanistischen Therapieorientierung entwickelt. Für die Gruppe der humanistischen Therapien als Ganzes lassen sich keine Wirksamkeitsunterschiede bspw. zur modernen Verhaltenstherapie feststellen. Nach heutigem Forschungsstand zeichnet sich innerhalb der Gruppe der humanistischen Therapien eine besonders gute Wirksamkeit der emotionsfokussierenden, prozess- und erfahrungsorientierten Therapieverfahren ab, für welche die Gestalttherapie das Basisverfahren darstellt.

In vielen klinischen Lehrbüchern wird bis heute noch die Auffassung vertreten, humanistische Verfahren wie die klientenzentrierte Therapie seien weniger effektiv als die behavioralen Verfahren und ihre mögliche Anwendung eher auf Selbsterfahrung begrenzt. Insbesondere wird auf der Basis der älteren Metaanalysen bis heute die Meinung vertreten, humanistische Verfahren seien weniger wirksam als die modernen verhaltenstherapeutischen Verfahren. Die Ergebnisse der hier vorgelegten Meta- und Reanalysen belegen, dass diese Fehleinschätzung der humanistischen Verfahren, einschließlich der Gestalttherapie, auf einer Reihe von Verzerrungsfaktoren beruht. Insbesondere werden die Ergebnisse der älteren Metaanalysen wesentlich durch die Schulenzugehörigkeit der Forscherteams verzerrt.

Die noch immer weit verbreitete Auffassung, Gestalttherapie weise für die klinische Anwendung kaum empirische Belege auf, ist heute nicht mehr haltbar.

Insbesondere neuere Untersuchungen weisen zunehmend bessere wissenschaftliche Qualität auf. Während methodologische Schwächen früherer Studien manchmal die Stärke der Effekte verdeckten, dokumentieren jüngere Studien die gute Wirksamkeit der Gestalttherapie zur Behandlung von verschiedenen, auch schwersten psychischen Störungen, sowie die Langzeitwirkung der Behandlung.

Eine weitere empirische Erforschung von gestalttherapeutischer Kontaktarbeit und Dialogprozessen sowie den Methoden der therapeutischen Arbeit mit Kontaktunterbrechungen erscheint notwendig und vielversprechend. Zukünftige Forschung könnte weitere Einsichten in die Wirkung von erlebnisaktivierender Arbeit mit Emotionen ermöglichen, insbesondere wie diese zur Verminderung von psychischem Leiden und Symptomen führt und Veränderungen in interpersonalen Problemen und Persönlichkeitsstörungen bewirkt.

Zu einer guten Methodik von Forschungsprogrammen sollte in Zukunft gehören, den von Elliott und Luborsky beschriebenen Autorenbias zu berücksichtigen, insbesondere indem in Forschungsteams Vertreter unterschiedlicher Therapieschulen in ausgewogenem Verhältnis zusammenarbeiten. Weiterhin sollte, unter der Voraussetzung von nach Schulenzugehörigkeit ausbalancierten Forschungsteams, Therapievergleichsstudien der Vorzug gegeben werden gegenüber herkömmlichen Kontrollgruppenstudien.

Zur Wirkungsweise der Gestalttherapie liefert die Therapieprozessforschung schon heute interessante Ergebnisse und produktive Impulse auch für die praktische Arbeit. Vielversprechend sind vor allem Forschungsprojekte, in denen nach einer Verbindung zwischen verschiedenen Aspekten des Therapieprozesses und dem Therapieerfolg gesucht wird.

Herauszuarbeiten sein wird in zukünftigen Forschungsprogrammen, die im günstigsten Falle Therapieprozesse und -wirkungen gleichermaßen erfassen, welche Besonderheiten und Stärken jede Therapieform charakterisieren. Weitere Studien hierzu sind insbesondere für den Vergleich von humanistischen und psychodynamischen Verfahren sinnvoll und interessant. Insbesondere fehlen nach wie vor Vergleichsstudien, die psychoanalytische Langzeittherapie mit anderen Verfahren kontrastieren.

Ein weiterer Erfahrungsbereich, die therapeutische Arbeit mit Träumen, steht erst am Anfang einer genaueren Erforschung. F. Perls war der Auffassung, dass sich der Patient seine verlorenen Selbstanteile zurückerobern kann, indem er sich in der therapeutischen Sitzung aktiv mit Traumelementen identifiziert, in denen sich diese Selbstanteile verschlüsselt finden. Über die in der Identifikation gemachten Erfahrungen kann der Patient unmittelbar erleben, dass die als fremd erlebten Anteile zu ihm gehören. Die Aktivierung des unmittelbaren, prozesshaften Erlebens in der therapeutischen Sitzung, vor allem von im Hintergrund liegenden Anteilen des Selbst, ist wesentlicher Bestandteil der Gestalttherapie. Freud hatte die Arbeit mit Träumen als »Königsweg« der Psychotherapie bezeichnet, prominente Gestalttherapeuten wie Miriam und Erving Polster räumen der Arbeit mit Träumen eine herausragende Bedeutung in der Gestalttherapie ein und auch die behavioralen Therapeuten haben inzwischen begonnen, sich den verschlüsselten Botschaften, die sich in Träumen, Metaphern, Körperbildern und im Körperausdruck finden, zu öffnen. Eine weitere Erforschung der Arbeit mit Träumen dürfte deshalb für unterschiedliche Therapieschulen gleichermaßen von Interesse und Bedeutung sein.

Gestalttherapeuten haben, unter Hinweis auf die Einmaligkeit eines jeden therapeutischen Prozesses, die wissenschaftliche Begleitung ihrer Arbeit lange Zeit zu stark vernachlässigt. Indessen ist die empirische Aufarbeitung der Gestalttherapie in den vergangenen Jahrzehnten erfreulicherweise in einen starken Aufwind gekommen. Wünschenswert wäre, wenn Gestalttherapeuten sich stärker einer wissenschaftlichen Diskussion stellen würden.

Im historischen Teil dieser Arbeit habe ich nachgezeichnet, dass sich Gestalttherapie zunächst stringent aus den experimentellen Bestrebungen, wie sie innerhalb der Psychoanalyse, insbesondere in der Entwicklung von aktiven Interventionen und der Arbeit mit Körperausdruck zu Beginn dieses Jahrhunderts zu finden war, entwickelt hat, bis es zu einem historischen Bruch kam. Seit den 1950er Jahren haben Gestalttherapeuten intensiv an der Weiterentwicklung erlebensaktivierender Interventionen gearbeitet. Die Weiterentwicklungen in Theorie und Praxis der Gestalttherapie stellen ein Kondensat und eine Synthese dieses Erfahrungsschatzes dar, der heute erst in Ansätzen in gebündelter Form vorliegt. Lag der Erfahrungsschatz der »klassischen« Gestalttherapie über Jahrzehnte nur als Handlungswissen vor, gewähren die inzwischen vor allem über die Therapieprozessforschung möglich gewordenen Abbildungen des therapeutischen Geschehens neue Einblicke und Erkenntnisse und dokumentieren zugleich auch dieses Handlungswissen. Prozess- und Wirksamkeitsstudien eröffnen heute die Chance, Therapieverfahren wissenschaftlich abgesichert zu verbessern und zu verfeinern. Indessen stellen wissenschaftlich fundierte Weiterentwicklungen wie die prozess-erfahrungsorientierte Therapie, in denen erforschtes Erfahrungs- und Handlungswissen zusammengefasst werden, letztlich nur einen Auszug dar aus einem Erfahrungsschatz. Diesen haben Gestalttherapeuten im Laufe der letzten 60 Jahre zur aktiven Arbeit mit gestörten emotionalen Prozessen, wie sie in den vielfältigen psychischen Störungen zu finden sind, geschaffen und weiterentwickelt.

Wissenschaftliche Befunde eröffnen auch die Chance für eine bessere Verständigung der Therapieschulen untereinander, was letztlich der Entwicklung besserer Behandlungsmöglichkeiten für Patienten zugute kommt. Die hier vorgelegten Befunde könnten einen weiteren Schritt darstellen in der Neubewertung der innerhalb der humanistischen Therapien entwickelten Alternativen zu den etablierten therapeutischen Vorgehensweisen.

Ich würde mir wünschen, mit der vorliegenden Arbeit eine Beitrag zu leisten für zukünftige Forschungsarbeiten, den Austausch von Erfahrungswissen, vor allem aber für einen intensiveren schulenübergreifenden Diskurs.

6. Literatur

Adesso, V.J., Euse, F.J., Hanson, R.W., Hendry, D. & Choca, P. (1974). Effects of a personal growth group on positive and negative self-references. *Psychotherapy: Theory, Research and Practice, 11,4*, 354-355.

Ahlers, C. & Ventouratou-Schmetterer, D. (1998). Therapeutischer Prozess in der Sicht zweier Psychotherapieschulen: Systemische Therapeutin und Gestalttherapeutin im Gespräch. *Psychotherapie-Forum, 6,3*, 139-151.

Alexander, J.A. & Harman, R.L. (1988). One counselor's intervention in the aftermath of a middle school student's suicide: a case study. *Journal of Counseling and Development, 66,6*, 283-285.

Amendt-Lyon, N. (1999).»Mit Ihnen schreibe ich heute Geschichte!« Depressive Prozesse in der Integrativen Gestalttherapie. In R. Hutterer-Krisch, I. Luif & G. Baumgartner (Hrsg.), *Neue Entwicklungen in der Integrativen Gestalttherapie. Wiener Beiträge zum Theorie-Praxis-Bezug* (S. 149-168). Wien: Facultas.

Anderson, J.D. (1978b). Growth groups and alienation: A comparitive study of Rogerian encounter, self-directed encounter, and Gestalt. *Group and Organization Studies, 3*, 85-107.

Anderson, J.D. (1978a). Intensive small group experiences and alienation: a comparative analysis of Rogerian encounter, encountertape and Gestalt and their implication. *Dissertation Abstracts International, 38,9*.

Andrews, J. (1990). A gestalt-based family systems therapy: Toward a model of theory integration (therapy). *Dissertation Abstracts International, 51, 02*, 975.

Angermann, K. (1998). Gestalt therapy for eating disorders: An illustration. *Gestalt Journal, 21,1*, 19-47.

Angus, L.E. & Rennie, D.L. (1989). Envisioning the representational world: the client's experience of metaphoric expression in psychotherapy. *Psychotherapy, 26,3*, 372-379.

Aspinall, S.Y. & Fodor, I.G. (1999). Clinical films as training tools: A comparison of REBT and Gestalt therapy with children. *Gestalt Review, 3,4*, 337-340.

Aylward, J. (1988). A session with Cindy. *Gestalt Journal, 11,1*, 51-61.

Baddeley, M. (1996). Hypnotherapy, Gestalt, EMDR and the treatment of post traumatic stress. *Australian Journal of Clinical Hypnotherapy and Hypnosis, 17*, 41-47.

Bäumges, U. & Petzold, H. (1983). Integrative Gestalttherapie in der einzel- und gruppentherapeutischen Behandlung älterer Glaukompatienten. *Integrative Therapie, 9*, 198-238.

Baker, F.S. (2000). Healing in psychotherapy: Using energy, Touch, and imagery with cancer patients. *Gestalt Review, 4,4*, 267-289.

Barghaan, D., Harfst, T., Dirmaier, J., Koch, U. & Schulz, H. (2002). *Bericht der externen Evaluation und Qualitätssicherung der Hardtwaldtklinik I, Bad Zwesten, Abteilung Psychotherapie und Psychosomatik. Nr. 1 Analyse von Struktur Prozess und Outcome 2000-2001.* Hamburg: Universitätsklinikum Hamburg-Eppendorf.

Barrilleaux, S.P. & Bauer, R.H. (1976). The effects of Gestalt awareness training on experiencing levels. *International Journal of Group Psychotherapy, 26*, 431-444.

Bauer, R. (1979). Gestalt approach to family therapy. *American Journal of Family Therapy, 7*, 41-45.

Bauer, R., Latner, J., Mintz, E.E. & Polster, E. (1985). A case presentation in Gestalt therapy. *Gestalt Journal, 8,2*, 27-48.

Baulig, I. & Baulig, V. (2001). Gestalttherapie mit Kindern. Das Dialogverständnis als Basis einer heilsamen Beziehung. *Gestaltzeitung, 14,* 10-15.
Baumgartner, G., Bolen, I. & Winterauer, R. (1999). Nachwirkungen der NS-Zeit in Psychotherapien. In R. Hutterer-Krisch, I. Luif & G. Baumgartner (Hrsg.), *Neue Entwicklungen in der Integrativen Gestalttherapie. Wiener Beiträge zum Theorie-Praxis-Bezug* (S. 299-312). Wien: Facultas.
Beaumont, H. (1994). Self-organization and dialogue. In G. Wheeler & S. Backman (Hrsg.), *On intimate ground: A Gestalt approach to working with couples. The Jossey-Bass social and behavioral science series* (S. 83-108). San Francisco, CA: Jossey-Bass Inc, Publishers.
Beck, J.G. (1995). What's love got to do with it?: The interplay between low and excessive desire disorders. In R.C. Rosen & S.R. Leiblum (Hrsg.), *Case Studies in Sex Therapy* (S. 46-64). New York, NY: Guilford Press.
Behrendt, S. (2001). Krankheitsbewältigung aus der Sicht der Gestalt- und Integrativen Therapie. In S. Casper, M. Dorn, K.-W. Hoeffler, I. König, J. Scharnhorst - Arbeitskreis Psychologie in der Rehabilitation BDP (Hrsg.), *Anpassungsstörungen - Veränderungspotentiale. Beiträge zur 19. Jahrestagung des Arbeitskreises Klinische Psychologie in der Rehabilitation vom 18. bis 20. Februar 2000 im Rehazentrum Bad Eilsen der LVA Hannover* (S. 72-90). Bonn: Deutscher Psychologen Verlag.
Behrendt, W.S. (1981). Gestalt- und Integrative Therapie bei der Behandlung von Stimmstörungen mit psychogenen Aspekten. *Folia Phoniatrica, 33.*
Bernstein, P.L. (1980). The union of the Gestalt concept of experiment and Jungian active imagination. *Gestalt Journal, 3,* 36-45.
Besems, T. (1980). Gesellschaft und Arbeit als Schwerpunkte der Therapie. *Integrative Therapie, 6,* 3-19.
Besems, T. & van-Vugt, G. (1990). *Wo Worte nicht reichen.* München: Kösel.
Beutler, L.E., Engle, D., Mohr, D.C., Daldrup, R.J., Bergan, J., Meredith, K. & Merry, W. (1991a). Predictors of differential response to cognitive, experiential, and self-directed psychotherapeutic procedures. *Journal of Consulting and Clinical Psychology, 59,2,* 333-340.
Beutler, L.E., Frank, M., Schieber, S.C., Calver, S. & Gaines, J. (1984). Comparative effects of group psychotherapies in a short-term inpatient setting: An experience with deterioration effects. *Psychiatry, 47,* 66-76.
Beutler, L.E., Machado, P.P.P., Engle, D. & Mohr, D.C. (1993). Differential patient x treatment maintenance among cognitive, experiential, and self-directed psychotherapies. *Journal of Psychotherapy Integration, 3,1,* 15-30.
Beutler, L.E., Mohr, D.C., Grawe, K., Engle, D. & MacDonald, R. (1991b). Looking for differential treatment effects: Cross-cultural predictors of differential psychotherapy efficacy. *Journal of Psychotherapy Integration, 1,* 121-142.
Bialy, J. von & Volk-von Bialy, H. (1998). *Siebenmal Perls auf einen Streich. Die klassische Gestalttherapie im Überblick.* Paderborn: Junfermann.
Bilek, H.P., & Weidinger, H.P. (1994). Der gestalttherapeutische Ansatz in der Therapie psychotischer Störungen. In K.R. Hutterer (Hrsg.), *Psychotherapie mit psychotischen Menschen* (S. 211-228). Wien: Springer.
Bjorno, L. (1984). Et terapiforlob med Peter fra 3. klasse. (A series of therapy sessions with Peter from the third grade.). *Skolepsykologi, 21,* 44-73.
Bjorno, L. (1990). Peter, engel og skurk. / Peter: Angel and villain. *Skolepsykologi, 27,* 276-297.
Bocian, B. (1994). Gestalttherapie und Psychoanalyse: Zum besseren Verständnis eines Figur-Hintergrund-Verhältnisses. *Gestalttherapie, 8,2,* 12-36.

Bocian, B. & Staemmler, F.-M. (2000). *Gestalttherapie und Psychoanalyse. Berührungspunkte - Grenzen - Verknüpfungen*. Göttingen: Vandenhoek & Ruprecht.
Bongers, D. & Waldner, P. (1998). Arxhof unter neuer Regie. Bilanz der Ergebnisse nach sieben Jahren Arbeit aufgrund des neuen Konzepts. *Arbeitserziehungsanstalt Arxhof, Therapeutische Gemeinschaft*.
Borofsky, R. & Kalnins-Borofsky, A. (1999). Geben und Nehmen. In G. Wheeler & S. Backman (Hrsg.), *Gestalttherapie mit Paaren* (S. 303-330). Wuppertal: Hammer.
Bortz, J. & Döring, N. (1995). *Forschungsmethoden und Evaluation*. Berlin Heidelberg: Springer.
Boulet, D.B., Soulière, M.D., Sterner, I. & Nadler, W.P. (1992). Development of a category system of good moments in Gestalt therapy. *Psychotherapy, 29, 4,* 554-563.
Boulet, D., Soulière, M. & Sterner, I. (1993). Good moments in Gestalt therapy: a descriptive analysis of two Perls sessions. *Canadian Journal of Counselling, 27,3,* 191-202.
Bozarth, J.D., Zimring, F.M. & Tausch, R. (2001). Client-centered therapie: The evolution of a revolution. In D. Cain & J. Seeman (Hrsg.), *Humanistic Psychotherapies: Handbook on Research and Practice* (S. 147-188). Washington: American Psychological Association.
Bretz, H.J., Heekerens, H.-P. & Schmitz, B. (1994). Eine Metaanalyse zur Wirksamkeit von Gestalttherapie. *Zeitschrift für Klinische Psychologie, Psychopathologie & Psychotherapie, 42,3,* 241-260.
Briner, F. (1986). Zur gestalttherapeutischen Behandlung ekklesiogener sexueller Dysfunktionen. *Integrative Therapie, 12,* 127-132.
Broemer, H., Rosenbrock, H. & Szabo, K. (in Druck). *ATHERNA. Erfahrungen und Ergebnisse der ambulanten Therapie mit Drogenabhängigen*. Berlin: Drogenhilfe Tannenhof Berlin e.V.
Brothers, C.L. (1986). The Gestalt theory of healthy aggression in beyond-control youth. *Psychotherapy, 23,4,* 578-585.
Brown, J. (1983). Der Gestaltansatz mit Familien. In K. Schneider (Hrsg.), *Familientherapie in der Sicht psychotherapeutischer Schulen* (S. 96-109). Paderborn: Junfermann.
Brownell, R. (2001). Self-care of Gestalt therapists. *Dissertation Abstracts International, 62,5-B,* 2477.
Brunink, S.A. & Schroeder, H.E. (1979). Verbal therapeutic behavior of expert Psychoanlytically oriented, Gestalt, and Behavior therapist. *Journal of Counseling and Clinical Psychology, 47,* 567-574.
Bryan, E.L. (1983). The effects of Gestalt awareness exercises on measured self actualization. In *Unveröffentlichte Dissertation*. Pocatello: Idaho State University.
Buber, M. (1984). *Das dialogische Prinzip*. Heidelberg: Verlag Lambert Schneider.
Buckles, N.B. (1982). Abortion: A technique for working through grief. *Journal of the American College Health Association, 30,* 181-182.
Buentig, W.E. (1988). Die Arbeit mit Krebskranken aus der Sicht der Humanistischen Psychologie. In Österreichische G. f. P. (Hrsg.), *Beiträge zur Psychoonkologie. Zeitgenössische Ansätze zum Verständnis bösartiger Erkrankungen* (S. 41-57). Wien: Facultas.
Burke, W.W. (1983). Systemtheorie, Gestaltherapie und Organisationsentwicklung. *Gruppendynamik, 14,* 377-391.
Burow, O.A. (1993). Methoden und Wirkungen gestaltpädagogischen Lehrertrainings: Chancen für einen persönlichen und institutionellen Paradigmawechsel? In O.A. Burow, K.K. Belger, J. Mack, D. Mensing, H.B. Pintag & Wittenburg, A. von (Hrsg.), *Gestalttherapie und Gestaltpädagogik heute. Grenzen achten, Grenzen öffnen, sich be-*

gegnen. Dokumentation der Berliner Gestalttage 93 (S. 33-51). Baltmannsweiler: Schneider Hohengehren.

Butollo, W. (1990). Das dialogische Prinzip in einer erfahrensorientierten Kurzzeittherapie. In S. Höfling & W. Butollo (Hrsg.), *Psychologie für Menschenwürde und Lebensqualität. Aktuelle Herausforderung und Chancen für die Zukunft. Bericht über den 15. Kongress für Angewandte Psychologie des Berufsverbandes Deutscher Psychologen, München 1989* (Bd. 1, S. 231-238). Bonn: Deutscher Psychologen Verlag.

Butollo, W. (1992). Dialogische Psychotherapie und empirische Forschung. In Maack, N., Laukat, C. & Merten, R. (Hrsg.), *Gestaltbildung in Pädagogik und Therapie - Dokumentaton der Münchner Gestalttage 1992.* Eurasburg: Copydruck.

Butollo, W. (1993). Gestalttherapie, Macht und Wissenschaft. In Maack, N., Laukat, C. & Merten, R. (Hrsg.), *Was ist Macht - Dokumentation der Münchner Gestalttage 1993.* Eurasburg: Copydruck.

Butollo, W. (1995). Konfrontation und Kontakt: Integration von Gestalt- und Verhaltenstherapie bei Angststörungen. *Vortrag gehalten auf d. Kongress »Psychotherapie in der Psychiatrie« in Graz.*

Butollo, W. (2003). Integrative Therapie der Angst. In F.-M. Staemmler & R. Merten (Hrsg.), *In Angst als Ressource und Störung. Interdisziplinäre Aspekte* (S. 80-109). Paderborn: Junfermann.

Butollo, W. & Hagl, M. (2003). *Trauma, Selbst und Therapie. Konzepte und Kontroversen in der Psychotraumatologie.* Bern: Hans Huber.

Butollo, W., Krüsmann, M. & Hagl, M. (1998). *Leben nach dem Trauma. Über den psychotherapeutischen Umgang mit dem Entsetzen.* München: Pfeiffer.

Butollo, W., Krüsmann, M., Maragkos, M. & Wentzel, A. (1997a). Integration verschiedener therapeutischer Ansätze bei Angststörungen: Verhaltens- und Gestalttherapie. In P. Hoffmann, M. Lux, C. Probst, M. Steinbauer, J. Taucher & H.-G Zapotoczky (Hrsg.), *Klinische Psychotherapie.* Wien: Springer.

Butollo, W., Krüsmann, M., Maragkos, M. & Wentzel, A. (1997b). Kontakt zwischen Konfluenz und Isolation: Gestattherapeutische Ansätze in der Angsttherapie. *Zeitschrift f. Psychotherapie in Psychiatrie, Psychotherapeutischer Medizin und Klinischer Psychologie.*

Butollo, W. & Maragkos, M. (1998). Gestalttherapie & empirische Forschung. In Fuhr, R., Sreckovic, M. & Gremmler-Fuhr, M. (Hrsg.), *Das Handbuch der Gestalttherapie.* Köln: Edition Humanistische Psychologie.

Butollo, W. & Maurer, T. (1990). Dialogische Psychotherapie: Ein didaktischer Versuch zur universitären Vermittlung psychotherapeutischer Kompetenz. In Höfling, S. & Butollo, W. (Hrsg.), *Psychologie für Menschenwürde und Lebensqualität, Kongreßbericht zum 15. Kongreß für angewandte Psychologie in München, Oktober 1989* (Bd. I, S. 472-479). Köln: DVP.

Caffaro, J.V. (1989). A factor analytic study of the Gestalt contact boundary styles among professional Gestalt therapists. *Dissertation Abstracts International, 50, 12,* 5875.

Caffaro, J.V. (1991). A factor analytic study of deflection. *Gestalt Journal, 14,1,* 73-94.

Cain, D.J. & Seeman, J. (2001). *Humanistic psychotherapie. Handbook of research and practice.* Washington, DC: American Psychological Association.

Cain, D.J. & Seeman, J. (2001). *Humanistic psychotherapie. Handbook of research and practice.* Washington, DC: American Psychological Association.

Campbell, S. (1977). Working through the power-vulnerability polarity: A case study in Gestalt therapy. *Journal of Contemporary Psychotherapy, 8,* 91-96.

Carlo, E. (1985). L'ausilio della psicologia della scrittura nelle psicoterapie corporee. Un caso di anoressia mentale. (Handwriting psychology used as a tool in body psychotherapy: A case of anorexia nervosa.) 2nd National Conference of the Hypnotherapy and Handwriting Psychology (1985, Milan, Italy). *Rivista Internazionale di Psicologia e Ipnosi, 26,* 13-24.

Carstens, C.G. (1976). A comparison of Gestalt and behavioral treatments for social anxiety and shyness. *Dissertation Abstracts International, 36,* 5782.

Castanedo, C. (2000). La eficacia de un grupo encuentro gestalico medida con el POI (Personal Orientation Inventory). *Psicologia Contemporanea, 7,2,* 22-27.

Chambless, D.L., Goldstein, A.J., Gallagher, R., & Bright, P. (1986). Integrating behavior therapy and psychotherapy in the treatment of agoraphobia. *Psychotherapy, 23,* 150-159.

Chemin, A., Caron, A. & Joly, A. (1992). Bilan après 15 ans de pratique à l'intervention systématique en A.E.M.O. *Thérapie familiale, 13,1,* 55-63.

Christian, M.G. (1983). Gestalt psychological interventions for adolescents in a junior high school. *Dissertation Abstracts International, 43, 10,* 3345.

Chu, V. (1987). Psychotherapie nach Tschernobyl. *Gestalttherapie, 1,* 53-58.

Chu, V. (1989). Abschiednehmen in der Therapie. *Gestalttherapie, 3,* 59-69.

Chu, V. & de LasHeras, B. (1995). *Scham und Leidenschaft.* Zürich, (Stuttgart): Kreuz.

Clance, P.R., Matthews, T.V., Jr. & Joesting, J. (1979). Body-cathexis and self-cathexis in an interactinal awareness training class. *Perceptual and Motor Skills, 48,* 221-222.

Clance, P.R., Mitchell, M. & Engelman, S.R. (1980). Body cathexis in children as a function of awareness training and yoga. *Journal of Clinical Child Psychology, 1,* 82-85.

Clance, P.R., Thompson, M.B., Simerly, D.E. & Weiss, A. (1994). The effects of the Gestalt approach on body image. *Gestalt Journal, 17,1,* 95-114.

Clarke, K.M. (1981). The differential effects of the Gestalt two-chair-experiment and cognitive problem-solving on career decision making. *Dissertation Abstracts International, 42,3,* 1164.

Clarke, K.M. (1993). Creation of meaning in incest survivors. *Journal of Cognitive Psychotherapy, 7,* 195-203.

Clarke, K.M. & Greenberg, L.S. (1986). Differential effects of the Gestalt two-chair intervention and problem solving in resolving decisional conflict. *Journal of Counseling Psychology, 33,1,* 11-15.

Clemmens, M.C. (1997). *Getting beyond sobriety: Clinical approaches to long-term recovery.* San Francisco, CA: Jossey-Bass Inc, Publishers.

Coffey, J.I. (1986). A short term Gestalt therapy group approach to the treatment of bulimia. *Dissertation Abstracts International, 47, 09,* 3364.

Cohen, L.A. (1996). Developing an instrument to measure the therapeutic process. *Dissertation Abstracts International, 56, 10-B,* 5825.

Conoley, C.W., Conoley, J.C., McConnell, J.A. & Kimzey, C.E. (1983). The effect of the ABCs of Rational Emotive therapy and the empty-chair technique of Gestalt therapy on anger reduction. *Psychotherapy, 20,1,* 112-117.

Conolly, S. (1975). The effects of human relations training using Gestalt therapy upon selected personality variables in rehabilitation clients. *Dissertation Abstracts International, 35,* 7644-7645.

Conté, V. (1999). Working with a seriously disturbed patient in Gestalt therapy: The evolution of a therapeutic relationship. *Gestalt!, 3,2,* NP.

Cook, D.A. (2000). Gestalt treatment of adolescent females with depressive symptoms: A treatment outcome study. *Dissertation Abstracts International, 60, 8,* 4210.

Coté, N. (1982). Effects of an intensive Gestalt session on the level of self-actualization and the personality structure. *Gestalt Theory, 4,* 89-106.

Craft, J.H. (1989). Gestalt educational therapy: Its application to read: A case study of resistance among students in an elementary school. *Dissertation Abstracts International, 50, 05*, 1262.

Crocker, S.F. (1984). Gestalt and deep relaxation. *Gestalt Journal, 7*, 5-30.

Crose, R. (1990). Reviewing the past in the here and now: Using Gestalt therapy techniques with life review. Special Issue: Techniques for counseling older persons. *Journal of Mental Health Counseling, 12*, 279-287.

Cross, D.G., Sheehan, P.W. & Khan, J.A. (1980). Alternative advice and counsel in psychotherapy. *Journal of Consulting and Clinical Psychology, 48,5*, 615-625.

Cross, D.G., Sheehan, P.W. & Khan, J.A. (1982). Short- and long-term follow-up of clients receiving insight-oriented therapy and behavior therapy. *Journal of Consulting and Clinical Psychology, 50,1*, 103-112.

Curtis, F. (1999). Gestalt-Paartherapie mit lesbischen Paaren: Anwendung von Theorie und Praxis auf die lesbische Erfahrung. In G. Wheeler & S. Backman (Hrsg.), *Gestalttherapie mit Paaren* (S. 183-202). Wuppertal: Hammer.

Czogalik, D., Landerer, W. & Bechtinger-Czogalik, S. (1995). Wirkfaktoren eines gestalttherapeutisch orientierten Kurzzeitgruppentherapieseminars für Patienten mit chronischen Rückenschmerzen (nach H. Heinl) aus der Sicht der teilnehmenden Patienten. *Forschungsbericht*.

Dewey, J. (1896). The reflex arc. Concept and psychology. In J. Dewey (Hrsg.), *The early works*. Carbondale.

Dixon, E.B. (1983). A comparison of linguistic and paralinguistic interview behaviors of normals and obsessives under conditions of reflective and Gestalt therapy. *Dissertation Abstracts International, 44,5*, 1589.

Donadio, G. (1975). An external experiment by psychotherapeutic groups. *Lavoro Neuropsichiatrico, 56*, 271-274.

DVG. (1990). *Gestalttherapeutinnen und Gestalttherapeuten in öffentlichen Einrichtungen. Nach Bundesländern geordnet.* Franfurt: Deutsche Vereinigung für Gestalttherapie.

Edwards, L.A. (1999). Self-hypnosis and psychological interventions for symptoms attributed to Candida and food intolerance. *Australian Journal of Clinical Hypnotherapy and Hypnosis, 20,1*, 1-12.

Eidemiller, E.G., & Kulakov, S.A. (1991). Group psychotherapy in borderline neuropsychiatric disorders in adolescents: Basic principles and experiments in its use. *Soviet Neurology and Psychiatry, 24*, 43-51.

Elliott, R. (1996a). Are client-centered/experiential therapies effective? A meta-analysis of outcome research. In U. Esser, H. Pabst & G.-W. Speierer (Hrsg.), *The power of the person centered approach.* Köln: GwG Verlag.

Elliott, R. (1996b). Sind klientenzentrierte Erfahrungstherapien effektiv? Eine Metaanalyse zur Effektforschung (Übersetzung von R. Elliot, 1996a, aus dem Amerikanischen von G.-W. Speierer und D. Tscheulin). *GwG-Zeitschrift, 101*, 29-36.

Elliott, R. (2001). Research on the effectiveness of humanistic therapies: A meta-analysis. In D. Cain & J. Seeman (Hrsg.), *Humanistic Psychotherapies: Handbook on Research and Practice.* Washington: American Psychological Association.

Elliott, R., Davis, K. & Slatick, E. (1998). Process-experiential therapy for post-traumatic stress difficulties. In L.S. Greenberg, G. Lietaer & J. Watson (Hrsg.), *Handbook of experiential* (S. 249-271). New York: Guilford Press.

Elliott, R., Greenberg, L.S. & Lietaer, G. (2004). Research on experiential psychotherapies. In M.J. Lambert & D.R. Dupper (Hrsg.), *Bergin and Garfield's Handbook of Psychotherapy and Behavior Change*

Engle, D. & Holiman, M. (2002a). A case illustration of resistance from a Gestalt-experimental perspective. *Journal of Clinical Psychology, 58,2*, 151-156.
Engle, D. & Holiman, M. (2002b). A Gestalt-experimental perspective on resistance. *Journal of Clinical Psychology, 58,2*, 175-183.
Eppelsheimer, H. (1992). Einzeltherapie eines HIV-Positiven Süchtigen. In Krisch, R. & Ulbing, M. (Hrsg.), *Zum Leben finden. Beiträge zur angewandten Gestalttherapie* (S. 193-210). Köln: Edition Humanistische Psychologie.
Erickson, D.B. (1993). The relationship beween personality type and preferred counseling model. *Journal of PsychologicalType, 27*, 39-41.
Esser, P., Bellendorf, E., Groß, A., Neudenberger, W. & Bommert, H. (1984). Auswirkungen einer erlebnisorientierten Psychotherapie auf Prozeß- und Erfolgsmerkmale unter besonderer Berücksichtigung der Klientenvariable »Experiencing«. *Zeitschrift für personenzentrierte Psychologie und Psychotherapie, 3*, 221-231.
Evans, K.R. (1994). Healing shame: A Gestalt perspective. Joint Conference of the International Transactional Analysis and USA Transactional Analysis Association (1993, Minneapolis, Minnesota). *Transactional Analysis Journal, 24*, 103-108.
Evans, M.P. (1981). Reality transformation in Gestalt therapy groups. *Dissertation Abstracts International, 42, 07*, 3320.
Eysenck, H.J. (1978). An exercise in mega-silliness. *American Psychologist, 33*, 517.
Fabian, A. (2000). Wege durch die Trauer - Wege persönlicher Entwicklung. Konzept einer Trauerbegleitung. *Humanistische Psychologie, 23,1*, 45-54.
Felton, G.S. & Biggs, B.E. (1972). Teaching internalization behavior to collegiate low archievers in group psychotherapy. *Psychotherapy, 9*, 281-283.
Felton, G.S. & Davidson, H.R. (1973). Group counseling can work in the classroom. *Academic Therapy, 8*, 461-468.
Fiedler, P. & Rogge, K.-E. (1989). Zur Prozeßuntersuchung psychotherapeutischer Episoden. Ausgewählte Beispiele und Perspektiven. *Zeitschrift für klinische Psychologie, 8,1*, 45-54.
Field, N.P. & Horowitz, M.J. (1998). Applying an empty-chair monologue paradigm to examine unresolved grief. *Psychiatry: Interpersonal and Biological Processes, 61,4*, 279-287.
Finando, S.J., Croteau, J.M., Sanz, D., & Woodson, R. (1977). The effects of group type on changes of self-concept. *Small Group Behavior, 8*, 123-134.
Fittante, R. (1988). A description of measured self-actualization in two kinds of training programs for therapists. *Dissertation Abstracts International, 48, 11*, 3443.
Fittkau, B. (1983). Gestaltorientierte Selbsterfahrung. In Mutzeck, W. & Pallasch, W. (Hrsg.), *Handbuch zum Lehrertraining. Konzepte und Erfahrungen.* Weinheim: Beltz.
Fitzthum, E. (1999). Integrative Gestalttherapie mit einer an Bulimia nervosa leidenden Patientin. In R. Hutterer-Krisch, I. Luif & G. Baumgartner (Hrsg.), *Neue Entwicklungen in der Integrativen Gestalttherapie. Wiener Beiträge zum Theorie-Praxis-Bezug* (S. 121-148). Wien: Facultas.
Fleischer, J.A. (1974). An observational descriptive case study in Gestalt therapy. *Dissertation Abstracts International, 34, 11-B*, 5674.
Fleming, K.P. & Jackson, C.W. Jr. (2000). Toward a cognitive map of change. *Gestalt Review, 4,4*, 330-345.
Fodor, I.G. & Collier, J.C. (2001). Assertiveness and conflict resolution: An integrated Gestalt/cognitive behavioral model for working with urban adolescents. In M. McConville & G. Wheeler (Hrsg.), *The heart of development. Vol II: Adolescence: Gestalt approaches to working with children, adolescents and their worlds* (S. 214-252). Hillsdale, NJ, US: Analytic Press, Inc.

Forrest, D.A. (1996). An exploration of grief reactions treated with an externalization process approach. *Dissertation Abstracts International, 56, 11-B,* 6387.
Foulds, M.L. (1970). Effects of a personal growth group on a measure of self-actualization. *Journal of Humanistic Psychology, 10,1,* 33-38.
Foulds, M.L. (1971a). Changes in locus of internal-external control. A growth group experience. *Comparative Group Studies, 2,* 293-300.
Foulds, M.L. (1971b). Measured changes in self-actualization as a result of a growth group experience. *Psychotherapy: Theory, Research and Practice, 8,4,* 338-341.
Foulds, M.L. (1973). Effects of a personal growth group on ratings of self and others. *Small Group Behavior, 4,* 508-512.
Foulds, M.L., Girona R. & Guinan, J.F. (1970). Changes in ratings of self and others as a result of a marathon group. *Comparative Group Studies, 1,4,* 349-355.
Foulds, M.L. & Guinan, J.F. (1973). Marathon group: changes in ratings of self and others. *Psychotherapy: Theory, Research and Practice, 10,1,* 30-32.
Foulds, M.L., Guinan, J.F. & Hannigan, P.S. (1974). Marathon group: changes in scores on the California Psychological Inventory. *Journal of College Student Personality, 15,* 474-479.
Foulds, M.L., Guinan, J.F. & Warehime, R.G. (1974a). Marathon group. Changes in a measure of dogmatism. *Small Group Behavior, 5,4,* 387-392.
Foulds, M.L. & Hannigan, P.S. (1976a). A Gestalt marathon workshop: effects on extraversion and neuroticism. *Journal of College Student Personality, 17,1,* 50-54.
Foulds, M.L. & Hannigan, P. S. (1976b). Effects of Gestalt marathon workshops on measured self-actualization: a replication and follow-up study. *Journal of Counseling Psychology, 23,1,* 60-65.
Foulds, M.L. & Hannigan, P. S. (1976c). Gestalt marathon group: does it increase reported self-actualization. *Psychotherapy: Theory, Research and Practice, 13,4,* 378-383.
Foulds, M.L. & Hannigan, P. S. (1977). Gestalt workshops and measured changes in self-actualization: replication and refinement study. *Journal of College Student Personality, 18,* 200-205.
Foulds, M.L. & Hannigan, P. S. (1978). Gestalt marathon workshop: changes in a measure of personal and social functioning. *Journal of Humanistic Psychology, 18,1,* 57-67.
Foulds, M.L., Wright, J.C. & Guinan, J.F. (1970). Marathon group: a six month follow-up. *Journal of College Student Personality, 11,6,* 426-431.
Fraser, E.M. (1997). Aid to the child with attention deficit/hyperactivity disorder by means of gestalt therapy. *Dissertation Abstracts International, 58,3,* 1091.
Fredericson, I. & Handlon, J.H. (1999). Die Arbeit mit dem wiederverheirateten Paarsystem. In G. Wheeler & S. Backman (Hrsg.), *Gestalttherapie mit Paaren* (S. 203-218). Wuppertal: Hammer.
Frew, J. (1988). The practice of Gestalt therapy in groups. *Gestalt Journal, 11,1,* 77-96.
Frew, J.E. (1983). A study of interpersonal contact in Gestalt therapy and its relationship to marital adjustment. *Dissertation Abstracts International, 43, 10,* 3359.
Friedlaender, S. (1918). *Schöpferische Indifferenz.* München: Georg Müller.
Friedman, H.R. (1999). A Gestalt approach to sexual compulsivity. *Sexual Addiction and Compulsivity, 6,1,* 63-67.
From, I. (1984). Reflections on Gestalt Therapy after thirty-two years of practice: A requiem for Gestalt. *The Gestalt Journal, VII,1,* 4-12.
Fuhr, R. (1992). Plädoyer für alltägliches Forschen. *Gestalttherapie. Sonderheft Forschung,* 84-95.

Fuhr, R., Sreckovic, M. & Gremmler-Fuhr, M. (1999). *Das Handbuch der Gestalttherapie*. Köln: Editon Humanistische Psychologie.

Gagnon, J.H. (1982). Gestalt therapy with musicians and musical methaphor: The use of musical Gestalten for diagnosis (physiognomic, perception). *Dissertation Abstracts International, 45, 11*, 3606.

Gagnon, J.H. (1985). Terror and its treatment. *Psychotherapy Patient, 1*, 13-26.

Galloway, J.A. (1999). Supervisory style preferences for practicing Gestalt therapy supervisors. *Dissertation Abstracts International, 60, 3-B*, 1301.

Gannon, W. (1972). The effects of the Gestalt oriented group approach in the interpersonal contact attitudes of selected high school students. *Dissertation Abstracts International, 33,4*, 1434.

Gaub, T.S., Gerhardt, E., & Tolstrup, H. (1986). Vokse(n)grupper. / Adult groups. *Skolepsykologi, 23*, 451-456.

Gegenfurtner, N. (in Druck). Eine empirische Studie zu Arbeitsmethoden und Wirkfaktoren der gestalttherapeutischen Traumarbeit. *Unveröffentlichte Dissertation, Universität München*.

Geib, P. & Simon, S. (1999). Traumaüberlebende und ihre Partner aus gestalttherapeutischer Sicht. In G. Wheeler & S. Backman (Hrsg.), *Gestalttherapie mit Paaren* (S. 231-248). Wuppertal: Hammer.

Gendlin, E. (1960). Focusing. *Psychotherapy: Theory, Research and Practice, 6*, 4-15.

Gendlin, E. (1981). *Focusing*. New York: Bantam.

Gendlin, E. (1996). *Focusing-oriented psychotherapy*. New York: Guilford Press.

Gerlich, G. (1992). Trennung: Abschied und Wandlung. *Zeitschrift für Humanistische Psychologie, 15*, 81-93.

Gibson, C. (1998). Feminist experiential therapy of depression: Outcome and helpful factors. In *Unpublished dissertation*. Toledo, OH.: University of Toledo.

Gilstrap, R.L. (1999). The health of mental health organizations and their employees: A phenomenological study. *Dissertation Abstracts International, 60, 5-A*, 1658.

Goldman, R., Bierman, R. & Wolfus, B. (1996). Relationing without violence (RWV): A treatment program for incarcerated male batterers. *Poster session presented at the Society for Psychotherapy Research*.

Goldman, R. & Greenberg, L.S. (1991). The validation of the Experiential therapy adherence measure. *Unpublished Master's Thesis, York University*.

Goldman, R. & Greenberg, L.S. (1997). Case formulation in Experiential Therapy. In T. Eels (Hrsg.), *Handbook of Psychotherapy Case Formulation*. New York: Guilford.

Goldman, R., Greenberg, L.S. & Angus, L.E. (2000). Results of the York II Comparative Study Testing the Effects of Process-Experiential and Client-Centered Therapy for Depression. *Paper presented at the 31st Annual Meeting of the Society for Psychotherapy Research* (SPR) in Chicago, USA.

Goldman, R., Greenberg, L.S. & Angus, L.E. (in Druck). The effects of adding specific emotion-focused intervention to the therapeutic relationship in the treatment of depression. *to appear in: Psychotherapy*.

Goldthwait, J.A. (1975). Application of a Gestalt therapy based theory of psychological integration to acute schizophrenia. *Dissertation Abstracts International, 35, 10-B*, 5112.

Goodman, G., & Timko, M.G. (1976). Hot seats and aggressive behavior. *Academic Therapy, 11*, 447-448.

Goodstein, M. (1971). A comparison of Gestalt and Transactional Analysis therapies in marathons. In *Unveröffentlichte Dissertation*. Chicago: Illionios Institute of Technology.

Goodstein, M. (1972). A comparison of Gestalt and transactional analysis therapies in marathons. *Dissertation Abstracts International, 33, 3-B,* 1286.
Grabner, D. (1998). Die Arbeit mit dem Traum in der therapeutischen Praxis. Wahrnehmungs- und Arbeitsweisen verschiedener Therapierichtungen bei einem Traumbericht. Ein Vergleich zwischen Psychoanalyse, Gestalttherapie und Existenzanalyse. *Existenzanalyse, 15,1,* 11-15.
Grawe, K. (1996). Neuer Stoff für Dodo? Ein Kommentar zur Depressionsstudie von Hautzinger und de Jong-Meyer (1996). *Zeitschrift für klinische Psychologie, 25,4,* 328-331.
Grawe, K. (1998). *Psychologische Therapie.* Göttingen: Hogrefe.
Grawe, K., Donati, R. & Bernauer, F. (1994). *Psychotherapie im Wandel. Von der Konfession zur Profession.* Göttingen: Hogrefe.
Greenberg, E. (1989). Healing the borderline. *Gestalt Journal, 12,* 11-55.
Greenberg, H., Seeman, J. & Cassius, J. (1978). Personality changes in marathon therapy. *Psychotherapy: Theory, Research and Practice, 15,1,* 61-67.
Greenberg, L.S. (1975). A task analytic approach to the study of psychotherapeutic events (Doctoral Dissertation, York University). *Dissertation Abstracts International, 27, 4647B.*
Greenberg, L.S. (1980). The intensive analysis of recurring events from the practice of Gestalt therapy. *Psychotherapy: Theory, Research and Practice, 17,2,* 143-152.
Greenberg, L.S. (1983). Toward a task analysis of conflict resolution in Gestalt therapy. *Psychotherapy: Theory, Research and Practice, 20,2,* 190-201.
Greenberg, L.S. (1984). A task analysis of intrapersonal conflict resolution. In L. Rice & L. Greenberg (Hrsg.), *Patterns of Change.* New York: Guilford.
Greenberg, L.S. (1992). Task analysis: Identifying components of intrapersonal conflict resolution. In S.G. Toukmanian & D.L. Rennie (Hrsg.), *Psychotherapy Process Research: Paradigmatic and Narrative Approaches. Sage Focus Editions* (Bd. 143, S. 22-50). Newbury Park, CA: Sage Publications.
Greenberg, L.S. (2002). *Emotion-focused therapy: coaching clients to work through their feelings.* Washington: American Psychological Association.
Greenberg, L.S. & Clarke, K.M. (1979). Differential effects of the two-chair experiment and empathic reflections at a conflict marker. *Journal of Counseling Psychology, 26,1,* 1-8.
Greenberg, L.S & Dompierre, L.M. (1981). Specific effects of Gestalt two-chair dialogue on intrapsychic conflict in counseling. *Journal of Counseling Psychology, 28,4,* 288-294.
Greenberg, L.S., Elliott, R. & Lietaer, G. (1994). Research on experiential psychotherapies. In A.E. Bergin & S.L. Garfield (Hrsg.), *Handbook of Psychotherapy and Behavior Change* (S. 509-539). New York: Wiley.
Greenberg, L.S. & Foerster, F.S. (1996). Task analysis exemplified: the process of resolving unfinished business. *Journal of Counseling and Clinical Psychology, 64, 3,* 439-446.
Greenberg, L.S. & Higgins, H.M. (1980). Effects of two-chair dialogue and focusing on conflict resolution. *Journal of Counseling Psychology, 27,3,* 221-224.
Greenberg, L.S. & Malcolm, W. (2002). Resolving unfinished business: Relating process to outcome. *Journal of Consulting and Clinical Psychology, 70,2,* 406-416.
Greenberg, L.S. & Paivio, S.C. (1997). *Working with emotions in psychotherapy.* New York: Guilford.
Greenberg, L.S. & Rice, L.N. (1981). The specific effects of a Gestalt intervention. *Psychotherapy: Theory, Research and Practice, 18,1,* 31-37.
Greenberg, L.S., Rice, L.N. & Elliott, R. (1993). *Facilitating Emotional Change.* New York: Guilford.

Greenberg, L.S., Rice, L.N. & Elliott, R. (2003). *Emotionale Veränderungen fördern. Grundlagen einer prozeß- und erlebensorientierten Therapie.* Paderborn: Junfermann.
Greenberg, L.S. & Safran, J.D. (1987). *Emotion in Psychotherapy: Affect, Cognition and the Process of Change.* New York: Guilford.
Greenberg, L.S. & Sarkissian, M.G. (1984). Evaluation of counselor training in Gestalt methods. *Counselor education and supervision, 23,* 328-340.
Greenberg, L.S. & Watson, J.C. (1998a). Experiential therapy of depression: differential effects of client-centred relationship conditions and process experiential interventions. *Psychotherapy Research.*
Greenberg, L.S. & Watson, J.C. (1998b). Research on a Gestalt-oriented treatment of depression. In Fuhr, R., Sreckovic, M. & Gremmler-Fuhr, M. (Hrsg.), *Das Handbuch der Gestalttherapie.* Köln: Edition Humanstische Psychologie.
Greenberg, L.S. & Webster, M.C. (1982). Resolving decisional conflict by Gestalt two-chair dialogue: relating process to outcome. *Journal of Counseling Psychology, 29,5,* 468-477.
Gruenke, M. (2002). Stärken- und Schwächenanalyse eines gestalttherapeutisch orientierten Kurzzeittherapieprogramms mit drogenabhängigen Patienten. *Gestaltzeitung, 15,* 31-35.
Guinan, J.F. & Foulds, M.L. (1970). Marathon group: facilitator of personal growth. *Journal of Counseling Psychology, 17,2,* 145-149.
Guinan, J.F., Foulds, M.L. & Wright, J. C. (1973). Do the changes last? A six-month follow-up of a marathon group. *Small Group Behavior, 4,2,* 177-180.
Haefner-Ehreiser, I. (2000). Psychosentherapie. Einige Skizzen. *Gestaltzeitung, 13,* 9-17.
Hall, C.S. & Lindzey, G. (1978). *Theorien der Persönlichkeit* (Bd. 1). München: Beck.
Handlon, J.H. (2001). »Expectation«: A useful concept for Gestalt therapy? *Gestalt Review, 5,2,* 115-128.
Handlon, J.H. & Fredericson, I. (1998). What changes the individual in Gestalt groups? A proposed theoretical model. *Gestalt Review, 2,4,* 275-294.
Hardy, R.E. (1999). Gestalt therapy, hypnosis, and pain management in cancer treatment: A therapeutic application of acceptance and adjustment to disability. In G.L. Grandy, E.D. Martin Jr. et al. (Hrsg.), *Counselling in in the rahabilitation process: Community services for mental and physical disablities* (S. 251-257). Springfield, IL: Charles C. Thomas, Publisher.
Harfst, T., Barghaan, D., Dirmaier, J., Koch, U. & Schulz, H. (2003). *Bericht der externen Evaluation und Qualitätssicherung der Psychotherapeutischen Kliniken und Abteilungen der Wicker-Gruppe. Nr. 1 - Analyse von Struktur, Prozess und Outcome 2000-2001 anhand einer 1-Jahres-Katamnese.* Hamburg: Universitätsklinikum Eppendorf.
Harman, R., Bauer, R., Freedman, H. & Perls, L. (1986). A case presentation in Gestalt therapy: II. *Gestalt Journal, 9,1,* 16-35.
Harman, R.L. (1979). Gestalt therapy with sexually impotent males: A holistic approach. *Gestalt Journal, 2,* 65-72.
Harman, R.L. (1989). *Gestalt therapy with groups, couples, sexually dysfunctional men, and dreams.* Springfield, IL: Charles C Thomas, Publisher.
Harris, E.S. (1977). The relative effects of Gestalt oriented and systematic desensitization approaches in the treatment of anxious college male nondaters. *Dissertation Abstracts International, 37,* 7542.
Hartmann-Kottek, L. (1979). Schwerpunkt ›Gestalttherapie‹ im Grenzgebiet der Psychiatrie. *Psychiatrie und medizinische Psychologie, 29,* 1-13.
Hartmann-Kottek, L. (2000b). Gestalttherapie. *Unveröffentlichtes Manuskript.*

Hartmann-Kottek, L. (2004). *Gestalttherapie.* Berlin Heidelberg New York: Springer.
Healey, J.M. (1980). Predicting benefit from a Gestalt therapy marathon workshop. *Dissertation Abstracts International, 40, 7-A,* 3782.
Hecker, N. (1992). Auch im Knast ist Wachstum möglich. *Zeitschrift für Humanistische Psychologie, 15,* 79-96.
Hecker, W., & Latka, H.F. (1990). Gestalttherapie für Menschen mit fragilen Selbstprozessen. In Hoefling, S. & Butollo, W. (Hrsg.), *Psychologie für Menschenwuerde und Lebensqualität. Aktuelle Herausforderung und Chancen fuer die Zukunft. Bericht ueber den 15. Kongress fuer Angewandte Psychologie des Berufsverbandes Deutscher Psychologen, München 1989* (Bd. 1, S. 256-262). Bonn: Deutscher Psychologen Verlag.
Heekerens, H.-P. (1984). Aspekte der Berufstätigkeit von Gestalttherapeuten. Ergebnisse einer Umfrage. *Integrative Therapie, 1-2,* 162-169.
Heinl, H. (1991). Störungen der Arbeitswelt als Ursache psychosomatischer Schmerzsyndrome der Bewegungsorgane. In H.-G. Willert & G. Wetzel-Willert (Hrsg.), *Psychosomatik in der Orthopädie, Sonderdruck.* Bern: Hans Huber.
Heinl, H. (1996). Ein Integriertes Kurzzeit-Gruppenpsychotherapiemodell zur Behandlung chronischer psychosomatischer Schmerzsyndrome des Bewegungssystems. In H. Riedel & R. Sandweg (Hrsg.), *Die Behandlung der psychosomatischen Erkrankungen des Bewegungssystems und ihre Ergebnisse. Vortragssammlung zur 4. Fachtagung der Stiftung »Psychosomatik der Wirbelsäule«.* Blieskastel: Stiftung »Psychosomatik der Wirbelsäule«.
Heinl, H. (1998). Behandlungsergebnisse bei Integrativer Therapie. In H. Riedel & P. Henningsen (Hrsg.), *Die Behandlung chronischer Rückenschmerzen. Kongreßband zur 6. Fachtagung der Stiftung »Psychosomatik der Wirbelsäule« in Heidelberg.* Blieskastel: Stiftung »Psychosomatik der Wirbelsäule«.
Heinl, H. & Petzold, H. (1980). Gestalttherapeutische Fokaldiagnose und Fokalintervention in der Behandlung von Störungen aus der Arbeitswelt. *Integrative Therapie, 6,1,* 20-57.
Heinl, H., Petzold, H. & Walch, S. (1983). Konzepte und Erfahrungen aus der gestalttherapeutischen Arbeit mit Angehörigen sozial benachteiligter Schichten. In Petzold, H. & Heinl, H. (Hrsg.), *Psychotherapie und Arbeitswelt.* Paderborn: Junfermann.
Hemming, J. (1994). Contact and choice: Gestalt work with couples. In Wheeler, G. & Backman, S. (Hrsg.), *On intimate ground: A Gestalt approach to working with couples. The Jossey-Bass social and behavioral science series* (S. 60-82). San Francisco, CA: Jossey-Bass Inc, Publishers.
Hershbell, A.S. (1998). Client experience of gestalt body-awareness interventions. *Dissertation Abstracts International, 59,* 5-B, 2419.
Hill, D., Beutler, L.E., Daldrup, R. (1989). The relationship of process to outcome in brief experiential psychotherapy for chronic pain. *Journal of Clinical Psychology, 45,6,* 951-956.
Hoffmann-Widhalm, H. (1999). Anwendung gestalttherapeutischer Grundprinzipien und Techniken in der Behandlung des posttraumatischen Syndroms am Beispiel der Arbeit mit bosnischen Flüchtlingen. In R. Hutterer-Krisch, I. Luif & G. Baumgartner (Hrsg.), *Neue Entwicklungen in der Integrativen Gestalttherapie. Wiener Beiträge zum Theorie-Praxis-Bezug* (S. 195-214). Wien: Facultas.
Hollander, T.P. (1980). Gestalt therapist training: The trainee's experinece. *Dissertation Abstracts International, 41, 06,* 2324.
Honos-Webb, L., Stiles, W.B. Greenberg, L.S. & Goldman, R. (1998). Assimilation analysis of process-experiential psychotherapy: a comparison of two cases. *Psychotherapy Research, 8,3,* 264-286.

Honos-Webb, L., Surko, M., Stiles, W.B. & Greenberg, L.S. (1999). Assimilation of voices in psychotherapy: The case of Jan. *Journal of Counseling Psychology, 46,4*, 448-460.

Hornyak, L.M. & Baker, E.K. (1989). *Experiential therapies for eating disorders.* New Yorck: Guilford Press.

Hoyt, M.F. & Goulding, R.L. (1989). Resolution of a transference-countertransference impasse: Using Gestalt techniques in supervision. *Transactional Analysis Journal, 19*, 201-211.

Hundertmark, K., Petzold, H. & Teegen, F. (1986). Allergischer Schnupfen. Perspektiven zu Genese und Therapie. *Integrative Therapie, 1-2,* 49-76.

Hutterer-Krisch, R., Luif, I. & Baumgartner, G. (1999). *Neue Entwicklungen in der Integrativen Gestalttherapie. Wiener Beiträge zum Theorie-Praxis-Bezug.* Wien: Facultas.

Hycner, R. & Jacobs, L.M. (1995). *The healing relationship in Gestalt therapy: A dialogic/ self psychology approach.* Highland, N.Y.: Gestalt Journal Press.

Ibanez, P. (1984). The effects of the Gestalt oriented group approach on the development of self-actualization in an adolescent population. *Dissertation Abstracts International, 45, 1,* 375.

Imes, S.A. (1998). Long-term clients' experience of touch in Gestalt therapy. In E.W.L. Smith, P.R. Clance & S. Imes (Hrsg.), *Touch in psychotherapy: Theory, research, and practice*

Imes, S.A., Clance, P.R., Gailis, A.T. & Atkeson, E. (2002). Mind's response to the body's betrayal: Gestalt/Existential therapy for clients with chronic or life-threatening illnesses. *Journal of Clinical Psychology, 58,11,* 1361-1373.

Ingram, T.L. (1985). Sexual abuse in the family of origin and unresolved issues: A Gestalt/ systems treatment approach for couples. 1985 Annual Meeting of the Texas Council on Family Relations (1985, Austin, Texas). *Family Therapy, 12,* 175-183.

Jackson, L. & Elliott, R. (1990). Is experiential therapy effective in treating depression? Initial outcome data. *Paper presented at the meeting of the Society for Psychotherapy Research.*

Jesiolowski, B.S. (1989). The use of Gestalt therapy with the aged in the life review process: A conceptual and theoretical synthesis. *Dissertation Abstracts International, 49, 07,* 2859.

Jessee, R.E. (1978). A comparison of Gestalt relationship awareness faciliation and conjugal relationship enhancement programs. *Dissertation Abstracts International, 2,* 649.

Jessee, R.E. & Guerney, B.G. (1981). A comparison of Gestalt and relationship enhancement treatments with married couples. *The American Journal of Family Therapy, 9,3,* 31-41.

Johnson, B.T. (1989). *D/STAT: Software for the metaanalytic review of research literatures.* Hillsdale, NJ: Erlbaum.

Johnson, W.R. (1977). The use of snake phobia paradigm and nonverbal behavior change in assessing treatment outcome: ›The empty chair‹ versus sytematic sensitization. *Dissertation Abstracts International, 37,8,* 4146-4147.

Johnson, W.R. & Smith, E.W.L. (1997). Gestalt empty-chair dialogue versus systematic densensitization in the treatment of phobia. *Gestalt Review, 1 (2),* 150-162.

Joubert, J.M.C. (1999). A Gestalt aid program for the child with enuresis from a social work perspective. *Dissertation Abstracts International, 60, 1-A,* 0248.

Kahn, F. (1974). Transactional analysis and Gestalt therapy: A comparitive study. *Dissertation Abstracts International, 34, 10-B,* 5195-5196.

Kamphaus, G. (1980). Veränderung der Personbeurteilung als Trainingseffekt. Vergleich der angewandten Gruppendynamik mit lernpsychologisch orientierten Verfahren. In *Hochschulsammlung Philosophie. Psychologie* (Bd. 7). Freiburg: HochschulVerlag.
Kasper, C.J., & Alford, J.M. (1988). Redecision and men who sexually abuse children. *Transactional Analysis Journal, 18,* 309-315.
Keller, J.W., Brown, G., Maier, K., Steinfurth, K., Hall, S. & Piotrowski, C. (1995). Use of dreams in therapy: A survey of clinicians in private practice. *Psychological Report, 76,* 1288-1290.
Kelly, P. (1993). Integrating Morita therapy in the treatment of incest. *International Bulletin of Morita Therapy, 6,* 59-68.
Key, T., & Schiff, B.B. (1978). The application of the principles of Gestalt therapy to the training of university teachers. *Ontario Psychologist, 10,* 31-39.
Killoran, C.A. (1993). A spiritual dimension of Gestalt therapy (pastoral counseling, therapy). *Dissertation Abstracts International, 54, 04,* 1424.
Kimball, R. & Gelso, C.J. (1974). Self-actualization in a marathon growth group: do the strong get stronger? *Journal of Counseling Psychology, 21,* 32-42.
King, S. (1988). The differential effects of empty-chair dialogue and empathic reflection for unfinished business. In *Unveröffentlichte Dissertation.* Vancouver, Canada: University of British Columbia.
Klöckner, D. (1999). Dimensionen dialogischer Intervention. *Gestalttherapie, 13,1,* 38-56.
Koffman, S.D. (1998). Structured reminiscence and Gestalt life review: Group treatment of older adults for late life adjustment. *Dissertation Abstracts International, 59, 3-A,* 0737.
Kolodziejski, D.J. (1973). A descriptive and comparative study of Gestalt therapy counselor responses. *Dissertation Abstracts International, 33, 12-B,* 6080-6081.
Konrad, J.L. & Yoder, J.D. (2000). Adding feminist therapy to videotape demonstrations. *Teaching of Psychology, 27,1,* 57-58.
Korb, M.P. (1976). Changes in perceptual field characteristics of students in Gestalt-oriented training. *Dissertation Abstracts International, 36, 8-A,* 5048-5049.
Korb, M.P. (1984). Therapeutic steps and processes in maturation: A gestalt approach. *Gestalt Journal, 7,* 43-59.
Kosijer, S. (1998). Kriegstraumatisierung und ihre Therapie. Eine Fallgeschichte. *Gestalttherapie, 12,1,* 80-87.
Kramer, D.J. (1978). Body awareness and psychological health: The testing of a Gestalt therapy assumption. *Dissertation Abstracts International, 38,* 5576.
Kraus, R.C. (1972). The development of self-acceptance in counselor educators through the use of Gestalt therapy. In *Dissertation.* University of Massachusetts.
Kresse, K.H. (1995). Zur Notwendigkeit einer allgemeinen Psychotherapie. *Geistige Behinderung, 34,* 211-222.
Kroschel, E. (1992). Was passiert in einer Psychotherapie? Prozessanalyse von zwei Sitzungen aus einer erfolgreich abgeschlossenen Gestalttherapie. In *Dissertation, in: Europäische Hochschulschriften, Reihe 6, Psychologie* (Bd. 388). Frankfurt a.M.: Lang.
Kursh, A.J. (1980). Changes in self concept and locus of control as a function of personal growth group design. *Dissertation Abstracts International, 41,* 409-410.
Laborde, G.Z. & Brown, G.I. (1981). Die Bedeutung des Introjektkonzeptes für die integrative Erziehung. *Integrative Therapie, 7,1,* 3-13.
Ladenhauf, K.H. (1981). Integrative Gestalttherapie in der Ausbildung von Seelsorgern und Religionspädagogen. Das Grazer Modell. *Wege zum Menschen, 33,* 2-17.

Lago, C.O. (1981). Systematic desensitisation: A case-history including some developments in the use of fantasy. *British Journal of Guidance and Counselling, 9,* 94-99.

Lamb, C.S. (1982). Negative hypnotic imagery/fantasy: Application to two cases of »unfinished business«. *American Journal of Clinical Hypnosis, 24,* 266-271.

Lammert, M. & Platt, S. (1985). Psychotherapeutic approaches to chronic and episodic disorders. *Clinical Social Work Journal, 13,* 246-260.

Larson, D.G. (1980). Therapeutic schools, styles, and schoolism: an national survey. *Journal of Humanistic Psychology, 20,* 3-20.

LeDoux, J.E. (1993). Emotional networks in the brain. In M. Lewis & J.M. Haviland (Hrsg.), *Handbook of Emotions* (S. 109-118). New York, London: Guilford Press.

LeDoux, J.E. (1996). *The emotional brain: The mysterious underpinnings of emotional life.* New York: Simon & Schuster.

Lee, E. (1982). The effects of Gestalt Therapy training on present-centeredness and self-support. In *Unveröffentlichte Dissertation.* San Diego: United States International University.

Lee, R. (1999). Scham bei Paaren: ein unbeachtetes Thema. In G. Wheeler & S. Backman (Hrsg.), *Gestalttherapie mit Paaren* (S. 249-272). Wuppertal: Hammer.

Lehmann, G. (1984). Katamnestische Untersuchung für die therapeutischen Gemeinschaften der STEP, 1973-1980. *Informationen aus der Therapiekette Niedersachsen, 1.*

Lesonsky, E.M., Kaplan, N. R. & Kaplan, M. L. (1986). Operationalizing Gestalt therapy's processes of experiential organization. *Psychotherapy, 23,1,* 41-49.

Lewin, K. (1917). Kriegslandschaft. *Zeitschrift für angewandte Psychologie,* 440-447.

Lieberman, M.A., Yalom, I.D. & Miles, M.B. (1973). *Encounter groups: first facts.* New York: Basic Books.

Lightner, M. (1976). Gestalt therapy: an investigation on its effects with anxiety and time orientation. *Dissertation Abstracts International, 37,3,* 1441.

Little, L.F. (1981). The impact of Gestalt group psychotherapy on parent's perceptions of children identified as problematic. *Dissertation Abstracts International, 42, 02,* 616.

Little, L.F. (1986). Gestalt therapy with parents when a child is presented as the problem. *Family Relations: Journal of Applied Family & Child Studies, 35,4,* 489-496.

Loboda, D. (1992). Aspekte der Pädagogischen Psychotherapie in der Führung und Weiterbildung der Mitarbeiter eines Versicherungskonzerns. *Zeitschrift für Humanistische Psychologie, 15,* 119-133.

Loeb, R.C. (1977). Group therapy for parents of mentally retarded children. *Journal of Marital and Family Therapy, 3,* 77-83.

Long, J.M. (1977). The body and the art of life maintenance. *Dissertation Abstracts International, 37,* 5578.

Lowenstein, J. (1985). A test of a perfomance model of problematic reactions and an examination of differential client performances in therapy. In *Unpublished master's thesis.* Ontario, Canada: York University: Department of Psychology.

Luborsky, L., Diguer, L., Seligman, D.A., Rosenthal, R., Krause, E.D., Johnson, S., Halperin, G., Bishop, M., Berman, J.S. & Schweizer, E. (1999). The researches own therapy allegiances: A »wild card« in comparisons of treatment efficacy. *Clinical Psychology: Science and Practice, 6,1,* 95-106.

Luborsky, L., McLellan, A.T., Diguer, L., Woody, G. & Seligman, D.A. (1997). The psychotherapist matters: Comparison of outcomes arcoss twenty-two therapists and seven patient samples. *Clinical Psychology: Science and Practice, 4,1,* 53-65.

Luborsky, L., Rosenthal, R., Diguer, L., Andrusyna, T.P., Berman, J.S., Levitt, J.T., Seligman, D.A. & Krause, E.D. (2002). The Dodo bird verdict is alive and well - mostly. *Clinical Psychology: Science and Practice, 9,1,* 2-12.

Luborsky, L., Rosenthal, R., Diguer, L., Andrusyna, T.P., Levitt, J.T., Seligman, D.A., Berman, J.S. & Krause, E.D. (2003). Are some psychotherapies much more effective than others? *Journal of Applied Psychoanalytic Studies, 5,4*, 455-460.
Ludwig, G. & Vormann, G. (1981). Katamnestische Untersuchung für die therapeutische Gemeinschaften der STEP-Gem. Gesellschaft für Sozialtherapie und Pädagogik, 1973-1980. *Informationen aus der Therapiekette Niedersachsen, 1*, 29-39.
Lückel, K. (1981). Gestalttherapeutische Traumarbeit in der Seelsorgebegleitung sterbender Menschen. *Wege zum Menschen, 33*, 46-63.
Lückel, K. (1985). *Begegnung mit Sterbenden*. München: Kaiser.
Lumma, K. & Sintke, M. (1999). Beratungspädagogik im Kontext der Gesundheitswissenschaften. *Humanistsiche Psychologie, 22 (Sonderausgabe 1)*, 209-249.
Machado, P.P.P., Beutler, L.E. & Greenberg, L.S. (1999). Emotion recognition in psychotherapy: impact of therapist level of experience and emotional awareness. *Journal of Clinical Psychology, 55,1*, 39-57.
Mackay, B.A.N. (1996). The Gestalt two-chair technique: How it relates to theory. *Dissertation Abstracts International, 57, 3-B*, 2158.
Mackay, B.A.N. (2002). Effects of Gestalt therapy two-chair dialogues on divorce decision making. *Gestalt Review, 6(3)*, 220-235.
Mager Russell, M. (1990). Vista: a phenomenological study of a Gestalt therapy process. *Dissertation Abstracts International, 51, 06*, 3166.
Maher, M.F. (1979). Movement exploration and Zazen meditation: A comparison of two methods of personal-growth-group approaches on the self-actualization potential of counselor canditates. *Dissertation Abstracts International, 39, 9-A*, 5329.
Mahrer, A.R., Dessaulles, W.P., Nadler, W.P., Gervaize, P.A. & Sterner, I. (1987). Good and very good moments in psychotherapy: Content, distribution, and facilitation. *Psychotherapy, 24,1*, 7-14.
Mahrer, A.R., Nifakis, D.J., Abhukara, L. & Sterner, I. (1984). Microstrategies in psychotherapy: The patterning of sequential therapist statements. *Psychotherapy, 21,4*, 465-472.
Mahrer, A.R., Sterner, I., Lawson, K.C. & Dessaulles, A. (1986). Microstrategies: Distinctively patterned sequences of therapist statements. *Psychotherapy, 23,1*, 50-56.
Mahrer, A.R., White, M.V., Howard, M.T., Gagnon, R. & MacPhee, D.C. (1992). How to bring about some very good moments in psychotherapy sessions. *Psychotherapy Research, 2,4*, 252-265.
Mahrer, A.R., White, M.V., Howard, M.T. & Lee, A.C. (1991). Practitioner methods for heightening feeling expression and confrontational strength. *Psychotherapy in Private Practice, 9,2*, 11-25.
Malcolm, W. & Greenberg, L.S. (1998). Relating process to outcome in the resolution of unfinished business in Process-experiential therapy. *Unpublished Docotral Dissertation, York University: Toronto.*
Manchester, C.F. (1978). A study of the effects of three weight counseling techniques and one nutrition education technique on the weight skinfold measures. *Dissertation Abstracts International, 38*, 6593-6540.
Maragkos, M., Wentzel, A. & Butollo, W. (2000). Behavior and Gestalt Therapy in the Treatment of Anxiety Disorders. *Vortrag auf der International Conference on Client-Centered and Experiential Psychotherapy, ICCCEP in Chicago, USA, Juni 2000.*
Marion, P. (1976). An analysis of behavior change in Gestalt clients and non-clients in terms of the goals of Gestalt therapy. *Dissertation Abstracts International, 37, 4-A*, 2080.

Martinez, M.E. (2002). Effectiveness of operationalized Gestalt therapy role-playing in the treatment of phobic behaviors. *Gestalt Review, 6,2,* 148-167.
Mascow, S. (1999). Klientenbefindlichkeit zum Zeitpunkt von Therapieende und Jahreskatamnese. Verhaltenstherapie und Gestalttherapie im Vergleich. *Diplomarbeit am Institut für Psychologie der Universität Potsdam.*
McConville, M. (2001). Shame, interiority, and the heart-space of skateboarding: A clinical tale. In M. McConville & G. Wheeler (Hrsg.), *The heart of development. Vol II: Adolescence: Gestalt approaches to working with children, adolescents and their wordls* (S. 286-298). Hillsdale, NJ, US: Analytic Press, Inc.
McConville M. & G. Wheeler. (2001). *The heart of development. Vol II: Adolescence: Gestalt approaches to working with children, adolescents and their worlds.* Hillsdale, NJ, US: Analytic Press, Inc.
McGrath, E.W. (1990). The impact of a Gestalt awareness training on women's self-esteem. *Dissertation Abstracts International, 51, 01,* 117.
McLaughlin, J.G. (1976). Effects of social pressure and personality variables on taboo looking-behavior and quality of perception in males and females. *Dissertation Abstracts International, 36,7-B,* 3620.
Mcmain, S.F. (1996). Relating changes in self-other schemas to psychotherapy outcome. *Dissertation Abstracts International, 56, 10-B,* 5775.
Mead, G.H. (1903). The definition of the psychical. *Decennial Publications of the University of Chicago. First Series, 3,* 77-112.
Mecheril, P. (1991). Wie und worüber gesprochen wird. Entwicklung und Anwendung einer Beschreibungssprache zur Untersuchung psychotherapeutischer Gespräche auf der Ebene thematischer Gespraechseinheiten. *Dissertation an der Universität Münster.*
Mecheril, P. & Kemmler, L. (1992). Vergleich des sprachlichen Umgangs mit Emotionen in Gestalttherapie und Psychoanalyse. Ergebnisse einer empirischen Untersuchung. *Integrative Therapie, 4,* 346-362.
Mestel, R. & Votsmeier-Röhr, A. (2000). Long-term follow-up study of depressive patients receiving experiential psychotherapy in an inpatient setting. *Vortrag auf dem 31st Annual Meeting der Society for Psychotherapy Research* (SPR) in Chicago, USA.
Meyer, A.E., Richter, R., Grawe, K., Schulenburg, J.M. & Schulte, B. (1991). Forschungsgutachten zu Fragen eines Psychotherapeutengesetzes. *Im Auftrag des FjFFG (Hrsg.), Bonn Gesundheitsministerium der Bundesrepublik Deutschland*
Micknat, J. (2001). Danielas Duell. Grundlagen des gestalttherapeutischen Umgangs mit geistig behinderten Kindern. *Gestalttherapie, 15,1,* 69-84.
Miglionico, L.R. (1979). The relative efficacy of Gestalt and human relations training group treatment. *Dissertation Abstracts International, 39,8,* 4044-4045.
Miller, C. (1980). An experimental study of the Gestalt experiment with conflicted adolescent offenders. *Dissertation Abstracts International, 41,* 10, 4291.
Miller, M.V. (1987). Curiosity and its vicissitudes. *Gestalt Journal, 10,* 18-32.
Möller, H. (1998). Schamerleben in Supervisionsprozessen. *Gruppendynamik, 29,4,* 403-419.
Molitor, A.P. (1984). A phenomenological analysis of psychotherapists' experiences of interrelationship between their own professional work and their own personal therapy. *Dissertation Abstracts International, 46, 05,* 1195.
Moran, M., Watson, C.G., Brown, J., White, C. & Jacobs, L. (1978). Systems Releasing Action therapy with alcoholics: an experimental evaluation. *Journal of Clinical Psychology, 34,3,* 769-774.
Mortola, P. (1999). Narrative formation and Gestalt closure: Helping clients make sense of »disequilibrium« through stories in the therapeutic setting. *Gestalt Review, 3,4,* 308-320.

Müller, I. & Czogalik, D. (1995). Veränderungen nach einer Integrativen Therapie bei Patienten mit chronischen Rückenschmerzen. Eine Evaluationsstudie. *Abschlussbericht für das Fritz Perls Institut.*
Müller-Ebert, J. (2001). *Trennungskompetenz: Die Kunst, Psychotherapie zu beenden.* Stuttgart: Klett-Cotta.
Müller-Ebert, J., Josewski, M., Dreitzel, P., & Müller, B. (1988). Narzissmus: Ein Vortrag anläßlich der DVG-Tagung 1988 in Heidelberg. *Gestalttherapie, 2,* 27-58.
Mulder, C.L., Antoni, M.H., Emmelkamp, P.M.G., Veugelers, P.J., Sandfort, T.G.M., van de Vijver, F.A.J.R. & de Vries, M.J. (1995). Psychosocial group intervention and the rate of decline of immunological parameters in asymtomatic HIV-infected homosexuell men. *Psychotherapy and Psychosomatics, 63,* 185-192.
Mulder, C.L., Emmelkamp, P.M.G., Antoni, M.H., Mulder, J.W., Sandfort, T.G.M. & de Vries, M.J. (1994). Cognitive-behavioral and experiential group psychotherapy for asymptomatic HIV-infected homosexuel men: a comparative study. *Psychosomatic Medicine, 3,* 271-288.
Naranjo, C. (1993). *Gestalt Therapy - The Attitude and Practice of an Atheoretical Experimentalism.* Nevada City, CA: Gateways/IDHHB Pub.
Neill, R.B. (1979). Gestalttherapy in a social psychiatric setting: the oil and water solution. *Adolescence, 14,* 775-796.
Nelson, W.M. & Groman, W.D. (1975). Neurotic verbalizations: an exploration of a Gestalt therapy assumption. *Journal of Clinical Psychology, 31,* 732-737.
Nelson, W.M. & Groman, W.D. (1978). Temporal perspective from the Gestalt therapy assumption of present-centeredness. *Psychotherapy Theory, Research and Practice, 15,* 277-284.
Neumann, E. (2001). Forschungsperspektiven integrativer klinischer Kunsttherapie am Beispiel einer Borderlineproblematik. *Musik-, Tanz- und Kunsttherapie, 12,4,* 171-187.
Nevis, E.C. (1988). *Organisationsberatung.* Köln: Edition Humanistische Psychologie.
Nichols, R.C. (1973). Gestalt therapy: some aspects of self-support, independance, and responsibility. In *Unveröffentlichte Dissertation.* Knoxville: University of Tenessee.
Nichols, R.C. & Fine, H.J. (1980). Gestalt therapy: some aspects of self-support, independance, and responsibility. *Psychotherapy: Theory, Research and Practice, 17,2,* 124-135.
Nicholson, R.A. & Berman, J.S. (1983). Is follow-up necessary in evaluating psychotherapy. *Psychological Bulletin, 93,2,* 261-278.
Niemeier, D.L. (1980). The effects of time orientation in brief analog psychotherapy with individuals showing an obsessive style. In *Unveröffentlichte Dissertation.* Richmond: Virginia Commonwealth University.
O'Dell, S. & Seiler, G. (1975). The effects of short-term personal growth groups on anxiety and self-perception. *Small Group Behavior, 6,* 251-271.
O'Donnell, W.F. (1978). Relative effectiveness of transactional group counseling in effecting change in male junior high school truants. *Dissertation Abstracts International, 38,* 6542.
O'Leary, E. et al. (1998). The Cork person centered gestalt project: Two outcome studies. *Counselling Psychology Quarterly, 11,1,* 45-61.
O'Leary, E. & Nieuwstraten, I.M. (1999). Unfinished business in gestalt reminescence therapy: A discourse analytic study. *Counselling Psychology Quarterly, 12,4,* 395-411.
O'Leary, E. & Nieuwstraten, I.M. (2001a). Emerging psychological issues talking about death and dying: A discourse analytic study. *International Journal for the Advancement of Counselling, 23,3,* 179-199.

O'Leary, E. & Nieuwstraten, I.M. (2001b). The exploration of memories in Gestalt reminiscence therapy. *Counselling Psychology Quarterly, 14,2*, 165-180.
O'Leary, E. & Page, R. (1990). An evaluation of a person-centred Gestalt group using the semantic differential. *Counselling Psychology Quarterly, 3,1*, 13-20.
O'Shea, T.R. (1981a). The effects of Gestalt therapy empty chair procedures on self-recorded negative interpersonal feelings. In *Unveröffentlichte Dissertation*. San Diego: United States International University.
O'Shea, T.R. (1981b). The effects of Gestalt therapy empty chair procedures on self-recorded negative interpersonal feelings. *Dissertation Abstracts International, 42, 05*, 2074.
Oaklander, V. (2000). Short-term Gestalt play therapy for grieving children. In H.G. Kaduson & C.E. Schaefer (Hrsg.), *Short-term play therapy for children* (S. 28-52). New York: Guilford Press.
Oevermann, H. (1999). Beratungsarbeit in der Schule. Ein an der Gestalttherapie angelehnter Entwurf zur Humanisierung der Schule und des Lernens. *Humanistische Psychologie, 22(Sonderausgabe 1)*, 260-272.
Okere, N.S. (1984). The application of Gestalt psychotherapy principles to learning: A case study of resistance in adult education. *Dissertation Abstracts International, 46, 02*, 330.
Okhowat, V.O. (1985). An eclectic hypno-emotive approach to psychotherapy. *International Journal of Clinical and Experimental Hypnosis, 33*, 109-121.
Orlinsky, D., Grawe, K. & Parks, B. (1994). Process and outcome in psychotherapy - noch einmal. In A.E. Bergin & S.L. Garfield (Hrsg.), *Handbook of Psychotherapy and Behavior Change* (S. 270-376). New York: Wiley.
Ownby, R.L. (1983). Gestalt therapy with children. *Gestalt Journal, 6*, 51-58.
Padover, G.P. (1992). Modes of anger expression and psychotherapy preferences (Gestalt therapy, Rational emotive therapy). *Dissertation Abstracts International, 53, 05*, 2551.
Paivio, S.C. (1997). The outcome of emotionally-focused therapy with adult abuse survivors. *Paper presented at meeting of North American Society for Psychotherapy Research.*
Paivio, S.C. & Greenberg, L.S. (1995). Resolving »unfinished business«: efficacy of experiential therapy using empty-chair dialogue. *Journal of Consulting and Clinical Psychology, 63,3*, 419-425.
Paivio, S.C. & Nieuwenhuis, J. A. (2001). Efficacy of emotion focused therapy for adult suvivors of child abuse: A preleminary study. *Journal of Traumatic Stress, 14*, 115-133.
Papernow, P. (1999). Therapie mit wiederverheirateten Paaren. In G. Wheeler & S. Backman (Hrsg.), *Gestalttherapie mit Paaren* (S. 129-162). Wuppertal: Hammer.
Parlett, M., & Hemming, J. (1996). Gestalt therapy. In Dryden, W. (Hrsg.), *Handbook of individual therapy* (S. 194-218). London: Sage Publications.
Pauls, H. (1992). Evaluation des Psychologischen Dienstes im Kinderheim Bachtelen. In Kinderheim Bachtelen Grenchen (Hrsg.), *100 Jahre im Dienst von Kindern*
Pauls, H. & Diethelm, K. (1992). »Du scheisst mich an!« - Zur Einführung von Gestalttherapie in einem Kinderheim. *Gestalttherapie, 6*, 44-57.
Pauls, H. & Reicherts, M. (1999). Empirische Forschung in der Gestalttherapie am Beispiel eines praxisorientierten Forschungsprojektes. In Fuhr, R., Sreckovic, M. & Gremmler-Fuhr, M. (Hrsg.), *Das Handbuch der Gestalttherapie* (S. 1137-1160). Köln: Edition Humanistische Psychologie.
Pearce, M. (1988). Eclecticism & hypnosis in the treatment of weight control: a case study. *Australian Journal of Clinical Hypnotherapy and Hypnosis, 9,1*, 9-11.

Pedersen, R. & Greenberg, L.S. (1996). Verification of a model of the resolution of unfinished business. *Unpublished Master's Thesis.*
Perls, F.S. (1947). *Ego, Hunger, and Aggression.* London: Allen & Unwin Ltd.
Perls, F.S. (1969). *Gestalt therapy Verbatim.* Moab, Utah: Real People Press.
Perls, F.S. (1974). *Gestalt-Therapie in Aktion.* Stuttgart: Klett-Cotta.
Perls, F.S. (1976). *Grundlagen der Gestalttherapie. Einführung und Sitzungsprotokolle.* München: Pfeiffer.
Perls, F.S. (1978). *Das Ich, der Hunger und die Aggression. Die Anfänge der Gestalttherapie.* Stuttgart: Klett-Cotta.
Perls, F.S. (1980). *Gestalt - Wachstum - Integration. Aufsätze, Vorträge, Therapiesitzungen.* Paderborn: Junfermann.
Perls, F.S. (1981). *Gestalt-Wahrnehmung. Verworfenes und Wiedergefundenes aus meiner Mülltonne.* Frankfurt: Verlag für Humanistische Psychologie Werner Flach KG.
Perls, F.S., Hefferline, R.F. & Goodman, P. (1951). *Gestalt Therapy. Excitement and Growth in the Human Personality.* New York: The Julian Press.
Pernhaupt, G. (1984). Laßt die Puppen sprechen! Gestalttherapie mit kreativen Medien in der Therapie Drogenabhängiger. *Wiener Zeitschrift für Suchtforschung, 7,* 73-84.
Peterson, G. & Bradley, R.W. (1980). Counselor orientation and theoretical attitudes toward counseling: historical perspective and new data. *Journal of Counseling Psychology, 27,* 554-560.
Petzborn, A.M. (1980). The effect of Gestalt therapy on self-actualization, anxiety and muscle tension in female college students. *Dissertation Abstracts International, 41,3,* 1123-1124.
Petzold, H.G. (1977). Der Gestaltansatz in der psychotherapeutischen, soziotherapeutischen und pädagogischen Arbeit mit alten Menschen. *Gruppendynamik, 8,* 32-48.
Petzold, H.G. (1979a). Psychodrama, therapeutisches Theater und Gestalt als Verfahren der Interventionsgerontologie und Alterspsychotherapie. In Petzold, H.G. & Bubolz, E. (Hrsg.), *Psychotherapie mit alten Menschen.* Paderborn: Junfermann.
Petzold, H.G. (1979b). Zur Veränderung der sozialen Mikrostruktur im Alter - eine Untersuchung von 40 ›sozialen Atomen‹ alter Menschen. *Integrative Therapie, 1-2,* 51-78.
Petzold, H.G. (1980). Integrative Arbeit mit einem Sterbenden mit Gestalttherapie, Ton, Poesietherapie und kreativen Medien. *Integrative Therapie, 6,* 181-193.
Petzold, H.G. (1982). Gestalt therapy with the dying patient: Integrative work using clay, poetry therapy, and creative media. *Death Education, 6,* 249-264.
Petzold, H.G. (1983). Der Verlust der Arbeit durch die Pensionierung als Ursache von Störungen und Erkrankungen. In H.G. Petzold & H. Heinl (Hrsg.), *Psychotherapie und Arbeitswelt* (S. 409-446). Paderborn: Junfermann.
Petzold, H.G. (1993). *Integrative Therapie.* Paderborn: Junfermann.
Petzold, H.G. (1999). Gestalttherapie aus Sicht der Integrativen Therapie. In Fuhr, R., Sreckovic, M. & Gremmler-Fuhr, M. (Hrsg.), *Das Handbuch der Gestalttherapie* (S. 309-327). Köln: Edition Humanistische Psychologie.
Petzold, H.G. & Heinl, H. (1983). *Psychotherapie und Arbeitswelt.* Paderborn: Junfermann.
Philipps, M. (1976). The application of Gestalt principles in classroom teaching. *Group and Organizational Studies, 1,* 82-98.
Piaget, J. (1975). *Der Aufbau der Wirklichkeit beim Kinde.* Stuttgart: Ernst Klett.
Pichel, C.H. (1977). Treating migraine with TA and Gestalt: A case history. *Transactional Analysis Journal, 7,* 58-60.

Pollard, C.H., Mitchell, C. & Daniels, V. (2002). Airline chrash survivors, Vietnam veterans, and 9-11. *Gestalt!, 6,1,* NP.
Polster, E. & Polster, M. (1973). *Gestalt Therapy integrated.* New York: Brunner/Mazel.
Polster, E. & Polster, M. (1987). *Gestalttherapie. Theorie und Praxis der integrativen Gestalttherapie.* Frakfurt: Fischer.
Portele, G. (1992). Psychotherapieforschung ja, aber wie? *Gestalttherapie. Sonderheft Forschung,* 96-102.
Prashantham, B.J. (1975). Counselling the suicidal. *Child Psychiatry Quarterly, 8,* 1-5.
Prieger, A. & Schwinn, E. (1988). ›*Im Knast Therapie - das schafft ihr nie!*‹ *Gestalttherapie hinter Gittern.* Frankfurt: dipa-Verlag.
Prosnick, K.P. (1997). Final contact and beyond in Gestalt therapy theory and transpersonal research: A factor analytic study of egotism and transfluence. *Dissertation Abstracts International, 57, 12-A,* 5064.
Prosnick, K.P. (2000). The relationship between reports of mystical experiences and Gestalt resistance processes. *Gestalt Review, 4,1,* 42-46.
Prouty, G. (2001). Humanistic psychotherapy for people with schizophrenia. In D. Cain & J. Seeman (Hrsg.), *Humanistic Psychotherapies: Handbook on Research and Practice* (S. 579-601). Washington: American Psychological Association.
Quaak, S. (1992). Das Ganze ist mehr als die Summe seiner Einzelteile. *Zeitschrift für Humanistische Psychologie, 15,* 62-78.
Quirmbach, I.M. (1990). Schizophrene Erlebens- und Verhaltensweisen. *Gestalttherapie, 4,* 11-21.
Rahm, D. (1979). *Gestaltberatung.* Paderborn: Junfermann.
Raming, H.R. & Frey, D.H. (1974). A taxonomic approach to the Gestalt theory of Perls. *Journal of Counseling Psychology, 21,3,* 179-184.
Raulinat, A. (1991). »Michael ist so ein Problem«. *Pädagogik, 43,* 24-28.
Reeder, V.J. (1997). An experimental study of the effects of four types of therapy with prison inmates: Toward a public health approach to crime and violence from the scientist practitioner model. *Dissertation Abstracts Internatinal, 57, 11-B,* 7235.
Revensdorf, D. (1996). Verhaltenstherapie und andere Therapieformen. In Margraf, J. (Hrsg.), *Lehrbuch der Verhaltenstherapie* (Bd. 1, S. 137-154). Berlin Heidelberg New York: Springer.
Rice, L. & Greenberg, L.S. (1990). Fundamental Dimensions in Experiential therapy: new directions in research. In G. Lietaer, J. Rombauts & R. van Balen (Hrsg.), *Client-Centered and Experiential therapies in the Nineties* (S. 397-414). Leuven, Belgien: Leuven University Press.
Rice, L., Koke, C J., Greenberg, L.S. & Wagstaff, A.K. (1979). *Manual for client vocal quality (Vols. 1, 2).*
Richter, H.R. & Stocksmeier, U. (1990). ELT - Erfahrungsorientiertes Lernen als Therapie. In Hoefling, S. & Butollo, W. (Hrsg.), *Psychologie für Menschenwürde und Lebensqualität. Aktuelle Herausforderung und Chancen fuer die Zukunft. Bericht ueber den 15. Kongress fuer Angewandte Psychologie des Berufsverbandes Deutscher Psychologen, Muenchen 1989* (Bd. 1, S. 247-255). Bonn: Deutscher Psychologen Verlag.
Riedel, H. (2000). Fraktionierte stationäre Psychotherapie. Selbst- und fremdevaluierte Ergebnisse eines integrativ orientierten Behandlungsansatzes bei chronischen Erkrankungen des Bewegungssystems. In U. Peschel & R. Sandweg (Hrsg.), *Therapiekonzepte und Therapieerfahrungen bei chronischen Schmerzen des Bewegungssystems, Kongreßband zur 7. Fachtagung der Stiftung »Psychosomatik der Wirbelsäule«, Malente-Krummsee 10.-12.6.1999* (S. 167-189). Blieskastel: Stiftung »Psychosomatik der Wirbelsäule«.

Ritter, M. (1999). Einen Schritt weiter wagen. Selbsterfahrungsprojekt mit benachteiligten Jugendlichen einer ganz normalen Hauptschule im Rahmen entwicklungsbegleitender Sozialarbeit. *Humanistische Psychologie, 22(Sonderausgabe 1),* 273-290.

Rjumshina, L.I. (2000). Empirical study of pedagogical activity styles. *Vosprosy Psychologii, 1,* 142-149.

Roberds, J.G. (1969). A descriptive study of a group of pupils in a class for children with learning disabilities. *Dissertation Abstracts International, 29, 12-A,* 4198-4199.

Roche, K.E. (1986). The character and process of recovery from alcoholism and the influence of psychological variables from Gestalt therapy homeostasis theory. *Dissertation Abstracts International, 48, 02,* 346.

Röhrle, B., Schmölder, H. & Schmölder, H. (1989). Merkmale sozialer Netzwerke als Kriterien zur Nachuntersuchung von Patienten einer therapeutischen Gemeinschaft. *Zeitschrift für Klinische Psychologie, Psychopathologie & Psychotherapie, 37,3,* 291-302.

Roeser, U. (1994). Drogenabhängigkeit und Drogenidentität. *Gestalttherapie, 8,* 65-74.

Röttger, U. (1982). Gestalttherapie. Möglichkeiten und Grenzen in der Herzinfarktrehabilitation. *Psychotherapie und medizinische Psychologie, 32,* 60-63.

Rogers, R. (1983). Role of retroflection in psychogenic pain: A treatment perspective. *Psychotherapy Theory, Research and Practice, 20,* 435-440.

Rohrbaugh, M. & Bartels, B. (1975). Participants' perceptions of 'curative factors' in therapy and growth groups. *Small Group Behavior, 6,* 430-456.

Root, M.P.P. (1989). Family sculpting with bulimic families. In Hornyak, L.M. & Baker, E.K. (Hrsg.), *Experiential therapies for eating disorders* (S. 78-100). New York, NY: Guilford Press.

Roschger-Stadlmayr, B. & Wildberger, E. (2000). »Nach«-Forschung. Zwei Praktikerinnen befragen KlientInnen nach der Therapie. In M. Hochgerner & E. Wildberger (Hrsg.), *Was heilt in der Psychotherapie? Überlegungen zur Wirksamkeitsforschung und Methodenspezifische Denkweisen* (S. 128-144). Wien: Facultas.

Rosen, S. (1972). Recent experiences with Gestalt, encounter and hypnotic techniques. *American Journal of Psychoanalysis, 1,* 90-105.

Rosenberger, C.C. (1983). Influence of personal values and therapeutic school on the therapeutic style of group therapists. *Dissertation Abstracts International, 44, 05,* 1373.

Rosner, R. (1996). *The relationship between emotianal expression, treatment and outcome in psychotherapy.* Frankfurt: Peter Lang.

Rosner, R., Beutler, L.E., Daldrup, R.J. (2000). Vicarious emotional experience and emotional expression in group psychotherapy. *Journal of Clinical Psychology, 56,1,* 1-10.

Rosner, R., Frick, U., Beutler, L.E. & Daldrup, R. (1999). *Depressionsverläufe in unterschiedlichen Psychotherapieformen - Modellierung durch Hierarchische Lineare Modelle (HLM).*

Rouse, L.D. (1986). Validition of a clinician-client typology model. *Dissertation Abstracts International, 46, 11,* 3297.

Rüger, B. (1994). Kritische Anmerkungen zu den statistischen Methoden in Grawe, Donati und Bernauer: »Psychotherapie im Wandel. Von der Konfession zur Profession«. *Zeitschrift für psychosomatische Medizin, 40,* 368-383.

Sabetti, S.C. (1975). Attention: An integrating concept in the theory and process of three contemporary psychotherapies. *Dissertation Abstracts International, 36, 3-B,* 1457-1458.

Salmon, S.J. (1972). The relationship between a counselor training program in Gestalt self-awareness exercises and two measures of counseling effectiveness. In *Unveröffentlichte Dissertation.* Terre Haute: Indiana State University.

Saltzman, N. (1989). Integrating intensely emotional methods with psychodynamic, gestalt, cognitive, and behavioral therapeutic elements: II. Anthony goes public. *Psychotherapy in Private Practice, 7,* 75-84.
Sandweg, R. & Riedel, H. (1998). Gibt es Prädiktoren für den Erfolg bei der Behandlung chronischer Schmerzen? In H. Riedel & P. Henningsen (Hrsg.), *Die Behandlung chronischer Rückenschmerzen: Grundlagen, Therapiekonzepte, offene Fragen. Kongreßband zur 6. Fachtagung der Stiftung »Psychosomatik der Wirbelsäule«, Heidelberg 20.-21.3.1998* (S. 171-197). Blieskastel: Psychosomatik der Wirbelsäule.
Schad, C. (2003). Bei Hitzefrei doch »Gruppe machen«. Gestaltarbeit mit Kindern an einer Grundschule. *Gestaltzeitung, 16,* 31-36.
Schaeffer, E. (1979). Psychotherapie in der Allgemeinpraxis am Beispiel der Gestalttherapie. *Zeitschrift für Allgemeinmedizin, 55,* 1847-1851.
Schattmayer-Bolle, K. (1990). Die Bedeutung der Gestaltungstherapie bei essgestörten Patientinnen. Ein erster Schritt in der weiblichen Identitätsbildung. (The significance of Gestalt therapy in eating disturbed female patients: The first step in the development of female identity). *Praxis der Psychotherapie und Psychosomatik, 35,* 71-85.
Schigl, B. (1998). Evaluationsstudie zur Integrativen Gestalttherapie: Wirkung und Wirkfaktoren aus katamnestischer Sicht ehemaliger KlientInnen. *Endbericht zum Forschungsprojekt der Fachsektion für Integrative Gestalttherapie im ÖAGG.*
Schigl, B. (1999). Wirkung und Wirkfaktoren von Gestalttherapie aus katamnestischer Sicht der KlientInnen. Ausgewählte Ergebnisse einer evaluativen Untersuchung. In Hutterer-Kirsch, R., Luif, I., Baumgartner, G. (Hrsg.), *Neue Entwicklungen in der Integrativen Gestalttherapie. Wiener Beiträge zum Theorie-Praxis-Bezug* (S. 222-250). Wien: Facultas.
Schigl, B. (2000). Wirkung und Wirkfaktoren aus katamnestischer Sicht der KlientInnen. Ausgewählte Ergebnisse einer praxisnahen evaluativen Untersuchung. *Psychotherapie Forum, 8,* 79-87.
Schmoll, D. (1999). »Und bist Du nicht willig, dann brauch' ich Gestalt«: Gestalttherapie in der Arbeit mit gewalttättigen Männern. In R. Hutterer-Kirsch, I. Luif & G. Baumgartner (Hrsg.), *Neue Entwicklungen in der Integrativen Gestalttherapie. Wiener Beiträge zum Theorie-Praxis-Bezug* (S. 340-362). Wien: Facultas.
Schneider, D. (1992). Veränderung des Gottesbildes. *Zeitschrift für Humanistische Psychologie, 15,* 95-114.
Schoen, S. (1984). A note on Gestalt responsibility and Buddhist non-attachment. *Gestalt Journal, 7,* 70-75.
Schoenberg, P. (2000). The impact of Gestalt group therapy on persons with borderline personality disorder. *Dissertation Abstracts International, 60,* 7-A, 2389.
Schreyoegg, A. (1991). *Supervision - ein integratives Modell.* Paderborn: Junfermann.
Schubert, K. (1983). Überblick über den Anwendungsbereich und die Indikation der Gestalttherapie. *Integrative Therapie, 2-3,* 239-247.
Schumacher, I. (1986). Empirische Arbeiten zu einem ausgewählten humanistischen Ansatz - Gestalttherapie. *Diplomarbeit am Psychologischen Institut Tübingen.*
Seligman, M.E.P. (1995a). Does therapy help? *Consumer Reports, Nov.,* 734-739.
Seligman, M.E.P. (1995b). The effectiveness of psychotherapy. The Consumer Reports study. *American Psychologist, 50,12,* 965-974.
Serlin, L. (1977). Portrait of Karen: A Gestalt-phenomenological approach to movement therapy. *Journal of Contemporary Psychotherapy, 8,* 145-152.
Serlin, L. (1981). Portrait von Karen: ein gestalt-phänomenologischer Ansatz der Bewegungstherapie. *Integrative Therapie, 7,* 204-213.

Serok, S. (1982). Gestalt therapy with hospitalized adolescents. *Journal of Adolescence, 5,* 307-317.
Serok, S. (1985). Implications of Gestalt therapy with post traumatic patients. *Gestalt Journal, 8,* 78-89.
Serok, S. & Bar, R. (1984). Looking at Gestalt group impact. An experiment. *Small Group Behavior, 15,* 270-277.
Serok, S. & Levi, N. (1993). Application of Gestalt therapy with long-term prison inmates in Israel. *Gestalt Journal, 16,1,* 105-127.
Serok, S., Rabin, C. & Spitz, Y. (1984). Intensive Gestalt group therapy with schizophrenics. *International Journal of Group Psychotherapy, 34,3,* 431-450.
Serok, S. & Zemet, R.M. (1983). An experiment of Gestalt group therapy with hospitalized schizophrenics. *Psychotherapy: Theory, Research and Practice, 20,4,* 417-424.
Shahid, M. (1979). Gestalt therapy for sexual awareness. *Dissertation Abstracts International, 39,9,* 5334.
Shapiro, D.A., Barkham, M., Hardy, G.E. & Morrison, L.A. (1990). The second Sheffield Psychotherapy Project: Rationale, design, and preliminary outcome data. *British Journal of Medical Psychology, 63,* 97-108.
Shapiro, D.A. & Shapiro, D. (1982). Meta-analysis of comparative therapy outcome research: a critical appraisal. *Behavioral Psychotherapy, 10,* 4-25.
Sheehan, P.W. & Cross, D.G. (1981). Alternative advice and support provided during and following short-term insight-oriented therapy and behavior therapy. *Academic Psychological Bulletin, 3,* 371-385.
Shiflett, J.M. & Brown, G.I. (1972). Confluent education: attitudinal and behavioral consequences of confluent teacher training. In *Internal Report.* University Center Michigan.
Shostrom, E.L. (1966). *Manual, personal orientation inventory: form f, manual.* San Diego: Educational and Industrial Testing Service.
Shostrom, E.L. & Knapp, R.R. (1966). The relationship of a measure of self-actualization (POI) to a measure of pathology (MMPI) an to therapeutic growth. *American Journal of Psychotherapy, 20,* 193-202.
Shuger, D. & Bebout, J. (1980). Contrasts in Gestalt and analytic therapy. *Journal of Humanistic Psychology, 20,3,* 21-40.
Sicoli, L.A. & Hallberg, E.T. (1998). An analysis of client performance in the two chair method. *Canadian Journal of Counselling, 32,2,* 151-162.
Siemens, H. (1993). A Gestalt approach in the care of persons with HIV. *Gestalt Journal, 16,1,* 91-127.
Sluckin, A., Weller, A., & Highton, J. (1989). Recovering from trauma: Gestalt therapy with an abused child. *Maladjustment and Therapeutic Education, 7,* 147-157.
Smith, E.W.L., Clance, P.R. & Imes, S. (1998). *Touch in psychotherapy: Theory, research, and practice.* New York: Guilford Press.
Smith, K.Z. (1981). Comparison of image and image - Gestalt techniques in stress and pain reduction. *Dissertation Abstracts International, 42,3,* 1192.
Smith, M.C. & Glass, G.V. (1977). Meta-analysis of psychotherapy outcome studies. *American Psychologist, 32,* 752-760.
Smith, M.C., Glass, G.V. & Miller, T.T. (1980). *The benefits of psychotherapy.* Baltimore & London: John Hopkins Press.
Souliere, M. (1995). The differential effects of the empty chair dialogue and cognitive restructuring on the resolution of lingering angry feelings. *Dissertation Abstracts International, 56, 4-B,* 2342.

Spagnuolo Lobb, M.S. (1992). Childbirth as rebirth of the mother. *Gestalt Journal, 15,1,* 7-38.

Spiegel-Rösing, I. & Petzold, H. (1984). *Die Begleitung Sterbender.* Paderborn: Junfermann.

Sreckovic, M. (1999). Geschichte und Entwicklung der Gestalttherapie. In Fuhr, R., Sreckovic, M. & Gremmler-Fuhr, M. (Hrsg.), *Das Handbuch der Gestalttherapie* (S. 15-178). Köln: Edition Humanistische Psychologie.

Staemmler, F.-M. & Bock, W. (1987). *Neuentwurf der Gestalttherapie. Ganzheitliche Veränderung im therapeutischen Prozeß.* München: Pfeiffer.

Stein, J.A. (1984). The therapeutic effects of awareness on anxiety disorders. In *Unveröffentlichte Dissertation.* University Park: Pennsylvania State University.

Stiles, W.B. (1979). Verbal response modes and psychotherapeutic technique. *Psychiatry, 42,* 49-62.

Stone, B.S. (1982). Group art therapy with mothers of autistic children. *Arts in Psychotherapy, 9,* 31-48.

Strobl, C. (2000). Systemisches und kindertherapeutisches Arbeiten im Vorschulbereich. Entwicklungsmöglichkeiten im Integrationskindergarten. *Systhema, 14,3,* 261-273.

Strümpfel, U. (1991). *Forschungsergebnisse zur Gestalttherapie.* DVG e.V.

Strümpfel, U. (1992a). Psychotherapeutische Begleitung von Menschen mit HIV und AIDS. *Gestalttherapie, 6,* 67-74.

Strümpfel, U. (1992b). Wie wissenschaftlich ist die Gestalttherapie? *Gestalttherapie, Sonderheft Forschung,* 62-83.

Strümpfel, U. (2003). Wie ist der heutige Forschungsstand zur Gestalttherapie? Übersicht: Befunde der Therapieprozess- und Evaluationsforschung. *Gestalttherapie, 17,2,* 48-68.

Strümpfel, U. (2004a). Forschungsstand der Gestalttherapie. Kapitel 11. In Hartmann-Kottek. In *Gestalttherapie* (S. 325-366). Berlin Heidelberg New York: Springer.

Strümpfel, U. & Goldman, R. (2001). Contacting Gestalt Therapy. In D. Cain & J. Seeman (Hrsg.), *Humanistic Psychotherapies: Handbook on Research and Practice* (S. 189-219). Washington: American Psychological Association.

Sweeney, D.S. & Homeyer, L.E. (1999). *The handbook of group play therapy: How to do it, how it works, whom it's best for.* San Francisco, CA: Jossey-Bass/Pfeiffer.

Teegen, F., Frassa, M. & Hoeninger, S. (1979). Merkmale des Therapeuten- und Klientenverhaltens bei gestalttherapeutischen Kontakten. *Zeitschrift für klinische Psychologie, 8,* 148-155.

Teegen, F., Johannsen, A. & Voght, K.-H. (1986). Modifikation von Beschwerdehäufigkeit, -intensität und Medikamentenverbrauch bei Klienten mit funktionellen Bauchbeschwerden. *Integrative Therapie, 1-2,* 39-48.

Teegen, F., Schur, K. & Schroeder-Battefeld, R. (1981). Kampf an der Kontaktgrenze. Erlebnisprozesse hautkranker Klienten im Gestalt-Dialog mit ihrem Symptom. *Integrative Therapie, 7,* 214-234.

Templeton, R.L. (1980). Arousal of affect: Gestalt versus cognitive-associative dreamwork. *Dissertation Abstracts International, 40, 7-B,* 3426.

Tervo, D.A. (1988). A phenomenological analysis of Gestalt, psychoanalytic and client-centered therapists' experience of psychotherapy with a child seven-to-eleven years of age. *Dissertation Abstracts International, 49, 07,* 2894.

Tesch, B. (1988). Die Bedeutung der Beziehung zwischen Klient und Therapeut in der klientenzentrierten Gespraechspsychotherapie und in der Gestaltherapie. *Dissertation an der Universität Graz, Österreich.*

Teschke, D. (1996). Existentielle Momente in der Psychotherapie. In *Fortschritte in der Psychologie* (Bd. 18). Münster: LIT Verlag.

Thomas, C. & Thomas, G.J. (1986). Integrative Therapie bei Arbeiter-Ehepaaren mit einem psychosomatisch erkrankten Partner. *Integrative Therapie, 1-2,* 21-38.
Thomas, G.J. & Schmitz, B. (1993). Zur Effektivität ambulanter Psychotherapien. *Report Psychologie, 18,5-6,* 22-25.
Thomas, G.T. (1986). *Unterschicht, Psychosomatik und Psychotherapie.* Paderborn: Junfermann.
Thompson, M.B. (1978). The effects of the Gestalt approach on body image. In *Unveröffentlichte Dissertation.* Atlanta: Georgia State University.
Tillett, R. (1994). The clinical usefulness of Gestalt therapy. *British Journal of Psychotherapy, 11,* 290-297.
Tilley, D.P. (1977). Verbal ratings across schools of counseling Rogerian and Gestalt. *Dissertation Abstracts International, 38, 6-A,* 3301.
Toukmanian, S.G. & Grech, T. (1991). Changes in cognitive complexity in the context of perceptual-processing experiential therapy. In *Report No. 194.* Toronto, Ontario, Canada: York University, Department of Psychology.
Tugrul, C. (1993). Vajinismus tedavisinde eklektik yaklasim: Bir vaka ornegi. / An eclectic approach to the treatment of vagismus: A case study. *Turk Psikoloji Dergisi, 8,* 42-48.
Tyler, N. (1995). Redecision therapy and multiple personality disorder. Special Issue: Redecision therapy: A memorial to Robert L. Goulding, M.D. *Transactional Analysis Journal, 25,* 367-369.
Tyson, G.M. (1981). Gestalt therapy's >topdog-underdog< dialogues as a treatment for depression. *Dissertation Abstracts International, 42,5,* 2090.
Tyson, G.M. & Range, L.M. (1987). Gestalt dialogues as a treatment for mild depression: time works just as well. *Journal of Clinical Psychology, 43,2,* 227-231.
Ulbing, M. (1992). Mütter und Töchter: Ein Ringen ohne Grenzen. In R. Krisch & M. Ulbing (Hrsg.), *Zum Leben finden. Beitraege zur angewandten Gestalttherapie* (S. 347-365). Köln: Edition Humanistische Psychologie.
Valentin, B. (1999). Sexoholic - eine Fallgeschichte. *Gestalttherapie, 13(1),* 90-101.
Valentin-Mousli, B. (1988). Eine gestalttherapeutische Krisenintervention nach einer Vergewaltigung. *Gestalttherapie, 2,1,* 43-44.
Viney, L.L. (1994). Sequences of emotional destress expressed by clients and acknowledged by therapist: are they associated more with some therapist than others. *British Journal of Clinical Psychology, 33,* 469-481.
Viola, J.M. & McCarthy, D.A. (1994). An eclectic inpatient treatment model for Vietnam and desert storm verterans suffering from posttraumatic stress desorder. *Military Medicine, 159,* 217-220.
Votsmeier, A. (1988). Gestalttherapie mit Borderline-Patienten. *Gestalttherapie, 2,* 5-15.
Vryders, E. (1999). Kostbare Augenblicke im Herbst des Lebend. Möglichkeiten gestalttherapeutischer und orientierungsanalytischer Anwendungen in einer Kur- und Rehaklinik. *Humanistische Psychologie, 22(Sonderausgabe 1),* 316-325.
Wakenhut, G.W. (1978). Holistic medicine through Gestalt. *Gestalt Journal, 1,* 98-102.
Wasilewski, R. (1989). *Kosten der Psychotherapie bei Klinischen Psychologen.* Bonn: Deutscher Psychologen Verlag.
Wathney, S. (1982). Paradoxical interventions in transactional analysis and Gestalt Therapy. *Transactional Analysis Journal, 12,* 185-189.
Watson, J.C., Gordon, L.B., Stermac, L., Kalogerakos, F. & Steckley, P. (2003). Comparing the effectiveness of process-experiential with cognitive-behavioral psychotherapy in the treatment of depression. *Journal of Consulting and Clinical Psychology, 71,* 773-781.

Watson, J.C. & Greenberg, L.S. (1996). Pathways to change in the psychotherapy of depression: relating process to session change and outcome. *Psychotherapy, 33,2,* 262-274.
Weerasekera, P., Linder, B., Greenberg, L.S. & Watson, J. (2001). The working alliance in client-centered and process-experiential therapy of depression. *Psychotherapy Research, 11,2,* 221-233.
Weiss, A.G. (2002). The lost role of dependency in psychotherapy. *Gestalt Review, 6,1,* 6-17.
Wemhoff, R.T. (1978). The effects of two different counseling orientations and procedures on self-actualization of group counseling participants. *Dissertation Abstracts International, 39,8,* 3386.
Wendt, H. (1979). *Integrative Sexualtherapie. Am Beispiel von Frauen mit Orgasmusstörungen.* München: Pfeiffer.
Wheeler, G. & Backman, S. (1999). *Gestalttherapie mit Paaren.* Wuppertal: Hammer.
Whines, J. (1999). A holistic approach to working in general practice. In J. Lees (Hrsg.), *Clinical counselling in primary care. Clinical counselling in context series* (S. 77-94). Florence, KY: Taylor & Francis/Routledge.
Wicke, H. (1995). Gestalttherapie und Gynäkologie. *Integrative Therapie, 21,* 368-375.
Wienand-Kranz, D. (1983). Erinnerung an frühe Wunden. *Zeitschrift für Humanistische Psychologie, 6,* 61-65.
Wiener, D.J. (1995). Die familienspezifische Position von Familienmitgliedern durch Theaterimprovisation verändern. *System Familie, Forschung und Therapie, 8,* 42-50.
Willaims, B. (2001). The practice of Gestalt therapy within a brief therapy context. *Gestalt Journal, 24,1,* 7-62.
Wingett, W.R. (1976). A comparison of two models of group counseling in teaching communication skills to nursing students. *Dissertation Abstracts International, 36,7,* 4278.
Witchel, R.I. (1973). Effects of Gestalt-awareness on self-actualization and personal assessment of student personnel graduate students. *Dissertation Abstracts International, 34,8,* 4766-4767.
Wolf, H.U. (1999). Behandlungsergebnisse ganzheitlicher stationärer Psychosomatik in Bad Zwesten. In *Bad Zwestener Hefte zur klinischen Gestalttherapie/Integrativer Therapie* (Bd. 2). Bad Zwesten: Hardtwaldklinik, Werner Wicker KG.
Wolf, H.U. (2000a). Der therapeutische Ansatz im Gestalt-Klinikum Bad Zwesten. *Gestaltzeitung, 13,* 9-17.
Wolf, H.U. (2000b). Evaluation of an in-station-psychotherapy in the Gestaltclinic Bad Zwesten, Germany. *Vortrag auf der International Conference on Client-Centered and Experiential Psychotherapy, ICCCEP in Chicago, USA, Juni 2000.*
Wolfert, R. (1998). The broken doll: a survivor's journey into life. *Gestalt Review, 2(3),* 189-211.
Wolfus, B. & Bierman, R. (1996). An evaluation of a group treatment program for incarcerated male batterers. *International Journal of Offender Therapie and Comperative Criminology, 40,* 318-333.
Wollschläger, M.E. & Wollschläger, G. (1998). *Der Schwan und die Spinne. Das konkrete Symbol in der Diagnostik und Psychotherapie.* Bern: Huber.
Woods, D.E. (1984). Arthritis and anger: An application of anger therapy as a Gestalt counseling strategy with rheumatoid arthritic women. *Dissertation Abstracts International, 44, 11,* 3567.
Yalom, I.D. (2002). *Der Panama-Hut oder was einen guten Therapeuten ausmacht.* München: btb Goldmann.

Yalom, I.D., Bond, G., Bloch, S., Zimmerman, E. & Friedman, L. (1977). The impact of a weekend group experience on individual therapy. *Archives of General Psychiatry, 34,* 399-415.

Yontef, G. (1998). Dialogic Gestalt therapy. In L. Greenberg, J. Watson & G. Lietaer (Hrsg.), *Handbook of Experiential Psychotherapy.* New York: Guilford.

Yontef, G.M. (1998). Dialogic Gestalt therapy. In L. Greenberg, J. Watson & G. Lietaer (Hrsg.), *Handbook of Experiential Psychotherapy.* New York: Guilford.

Yontef, G.M. (1999). *Awareness, Dialog, Prozess.* Köln: Edition Humanistische Psychologie.

Zeigarnik, B. (1927). Das Behalten erledigter und unerledigter Handlungen. *Psychologische Forschung, 9,* 1-85.

Zinker, J.C. (1994). In *search of good form: Gestalt therapy with couples and families.* San Francisco, CA: Jossey-Bass Inc, Publishers.

7. Anhang

7.1. Abstracts

Adesso, V.J., Euse, F.J., Hanson, R.W., Hendry, D. & Choca, P. (1974). Effects of a personal growth group on positive and negative self-references. *Psychotherapy: Theory, Research and Practice, 11,4,* 354-355.

Ändert sich die Art, wie sich Personen verbal auf sich selbst beziehen (»self-reference«), im Verlauf einer gestalttherapeutischen Gruppenbehandlung? 36 Personen wurden in eine Experimental- und eine Kontrollgruppe aufgeteilt. Über fünf Wochen, bei zwei Wochenstunden, nahmen die Personen der Experimentalgruppe an einer gestalttherapeutischen Gruppe, die der Kontrollgruppe an einer unstrukturierten Diskussionsgruppe teil. Selbstbezogene Äußerungen der Personen beider Gruppen in den Sitzungen wurden von zwei unabhängigen Ratern nach dem Kriterium kategorisiert, ob sie positiv (konstruktiv, hilfreich, optimistisch, enthusiastisch) oder negativ (destruktiv, hinderlich, pessimistisch, deprimiert) waren. Die Anzahl der Äußerungen mit positivem Selbstbezug nahm im Behandlungsverlauf der Experimentalgruppe signifikant (p<.01) zu, nicht jedoch in der Kontrollgruppe. Eine abnehmende Tendenz negativer selbstbezogener Äußerungen gestalttherapeutisch behandelter Personen erreichte nicht die Signifikanzgrenze.

Angus, E.L. & Rennie, D.L. (1989). Envisioning the representational word: the client's experience of methaphoric expression in psychotherapy. *Psychotherapy, 26,3,* 372-379.

Metaphern von fünf Klienten und sechs Therapeuten werden aus je einer Sitzung von vier psychoanalytischen und gestalttherapeutischen Therapeuten-Klienten-Paaren identifiziert. Jede der Therapieereignisse, die Klienten- oder Therapeutenmetaphern enthalten, werden Klient und Therapeut als Tonbandmitschnitte innerhalb von 24 Stunden nach der Sitzung wieder vorgespielt. Eine qualitative Analyse dieser Tonband-stimulierten Rückerinnerungen macht deutlich, dass jede Metapher in einen assoziierten Bedeutungskontext eingebettet ist, der wie eine Gestalt wirkt. In dieser Gestalt wird ein Netzwerk von verbundenen visuellen Bildern, Erinnerungen und emotionalen Reaktionen durch die Metapher wachgerufen. Drei Organisationsprinzipien strukturieren die Beziehung zwischen Metapher und zugrunde liegendem Bedeutungskontext: (a) assoziative Verknüpfung, (b) Aspekte der Selbstidentität, (c) dialogische Rollenmuster und Charakteristika des Individuums. Metaphern eröffnen somit den Zugang zu kindlichen Phantasien, Erinnerungen und Gefühlen und stellen ein vertiefendes Kommunikationsmedium zwischen Therapeut und Klient dar.

Barrilleaux, S.P. & Bauer, R.H. (1976). The effects of Gestalt awareness training on experiencing levels. *International Journal of Group Psychotherapy, 26,* 431-444.

Studie zum Einfluss von Gestalttherapie gegenüber einer unstrukturierten Encountergruppe auf die Erfahrungstiefe der Teilnehmer. Die Autoren fassen Erfahrungstiefe als Ausmaß des Kontaktes mit den eigenen Impulsen und Bedürfnissen. Erfasst wurde sie über nach der Experiencing Scale (ES) bewerteten Aufzeichnungen von Therapiesequenzen. 26 Stu-

denten wurden zufällig in eine Gestalttherapie- und eine Encountergruppe aufgeteilt. Als Gruppenleiter wurden therapeutisch unerfahrene Personen eingesetzt, die zuvor 16 Stunden auf ihre Tätigkeit vorbereitet worden waren. Varianzanalytische Auswertungen der auf die Erfahrungstiefe der Teilnehmer eingeschätzten Therapiesequenzen ergaben keine statistisch nachweisbaren Gruppen- und Zeiteffekte. Dies gilt auch für weitere Vor- und Nachuntersuchungen mit der RSS (Repression-Sensitization Scale) und dem AEQ zu Veränderungen der Gefühlslage der Studenten. Personen, die sensitiver sind, zeigten in der Therapie keine tieferen Erfahrungen als Personen, die als Repressoren (z.B. Intellektualisierer) bezeichnet werden.

Beutler, L.E., Engle, D., Mohr, D., Daldrup, R.J., Bergan, J., Meredith, J. & Merry, W. (1991). Predictors of differential response to cognitive, experiential, and self-directed psychotherapeutic procedures. *Journal of Consulting and Clinical Psychology, 59,2*, 333-340.

Kognitive Gruppentherapie (cognitive therapy = CT), fokussierte erfahrungsorientierte Psychotherapie (= FEP, eine auf der Gestalttherapie basierende, erfahrungsorientierte Gruppentherapie) und unterstützende, selbstbezogene Therapie (supportive, self-directed therapy = S/SD) wurden unter 63 Patienten mit Major Depression (major depressive disorder MDD) verglichen. Variationen in den Coping-Stilen der Patienten (Externalisierung) und ihren Abwehrhaltungen (Widerstandspotential) wurden verwendet für einen prospektiven Test vorhergesagter differentieller Behandlungs-Patienten-Interaktionen. Die Ergebnisse legen nahe, dass bestimmte Charakteristika von Patienten differentiell genutzt werden können, um Psychotherapieformen zuzuordnen. Externalisierende depressive Patienten profitieren stärker von CT, wogegen non-externalisierende (internalisierende) Patienten bessere Erfolge in S/SD zeigen. Umgekehrt verbessert sich die Symptomatik von hochwiderständigen Patienten stärker in S/SD als in FEP oder CT, wogegen niedrig-widerständige Patienten unter CT besserer Erfolge zeigen als unter S/SD.

Beutler, L.E., Machado, P.P.P., Engle, D. & Mohr, D. (1993). Differential Patient x Treatment Maintainance among Cognitive, Experiential, and Self-Directed Psychotherapies. *Journal of Psychotherapy Integration, 3,1*, 15-31.

Untersucht wurde die Langzeiteffektivität von grundlegenden Patientenvariablen in kognitiver Gruppentherapie (cognitive therapy = CT), fokussierter, erfahrungsorientierter Psychotherapie (= FEP, eine auf der Gestalttherapie basierende, erfahrungsorientierte Gruppentherapie) und unterstützender, selbstbezogene Therapie (supportive, self-directed therapy = S/SD) von 49 Patienten mit Major Depression (major depressive disorder MDD). Die Ergebnisse der Effektanalysen legen nahe, dass Effekte, die am Behandlungsende (Beutler et al. 1991, s.o.) festgestellt worden sind, im Ein-Jahres-Follow-up erhalten bleiben. Keine signifikanten Zeiteffekte wurden zwischen den Mittelwerten am Ende der Behandlung und in der Follow-up-Evaluation gefunden; und die Anzahl von Probanden ohne klinischen Depressionssymptomen unterschied sich nicht signifikant von der Anzahl symptomfreier Probanden am Behandlungsende. Die Analysen des Ein-Jahres-Follow-up stützten den Befund, dass für Patienten mit externalisierendem Coping-Stil und/oder niedrigem Widerstandspotential die kognitiv-behaviorale Therapie Vorteile hat, während für Patienten mit internalisierendem Coping-Stil und/oder hohem Widerstandspotential S/SD (supportive, self-directed therapy) vorteilhafter ist.

Beutler, L.E., Mohr, D.C., Grawe, K., Engle, D. & MacDonald, R. (1991). Looking for differential treatment effects: Cross-cultural predictors of differential psychotherapy Efficacy. *Journal of Psychotherapy Integration, 1*, 121-142.

Untersucht werden methodologische und klinische Aspekte, die zu differentiellen Behandlungseffekten führen. Ein Forschungsprogramm wird vorgestellt, das entworfen wurde, um Bedingungen von differentiellen Behandlungseffekten zu erforschen (siehe Beutler et al. 1991). Die bereits oben dargestellten Ergebnisse geben Aufschlüsse über Patienten und deren Ansprechen auf bestimmte Behandlungsarten. Untersuchungen an den Universitäten von Arizona und Bern legen nahe, dass der Coping-Stil von Patienten sowie das Ausmaß ihrer Reaktanz als Prädiktoren für das Ansprechen auf verschiedene Therapiemethoden geeignet sind.

Boulet, D.B., Soulière, M.D. & Sterner, I. (1993). Good moments in Gestalt therapy: a descriptive Analysis of two Perls sessions. *Canadian Journal of Counselling, 27,3*, 191-202.

Zwei Gestalttherapiesitzungen von Fritz Perls werden mit einem von den Autoren entwikkelten Kategoriensystem Boulet et al. (1992, s.u.) analysiert, um das Verhalten der Klienten zu verfolgen. 210 Klientenstatements werden unabhängig von vier Ratern (Psychologen) kategorisiert. Deskriptive Analysen von kombinierten Daten zeigten ein gemeinsames Muster der therapeutischen Veränderungen. In beiden Sitzungen war eine anfängliche Phase von wichtigen Therapiemomenten (»good moments«), die als »building block« bezeichnet werden. Darunter ist die Fokussierung auf die Awareness des Klienten und den direkten Gefühlsausdruck gegenüber dem anderen zu verstehen. Diese Phase ist gefolgt von einer weiteren, die durch kombinierte Formen von »good moments« charakterisiert wird. Anhaltendes Auftreten dieser kombinierten »good moments« führt zum Auftreten von »outcome good moments«. Sitzungsunterschiede werden unter verschiedenen Aspekten analysiert.

Boulet, D.B., Soulière, M.D., Sterner, I. & Nadler, W.P. (1992). Development of a category system of good moments in Gestalt therapy. *Psychotherapy, 29,4*, 554-563.

Ein Kategoriensystem zur Erfassung von Klientenverhalten in einer Sitzung wird entwickelt. Ausgangspunkt ist eine Sichtung gestalttherapeutischer Theorieliteratur, aus der ein Katalog von zehn sich nicht gegenseitig ausschließenden Kategorien entwickelt wird. Ratings von 458 Klientenstatements aus vier Gestalttherapiesitzungen von Perls, Polster und Sagan kann eine hohe Übereinstimmung von vier Ratern (Psychologen) bezogen auf einen kombinierten Einsatz des Kategoriensystems erreicht werden. Die Analysen der Mehrfachkategorisierungen zeigt, dass acht von zehn Kategorien trennscharf verschiedene Aspekte des Klientenverhaltens erfassen. Das Kategoriensystem erscheint damit geeignet, um wichtige (»good«) Therapiemomente bezogen auf Häufigkeit und Muster ihres Auftretens zu erfassen.

Brothers, C.L. (1986). The Gestalt theory of healthy aggression in beyond-control youth. *Psychotherapy, 23,4*, 578-585.

30 verwahrloste Supervision adoleszente Mädchen (»runaway / incorrigible girls«) wurden mit 30, von Alter, sozioökonomischem Status und Herkunft vergleichbaren, nicht-ver-

wahrlosten Mädchen in ihren Fähigkeiten, Gestalten zu bilden, verglichen. Der Studie liegt die Annahme zugrunde, dass jedes Organisieren von Wahrgenommenem in Gestalten, ein gesunder, aggressiver Akt der Ich-Funktionen ist. Parametrische und nonparametrische Tests, vier Subskalen der Wechsler Intelligence Scale for Children (WISC), TAT, Group Embedded Figures Test (GEFT) dienten dazu, verbale, nonverbale und soziale Strukturierungsfähigkeit von Wahrgenommenem zu ermitteln. Signifikante Gruppenunterschiede auf drei der insgesamt acht Subskalen und Tests (Group Embedded Figure Test, Objektanordnung im WISC und Wahrnehmungsorganisation im TAT) liegen im Sinne der Annahmen vor. Die Autorin kommt zu dem Schluss, dass verwahrloste Mädchen besondere Schwierigkeiten haben, Aggression für gesunde Funktionen zu nutzen. Diskutiert werden Implikationen für die Therapie.

Brunink, S.A. & Schroeder, H.E. (1979). Verbal therapeutic behavior of expert Psychoanalytically oriented, Gestalt, and Behavior therapist. *Journal of Counseling and Clinical Psychology, 47*, 567-574.

Untersucht wurde das verbale Verhalten von 18 bekannten Psychoanalytikern, Gestalt- und Verhaltenstherapeuten mit einem von den Autoren entwickelten Kategoriensystem (»System for Assessing Therapist Communications«). Beim Vergleich der therapeutischen Ausrichtungen zeigten Gestalttherapeuten auf den sechs Dimensionen des Systems die häufigsten bedeutsamen Abweichungen zu den Therapeuten anderer Schulenherkunft. Im Einzelnen ergaben sich folgende Befunde: (a) Form der therapeutischen Aktivität: Hier fanden sich keine schulenspezifischen Unterschiede in dem explorierenden, klärenden, interpretierenden und strukturierenden Verbalverhalten der Therapeuten. Jedoch unterstützten die Gestalttherapeuten – gegenüber den Angehörigen anderer Schulen – ihre Klienten am geringsten mit kleinen Hilfsangeboten (»facilitations«), sondern übernahmen stattdessen eher selbst die Führung (»direct guidance«). (b) Aktualitätsbezug (»here and now«): kein erkennbarer Unterschied zwischen den Schulen. (c) Offenheit der Therapeuten: Gestalttherapeuten waren weniger abstinent mit persönlichen Äußerungen als Psychoanalytiker und Verhaltenstherapeuten. (d) Aufgaben: Alle Therapeuten arbeiteten gleichermaßen mit Aufgaben, über die sie mit den Klienten kommunizierten. (e) Atmosphäre: Ohne erkennbaren Unterschied der therapeutischen Richtung stellten alle Therapeuten eine freundliche, interessierte und unterstützende Atmosphäre her.

Butollo, W. (2003). Integrative Therapie der Angst. In: F.-M. Staemmler & R. Merten (Hrsg.). *Angst als Ressource und Störung. Interdisziplinäre Aspekte* (S. 80-109). Paderborn: Junfermann.

Berichtet werden die Daten aus dem Forschungsprojekt: »Münchner integrative mehrphasige Behandlung von Angststörungen (MIMBA).« Das Therapiekonzept setzt sich aus einem verhaltens-einzeltherapeutischen und gestalt-gruppentherapeutischen Therapiemodul zusammen, wobei das VT-Modul immer vor dem gestalttherapeutischen Modul durchlaufen wird. Aus der Gesamtstichprobe von 137 Patienten werden differentielle Daten berichtet: (1) Alle Personen mit eindeutigen Diagnosen (»reine Angststörungen« ohne komplexe Symptomatik): n = 33 (im Prätest), n = 31 (nach VT), n = 35 (nach MIMBA); (2) alle Personen mit komplexer Symptomatik (starker Anteil an Persönlichkeitsstörungen): n = 7 (jeweils im Prätest, nach VT sowie nach MIMBA); (3) alle Personen mit Agoraphobie und Panikstörungen: n = 17 (jeweils im Prätest, nach VT sowie nach MIMBA). Berichtet werden die Daten der SCL-90 mit GSI und Unterskalen. Dabei zeigt sich für die Gruppen (1) und (3), d.h. die reinen Angststörungen und typischen Phobien ohne komplexe Symptomatik, eine systematische Verbesserung auf GSI und allen Subskalen der SCL-90 vom Prätest über den Zeitpunkt nach dem VT-Modul bis zum Abschluss des gestalttherapeutischen Behandlungsmoduls. Demgegenüber zeigen Personen mit komplexer Symptomatik keine systematische Verbesserung auf GSI und den nicht angstbezogenen Subskalen (Depression und Somatisierung). Leichte Effekte finden sich für diese Patientengruppe auf den Unterskalen soziale Unsicherheit und Ängstlichkeit und die stärksten Effekte für beide Behandlungsmodule für die phobische Angst.

Caffaro, J. (1991). A factor analytic study of deflection. *Gestalt Journal, 14,1,* 73-94.

Vorgestellt wird eine Untersuchung zum theoretischen Begriff »Deflexion« der Gestalttherapie. »Deflexion« wird als ein Manöver beschrieben, das dazu dient, sich vom direkten Kontakt mit einer Person abzuwenden. Ein Instrument mit 40 Items wurde konstruiert, um kognitive, emotionale und motorische Aspekte des Begriffs abzubilden, und von einem Experten evaluiert und revidiert. 175 Gestalttherapeuten füllten den Fragebogen aus. Die Antworten wurden mittels einer Faktorenanalyse analysiert. Korrelationen zwischen 22 Items, die zuletzt übrig blieben, und einem anderen Instrument, das Kontakt im gestalttherapeutischen Sinne abbildet (QMPS) sowie einer Checkliste für interpersonalen Kontakt (ICL) wurden untersucht. Die Ergebnisse stützen die Relevanz des Deflexionsbegriffs sowie des hier entwickelten Instruments zur Erfassung von Deflexion.

Chemin, A., Caron, A. & Joly, A. (1992). Bilan après 15 ans de pratique à l'intervention systématique en A.E.M.O. *Thérapie familiale, 13,1,* 55-63.

Eine Abschlussuntersuchung nach 15 Jahren systematischer praktischer Arbeit mit Familien des Programms »AEMO« (= pädagogische Arbeit in einer offenen Umgebung). Beschrieben wird die Entwicklung, die Aktivitäten und Daten eines Interventionsprogramms, das von der Kinderschutzeinrichtung in Vendee, Frankreich durchgeführt worden war. Spezifiziert werden von den Autoren Aspekte ihrer methodischen auf systemischen und gestalttherapeutischen Modellen basierenden Interventionsmethoden in einem Rahmen von: Kontext, Problem und Beziehungen. Vorgestellt werden vorläufige Daten einer Evaluation einschließlich eines Follow-up, das mit 100 Familien drei bis fünf Jahre nach Auslaufen des Programms erhoben wurde.

Clance, P.R., Thompson, M.B., Simerly, D.E. & Weiss, A. (1994). The effect of the Gestalt approach on body image. *Gestalt Journal, 17,1,* 95-114.

Untersucht wurde der Einfluss von Gestalttherapie auf Körper- und Selbstwahrnehmung. 30 Studenten wurden je zur Hälfte einer gestalttherapeutischen Behandlungs- und einer Diskussionsgruppe zugewiesen, letztere diente als Kontrolle. Die Behandlung bestand in 12 mehrstündigen Gruppentherapiesitzungen, die teils strukturiert, teils unstrukturiert im Sinne freier Selbsterfahrung gestaltet waren. Geprüft wurden Körper- und Selbstwahrnehmung über BC-SC sowie ein projektives Verfahren (Draw-A-Person): DAP. Nachgewiesen werden konnten Veränderungen in Körper- und Selbstwahrnehmung BC-SC im Sinne hypothesenkonformer positiver Treatment-Effekte. Ein hypothetisch angenommener geschlechtsspezifischer Einfluss der Behandlung im Sinne eines stärkeren Einflusses auf Männer tritt nur tendenziell auf, wurde indessen nicht signifikant für die Interaktion Treatment-Kontrolle x Geschlecht. Das projektive Verfahren ergab keine interpretierbaren Ergebnisse.

Clarke, K.M. & Greenberg, L.S. (1986). Differential effects of the Gestalt two-chair intervention and problem solving in resolving decisional conflict. *Journal of Counseling Psychology, 33,1*, 11-15.

Verglichen wurden eine affektive (die Zwei-Stuhl-Technik der Gestalttherapie) und eine kognitiv-verhaltenstherapeutische Interventionsmethode daraufhin, ob sie Klienten in der Entscheidungsfindung bei interpersonalen Konflikten unterstützen. 48 Personen wurden zufällig einer von drei Gruppen zugeordnet: eine kognitive Problemlöse-Gruppe, eine Gestaltgruppe und eine Wartegruppe. Vor und nach zwei Einzeltherapiesitzungen wurden die Probanden daraufhin untersucht, ob sie bei der Entscheidungsfindung vorankamen. Beide Behandlungsgruppen zeigten in dem verwendeten Verfahren zur Bewertung des Entscheidungsprozesses (ACDM) eine gegenüber der Wartegruppe (statistisch bedeutsam) fortgeschrittene Entscheidungsfindung.

Conoley, C.W., Conoley, J.C., McConnell, J.A. & Kimzey, C.E. (1983). The effect of the ABCs of Rational Emotive therapy and the empty-chair technique of Gestalt therapy on anger reduction. *Psychotherapy, 20,1*, 112-117.

Untersucht wurde die Verminderung von Ärger bei 61 Studentinnen durch (a) eine kognitive Umstrukturierungsmethode (ABC) der Rational-Emotiven Therapie, (b) die Zwei-Stuhl-Technik der Gestalttherapie. Die Zuordnung zu den Behandlungsgruppen erfolgte nach dem Zufallsprinzip, eine Kontrollgruppe (reflective listening) diente dem Vergleich. Eine Teilfassung des MMPI diente dazu, auf einer weiteren Variable, genannt »repression, sensitization«, mit der die Reaktion auf Bedrohung erhoben wurde, die Probandinnen zu unterscheiden und zu Schlussfolgerungen für die differentiellen Effekte der beiden Behandlungsformen zu gelangen. Das »repression sensitization«-Kontinuum kann beschrieben werden als eine Annäherungs-Vermeidungs-Dimension: Repressors bezeichnet Personen, die Stress vermeiden, Angst und Ärger verleugnen und emotional als stabiler gelten gegenüber den Sensitizors, die sich dem Stress annähern, Angst und Ärger nicht verleugnen, emotional instabiler sind und physiologisch auf einem höheren Prätest-Level aktiviert sind. Weil von der Empty-Chair-Technik angenommen wird, dass sie besonders stark Gefühle von Ärger fokussiert, stellten die Autoren die Hypothese auf, dass Sensitizors diese Technik besonders stark erleben müssten hinsichtlich der Verminderung von Ärger. Umgekehrt war vorhergesagt worden, dass die ABC-Technik in der Förderung von kognitiven Kontrollstrategien dem Stil von Repressors besser entspricht. Zur Induzierung von Ärger sollten die Probandinnen bei Beginn der Behandlungssitzung die fünf ärgerlichsten Situationen der letzten Zeit aufschreiben. Diese Methode war zuvor als die wirksamste von drei Methoden zur Ärgerinduzierung evaluiert worden. Gegenüber der Kontrollgruppe findet sich in beiden Behandlungsgruppen nach der therapeutischen Sitzung ein bedeutsam reduzierter Blutdruck (als physiologischer Ärgerindikator) und geringere Werte in einem Fragebogen (FQ, als subjektiver Indikator zur Höhe des Ärgers). Die Hypothese zur »repression-

sensitization«-Variable ließ sich nicht bestätigen, d.h. Repressors profitierten bei der Verminderung des induzierten Ärgern nicht stärker von der ABC, Sensitizors nicht stärker von der gestalttherapeutischen Technik.

Coté, N. (1982). Effects of an intensive Gestalt session on the level of self-actualization and the personality structure. *Gestalt Theory, 4,* 89-106.

Jeweils 20 Personen einer Gestalttherapie-, Reise- sowie einer weiteren unbehandelten Kontrollgruppe wurden in Vor-, Nach- und Follow-up-Untersuchungen (nach vier Monaten) verglichen in ihrer Persönlichkeitsentwicklung (erfasst mit adaptierten Fragebögen und Adjektivlisten) und ihrer Selbstverwirklichung (POI). Die gestalttherapeutische Behandlung umfasste fünf Tage von insgesamt 42 Gruppenstunden. Eine Reihe von Varianzanalysen ergaben hypothesenkonforme Veränderungen auf fünf von zwölf Subskalen des POI (existentiality, inner-direction, spontaneity, nature of man, capacity for intimate contact) bei der Gestalttherapiegruppe, nicht bei den Kontrollgruppen. Persönlichkeitsveränderungen, die über Adjektivlisten erfasst werden sollten, konnten nicht nachgewiesen werden. Über einen Fragebogen ermittelte Selbsteinschätzungen der Teilnehmer ergab eine Verminderung von devotem Verhalten nur bei therapeutisch behandelten Personen.

Cross, D.G., Sheehan, P.W. & Khan, J.A. (1980). Alternative advice and counsel in psychotherapy. *Journal of Consulting and Clinical Psychology, 48,5,* 615-625.

Ein dreimonatiges Behandlungsprogramm wurde mit 30 Patienten aus zwei psychiatrischen Sozialstationen durchgeführt. Jeweils 15 Patienten wurden mit einer einsichtsorientierten Kurzzeit-Therapie (Gestalttherapie und Transaktionsanalyse) oder einer Verhaltenstherapie behandelt. Zwölf weitere Patienten erhielten keine Behandlung. Ein Fragebogen (ACS) diente dazu, zu erfassen, ob und wie häufig die Patienten sich Unterstützung bei Personen aus ihrer Umgebung (z.B. Eltern, Freunden, Pfarrer) suchten, angeboten bekamen und akzeptierten. Therapieerfolg wurde über Vorher- /Nachhermessungen mit verschiedenen quantitativen Verfahren (SSIAM, POI, CARS) ermittelt. Gegenüber der unbehandelten Gruppe gaben beide Behandlungsgruppen an, mehr Hilfe zusätzlich zur Therapie gesucht/erhalten zu haben. Ein Zusammenhang zwischen Therapieerfolg und nichttherapeutischer Hilfe lässt sich aufgrund der Daten nicht erkennen.

Cross, D.G., Sheehan, P.W. & Khan, J.A. (1982). Short- and long-term follow-up of clients receiving insight-oriented therapy and behavior therapy. *Journal of Consulting and Clinical Psychology, 50,1,* 103-112.

In Ergänzung des von denselben Autoren 1980 publizierten Projektberichts werden weitere Daten zum Erfolg und Prozess von Therapie vorgestellt. Berichtet wird über ein Langzeit-Follow-up: Vier und zwölf Monate nach Abschluss einer Gestalt/TAA- oder Verhaltenstherapie. Die Ergebnisse zeigten positive Veränderungen für die Klienten beider Therapierichtungen, die auch über den Zeitraum von einem Jahr stabil blieben in nahezu allen Subskalen der Erhebungsinstrumente SSIAM, POI und CARS sowie bei primären, sekundären, tertiären Symptomen und Angst. Lediglich auf der Subskala zum Sexualverhalten des SSIAM fanden sich für keine der beiden Therapiegruppen und in einem Teil des

POI für die Gestalt/TAA-Gruppe zu keinem Nacherhebungszeitpunkt Verbesserungen. Auf Basis dieser Daten und weiterer Prozessvariablen kamen die Autoren zu dem Schluss, dass die Art der zwischenmenschlichen Beziehungen für die Veränderung der Klienten wichtiger war als die theoretisch-therapeutische Ausrichtung.

Elliott, R., Davis, K. & Slatick, E. (1998). Process-experiential therapy for post-traumatic stress difficulties. In L. Greenberg, G. Lietaer & J. Watson (Eds.), *Handbook of experiential psychotherapy* (pp. 249-271). New York: Guilford Press.

Die Autoren berichten eine Pilotstudie zum Vergleich von Therapieprozess und -ergebnis von prozess-erfahrungsorientierter und kognitiv-behavioraler Therapie in einer Kurzzeitbehandlung (16 Sitzungen) von posttraumatischer Belastungsstörung aufgrund von einer Kriminalitätserfahrung. In der vorliegenden Veröffentlichung werden die vorläufigen Ergebnisse von sechs Klienten (fünf Frauen, ein Mann) aus der prozess-erfahrungsorientierten Behandlungsbedingung berichtet. Wegen des noch kleinen Stichprobenumfangs wurden noch keine Signifikanztests durchgeführt. Berichtet werden geschätzte Prä-/ Post-Effektstärken über die mittlere durchschnittliche Veränderung der Klienten. Insgesamt zeigten die Klienten relativ geringe Veränderungen in der Mitte der Behandlung: Ungefähr ein Drittel einer Standartabweichung gemittelt über die Veränderungsmessungen. Die Veränderungen stiegen im Durchschnitt an bis zu etwas weniger als einer vollen Standartabweichung (,90) zum Ende der Behandlung, was etwas weniger ist als die durchschnittliche Effektstärke für erfahrungsorientierte Therapie wie sie von Greenberg et al. 1994 berichtet worden waren. Dabei erweisen sich diese vorläufigen Daten als substanziell kleiner als die Veränderungseffektstärken der prozess-erfahrungsorientierten Therapie der Depression. Größere Veränderungseffektstärken fanden sich in der Untersuchung auf der Keane PTSD Scale (K-PTSD: ES = 1,28), auf der Millon Clinical Multiaxial Inventory, Anxiety Disorder Scale (MCMI-A: ES = 1,09) sowie auf dem SCL90-R GSI (ES = 1,04). Geringere Veränderungen zeigten die Klienten auf der Impact of Event Scale (IES: ES = ,67) und der Toronto Alexithymia Scale (TAS: ES = ,71). Die Autoren bewerten diese vorläufigen Ergebnisse als ermutigend, wobei eine größere Stichprobe nötig ist.

Erickson, D.B. (1993). The relationship between personality type and preferred counseling Model. *Journal of Psychological Type, 27,* 39-41.

Die Autorin vertritt die Auffassung, dass eine eklektische Beratungs- und Therapieform, die sowohl kognitive als auch emotionale Aspekte und Strategien umfasst, flexibler und wirkungsvoller ist als eine nur kognitive oder emotionale Beratungs-/Therapieform. 23 Berater/Therapeuten werden befragt zu ihrer bevorzugten theoretischen Schule zur Durchführung von Beratung/Therapie (adlerianische, behaviorale, rational-emotive und Reality Therapie als Vertreter eher kognitiver – Gestalt- und Gesprächstherapie als Vertreter emotionaler Beratungs-/Therapiestile). Gleichzeitig erhebt die Autorin Persönlichkeitsdaten mit dem MBTI, die Aufschluss geben über den Persönlichkeitstyp des Beraters/Therapeuten, ob dieser eher emotional oder kognitiv ausgerichtet ist. Die Befunde zeigen, dass Berater/Therapeuten, eine theoretische Schule und damit verbundene Beratungs- und Therapiestile wählen, die ihrem Persönlichkeitstyp entsprechen. Die Autorin kommt zu dem Schluss, dass Berater/Therapeuten sich persönlichkeitsbedingt eher einschränken in ihrem Stil, als sich wirklich eklektisch zu verhalten.

Esser, P., Bellendorf, E., Groß, A., Neudenberger, W. & Bommert, H. (1984). Auswirkungen einer erfahrungsorientierten Psychotherapie auf Prozess- und Erfolgsmerkmale unter besonderer Berücksichtigung der Klientenvariable »Experiencing«. *Zeitschrift für personenzentrierte Psychologie und Psychotherapie, 3*, 221-231.

30 Klienten mit psychoneurotischer Symptomatik, die im Bereich einer psychiatrischen Stichprobe lagen, wurden zwei unterschiedlichen Behandlungsgruppen zugewiesen. Behandlungsform A kombinierte klientenzentrierte Gesprächstherapie mit erlebnisaktivierenden Interventionen aus der Gestalttherapie wie z.B. Intensivierung von Empfindungen, Wiederholung und Übersteigerung und »innerer Dialog«, Behandlungsform B bestand in reiner klientenzentrierter Therapie. 20 Therapeuten führten in jeder der beiden Gruppen zehn 45-minütige Einzelgespräche. Erlebnisaktivierende Interventionen wurden unter Behandlung A in drei Sitzungen (Sitzung 3, 6 und 9) durchgeführt, wobei sich die Fragestellung der Untersuchung auf die Auswirkungen der erlebnisaktivierenden Interventionen auf die Erfahrungstiefe und den Therapieerfolg sowie den Zusammenhang zwischen Erfahrungstiefe und Therapieerfolg richtete. Untersucht wurde die Erfahrungstiefe über die ES sowie ein subjektives Fremdeinschätzungsverfahren zur Erhebung und Klassifizierung von erlebnisaktivierenden Interventionen mit einer Skala des Therapeuten (ESD). Zur Erfassungen der Veränderungen durch die Therapie dienten FPI vor Beginn und nach Beendigung sowie VEV nach dem Ende der Behandlung. In Sitzungen mit gestalttherapeutischen Interventionen zeigte sich eine höhere Erfahrungstiefe als bei rein klientenzentriertem Vorgehen. Gleichermaßen berichten die Autoren unter der Behandlungsbedingung A signifikante Verbesserungen auf drei FPI-Skalen, wobei sich am deutlichsten die Depressivität verminderte. Demgegenüber kam es unter der Behandlungsbedingung B (rein klientenzentrierte Behandlung) zu einer Verbesserung auf einer Skala des FPI, wobei auf den anderen Skalen, z.B. Depressivität, sogar Verschlechterungen auftraten. Auf der Veränderungsskala VEV zeigten beide Gruppen gleichermaßen positive Effekte. Direkte Gruppenvergleiche werden nicht berichtet. Ein statistisch bedeutsamer Zusammenhang zwischen Erfahrungstiefe und dem Therapieerfolg konnte nicht nachgewiesen werden.

Felton, G.S. & Davidson, H.R. (1973). Group counseling can work in the classroom. *Academic Therapy, 8,* 461-468.

61 High-School-Schüler mit Leistungsschwächen wurden über fünf Monate intensiv gestalttherapeutisch behandelt: drei Sitzungen à 45 Minuten pro Woche; insgesamt 57 Sitzungen. Eine (außer in der Leistungsschwäche vergleichbare) unbehandelte Kontrollgruppe von 18 Schülern nahm parallel an Vor- und Nachuntersuchungen mit der I-E-Skala teil. Signifikante Normalisierungen auf der I-E-Skala in Richtung einer höheren internalen Kontrollüberzeugung konnten nur in der Experimentalgruppe festgestellt werden, wobei Verbesserungen für die männlichen Teilnehmer besonders deutlich waren.

Foulds, M.L. (1970). Effects of a personal growth group on a measure of self-actualization. *Journal of Humanistic Psychology, 10,1,* 33-38.

Geprüft wurde der Einfluss von Gruppentherapie auf eine Reihe von persönlichen Merkmalen, die von dem Autor unter dem Begriff »Selbstverwirklichung« zusammengefasst wurden. 20 Studenten, die mit der psychologischen Studentenberatung Kontakt aufgenom-

men hatten, um an einer Therapiegruppe teilzunehmen, bildeten die Behandlungsgruppe, die mit einer nach mehreren Merkmalen parallelisierten, gleich großen Kontrollgruppe verglichen wurde. Die Behandlung bestand aus neun wöchentlich stattfindenden vierstündigen Gruppensitzungen bei einer Gruppengröße von zehn Personen. Die Kontrollgruppe erhielt keine Behandlung. Vor- und Nachuntersuchungen wurden mit dem POI durchgeführt. Statistisch (hoch-) bedeutsame Veränderungen in vorhergesagter Richtung auf acht von elf Skalen für die Behandlungsgruppe: (1) Capacity for Intimate Contact, (2) Acceptance of Aggression, (3) Self-Acceptance, (4) Spontaneity, (5) Feeling Reactivity, (6) Existentiality, (7) Synergy, (8) Inner Direction; keine statistisch bedeutsamen Veränderungen für die unbehandelte Gruppe.*

Foulds, M.L. (1971a). Changes in locus of internal-external control. A growth group experience. *Comparative Group Studies, 2*, 293-300.

Studie zu der Frage, ob Therapie einen Einfluss auf das subjektive Kontrollerleben, den locus of control, hat. 30 Collegestudenten, die von sich aus ein Therapieangebot suchten, nahmen in zwei Therapiegruppen an acht wöchentlich stattfindenden Sitzungen teil. (Zeitdauer einer Sitzung: 4 1/2 Stunden). Eine aus 145 Studenten ausgewählte, zur Experimentalgruppe parallelisierte Gruppe (n = 30) diente als Kontrolle. Verglichen wurden Vorher-/Nachhermessungen auf der I-E-Skala (IE) zum Ort des Kontrollerlebens. Die Befunde belegen, dass die Gruppenerfahrung, in der auf bewusste (aware) und authentische Interaktionen Wert gelegt wurde, eine Auswirkung auf den Ort des Kontrollerlebens hat: Probanden erlebten sich nach der Sitzungsreihe als stärker selbstbestimmt. Eine Veränderung, die sich bei der Kontrollgruppe nicht abzeichnete.

Foulds, M.L. (1971b). Measured changes in self-actualization as a result of a growth group experience. *Psychotherapy: Theory, Research and Practice, 8,4*, 338-341.

Geprüft wurde die Hypothese, dass Gruppentherapie einen Einfluss auf das Selbsterleben hat, in dem Sinne, dass sich die Klienten stärker selbstverwirklicht fühlen. Eine Experimentalgruppe von Studenten (n = 15), die an acht wöchentlich stattfindenden Gruppensitzungen teilnahmen, wurde hierzu einer gleich großen, nach mehreren Merkmalen vergleichbaren Kontrollgruppe gegenübergestellt. Auf acht von zwölf Subskalen des POI fanden sich in der Experimentalgruppe statistisch signifikante und hoch-signifikante Veränderungen in der vorhergesagten Richtung. Dies sind die Skalen: Spontaneity, Capacity for Intimate Contact, Self-Acceptance, Existentiality, Feeling Reactivity, Synergy, Acceptance of Aggression und Inner Direction. Dagegen zeigten sich keine statistisch nachweisbaren Zeiteffekte bei den Personen der Kontrollgruppe.

Foulds, M.L. (1973). Effects of a personal growth group on ratings of self and others. *Small Group Behavior, 4*, 508-512.

Replikation der Studie von Foulds, Girona & Guinan (1970; s.u.). 28 Studenten wurden unter Kontrolle des Geschlechts zufällig einer Behandlungs- und einer Wartegruppe zugewiesen. Die Behandlungsgruppe nahm über sechs Wochen, bei vier Wochenstunden, an einer Gestalt-Gruppentherapie teil. Vor- und Nachuntersuchungen mit der Affect Scale

(AS) ergaben nur in der Behandlungsgruppe deutliche Verbesserungen in der Haltung gegenüber (a) der eigenen Person (p<.01), (b) anderen Personen (p<.05) und (c) Beziehungen (p<.01).

Foulds, M.L., Girona, R. & Guinan, J.F. (1970). Changes in ratings of self and others as a result of a marathon group. *Comparative Group Studies, 1,4,* 349-355.

Durch Gestalttherapie herbeigeführte Veränderungen in der Haltung gegenüber der eigenen Person, anderen Personen und der Beziehung: Eigene Person / andere Personen bilden die Fragestellung dieser Studie. 32 Studenten, die in einer Beratungsstelle um therapeutische Hilfe gebeten hatten, wurden in zwei, nach Geschlecht, Alter und Vortestwerten auf der Affect-Scale (AS) vergleichbare, gleich große Gruppen aufgeteilt. Eine Gruppe nahm an einem 24-stündigen Gestalt-Wochenendmarathon unter Leitung eines erfahrenen Gruppentherapeuten teil. Erfasst wurden über Vor- und Nachuntersuchungen (vier Tage nach der Wochenendtherapie) mit der Affect-Scale Veränderungen der gefühlsmäßigen Haltung gegenüber (a) der eigenen Person, (b) anderen Personen, (c) Beziehung eigene Person / andere. Veränderungen wurden in allen drei Bereichen nur für die Behandlungsgruppe registriert (p<.01).

Foulds, M.L. & Guinan, J.F. (1973). Marathon group: changes in ratings of self and others. *Psychotherapy: Theory, Research and Practice, 10,1,* 30-32.

Replikationsstudie zu Foulds, Girona & Guinan (1970; s.o.). Ob Gestalttherapie zu veränderten Bewertungen (a) der eigenen Person, (b) anderer Personen und (c) der Beziehung eigene Person / andere führt, bildete auch die Fragestellung dieser Arbeit. 60 Studenten wurden in eine Experimentalgruppe, bestehend aus zwei Behandlungsgruppen à 15 Personen und eine Kontrollgruppe (n = 30), deren Mitglieder auf eine Warteliste für einen Therapieplatz gesetzt wurden, zufällig aufgeteilt. Die Gruppen setzten sich homogen zusammen hinsichtlich Geschlecht und in der Voruntersuchung ermittelten Werten auf der Affect-Scale. Vor und vier Tage nach einer 24-stündigen Wochenendtherapie mit der Affect-Scale (AS) durchgeführte Erhebungen ergaben positive Veränderungen in den drei genannten Bereichen (p<.01). Indessen änderten sich die Bewertungen der unbehandelten Kontrollpersonen im gleichen Zeitraum nicht.

Foulds, M.L., Guinan, J.F. & Hannigan, P.S. (1974). Marathon group: changes in scores on the California Psychological Inventory. *Journal of College Student Personality, 15,* 474-479.

18 Collegestudenten nahmen an einer 24-stündigen Marathongruppe teil. Bei den unmittelbar vor und nach dem Marathon durchgeführten Selbsteinschätzungen indizierten 11 von 18 Skalen des CPI Veränderungen in Richtung auf gestiegene intra- und interpersonale Adäquatheit und Toleranz anderer Werte, größere Motivation für intellektuelle und akademische Aktivitäten, höhere Sensitivität, Flexibilität und Verantwortung. In einer gleich großen, nach verschiedenen Merkmalen parallelisierten Kontrollgruppe traten diese Veränderungen nicht auf.

Foulds, M.L., Guinan, J.F. & Warehime, R.G. (1974a). Marathon group. Changes in a measure of dogmatism. *Small Group Behavior, 5,4,* 387-392.

Gegenstand der Untersuchung ist der Einfluss einer Marathon-Gruppentherapie auf die dogmatischen Überzeugungen von Klienten. 15 Studenten, die an einer 24-Stunden-Marathongruppe teilnahmen, wurden einer gleich großen, nach verschiedenen Merkmalen parallelisierten Kontrollgruppe gegenübergestellt. Eine Voruntersuchung fand unmittelbar vor der Gruppentherapie statt, die Nachuntersuchung sieben Tage später. In gleichem Zeitabstand wurde die Kontrollgruppe zu zwei Zeitpunkten getestet. Als Untersuchungsinstrument diente eine Dogmatismus Skala (DS) von Rokech (1960). Die Ergebnisse zeigten einen hochsignifikant verminderten Dogmatismus zum zweiten Erhebungszeitpunkt für die Marathongruppe. Der Mittelwert der Kontrollgruppe dagegen bleibt gegenüber der Ersterhebung unverändert.

Foulds, M.L., Guinan, J.F. & Warehime, R.G. (1974b). Marathon group: changes in perceived locus of control. *Journal of College Student Personality, 15,1,* 8-11.

15 Studenten wurden mit der I-E-Scale (IE), unmittelbar vor und vier Tage nach einer 24-stündigen Marathon-Gruppentherapie zum locus of control, dem Ort des Kontrollerlebens, untersucht. Im Gegensatz zu einer gleich großen unbehandelten Kontrollgruppe, die mit gleichem Zeitabstand untersucht wurde, fanden sich bei der Experimentalgruppe deutliche Veränderungen im Kontrollerleben, insofern als sie sich beim zweiten Messzeitpunkt als selbstbestimmter wahrnahmen.

Foulds, M.L. & Hannigan, P.S. (1976a). A Gestalt marathon workshop: effects on extraversion and neuroticism. *Journal of College Student Personality, 17,1,* 50-54.

Untersuchung zu den Dimensionen »extraversion-introversion« und «neuroticism-stability« nach Eysenck. 36 Studenten wurden (unter Kontrolle des Geschlechts) zufällig in zwei Gruppen aufgeteilt und über Münzwurf die Experimental- und Kontrollgruppe bestimmt. Beide Gruppen nahmen zu verschiedenen Zeiten an jeweils einem 24-stündigen Gestalttherapie-Workshop teil. Weder Teilnehmer, noch Workshopleiter und Auswerter wurden über den Status der Gruppen (Experimental- vs. Kontrollgruppe) informiert. Alle Probanden wurden mit dem EPI kurz vor dem ersten Workshop sowie vier Tage später (und damit vor dem zweiten der Kontrollgruppe) untersucht. 2x2x2-faktorielle Varianzanalysen mit Messwiederholungen auf dem Faktor Vor-/Nachuntersuchung sowie den weiteren Faktoren Geschlecht und Experimental- vs. Kontrollgruppe wurden für die beiden Dimensionen des EPI Extra-/Introversion sowie Neurotizismus/Stabilität getrennt berechnet. Auf der Dimension Neurotizismus/Stabilität fand sich eine Interaktion im Sinne der Hauptthese zwischen den Faktoren: Vor-/Nachuntersuchung und Experimental- vs. Kontrollgruppe (p<.01).

Foulds, M.L. & Hannigan, P.S. (1976b). Effects of Gestalt marathon workshops on measured self-actualization: a replication and follow-up study. *Journal of Counseling Psychology, 23,1,* 60-65.

Die Replikationsstudie diente der Absicherung der bisher vorliegenden Ergebnisse der Arbeitsgruppe zum Begriff »Selbst-Verwirklichung« (self-actualization). Geprüft wurden Kurz- und Langzeiteffekte von Gestalt-Marathonworkshops. 72 Studenten wurden (kontrolliert nach dem Geschlecht) zufällig einer Experimental- und einer Kontrollgruppe zugeordnet. Die Probanden der Experimentalgruppe nahmen an einer 24-stündigen Marathonsitzung (zwei Gruppen à 18 Personen) teil und wurden unmittelbar vor dem Workshop, fünf Tage sowie sechs Monate später mit dem POI untersucht. Die Kontrollgruppe blieb ohne Behandlung. Sie wurde Untersuchungen in gleichen Zeitabständen unterzogen.

Ein Vergleich der beiden Nachuntersuchungen der Experimentalgruppe ergab, dass auf zehn von zwölf Subskalen des POI erreichte vorhergesagte Veränderungen gegenüber der Voruntersuchung über die Zeit von sechs Monaten erhalten blieben, und dass weitere statistisch bedeutsame Veränderungen (p<.05) im Sinne der Vorhersage auftraten. Dies gilt für das globale Maß »self-actualization« wie für zwei weitere Subskalen. Für die unbehandelte Gruppe fanden sich keine statistisch bedeutsamen Veränderungen. Damit liefern die Daten nach Auffassung der Autoren eine Bestätigung für die Hypothese, dass Gestalt-Marathonworkshops eine effektive Methode darstellen, um die psychische Entwicklung zur Selbstverwirklichung zu unterstützen.

Foulds, M.L. & Hannigan, P.S. (1976c). Gestalt marathon group: does it increase reported self-actualization. *Psychotherapy: Theory, Research and Practice, 13,4*, 378-383.

Geprüft wurden kurz- und langfristige Veränderungen in der »Selbstverwirklichung« (self-actualization) von Teilnehmern an einem gestalttherapeutischen 24-Stunden-Marathon. 18 Studenten bildeten jeweils eine nach dem Geschlecht gleich zusammengesetzte Behandlungs- und Kontrollgruppe (N = 36). Vergleiche über einen Zeitraum von sechs Tagen ergaben bei der Kontrollgruppe keine Veränderungen in den Werten des POI. Eine Followup-Erhebung nach sechs Monaten erfolgte für die Teilnehmer der unbehandelten Kontrollbedingung nicht. In der Behandlungsgruppe fanden sich vier Tage nach der Wochenendtherapie vorhergesagte Unterschiede auf allen und nach sechs Monaten weitere positive Veränderungen auf acht von zwölf Subskalen des POI. Alle positiven Veränderungen der Prä-, Post-, und Post-Follow-up-Vergleiche sind bei einer Irrtumswahrscheinlichkeit von höchstens fünf Prozent bedeutsam oder hochbedeutsam. Der Schluss eines langfristigen »Nachhalls« der Wochenendtherapie, in dem Sinne dass Veränderungen erst Monate später angestoßen werden, sollte vor allem wegen der fehlenden Vergleichswerte nicht unbedenklich gezogen werden. Doch geben die Daten mindestens einen eindrucksvollen Beleg dafür, dass die hier erfasste Wirkung eines gestalttherapeutischen Wochenendes nicht nach kurzer Zeit wieder abklingt.

Foulds, M.L. & Hannigan, P.S. (1977). Gestalt workshops and measured changes in self-actualization: replication and refinement study. *Journal of College Student Personality, 18*, 200-205.

Mit einem Solomon Vier-Gruppen-Design wurden Einflüsse von Gestalt-Workshops auf die mit dem POI erfasste »Selbstverwirklichung« (self-actualization) untersucht. Das Solomon-Design eliminiert Untersuchungsartefakte, die durch Wiederholungsmessungen entstehen können und erlaubt zusätzlich eine Reihe von Konsistenzprüfungen. 60 Studenten wurden zufällig zwei Experimental- und zwei Kontrollgruppen zugewiesen. Den Perso-

nen der Kontrollgruppe wurde ein Therapieplatz im folgenden Jahresquartal zugesichert. Die Behandlungsgruppen erhielten acht wöchentlich stattfindende vierstündige Gruppenbehandlungen. Voruntersuchungen mit dem POI erfolgten für jeweils eine Experimental- und Kontrollgruppe. Alle Gruppen wurden einer »Nach«-Untersuchung mit demselben Verfahren sechs Tage nach der letzten Gruppensitzung der beiden Experimentalgruppen unterzogen. Über den globalen POI- Wert, den Index für »self actualization« wurden verschiedene Prüfverfahren verrechnet: (a) Die statistische Prüfung der »Nach«-Untersuchungsdaten erfolgte mit einer 2x2-faktoriellen Varianzanalyse und ergab einen deutlichen Treatmenteffekt (p<.01). (b) Aus drei weiteren Methoden, den Treatmenteffekt zu bestimmen, ergaben sich insgesamt völlig konsistente Befunde. Einzelanalysen der verschiedenen Subskalen des POI stehen in Übereinstimmung mit den Befunden aus früheren Untersuchungen der Arbeitsgruppe.

Foulds, M.L. & Hannigan, P.S. (1978). Gestalt marathon workshop: changes in a measure of personal and social functioning. *Journal of Humanistic Psychology, 18,1,* 57-67.

Replikation der Studie von Foulds, Guinan & Hannigan (1974) zu Veränderungen von Persönlichkeits- und Sozialfunktionen durch Gestalt-Marathonworkshops. 36 Studenten wurden unter Kontrolle des Geschlechts zufällig in zwei Gruppen aufgeteilt, die an aufeinander folgenden Wochenenden an 24-Stunden-Marathonsitzungen teilnahmen. Die Gruppe des ersten Wochenendes bildete die Experimentalgruppe, die zeitgleich mit der Kontrollgruppe, unmittelbar vor dem Workshop sowie sechs Tage später mit dem CPI untersucht wurde. Die Experimentalgruppe zeigte auf 10 von 18 Subskalen des CPI signifikante Veränderungen in vorhergesagter Richtung, wogegen sich keine Veränderungen für die Kontrollgruppe fanden. Für die behandelten Personen ergaben sich Veränderungen auf Subskalen zu Persönlichkeits- und Sozialfunktionen in den Bereichen: Verantwortlichkeit, Toleranz, intellektuelle Motivation wie auch im persönlichen Wohlbefinden. Die Daten dieser Studie stimmen in erheblichem Umfang mit denen von Foulds, Guinan & Hannigan (1974) überein.

Foulds, M.L., Wright, J.C. & Guinan, J.F. (1970). Marathon group: a six month follow-up. *Journal of College Student Personality, 11,6,* 426-431.

Befragung von 15 freiwilligen Teilnehmern ein halbes Jahr nach einer 24-stündigen Marathontherapie. Die strukturierten Interviews berührten zwölf Themenkomplexe: retrospektive Bewertung der positiven und negativen Erfahrungen und Gefühle in der Therapie, Einfluss auf Selbstwahrnehmungen, Persönlichkeitsfunktionen, familiäre und außerfamiliäre Beziehungen, sowie die Einschätzungen und Reaktionen der Eltern, Freunde. Die subjektiven Bewertungen waren überwiegend positiv; z.B. würden alle Teilnehmer ihren Freunden die Teilnahme an einer Marathontherapie empfehlen und 2/3 der Teilnehmer die Erfahrung wiederholen.

Frew, J. (1988). The practice of Gestalt therapy in groups. *Gestalt Journal, 11,1,* 77-96.

Der Autor gibt zunächst einen Literaturüberblick über die gruppentherapeutische Praxis in der Gestalttherapie. Zwei Arbeitsformen für die Gestalt-Gruppentherapie stellt der Au-

tor heraus: 1. Einzelarbeit mit Gruppenmitgliedern in der Gruppe, ohne dass die Gruppe als Ganzes explizit einbezogen ist. Bei dieser Arbeitsform findet sich nur minimale Interaktion zwischen den Teilnehmern. Die andere Arbeitsform fördert die Arbeit der Gruppenmitglieder untereinander ähnlich wie bei dem »hot-seat«-Modell. Ergebnisse einer Umfrage unter 251 Gestalttherapeuten zeigen, dass die überwiegende Mehrheit Gestalttherapie in Gruppen anwendet oder angewendet hat. Die meisten Befragten integrieren verschiedene Ansätze, intrapersonelle Ansätze wie auch interpersonelle Dynamik und Gruppenphänomene.

Goldman, R., Greenberg, L.S. & Angus, L.E. (2000). Results of the York II Comparative Study Testing the Effects of Process-Experiential and Client-Centered Therapy for Depression. *Vortrag gehalten auf dem: 31st Annual Meeting of the Society for Psychotherapy Research* (SPR) in Chicago, USA.

Goldman, R., Greenberg, L.S. & Angus, L.E. (in Druck). The effects of adding specific emotion-focused intervention to the therapeutic relationship in the treatment of depression. *Archives of General Psychiatry.*

Replikation der Studie von Greenberg & Watson (1998) mit gleichem Design und gleichen Untersuchungsinstrumenten. Jeweils 19 Klienten, die nach DSM III Kriterien als major depressiv eingestuft waren, wurden mit klientenzentrierter (CC) und prozess-erfahrungsorientierter Therapie (P/E) behandelt. Wie in Greenberg & Watson (1998) erweisen sich beide Behandlungen als wirksam in der Verminderung von Depressionen. Indessen zeigte sich in dieser Studie, dass P/E zu einer größeren Verbesserung von depressiven Symptomen führte. Es fanden sich jedoch keine Unterschiede zwischen den Gruppen in der übrigen allgemeinen Symptomlage sowie der Verbesserung des Selbstwertgefühls oder interpersonellen Funktionen. Eine weitere Analyse wurde über die zusammengelegten Gruppen von Goldman et al. (2000) und Greenberg et al. (1998) durchgeführt. Diese Analyse mit größerer »Power« wegen des fast doppelt so großen Stichprobenumfangs von jeweils 36 Klienten ergab jetzt eine stärkere Verbesserung für P/E auf allen Ergebnismaßen: Auf den Symptommaßen BDI und GSI liegen die Effektstärken bei durchschnittlich ca. 33 Prozent höher für P/E als für klienten-zentrierte Therapie; für soziale Funktionen (IIP) und das Selbstwertgefühl (RSE) finden sich sogar um über 70 Prozent höher Effektstärken für P/E. Die Effektstärken der mit der gestalttherapeutischen Interventionen angereicherten prozess-erlebensorientierten Therapie (P/E) liegen je nach Skala um 25 bis 73 Prozent höher als für reine klienten-zentrierte Therapie.

Grabner, D. (1998). Die Arbeit mit dem Traum in der therapeutischen Praxis. Wahrnehmungs- und Arbeitsweisen verschiedener Therapierichtungen bei einem Traumbericht. Ein Vergleich zwischen Psychoanalyse, Gestalttherapie und Existenzanalyse. *Existenzanalyse, 15,1,* 11-15.

20 PsychoanalytikerInnen, 20 GestalttherapeutInnen und 20 ExistenzanalytikerInnen wurde ein Traum in schriftlicher Form vorgelegt. Anschließend wurden die TherapeutInnen zu ihren Wahrnehmungen, Assoziationen und möglichen Arbeitsweisen befragt. Ein Kategoriensystem aus acht Kategorien wurde entwickelt und verwendet, um die Wahrnehmungen und Assoziationen der TherapeutInnen inhaltsanalytisch auszuwerten. Das Auswertungs-

system umfasste folgende auf den spezifischen Traum zugeschnittene Kategorien: (1) Wunscherfüllung, (2) sexueller Aspekt, (3) problematische Männerbeziehung, (4) persönlichkeitsdiagnostische Bewertungen, (5) Bezug zur Diplomarbeit, (6) emotionaler Aspekt, (7) Familienbeziehungen, (8) Interaktionen im Traum. Dabei ähneln sich gestalttherapeutische und existenzanalytische Auffassungen in den Wahrnehmungen und Assoziationen der TherapeutInnen zu dem Traum stärker als gestalttherapeutische und psychoanalytische, resp. existenzanalytische und psychoanalytische. Insbesondere äußerten PsychoanalytikerInnen häufiger Assoziationen in der Kategorie der Wunscherfüllung, während ExistenzanalytikerInnen häufiger Interaktionen im Traum benannten. GestalttherapeutInnen beanspruchten keine Kategorie signifikant häufiger. Bezogen auf die therapeutische Herangehensweise in den Vorstellungen der TherapeutInnen fanden sich größere Ähnlichkeiten in den Äußerungen psychoanalytischer und existenzanalytischer TherapeutInnen. Psychoanalytische Arbeitsweisen umfassten dabei: Assoziieren zum Gesamttraum und zu Details, Fragen nach Tagesresten. Gestalttherapeutische Arbeitsweisen sind gekennzeichnet durch: Traum in der Gegenwart erzählen, Identifikation mit Traumelementen, Rollenspielen. Existenzanalytische Arbeiten kennzeichnen sich durch Fragen zum Traumgeschehen, zur Emotionalität und zur allgemeinen Lebenssituation. Die Autorin schließt, dass die jeweilige Traumtheorie die Sichtweise des Traums, wie auch die Arbeitsweise mit dem Traum entscheidend beeinflusst: Wahrnehmungen, Assoziationen und Verständnis sowie Arbeitsweisen sind stark schulentypisch geprägt.*

Greenberg, H., Seeman, J. & Cassius, J. (1978). Personality changes in marathon therapy. *Psychotherapy: Theory, Research and Practice, 15,1,* 61-67.

Gegenstand der Studie sind Persönlichkeitsänderungen durch eine Marathontherapie von 45 Stunden Dauer. Zwei Instrumente (TSCS und semantisches Differential, SD) dienten dazu, Persönlichkeitsänderungen zu erfassen. Als Maß für interpersonale Veränderung diente der HS. 36 Personen (»private patients«) bildeten zwei experimentelle Therapiegruppen und eine Kontrollgruppe, wobei innerhalb der Therapiegruppen über Wiederholungsmessungen eine zusätzliche Kontrolle möglich war (subjects as their own control). In allen drei Verfahren fanden sich bedeutsame Veränderungen sowohl beim Vergleich von Therapie- und Kontrollgruppe als auch bei den Messwiederholungen innerhalb der Experimentalgruppen. Im Einzelnen konnten mit dem HS nach der Marathontherapie höhere Akzeptanz und Verständnis gegenüber anderen Personen wie auch der eigenen Person, größere Konflikttoleranz und Realitätsorientierung im Bereich der interpersonalen Beziehungen nachgewiesen werden. Intrapsychisch wurden mit dem TSCS bei den behandelten Personen geringere Werte festgestellt für: Neurotizismus, Persönlichkeitsstörungen, Psychose, Fehlanpassung, Devianz. Verbesserungen in den Bereichen: Identität, Selbstzufriedenheit und – erfasst mit dem semantischen Differential – bessere Selbst- und Fremdbewertung insgesamt. Bei einer weiteren Post-Erhebung 14 Tage nach dem Marathon blieben auf sieben von neun Skalen des TSCS die mittleren Werte noch bedeutsam verbessert.

Greenberg, L.S. (1980). The intensive analysis of recurring events from the practice of Gestalt therapy. *Psychotherapy: Theory, Research and Practice, 17,2,* 143-152.

Studie zur Erfahrungstiefe und Stimmqualität in der Gestalttherapie. Die Untersuchung enthält eine vertiefte Analyse von neun Ereignissen, in denen drei Klienten in der Therapie an »Spaltungen« (splits) arbeiten. Unter Spaltungen werden Äußerungen wie »Ich kritisiere mich ...« verstanden; Äußerungen also, in denen zwei Teile der Person in Opposition zueinander dargestellt werden. In den neun therapeutischen Arbeiten wurde die Zwei-Stuhl-Technik der Gestalttherapie eingesetzt. Die Technik besteht im dramatisierten Dialog der oppositionellen Teile, d.h. dem vertieften Ausdruck der widersprüchlichen Anteile der Person. Aufnahmen der therapeutischen Ereignisse wurden mit zwei standardisierten Kategoriensystemen zur (a) Tiefe des Erlebens (ES) und (b) emotionalen Beteiligung, die über die Stimmqualität (CVQ) erfasst wurde, analysiert. Geratet wurden zweiminütige Segmente sowie einzelne Äußerungen der Klienten. Eine Kontrolle der Interrater-Reliabilität erfolgte über Produkt-Moment-Korrelationen der Rater sowie Cohens kappa. Global bewertet wurden schließlich vier in früheren Arbeiten unterschiedene Phasen der Zwei-Stuhl-Arbeit: Beginnend bei der Identifikation des Konflikts (1. Phase) bis zur Lösung (4. Phase), in der die zuvor vertiefte Spaltung wieder aufgehoben wird. Der wichtigste Befund bestand in einer deutlichen Veränderung der Stimmqualität kurz vor der Lösung, die vom Autor als »Aufweichen harter Selbst-Kritik« (softening of the harsh internal critic) interpretiert wird. Die durchgeführten numerischen Tests waren konsistent mit den qualitativ berichteten Befunden.

Greenberg, L.S. (1983). Toward a task analysis of conflict resolution in Gestalt therapy. *Psychotherapy: Theory, Research and Practice, 20,2,* 190-201.

Die Arbeit schließt unmittelbar an Greenberg (1980) (s.o.) sowie Greenberg & Webster (1982) (s.u.) an, wobei in der vorliegenden Studie nicht mehr vorausgesetzt wird, dass Arbeiten mit der Zwei-Stuhl-Technik notwendig zu einer Lösung des inneren Konflikts, d.h. der Aufhebung der Spaltung des Klienten, führen. Stattdessen wurden in dieser Arbeit 14 Dialoge mit zwei Stühlen, die in Lösungen mündeten, mit 14 Dialogen verglichen, in denen die Konflikte ungelöst blieben. Ob es im Verlauf der Sitzung zur Konfliktlösung gekommen ist, wurde über die Einschätzungen der Klienten und Therapeuten auf der Basis von Standardverfahren, Target Complaints (TCDBS) und Conflict Resolution Box Scale (CRBS) ermittelt. Selbst- und Fremdeinschätzungen dienten somit als Grundlage für die Zuordnung zu einer der beiden Gruppen. Tonbandaufzeichnungen und deren Transkripte von 28 Klienten bildeten die Datenbasis für eine Analyse des Sozialverhaltens mit dem SASB, der Erlebnistiefe über Experiencing Scale (ES) und der Stimmqualität (CVQ). Geprüft wurde ein dreistufiges Modell der Konfliktlösung. Das Muster der Ergebnisse spricht für eine Einteilung in die drei Stufen: Oppositions-, Vermischungs- und Integrationsphase. Kam es in einer Sitzung zur Lösung eines Konfliktes, ging der Lösung zunächst – in der Oppositionsphase – eine höhere Spannung zwischen den konfligierenden Anteilen voraus, als wenn es in der Sitzung nicht zur Lösung kam. Konfliktlöser zeigten eine im Verlauf der Sitzung deutlich zunehmende Erfahrungstiefe. In der folgenden Vermischungsphase (merging phase) änderte sich bei den Lösern die vormals harte Stimmqualität, sie wurde weicher. Bei den Nichtlösern fanden sich diese Veränderungen in Stimmqualität und Erlebnistiefe nicht. Vielmehr blieben die Werte dieser Gruppe im Verlauf der Sitzung relativ unverändert. Die strukturelle Analyse des Sozialverhaltens erfolgte mit dem SASB, einem standardisierten inhaltsanalytischen Verfahren. Die inhaltsanalytischen Daten zeigten bei den Problemlösern eine zur Erlebnistiefe vergleichbare Tendenz: Die Dialoge verliefen von heftiger Opposition bis zur Erfahrung zuvor unakzeptierter Gefühle in der 3. Phase der Integration, ein Spannungsbogen, der sich bei den Nichtlösern in dieser Form nicht fand. Für die Interrater-Realiabilität wie für die hier hervorgehobenen Befunde liegen statistische Absicherungen vor.

Greenberg, L.S. (1992). Task analysis: Identifying components of intrapersonal conflict resolution. In: S.G. Toukmanian & D.L. Rennie (Hrsg.). *Psychotherapy process research: Paradigmatic and narrative approaches. Sage focus editions, 143,* 22-50. Newbury Park, CA: Sage Publications.

Eine aufgabenanlytische Methode (»task analysis«) zur Untersuchung von Veränderungsereignissen wird beschrieben und fand Anwendung in einer Studie zur Identifikation der Komponenten von Konfliktlösungsprozessen. Der Forschungsprozess umfasste dabei zwei Schritte: 1. eine detaillierte Aufgabenanalyse über Expertenwissen 2. die empirische Verifikation über die Prozess- und Therapieergebnis-Maße (a) Erfahrungstiefe: ES; (b) emotionale Stimmqualität: CVQ; (c) Sozialverhalten: SASB; (d) Verarbeitungstiefe: LCPP; (e) Konfliktlösung: CRS; (f) Leidensdruck: TCDBS. Untersucht wurde Konfliktlösung anhand der dialogischen Zwei-Stuhl-Arbeit, wobei Segment für Segment in einer Sitzung analysiert wurde. In die Analyse kamen 18 Dialoge mit zwei Stühlen von Personen mit Entscheidungskonflikten, die in der Hälfte der Fälle nach der Therapiesitzung zu Lösungen und in der anderen Hälfte nicht zu Lösungen geführt hatten. Das entwickelte Stufenmodel der Lösung eines Konflikts zwischen Top- (= TD) und Underdog (= UD) im Dialog mit zwei Stühlen enthält folgende Stufen: 1. Teil des Dialogs: (a) Topdog: harsche Kritik (b) Underdog: affektive Reaktion (c) UD: Gefühlsdifferenzierung (d) TD: spezifizierte Kritik (e) UD: auftauchende Erfahrung (f) TD: Äußerung von Werten, Prinzipien (g) UD: Äußerung von Bedürfnissen, Wünschen; 2. Aufweichen des harten Dialogs; 3. Integration; das Modell wurde über die empirischen Daten evaluiert, wobei die genannten Komponenten über die Prozessmaße differenziert werden konnten.

Greenberg, L.S. & Clarke, K.M. (1979). Differential effects of the two-chair experiment and empathic reflections at a conflict marker. *Journal of Counseling Psychology, 26,1,* 1-8.

Verglichen wurden die Zwei-Stuhl-Technik der Gestalttherapie und empathisches Spiegeln der Gefühle des Klienten durch den Therapeuten. Untersucht wurde der Einfluss der beiden therapeutischen Methoden auf Erlebnistiefe der Klienten in der Sitzung, erfasst über die Experiencing Scale, Veränderungen in der bewussten (Selbst-) Wahrnehmung (awareness), erfasst über strukturierte Interviews (FQ) und das Barret-Lennard Relationship Inventory (BLRI) sowie das Erreichen von Zielen (Goal Attainment Scale, GAS). 16 Probanden erhielten im wöchentlichen Abstand und in ausgeglichener Reihenfolge jeweils eine Gestalt-Therapiesitzung und eine Sitzung, in der die Gefühle des Klienten gespiegelt wurden (Design: subjects as their own control). Die Analyse der Sitzungsprotokolle ergab einen Unterschied zwischen den Therapieformen in der Häufigkeit von Segmenten mit großer Erfahrungstiefe: In den Sitzungen mit der Zwei-Stuhl-Technik hatten Probanden häufiger tiefe Erfahrungen als in den Sitzungen mit empathischem Spiegeln ($p<.05$). Gleichgerichtete Befunde fanden sich für die »awareness« der Klienten ($p<.01$). Dagegen unterschieden sich die Therapieformen nicht hinsichtlich der subjektiven Einschätzungen der Klienten, ob sie eine Woche nach der Sitzung ihre therapeutischen Ziele erreicht hätten.

Greenberg, L.S & Dompierre, L.M. (1981). Specific effects of Gestalt two-chair dialogue on intrapsychic conflict in counseling. *Journal of Counseling Psychology, 28,4,* 288-294.

Differentielle Effekte von gestalttherapeutischer Zwei-Stuhl-Technik und empathischem Spiegeln der Gefühle des Klienten durch den Therapeuten wurden untersucht. Betrachtet wurden Erlebnistiefe des Klienten (Fremdrating nach der Experiencing Scale, ES), die subjektive Einschätzung ihrer Bewusstheit (awareness) während der Therapie und der unangenehmen Gefühle nach der Sitzung (TCDBS) sowie die berichteten Verhaltensänderungen und -fortschritte (CRBS) in Abhängigkeit von der Interventionsmethode. In einem »Subjects as their own Control«-Design erhielten 16 Klienten jeweils eine gestalttherapeutische Sitzung und eine Sitzung, in der ihre Gefühle empathisch gespiegelt wurden. In Übereinstimmung mit den Befunden von Greenberg & Clarke (1979) fand sich eine höhere Erlebnistiefe und Bewusstheit der Klienten unter der gestalttherapeutischen Interventionsmethode. In gleicher Richtung zeigten sich signifikante Unterschiede zwischen den Interventionsmethoden für die berichtete Konfliktlösung, Verhaltensänderung und -fortschritt unmittelbar nach der Sitzung, resp. eine Woche später. Die therapeutischen Methoden unterschieden sich nicht im Ausmaß berichteter, unangenehmer Gefühle (discomfort) nach den Sitzungen. Die Autoren sehen ihre Annahmen zur Effizienz der gestalttherapeutischen Zwei-Stuhl-Technik als Mittel zur Bewältigung intrapsychischer Konflikte als bestätigt an.

Greenberg, L.S & Foerster, F.S. (1996). Task analysis expemplified: The process of resolving unfinished business. *Journal of Consulting and Clinical Psychology, 64,3*, 439-446.

Vorgestellt wird ein Forschungsprogramm der Therapieprozessforschung, das sich der Methode der Aufgabenanalyse (»Task Analysis«) bedient. Aufgabenanalyse ist eine Methode, die dazu dient, schrittweise zu beschreiben und abzubilden, was Individuen tatsächlich tun, wenn sie eine Aufgabe bewältigen. In den Schritten der hier beschriebenen Aufgabenanalyse besteht das Ziel darin, Aktivitäten und Prozesse in einer therapeutischen Sitzung zu erfassen, die mit der Lösung von anhaltend schlechten Gefühlen (»unfinished business«) gegenüber wichtigen Personen des Umfeldes eines Klienten auftauchen. Eine rational-empirische Methode (»rational-empirical methodology«), in der zyklisch zwischen theoretischen Schlüssen und empirischen Beobachtungen gewechselt wird, dient methodisch dazu ein Interventionsmanual zu entwickeln und die Komponenten des Lösungsprozesses von Klienten zu erfassen. Im zyklischen Vorgehen der Aufgabenanalyse als phänomenologisch ausgerichteter Methode der Therapieprozessforschung; werden zunächst sogenannnte Schlüsselereignisse (»key in-session events«) identifiziert, an denen sich die Prozesse ablesen lassen, die ein Klient bei der Lösung eines Konflikts durchläuft. Im nächsten Schritt wird die Palette verschiedener Lösungsmöglichkeiten zunächst theoretisch identifiziert, dann zunächst in kleinen Schritten, schließlich insgesamt empirisch verifiziert. Ein verfeinertes Modell von Veränderungsprozessen, das aus diesem Vorgehen entwickelt wurde, wurde validiert über den Vergleich von elf erfolgreichen und elf erfolglosen Prozessen. Dazu werden Tonbandmitschnitte in 2-Minuten-Segmente unterteilt und von unabhängigen Ratern in zufälliger Zuordnung bewertet. Vier für die Prozesse relevante Komponenten werden identifiziert: (1) intensiver Gefühlsausdruck, (2) Ausdruck von Bedürfnissen, (3) Veränderungen in der Repräsentation des anderen und (4) Selbstbewertung oder Verständnis für den anderen. Diese vier Komponenten sind entscheidend, um zwischen Lösern und Nichtlösern zu unterscheiden. Über vier Prozessmaße werden diese Komponenten erfasst: die Strukturelle Analyse von sozialem Verhalten (SASB), die Experiencing Scale (ES), die emotionale Aktivierung (EAS) und ein für die Untersuchung konstruiertes Bedürfnismaß. Die Validierung dieses Prozessmodells über die Prozess- und Therapieergebnisdaten bestätigt die Bedeutsamkeit der oben genannten Prozessvariablen in der Unterscheidung des Prozessverlaufes, die in gelösten versus ungelösten Problemen resultieren sowie in der Differenzierung zwischen Lösern und Nichtlösern hinsichtlich Symptomatologie und interpersonellen Problemen.

Greenberg, L.S. & Higgins, H.M. (1980). Effects of two-chair dialogue and focusing on conflict resolution. *Journal of Counseling Psychology, 27,3*, 221-224.

Vergleich zwischen dem Dialog mit zwei Stühlen der Gestalttherapie und einer Fokussierungstechnik, in der vom Therapeuten die Gefühle des Klienten empathisch gespiegelt werden, nach: Erlebnistiefe in der Therapie (Experiencing Scale, ES), unangenehmes Befinden vor und nach der Sitzung (Target Complain Box, TCDBS), in der Therapie veränderte Bewusstheit (awareness), Fortschritte in dem bearbeiteten Konflikt eine Woche nach der Therapie sowie Klientenbewertung des Therapeutenverhaltens (hilfreich, verständnisvoll). 42 Studenten wurden zufällig in drei Gruppen von 14 Personen aufgeteilt, zwei Treatmentgruppen (Gestaltdialog, Fokussierungstechnik) und eine Kontrollgruppe. Die Therapeuten beider Behandlungsformen wurden von ihren Klienten in gleichem Ausmaß als hilfreich und verständnisvoll bewertet. Einer Varianzanalyse über das unangenehme Befinden von Treatment- und Kontrollgruppen vor und nach der Sitzung bzw. Wartezeit ließen sich ebenfalls keine Gruppenunterschiede entnehmen. Unterschiede zwischen den drei Gruppen fanden sich in den varianzanalytischen Verrechnungen der übrigen Maße. Verrechnungen über auf die Erlebnistiefe bewerteten Segmente der aufgezeichneten Therapiesitzungen ergab eine größere Anzahl von Segmenten mit hoher Erlebnistiefe in den gestalttherapeutischen Sitzungen verglichen mit denen der Fokussierungstechnik ($p<.05$). In der Bewertung der in der Sitzung veränderten Bewusstheit sowie des Fortschritts bei der Lösung des bearbeiteten Konflikts fanden sich keine differentiellen Effekte zwischen den Treatmentgruppen; beide Gruppen zeigten signifikant größere Bewusstheit und Fortschritte gegenüber der Kontrollgruppe.

Greenberg, L.S. & Malcolm, W. (2002). Resolving unfinished business: Relating process to outcome. *Journal of Consulting and Clinical Psychology, 70,2*, 406-416.

Untersucht wurde der Zusammenhang von Therapieprozess zur Lösung von »unerledigten Gefühlen« mit signifikanten Personen und therapeutischem Ergebnis. Dabei stellt die vorliegende Studie eine Erweiterung der Untersuchung von Paivio und Greenberg (1995) dar, von denen 17 in die vorliegende Studie aufgenommen wurden. 15 zusätzliche Klienten gingen in die Studie ein, von denen sechs vor der fünften Sitzung abbrachen. Eine Stichprobe von 26 Klienten mit »unerledigten Gefühlen« litt an verschiedenen Formen von interpersonalen Problemen und Misshandlungen in der Kindheit. Die Hauptprobleme der Klienten zentrierten wesentlich um ungelöste Konflikte mit einem Elternteil. Alle Klienten wurden in 12 bis 14 einstündigen, wöchentlichen Einzeltherapiesitzungen behandelt. Die Behandlung erfolgte emotionsfokussiert/erfahrungsorientiert mit gestalttherapeutischen Dialogen mit leerem Stuhl. Als Prozessmaße dienten SASB (interpersonales Verhalten bezogen auf: Selbst/Anderer/Introjekt; Annahme: Liebe/Hass; Unabhängigkeit), ES (Erfahrungstiefe), CVQ (emotionale Stimmqualität), EAS-R (emotionale Aktivierung), NEED (Bedürfniskomponenten), WAI (Qualität des Arbeitsbündnisses). Als Maße für das Therapieergebnis dienten SCL-90-R (klinische Symptomatologie, IIP (interpersonale Probleme), UFB-RS (Skala zur Lösung »unerledigter Gefühle«), SASB/shortform, TC/TCDS

(Hauptbeschwerden). Diejenigen Klienten, die zuvor unerfüllte interpersonale Bedürfnisse gegenüber den signifikanten anderen Personen (Eltern) gezeigt hatten und zu einer Veränderung ihrer Sicht des anderen gelangten, hatten signifikant bessere Behandlungsergebnisse. Das Vorhandensein eines solchen spezifischen Lösungsprozesses in den Dialogen mit leerem Stuhl erwies sich auch als ein stärkerer Prädiktor für das Therapieergebnis als die Qualität des therapeutischen Arbeitsbündnisses. Das Ausmaß der emotionalen Aktivierung konnte gleichermaßen zwischen Konfliktlösern und Nicht-Konfliktlösern unterscheiden.

Greenberg, L.S. & Rice, L.N. (1981). The specific effects of a Gestalt intervention. *Psychotherapy: Theory, Research and Practice, 18,1,* 31-37.

Differentielle Studie zu Stimmqualität (VQ) und Erlebnistiefe des Klienten (Fremdratings, ES) sowie Veränderungen der Bewusstheit in der Sitzung (Selbstrating des Klienten) und durch den Klienten bewertetes Therapeutenverhalten. Verglichen wurden insgesamt neun Gestaltsitzungen (Zwei-Stuhl-Technik) mit neun klientenzentrierten Sitzungen. Drei Klienten erhielten je drei Sitzungen beider Behandlungsarten in ausgeglichener Reihenfolge (subjects as their own control). Die Ratings von Segmenten der Therapiesitzungen zur Erlebnistiefe ergaben für alle Klienten eine größere Anzahl als im Erleben tief bewerteter Segmente in den gestalttherapeutischen Sitzungen (p<.05). Klienten gaben »Veränderungen in der Bewusstheit« häufiger nach den gestalttherapeutischen als nach den klientenzentrierten Sitzungen an. Keine Unterschiede fanden sich bei der Analyse der Daten zur Simmqualität. Die Darstellung enthält Angaben zur Interrater-Reliabilität der verschiedenen Ratings.

Greenberg, L.S & Sarkissian, M.G. (1984). Evaluation of counselor training in Gestalt methods. *Counselor Education and Supervision, 23,* 328-340.

Evaluiert wird die Effektivität eines 24-stündigen gestalttherapeutischen Trainings für Therapeuten und Berater zum Erwerb von Wahrnehmungs- und Interventionsfähigkeiten. Die Ergebnisse zeigten, dass nach dem Training häufiger Interventionen (Zwei-Stuhl-Methode) eingesetzt wurden. Die Teilnehmer (N = 22, davon elf als »matched-pair controls«) erwarben gleichermaßen erhöhte Beratungsfähigkeiten vor allem in der direkten Führung, offenen Fragen und nonverbalen Bezügen, wie sich über ein Ratingsystem für verbales Verhalten von Beratern (CVRCS) sowie ein modifiziertes Zielerreichungsmaß (GAS) nachweisen ließ.

Greenberg, L.S. & Watson, J.C. (1998). Experiential Therapy of Depression: Differential effects of client-centred relationship conditions and process experiential interventions. *Psychotherapy Research, 8,2,* 210-224.

Diese Studie verglich die Effektivität von prozess-erfahrungsorientierter Psychotherapie mit einer seiner Komponenten, der klientenzentrierten Psychotherapie, in der Behandlung von 34 Erwachsenen, die an Major-Depression litten. Die klientenzentrierte Behandlung betonte die Aufnahme und Aufrechterhaltung »rogerianischer« Beziehungsbedingungen und empathischer Reaktionen. Die erfahrungsorientierte (»experiential«, an Gestalttherapie-

rapie orientierte) Therapie bestand aus klientenzentrierten Bedingungen und zusätzlich auf den Prozess orientierten Interventionen, an Stellen, die spezielle kognitiv-affektive Probleme der Patienten anzeigten. Die verschiedenen Behandlungen zeigten keinen differentiellen Effekt bezogen auf die Verminderung der depressiven Problematik am Ende der Behandlung sowie im 6-Monats-Follow-up. Die erfahrungsorientierte, aktive Interventionstherapie (Gestalttherapie) zeigte erhöhte Effekte in der Mitte der Depressionsbehandlung und am Ende bezogen auf die Gesamtanzahl der Symptome, Selbstwertgefühle und die Verminderung interpersonaler Probleme. Die zusätzlichen prozessorientierten Interventionen scheinen die Therapieeffekte bei Depression zu beschleunigen und zu verstärken.

Greenberg, L.S. & Webster, M.C. (1982). Resolving decisional conflict by Gestalt two-chair dialogue: relating process to outcome. *Journal of Counseling Psychology, 29,5,* 468-477.

Wie in verschiedenen anderen Arbeiten der Arbeitsgruppe um Greenberg (z.B. Greenberg 1980; s.o.) wurde mit dieser Studie der Versuch unternommen, Beobachtungen aus dem Therapieprozess mit Erfolgsmerkmalen in Beziehung zu setzten. Aus dem Therapieprozess abgeleitete Vorhersagen über den Therapieerfolg konnten in dieser Studie an einer Reihe von Erfolgsmerkmalen überprüft werden. 31 Klienten nahmen an einem sechswöchigen Gestalttherapie-Programm teil, in dem mit der Zwei-Stuhl-Technik an persönlichen Entscheidungskonflikten gearbeitet wurde. Die Klienten wurden auf der Basis von innerhalb der Sitzung gemachten Prozessbeobachtungen in Konfliktlöser und Nichtlöser eingeteilt. Löser wurden auf der Basis von Annahmen eines Prozess-Modells zur Konfliktbewältigung nach drei Kriterien identifiziert: (a) der Ausdruck von Kritik durch einen Teil der Persönlichkeit, (b) der Ausdruck von Gefühlen oder Wünschen durch einen anderen Teil und (c) Abmilderung der kritischen Haltung im Verlauf des Dialoges. Die genannten Aspekte wurden erfasst über drei Indikatoren, mit denen der Prozess einer Sitzung charakterisiert wurde: (a) Stimmqualität (bewertet nach dem CVQ), (b) Erfahrungstiefe (Fremdrating von kurzen Segmenten der aufgezeichneten Therapiesitzungen nach der Experiencing Scale) und (c) strukturelle Analyse des sozialen Verhaltens (erfasst über SASB). Die auf diese Weise gewonnenen Gruppen wurden anschließend auf einer Reihe von Therapieergebnis-Maßen verglichen. Geprüft werden konnte auf diese Weise die aus dem Prozess abgeleiteten Vorhersagen. Konform mit den Hypothesen erwiesen sich Löser nach der Therapie als signifikant weniger unentschieden (erfasst über Scale of Indecision, SVI) und ängstlich (erfasst über STAI), berichteten weniger Unbehagen (auf dem TCDBS) und stärkere Verhaltensänderungen (Behavioral Report, BR). Löser gaben häufiger an, erwünschte Ziele erreicht zu haben (Goal Attainment Scale, GAS und WAI). Die konsistenten Befunde der »Outcome«-Merkmale belegen die Vorhersagekraft des Prozessmodells zur innerpsychischen Konfliktbewältigung und Symptomreduktion (PPQ). Die in beiden Gruppen, also auch bei den Nichtlösern, erzielten therapeutischen Erfolge erwiesen sich in einem vierwöchigen Follow-up als stabil.

Guinan, J.F. & Foulds, M.L. (1970). Marathon group: facilitator of personal growth. *Journal of Counseling Psychology, 17,2,* 145-149.

Zehn Studenten nahmen an einer 30-Stunden-Marathontherapie teil; zehn weitere bildeten die unbehandelte Kontrollgruppe. Berichtet werden Veränderungen auf dem POI, mit dem Experimental- und Kontrollgruppe unmittelbar vor und zwei Tage nach dem Wochenende untersucht wurden. Auf sieben von zwölf Subskalen fanden sich bedeutsame Unterschiede zwischen Vor- und Nachuntersuchung in vorhergesagter Richtung für die Experimentalgruppe. Eine unerwartete Veränderung trat auf einer Subskala auch für die Kontrollgruppe auf. Die Autoren diskutieren die Befunde nach Möglichkeiten von Stichprobeneffekten.

Guinan, J.F., Foulds, M.L. & Wright, J.C. (1973). Do the changes last? A six-month follow-up of a marathon group. *Small Group Behavior, 4,2*, 177-180.

Berichtet werden die Ergebnisse von Interviews mit Teilnehmern einer Untersuchung von Guinan & Foulds (1970) sechs Monate nach einer Marathontherapie. Die Teilnehmer wurden nach dauerhaften intrapsychischen und interpersonalen Veränderungen befragt, die sie als Ergebnis des Therapiewochenendes bewerteten. Die von drei unabhängigen Ratern klassifizierten subjektiven Einschätzungen zeigten als andauernde Veränderungen vor allem eine höhere Selbstakzeptanz und ein besseres Verständnis für die Personen der Umgebung.

Hartmann-Kottek, L. (1979). Schwerpunkt ›Gestalttherapie‹ im Grenzgebiet der Psychiatrie. *Psychiatrie und medizinische Psychologie, 29*, 1-13.

Zehn psychiatrische Patienten, mit den Diagnosen: schwere Neurose (neurotische Fehlentwicklung), endogene, Involutions- und neurotische Depression und Borderline (Verdachtsdiagnose bei Einweisung in die Nervenklinik: Schizophrenie) nahmen an einer Langzeitstudie teil. Als Behandlungskontrolle dienten die drei Persönlichkeitstests FPI, Gießentest (GT) und MMQ. Die therapeutische Behandlung umfasste zwei Monate intensive Einzel- und Gruppentherapie innerhalb der Klinik sowie fünf Monate ambulante einzeltherapeutische Nachbehandlung. Die Dauer der stationären wie auch der ambulanten Therapie lag somit unter den sonst für diese Patienten üblichen Behandlungszeiträumen. Qualitative Einschätzungen des Behandlungserfolges wurden von Mitgliedern des Behandlungsteams und externen Personen erhoben. Von den insgesamt 20 Dimensionen des psychodiagnostisches Instrumentariums fanden sich nach Abschluss der Behandlung bedeutsame psychische Besserungen auf 14 Subskalen sowie eine Normalisierung aller zu Beginn der Behandlung festgestellten Extremwerte. Ein Follow-up nach einem Jahr ergab, dass alle Patienten sozial integriert lebten und in ihrem gesamten Verhalten der Normalbevölkerung entsprachen. Nur ein Patient befand sich zwischenzeitlich wegen einer schweren Krise erneut in therapeutischer Behandlung.

Heekerens, H.P. (1984). Aspekte der Berufstätigkeit von Gestalttherapeuten. Ergebnisse einer Umfrage. *Integrative Therapie, 1-2*, 162-169.

Befragt wurden 171 Gestalttherapeuten nach persönlichen und berufsbezogenen Daten. Die Studie macht demographische Angaben zu Alters- und Geschlechtsverteilung, Dauer der Berufsausübung und akademischer Grundausbildung der Therapeuten (58 Prozent Psychologen, neun Prozent Mediziner, 16 Prozent Sozialarbeiter/-pädagogen, 17 Prozent sonstige, z.B. Lehrer, Pfarrer). 33 Prozent aller Befragten arbeiteten in freien Praxen, 25 Prozent in stationären und 27 Prozent in ambulanten Einrichtungen. Ein erheblicher An-

teil der Therapeuten gaben an in einer anderen Therapierichtung ausgebildet zu sein bzw. sich zum Zeitpunkt der Befragung weiterzubilden: 19 Prozent in VT, 25 Prozent in GT, 26 Prozent in anderen Verfahren. Mehr als die Hälfte aller Therapeuten (56 Prozent) arbeitete gestalttherapeutisch, weitere 19 Prozent eklektisch, drei Prozent mit VT und elf Prozent mit GT. Es fanden sich weiterhin Angaben zu Dimensionen therapeutischer Arbeit: 34 Prozent bezeichneten ihre Arbeit als restitutiv im Sinne von reparativ und rehabilativ, neun Prozent definierten ihre Arbeit als prophylaktisch, 16 Prozent als erhaltend/stabilisierend, 23 Prozent als entwicklungs- und entfaltungsfördernd, 14 Prozent als Bewältigungshilfe.

Heinl, H. (1996). Ein Integriertes Kurzzeit-Gruppenpsychotherapiemodell zur Behandlung chronischer psychosomatischer Schmerzsyndrome des Bewegungssystems. In: H. Riedel & R. Sandweg (Hrsg.). *Die Behandlung der psychosomatischen Erkrankungen des Bewegungssystems und ihre Ergebnisse. Vortragssammlung zur 4. Fachtagung der Stiftung »Psychosomatik der Wirbelsäule«.* Blieskastel: Stiftung »Psychosomatik der Wirbelsäule«.

Die Studie wurde mit 123 stationär behandelten Patienten mit chronischen psychosomatischen Schmerzsyndromen des Bewegungssystems durchgeführt. Untersucht wurde eine gestalttherapeutische Kurzzeittherapie in Form einer fünftägigen Intensivgruppe mit 40 Therapiestunden. 60 Teilnehmer wurden in drei Behandlungsgruppen aufgeteilt, weitere 30 Patienten wurden zwei Warteslisten-Kontrollgruppen zugeordnet, während die verbleibenden 33 Patienten in zwei weitere unbehandelte Kontrollgruppen unterteilt wurden. Die Veröffentlichung enthält eine ausführliche Beschreibung des Behandlungsprogramms, qualitative und erste quantitative Daten der Auswertung. Eine katamnestische Erhebung wurde über eine schriftliche Ergänzungsbefragung mit einer 80prozentigen Rücklaufquote durchgeführt. Die Messzeitpunkte lagen zehn Wochen vor und zehn Wochen nach der Intensivtherapie. Katamnesedaten wurden 12 und 24 Monate nach Therapieende erhoben. Als Untersuchungsinstrument dienten verschiedene orthopädische, Körper-, Erlebens- und Verhaltens- sowie Persönlichkeitsskalen und ein Katamnesebogen: (a) Bogen zur Behandlungsvorbereitung, (b) Orthopädischer Fragebogen, (c) Katamnesefragebogen, (d) Körperfragebogen (Instrumente unter a-d siehe in: Heinl 1998, S. 107f), (e) Körpererleben KE, (f) Symptomliste KASSL, (g) Erleben und Verhalten VEV, (h) Persönlichkeit FPI.

Heinl, H. (1998). Behandlungsergebnisse bei Integrativer Therapie. In: H. Riedel & P. Henningsen (Hrsg.). *Die Behandlung chronischer Rückenschmerzen. Kongreßband zur 6. Fachtagung der Stiftung »Psychosomatik der Wirbelsäule« in Heidelberg.* Blieskastel: Stiftung »Psychosomatik der Wirbelsäule«.

Die Veröffentlichung enthält die Endauswertung der Daten der Studie von Heinl (1996 s.o.). Zwei statistische Analysen wurden vorgenommen: (1) Die erste umfasste die Veränderung auf den verschiedenen o.g. Maßen (Müller et al. 1995). (2) Zusätzlich wurde eine Faktorenanalyse durchgeführt, um Wirkfaktoren der Behandlung zu extrahieren (Czogalik et al. 1995)[1]. (1) Verbesserungen konnten in allen Behandlungsbereichen gezeigt werden

---

1. Beide Analysen liegen als unveröffentlichte Forschungsberichte vor und finden sich deshalb nicht in den Tabellen 4 und 5.

und waren stabil in der Ein- und Zwei-Jahres-Katamnese nach Behandlungsabschluss. Die größten Veränderungen fanden sich bei (a) affektiven Störungen, (b) Störung im Erleben und Verhalten und (c) physischen Wohlbefinden. Veränderungen in den berichteten Schmerzerfahrungen der Klienten waren nicht so groß wie die Veränderungen in den anderen psychosozialen Symptomen. (2) Die Faktorenanalyse, die basierend auf den Daten der Ein- und Zwei-Jahres-Katamnese durchgeführt wurde, ergab als therapeutische Wirkfaktoren: 1. Geborgenheit, Akzeptanz und erlebtes Verständnis, 2. affektives Erleben und gedankliche Neuorientierung, 3. Identifikation und Freiraum und 4. negatives Therapieerleben (bezieht sich auf eine kleine Teilnehmerzahl, die Intensität und kurze Dauer der Therapie eher negativ einstufte). Das affektive Erleben bezieht sich sowohl auf die Gruppenatmosphäre und -dynamik wie auch die integrierten gestalttherapeutischen Interventionen. Wichtig für das Erkennen und Loslassen nicht mehr sinnvoller Konzepte ist die erlebte Sicherheit des emotionalen Schutzraums für eine Neuorientierung.

Hill, D., Beutler, L.E. & Daldrup, R. (1989). The relationship of process to outcome in brief experiential psychotherapy for chronic pain. *Journal of Clinical Psychology, 45,6,* 951-957.

Sechs Frauen mit akuter rheumatischer Arthritis wurden zehn Stunden mit einer fokussierten Gestalt-Psychotherapie behandelt. Das Ziel der Untersuchung besteht darin, Zusammenhänge zwischen Schlüsselprozessen in der Therapie und Sitzungs- sowie Therapieergebnis zu untersuchen. Als Untersuchungsinstrumente dienten verschiedene Ratings von unabhängigen Ratern und den Klientinnen sowie verschiedene Therapieergebnismaße. 1. Prozessmaße von unabhängigen Ratern über 58 Therapiesequenzen: Erfahrungstiefe: ES; Prozessskala: VPPS; 2. Prozessmaße von Klienten: Sitzungsevaluation: SGQ u. BLRI; 3. Sitzungsoutcome: Symptome: SCL-90-R/GSI; VPPS und VAS; 4. Therapieergebnis gesamt: Symptome: GSI, psychische Befindlichkeit: Subskala VPPS und positive Gefühle: SEQ. Die Ergebnisse zeigen, dass Klienten, die sich stark beteiligen schließlich auch eine größere Verminderung des Leidensdrucks aufweisen. Ebenso ist die Tiefe einer Sitzung und ihre »Weichheit« mit größeren positiven Gefühlen am Ende der Sitzung verbunden, nicht aber mit dem gesamten Treatment-Outcome. Analysiert und berichtet werden des Weiteren Therapeuten- und Klienteneffekte. Die Autoren diskutieren die Ergebnisse selbstkritisch auf dem Hintergrund der kurzen Therapiedauer.

Honos-Webb, L., Stiles, W.B. Greenberg, L.S. & Goldman, R. (1998). Assimilation analysis of process-experiential psychotherapy: a comparison of two cases. *Psychotherapy Research, 8,3,* 264-286.

Gemäß dem von den Autoren vorgestellten Modell zur Assimilation (Stiles et al. 1990) von problematischen Erfahrungen durchläuft ein Klient im Rahmen einer erfolgreichen Therapie eine Reihe von kognitiv-affektiven Stufen, durch die eine problematische Erfahrung in ein Schema assimiliert wird. Die Stufen des Assimilationsmodells sind operationalisiert in der Skala zur Assimilation problematischer Erfahrungen (APES), die den Assimilationsprozess in acht Stufen beschreibt: (0) abgewehrt (warded off), (1) unerwünschte Gedanken, (2) vage Bewusstheit, (3) Problembeschreibungen, (4) Verstehen /Einsicht, (5) Anwendung/Durcharbeiten, (6) Problemlösung, (7) Überwindung (mastery). Innerhalb der hier vorgestellten Forschungsarbeit wird das Assimilationsmodell auf zwei Klienten aus der Studie von Greenberg & Watson (1998) in prozess-erfahrungsorientierter Therapie angewendet. Dabei wurde ein Fall als erfolgreich und ein zweiter als erfolglos gemäß konventionellen Outcome-Kriterien (BDI, SCL-90-R, IIP, RSE) zum Therapieergebnis eingestuft. Qualitative Analysen von den Transskripten der erfolgreichen Therapie legen nahe, dass der Assimilationsprozess in mindestens drei problematischen Erfahrungen stattgefunden hat. Analysen von drei Themen in der nach normativen Kriterien erfolglosen Therapie zeigten, dass der Klient zwar Fortschritte gemacht hatte, dass die Assimilation aber auf zwei Ebenen der Assimilationssequenz blockiert war.

Honos-Webb, L., Surko, M., Stiles, W.B. & Greenberg, L.S. (1999). Assimilation of voices in psychotherapy: The case of Jan. *Journal of Counseling Psychology, 46,4*, 448-460.

Aufbauend auf Honos-Webb et al. (1998) wird eine auf APES-Marker (s.o.) basierende Methode vorgestellt, um die Reassimilation von einer zuvor ungewollten Stimme in das Selbst zu verfolgen, die sich dann als eine Gruppe von Stimmen beschreiben lässt. In einer qualitativen Assimilationsanalyse wurde der Fall von Jan untersucht, einer Frau deren depressive Symptome sich während einer prozess-erfahrungsorientierten Psychotherapie verminderten. Die Autoren verfolgten qualitativ-inhaltsanalytisch und über quantitative Ratings zwei Hauptthemen aus der Therapie, die sich über 43 relevante Passagen erstreckten. Geratet wurde jede Passage nach den Stufen der Assimilation of Problematic Experiences Scale (APES, s.o. Honos-Webb et al. 1998). Ratings von drei unabhängigen Ratern nach diesem marker-basierten Manual korrelierten hoch mit den Konsensuseinschätzungen der Untersucher. Die Höhe der Assimilation gemäß den APES-Ratings nahm über die Sitzungen zu, wie sie für eine erfolgreiche Therapie erwartet werden. Aus den qualitativen Analysen geben die Autoren Beispielpassagen, um die Assimilation der Stimme von Bedürftigkeit und Schwäche in Jan's dominante »Superwoman«-Stimme und die Stimme der Rebellion und Anspruchshaltung in Jans »Good-Girl«-Stimme zu demonstrieren. Diese Assimilation gegensätzlicher Stimmen führte zu einer komplexeren und flexibleren Gemeinschaft von Stimmen.

Jessee, R.E. & Guerney, B.G. (1981). A comparison of Gestalt and relationship enhancement treatments with married couples. *The American Journal of Family Therapy, 9,3*, 31-41.

Differentielle Untersuchung mit 36 Ehepaaren, die therapeutische Hilfe suchten: Verglichen wurden das Relationship Enhancement (RE) Programm nach Guerney mit einer gestalttherapeutischen Paartherapie. Unter jeder therapeutischen Behandlung wurden 18 Paare untersucht, die in 15 Gruppen von zwei bis drei Paaren an zwölf wöchentlichen Therapiesitzungen à 2 1/2 Stunden teilnahmen. Vor- und Nachuntersuchungen wurden mit folgenden Verfahren durchgeführt: (a) Matial Adjustment Scale (MAS), (b) Matial Communication Inventory (MCI), (c) Interpersonal Relationship Scale (IRS), (d) Relationship Change Scale (RCS), (e) Handling Problems Change Scale (HPCS), (f) Satisfaction Change Scale (SCS). Auf allen Skalen fanden sich für beide Treatmentgruppen deutliche Unterschiede (p<.001). Beide Therapieformen unterstützten die Ehepaare bei Veränderungen zu mehr Kameradschaftlichkeit, Offenheit und Vertrauen, verbesserter Kommunikation, tieferer gefühlsmäßiger Intimität und sexueller Befriedigung sowie einer größeren Fähigkeit, Probleme zu bewältigen.

Johnson, W.R. & Smith, E.W.L. (1997). Gestalt empty-chair dialogue versus systematic densensitization in the treatment of phobia. *Gestalt Review, 1 (2)*, 150-162.

23 Personen mit Merkmalen einer Schlangenphobie nahmen an einer Untersuchung zum Vergleich von gestalt- und verhaltenstherapeutischer Phobiebehandlung teil. Die Teilnehmer wurden aus 55 Psychologiestudenten im Erstsemester einer staatlichen Universität nach subjektiven (SQ) und objektiven (AT) Kriterien für phobische Symptome ausgewählt, wobei über ein Screening mit dem MMPI Personen mit schweren psychopathologischen Symptomen ausgeschlossen wurden. Die Probanden wurden zufällig einer von drei Gruppen zugewiesen (A Gestalt-Dialog mit leerem Stuhl, B Systematische Desensibilisierung und C unbehandelte Kontrollgruppe). Nach Abschluss von sieben Behandlungssitzungen wurden Maße zum Vermeidungsverhalten der Teilnehmer und ihren subjektiven Erfahrung erhoben. Dabei fanden sich unter beiden Behandlungsbedingungen (Dialog mit leerem Stuhl und Systematische Desensibilisierung) signifikante Verbesserungen auf den objektiven Maßen (AT) verglichen mit der unbehandelten Kontrollgruppe. Andere Gruppenunterschiede wurden nicht gefunden. Die subjektiven Daten belegen, dass die gestalttherapeutisch behandelten Klienten mehr über sich selbst erfahren hatten, während die systematisch sensibilisierten Klienten bessere Möglichkeiten zur Entspannung aus der Behandlung gewonnen haben. Die Studie belegt, dass gestalttherapeutischer Dialog mit leerem Stuhl eine effektive Behandlungsform für einfache Phobie darstellt.

Kamphaus, G. (1980). Veränderung der Personbeurteilung als Trainingseffekt. Vergleich der angewandten Gruppendynamik mit lernpsychologisch orientierten Verfahren. In *Hochschulsammlung Philosophie. Psychologie (Bd. 7)*. Freiburg: HochschulVerlag.

Untersuchung zur Veränderung der Personenbeurteilung in verschiedenen Trainingsformen. 66 Studenten des ersten Semesters der Sozialarbeit/Sozialpädagogik konnten an einem Training ihrer Wahl zur Veränderung der Personenbeurteilung teilnehmen. 14 Studenten des dritten Semesters, die an keinem Training teilgenommen hatten, bildeten die Kontrollgruppe. Die drei Gruppen bestanden aus (a) einer Gestalttherapie-Gruppe, (b) einer Buch-/Lektüreprogramm-Gruppe und (c) einer Seminargruppe. Die Urteilsdifferenziertheit aller drei Gruppen verbesserte sich innerhalb von einem Trainingswochenende (Gestaltgruppe) bzw. einer Trainingswoche signifikant, wobei die Lektüre-Gruppe die höchste Differenziertheit aufwies. Dabei zeigte sich, dass sich die Beobachtung nicht nur bezogen auf die innerhalb der Untersuchung erfragten Merkmale, sondern generell intensivierte. Wesentliche Faktoren für einen Zuwachs an Differenzierungsvermögen der Teilnehmer des Gestalttrainings waren die selbst als aktiv eingeschätzte Teilnahme und ein gewisses Maß an Verunsicherung sowie die Bewertung des Trainers. In der Gestaltgruppe fand sich außerdem ein signifikanter Zuwachs zu günstigeren Selbstbewertungen, was der Autor durchaus auch kritisch beurteilt, da er einen Zusammenhang zum typischen »Rückkehr-Schock« nach gruppendynamischen Trainings sieht. Ein Zusammenhang zwischen der Differenziertheit der Selbstbewertung und jener der Fremdbeurteilung konnte nicht gefunden werden.

Keller, J.W., Brown, G., Maier, K., Steinfurth, K., Hall, S. & Piotrowski, C. (1995). Use of dreams in therapy: a survey of clinicians in private practice. *Psychological Report, 76*, 1288-1290.

Ein Fragebogen zur Arbeit mit Träumen wurde an 500 Mitglieder der Florida Psychological Association verschickt mit dem Ziel, drei Fragen zu untersuchen: (1) Wie ist das Ausmaß, in dem mit Träumen in der Therapie gearbeitet wird? (2) Welche theoretischen Ansätze werden in der Interpretation von Träumen verwendet? (3) Was kennzeichnet die Erfahrungsbasis und Expertenschaft in der Traumarbeit? Von 500 angeschriebenen Therapeuten schickten 228 den Fragebogen ausgefüllt zurück. 83 Prozent der Antwortenden arbeiten mit Träumen mindestens gelegentlich in ihrer Praxis, wobei freudianische und gestalttherapeutische Ansätze am häufigsten in der Traumpretetion vertreten waren, worauf erst mit Abstand jungianische und adlerianische Ausrichtungen folgten. Die meisten Therapeuten hatten ihre Erfahrungen in der Traumarbeit durch Selbststudium und aufbauende Seminare und Workshops erworben. Keiner berichtete die Arbeit mit Träumen in Gruppen.

Kimball, R. & Gelso, C.J. (1974). Self-actualization in a marathon growth group: do the strong get stronger? *Journal of Counseling Psychology, 21,* 32-42.

Explorationsstudie zu der Frage, ob Marathontherapien bei »Ich-starken« Personen einen größeren Effekt in einem Maß der »Selbstverwirklichung« ergibt. 28 Studenten nahmen an einer Gestalt-Wochenendtherapie teil. Vor dem Wochenende wurden mit einem Teil des MMPI, der Barron Ego-Strength-Scale, die »Ich-Stärke« der Teilnehmer erfasst, Prä- und Posterhebungen mit dem POI durchgeführt. Veränderungen der Teilnehmer in dem Maß für »Selbstaktualisierung« korrelierten weder positiv noch negativ mit den Daten des MMPI. Die im Rahmen der in dieser Studie erhobenen Daten sprechen somit gegen die Annahme, dass »Ich-starke« Personen eher von einer Marathon-Gruppentherapie profitieren.

Laborde, G.Z. & Brown, G.I. (1981). Die Bedeutung des Introjektkonzeptes für die integrative Erziehung. *Integrative Therapie, 7,1,* 3-13.

Es wurde geprüft, ob die bewusste Wahrnehmung der Introjekte einen Einfluss auf die subjektive Kontrollüberzeugung hat. 97 Personen und neun Drogengebraucher aus stationärer Behandlung nahmen an gestalttherapeutischen Gruppenbehandlungen (maximal 40 Stunden) teil. 136 Personen bildeten die unbehandelte Kontrollgruppe. Vor- und Nachuntersuchung mit der Internal-External-Skale zum Locus-of-Control (IE) ergaben bei neun von zwölf Experimentalgruppen eine signifikante Verschiebung der Kontrollüberzeugung in Richtung eines stärkeren inneren Kontrollerlebens. Die Autoren ziehen den Schluss, dass sich beim Bewusstwerden von Introjekten gleichermaßen der Glaube an die innere Kontrolle verändert.

Larson, D.G. (1980). Therapeutic schools, styles, and schoolism: an national survey. *Journal of Humanistic Psychology, 20,* 3-20.

Umfangreichste bislang vorliegende Befragung von 879 Psychotherapeuten der Richtungen: Gestalt-, Verhaltenstherapie, Transaktionsanalyse und Psychoanalyse. Grundlage der Befragung bildete ein umfangreicher Fragebogen zu therapeutischen Einstellungen, Werten, Haltungen u.a. gegenüber Begriffen wie »Selbstverwirklichung«, aber auch gegenüber Techniken. Aus einer Faktorenanalyse über die Daten wurden sechs Faktoren mit den folgenden Benennungen generiert: (a) Humanistic, (b) Psychoanalytic, (c) Goal Directed

Socialization, (c) Inactive, Unobtrusive, (d) Therapist Emotional Envolvement, (d) Nonaffective Focus. Multivariate Varianzanalysen zeigten eine maximale Diskrimination der untersuchten Gruppen mit den extrahierten Faktoren. Beschrieben werden die Gruppen anhand der Faktoren. Weitere Daten werden vorgestellt zu Haltungen und Kontakt der Therapeuten mit anderen Schulen. Obwohl die meisten Therapeuten (65 Prozent) angaben, mit anderen Therapierichtungen Kontakt gehabt zu haben und 62 Prozent glaubten, dass ein eklektischer Ansatz effektiver sei, bleiben doch die meisten Befragten den mit der eigenen Schule verbundenen Haltungen eng verbunden.

Lesonsky, E.M., Kaplan, N.R. & Kaplan, M.L. (1986). Operationalizing Gestalt therapy's processes of experiential organization. *Psychotherapy, 23,1*, 41-49.

Vorgestellt wird ein Kodiersystem, das die gestalttherapeutische Formulierung von Erfahrungsprozessen operationalisiert. Das Kategoriensystem wurde definiert zur Bewertung der »Kontakt-Konfluenz«-Funktion. Die Autoren setzten die Skala ein, um die Annahme zu prüfen, dass jedes Mitglied eines interagierenden Paares von der gleichzeitigen Erfahrungsorganisation des anderen beeinflusst wird. Untersucht wurden 20 verheiratete oder unverheiratete Paare, die mindestens seit sechs Monaten zusammenlebten. Die Paare nahmen einzeln an einer Gestaltübung teil, in denen die Partner angeleitet wurden, sich zunächst ihre Projektionen und in einer anschließenden Verarbeitungsphase Gefühle und Eindrücke aus der vorherigen Gestaltübung mitzuteilen. Diese dritte Phase wurde aufgezeichnet und jedes Segment (z.B. jede Äußerung) klassifiziert. Bewertet wurden (a) Qualität der Erfahrungsorganisation, (b) Ausdrucksstil und (c) Sprache. Die Interrater-Reliabilität erwies sich als relativ niedrig: 63 bis 71 Prozent Übereinstimmungen unkorrigiert, nur 37 bis 47 Prozent bei Korrektur nach Cohen. Die Autoren kommen zu dem Schluss, dass sich in den statistischen Befunden der Kategorienhäufigkeiten von aufeinander folgenden Äußerungen der Partner, der wechselseitige Einfluss der Partner wiederspiegelt. Kategoriensystem und vorliegende Befunde werden als vorläufig (»exploratory«) bewertet.

Lieberman, M.A., Yalom, I.D. & Miles, M.B. (1973). *Encounter groups: first facts.* New York: Basic Books.

Eine der frühesten und gleichermaßen umfangreichsten Studien zum Vergleich unterschiedlicher humanistischer Gruppentherapien, an der 279 Personen teilnahmen. 210 Personen verteilten sich auf 17 Gruppen folgender Schulen (in Klammern die Anzahl untersuchter Gruppen): Gestalttherapie (2), Psychodrama (2), Transaktionsanalyse (2), Sensivity (1), Gesprächstherapie (1), Synanon (1), Encounter (1), Gruppen ohne Leiter (2), Eclectic (2), sonstige Personal-Growth (2), Psychoanalyse (1). Alle Gruppen wurden von erfahrenen Gruppenleitern über 30 Stunden geleitet. 69 Personen bildeten die Vergleichsgruppe. Über 19 verschiedene Fragebögen wurden Veränderungen der Klienten über retrospektive Selbst- und Fremdeinschätzungen durch die Therapeuten erhoben. Follow-up-Erhebungen erfolgten nach drei bis sechs Monaten. Varianzanalysen ergaben positive Veränderungen auf 33 Variablen in den Behandlungsgruppen, z.B. erhöhte Selbstachtung, Veränderungen innerer Werte. In den Fremdeinschätzungen traten in einer Reihe von Variablen auch Verschlechterungen auf. Die Mehrzahl der Befunde werden über alle Behandlungsgruppen gepoolt berichtet. Trotz ihres beträchtlichen Umfangs weist diese Studie doch erhebliche Mängel auf. Insbesondere: (a) eine relativ hohe Zahl von Drop-outs (ca. 20 Prozent), (b) keine vollstän-

digen Untersuchungen vor Beginn der Behandlung, (c) ungleiche Behandlungszeiten. Für alle Gruppen wurden qualitative Berichte von teilnehmenden Beobachtern angefertigt.

Little, L.F. (1986). Gestalt therapy with parents when a child is presented as the problem. *Family Relations: Journal of Applied Family & Child Studies, 35,4,* 489-496.

Wenn Eltern ihre Kinder als problematisch erleben, kann dies, so die Autorin, in den Einstellungs- und Wertesystemen der Eltern selbst begründet sein. Basierend auf dieser Annahme, nahmen zehn Väter und Mütter über zehn Sitzungen á zwei Stunden an einer Gestaltgruppentherapie teil. Geprüft wurden bei den Eltern die Änderungen der Wertvorstellungen mit einer von der Autorin entwickelten Skala (Little Parental Valuing Styles Scale). Acht Elternteile bildeten die unbehandelte Kontrollgruppe, die gleichermaßen an Vor- und Nachuntersuchungen teilnahmen. Die Befunde entsprechen in hohem Maße den Vorhersagen: Verschiedene uni- und multivariate Prüfverfahren ergaben signifikante Veränderungen der elterlichen Werte in der Experimentalgruppe auf fünf von sechs Subskalen des Erhebungsinstruments sowie einen erwartungsgemäßen Unterschied in der Posterhebung zwischen behandelter und unbehandelter Gruppe.

Ludwig, G. & Vormann (1981). Katamnestische Untersuchung für die therapeutische Gemeinschaften der STEP-Gem. Gesellschaft für Sozialtherapie und Pädagogik mBH für den Zeitraum 1973-1980. *Informationen aus der Therapiekette Niedersachsen, 1.*

Vorgestellt werden katamnestische Daten von 142 Ex-Drogenkonsumenten, die sich im Zeitraum von 1973-1980 in sozialtherapeutischer Behandlung innerhalb einer therapeutischen Gemeinschaft befanden. Die Behandlung umfasst verschiedene Aspekte einschließlich eines gestalttherapeutischen Ansatzes. Daten der hier vorgestellten Katamnesen beziehen sich auf Entlassungen, die zum Untersuchungszeitpunkt ein bis neun Jahre zurückliegen. Die Darstellung gibt eine Reihe von deskriptiven Daten zur Drogenabstinenz und beruflich-sozialen Integration: Dabei ergibt sich insgesamt über den gesamten erfassten Zeitraum ein Anteil von 70,5 Prozent Ex-Drogenkonsumenten, die dauerhauft drogenstabil leben. Der Bericht umfasst weitere qualitative Daten zum beruflichen und sozialen Werdegang, die teilweise geschlechtsspezifisch aufgeschlüsselt sind.

Machado, P.P.P., Beutler, L.E. & Greenberg, L.S. (1999). Emotion recognition in psychotherapy: impact of therapist level of experience and emotional awareness. *Journal of Clinical Psychology, 55,1,* 39-57.

Den emotionalen Zustand einer anderen Person genau identifizieren und beschreiben zu können, ist eine Fähigkeit, die für einen Psychotherapeuten nötig ist, um sich in einen Patienten einzufühlen. Gleichermaßen ist diese Fähigkeit wichtig, um verlässliche und zutreffende Psychotherapie-Prozessratings in der Forschung zu bekommen. Hier wird in zwei Studien die Genauigkeit untersucht, mit der Emotionen und die emotionale Intensität, wie sie von den Patienten ausgedrückt wird, identifiziert wird. Als Material dienten Therapiemitschnitte aus der Arizona-Treatment-of-Depressen Studie (Beutler et al. 1991). In einer ersten Untersuchung wurde evaluiert, wieweit Emotionen, wie sie in einer Therapiesitzung vorkommen, verlässlich festgestellt und diskriminiert werden können. In der zwei-

ten Studie wurden dann verschiedene Variablen variiert, um ihren Einfluss auf die Genauigkeit der Einschätzung von Emotionen herauszufinden. Um den Einfluss therapeutischer Erfahrung abschätzen zu können, wurden 36 erfahrene Therapeuten und 36 (undergraduate) Psychologiestudenten, die vor hatten, Therapeuten zu werden, miteinander verglichen. Repräsentative Ausschnitte aus Psychotherapiesitzungen wurden den Probanden auf drei verschiedene Weisen dargeboten, um die Größe der Bedeutung von verbalen gegenüber nonverbalen Hinweisreizen für die genaue Identifikation differenzieren zu können. Die Ergebnisse zeigen, dass sich, obwohl Therapeuten Emotionen präziser identifizieren als Nicht-Therapeuten, zwischen beiden Gruppen kein Unterschied fand hinsichtlich der Genauigkeit in der Einschätung der Intensität der Emotionen. Dabei hing die Genauigkeit der Ratings bei den Psychotherapeuten weniger von den verbalen Hinweisreizen ab als bei den Nicht-Therapeuten. Zuletzt hing die Genauigkeit, spezifische Emotionen identifizieren zu können, mit dem Grad der Bewusstheit (awareness) der eigenen Gefühle zusammen, wobei die Awareness der eigenen Emotionen keinen Einfluss darauf hatte, wie genau spezifische Emotionen identifiziert werden konnten, wohl aber auf die Genauigkeit des Ratings der emotionalen Intensität.

Mackay, B. (2002). Effects of Gestalt therapy two-chair dialogues on divorce decision making. *Gestalt Review, 6,3,* 220-235.

Die Autorin geht dem Drei-Stufen-Modell des gestalttherapeutischen Dialogs mit zwei Stühlen (Intervention nach Greenberg 1979; 1983) experimentell nach. Inhaltlich untersucht die Autorin Entscheidungsprozesse zu der Frage einer Scheidung vom Partner, die mit dem Dialog mit zwei Stühlen bearbeitet werden. Eine strukturierte Q-Sort-Methode (Q-Sort) verwendet sie, um die zwei zweistufigen Faktoren Kontakt C (contact nicht-unterbrochen vs. unterbrochen) sowie Konfliktlösung CR (conflict resolution: gelöst vs. nicht-gelöst) in einem 2x2-faktoriellen Design auf Interaktionen zu untersuchen. Angenommen wurde, dass die Faktoren C und CR interagieren vor und nach einer für den Prozess der Entscheidungsfindung in der Frage einer Scheidung erfolgreichen und nicht-erfolgreichen Therapie. Acht Teilnehmer, die ambivalent waren hinsichtlich der Frage, ob sie sich scheiden lassen wollen, führten die Q-Sort-Methode vor und nach sechs Therapiesitzungen, in denen mit Zwei-Stuhl-Methode gearbeitet wurde, durch. Die Ergebnisse bestätigen teilweise die aus dem dreistufigen Modell (opposition, merging, integration) abgeleiteten Vorhersagen. Wenn die Therapie erfolgreich verlief, interagierten die Faktoren CR un C wie vorhergesagt. War sie jedoch nicht erfolgreich, interagierten sie nicht im Sinne der Vorhersage. Die Faktoren CR und C interagierten bei den Probanden nicht, die einen starke Unterbrechung ihres Kontaktes erlebten, was die Autorin interpretiert im Sinne einer möglichen Vorstufe zu dem Modell.

Mahrer, A.R., Dessaulles, W.P., Nadler, W.P., Gervaize, P.A. & Sterner, I. (1987). Good and very good moments in psychotherapy: Content, distribution, and facilitation. *Psychotherapy, 24,1,* 7-14.

Untersucht werden Inhalt, Verteilung und Zustandekommen von wichtigen Momenten in der Psychotherapie. Zehn Rater (Psychologie-Studenten, Doktoranden und klinische Psychologen) analysieren 86 Klienten-Äußerungen aus der 34. und 106 Äußerungen aus der 35. Sitzung einer 63 Sitzungen umfassenden erfahrungsorientierten Psychotherapie eines 37-jährigen Managers. Die Ergebnisse zeigen, dass (1) ein großer Anteil von wichtigen

(55 Prozent aller Klienten-Äußerungen) und sehr wichtigen Momenten (38 Prozent aller Klienten-Äußerungen) in beiden Sitzungen vorkamen, (2) eine Verteilung von wichtigen und sehr wichtigen Momenten in einer bestimmten Untergruppe der 12 Kategorien zu finden war: (a) wichtiges Material über die Person oder Beziehungen, (b) expressive Kommunikation, (c) Ausdruck starker Gefühle außerhalb der Therapie und (d) Feststellen einer qualitativen Veränderung eines persönlichen Zustandes, (3) eher Serien von wichtigen Momenten als Einzelereignisse auftraten, sich in der Sitzung Stadien oder Phasen und (4) distinktive Cluster von wichtigen Momenten identifizieren ließen. (5) Aus den Daten ließen sich Hypothesen ableiten über die therapeutischen Methoden, die effektiv sind, um wichtige Therapiemomente herzustellen und aufrecht zu halten.

Mahrer, A.R., Nifakis, D.J., Abhukara, L. & Sterner, I. (1984). Microstrategies in psychotherapy: the patterning of sequential therapist statements. *Psychotherapy, 21,4,* 50-56.

Das Ziel der Studie besteht darin, das Konzept von therapeutischen »Mikrostrategien« zu beleuchten, wobei unter »Mikrostrategien« ein »organisiertes Muster sequentieller Therapeutenmuster in einer Sitzung« verstanden wird. Untersucht werden dabei die Mikrostrategien prominenter VT-, GT- und Gestalttherapeuten über ihre Äußerungen in acht dokumentierten Sitzungen mit sechs Klienten. Gerated werden insgesamt 923 Therapeutenstatements. Die Ergebnisse zeigten an, dass jeder der drei Therapeuten eine spezifische Mikrostrategie verfolgt und dies über verschiedene Klienten und Sitzungen hinweg. Die Autoren diskutieren den »Mikrostrategie«-Begriff im Sinne eines sinnvollen Untersuchungsinstruments der Therapieprozessforschung.

Mahrer, A.R., Sterner, I., Lawson, K.C. & Dessaulles, A. (1986). Microstrategies: distinctively patterned sequences of therapist statements. *Psychotherapy, 23,1,* 50-56.

Unter »Mikrostrategien« werden hier sequentielle Muster von miteinander in Verbindung stehenden Therapeutenäußerungen verstanden, wie sie unabhängig vom Klientenverhalten auftreten. Das Ziel der vorliegenden Studie besteht darin, Mikrostrategien von sechs prominenten Therapeuten zu identifizieren, die aus sechs verschiedenen Schulen stammen: Gestalttherapie, Jungianische Analyse, VT, GT, Beziehungsdynamische und Rational-emotive Therapie. Die Befunde von Ratings der Therapeutenäußerungen weisen darauf hin, dass jeder der Therapeuten eine andere Mikrostrategie verwendet. Den Anteil einer Mikrostrategie zuzurechnenden Äußerungen geben die Autoren mit einer Schwankung zwischen 39 Prozent und 80 Prozent an. Die Diskussion umfasst Gemeinsamkeiten und Besonderheiten der sechs Mikrostrategien sowie weitere Linien für zukünftige Forschungen zu Mikrostrategien als Teil der Therapieprozessforschung.

Mahrer, A.R., White, M.V., Howard, M.T., Gagnon, R. & MacPhee, D.C. (1992). How to bring about some very good moments in psychotherapy sessions. *Psychotherapy Research, 2,4,* 252-265.

Tonbandaufnahmen und Transkripte von sechs Therapiesitzungen fünf prominenter Gestalttherapeuten bilden die Datenbasis der Studie, die an die früheren Arbeiten der Arbeitsgruppe anknüpft. Zwölf Psychologen raten die einzelnen Äußerungen von Therapeut und Klient nach dem Auftreten wichtiger Therapiemomente (»good moments«). In einem zweiten Schritt werden Therapeutenhandlungen (operations) identifiziert, die als instrumentell für das folgende Auftreten wichtiger Therapiemomente angesehen werden können. In den Ergebnissen werden sechs Kategorien von wichtigen Therapiemomenten vorgeschlagen sowie konkrete und explizite Therapeutenoperationen, die den wichtigen Therapiemomenten vorausgehen und diese herbeiführen.

Mahrer, A.R., White, M.V., Howard, M.T. & Lee, A.C. (1991). Practitioner methods for heightening feeling expression and confrontational strength. *Psychotherapy in Private Practice, 9,2,* 11-25.

Über eine intensive Prozessanalyse von Sitzungen, die von einem bekannten Gestalttherapeuten durchgeführt wurden, können in einer ersten Phase der Untersuchung zwei Arten Ereignissen in einer therapeutischen Sitzung als bedeutsam für Veränderungsprozesse des Klienten extrahiert werden: (1) erhöhter Gefühlsausdruck und (2) erhöhte Konfrontationsstärke. In einer zweiten Untersuchungsphase werden zwei therapeutische Methoden identifiziert, die das Vorkommen und die Aufrechterhaltung von bedeutsamen Veränderungsereignissen fördern. Ein von Mahrers Arbeitsgruppe entwickeltes Kategoriensystem dient dabei, wichtige Momente zu identifizieren.

Martinez, M.E. (2002). Effectiveness of operationalized Gestalt therapy role-playing in the treatment of phobic behaviors. *Gestalt Review, 6,2,* 148-167.

Untersucht wird gestalttherapeutische Arbeit mit phobischer Störung. Basis ist dabei die Annahme, dass Vermeidungsverhalten aufrechterhalten wird, indem Selbsanteile wie aversive Eigenschaften eines phobischen Stimulus nicht als eigen und selbstproduziert anerkannt sondern projiziert werden. Die Autoren vergleichen dies mit der gestalttherapeutischen Auffassung vom Traum, in der angenommen wird, dass Selbstanteile projiziert werden. Die Zurücknahme der Projektion über gestalttherapeutisches Rollenspiel kann indessen, so die Hypothese, zu einer Verminderung von Vermeidung in phobischem Verhalten führen. 24 Teilnehmer mit mehrjährigen Phobien wurden zufällig einer von drei Gruppen zugeordnet, in denen Rollenspiele in den folgenden verschiedenen Formen durchgeführt wurden: (1) vollständige Behandlung (full treatment FT): Rollenspiel von beiden Seiten sowohl der (a) aversiven Eigenschaften eines phobischen Stimulus als auch (b) der phobischen Reaktion, (2) Stimulus-Rollenspiel (stimulus role play SRP): Das Rollenspiel umfasst nur die einem phobischen Stimulus zugeordneten aversiven Eigenschaften und (3) Rollenspiel der Reaktion (response role play (RRP): Das Rollenspiel umfasst nur die phobische Reaktion. Über verschiedene (Angst-Symptom-) Maße (SRI, STAI, FSS) hinweg erweisen sich die unter (1) FT und (2) SRP genannten Rollenspiele, die eine Darstellung der aversiven Eigenschaften einschließen, der 3. Form des Rollenspiels (3) RRP als überlegen, d.h. die Rollenspiel-Darstellung, die aversive Stimulus-Eigenschaften einschließt, führt zu einer stärkeren Verminderung der Phobien als die Reaktionsdarstellung, die allein die Reaktion umfasst. Die Autoren interpretieren die Ergebnisse im Sinne der gestalttherapeutischen Projektionsauffassung, dass phobisch aversive Eigenschaften eines Stimulus selbstkonstruiert sind. Eine Umstrukturierung, die im Sinne der Autoren »kognitiv« und mit der Symptomverminderung verbunden ist, lässt sich nach Auffassung der Autoren effektiver erreichen, wenn im Rollenspiel die aversiven Eigenschaften des phobischen Stimulusstatt der phobischen Reaktionen dargestellt werden. Das gleichermaßen erhobene Semantische Differential SD liefert schwer interpretierbare Ergebnisse. Die Autoren illustrieren ihre verschiedenen Versuchsbedingungen mit kurzen, prägnanten Dialogsequenzen.

Mecheril, P. & Kemmler, L. (1992). Vergleich des sprachlichen Umgangs mit Emotionen in Gestalttherapie und Psychoanalyse. *Integrative Therapie, 4,* 346-362.

Untersucht werden Therapieaufzeichnungen aus 40 Sitzungen auf den sprachlichen Umgang mit Emotionen. Dabei stammen jeweils zehn dreißigminütige Gesprächsauschnitte aus gestalttherapeutischen und zehn aus psychoanalytischen Sitzungen (weitere Daten und Befunde aus GT und Rational-emotiven Therapiesitzungen werden in der vorliegenden Publikation nur zum Vergleich herangezogen und nicht detailliert berichtet). Ein fünfstufiges Kategoriensystem dient dabei zur Kategorisierung des emotionalen Ausdrucks einzelner Klienten- und Therapeutenäußerungen. Gleichzeitig werden Therapeuten der genannten Therapierichtungen befragt, bezogen auf ihre Erwartungen zu den Häufigkeiten emotionalen Ausdrucks. In Gestalttherapie und Psychanalyse gleichermaßen finden sich die meisten Äußerungen im Bereich emotional gefärbter Äußerungen, die eine kognitiv-bewertende Komponente haben. Die Therapien unterscheiden sich insofern wenig, bezogen auf den emotionalen Ausdruck im hier erfassten Sinne. Dagegen unterscheiden sich stärker die Erwartungen der Therapeuten bezogen auf die Häufigkeiten entsprechend ihrer Schulenzugehörigkeit.

Mestel, R. & Votsmeier-Röhr, A. (2000). Long-term follow-up study of depressive patients receiving experiential psychotherapy in an inpatient setting. *Vortrag gehalten auf dem: 31st Annual Meeting der Society for Psychotherapy Research* (SPR) in Chicago, USA.

Mestel & Votsmeier-Röhr führten an der psychosomatischen Klinik Bad Grönenbach eine katamnestische Studie mit 800 nach ICD-10 als unipolar depressiv eingestuften Patienten ohne psychotische Symptome durch. Die Patienten wurden ein und drei Jahre nach Abschluss einer stationären Psychotherapie befragt. Die psychotherapeutische Behandlung bestand in einer integrativen experiellen Behandlungsform, wobei Mestel et al. an erster Stelle die Gestalttherapie nennen. Indessen ist in dieser Studie der Einfluss der gestalttherapeutischen Behandlungselemente konfundiert mit anderen experiellen Elementen. Als Untersuchungsinstrumente dienten (1) das Beck'sche Depressions Inventar (BDI), (2) die Symptomcheckliste (SCL-90-R), (3) das Inventar interpersonaler Probleme (IIP) und (4) die strukturelle Analyse von sozialem Verhalten (SASB). Die Ergebnisse zeigten starke bis mittlere Verbesserungen auf den Indizes für depressive und allgemeine Symptome in den Selbstakzeptanz-Skalen des SASB, jedoch geringere Verbesserungen bei den interpersonalen Problemen.

Moran, M., Watson, C.G., Brown, J., White, C. & Jacobs, L. (1978). Systems Releasing Action therapy with alcoholics: an experimental evaluation. *Journal of Clinical Psychology, 34,3,* 769-774.

Studie zu einer Therapie für Alkoholabhängige: Die »Systems-Releasing-Action«-Therapie (SRAT) wird beschrieben als Methode, die auf Gestalttherapie und Bioenergetik basiert. 56 Patienten mit Alkoholproblematik wurden im Rahmen einer stationären Rehabili-

tationsbehandlung zufällig einer Therapie- und einer Kontrollgruppe, die keine zusätzliche therapeutische Behandlung erhielt, zugewiesen. Drei Wochen nach Abschluss der Behandlung durchgeführte medizinische und psychologische Untersuchungen ergaben für die Patienten der Behandlungsgruppe signifikante Verbesserungen auf dem State/Trait Anxiety Inventory (STAI), d.h. psychotherapeutisch behandelte Patienten zeigten deutliche Veränderungen in ihrer Ängstlichkeit, die sich so bei den unbehandelten nicht fand. Persönlichkeitsveränderungen konnten für die Experimentalgruppe, nicht aber für die Kontrollgruppe, auf der Subskala zur Hysterie des MMPI festgestellt werden. Weitere zwischen den Gruppen differenzierende Effekte traten nicht auf. In der Tendenz vorliegende Gruppenunterschiede in vorhergesagter Richtung einer Follow-up-Erhebung nach sechs Monaten (z.B. zum Trinkverhalten) verfehlten die Signifikanzgrenze. Bei einer allgemeinen Bewertung der Studie und ihrer Befunde kann als problematisch gelten, dass die therapeutische Behandlung neben allen in der Klinik üblichen Rehabilitationsmaßnahmen durchgeführt wurde, so dass auch die Kontrollgruppe nicht wirklich unbehandelt blieb. Dies mag zur Verwischung der Gruppenunterschiede beigetragen haben.*

Mulder, C.L., Antoni, M.H., Emmelkamp, P.M.G., Veugelers, P.J., Sandfort, T G.M., van de Vijver, F.A.J.R. & de Vries, M.J. (1995). Psychosocial group intervention and the rate of decline of immunological parameters in asymptomatic HIV-infected homosexual men. *Psychotherapy and Psychosomatics, 63,* 185-192.

Berichtet werden Daten der 1994 von Mulder at al. erstmals publizierten Studie (s.u.). Das Ziel der Studie bestand darin, die Rate der Abnahme von immunologischen Parametern nach der Gruppenintvervention zu bestimmen. 26 asymptomatisch HIV-infizierte homosexuelle Männer nahmen teil an einer kognitiv-behavioralen Gruppentherapie (CBT; n = 14) oder einem erfahrungsorientierten gestalt-gruppentherapeutischen Programm (GT; n = 12) von 15 Wochen Dauer. Als Outcome-Maße dienten Veränderungen in der Abnahme der CD4-Zellen sowie T-Zellen-Vermehrung als Reaktion auf die Verabreichung von anti-CD3 monoclonalen Antikörpern. Die immunologischen Maße wurden vor und 24 Monate nach der Gruppenintervention erhoben. Es wurden keine Unterschiede in der Abnahme der CD4-Zellen zwischen der CBT- und der GT-Bedingung gefunden, wobei keine signifikanten Veränderungen in der Anzahl der CD4-Zellen vor und nach der Intervention festgestellt werden konnten. Indessen zeigten diejenigen Probanden, die stärkere Abnahmen in ihren Störungen zeigten, gleichermaßen eine geringere Abnahme in den CD4-Zellen. Während die Rate der Abnahme bei den T-Zellen-Reaktionen nach beiden Interventionen signifikant geringer war, wurde eine ähnlich positive Entwicklung in den T-Zellen-Reaktionen bei einer Vergleichsgruppe von 149 HIV-infizierten Männern mit ähnlichen demographischen, psycho-sozialen und immunologischen Charakteristika gefunden, die nicht an einer der beiden Interventionen teilgenomen hatten. Die Autoren kommen zu dem Schluss, dass die psychosozialen Interventionsprogramme, die hier getestet wurden, keine Veränderungen bei der CD4-Zellen-Abnahme oder den T-Zellen-Reaktionen verursacht haben und dass die Abnahme in der Belastung verbunden war mit einem Anstieg der Anzahl der CD4-Zellen.

Mulder, C.L., Emmelkamp, P.M.G., Antoni, M.H., Mulder, J.W., Sandfort, T.G.M. & de Vries, M.J. (1994). Cognitive-Behavioral and Experiential Group Psychotherapy for Asymptomatic HIV-Infected Homosexual Men: A Comparative Study. *Psychosomatic Medicine, 3,* 271-288.

Das Wissen um eine HIV-Infektion bringt psychisches und soziales Leiden mit sich, vor allem Angst, Depression und soziale Isolation. Die Teilnahme an psychosozialen Interventions-Programmen kann zur Bewältigung dieser Probleme beitragen. Noch ist wenig bekannt über die Effektivität verschiedener Interventionsstrategien. Die Autoren führten eine Studie mit einem Zufallsdesign durch, um die Effektivität von einer kognitiv-behavioralen und einer erfahrungsorientierten (Gestalt-) Gruppentherapie zu untersuchen. Beide Therapien liefen über 17 Sitzungen in 15 Wochen. Der Hauptbefund dieser Studie bestand darin, dass die Gruppentherapien die Symptomlage unabhängig von der therapeutischen Schule signifikant verbessern. Die beiden Therapieformen unterschieden sich nicht in ihren Wirkungen auf psychisches Leiden und andere psychosoziale Aspekte. Es konnten keine signifikanten Veränderungen festgestellt werden bezogen auf Bewältigungsstile, soziale Unterstützung und emotionalen Ausdruck im Vergleich zur unbehandelten Kontrollgruppe.

Nichols, R.C. & Fine, H.J. (1980). Gestalt therapy: some aspects of self-support, independance, and responsibility. *Psychotherapy: Theory, Research and Practice, 17,2*, 124-135.

14 Studenten wurden zufällig in eine Behandlungs- und eine Kontrollgruppe aufgeteilt, ohne die Gruppenzugehörigkeit bekannt zu geben. In einem Zeitraum von zehn Tagen nahm die Behandlungsgruppe an vier Gruppensitzungen von 2 1/2 bis 3 Stunden teil. Überprüft wurden Veränderungen der Selbst-Unterstützung (self-support), der Verantwortlichkeit und der Unabhängigkeit in den drei Bereichen: (a) Selbstbild, das über Adjektivlisten aus der Interpersonal Adjective Checklist (IAC) erfasst wurde, (b) ausgedrückte Werte der Individuen (Statementliste nach Barron 1953, SL) und (c) Phantasieproduktionen der untersuchten Probanden, untersucht über TAT. Gruppenunterschiede in vorhergesagter Richtung ließen sich nur beim Selbstbild der Probanden nachweisen; Personen der Behandlungsgruppe erwiesen sich nach der Behandlung als verantwortlicher, unabhängiger und sich selbst unterstützender. In den Daten des TAT fanden sich bei den Behandelten Veränderungen in entgegengesetzter Richtung zur Vorhersage. Die Autoren empfehlen für künftige Untersuchungen einen längeren Behandlungszeitraum.

O'Dell, S. & Seiler, G. (1975). The effects of short-term personal growth groups on anxiety and self-perception. *Small Group Behavior, 6*, 251-271.

Verglichen werden jeweils eine Gestalt- (n = 15), Encounter- (n = 15), Selbsterfahrungs- (n = 14) und eine Paar-Kommunikations-Gruppe (n = 6) mit den Verfahren: (a) Personal Data Questionnaire, (b) IPAT Anxiety Scale und (c) Self-Perception Semantic Differential. Vor und nach der Teilnahme an zwei Tagen bzw. acht Stunden Gruppentherapie erhobene Daten ergeben weder Gruppenunterschiede noch lassen sich – unabhängig von der Behandlungsform – Therapie-Effekte feststellen.

O'Leary, E. & Nieuwstraten, I.M. (1999). Unfinished business in gestalt reminiscence therapy: A discourse analytic study. *Counselling Psychology Quarterly, 12,4*, 395-412.

Untersucht wird die Identifizierung und Exploration von »unerledigten Gefühlen« in einer Gestalt-Reminiszenz-Therapie mit älteren Menschen in einem Altenpflegeheim, bestehend aus sechs Frauen und einem Mann, alle über 65 Jahre. Gestalt-Reminiszenz-Therapie er-

möglicht den Teilnehmern, unerledigte Gefühle durchzuarbeiten, die in der Vergangenheit unerledigt geblieben sind. Die theoretische Basis für diesen integrativen Ansatz wird kurz ausgeführt und Auszüge aus Transskripten aus einem sechsjährigen Langzeitprojekt aus Südirland werden verwendet, um das Vorkommen und die Verarbeitung von »unerledigten Gefühlen« in der Therapie zu illustrieren. Audioaufnahmen von einer speziellen Sitzung zum Thema Gefühle wurden transskribiert und dienten als modifizierter Ansatz nach Jefferson, wie er bei Potter & Wetherell ausgeführt wird. Ausführliche Transskripte werden vorgestellt. Transskripte wurden kritisch auf die Identifizierung und Selektion von »unerledigten Gefühlen« hin gelesen von einer Gruppe aus drei Ratern und ausgewählte Auszüge wurden dann inhaltsanalytisch ausgewertet. Die Inhaltsanalyse fokussiert auf die folgenden Aspekte: (a) »unerledigtes Gefühl« (allgemein), (b) die Einführung von »unerledigtem Gefühl« in der Gruppe, (c) das eigene Modell von »unerledigtem Gefühl«, (d) die Rolle der Gruppe bei »unerledigtem Gefühl«, (e) Coping-Mechanismen für »unerledigtes Gefühl«. Die Ergebnisse der Studie zeigen, dass ein Ausdruck von »unerledigtem Gefühl« bei älteren Menschen meistens in unpersönlicher Sprache ausgedrückt erfolgt. Die Aufgabe des Therapeuten besteht dann darin, ihnen zu helfen, diesen Punkt persönlich zu machen, ihn zu erforschen und abzuschließen. Die anderen Gruppenteilnehmer übernehmen dabei die Rolle eines griechischen Chores für die therapeutische Arbeit des jeweils arbeitenden älteren Menschen.*

O'Leary, E. & Page, R. (1990). An evaluation of a person-centred Gestalt group using the semantic differential. *Counselling Psychology Quarterly, 3,1,* 13-20.

Untersucht werden Typen von Haltungsänderungen unter sieben Studenten, die selbst Beratung durchführen, vor und nach der Teilnahme an einer personenzentrierten Gestaltselbsterfahrungsgruppe. Als Untersuchungsinstrument dient das Semantische Differential (SD). Die Ergebnisse zeigen, dass die Teilnehmer auf der Potenzskala des Semantischen Differentials die Konzepte: Gestalttherapie, Liebe und Zukunft höher bewerten als die der Kontrollgruppe (ebenfalls sieben Personen).

Paivio, S.C. & Greenberg, L.S. (1995). Resolving »unfinished business«: Efficacy of experiential therapy using empty-chair dialogue. *Journal of Consulting and Clinical Psychology, 63,3,* 419-425.

34 Klienten mit nach GSI/SCL-90-R erhöhter Depressivität, Angst und interpersonalen Problemen in Zusammenhang mit unerledigten Gefühlen (»unfinished business«) gegenüber für sie wichtigen Personen wurden zufällig entweder einer erfahrungsorientierten Therapie mit gestalttherapeutischer Dialogarbeit (»empty chair intervention« ECH) oder einer Aufmerksamkeits-Placebo-Bedingung zugewiesen. Die letztere bestand in einer psychoedukativen Gruppe (»psychoeducational group« PED), in der Informationen über »unfinished business« angeboten wurden. Behandlungseffekte wurden jeweils vor und nach einer Behandlungsperiode sowie vier Monate und ein Jahr danach erfasst. Erhebungsinstrumente zielten auf die Erfassung von genereller Symptomatologie (GSI, SCL-90-R), interpersonalen Problemen (IIP), Zielproblematik (TC), Lösungen von unerledigten Gefühlen und Wahrnehmungen von sich selbst und anderen in der Beziehung mit eben diesen unerledigten Gefühlen (UFB-RS) sowie die Zusammenarbeit von Therapeut und Klient (WAI). Die Ergebnisse zeigten an, dass die erfahrungsorientierte Therapie für die meisten

Klienten klinisch bedeutungsvolle Ergebnisse erzielte und signifikante größere Verbesserungen als die psychologische Informationsgruppe in allen Erhebungsvariablen. Die Behandlungserfolge der erfahrungsorientierten Therapie blieben im 4-Monats- und 1-Jahres-Follow-up erhalten, außer das SASB-Maß »Introjekt«, was die Autoren auf eine zu kleine Gruppengröße wegen der Drop-uuts im 1-Jahres-Follow-up zurückführen.

Paivio, S.C. & Nieuwenhuis, J.A. (2001). Efficacy of emotion focused therapy for adult survivors of child abuse: A preleminary study. *Journal of Traumatic Stress, 14,* 115-133.

Untersucht wurde die Effektivität einer emotionsfokussierenden Therapie (Emotion Focussed Therapy – Adult Survivers EFT-AS) mit 32 Erwachsenen, die in der Kindheit emotional, körperlich oder sexuell missbraucht worden sind. Die Untersuchungsgruppe wurde über telefonische Interviews ausgewählt, aus einer Gesamtheit 110 Personen, die auf Annoncen zu einem Angebot einer kostenlosen Kurzzeittherapie zu physischem, emotionalem und sexuellem Missbrauch in der Kindheit geantwortet hatten. EFT-AS ist eine 20-wöchige Einzelpsychotherapie, die auf der aktuellen Emotionstheorie und der Theorie und Forschung zu den Erfahrungsorientierten Therapien basiert. In der Studie wurde ein quasi-experimentelles Design angewendet, in dem die Teilnehmer, welche die Screeningkriterien erfüllten, der Treatmentbedingung oder einer variabel zeitverzögerten Therapiebedingung zugeordnet wurden. Als Untersuchungsinstrumente dienten die Impact of Event Scale (IES), zur Erfassung von traumabezogenen Störungen und Vermeidungsverhalten, die Symptomcheckliste SCL90-R mit dem globalen Symptomparameter GSI. Zur Erfassung von Problemen, die Klienten in der Therapie erarbeiten wollen, wurde der Target Complaints Discomfort Questionnaire (TC) sowie zur Einschätzung der interpersonalen Probleme das Inventory of Interpersonal Problems (IIP) eingesetzt. Die Resolutionscale RS diente zur Erfassung, wie weit die Konflikte mit spezifischen Personen der Vergangenheit gelöst werden konnten und die Structural Analysis of Social Behavior Introject Index (SASB), um zu ermitteln, wie die Patienten mit sich selber umgehen. Als Vorhersagemaße dienten: Childhood Trauma Questionnaire Klienten (CTQ), das PTSD-Interview zur Erfassung der Schwere der Symptomatik mit einem globalen Index PSS-I. Als Prozessmaße dienten zur Erfassung in das Arbeitsbündnis der Working Alliance Inventory (WAI), sowie zur Kontrolle der Interventionsgenauigkeit die EFT-Checkliste. Die Behandlung bestand aus 20 einstündigen wöchentlichen Sitzungen, entsprechen dem Treatment Behandlungsmanual von Paivio (1996), das den generellen Prinzipien emotionsfokussierter Therapie (Greenberg und Paivio 1997 und Greenberg, Rice & Elliott 1993) entsprach. Klienten, die mit EFT-AS behandelt worden waren, erreichten signifikante Verbesserungen in verschiedenen Störungsbereichen. Klienten unter der zeitverzögerten Behandlungsbedingung zeigten minimale Verbesserungen im Warteintervall, aber nach der Behandlung durch EFT-AS signifikante Verbesserungen vergleichbar mit der Treatmentgruppe, die sofort mit der Behandlung begonnen hatten. Die Effekte waren stabil im Follow-up nach neun Monaten.

Pauls, H. (1992). Evaluation des Psychologischen Dienstes im Kinderheim Bachtelen. *In: Kinderheim Bachtelen Grenchen (Hrsg.): 100 Jahre im Dienst von Kindern,* 255-285.

Diagnostische Studie (N = 30) im Kinderheim Bachtelen, Schweiz, einem Heim mit gestalttherapeutischer Grundorientierung für verhaltensauffällige, psychisch gestörte und sprachbehinderte Kinder und Jugendliche. Die Studie gibt Hinweise auf Zusammenset-

zung, Variationsbreite und Stärke der Störungen (klinisch-psychiatrische Syndrome, Entwicklungsrückstände und abnorme psychosoziale Umstände) der im Heim pädagogisch und gestalttherapeutisch betreuten und behandelten Kinder. Die Störungen umfassen beispielsweise Neurosen (Angstneurosen 40 Prozent, hypochondrische Neurosen sieben Prozent), Störungen des Sozialverhaltens (50 Prozent, z.B. Aggressivität), emotionale Störungen (26 Prozent) und hirnorganisches Psychosyndrom (53 Prozent). Sich aus den Störungsformen ergebende Implikationen und Empfehlungen für die pädagogische und therapeutische Arbeit werden erörtert.*

Pauls, H. & Reicherts, M. (1999). Empirische Forschung in der Gestalttherapie am Beispiel eines praxisorientierten Forschungsprojektes. In: Fuhr, R., Sreckovic, M. & Gremmler-Fuhr, M. (Hrsg.). *Das Handbuch der Gestalttherapie,* 1137-1160.

Ein derzeit laufendes empirisches Forschungsprojekt zur Wirksamkeit längerfristiger gestalttherapeutischer Einzelbehandlung mit klinischen Fällen aus der therapeutischen Alltagspraxis. Das Vorgehen beinhaltet Voruntersuchungen, Erhebungen nach jeder 15. Sitzung, sowie Katamnesen 15 Wochen nach Behandlungsabschluss. Eine Warte-Kontrollgruppe dient dem Vergleich. Erhebungsinstrumente zur Symptomatik, Persönlichkeit, Therapieerfolg, sowie Einschätzungsbögen nach jeder Sitzung und qualitative Methoden (gestalttherapeutisches Experiment am Anfang und Ende der Behandlung): SCL-90-R, FPI-R, DOE, ZEA, GE, CEV. Beim derzeitigen Stand von 15 untersuchten Probanden, von denen vier zur Wartekontrollgruppe zählen, zeigen sich effektstarke Befunde auf fast allen genannten Globalmaßen und Subskalen.

Peterson, G. & Bradley, R.W. (1980). Counselor orientation and theoretical attitudes toward counseling: historical perspective and new data. *Journal of Counseling Psychology,* 27, 554-560.

Befragt wurden 54 Verhaltens-, Rational-emotive und Gestalttherapeuten zu ihren Einstellungen und Werten mit einem von den Autoren entworfenen Fragebogen, in dem theroretisch aus den genannten Richtungen abgeleitete Positionen sowie die Beziehungsfaktoren von Rogers abgefragt wurden. Es zeigte sich eine bedeutsame Beziehung zwischen den von Therapeuten vertretenen Schulen und den Faktoren des Fragebogens: Die Gruppen werteten die theoretisch abgeleiteten Einstellungen und Werte der eigenen Schule höher als die der anderen. Es konnten keine Effekte hinsichtlich der Beziehungsfaktoren von Rogers festgestellt werden.

Petzold, H. (1979) Zur Veränderung der sozialen Mikrostruktur im Alter – eine Untersuchung von 40 »sozialen Atomen« alter Menschen. *Integrative Therapie, 1,2,* 51-78.

Morenos Konzept des sozialen Atoms als der kleinsten sozialen Mikrostruktur wird dargestellt. Der Abbau dieser Struktur kann als »soziales Altern« verstanden werden, das zum »sozialen Tod« mit dem Sterben der sozialen Interaktionspartner führt. Zur empirischen Überprüfung diese Konzeptes wurde ein erster Versuch unternommen. 40 soziale Atome alter Menschen zwischen 68 und 82 Jahren wurden aufgezeichnet und mit den Rekonstruktionen der sozialen Atome dieser Menschen im Alter von 40 Jahren verglichen (die Rekon-

struktion erfolgte durch Erinnerungsangaben der Befragten). Es wurden erhebliche Einbußen im Hinblick 1. auf die Quantität der Beziehungen, 2. ihre Qualität (positiv/negativ), 3. auf die Distanz zum Kern, 4. auf die Kohäsion im SA und 5. auf die Konnektiertheit des SA zu den anderen sozialen Bereichen festgestellt und diese fünf Dimensionen in einem Konsistenzwert des SA zahlenmäßig erfasst. Er zeigt mit dem Alter einen deutlichen Abfall. Zwei Gruppen arbeiteten zwölf Monate in Psychodrama und Gestalttherapie. Innerhalb dieser Zeit stieg der Konsistenzwert von Gruppe I um durchschnittlich 16.6 Prozent, in Gruppe II um 20.7 im Vergleich zu den Ausgangsdaten. Im Vergleich zur Kontrollgruppe, die keine Therapie erfahren hatte, sogar um 30.03 Prozent.

Raming, H.R. & Frey, D.H. (1974). A taxonomic approach th the Gestalt theory of Perls. *Journal of Counseling Psychology, 21,3*, 179-184.

Über die theoretischen Ideen von Fritz Perls wird in dieser Studie mit Hilfe einer Inhalts- und Clusteranalyse eine Taxonomie von gestalttherapeutischen Prozessen und Zielen empirisch entwickelt. McQuitty's Methode einer Klassifikation über mehrfache Verbindungen entwickelte drei Zielcluster und zwei Prozesscluster. Die Zielcluster waren benannt als (1) der Organismus und seine Umwelt, (2) Selbst-Awareness und (3) Reifung und Autonomie; als Prozesscluster wurden (1) therapeutisch erfahrene Frustration des Klienten und (2) das Hier-und-Jetzt identifiziert. Zusammenfassungen von typischen Clustern werden beschrieben und die Implikation einer solchen taxonomischen Forschung für die Behandlung diskutiert.

Riedel, H. (2000). Fraktionierte stationäre Psychotherapie. Selbst- und fremdevaluierte Ergebnisse eines integrativ orientierten Behandlungsansatzes bei chronischen Erkrankungen des Bewegungssystems. In: U. Peschel & R. Sandweg (Hrsg.). *Therapiekonzepte und Therapieerfahrungen bei chronischen Schmerzen des Bewegungssystems, Kongreßband zur 7. Fachtagung der Stiftung »Psychosomatik der Wirbelsäule«, Malente-Krummsee 10.-12.6.1999* (S. 167-189). Blieskastel: Stiftung »Psychosomatik der Wirbelsäule«.

Evaluation zur stationär somatischen und gestalttherapeutischen Behandlung von Erkrankungen des Bewegungssystems bei psychischer Mitbedingtheit der Erkrankung, Darstellung der fortgeführten Auswertung (gegenüber Sandweg & Riedel 1998, s.u.). Einbezogen werden konnten hier die Daten von 167 Patienten zum Zeitpunkt der Drei-Jahres-Katamnese. Für die Darstellung des Designs: s. Sandweg & Riedel (1998). Gegenüber der Darstellung von Sandweg & Riedel (1998) werden im vorliegenden Bericht detaillierte Patientenangaben gemacht, insbesondere enthält er eine Differenzierung der Analyse von Patienten, die zu einer Wiederholungsbehandlung in die Klinik kamen. Zwei Drittel der Patienten, die eine Wiederholungsbehandlung (WHB) antraten, hatten nach der Erstbehandlung von den Behandlern der Klinik einen wiederholten Aufenthalt angeraten bekommen. WHB-Patienten, unterscheiden sich nicht in Alter und Geschlecht, beruflichen Tätigkeiten, Schmerzausprägung sowie einer Reihe anderer Krankheitsindikatoren wie Arztbesuche etc., sie sind aber gegenüber den Nicht-Wiederholungspatienten (Nicht-WHB) in weitaus größerem Ausmaß ledig, getrennt, geschieden oder verwitwet. Aus Sicht des Fremdurteils ergaben sich am Ende des Erstaufenthaltes keine Unterschiede auf dem PSKB (z.B. Schmerzausprägung) zwischen WHB-Patienten und Nicht-WHB-Patienten, wohl aber in der Selbstbeurteilung der Pa-

tienten, in der die WHB-Patienten deutlichere Ausprägungen zeigten auf den Symptomen Rückenschmerzen, innere Unruhe und überhöhtes Ordnungsbedürfnis. WHB-Patienten profitieren hinsichtlich Symptomatik und Schmerzen deutlich und in noch stärkerem Maß als die Nicht-WHB-Patienten von der (erneuten) Behandlung, was durch die Fremdbeurteilung in der Drei-Jahres-Katamnese dokumentiert werden kann. Die WHB-Patienten selbst haben eine andere Wahrnehmung, stellen sich nach drei Jahren nicht als gesünder dar als die Nicht-WHB-Patienten. In der Drei-Jahres-Katamnese beschreiben sich WHB-Patienten im PSKB als ängstlicher, depressiver, häufiger mit Alkoholproblemen konfrontiert, nervöser, anspruchlicher und gefügiger als die Nicht-WHB-Patienten. Indessen sind ehemalige WHB-Patienten im sozialen Bereich in weitaus größerem Maße beruflich integriert als die Nicht-WHB-Patienten, wobei die Untersucher zu dem Schluss kommen, dass eine einzige WHB für diese Stabilisierung in den meisten Fällen auszureichen scheint.

Röhrle, B., Schmölder H., & Schmölder, H. (1989). Merkmale sozialer Netzwerke als Kriterien zur Nachuntersuchung von Patienten einer therapeutischen Gemeinschaft. *Zeitschrift für Klinische Psychologie, Psychopathologie und Psychotherapie, 37,3,* 291-302.

Untersucht wurden subjektive und Persönlichkeitsveränderungen von Patienten einer therapeutischen Gemeinschaft vor und nach der Therapie sowie vier Jahre nach ihrer Entlassung. 47 erwachsene Drogen- und Alkoholabhängige gaben subjektive Einschätzungen ihres Gesundheitszustandes und wurden mit dem Gießentest (GT) untersucht. Die stationäre Behandlung erfolgte vor allem im Gruppensetting und umfasste eine Mischung aus psychoanalytischen, verhaltenstherapeutischen, und gestalttherapeutischen Methoden bei einer mittleren Behandlungsdauer von ca. 1/2 Jahr. Die nach der Therapie erhobenen Daten zeigen positive Veränderungen der Klienten auf fünf von sechs Subskalen des GT (Soziale Resonanz, Dominanz, Depressivität, Retention und Soziale Impotenz). Keine Veränderung ergab sich auf der Subskala ›Zwanghaftigkeit‹. Die Behandlungseffekte erwiesen sich im Follow-up als stabil, wobei sich weitere signifikante Verbesserungen auf zwei Subskalen zeigten (Zwanghaftigkeit und Soziale Resonanz). Die Persönlichkeitsdaten werden in weiteren Ex-post-Analysen mit den subjektiven Angaben der Klienten in Beziehung gesetzt.

Rohrbaugh, M. & Bartels, B. (1975). Participants' perceptions of ›curative factors‹ in therapy and growth groups. *Small Group Behavior, 6,* 430-456.

In dieser explorativen und wenig kontrollierten Studie wurden Vergleiche durchgeführt für Gruppen folgender Schulen: eine Gruppe in Gestalttherapie (n = 15), vier in Gesprächstherapie (n = 27), eine in Rational-Emotiver Therapie (n = 5), eine in Transaktionsanalyse (n = 5), vier interaktionelle (n = 27), eine dynamische (n = 6), eine unterstützend-Problem-orientierte (n = 9). Aus den in Klammern angegebenen, variierenden Teilnehmerzahlen wird der wenig systematische Charakter der Studie, der sich auch in unterschiedlicher Behandlungsdauer ausdrückt, deutlich. Nur 72 der 85 Klienten waren bereit, an den Untersuchungen (Fragebögen zur Selbsteinschätzung und Fremdeinschätzung der den Gruppenleiter, Q-Sort) teilzunehmen. Die varianzanalytisch ausgewerteten Daten gaben Hinweise, dass Behandlungsbedingungen der Therapie (Gruppengröße und Dauer) wichtigere Einflussgrößen für den eingeschätzten Therapieerfolg sind als individuelle Personenmerkmale.

Rosner, R. (1996) The Relationship between Emotional Expression, Treatment and Outcome in Psychotherapy. An Empirical Study. Frankfurt a. M.: Peter Lang

Rosner, R., Beutler, L.E., Daldrup, R.J. (2000). Vicarious emotional experience and emotional expression in group psychotherapy. *Journal of Clinical Psychology, 56,1*, 1-10.

Die Autorin analysiert die Prozessdaten von 43 Klienten mit Major Depression Disorder (MDD nach DSMIII) aus der Studie von Beutler et al. (1991, 1993, s.o.) aus den Gruppentherapien (a) kognitiv-behavioraler Therapie (CT) und (b) manualisierter Gestalttherapie (FEP). Die Therapien wurden über 20 wöchentliche Sitzungen à zwei Stunden durchgeführt. Zusammenhänge zwischen Aspekten des emotionalen Ausdrucks, stellvertretende Erfahrungen von Gruppenteilnehmern, die nicht aktiv an einem Problem arbeiten sondern nur teilnehmen, Aktivierung, Qualitäten und Intensitäten von verschiedenen Gefühlen und deren verbalem sowie vokalem Ausdruck in den Sitzungen (Ratings nach CEAS-R und NAI) wurden zwischen den Therapieformen verglichen und Zusammenhänge mit dem Therapieergebnis nach den Sitzungen sowie in verschiedenen Therapiephasen geprüft (Therapieergebnis erfasst nach jeder Sitzung: HRSD; auf den verschiedenen Therapieprozessstufen: BDI). Auf der Basis eines prä-therapeutischen Screenings zum Persönlichkeitsmerkmal: Ärgerunterdrücker (MAI) wurde der Frage nachgegangen, ob Personen, die Ärger unterdrücken, von einer Therapie, die den Ausdruck von Ärger eher fördert (angenommen für die FEP), stärker profitieren. Ergebnisse: 1. Die Befunde konnten die Annahme nicht bestätigen, dass Gruppenteilnehmer, die aktuell nicht arbeiten, stellvertretend ähnliche Emotionen haben, wie aktiv arbeitende Klienten. 2. Obwohl FEP-Klienten intensivere Gefühlserfahrungen erfahren, ergibt sich dabei ein Unterschied zu CT nur für aktiv arbeitende Klienten. Aktiv arbeitende FEP-Klienten empfinden stärker Liebe und Ärger, während aktive CT-Klienten eher Trauer und Angst ausdrücken. 3. Der angenommene Zusammenhang zwischen emotionaler Aktivierung und Therapieergebnis ist schwach und für beide Therapien nur verbunden mit dem Therapieergebnis am Ende der Therapie. 4. Dabei erweist sich der Ausdruck von Ärger von Personen, die Ärger unterdrücken, nicht als relevant für den Therapieerfolg; dies auch nicht für FEP (außer für eine Zwischenphase). 5. Die vokale Ausdrucksstärke ist kein Prädiktor für den Therapieerfolg.

Sandweg, R. & Riedel, H. (1998). Gibt es Prädiktoren für den Erfolg bei der Behandlung chronischer Schmerzen? In: Riedel, H. & Henningsen, P. (Hrsg.). *Die Behandlung chronischer Rückenschmerzen: Grundlagen, Therapiekonzepte, offene Fragen. Kongressband zur 6. Fachtagung der Stiftung »Psychosomatik der Wirbelsäule«, Heidelberg 20.-21.3.1998* (S. 171-197). Blieskastel: Psychosomatik der Wirbelsäule.

Vorgestellt wird eine Evaluationsstudie zur Behandlung von Erkrankungen des Bewegungssystems in einer psychosomatischen Rehabilitationsklinik. Der Schwerpunkt der psychotherapeutischen Arbeit wird beschrieben: »im Bereich der Tiefenpsychologie und zwar speziell in der klinischen Anwendung der Gestalttherapie«. Untersucht werden Persönlichkeitsmerkmale und interpersonelle Faktoren hinsichtlich ihrer prognostischen Relevanz für den Therapieerfolg. Berichtet werden Daten vor und nach Abschluss der Behandlung sowie die Ergebnisse katamnestischer Nachbefragungen, die ein und drei Jahre nach Abschluss der Behandlung erhoben wurden. 251 Patienten erfüllten im Zeitraum von 1993-1998 das Auswahlkriterium für die Einbeziehung in die psychotherapeutische Behandlung, das in der psychischen Mitbedingtheit der Erkrankung des Bewegungssystems be-

stand. *Von den behandelten Patienten waren 220 (87,6 Prozent aller psychotherapeutisch behandelten Patienten) bereit, an der Studie teilzunehmen, 201 Patienten bearbeiteten die Fragebögen und Skalen zum Ende der Behandlung. Von diesen waren zum Zeitpunkt des Berichts vom letzten Untersuchungszeitpunkt bei der Drei-Jahres-Katamnese 163 (81,1 Prozent von den 201 Patienten) ausgewertet. Die Evaluation wurde mit drei Patientenfragebögen zu vier Zeitpunkten durchgeführt: zu Beginn und Ende der Behandlung sowie in der Ein- und Drei-Jahres-Katamnese. Zusätzlich wurden zu Beginn und Ende Fremdeinschätzungen durch den Therapeuten über PSKB und VAS, zum Niveau der Ich-Funktionen und Abwehrmechanismen (Ich-F), sowie somatische Daten durch den behandelnden Orthopäden zu Therapieverlauf, Anwendungen, Therapieergebnissen, Medikation etc. erhoben. Für die Ein- und Drei-Jahres-Katamnese liegen nur Patienteneinschätzungen vor. Auf der 100 Punkte umfassenden VAS findet sich vom Beginn zum Ende der stationären Behandlung eine Abnahme der beschriebenen Schmerzen von 63,8 Punkten um 49,3 Punkte. Einer zwischenzeitlichen Zunahme zum Zeitpunkt der Ein-Jahres-Katamnese folgt eine deutliche Abnahme der Schmerzen bis zur Drei-Jahres-Katamnese. In der Globalevaluation ihrer Beschwerden beschreiben zum Ende der Behandlung sowie zur Drei-Jahres-Katamnese die Hälfte der Patienten ihren Zustand als verbessert. Darunter findet sich ein knappes Drittel der Patienten, die ihren Zustand als sehr verbessert angeben. 45 Prozent der Patienten bewerten ihren Zustand global als unverändert zum Ende der Behandlung, was für ein Viertel der Patienten noch in der Drei-Jahres-Katamnese zutrifft. Noch stärkere positive Effekte der Behandlung finden sich in der Globalevaluation der psychischen Befindlichkeit, die mit mehr als 60 Prozent nach Ende der Behandlung und nach drei Jahren als verbessert bis sehr verbessert angegeben wird. Knapp die Hälfte der Patienten bewerten ihre Beweglichkeit zum Ende der Behandlung als verbessert bis sehr verbessert, bei einem Viertel aller Patienten sind diese Daten in der Drei-Jahres-Katamnese stabil. 60 Prozent aller Patienten geben in der Drei-Jahres-Katamnese eine verbesserte Lebenszufriedenheit an. Die Autoren beschreiben besonders häufig auftretende Störungen im Persönlichkeitsbereich ihrer Stichprobe, die einhergeht mit der hohen Schmerzstärke zu Beginn der Behandlung und gleichsinnig mit dem Behandlungserfolg abnimmt. Dies umfasst die Merkmale: Angepasstheit, Ordnungsbedürftigkeit, Gefügigkeit, Verpflichtung und Verantwortung. Bei den Ich-Funktionen waren eher die Regulation der Affekte, Triebe und Impulse defizitär (bei mehr als 20 Prozent der Patienten), d.h. vor allem die affektiven Ich-Funktionen (gegenüber den kognitiven) waren betroffen. Auch hier findet sich ein positiver Zusammenhang mit der Gesundung. Als prognostisch relevant für den Behandlungserfolg ließ sich die emotionale Ansprechbarkeit nachweisen sowie die Entwicklung der Verständigung zwischen Patient und Untersucher (Stationsarzt, meist nicht der Therapeut). Anders als in anderen Untersuchungen fand sich kein Zusammenhang zwischen Depressivität und Auftreten der Symptomatik.*

Schigl, B. (1998) Evaluation von integrativer Gestalttherapie: Wirkung und Wirkfaktoren aus katamnestischer Sicht ehemaliger KlientInnen. Endbericht zum Forschungsprojekt der Fachsektion für integrative Gestalttherapie im ÖAGG. Wien: *Eigenvervielfältigung der Fachsektion für integrative Gestalttherapie.*

Abschlussbericht einer in Österreich durchgeführten katamnestischen Untersuchung von 431 ehemaligen KlientInnen, die eine ambulant durchgeführte Gestalttherapie abgeschlossen hatten. Schigl nahm die Consumer Reports Study (Seligman 1995) als Modell für ihre Erhebung, wobei sie den Fragebogen von Seligman durch zwei standardisierte Skalen er-

gänzte (Fragebogenskalen zur seelischen und gesamtheitlichen Gesundheit, Lebensqualitätsskala von Bullinger in Schigl 1998). Durch den Feldstudiencharakter war die Stichprobe sehr heterogen, z.b. variierte die Länge der Therapien zwischen 10 und 190 Wochen bei einem Durchschnitt von 70 Wochen. 52 Prozent der Patienten litt an Depressionen, 66 Prozent fühlten sich niedergeschlagen verbunden mit Angst, Trauer und Zorn. Fast die Hälfte der Patienten nannte Konflikte mit ihren Partnern und sexuelle Probleme (48,1 Prozent), während die am zweithäufigsten berichtete Störung Angst war (40,5 Prozent), bei einer geringeren Anzahl von Fällen Panik (14 Prozent). 35,8 Prozent litten an körperlichen/psychosomatischen Symptomen wie Kopf- oder Magenschmerzen, 14,9 Prozent an Essstörungen. Faktorenanalysen zeigten, dass die Veränderungen, die durch Gestalttherapie erreicht wurden, über die verschiedenen ex-post-kategorisierten Beschwerdegruppen gleich waren. 73 Prozent aller Patienten zeigte eine starke bis mittlere Verbesserung ihrer Symptome und Probleme in verschiedenen Lebensbereichen, die dazu geführt hatten, dass die Klienten die Therapie begonnen hatten, während 5 Prozent eine Verschlechterung dieser Probleme beklagten. 86 Prozent der Befragten gaben eine Verminderung der Symptome an, wobei 15,8 Prozent berichteten, dass die Symptome ganz verschwunden, 35,4 Prozent dass die Symptome leichter oder seltener geworden seien. 35 Prozent der Befragten berichteten, die Symptome seien zwar noch vorhanden, sie könnten aber besser damit umgehen. Bei 1,5 Prozent waren die ursprünglichen Symptome durch andere abgelöst worden, bei 4,1 Prozent der Befragten war keine Veränderung feststellbar. In den Bereichen von sozialem und beruflichem Verhalten berichteten 80 Prozent der Patienten eine substantielle Verbesserung in ihrer Lebenszufriedenheit, gestiegenes Selbstwertgefühl und Selbstrespekt sowie vertiefte Einsicht in ihre Probleme. Ein anderer wichtiger Befund war, dass die Hälfte der Patienten, die zu Beginn der Behandlung Psychopharmaka eingenommen hatten, diese zum Katamnesezeitpunkt abgesetzt hatten. Dabei war die Anzahl von Patienten, die Tranquilizer nahm, sogar um 76 Prozent gefallen. 90 Prozent aller Patienten berichteten, dass sie in der Gestalttherapie Strategien gelernt hatten, wie sie erfolgreich mit dem Wiederauftreten ihrer Symptome umgehen können.

Schigl, B. (1999). Wirkung und Wirkfaktoren von Gestalttherapie aus katamnestischer Sicht der KlientInnen. Ausgewählte Ergebnisse einer evaluativen Untersuchung. In: Hutterer-Kirsch, R., Luif, I., Baumgartner, G. (Hrsg.). Neue Entwicklungen in der Integrativen Gestalttherapie. Wiener Beiträge zum Theorie-Praxis-Bezug (S. 222-250). Wien: Facultas.

Schigl, B. (2000). Wirkung und Wirkfaktoren aus katamnestischer Sicht der KlientInnen. Ausgewählte Ergebnisse einer praxisnahen evaluativen Untersuchung. *Psychotherapie Forum, 8,* 79-87.

In der Zeitschriftenpublikation berichtet Schigl ausgewählte Ergebnisse aus dem oben genannten Forschungsbericht (Schigl 1998) zur Befragung von (431) ehemaligen KlientInnen der Gestalttherapie. Befragt wurden KlientInnen von TherapeutInnen, die auf der PsychotherapeutInnen-Liste des österreichischen Bundesministeriums für Gesundheit als GestalttherapeutIn eingetragen waren. Die Autorin berichtet, dass die von ihr durchgeführte Studie auf der größten Stichprobe von ehemaligen ambulant behandelten KlientInnen der Gestalttherapie basiert. Bezogen auf ihre anfänglichen Ziele, welche die KlientInnen in die Gestalttherapie geführt hatten, gaben 63 Prozent an, diese vollständig oder zum größten Teil erreicht zu haben. Die Zufriedenheit mit der Gestalttherapie ist mit insgesamt 97 Prozent sehr hoch, wobei 62 Prozent der Befragten mit der Behandlung völlig oder sehr zufrieden waren. Berichtet werden an erster Stelle positive Veränderungen in der Persönlichkeit gefolgt von besseren sozialen Beziehungen und einer Verbesserung des Lebens- und Vitalgefühls. Die Frage nach einer Verringerung ihrer ursprünglichen Symptomatik durch die Gestalttherapie wurde von 86 Prozent der KlientInnen bejaht, dabei waren bei 35 Prozent der Befragten die Symptome noch vorhanden, aber die KlientInnen konnten damit besser umgehen. Nur bei einer Antwortenden habe sich die Symptomlage verschlechtert. 64 Prozent der Gesamtstichprobe berichteten ganz seltene bis keine Rückfälle, 20 Prozent nannten monatliche und 15 Prozent häufigere Rückfälle. Die Autorin berichtet eine Reihe von signifikanten Unterschieden zwischen zufriedenen und unzufriedenen ehemaligen Klienten, die Aufschluss geben über die der Zufriedenheit zugrundeliegenden Faktoren. Zufriedene Klienten haben signifikant bessere Veränderungen in den Bereichen Partnerschaft, Beruf, Freizeit und Kontaktfähigkeit und berichten, dass eine positive Veränderung von Menschen in ihrer Umgebung signifikant häufiger (83,7 Prozent) bemerkt wird als bei den Unzufriedenen (38,9 Prozent). Auch im Bereich der life events geben die Zufriedenen häufiger positive äußere Veränderungen an als die Unzufriedenen. Über offene Nennungen wurden Wirkfaktoren und Prozessvariablen des Veränderungsprozesses in der Therapie erfragt. Dabei standen an erster Stelle (79 Prozent) Nennungen, die mit der therapeutischen Beziehung und dem/der TherapeutIn zu tun haben, z.B. Einfühlsamkeit, Wärme, Geduld, Vertrauen in die Kompetenz etc. An zweiter Stelle (51 Prozent) standen Aussagen, die sich auf integrativ-gestalttherapeutische Techniken und Methoden bezogen (Hot seat, Rollenspiel, kreative Medien, Awareness-Übungen etc.). Unzufriedene KlientInnen kritisierten signifikant häufiger Person und Methode als Zufriedene. Kritisiert werden von KlientInnen v.a. formale Aspekte des Settings der Therapie, z.B. Zeit und Honorarhöhe.

Schubert, K. (1983). Überblick über den Anwendungsbereich und die Indikation der Gestalttherapie. *Integrative Therapie, 2-3*, 239-247.

Dargestellt werden die Ergebnisse einer Umfrage bei 247 Gestalttherapeuten. Gefragt wurde, (a) in welchen Tätigkeitsfeldern, (b) bei welchen Patientengruppen und (c) Krankheitsbildern, (d) unter welchen Zeitstrukturen und Anwendungsformen Gestalttherapie eingesetzt wird. Weitere Daten charakterisieren Alter und Grundausbildung der Therapeuten. Im Folgenden werden die Angaben in Prozenten der Befragten wiedergegeben. Da Mehrfachnennungen (z.B. bei den Störungen der behandelten Klienten) möglich waren, können sich die Prozentangaben zu mehr als 100 aufaddieren. Zu (a): 38 Prozent der Therapeuten gaben an, in nicht-psychiatrischen Kliniken oder im Anschluss an freie ärztliche Praxen gestalttherapeutisch tätig zu sein. 20 Prozent waren zum Zeitpunkt der Stichprobe in psychiatrischen Kliniken oder ambulanten Diensten (SPD), zwölf Prozent in Erziehungsberatungsstellen, neun Prozent in Schulen, acht Prozent in Drogeneinrichtungen, sieben Prozent in Rehabilitationseinrichtungen als Therapeuten angestellt. In Kinder- und Jugendheimen, Schulpsychologischen Diensten, studentischen Beratungsstellen sowie im Strafvollzug setzten jeweils zwischen zwei und drei Prozent der Befragten Gestalttherapie ein. Zu (b): zum Klientel gehörten überwiegend Erwachsene, mit denen 83 Prozent der Befragten arbeiteten, Heranwachsende (36 Prozent). 28 Prozent der Therapeuten führten Familientherapien, 20 Prozent Kindertherapien durch. Zu (c): Therapeuten gaben an, Klienten mit folgenden Störungen (nach ICD) gestalttherapeutisch behandelt zu haben: neurotische Beeinträchtigungen im Kontakt- und Sozialbereich (86 Prozent), Störungen im Arbeits- und Leistungsbereich (66 Prozent), Medikamentenmissbrauch, -abhängigkeit und Alkoholismus (zusammengefasst: 64 Prozent), depressive Neurosen (61 Prozent), psychi-

sche Auffälligkeiten nach situativen Belastungen (55 Prozent), verschiedene Psychosen (zusammengefasst: 59 Prozent), Angstneurosen (50 Prozent). Zu (d): Die Mehrzahl der therapeutischen Gruppen werden über 31 bis 50 Sitzungen, nur in relativ geringer Zahl darüber hinaus betreut. Verglichen damit werden Einzeltherapien in der Mehrzahl der Fälle früher beendet (49 Prozent zwischen einem und 30 Kontakten). Etwa zehn Prozent aller Einzeltherapien laufen länger als 51 Sitzungen. Die befragten Gestalttherapeuten sind zu 51 Prozent Psychologen sowie jeweils 14 Prozent Ärzte und Sozialarbeiter. 23 Prozent entstammen verschiedenen anderen Berufen wie Theologen und Pädagogen.

Serok, S. & Bar, R. (1984). Looking at Gestalt group impact. An experiment. *Small Group Behavior*, 15, 270-277.

Änderungen im Selbstkonzept sind Gegenstand des vorliegenden Experiments mit Studenten, in dem eine Gestalt-Therapiegruppe (n = 13), eine T-Group (Trainingsgruppe, n = 9) und eine Kontrollgruppe (Teilnahme an Lehrveranstaltungen) verglichen wurden. Alle Gruppen nahmen an zwölf Sitzungen teil. Eine Vor- und Nachuntersuchung, letztere drei Monate nach Abschluss der Behandlungen, erfolgten mit dem Tennessee Self-Concept Test (TSCT). Im Rahmen einer Reihe von Varianzanalysen über die Subskalen des Erhebungsverfahrens ergab sich eine Überlegenheit in den Postwerten der gestalttherapeutisch behandelten Gruppe im Bereich p<.01 bei drei Skalen (personality decisiveness, general adaptation, self-criticism), p<.05 bei weiteren zwei Subskalen (»how do I act«-decisiveness, general decisiveness). Auf zwei Subskalen (self-identification self-acceptance) waren keine Unterschiede nachweisbar.

Serok, S., Rabin, C. & Spitz, Y. (1984). Intensive Gestalt group therapy with schizophrenics. *International Journal of Group Psychotherapy*, 34,3, 431-450.

Aus einer Anzahl von hospitalisierten Patienten mit der Diagnose Schizophrenie wurden 14 Personen für die Teilnahme an der Untersuchung ausgewählt. Geachtet wurde auf die Vergleichbarkeit von Behandlungs- und Kontrollgruppe hinsichtlich Alter, Geschlecht, Ehestand, Bildungshintergrund, Beruf, sozioökonomischer Status, Hospitalisierungszeit, medikamentöse Behandlung sowie der Teilnahme an Beschäftigungs- und Einzeltherapie. Untersucht wurde der Einfluss einer über einen Zeitraum von 2 1/2 Monaten, wöchentlich stattfindenden Gestalt-Gruppentherapie (zehn Sitzungen á 1 1/4 Stunden). Die Kontrollgruppe blieb gruppentherapeutisch unbehandelt. Vor- und Nachuntersuchungen umfassten (a) die Wahrnehmung von Grundelementen (Bender Gestalt-Test, BGT), (b) Wahrnehmung von sich selbst und anderen (Human Figure Drawings, HFT), (c) Bewertung des Selbstkonzepts (Tenessee Self-Concept Scale, TSCS) und (d) Verhaltensbewertungen durch das Pflegepersonal zum psychomotorischen Verhalten, physischer und verbaler Aggression, Ausmaß des Kontakts mit anderen (Häufigkeit, Klarheit und Inhalt der Kommunikation) sowie der persönlichen Erscheinung (Checkliste ohne Reliabilitätsprüfung). Die Nachuntersuchung drei Monate nach Beginn der Studie ergab bedeutsame Verbesserungen auf fast allen (17 von 18) Subskalen für die behandelten Schizophrenen gegenüber den unbehandelten. Dies gilt auf neun von zehn Dimensionen für die Ratings der Zeichnungen (Human Figure Drawings), die als Index für die Selbst- und Fremdwahrnehmung dienten. Auf der Tennessee Self-Concept Scale fanden sich gebesserte Werte der Behandlungsgruppe für: gesamtes Selbst-Konzept, Selbst-Zufriedenheit, Identität mit der Familie, Persönlich-

keitsstörungen und Integration der Persönlichkeit. Aus den Fremdbewertungen durch das Klinikpersonal gingen verminderte physische und verbale Aggression (p<.05), vermehrter (p<.01) und verbesserter (p<.05) Kontakt mit anderen Personen für die gestalttherapeutisch behandelten Patienten hervor.

Serok, S. & Zemet, R.M. (1983). An experiment of Gestalt group therapy with hospitalized schizophrenics. *Psychotherapy: Theory, Research and Practice, 20,4,* 417-424.

17 Patienten (Neuzugänge in einer psychiatrischen Klinik) mit der Diagnose Schizophrenie wurden unter Kontrolle einer Reihe von Merkmalen (z.B. medizinischer Diagnose, Alter, Geschlecht, Bildungshintergrund) in eine Behandlungs- und eine Kontrollgruppe aufgeteilt. Die Behandlungsgruppe nahm über 2 1/2 Monate an wöchentlich stattfindenden gestalttherapeutischen Gruppensitzungen à 1 1/4 Stunden teil. Untersucht wurde die Wahrnehmung der Patienten mit zwei Verfahren: (a) Neigger's Reality Test (NRT) und (b) Falik's Reality Test (FRT), ein die drei Aspekte: intellektuelle Diskrimination, praktischer Sinn (practical sense) und soziale Anpassung (social conformity) umfassendes Verfahren. Eine vorliegende, der Vorhersagerichtung entsprechende Tendenz in dem Verfahren von Falik verfehlte die Grenze statistischer Bedeutsamkeit. Signifikante Verbesserungen der Wahrnehmung fanden sich in Neiger's Reality Test.

Shuger, D. & Bebout, J. (1980). Contrasts in Gestalt and analytic therapy. *Journal of Humanistic Psychology, 20,3,* 22-39.

In dieser Querschnittsstudie wurden 62 Klienten, die sich jeweils zur Hälfte in gestalttherapeutischen und psychoanalytischen Therapien befanden, in zwei Gruppen eingeteilt: Klienten, die höchstens sechs Monate und Klienten, die ein bis vier Jahre in Therapie waren. Die Autoren hofften, über den Vergleich von kurz- und langzeittherapierten Klienten differentielle Therapieeffekte zwischen psychoanalytisch und gestalttherapeutisch behandelten Personen nachweisen zu können. Da sich wahrscheinlich in den Gruppen der Langzeittherapierten schwerer gestörte Klienten befanden, konnten auf keinem Erhebungsinstrument (ERT, MA, HSC, EFT, OPI) Therapieeffekte nachgewiesen werden. Dennoch ergab die Studie einen interessanten Befund: In den Klientengruppen beider Therapieformen fanden sich deutlich unterschiedliche Persönlichkeitsprofile, z.B. erwies sich der typische Gestaltklient als weniger zwanghaft und der typische Analyseklient als weniger ausdrucks- und risikofreudig. Die Profile waren für kurz- und langzeittherapierte Klienten innerhalb der jeweiligen Richtung identisch. Die Autoren gelangten zu der Auffassung, dass sich der »typische Gestalt-« und der »typische Analyseklient« den Therapeuten einer bestimmten Schule nach seiner Persönlichkeit wählt.

Spagnuolo Lobb, M. (1992). Childbirth as re-birth of the mother: A psychological model of training for childbirth by the Gestalt therapy approach. *Gestalt Journal, 15,1,* 7-38.

250 Frauen zwischen 16 und 35 Jahren nahmen während einer Schwangerschaft an einer von drei Gruppen teil: (a) eine experimentelle Gruppe, in der die Frauen gestalttherapeutisch auf die Geburt vorbereitet wurden, (b) eine Gruppe, in der mit Atmung und Autogenem Training gearbeitet wurde (respiratory autogenic training = RA) und (c) eine (Kon-

troll-) Gruppe ohne spezifisch therapeutisches Treatment. In der Gestaltgruppe erwies sich die Selbstwahrnehmung als positiver verglichen mit den Frauen aus den anderen Gruppen, obwohl die durchschnittliche Behandlungsdauer vier Stunden unter der Kontroll- und zwei Stunden unterhalb der RA-Gruppe lag. Gestalttherapie gab den Frauen einen theoretisch-praktischen Bezugsrahmen, innerhalb dessen Geburt als eine Funktion des persönlichen Wachstums verstehbar wurde. Ausgeführt wird, dass Geburt als spezifisches Kontakterlebnis nach Gestalttheoretischer Analyse in vier Phasen eingeteilt werden kann: Vorkontakt, Kontaktnahme, Kontakt, Nachkontakt. Während der Geburt hat die Mutter die Möglichkeit, ihre eigene Geburt wiederzuerleben und dies in einer erwachsenen, aktiveren und deshalb weniger traumatischen Weise.

Teegen, F., Frassa, M. & Hoeninger, S. (1979). Merkmale des Therapeuten- und Klientenverhaltens bei gestalttherapeutischen Kontakten. *Zeitschrift für klinische Psychologie, 8*, 148-155.

Prozessstudie, in der 20 Gestalttherapeuten Videomitschnitte gestalttherapeutischer Sitzungen mit 16 verschiedenen Klienten und 9 Therapeuten bewerteten. Grundlage für die Ratings sind verschieden Skalen zum Klienten- und Therapeutenverhalten, wie zur therapeutischen Interaktion über: Carkhuff & Truax-Skala (CTS), Experiencing Scale (deutsch Fassung: ESD), Erlebnis-Intensitäts-Skala (EIS). Die von den Ratern als besonders effektiv bewerteten Therapeuten arbeiteten stärker mit unmittelbarem Gegenwartsbezug, gaben den Klienten den Raum, eigene Erfahrungen zu machen und diese als eigene Leistungen zu erleben, stellten dabei die eigenen Bedürfnisse deutlicher in den Hintergrund und machten das Geschehen transparent. Die Klienten dieser Therapeuten erwiesen sich als explorationsfreudiger und emotional tiefer involviert.

Teegen, F., Johannsen, A. & Voght, K.H. (1986). Modifikation von Beschwerdehäufigkeit, -intensität und Medikamentenverbrauch bei Klienten mit funktionellen Bauchbeschwerden. *Integrative Therapie, 1-2*, 39-48.

Zwei nach dem Geschlecht getrennte Gruppen, elf Männer, elf Frauen, mit funktionellen Bauchbeschwerden, nahmen an acht 1 1/2-stündigen wöchentlichen Gruppensitzungen teil. Die Patienten wurden mit einfachen Übungen zur Entspannung und Sensibilisierung vertraut gemacht, die sie täglich zu Hause einsetzen sollten. Prä-, Post- und Follow-up-Erhebungen nach zwei Monaten wurden mit dem FPI, der Beschwerdeliste von Zerssen, einem Fragebogen zu Dauer, Stärke und Häufigkeit der Beschwerden, dem Medikamentenkonsum sowie den Einstellungen zu den Beschwerden durchgeführt. In der Voruntersuchung fanden sich deutliche Abweichungen vom Normalbereich auf den Skalen (a) psychosomatische Störung und (b) emotionale Labilität im FPI sowie Veränderungen auf der Zerssen-Beschwerdeliste (ZBL) nur bei den Frauen. Die Gruppe der Männer lag in diesen Verfahren durchschnittlich im Normalbereich. In beiden Gruppen vorliegende positive Veränderungen auf diesen Skalen erreichen somit auch nur in der Frauengruppe statistische Bedeutsamkeit. Ein gleiches Bild ergab sich für das Verhalten bei der Einnahme von Medikamenten: Männer gaben bereits in der Voruntersuchung einen deutlich geringeren Medikamentenkonsum an als Frauen und die in beiden Gruppen sichtbare Verminderung wurde nur bei den Frauen signifikant. Demgegenüber verminderten sich in beiden Gruppen über den Untersuchungszeitraum die Beschwerdehäufigkeit ($p<.01$) und -intensität *(p<.05). Leider diskutieren die Autoren nicht, wie die Unterschiede zwischen den geschlechtsspezifischen Gruppen zum Zeitpunkt der Voruntersuchung bewerten werden können, d.h. ob sie systematischer oder zufälliger Natur sind.*

Teschke, D. (1996). Existenzielle Momente in der Psychotherapie: Eine empirische Untersuchung mit gestalttherapeutischer Perspektive, Münster: LIT.

Fünf Therapien (narzisstische Persönlichkeitsstörung, Zwangssymptome, Depression und Angst) werden in Langzeitverläufen verfolgt: die ersten 21, 23 Therapiestunden (Fall 1 und 2) und geringere Stundenanzahlen, ersten 10 Stunden (Fall 3), 5 Stunden nach der 76. Sitzung (Fall 4) und die letzten beiden Sitzungen einer Langzeittherapie (Fall5). Die Therapien werden über therapeutisch erfahrene, teilnehmende Beobachter und Videomitschnitte in Nachinterviews (»Video-induziertes Nacherleben, VINE«) zu Episoden zusammengefasst. Verschiedene Herangehensweisen zur Bestimmung von »existenziellen Therapiemomenten«, definiert als Höhe- und Wendepunkte im therapeutischen Kontaktprozess, werden verwendet: (1) Übereinstimmung von Klient, Therapeut und Beobachter bezüglich der Einschätzung einer Episode als wichtig (2) Nacherinnerungen der Klienten nach ein und zwei Jahren. Im Sinne des Episondenansatzes wird gegeben: (1) eine Darstellung des kondensierten Therapieverlaufs einschließlich von Vor- und Nachgeschichte, (2) eine klinische Darstellung der Störung und (3) des subjektiven Erlebnisverlaufs des Klienten. Der Autor kommt zu einer Phaseneinteilung der Therapien und einer Darstellung der Veränderungen im Kontaktprozess der Klienten. Im letzten Abschnitt gibt der Autor eine Darstellung von existenziellen Momenten. Die von Therapeut und Klient übereinstimmend genannten Wende- und Höhepunkte werden dabei zunächst unterteilt in Sequenzen mit (1) angedeuteten, (2) schwachen, (3) starken und (4) vollendeten Gestalten, wobei letztere im Sinne des Autors auch existenzielle Momente enthalten. Unterschiede zwischen diesen zuletzt genannten Kategorien von Therapiesequenzen zeigen sich dabei sowohl quantitativ, z.B. bezogen auf Häufigkeit und Dauer, als auch qualitativ, im Kontakt zum Selbst, zum Gegenüber, zum Umfeld, in der Dramaturgie der Sequenz, in Lösungen, Nacherinnerungen, Konsequenzen sowie in der Wirkung auf Außenstehende. Sequenzen mit vollendeten Gestalten, die existenzielle Momente enthalten, dauern dabei in den beleuchteten Fällen zwischen einer halben und einer Minute; zentral ist ein überraschende (Re-) Aktion von Therapeut oder Klient, woraus eine starke Gestalt entsteht.

Thomas, G.J. & Schmitz, B. (1993). Zur Effektivität ambulanter Psychotherapien. *Report Psychologie, 18,5-6*, 22-25.

Verglichen werden nach Daten der Techniker-Krankenkasse psychoanalytisch, verhaltenstherapeutisch und nach der TK-Regelung behandelte Klienten (N = 240). (Zur letzten Therapierichtungs-Gruppe gehören überwiegen Gestalt- und Gesprächstherapien). Das verwendete Kriterium, auf dem die drei Therapierichtungs-Gruppen verglichen wurden, bestand in der Anzahl der Tage von Arbeitsunfähigkeit (AU-Tage). Unter allen drei Behandlungsformen/-gruppen verringerten sich die Anzahl der AU-Tage in gleichem Umfang signifikant. Die Autoren kommen zu dem Schluss, dass sich die Therapien, die im Rahmen der TK-Regelung angeboten wurden, gegenüber den Verfahren, die im Delegationsverfahren abgerechnet wurden, in ihrer Wirkung bezogen auf den gesellschaftlich relevanten Aspekt der Fehltage nicht unterscheiden.

Tyson, G.M. & Range, L.M. (1987). Gestalt dialogues as a treatment for mild depression: time works just as well. *Journal of Clinical Psychology, 43,*2, 227-231.

44 mäßig depressive Personen (»mild depression«) wurden zufällig in vier Gruppen aufgeteilt: (a) Aufmerksamkeits-Placebo (Kontrollgruppe), in der die Teilnehmer individuell nur zu den Datenerhebungen erschienen, (b) Gestalt-Dialog mit zwei Stühlen, (c) zufällig ausgewählte Dialoge von Shakespeare, die gespielt wurden und (d) Personen wurden ohne Dialogtechnik aufgefordert, Gefühle auszudrücken. Die drei Treatment-Gruppen wurden vier Wochen lang für eine Stunde pro Woche behandelt. Durchgeführt wurden Vor-, Nach- und Follow-up-Untersuchungen nach sieben Wochen mit Subskalen des MMPI (MMPI-168), der Depression Adjective Check List (DACL) und einem Fragebogen. Zwischen den Gruppen konnten keine differentiellen Veränderungen nachgewiesen werden. Vielmehr fanden sich deutliche Unterschiede der Nach- und Follow-up-Werte gegenüber denen der Voruntersuchung in allen verwendenten Instrumenten und bei allen Gruppen, d.h. auch bei der Kontrollgruppe, die Aufmerksamkeitszuwendung nur über die Durchführung der Tests erhielt. Die Autoren nennen statistische Artefakte (Regression zur Mitte über die Zeit) wie auch die Kürze der Behandlung als mögliche Gründe dafür, dass ein Zeit-Effekt unterschiedslos bei Placebo- als auch bei Behandlungsgruppen auftrat.

Viney, L.L. (1994). Sequences of emotional distress expressed by clients and achnolwledged by therapist: Are they more associated wit some therapist than others? *British Journal of Clinical Psychology, 33,* 469-481.

Leidensdruck von Klienten findet in der Therapie verschiedene emotionale Ausdrucksformen, z.B. als Angst, Feindseligkeit, Depression und Hilflosigkeit. Untersucht wird in dieser Studie der wechselseitige emotionale Ausdruck von Therapeut und Klient in den Sequenzen: Klient-Therapeut und Therapeut-Klient für die oben genannten Gefühle. Die Datenbasis bilden hier Transkripte von zehn Sitzungen fünf prominenter Therapeuten der verschiedenen Schulen: (a) Therapie personaler Konstrukte, (b) GT, (c) Rational-emotive Therapie, (d) Gestalttherapie und (e) Transaktionsanalyse. Mithilfe von Loglinearen Analysen werden die Sequenzen der verschiedenen Therapieschulen und die Gefühlssequenzen aufgeschlüsselt. Untersucht wird dabei, ob Gefühle auf Gefühle unmittelbar, verzögert oder gar nicht folgen. Die Auswertung ergibt, dass bei den Therapeut-Klient-Sequenzen: Angst-Angst, Angst-Feindseligkeit, Hilflosigkeit-Feindseligkeit am häufigsten bei PCT und CC auftreten. Auch bei den Klient-Therapeut-Sequenzen finden sich die Sequenzen von Angst-Angst, Hilflosigkeit-Angst und Hilflosigkeit-Hilflosigkeit am häufigsten bei CC. Ansonsten ergeben sich differentielle Befunde für die verschiedenen Gefühlssequenzen vor allem nur noch in der zeitlichen Verzögerung, in der Klient oder Therapeut reagieren; z.B. sind die Sequenzen: Angst-Angst und Hilflosigkeit-Hilflosigkeit eher verzögert als andere Sequenzen. Hier lassen sich auch keine weiteren differentiellen Aussagen zwischen den Therapieformen treffen, außer für die Gestalttherapie: In der Therapeut-Klient-Sequenz ist Angst-Feindseligkeit verzögert (d.h. Klienten reagieren auf eine Angst enthaltende Äußerung eines Therapeuten zeitlich später mit Feinseligkeit als in anderen Therapieformen).

Watson, J.C., Gordon, L.B., Stermac, L., Kalogerakos, F. & Steckley, P. (2003). Comparing the effectiveness of process-experiential with cognitive-behavioral psychotherapy in the treatment of depression. *Journal of Consulting and Clinical Psychology, 71,* 773-781.

Verglichen wird prozess-erfahrungsorientierte (P/E) und kognitiv-behaviourale Psychotherapie (CBT) in der Behandlung major-depressiver Klienten, die randomisiert einer Treatment-Bedingung zugeordnet wurden. In der Studie wird die Zugehörigkeit der Untersucher zu einer therapeutischen Schule (researcher allegiance) balanciert. 66 Klienten nahmen an 16 wöchentlich stattfindenden Therapiesitzungen teil. Untersucht wurde die Ausprägung der Depression (BDI), Selbstwertgefühl (RSE), allgemeine Symptombelastung (SCL-90-R-GSI) und dysfunktionale Haltungen (DAS). Klienten in beiden Gruppen zeigten signifikant niedrigere Störungen in den genannten Symptomen sowie geringere reaktive und suppressive Bewältigungsstrategien (PF-SOC) bei höher reflektierter Bewältigung beim Ende der Therapie. Während die Behandlungen insgesamt gleich wirksam waren, erwies sich die Abnahme bei interpersonalen Problemen (IIP) unter P/E als größer im Vergleich zur CBT.

Watson, J.C. & Greenberg, L.S. (1996). Pathways to Change in the psychotherapy of depression: Relating process to session change and outcome. *Psychotherapy, 33,2,* 262-274.

Die Studie verfolgt den Weg von dem Prozess in der Sitzung und Problemlösungen, zu Post-Sitzungsveränderungen und gesamter Therapieeffektivität. In der vorliegenden Publikation finden sich die Prozessdaten einer Therapiestudie, deren Therapieergebnisdaten Greenberg & Watson (1998) zwei Jahre später mit einem Langzeit-Follow-up veröffentlichten. Zwei kurze Behandlungsformen für Depression: Eine (a) klientzentrierte (CC) und (b) prozess-erfahrungsorientierte Therapie (P/E, klientzentrierte Basis, mit gestalttherapeutischen Methoden) werden miteinander verglichen bezogen auf Prozess und Therapieergebnis. Die drei aktiven, gestalttherapeutischen Methoden, die bei der P/E hinzukommen sind a) Zwei-Stuhl-Dialog bei Konfliktspaltungen, b) leerer Stuhl- Dialog bei »unfinished business«, c) systematisch evozierte Problementfaltung. Untersucht wird eine Folge von 16 bis 20 Einzeltherapiesitzungen. Erfasst werden über die (1) Therapieergebnis-Maße (siehe Greenberg & Watson 1998): Depression über BDI und LIFE, allgemeine Symptomatologie: SCL-90-R, TCBS, (2) Prozess-Maße: die therapeutische Beziehung: WAI, BLRI, TAES, die Erfahrungstiefe: ES, die Aufmerksamkeit und emotionale Aktivierung: CVQ, die Haltung gegenüber der aktuellen therapeutische Erfahrung (expressive stance): EST, die Problemlösung: DRS, die Klienten-Evaluation der Sitzung: GSEQ, Post-Sitzungs-Veränderung: CTSC; Depressivität: BDI, Symptome: SCL-90-R, Selbstwert: RSE, interpersonale Probleme: IIP. Die P/E-Gruppe zeigte signifikant höhere Werte bezogen auf die Erfahrungstiefe, vokale Qualität und emotionalen Ausdruck, sowie bessere Werte bezogen auf die Problemlösung als die CC-Gruppe in zwei der drei untersuchten gestalttherapeutischen Interventionsmethoden. Wie weit der Klient in seiner Problemlösung kam, korrelierte signifikant mit der Erfahrungstiefe, die in der Sitzung erreicht wurde, und fortgesetzte Problemlösung mündete in besserer Effektivität. Schließlich korrelierte der aufgabenspezifische post-Sitzungswert signifikant mit Veränderungen in der Depression nach der Therapie sowie im Follow-up nach sechs Monaten. Letzteres zeigt an, dass wiederholte Veränderungen nach der Sitzung im besseren gesamten Therapieergebnis münden.

Weerasekera, P., Linder, B., Greenberg, L.S. & Watson, J. (2001). The working alliance in client-centered and process-experiential therapy of depression. *Psychotherapy Research, 11,2,* 221-233.

Die Entwicklung der Arbeitsbeziehung in prozess-erfahrungsorientierter Therapie P/E und klientenzentrierter Therapie C/C von depressiven Klienten wird untersucht. 34 zufällig einer Behandlungsbedingung zugeordnete Klienten aus der Studie von Greenberg und Watson (1998) wurden in einer 16 bis 20 Sitzungen umfassenden Therapie behandelt. Die Ergebnisse zeigten, dass der Umfang der resultierenden Vertrauensbeziehung abhängig war von (1) den Dimensionen der Arbeitsbeziehung (Zielaufgabe oder Bindung), (2) den Outcome-Maßen (Symptomverbesserung versus Selbstwertgefühl, Beziehungsprobleme) und (3) der Zeit der therapeutischen Arbeitsbeziehung. Korrelationsanalysen ergaben, dass frühe Werte in der Vertrauensbeziehung das Therapieergebnis vorhersagen konnten, sofern sie nicht an frühe Stimmungsveränderungen gebunden waren. Obwohl keine Gruppenunterschiede erkennbar waren hinsichtlich Bindung und Zielbezogenheit zeigte die P/E-Gruppe höhere aufgabenbezogene Scores in der Arbeitsbeziehung während der mittleren Phase der Therapie. Die Stärke der Depression vor der Behandlung hatte keinen Einfluss auf die Qualität der Arbeitsbeziehung.

Wolf, H.U. (1999). Behandlungsergebnisse ganzheitlicher stationärer Psychosomatik in Bad Zwesten. In: *Bad Zwestener Hefte zur klinischen Gestalttherapie/Integrativer Therapie* (Heft Nr. 2). Bad Zwesten: Hardtwaldklinik, Werner Wicker KG.

Wolf, H U. (2000a). Der therapeutische Ansatz im Gestalt-Klinikum Bad Zwesten. *Gestaltzeitung, 13,* 9-17.

Wolf, H.U. (2000b). Evaluation of an in-station-psychotherapy in the Gestaltclinic Bad Zwesten, Germany. *Vortrag auf der International Conference on Client-Centered and Experiential Psychotherapy, ICCCEP in Chicago, USA,* Juni 2000.

Evaluationsstudie für eine sechs- bis zwölfwöchige stationäre Therapie für psychosomatische Patienten mit einem integrierten Konzept von Gestalttherapie und anderen erfahrungsorientierten Psychotherapien wie Körpertherapie und kreativer Kunsttherapie sowie eines motorischen und physiotherapeutischen Angebots. 134 Patienten waren zunächst in der Behandlungsgruppe, von denen jedoch nur 94 an einer mindestens fünfwöchigen Behandlung teilnahmen. Die behandelten Patienten konnten mit 34 Patienten einer Wartegruppe verglichen werden, die durchschnittlich zwölf Wochen vor Beginn der Behandlung die Untersuchungsinstrumente bearbeiteten. Als Instrumente dienten ein Veränderungsfragebogen (VEV), Gießentest (GT) und Freiburger Persönlichkeitsinventar (FPI). Während der Behandlungszeit wurden alle Patienten im Abstand von drei Wochen am Ende der Behandlung mit dem VEV untersucht, sowie sechswöchentlich und am Ende der Behandlung mit FPI und GT. Katamnestische Untersuchungen mit VEV, GT und FPI und eines Katamnese-Fragebogens erfolgten ca. acht (Katamnesezeitpunkt K1) und 30 Monate (Katamnesezeitpunkt K2) nach Behandlungsende. Von den 94 Patienten antworteten zu K1 53 und zu K2 33 Personen. Als Aufnahmegründe werden von den Patienten zu 71 Prozent Ängste, zu 72 Prozent Depressionen und zu 57 Prozent Selbstunsicherheit genannt, gefolgt von psychosomatischen Störungen (orthopädischen Schmerzbeschwerden 52 Prozent, Kopfschmerzen 31 Prozent etc.). Ein Drittel der Patienten wurde als neurotisch-depressiv, ein Drittel als Ich-strukturell gestört und ein Fünftel als psychosomatisch erkrankt eingestuft. Zum Ende der Behandlung gaben 86 Prozent der Patienten einen sehr guten bis befriedigenden Erfolg bezogen auf ihre Hauptsymptomatik an. Zum achtmonatigen Katamnesezeitpunkt wird die Hauptsymptomatik als durchschnittlich gleich geblieben angegeben, während sie sich zum dreißigmonatigen Katamnesezeitpunkt gebessert hat. Zum K1 geben 80 Prozent der Antwortenden, zu K2 alle Antwortenden an, die Therapie als hilfreich erlebt zu haben. Signifikante Verbesserungen finden sich auf den FPI-Skalen Nervosität, Depressivität, Geselligkeit, Gelassenheit, Gehemmtheit, sowie den GT-Skalen Grundstimmung, Durchlässigkeit und soziale Potenz zum Ende der Behandlung sowie für die meisten dieser Skalen fortgesetzt zu den Katamnesezeitpunkten. Der Autor diskutiert kritisch den Wartegruppenvergleich.*

Yalom, I.D., Bond, G., Bloch, S., Zimmerman, E. & Friedman, L. (1977). The impact of a weekend group experience on individual therapy. Archives of General Psychiatry, 34, 399-415.

33 Patienten mit unterschiedlichen Störungen (64 Prozent geringes Selbstwertgefühl, 52 Prozent sexuelle Dysfunktionen, 52 Prozent Probleme in Beziehungen, 49 Prozent Unfähigkeit, eine intime Bindung einzugehen) aus Langzeit-Einzeltherapien wurden unter Kontrolle von Alter, Geschlecht, vorheriger Therapieerfahrung sowie psychodiagnostischer Aspekte einer von drei Wochenendgruppen zugeordnet. Verglichen wurden zwei Experimentalgruppen (Gestalttherapie und »affect arousing«) und eine Kontrollgruppe (Tai-Chi-Meditation). Die Effekte der Wochenenderfahrungen wurden sechs und zwölf Wochen später auf der Grundlage von vier Datenquellen untersucht: (a) Patientendaten (14 Skalen und Fragebögen zu Befindlichkeit, Zufriedenheit, Beschreibung des Therapeuten und Therapieerfolg), (b) Therapeutendaten (neun Skalen und Fragebögen zu Verhalten, Problemen und Fortschritten des Patienten in der Einzeltherapie, (c) Tonbandaufzeichnungen von sechs (in der 2. Experimentalgruppe zwölf Sitzungen) vor un – für alle drei Gruppe – sechs Sitzungen nach der Wochenenderfahrung, die nach der Experiencing Scale auf die Erlebnistiefe der Klienten bewertet wurden und (d) Ratings der Wochenendleiter zu Offenheit (»self-disclosure«), Intimität und Gefühlsausdruck der Klienten. Sechs Wochen nach der Wochenenderfahrung fanden sich verschiedene, deutliche Verbesserungen der Experimentalgruppen: 10 von 19 Standard-Skalen unter (a) und (b) zeigten signifikante positive Veränderungen an; z.B. auf einer Skala von Orlinsky & Howard (OH) und anderen Skalen (L, TC, Y) zum Therapiefortschritt (p<.01). Verglichen damit führte die Meditation auf zwei Skalen zu einer positiven und einer negativen Veränderung. Weitere sechs Wochen später wurden die Unterschiede zwischen den Gruppen jedoch zunehmend geringer (positive Veränderungen nur noch auf sechs Skalen in den Experimentalbedingungen, gegenüber drei in der Kontrollgruppe). Die Auswertung der Fragebögen ergab, (a) dass zwei Klienten negative Auswirkungen der Wochenendtherapie berichteten, aber (b) eine überwiegend positive Einschätzung der Wochenenderfahrung durch die von den Untersuchern und Gruppenleitern unabhängigen Einzeltherapeuten erfolgte, wobei ein erwartungsgemäßer Unterschied zur Kontrollbedingung erst langfristig, nach zwölf Wochen, von den Einzeltherapeuten wahrgenommen wurde. Ein Einfluss der Wochenenderfahrung auf die Erlebnistiefe in den Einzeltherapien ließ sich dagegen nicht nachweisen. Gleichermaßen fanden sich keine Auswirkungen auf die Einzeltherapie bei Personen, die in der Wochenendtherapie ihre Affekte offen und deutlich ausgedrückt hatten, gegenüber Personen, bei denen dies nur in geringem Umfang geschehen war.

7.2 Liste der Testverfahren

ACDM. Harren, V. A. (1979). A model of career decision-making for college students. *Journal of Vocational Behavior, 14,* 119-133.
ACS Paul, G. L. (1967). Insight versus desensitization in psychotherapy two years after termination. *Journal of Consulting Psychology, 31,* 333-348.
ACTS. Adaptierte Version des CTS von Wolfus, B. & Bierman, R. (1996). Evaluation of a group treatment program for incarcerated male batterers. *Journal of Offender Therapy and Comperative Criminology, 40,4,* 318-333.
AEQ Gorney, J. (1968). Experiencing and age: patterns of reminiscence among the elderly. In *Dissertation.* University of Chicago.
APES. Stiles, W. B., Morisson, L. A., Haw, S K., Harper, H., Shapiro, D. A. & Firth-Cozens, J. (1991). Longitudinal study of assimilation in exploratory psychotherapy. *Psychotherapy, 28,* 195-206.
AS. Girona, R. (1969). The semantic differential as a tool in predicting the potential effectiveness of student nurses. In *Dissertation.* University of Florida.
AT. Barrett, C. (1969). Systematic desensitization therapy versus implosive therapy. *Journal for Abnormal Psychology, 74,* 587-592.
AT. Lang, P., Lazovik, A. & Reynolds, D. (1965). Desensitization, suggestibility, and pseudotherapy. *Journal for Abnormal Psychology, 70,* 395-402.
BC-SC. Clance, P. R., Matthews, T. V. & Joesting, J. (1979). Body-cathexis and self-cathexis in an interactional, awareness training class. *Perceptual and Motor Skills, 48,* 221-222.
BC-SC. Clance, P. R., Mitchell, M. & Engelman, S. R. (1980). Body cathexis in children as a function of awareness training and yoga. *Journal of Clinical Child Psychology, Spring,* 82-85.
BC-SC. Secord, P. F. & Jourard, S. M. (1955). The appraisal of body cathexis: body cathexis and the self. *Journal of Consulting Psychology, 17(5),* 343-347.
BDI. Beck, A. T. (1978). *Depression inventory.* Philadelphia: Center for Cognitive Therapy.
BDI. Beck, A. T., Rush, A. J., Shaw, B. F. & Emery, G. (1961). An inventory for measuring depression. *Archive of General Psychiatry, 4,* 561-571.
BGT. Bender, L. (1938). A visual motor gestalt test and ists clinical use. *Research Monographs of the American Orthopsychiatric Association, 3.*
BLRI. Barrett-Lennard, G. T. (1962). Dimensions of therapist response as causal factors in therapeutic change. *Psychological Monographs, 76,2,* 562.
BLRI. Barrett-Lennard, G. T. (1964). The relationship inventory. In *Unpublished manuscript.* Australia: University of New England.
BLRI. Gurman, A. S. (1977). Therapist and patient factors influencing the patients perception of facilitative therapeutic conditions. *Psychiatry, 40,* 218-231.
BR. Tiedeman, D. V. & O'Hara, R. P. (1963). *Career development choice and adjustment.* New York: College Entrance Examination Board.
BSI. Derogatis, L. R. (1977). *The SCL-90 Manual I: scoring, administration and procedures.* Baltimore, MD: John Hopkins University School of Medicine, Clinical Psychometrics Unit.
CARS. Bergin, A. E. & Lambert, M. J. (1978). The evaluation of therapeutic outcomes. In S. L. Garfield & A. E. Bergin (Hrsg.), *Handbook of Psychotherapy and Behavior Change (2nd Ed.).* New York: Wiley.

CEAS-r. Machado, P. P. P. (1992). Client's emotional arousal in therapy: development of a rating scale. In *Unpublished manuscript: Psychotherapy Research Project.* Santa Barbara, California: University of California.
CEV. Checkliste zur Erfassung von Veränderungstechnicken. ohne nähere Angaben in Pauls, H. & Reicherts, M. (1995). *Empirische Forschung in der Gestalttherapie am Beispiel eines praxisorientierten Forschungsprojektes.*
COPE. Carver, C. S., Scheier M. F. & Weintraub, J. K. (1989). Assessing coping strategies: a theoretically based approach. *Journal of Personal and Social Psychology, 2,* 267-283.
CPI: Gough, H. G. (1964). *Manual, California psychological inventory.* Palo Alto, California: Consulting Psychologists Press.
CRBS. Greenberg, L. S. & Dompierre, L. M. (1981). Specific effects of Gestalt two-chair dialogue on intrapsychic conflict in counseling. *Journal of Counseling Psychology, 28,4,* 288-294.
CTQ. Bernstein, D. et al. (1997). Validity of the childhood trauma questionnaire in an adolescent psychiatric population. *Journal of the American Academy of Child and Adolescent Psychiatry, 36,* 340-348.
CTS. Straus, M. A. (1979). Measuring family conflict and violence: The conflict tactics scale. *Journal of Marriage and the Family, 41,* 75-88.
CTS. Tausch, R. (1974). *Gesprächspsychotherapie.* Göttingen: Hogrefe.
CTSC. ohne nähere Angaben in Watson, J. C. & Greenberg, L. S. (1996). Pathways to change in the psychotherapy of depression: relating process to session change and outcome. *Psychotherapy, 33,2,* 262-274.
CVQ. Rice, L. Koke, C., Greenberg, L. & Wagstaff, A. (1967). *Manual for client voice quality.* Toronto: York University Counselling and Development Centre.
CVRCS. Hill, C. E. (1978). Development of a counselor verbal response category system. *Journal of Counseling Psychology, 25,* 461-468.
DACL. Lubin, B. (1966). Fourteen brief depression adjective checklists. *Archives of General Psychiatry, 15,* 205-208.
DAP. Craddick, R. A. (1963). The self image in the Draw-A-Person test and self-portrait drawings. *Journal of Projective Techniques and Personality Assessment, 27,* 288-291.
DAP. Machover, K. (1949). *Personality projection in the drawing of the human figure.* Springfield, Illinois: Charles C. Thomas.
DAP. Machover, K. (1975). The figure drawing test. In H. A. Witkin, H. B. Lewis, M. Hertzman, K. Machover, P. O. Meisner & S. Wapner (Hrsg.), *Personality through perception* (2nd ed.). New York: Harper Bros.
DAS. Weissman, A. N. & Beck, A. T. (o. Jahr). Development and validation of the Dysfunctional Attitudes Scale: A preliminary investigation. *Paper Presentet at the 86th Annual Convention of the American Psychological Association.*
DOE. Reicherts, M. (1996). Fragebogen: Dimensionen der Offenheit emotionalen Erlebens (DOE). In *Forschungsversion.* Genf: Université de Genève.
DRS. ohne weitere Quellenangaben bei Watson, J. C. & Greenberg, L. S. (1996). Pathway to change in the psychotherapy of depression: Relating process to session change and outcome. *Psychotherapy, 33,2,* 262-274.
DS. Rokeach, M. (1960). *The open and closed mind.* New York: Basic Books.
EAS-R. Machado, P. (1992). Clients emotional arousal in therapy: Development of a rating scale. *Unpublished Manuscript.*
EES. Watson, M. & Greer, S. (1983). Develompent of a questionnaire measures of emotional control. *Journal of Psychosomatic Research, 27,* 299-305.
EFT. Gendlin, E. (1960). Focusing. *Psychotherapy: Theory, Research and Practice, 6,* 4-15.

EFT. zitiert nach Paivio, S. C. & Nieuwenhuis, J. A. (2001). Efficacy of emotion focused therapy for adult suvivors of child abuse: A preleminary study. *Journal of Traumatic Stress, 14,* 115-133.
EIS. Bense, A. (1977). *Erleben in der Gesprächspsychotherapie. Die Experiencing-Skala.* Weindheim: Beltz.
EPI. Eysenck, H. J. & Eysenck, S. B. G. (1968). *Manual for the Eysenck personality inventory.* San Diego, California: Educational and Industrial Testing Service.
ERT. Bebout, J. (1973). Emotional risk taking and moral autonomy. *Unpublished Manuscript.*
ES. Klein, M. H., Mathieu, P. L. & Kiesler, D. J. (1968). *The experiencing scale: a research and training manual.* Madison, Wisconsin: University of Wisconsin Press.
ESD. Dahlhoff, H. D. & Bommert, H. (1976). *Forschungs- und Trainingsmaterial zu einer deutschen Fassung der Experiencing-Skala.* Münster: Psychologisches Institut der Universität Münster.
EST. Rice, L. N., Watson, J. C. & Greenberg, L. S. (1993). *Manual for rating client's expressive stance in therapy.* Toronto: York University.
FbgB. Fragebogen zur gestalttherapeutischen Behandlung. Schigl, B. (1998). Evaluationsstudie zur Integrativen Gestalttherapie: Wirkung und Wirkfaktoren aus katamnestischer Sicht ehemaliger KlientInnen. *Endbericht zum Forschungsprojekt der Fachsektion für Integrative Gestalttherapie im ÖAGG.*
FPI. Fahrenberg, J. & Selg, H. (1964). *Das Freiburger Persönlichkeitsinventar (FPI). Handanweisung.* Göttingen: Hogrefe.
FQ. Gendlin, E. T. et al. (1968). Focusing ability in psychotherapy, personality and creativity. In J. M. Shlein (Hrsg.), *Research in Psychotherapy* (Bd. III). Washington D.C.: American Psychological Association.
FQ. Gough, H. G. & Heilbrum, A. B. (1965). *The adjective checklist manual.* Palo Alto, California: Consulting Psychologist Press.
FRT. Falik, E. (1978). Reality Test. *Dissertation.*
FSS. zitiert nach Martinez, M. E. (2002). Effectiveness of operationalized Gestalt therapy role-playing in the treatment of phobic behaviors. *Gestalt Review, 6,2,* 148-167.
GASa. Kieresuk, T. J. & Sherman, R. E. (1976). Goal attainment scaling: a general method for evaluating comprehensive community mental health programs. *Community Mental Health Journal, 4,* 443-453.
GASa. Kiresuk, T. & Sherman, R. (1968). Goal attainment scaling: a general method for evaluating comprehensive community mental health programs. *Mental Health Journal, 4,* 443-453.
GASa. Romney, D. M. (1976). Treatment progress by objectives: Kiresuk's and Sherman's approach simplified. *Community Mental Health Journal, 12,* 210-218.
GASb. Endicott, J., Spitzer, R. L., Fleiss, J. L. & Cohen, J. (1976). The global assessment scale: A procedure for measuring overall severity of psychiatric disturbance. *Archives of General Psychiatry, 33 (6),* 766-771.
GE. zitiert nach Pauls, H. & Reicherts, M. (1999). Empirische Forschung in der Gestalttherapie am Beispiel eines praxisorientierten Forschungsprojektes. In Fuhr, R., Sreckovic, M. & Gremmler-Fuhr, M. (Hrsg.), *Das Handbuch der Gestalttherapie.*
GEFT. Witkin, H. A., Oltman, P. K. & Raskin, E. (1971). *A manual for the embedded figures test.* Palo Alto, California: Consulting Psychologists Press.
GSEQ. Adaptierte Version des TSEM in Watson, J. C. & Greenberg, L. S. (1996). Pathway to change in the psychotherapy of depression: Relating process to session change and outcome. *Psychotherapy, 33,2,* 262-274.

GSI. siehe SCL-90-R. (o. Jahr).
GT. Beckman, D. & Richter, H. E. (1972). *Gießen-Test. Handbuch.* Bern: Huber.
HFD. Koppitz, E. (1968). *Psychological evaluation of children's human figure drawings.* New York: Grune & Stratton.
HPCS. Guerney, B. Jr. (1977). *Relationship enhancement: skill training programs for therapy, problem prevention, and enrichment.* San Francisco: Jossey-Bass.
HRSD. Hamilton, M. (1967). Development of a rating scale for primary depressive illness. *British Journal of Social and Clinical Psychology, 6,* 278-296.
HSAL. Hoppe, F. (1991). *Die Hamburger Schmerz Adjektiv Liste (Manual und Testmaterial).* Weinheim: Beltz.
HSC. Derogatis, L. R., Lipman, R. S., Rickels, K., Uhlenhuth, E. H. & Covi, L. (1974). The Hopkins symptom checklist (Hscl): a self report symptom inventory. *Behavioral Science, 19,* 1-13.
IAC. Leary, T. (1957). *Interpersonal diagnosis of personality.* New York: Ronald Press.
Ich-F. Bellak, L., Hurvich, M. & Gediman, H. K. (1973). *Ego functions in schizophrenics, neurotics and normals.* New Yorck: Wiley.
Ich-F. Streeck, U. (1990). Manual zur Einschätzung der Persönlichkeitsorganisation (Für's Deutsche adaptierte und unter klinischen Gesichtspunkten überarbeitete und veränderte Fassung. *Habilitationsschrift.*
ICL. LaForge, R. & Suckzek, R. F. (1955). The interpersonal dimension of personality: an interpersonal checklist. *Journal of Personality, 24,* 94-112.
IE. Rotter, J. B. (1966). *Generalized expectancies for internal versus external control of reinforcement: a review.* Psychological Monographs.
IES. Horowitz, M. J. (1986). *Stress response syndromes.* Northvale, NJ: Aronson.
IIP. Horowitz, L. M., Rosenberg, S. E., Baer, B. A., Ureno, G. & Villasenor, V. S. (1988). Inventory of interpersonal problems: psychometric properties and clinical application. *Journal of Counseling and Clinical Psychology, 56,* 885-892.
IPAT. Cattell, R. B., Eber, H. W. & Tatsuoka,M. M. (1970). *Handbook for the sixteen personality factor questionnaire (16 PF). IPAT* (Bd. III). Campaign:
IRS. Guerney, B. Jr. (1977). *Relationship enhancement: skill training programs for therapy, problem prevention, and enrichment.* San Francisco: Jossey-Bass.
K-PTSD. ohne weitere Quellenangaben bei Elliott, R., Davis, K. & Slatick, E. (1998). Process-experiential therapy for post-traumatic stress difficulties. In L. Greenberg, G. Lietaer & J. Watson (Hrsg.), *Handbook of Experiential Psychotherapy* (S. 249-271). New York: Guilford Press.
KASSL. Zielke, M. (o. Jahr). *Kieler Änderungssensitive Symptomliste (Kassl).* Weinheim: Beltz.
KE. Strauss, B. & Appelt, H. (1986). Erfahrungen mit einem Fragebogen zum Körpererleben. In Brähler, E. (Hrsg.), *Körpererleben* (S. 220-231). Berlin: Springer.
L. Lieberman, M. A., Yalom, I. D. & Miles, M. (1973). *Encounter groups: first facts.* New York: Basic Books.
LCPP. Toukmanian, S. (1986). A measure of client perceptual processing. In L. S. Greenberg & W. Pinsof (Hrsg.), *Psychotherapeutic process: A research handbook* (S. 107-130). New York: Guilford.
LIFE. Keller, M. B., Lavori, P. W., Friedman, B., Nielsen, E., Endicott, J., McDonald-Scott, P. & Andreasen, N. C. (1987). Longitudinal interval follow-up evaluation: a comprehensive method for assessing outcome in prospective longitudinal studies. *Archives of General Psychiatry, 44,* 540-548.

LPVSS. Ausubel, D. & Sullivan, E. (1970). *Theories and problems of child development (2nd ed.).* New York: Grune & Stratton Inc.
LPVSS. Little, L. (1980). An initial report on a diagnostic instrument for use with parents of children identified as problematic: Little parental valuing styles scale (LPVSS). In *Unpublished manuscript.* University of Kentucky, Department of Family Studies.
MA. Bebout, J. (1973). Emotional risk taking and moral autonomy. *Unpublished Manuscript.*
MAI. Multidimensional anger inventory. ohne nähere Angeben in Rosner, R. (1996). *The relationship between emotional expression, treatment and outcome in psychotherapy.* Frankfurt: Peter Lang.
MAS. Locke, H. J. & Williamson, R. C. (1958). Martial adjustment: a factor analysis study. *American Sociological Review, 28,* 562-569.
MBTI. Myers, I. B. & McCaulley, M. H. (1985). *Manual: A guide to the development and use of the Myers-Briggs-Type-Indicator.* Palo Alto, California: Consulting Psychologists Press.
MCI. Bienvenu, M. (1970). Measurement of marital communication. *The Family Coordinatior, 19,* 26-31.
MCMI-A. ohne weitere Quellenangaben bei Elliott, R., Davis, K. & Slatick, E. (1998). Process-experiential therapy for post-traumatic stress difficulties. In L. Greenberg, G. Lietaer & J. Watson (Hrsg.), *Handbook of Experiential Psychotherapy* (S. 249-271). New York: Guilford Press.
MMPI. Hathaway, S. R. & McKinley, J. C. (1943). *The Minnesota multiphasic personality inventory.* New York: The Psychological Corporation.
MMPI-168. Overall, J. E. & Gomez-Mont, F. (1974). The MMPI-168 for psychiatric screening. *Educational and Psychological Measurement, 34,* 315-319.
MMQ. Eysenck, H. J. (1964). *Maudsley-Persönlichkeits-Fragebogen. Handanweisung.* Göttingen: Hogrefe.
NAI. Burgoon, J. K., Kelley, D. L., Newton, D. A. & Keeley-Dryson, M. P. (1989). The nature of arousal and non-verbal indices. *Human Communication Research, 16,* 217-225.
NAI. Burgoon, J. K., LePoire, B. A., Beutler, L. E., Bergan, J. & Engle, D. (1990). Nonverbal indices of arousal: extension to psychotherapy. *Paper presented at the Interpersonal and Small Group Interaction Division of the Speech Communication Association Convention.*
NEED. Foerster, F. S. (1990). Refinement and verification of a model of the resolution of unfinished business. *Unpublished Master's Theses, York University.*
NEED. Pedersen, R. (1996). *Verification of a model of the resolution of unfinished business.* Toronto, Canada:
NRT. Neigger, S. (1956). *Introduction to Rorschach psychodiagnosis, part II, specific reactions.* Toronto: Toronto Psychiatric Hospital.
OH. Orlinsky, D. E. & Howard, K. I. (1975). *Varieties of psychotherapeutic experiences.* New York: Teachers College Press.
OPI. Heist, P. & Yonge, G. (1962). *Omnibus personality inventory: form f, manual.* New York: The Psychological Corporation.
PF-SOC. Heppner, P. P. et al. (1995). Progress in resolving problems: A problem-focused style of coping. *Journal of Counselling Psychology, 42,3,* 279-293.
POI. Shostrom, E. L. (1966). *Manual, personal orientation inventory.* San Diego: Educational and Industrial Testing Service.
POI. Shostrom, E. L. & Knapp, R. R. (1966). The relationship of a measure of self-actualization (POI) to a measure of pathology (MMPI) and to therapeutic growth. *American Journal of Psychotherapy, 20,* 193-202.

POMS. McNair, D. M., Lorr, M. & Droppelman, L. F. (1971). *Profile of mood states*. San Diego: educational amd industrial testing service.
PPQ. Phillips, J. P. N. (1970). A new type of personal questionnaire technique. *British Journal of Social and Clinical Psychology, 9*, 241-256.
PRF. Jackson, D. N. (1974). *Personality research form*. Goshen, New York: Research Psychologist Press.
PSKB. Rudolf, G. (1981). *Untersuchungen und Befund bei Neurosen und psychosomatischen Erkrankungen. Materialien zum »Psychischen und Sozial-Kommunikativen Befund« (PSKB)*. Weinheim: Beltz.
PSKB-Se. Rudolf, G. (1991). PSKB-Se - ein psychoanalytisch fundiertes Instrument zur Patientenselbsteinschätzung. *Zeitschrift für psychosomatische Medizin und Psychoanalyse, 37*, 350-360.
PSS-I. zitiert nach Paivio, S. C. & Nieuwenhuis, J. A. (2001). Efficacy of emotion focused therapy for adult suvivors of child abuse: A preleminary study. *Journal of Traumatic Stress, 14*, 115-133.
Q-Sort. zitiert nach Mackay, B. (2002). Effects of Gestalt therapy two-chair dialogues on divorce decision making. *Gestalt Review, 6,3*, 220-235.
QMPS. Kepner, J. (1982). Questionnaire measurement of personality styles from the theory of gestalt therapy. In *Doctoral dissertation*. Kent State University.
RCS. Guerney, B. Jr. (1977). *Relationship enhancement: skill training programs for therapy, problem prevention, and enrichment*. San Francisco: Jossey-Bass.
RS. Singh, M. (1994). Validation of a measure of session outcome in the resolution of unfinished business. *Unpublished Doctoral Dissertation, York University*.
RSE. Bachman, J. & O'Malley, P. (1977). Self-esteem in young men: a longitudinal analysis of the impact of educational and occupational attainment. *Journal of Personality and Social Psychology, 35*, 365-380.
RSS. Byrne, D. (1961). The repression sensitization scale: rationale, reliability, and validity. *Journal of Personality, 29*, 334-349.
SASB. Benjamin, L. S. (1974). Structural analysis of social behavior. *Psychological Review, 81,5*, 392-425.
SCL-90-R. Derogatis, L. R. (1986). Symptom-Check-Liste (SCL-90-R). In Collegium Internationale Psychiatrie Scalarum (Hrsg.), *Internationale Skalen für die Psychiatrie*. Weinheim: Beltz.
SCS. Guerney, B. Jr. (1977). *Relationship enhancement: skill training programs for therapy, problem prevention, and enrichment*. San Francisco: Jossey-Bass.
SD. Osgood, C., Suci, G. & Tannenbaum, P. (1957). *The measurement of meaning*. Chicago: University of Illinois Press.
SEQ. Stiles, W. B. (1980). Measurement of the impact of psychotherapy sessions. *Journal of Consulting and Clinical Psychology, 48*, 176-185.
SL. Barron, F. (1953). Some personality correlates of incependence of judgement. *Journal of Personality, 21*, 287-297.
SQ. Smith, R. (1970). A comparison of therapeutic methods to eliminate fears. *Unpublished Dissertation, Georgia State University*.
SRI. Endler, N. S. et al. (1962). An S-R inventory of anxiousness. *Psychological Monography, 76*, 536.
SSIAM. Gurland, B. J., Yorkston, N. J., Goldberg, K., Fleiss, J. L., Sloane, R. B. & Cristol, A. H. (1972). The structured and scaled interview to assess maladjustment (SSI-AM): 2. factor analysis, reliability and validity. *Archives of General Psychiatry, 27*, 264-267.

SSIAM. Gurland, B. J., Yorkstone, N. J., Stone, A. R., Frank, J,D. & Fleiss, J. L. (1972). The structured and scaled interview to assess maladjustment (SSIAM): 1. description, rationale, and development. *Achives of General Psychiatry, 27,* 259-263.
SSQ. Sonderen, E. van. (1991). Het meten van sociale steun (The measurement of social support). In *Dissertation.* Groningen: University Press.
STAI. Spielberger, C. D., Gorsuch, R. L. & Lushene, R. E. (1970). *Manual for state-trait anxiety inventory.* Palo Alto, California: Consulting Psychologists Press.
SVF. Janke, W., Erdmann, G. & Boucsein, W. (1985). *Streßverarbeitungsfragebogen.* Göttingen: Hogrefe.
SVI. Osipow, S. H., Carney, C. G. & Barak, A. (1976). A scale of educational vocational undecidedness: a typological approach. *Journal of Vocational Behavior, 9,* 233-243.
TAES. Truax, C. (1967). A scale for the measurement of accurate empathy. In C. Rogers, E. Gendlin, D. Kiesler & C. Truax (Hrsg.), *The therapeutic relationship and its impacts: a study of psychotherapy with schizophrenics.* Madison: University of Wisconsin Press.
TAS. ohne weitere Quellenangaben bei Elliott, R., Davis, K. & Slatick, E. (1998). Process-experiential therapy for post-traumatic stress difficulties. In L. Greenberg, G. Lietaer & J. Watson (Hrsg.), *Handbook of Experiential Psychotherapy* (S. 249-271). New York: Guilford Press.
TAT. Dana, R. H. (1959). Proposal for objective scoring of the TAT. *Perceptual and Motor Skills, 9,* 27-43.
TC. Truax, C. & Carhuff, R. R. (1967). *Towards effective counseling and psychotherapy.* Chicago: Aldine Publishing Corporation.
TCDBS. Battle, C., Imber, S., Hoehn-Saric, R., Stone, A., Nash, E. & Frank, J. (1966). Target complaints as criteria of improvement. *American Journal of Psychotherapy, 20,* 184-192.
TSCS. Fitts, W. (1965). *Manual: Tennessee self concept scale.* Nashville, Tennessee: Counselor Recording and Tests.
TSEM. Orlinsky, D. & Howard, K. (1975). *Varieties of psychotherapeutic experience.* New York: Teacher's College Press.
UFB. Ullrich de Myunck, R. & Ullrich, R. (1976). *Das Assertiveness-Training-Programm ATP: Einübung von Selbstvertrauen und sozialer Kompetenz. Teil I: Bedingungen und Formen sozialer Schwierigkeiten.* München: Pfeiffer.
UFB. Ullrich de Myunck, R. & Ullrich, R. (1978). *Soziale Kompetenz. Experimentelle Ergebnisse zum Assertiveness-Training-Programm ATP. Bd. I: Meßmittel und Grundlagen.* München: Pfeiffer.
UFB-RS. Singh, M. (1994). Validitation of a measure of session outcome in the resolution of unfinished business. In *Unpublished doctoral dissertation.* Toronto, Ontario, Canada: York University.
VAS. ohne weitere Quellenangabe bei Hill, D., Beutler, L. E. & Daldrup, R. (1989). The relationship of process to outcome in brief experiential psychotherapy for chronic pain. In *Journal of Clinical Psychology.* Stiftung Psychosomatik der Wirbelsäule.
VAS. ohne weitere Quellenangabe bei Sandweg, R. & Riedel, H. (1998). Gibt es Prädiktoren für den Erfolg bei der Behandlung chronischer Schmerzen? In H. Riedel & P. Henningsen (Hrsg.), *Die Behandlung chronischer Rückenschmerzen: Grundlagen, Therapiekonzepte, offene Fragen. Kongreßband zur 6. Fachtagung der Stiftung »Psychosomatik der Wirbelsäule«, Heidelberg 20.-21.3.1998* (S. 171-197). Blieskastel: Stiftung Psychosomatik der Wirbelsäule.
VEV. Zielke, M. & Kopf-Mehnert, C. (1978). *Veränderungsfragebogen des Erlebens und Verhaltens.* Weinheim: Beltz.

VPPS. O'Malley, S. S. , Suh, C. S. & Strupp, H. H. (1983). The Vanderbilt psychotherapy process scale: a report on the scale development of a process-outcome scale. *Journal of Consulting and Clinical Psychology, 51,* 581-586.
VPPS. Strupp, H. H., Hartley, D. & Blackwood, G. L. Jr. (1974). Vanderbilt psychotherapy process scale. In *Unpublished manuscript.* Vanderbilt University.
VQ. Rice, L. & Wagstaff, A. (1967). Client voice quality and expressive style as indices of productive psychotherapy. *Journal of Consulting Psychology, 31,* 557-563.
WAI. Hovath, A. (1981). An exploratory study of the concept of therapeutic alliance and its measurement. In *Dissertation.* University of British Columbia.
WAI. Hovath, A. & Greenberg, L. S. (1986). The development of the Working Alliance Iinventory. In L. S. Greenberg & W. M. Pinsof (Hrsg.), *The psychotherapeutic process.* New York: Guilfod Press.
WAI. Hovath, A. & Greenberg, L. S. (1989). The development of the Working Alliance Inventory. In *Journal of Counseling Psychology.* University of British Columbia.
WISC. Wechsler, D. (1974). *Manual for the wechsler intelligence scale for children - revised.* New York: The Psychological Corporation.
Y. Yalom, I. D. (1975). *Theory and practice of group psychotherapy.* New York: Basic Books.
ZBL. Zerssen, D. (1976). *Klinische Selbstbeurteilungsskalen BI-BI'.* München: Beltz.
ZEA. Reicherts, M. & Pauls, H. (1996). Zielerreichungsanalyse. In *Unveröffentlichte Forschungsmaterialien.* Fachhochschule Coburg, IPSG.

7.3 Tabellen AI und AII

Tabellen AI: Multiple Korrelationen zu den Prä-/Post-Daten der Ergebnistabellen von Grawe et al. (1994) (vergleiche Abschnitt 3.2.1.2). Die Ergebnisse zeigen die Vorhersage einer aus den Daten der Metaanalyse berechneten binomialen Effektstärke D über die Prädiktoren: Anteil der Messungen zu (1) Symptomen, (2) Persönlichkeit und (3) sozialen Veränderungen. 26 Therapien hatten unter diesen Kategorien Messungen.

Regression

Modell	Aufgenommene/Entfernte Variablen[b]		Methode
	Aufgenommene Variablen	Entfernte Variablen	
1	SOZIAL, PERSÖNL, SYMPTOME[a]	–	Eingeben

a Alle gewünschten Variablen wurden aufgenommen.
b Abhängige Variable: D

Modellzusammenfassung

Modell	R	R-Quadrat	Korrigiertes R-Quadrat	Standardfehler des Schätzers
1	,736[a]	,541	,482	,3159804

a Einflussvariablen : (Konstante), SOZIAL, PERSÖNL, SYMPTOME

ANOVA[b]

Modell	Quadratsumme	df	Mittel der Quadrate	F	Signifikanz
1 Regression	2,711	3	,904	9,050	,000[a]
Residuen	2,296	23	,100		
Gesamt	5,007	26			

a Einflussvariablen: (Konstante), SOZIAL, PERSÖNL, SYMPTOME
b Abhängige Variable: D

Koeffizienten[a]

Modell	Nicht standardisierte Koeffizienten		Standardisierte Koeffizienten	T	Signifikanz
	B	Standardfehler	Beta		
1 (Konstante)	-,358	,412		-,869	,394
PERSÖNL	3,770	,858	,737	4,394	,000
SYMPTOME	3,120	,672	,918	4,644	,000
SOZIAL	1,238	,621	,345	1,993	,058

a Abhängige Variable: D

Tabellen AII: Multiple Korrelationen zu den Kontrollgruppen-Daten der Ergebnistabellen von Grawe et al. (1994) (vergleiche Abschnitt 3.2.1.2). Die Ergebnisse zeigen die Vorhersage einer aus den Daten der Metaanalyse berechneten binomialen Effektstärke D über die Prädiktoren: Anteil der Messungen zu (1) Symptomen, (2) Persönlichkeit und (3) sozialen Veränderungen.

Regression

Aufgenommene/Entfernte Variablen[b]

Modell	Aufgenommene Variablen	Entfernte Variablen	Methode
1	SOZIAL, PERSÖNL, SYMPTOME[a]	–	Eingeben

a Alle gewünschten Variablen wurden aufgenommen.
b Abhängige Variable: D

Modellzusammenfassung

Modell	R	R-Quadrat	Korrigiertes R-Quadrat	Standardfehler des Schätzers
1	,747[a]	,558	,489	,2383689

a Einflussvariablen : (Konstante), SOZIAL, PERSÖNL, SYMPTOME

ANOVA[b]

Modell		Quadratsumme	df	Mittel der Quadrate	F	Signifikanz
1	Regression	1,365	3	,455	8,009	,001[a]
	Residuen	1,080	19	,057		
	Gesamt	2,445	22			

a Einflussvariablen: (Konstante), SOZIAL, PERSÖNL, SYMPTOME
b Abhängige Variable: D

Koeffizienten[a]					
Modell	Nicht standardisierte Koeffizienten		Standardisierte Koeffizienten	T	Signifikanz
	B	Standardfehler	Beta		
1 (Konstante)	-,588	,380		-1,548	,138
PERSÖNL	4,498	1,049	,772	4,289	,000
SYMPTOME	2,989	,718	,782	4,164	,001
SOZIAL	,719	,459	,251	1,566	,134

a Abhängige Variable: D

7.4 Personenindex

Abhukara, L. 329, 373
Adesso, V.J. 111, 122 FN, 148, 290 FN, 314, 342
Adorno, T.W. 43
Ahlers, C. 105, 113, 314
Alexander, J.A. 110, 113, 314
Alford, J.M. 101, 327
Amendt-Lyon, N. 98, 314
Anderson, J. 98, 100, 105, 111, 314
Andrews, J. 101, 113, 314
Andrusyna, T.P. 328, 329
Angermann, K. 100, 314
Angus, L.E. 82, 98, 100, 106, 113, 118, 119, 133, 148, 167, 291, 314, 322, 342, 356
Antoni, M.H. 331, 376
Aspinall, S.Y. 103, 314
Atkeson 104, 110, 326
Aylward, J. 98, 110, 314

Backman, S. 107, 340
Baddeley, M. 108, 314
Baker, E.K. 95, 100, 104, 326
Baker, F.S. 314
Bar, R. 100, 111, 112, 290 FN, 295, 337, 387
Barghaan, D. 183, 185, 210, 291, 299, 314, 324
Barkham, M. 337
Barrilleaux, S.P. 96, 97, 100, 148, 290 FN, 314, 342
Bartels, B. 105, 335, 382
Bauer, R.H. 96, 97, 98, 100, 108, 290 FN, 314, 324, 342
Baulig, I. 103, 315
Baulig, V. 103, 315
Baumgartner, G. 106, 315, 326
Bäumges, U. 95, 101, 314
Beaumont, H. 106, 108, 315
Bebout, J. 105, 337, 388
Bechtinger-Czogalik, S. 319
Beck, J.G. 112, 315
Behrendt, W.S. 99, 104, 315
Bellendorf, E. 320, 350
Bergan, J. 146, 315, 343, 399
Berman, J.S. 217, 225, 256, 257, 260, 302, 328, 329, 331
Bernauer, F. 26, 214, 215, 217, 221, 245, 247, 323
Bernstein, P.L. 96, 109, 315
Besems, T. 96, 103, 315
Beutler, L.E. 38, 66, 96, 98, 100, 109, 118, 146f., 148, 149, 150, 154, 164f., 184, 190, 202, 208, 210, 236, 238, 242, 263, 272, 280, 284, 303 FN, 315, 325, 329, 335, 343, 344, 366, 371, 383
Bialy, J. von 47, 315
Bierman, R. 101, 179, 200, 206, 209, 322, 340
Biggs, B.E. 110, 320

Bilek, H.P.   108, 109, 315
Bishop, M.   328
Bjorno, L.   103, 105, 115, 315
Bloch, S.   340, 394
Bocian, B.   14, 41, 315, 316
Bock, W.   42, 44, 338
Bolen, I.   315
Bommert, H.   320, 350
Bond, G.   340, 394
Bongers, D.   181, 209, 316
Bonhoeffer, K.   41
Borofsky, R.   107, 316
Bortz, J.   316
Boulet, D.B.   53, 96, 105, 115, 117, 118, 121, 122, 150, 316, 344
Bozarth, J.D.   37, 83, 316
Bradley, R.W.   105, 114, 333, 380
Bretz, H.J.   214, 214 FN, 215, 234f., 250, 276, 277, 316
Bright, P.   94, 108, 318
Briner, F.   109, 112, 316
Broemer, H.   176, 211, 316
Brothers, C.L.   66, 118, 316, 344
Brown, G.I.   101, 105, 110, 290 FN, 295, 327, 337, 368, 369
Brown, J.   101, 316, 330, 375
Brownell, R.   108, 316
Brunink, S.A.   105, 113, 118, 121, 150, 122 FN, 316, 345
Bryan, E.L.   112, 316
Buber, M.   22, 40, 43, 51, 121, 316
Buckles, N.B.   94, 114, 316
Buentig, W.E.   104, 316
Burke, W.W.   95, 100, 102, 107, 316
Burow, O.A.   105, 316
Butollo, W.   14, 16, 17ff., 67, 94, 95, 102, 107, 108, 115, 118, 170, 184, 186, 204, 209, 210, 317, 329, 345

Caffaro, J.V.   113, 317, 346
Cain, D.   11, 16, 34, 317
Calver, S.   315
Campbell, S.   111, 112, 317
Carlo, E.   95, 100, 102, 317
Caron, A.   101, 107, 318, 346
Carstens, C.G.   95, 110, 318
Cassius, J.   94, 111, 112, 174, 290 FN, 295, 323, 357
Castanedo, C.   111, 318

Chambless, D.L.   94, 108, 318
Chemin, A.   101, 107, 318, 346
Choca, P.   314, 342
Christian, M.G.   103, 110, 318
Chu, V.   94, 108, 109, 114, 318
Clance, P.R.   96, 104, 110, 118, 119, 122 FN, 150, 318, 326, 337, 346
Clarke, K.M.   53, 63, 82, 96, 100, 104, 112, 117, 126, 127, 133, 138, 140, 150, 152, 179, 181, 186, 206, 210, 238, 290 FN, 318, 323, 347, 359
Clemmens, M.C.   94, 318
Coffey, J.I.   97, 100, 181, 209, 318
Cohen, L.A.   105, 318
Collier, J.C.   103, 111, 320
Conoley, C.W.   96, 118, 148, 152, 290 FN, 318, 347
Conoley, J.C.   66, 96, 118, 318, 347
Conolly, S.   66, 96, 109, 318
Conté, V.   101, 113, 318
Cook, D.A.   98, 103, 318
Cote, N.   94, 98, 100, 111, 113, 290 FN, 318, 348
Craft, J.H.   105, 107, 110, 319
Crocker, S.F.   110, 111, 114, 319
Crose, R.   95, 319
Cross, D.G.   95, 102, 108, 112, 144f., 150, 175, 183, 186, 202, 208, 211, 263f., 272, 277ff., 280, 282, 284f., 289, 290 FN, 291, 293, 319, 337, 348
Croteau, J.M.   320
Curtis, F.   107, 319
Czogalik, D.   177, 319, 331

Daldrup, R.J.   96, 100, 109, 146, 154, 190, 315, 325, 335, 343, 366, 383
Daniels, V.   101, 334
Davidson, H.R.   110, 180, 206, 210, 212, 290 FN, 320, 350
Davis, K.   82, 172, 319, 349
Dessaulles, A.   329, 372, 373
de Vries, M.J.   331, 376
Dewey, J.   41, 46, 52, 319
Diethelm, K.   103, 332
Diguer, L.   328, 329
Dirmaier, J.   185, 299, 314, 324
Dixon, E.B.   115, 172, 209, 319
Dompierre, L.M.   63, 96, 97, 104, 133, 138, 150, 323, 359

Donadio, G.   112, 319
Donati, R.   26, 214, 215, 217, 221, 245, 247, 323
Döring, N.   316
Dreitzel, P.   106, 108, 331

Edwards   98, 319
Eidemiller, E.G.   97, 103, 106, 108, 319
Elliott, R.   12, 13, 21, 33, 47, 51, 61, 62, 78, 82, 90, 108, 150, 172, 178, 179, 186, 204, 208, 209, 214, 216, 226, 235-241, 243-248, 253-255, 261-264, 268, 274ff., 278-283, 286, 289, 299, 301f., 306, 311, 319, 323, 324, 326, 349
Emmelkamp, P.M.G.   331, 376
Engelman, S.R.   318
Engle, D.   110, 115, 146, 315, 320, 343, 344
Eppelsheimer, H.   99, 102, 320
Erickson, D.B.   113, 320, 349
Esser, P.   100, 133 FN, 174, 186, 202, 208, 291, 320, 350
Euse, F.J.   314, 342
Evans, K.R.   109, 320
Evans, M.P.   320
Eysenck, H.J.   213, 222, 320

Fabian, A.   114, 320
Federn, P.   42
Felton, G.S.   110, 180, 186, 206, 210, 212, 290 FN, 320, 350
Fenichel, O.   44
Ferenczi, S.   42, 43, 45
Fiedler, P.   123, 320
Field, N.P.   114, 320
Finando, S.J.   111, 320
Fine, H.J.   99, 111, 290 FN, 295, 331, 377
Fittante, R.   111, 113, 320
Fittkau, B.   105, 320
Fitzthum, E.   98, 100, 320
Fleischer, J.A.   105, 320
Fleming, K.P.   115, 320
Fodor, I.G.   103, 111, 314, 320
Foerster, F.S.   53, 63, 64, 88, 114, 126, 127, 130, 131, 133, 135, 138, 150, 323, 360
Forrest, D.A.   114, 181, 210, 321
Foulds, M.L.   94, 97, 99, 100, 101, 104, 106, 107, 108, 111, 113, 290 FN, 293, 295, 321, 324, 350, 351, 352, 353, 354, 355, 363, 364
Foulkes, S.H. siehe Fuchs, S.H.
Frank, M.   236, 263, 314
Fraser, E.M.   102, 103, 321
Frassa, M.   101, 338, 389
Fredericson, I.   107, 115, 321, 324
Freedman, H.   324
Freud, A.   56
Freud, S.   44, 56, 129, 312
Frew, J.   76, 99, 100, 107, 321, 355
Frey, D.H.   105, 334, 381
Frick, U.   335
Friedlaender, S.   41, 42, 321
Friedman, H.R.   321, 394
Friedman, L.   112, 115, 340
From, I.   21, 22, 65, 68, 124, 321
Fromm, E.   44
Fromm-Reichmann, F.   43, 44, 45
Fuchs, S.H.   43
Fuhr, R.   14, 90, 321, 322

Gagnon, J.H.   95, 106, 322
Gagnon, R.   329, 373
Gailis, A.T.   104, 110, 326
Gaines, J.   236, 263, 315
Gallagher, R.   94, 108, 318
Galloway, J.A.   113, 322
Gannon, W.   107, 110, 181, 210, 322
Gaub, T.S.   100, 322
Gegenfurthner, N.   114, 118, 322
Geib, P.   107, 108, 322
Gelb, A.   43
Gelso, C.J.   112, 290 FN, 293, 295, 327, 369
Gendlin, E.   38, 62, 79, 139, 307, 322
Gerhardt, E.   100, 322
Gerlich, G.   114, 322
Gervaize, P.A.   329, 372
Gibson, C.   82, 172, 208, 322
Gilstrap, R.L.   108, 322
Girona, R.   97, 111, 321, 352
Glass, G.V.   13, 26, 34, 213, 214, 215, 217, 218, 219, 225, 243, 253f., 260ff., 264, 268ff., 337
Goldman, R.   16, 25, 34, 53, 66, 82, 96, 98, 100, 118, 126, 133, 135, 167, 174, 181, 188, 202, 208, 291, 322, 325, 338, 356, 366
Goldstein, A.J.   94, 108, 318

Goldstein, K.   42, 43, 46
Goldthwait, J.A.   108, 110, 322
Goodman, G.   94, 110, 322
Goodman, P.   21, 22, 39, 45, 46, 47, 48, 50, 51, 54, 57, 58, 62, 65, 307, 333
Goodstein, M.   105, 322, 323
Gordon, L.B.   82, 339, 391
Goulding, R.L.   113, 326
Grabner, D.   114, 118, 120, 323, 356
Grawe, K.   10, 26, 116, 146, 213, 214, 215, 217, 221-229, 234, 237, 243, 245, 247, 253-260, 263-270, 274, 276, 290, 303, 308, 315, 323, 332, 344, 402, 404
Grech, T.   82, 181, 339
Greenberg, E.   97, 108, 109, 323
Greenberg, H.   94, 106, 107, 108, 109, 110, 111, 112, 174, 202, 208, 290 FN, 295, 323, 357
Greenberg, L.S.   11, 12, 16, 18, 19, 21, 24, 33, 38, 40, 47, 51, 53, 54, 59, 60, 61, 62, 63, 64, 66, 78, 79, 81, 82, 90, 93, 95, 96, 97, 98, 100, 104, 106, 109, 112, 113, 114, 115, 117, 118, 126, 127, 128, 130, 131, 132, 133, 134, 135, 136, 137, 138, 140, 141f., 150, 152, 154, 160, 162, 164, 166, 167, 172, 174, 178, 179, 181, 186, 188, 194, 202, 206, 208, 209, 210, 211, 214, 216, 219, 235-240, 243, 264, 290 FN, 291, 295, 306, 307, 318, 322, 323, 324, 325, 326, 329, 333, 334, 340, 347, 356, 357, 358, 359, 360, 361, 362, 363, 366, 367, 371, 378, 392
Gremmler-Fuhr, M.   14, 322
Groddeck, G.   43
Groman, W.D.   95, 106, 331
Groß, A.   320, 350
Gruenke, M.   99, 209, 324
Guerney, B.G.   97, 99, 101, 107, 112, 180, 206, 210, 290 FN, 291, 295, 326, 367
Guinan, J. F.   94, 97, 99, 101, 104, 107, 108, 111, 113, 290 FN, 293, 295, 321, 324, 352, 353, 355, 363, 364

Haefner-Ehreiser, I.   109, 324
Hagl, M.   17, 67, 317
Hall, C.S.   43, 324
Hall, S.   327, 368
Hallberg, E.T.   114, 337
Halperin, G.   328

Handlon, J.H.   100, 107, 115, 321, 324
Hannigan, P.S.   94, 100, 106, 107, 108, 113, 290 FN, 293, 295, 321, 352, 353, 354, 355
Hanson, R.W.   314, 342
Happel, C.   42
Hardy, R.E.   104, 110, 324, 337,
Harfst, T.   183, 185, 210, 291, 299, 314, 324
Harman, R.L.   101, 103, 110, 112, 113, 314, 324
Harnik, E.   42
Harris, E.S.   95, 324
Hartmann-Kottek, L.   14, 16, 33, 36, 44, 67, 83, 98, 101, 102, 109, 110, 112, 115, 173, 190, 202, 208, 211, 297 FN, 324, 325, 364
Healy, J.M.   105, 325
Hecker, N.   101, 325
Hecker, W.   98, 325
Heekerens, H.-P.   84, 215, 234, 276f., 316, 325, 364
Hefferline, R.F.   47, 48, 62, 65, 333
Heinl, H.   91, 96, 101, 104, 107, 110, 115, 176, 177, 190, 204, 209, 211, 212, 325, 333, 365
Hemming, J.   98, 99, 325, 332
Hendry, D.   314, 342
Hershbell, A.S.   104, 325
Higgins, H.M.   63, 96, 97, 112, 127, 133, 138, 140, 154, 323, 361
Highton, J.   103, 108, 337
Hill, D.   96, 100, 109, 154, 178, 190, 204, 209, 211, 212, 325, 366
Hitschmann, E.   42
Hoeninger, S.   101, 338, 389
Hoffmann-Widhalm, H.   104, 108, 325
Holiman, M.   110, 115, 320
Hollander, T.P.   96, 111, 325
Homeyer, L.E.   112, 338
Honos-Webb, L.   96, 135, 156, 325, 326, 366, 367
Horkheimer, M.   43
Horney, K.   42, 44, 45
Hornyak, L.M.   95, 100, 326
Horowitz, M.J.   114, 320
Howard, K.I.   399
Howard, M.T.   229, 240, 329, 373, 374
Hoyt, M.F.   113, 326

Hundertmark, K.   94, 326
Husserl, H.   46
Hutterer-Krisch, R.   104, 326
Hycner, R.   47, 51, 326

Ibanez, P.   97, 103, 107, 326
Imes   104, 110, 326, 337
Ingram, T.L.   99, 103, 326

Jackson, L.   82, 172, 208, 326
Jackson, C.W. Jr.   115, 320
Jacobs, L.   330, 375
Jacobs, L.M.   47, 51, 326
James, W.   40
Jesiolowski, B.S.   95, 326
Jessee, R.E.   97, 99, 101, 107, 112, 180, 190, 206, 210, 212, 290 FN, 291, 295, 326, 367
Joesting, J.   318
Johannsen, A.   94, 101, 338, 389
Johnson, B.T.   36, 243, 326
Johnson, S.   328
Johnson, W.R.   108, 110, 136, 168, 192, 204, 209, 210, 211, 291, 326, 368
Joly, A.   101, 107, 318, 346
Jones, E.   44
Josewski, M.   106, 108, 331
Joubert, J.M.C.   100, 103, 326

Kahn, F.   105, 326
Kalnins-Borofsky, A.   107, 316
Kalogerakos, F.   82, 339, 391
Kamphaus, G.   97, 327, 368
Kaplan, M.L.   328, 370
Kaplan, N.R.   328, 370
Kasper, C.J.   101, 327
Keller, J.W.   71, 114, 121, 327, 368
Kelly, P.   103, 327
Kemmler, L.   105, 118, 121, 125, 330, 375
Key, T.   105, 327
Khan, J.A.   95, 102, 108, 112, 175, 319, 348
Kierkegaard, S.   46
Killoran, C.A.   109, 112, 327
Kimball, R.   112, 156, 290 FN, 293, 295, 327, 369
Kimzey, C.E.   96, 318, 347
King, S.   134, 327
Klöckner, D.   98, 327

Knapp, R.R.   293, 337
Koch, U.   185, 299, 314, 324
Koffman, S.D.   95, 327
Koke, C.J.   133, 334
Kolodziejski, D.J.   105, 113, 327
Konrad, J.L.   101, 105, 327
Korb, M.P.   99, 109, 115, 327
Kosijer, S.   104, 108, 327
Kramer, D.J.   104, 327
Kraus, R.C.   111, 327
Krause, E.D.   328, 329
Kresse, K.H.   101, 327
Kroschel, E.   115, 327
Krüsmann, M.   17, 317
Kulakov, S.A.   97, 103, 106, 108, 319
Kursh, A.J.   104, 111, 327

Laborde, G.Z.   110, 290 FN, 295, 327, 369,
Ladenhauf, K.H.   105, 111, 327
Lago, C.O.   95, 108, 328
Lamb, C.S.   95, 102, 114, 328
Lammert, M.   98, 108, 328
Landauer, K.   43, 44
Landerer, W.   319
Lange, L.   40
Larson, D.G.   113, 328, 369
de LasHeras, B.   109, 318
Latka, H.F.   98, 325
Latner, J.   314
Lawson, K.C.   329, 373
LeDoux, J.E.   60, 328
Lee, A.C.   107, 109, 111, 329, 374
Lee, E.   111, 328
Lee, R.   109, 328
Lehmann, G.   99, 209, 328
Lesonsky, E.M.   107, 118, 121, 122 FN, 156, 328, 370
Levi, N.   101, 113, 337
Levitt, J.T.   328, 329
Lewin, K.   21, 42, 47, 48, 77, 87, 88, 328
Liebermann, M.A.   105, 328, 370
Lietaer, G.   214, 216, 235f., 238ff., 243, 319, 323
Lightner, M.   95, 115, 172, 209, 328
Linder, B.   340, 392
Lindzey, G.   43, 324
Little, L.F.   99, 180, 192, 206, 210, 212, 290 FN, 295, 328, 371
Lobb, M.S.

Loboda, D.   107, 328
Loeb, R.C.   99, 328
Long, J.M.   97, 328
Lowenstein, J.   82, 181, 328
Luborsky, L   12, 13, 125, 226, 253, 263, 268, 301, 311, 328, 329
Lückel, K.   113, 329
Ludwig, G.   99, 176, 192, 204, 209, 211, 329, 371
Luif, I.   326
Lumma, K.   97, 107, 329

MacDonald, R.   146, 315, 344
Machado, P.P.P.   100, 146, 156, 315, 343, 329, 371
Mackay, B.A.N.   99, 100, 104, 107, 110, 114, 126 FN, 136, 156, 181, 210, 329, 372
MacPhee, D.C.   329, 373
Mager Russel, M.   111, 329
Maher, M.F.   329
Mahrer, A.R.   53, 95, 98, 102, 105, 113, 115, 117, 118, 121, 122, 123, 124, 156, 158, 329, 372, 373, 374
Maier, K.   327, 368
Malcolm, W.   63, 64, 66, 82, 106, 115, 118, 130, 135, 162, 178, 179, 188, 206, 210, 323, 329, 361
Manchester, C.F.   97, 98, 101, 111, 329
Maragkos, M.   16, 17, 170, 317, 329
Marcuse, H.   43
Marion, P.   105, 115, 329
Martinez, M.E.   36, 64, 95, 108, 158, 168, 169, 192, 204, 209, 210, 330, 374
Mascow, S.   330
Matthews, T.V.   318
Maurer, T.   17, 317
McCarthy, D.A.   67, 339
McConnell, J.A.   96, 318, 347
McConville, M.   100, 102, 103, 109, 330
McGrath, E.W.   111, 112, 330
McLaughlin, J.G.   102, 330
McLellan, A.T.   328
Mcmain, S.F.   97, 114, 330
Mead, G.H.   41, 46, 52, 330
Mecheril, P.   105, 114, 118, 121, 122 FN, 125, 160, 330, 375
Meredith, K.   146, 315, 343
Merleau-Ponti, M.   46

Merry, W.   146, 315, 343
Mestel, R.   16, 98, 111, 182, 183, 192, 202, 208, 210, 212, 276 FN, 330, 375
Meyer, A.-E.   221
Micknat, J.   101, 103, 330
Miglionico, L.R.   106, 172, 210, 330
Miles, M.B.   105, 328, 370
Miller, C.   103, 181, 209, 330
Miller, M.V.   106, 330
Miller, T.T.   214, 215, 217, 218, 225, 243, 253f., 269f., 337
Mintz, E.E.   314
Mitchell, C.   334
Mitchell, M.   101, 318
Mohr, D.C.   146, 315, 343, 344
Molitor, A.P.   114, 330
Möller, H.   109, 113, 330
Moran, M.   94, 95, 98, 102, 175, 183, 194, 204, 209, 211, 212, 290 FN, 295, 330, 375
Morrison, L.A.   337
Mortola, P.   103, 330
Mulder, C.L.   67, 95, 98, 102, 109, 118, 145, 165f., 194, 204, 209, 210, 272, 278f., 280, 282, 284f., 289, 331, 376
Mulder, J.W.   331, 376
Müller, B.   106, 108, 331
Müller, I.   177, 331
Müller-Ebert, J.   94, 106, 108, 114, 331

Nadler, W.P.   316, 329, 344, 372
Naranjo, C.   65, 68, 331
Neill, R.B.   102, 103, 109, 115, 331
Nelson, W.M.   95, 106, 331
Neudenberger, W.   320, 350
Neumann, M.   97, 104, 108, 109, 331
Nevis, E.C.   107, 331
Nichols, R.C.   99, 111, 114, 115, 290 FN, 295, 331, 377
Nicholson, R.A.   217, 225, 256f., 260, 302, 331
Niemeier, D.L.   115, 331
Nietzsche, F.   9
Nieuwenhuis, J.A.   106, 179, 181, 194, 206, 209, 332, 379
Nieuwstraten, I.M.   95, 113, 114, 136, 160, 331, 332, 377
Nifakis, D.J.   329, 373

Oaklander, V. 103, 114, 332
O'Dell, S. 95, 290 FN, 295, 331, 377
O'Donnell, W.F. 107, 110, 331
Oevermann, H. 103, 110, 332
Okere, N.S. 105, 332
Okhowat, V.O. 99, 112, 332
O'Leary, E. 95, 111, 113, 114, 136, 160, 331, 377, 378
Orlinsky, D.E. 10, 215, 227-229, 243, 290, 308, 332
O'Shea, T.R. 97, 332
Ownby, R.L. 103, 332

Padover, G.P. 96, 105, 114, 332
Page, R. 111, 332, 378
Paivio, S.C. 40, 53, 54, 59, 61, 62, 63, 66, 78, 82, 90, 95, 96, 106, 109, 114, 115, 118, 126, 133, 135, 138, 160, 162, 172, 178, 179, 181, 188, 194, 206, 209, 210, 238, 323, 332, 378, 379
Papernow, P. 107, 332
Parks, B. 10, 26, 116, 214, 215, 223, 227-229, 243, 290, 308, 332
Parlett, M. 98, 332
Pauls, H. 88, 95, 97, 98, 100, 103, 107, 108, 112, 115, 142, 171, 196, 202, 209, 210, 211, 332, 379, 380
Pearce, M. 96, 101, 332
Pedersen, R. 333
Perls, F.S. 21, 22, 32, 39, 40, 41, 42-52, 54-58, 62, 65, 66, 72-76, 120, 121, 123, 124, 128, 129f., 134, 307, 312, 333
Perls, L. 21, 39, 44, 68, 114, 324
Pernhaupt, G. 99, 333
Peterson, G. 105, 114, 333, 380
Petzborn, A.M. 95, 209, 333
Petzold, H.G. 52, 94, 95, 96, 98, 99, 101, 104, 107, 113, 115, 172, 180, 196, 206, 210, 212, 290 FN, 295, 314, 325, 326, 333, 338, 380
Philipps, M. 110, 333
Piaget, J. 59, 61, 306, 333
Pichel, C.H. 106, 333
Piotrowski, C. 327, 368
Platt, S. 98, 108, 328
Pollard, C.H. 101, 104, 113, 334
Polster, E. 22, 38, 58, 59, 71, 77, 121, 124, 134, 312, 314, 334
Polster, M. 22, 38, 58, 59, 71, 77, 121, 124, 134, 312, 334
Portele, H. 88, 90, 334
Posner, L. siehe Perls, L. 39,43
Prashantham, B.J. 113, 334
Prieger, A. 101, 334
Prosnick, K.P. 99, 106, 114, 115, 334
Prouty, G. 83, 334

Quaak, S. 102, 106, 334
Quirmbach, I.M. 109, 110, 334

Rabin, C. 94, 109, 110, 111, 337, 387
Rahm, D. 97, 115, 334
Raming, H.R. 105, 334, 381
Range, L.M. 98, 208, 212, 339, 391
Rank, O. 42, 43, 45
Raulinat, A. 103, 110, 334
Reeder, V.J. 101, 112, 181, 334
Reich, W. 22, 41, 42, 44, 45, 52
Reicherts, M. 88, 95, 97, 98, 100, 108, 112, 115, 142, 171, 196, 202, 209, 210, 211, 332, 380
Reinhardt, M. 41
Rennie, D.L. 106, 113, 118, 119, 314, 342
Revensdorf, D. 334
Rice, L.N. 12, 21, 33, 47, 51, 61, 62, 63, 78, 79, 82, 90, 97, 133, 138, 154, 179, 238, 290 FN, 295, 306, 323, 324, 334, 362
Richter, H.R. 98, 113, 334
Richter, R. 330
Riedel, H. 107, 109, 110, 177, 196, 204, 209, 210, 211, 334, 336, 381, 383
Ritter, M. 103, 110, 111, 335
Rjumshina, L.I. 105, 335
Roberds, J.G. 103, 105, 110, 335
Roche, K.E. 94, 176, 209, 335
Röhrle, B. 99, 176, 183, 196, 204, 209, 210, 211, 335, 382
Roeser, U. 99, 335
Röttger, U. 102, 335
Rogers, R., 34, 62, 81, 110, 240, 307, 335
Rogge, K.-E. 123, 320
Rohrbaugh, M. 105, 335, 382
Root, M.P.P. 335
Roschger-Stadelmayer, B. 104, 107, 335
Rosen, S. 112, 335
Rosenberger, C.C. 105, 114, 335
Rosenbrock, H. 316

Rosenthal, R.   328, 329
Rosner, R.   66, 98, 100, 118, 147, 150, 165, 335, 383
Röttger, U.   102
Rouse, L.D.   105, 114, 335
Rüger, B.   213, 335

Sabetti, S.C.   96, 105, 335
Safran, J.D.   135, 324
Salmon, S.J.   97, 335
Saltzman, N.   95, 336
Sänder, C.
Sandfort, T.G.M.   331, 376
Sandweg, R.   107, 109, 110, 177, 196, 204, 209, 210, 211, 212, 336, 383
Sanz, D.   320
Sarkissian, M.G.   113, 324, 362
Schad, C.   102, 103, 105, 110, 336
Schaeffer, E.   102, 336
Schattmayer-Bolle, K.   97, 100, 336
Scheler, M.   43, 44
Schieber, S.C.   236, 263, 315
Schiff, B.B.   105, 327
Schigl, B.   87, 107, 145, 182, 183, 198, 204, 209, 212, 299, 336, 384, 385
Schmitz, B.   106, 181, 215, 234, 276f., 316, 339, 390
Schmölder, H.   335, 382
Schmoll, D.   94, 101, 336
Schneider, D.   109, 336
Schoen, S.   99, 336
Schoenberg, P.   97, 108, 109, 336
Schreyoegg, A.   113, 336
Schröder-Battefeld, R.   338
Schroeder, H.E.   105, 113, 118, 121, 316, 345
Schubert, K.   84, 96, 102, 336, 386
Schulenburg, J.-M.   330
Schulte, B.   330
Schulz, H.   185, 299, 314, 324
Schumacher, I.   214, 215, 219, 220, 221, 234f., 250, 336
Schur, K.   338
Schweizer, E.   328
Schwinn, E.   101, 334
Seeman, J.   11, 16, 34, 94, 111, 174, 290 FN, 295, 317, 323, 357
Seiler, G.   95, 290 FN, 295, 331, 377
Seligman, D.A.   182, 328, 329

Seligman, M.E.P   87, 336
Serlin, L.   95, 96, 115, 336
Serok, S.   91, 94, 100, 101, 103, 108, 109, 110, 111, 112, 113, 115, 173, 198, 202, 208, 211, 290 FN, 295, 337, 387, 388
Shahid, M.   97, 112, 178, 209, 337
Shapiro, D.   21, 168, 214, 217, 225, 256f., 260, 302, 337
Shapiro, D.A.   214, 225, 256f., 260, 302, 337
Sheehan, P.W.   95, 102, 108, 112, 144, 175, 319, 337, 348
Shiflett, J.M.   105, 337
Shostrom, E.L.   293, 337
Shuger, D.   105, 337, 388
Sicoli, L.A.   114, 337
Siemens, H.   102, 337
Simerly, D.E.   318, 346
Simkin, J.S.   77, 120
Simon, S.   107, 108, 322
Singh, M.   126
Sintke, M.   97, 107, 329
Slaticek, E.   82, 172, 319, 349
Sluckin, A.   103, 108, 337
Smith, E.W.L.   13, 26, 34, 36, 104, 108, 136, 168, 192, 204, 209, 211, 326, 337, 368
Smith, K.Z.   106, 110, 113, 178, 209, 337
Smith, M.C.   213, 214, 215, 217, 218, 219, 221, 223, 225, 243, 253-262, 264f., 268ff., 276, 302, 337
Smuts, J.   44
Soulière, M.D.   96, 115, 181, 210, 316, 337, 344
Spagnuolo Lobb, M.S.   101, 180, 198, 206, 210, 212, 338, 388
Spiegel-Rösing, I.   113, 338
Spitz, Y.   94, 109, 110, 111, 115, 337, 387
Sreckovic, M.   14, 41, 42, 46, 52, 77, 322, 338
Staemmler, F.-M.   14, 16, 41, 42, 44, 316, 338
Steckley, P.   82, 339, 391
Stein, J.A.   95, 96, 338
Steinfurth, K.   327, 368
Stermac, L.   82, 339, 391
Sterner, I.   316, 329, 344, 372, 373
Stiles, W.B.   96, 135, 325, 326, 338, 366, 367

Stocksmeier, U. 98, 113, 334
Stone, B.S. 99, 105, 338
Strobl, C. 33
Strümpfel, U. 11, 25, 102, 290, 293, 338
Sullivan, H.S. 45
Surko, M. 96, 135, 326, 367
Sweeney, D.S. 112, 338
Szabo, K. 316

Tausch, R. 38, 83, 316
Teegen, F. 91, 94, 101, 102, 178, 183, 198, 204, 209, 211, 290 FN, 326, 338, 389
Templeton, R.L. 106, 114, 118, 338
Tervo, D.A. 106, 114, 338
Tesch, B. 106, 338
Teschke, D. 53, 88, 91, 98, 106, 108, 115, 118, 122, 123, 142f., 162, 338, 390
Thomas, C. 96, 99, 106, 107, 109, 115, 339
Thomas, G.J. 96, 99, 106, 107, 109, 115, 181, 339, 390
Thomas, G.T. 115, 339
Thompson, M.B. 104, 318, 339, 346
Tillett, R. 99, 115, 339
Tilley, D.P. 106, 339
Tillich, P. 40, 43, 44
Timko, M.G. 94, 110, 322
Tolstrup, H. 100, 322
Toukmanian, S.G. 82, 181, 339
Tugrul, C. 99, 112, 115, 339
Tyler, N. 106, 339
Tyson, G.M. 98, 172, 208, 339, 391

Ulbing, M. 106, 339

Valentin, B. 339
Valentin-Mousli, B. 104, 112, 115, 339
van de Vijver, F.A.J.R. 331, 376
Van-Vugt, G. 103, 315
Ventouratou-Schmetterer 105, 113, 314
Vessey 240
Veugelers, P.J. 331, 376
Viney, L.L. 106, 114, 118, 121, 162, 339, 391
Viola, J.M. 67, 339
Voght, K.-H. 94, 101, 338, 389
Volk-von Bialy, H. 47, 315
Vormann, G. 99, 176, 204, 209, 329, 371
Votsmeier, A. 97, 108, 109, 210, 339

Votsmeier-Röhr, A. 98, 111, 182, 183, 192, 202, 208, 210, 330, 375
Vryders, E. 95, 109, 339

Wagstaff, A.K. 133, 334
Wakenhut, G.W. 100, 101, 102, 104, 339
Walch, S. 101, 115, 325
Waldner, P. 181, 209, 316
Warehime, R.G. 99, 104, 290 FN, 295, 321, 353
Wasilewski, R. 84, 339
Wathney, S. 103, 339
Watson, C.G. 112, 138, 330, 375
Watson, J.C. 53, 59, 63, 64, 82, 98, 100, 117, 118, 130, 131, 133, 162, 164, 174, 188, 200, 202, 208, 272, 274, 280, 284f., 288f., 291, 294, 300, 324, 339, 340, 362, 391, 392
Webster, M.C. 63, 82, 100, 127, 130, 133, 138, 154, 166, 167, 179, 181, 188, 206, 210, 238, 324, 363
Weerasekera, P. 96, 98, 131, 164, 340, 392
Weidinger, H.P. 108, 109, 315
Weiss, A. 97, 111, 114, 318, 340, 346
Weller, A. 103, 108, 337
Wemhoff, R.T. 97, 112, 340
Wendt, H. 96, 112, 340
Wentzel, A. 170, 317, 329
Wertheimer, M. 42
Wheeler, G. 100, 103, 107, 330, 340
Whines 107, 340
White, C. 330, 375
White, M.V. 329, 373, 374
Wicke, H. 102, 104, 340
Wienand-Kranz, D. 99, 340
Wiener, D.J. 101, 340
Wildberger, E. 104, 107, 335
Willaims, B. 96, 105, 106, 340
Wingett, W.R. 104, 107, 340
Winterauer, R. 315
Witchel, R.I. 105, 340
Wittmann, W.W. 276 FN
Wolf, H.U. 107, 109, 173, 200, 204, 209, 211, 340, 393
Wolfert, R. 103, 340
Wolfus, B. 101, 179, 200, 206, 209, 322, 340
Wollschläger, G. 113, 340
Wollschläger, M.E. 113, 340

Woods, DE. 96, 109, 340
Woodson, R. 320
Woody, G. 328
Wright, J.C. 97, 108, 111, 321, 324, 355, 364

Yalom, I.D. 97, 105, 107, 108, 112, 123, 174, 200, 202, 208, 211, 290 FN, 328, 340, 341, 370, 394

Yoder, J.D. 101, 105, 327
Yontef, G.M. 16, 38, 47, 77, 124, 341

Zeigarnik, B. 47, 134, 341
Zemet, R.M. 91, 109, 110, 115, 202, 208, 290 FN, 337, 388
Zimmerman, E. 340, 394
Zimring, F.M. 37, 316
Zinker, J.C. 101, 107, 341

7.5 Sachindex

Abschied 94, 114
Abtreibung 94
active expression 79
Affekttheorie 40
Aggression 44, 45, 52, 56, 57, 66, 94, 180, 201, 293, 294, 295, 301, 305, 344, 345, 351, 387, 388
Aggressionstoleranz 31, 94, 292, 293, 294
Agoraphobie 94, 170, 184, 186, 345
AIDS 66, 165, 211
Aktionsforschung 43, 91
Alkoholismus 94, 176, 194, 204, 386
Allergie 94
alte Menschen 95, 160, 298
Altersdepression 95
Analyse, explorative 286, 290-293, 301,
Angst 40, 49, 57, 62, 64, 66, 73, 79, 82, 95, 149, 155, 158, 159, 162, 163, 169-172, 175, 181, 182, 187, 189, 191, 193, 194, 195, 196, 198, 200, 204, 209, 243, 285, 297, 345, 346, 347, 348, 374, 377, 378, 385, 390, 391
Angst, Herz 102
Angstneurose 84, 380, 387
Angstsymptom 165, 169, 374
Angst und Depression 145, 204, 209
Angst und Trauer 148, 151, 383, 385
Anorexie 95
Anorgasmie 96
Anspannung 96
Anthropologie 40, 41
Arbeiter 96
Arbeiter-Ehepaare 96

Arbeitslose 96
Ärger 56, 66, 69, 96, 124, 132, 147, 149, 151, 153, 237, 305, 347, 383
Arthritis 96, 156, 178, 190, 204, 366
Asthma 96
Audioaufzeichnungen 90, 119
Aufgabenanalyse 53, 126, 128, 140, 153, 155, 359, 360
Auflösung 64, 71, 132, 141, 306
Aufmerksamkeitswechsel 75
Awareness 40, 46, 79, 96, 133, 136, 138, 139, 143, 150, 153, 155, 243, 342, 344, 359, 360, 361, 371, 372, 381, 386

BDP 84
Bedingung, kontrollierte 14
Behandlung, ambulante 93, 174
Behandlung, stationäre 93, 172f.
Behandlungsstunden 212, 220
Behinderung, geistige 101
Bender-Gestalt-Test 21
Beratung 97, 349, 352, 378
Beratungstraining 97
Berliner Psychoanalytisches Institut 42, 44
Beschwerden, funktionelle 101
Beurteilung anderer 97
Bewertung anderer 31, 97
Bewertung der Beziehung zu anderen 97, 295
Bewusstheit der eigenen Gefühle und Bedürfnisse 31, 46, 55, 97, 292, 293
Beziehungsstörungen 180

Borderline 21, 97, 178, 364
Bulimie 97, 181, 196

Consumer-Reports-Studie 87, 182, 199, 384

Deflexion 58, 59, 346
Depression 82, 98, 148, 149, 150, 158, 162, 164, 167, 172, 182-185, 188, 189, 192, 194, 198, 200, 201, 202, 204, 208, 209, 243, 285, 343, 346, 349, 356, 362, 363, 377, 383, 385, 390-393
Depression, Major 131, 136, 156, 343, 362, 383,
Depression, neurotische 98, 172, 190, 364,
Depression, reaktive 98
Depression und Angst 145, 200, 390
Depression und Somatisierung 170, 198, 346
Depression und Zwänge 173,
Derealisation 98
Deviation, sexuelle 112
Dialektik 40, 42
Dialog, gegenwartsbezogener 86
Dissertationen, unveröffentlichte 26, 27, 32, 118, 172, 176, 177, 181, 207, 208, 210, 297
Dogmatismus; Änderung von Werten 31, 99, 292, 293, 295, 353
Dogmen 55, 57, 310
Dramatisierung 29, 67, 69, 70, 72, 74, 75, 120
Drogenabusus 99, 192, 196, 204
Drogengebraucher 84, 99, 176, 298, 369, 371, 382
Dysfunktionen, sexuelle 112, 178, 209, 394
Dysphonie 99
Dysthymia 99

Effektivität 25, 30, 82, 86, 132, 147, 169, 172, 175, 179, 214, 215, 224, 226, 243, 245, 246, 252, 257, 265, 272, 273, 283, 286, 301, 362, 377, 379, 390, 392
Effektstärke 13, 167, 172, 179, 184, 210, 212-221, 223-225, 234, 236, 239-247, 250, 251, 252, 254-262, 264, 265, 267-271, 275-289, 291, 293, 294, 298-303, 349, 356, 359, 361
Effektstärkenberechnung 30, 213, 216, 219, 223, 234, 243, 264, 267, 276, 277, 282, 286, 287, 288, 293, 294
Effektstärke, prä-/post; follow-up 236, 239, 262, 264, 279, 287, 349
Effektstärkenvergleich 217, 224, 242, 246, 261, 262, 278, 291, 300, 301
Effektstärke, Veränderungs- 153, 167, 187, 217, 240, 242, 264,349, 276, 277, 278, 279, 282-285, 288
Egotismus 56, 58, 99
Eifersucht 99
Einschlusskriterien 213, 228
Einzelfallanalysen 32, 92, 94, 135
Einzelfallstudie 32
Ekel 99
Elaborierung 69
Elementenpsychologie 39
Eltern, autistischer Kinder 99
Eltern, die ihre Kinder als ›Problemkinder‹ erleben 99, 192, 206, 212, 298
Eltern, geistig behinderter Kinder 99
Emigration 42, 43, 44
Emotionstheorie 40, 61, 141, 379
empty chair dialogue (siehe auch leerer Stuhl) 152, 161, 163, 194, 368, 378
Encountergruppen 21, 148, 242, 342, 343, 370
Enquêtekommission 221
Entscheidungs(un)fähigkeit 100, 188
Erfahrungen, sensorische 68
Erfahrungsaktivierung, erfahrungsaktivierend 118
Erfahrungstiefe 24, 63, 87, 100, 127, 128, 132, 133, 136, 137, 138, 139, 140, 149, 153, 155, 157, 163, 174, 187, 189, 191, 275, 305, 342, 343, 350, 363, 366, 392
Ergebnisforschung (siehe auch Wirksamkeitsforschung) 29, 85, 86, 93, 126, 164, 211
Ergebnisprotokoll 222, 223, 226, 253, 254, 255, 258, 259, 303
Erkältung 100
Erlebnisaktivierung, erlebnisaktivierend 10, 121, 186, 301, 304, 311, 350
Erziehung, religiöse 109
Erziehungsprobleme 100
Es-Funktionen 21, 23, 40, 49, 50, 51, 53, 54, 57, 59
Essstörungen 100, 119, 181, 209, 385

Ethik 44, 86, 88
Evaluation 82, 126 FN, 151, 157, 173, 184, 211, 346, 362, 379, 381, 383, 384, 392, 393
Evaluationsforschung 87, 88, 116, 143, 298
Existentialismus 43, 46
existenzielle Momente 23, 118, 122, 123, 143, 162, 163, 304, 390
experiential confrontation 216, 223, 226, 227, 230, 232, 233, 308
experiential Gestalttherapie 194
experiential (psycho-) therapy (siehe Therapie, prozess-erfahrungsorientierte)
experiential search 79
Experimente, therapeutische 55, 65, 70, 86
experimentelle Therapien 21, 28, 39, 68, 78, 87, 357
Externalisierung 25, 146, 149, 185, 343

Fähigkeit, zu Nähe und persönlichem Kontakt 100, 144f., 271, 293, 294, 295, 301, 310
Fähigkeiten, kommunikative 104
Fallstudie 92
Familien 101, 107, 310, 346, 387
Familienbeziehungen 101
Fehlanpassung, soziale 112, 180, 357
Feldforschung 21, 25, 87, 88
Feldtheorie 21, 39, 40, 42, 43, 46, 47, 48, 50, 54
Figur (Gestalt) 48, 49, 51, 52, 55, 57, 70, 71, 342, 390
Follow-up (siehe auch Katamnese, katamnestisch) 93, 161, 163, 166, 167, 174, 175, 176, 178, 179, 185, 191, 194, 201-204, 208, 234, 273, 274, 279, 284, 285, 287, 288, 289, 291, 300, 343, 346, 348, 353, 354, 355, 363, 364, 370, 375, 376, 379, 382, 389, 391, 392
Forschungsinstrument 91, 143, 258
Forschungsmethode 13, 17, 90, 91, 252
Forschungsmodell, ideographisches 86
Forschungsmodell, nomothetisches 86
Forschungsparadigma 23
Forschungsstrategie 29, 53, 54, 85, 117, 118, 126, 127, 128, 133, 258, 260,
Fragebogen 18, 91, 148, 182, 191, 199, 346, 347, 348, 365, 369, 380, 384, 385, 389, 391, 393

Gastritis 101
Geburtsvorbereitung 101, 180, 206, 298
Gefangene 101, 181
Gefühlsausdruck 22, 63, 64, 66, 82, 123, 124, 125, 130, 137, 141, 153, 158, 233, 238, 306, 343, 344, 360, 374, 394
Gesamteffektstärke 234 FN, 235, 250, 252
Geschlechtsentwicklung 42
Gestalt, geschlossene 390
Gestalt, offene 134
Gestaltpsychologie 10, 21, 22, 27, 39, 42, 43, 48, 50
Gewalttäter 101, 179, 180, 181, 200, 201, 206
Gewichtsprobleme 101
Glaukom 101
Grenzenlosigkeit 56, 101
Grippe 102
Gruppenarbeit 76, 77
Gruppendynamik 43, 76, 77, 368
Guru-Modell 77
Güteprofil 213, 222

Hautkrankheiten 102
Hemiplegie 102
Hemmungen, neurotische 102
hermeneutisch 40, 90
Herzbeschwerden, funktionelle 102, 171
Hier-und-Jetzt 21, 22, 33, 40, 45, 78, 79, 124, 143, 307, 308, 381
Hintergrund 23, 34, 35, 48, 49, 52, 55, 62, 72, 81, 85, 116, 118, 121, 124, 134, 304, 307, 312
Hirnorganisches Psychosyndrom 102, 380
HIV 67, 102, 145, 165, 166, 194, 204, 209, 376, 377
Holismus 21, 40, 45, 47, 87
Hüftschmerzen 102
Hypochondrie 102, 380
Hypothesen 15, 31, 94, 137, 147, 148, 157, 159, 169, 191, 271, 286, 290, 291, 292, 296, 347, 351, 354, 363, 373, 374
Hysterie 102, 376

Ich-Funktionen 40, 49, 50, 52, 54, 57, 58, 197, 292, 345, 384
Identifikation 69, 72-75, 120, 150, 151,

155, 157, 158, 159, 163, 312, 357, 358, 359, 366, 372
Inhaltsanalyse 87, 90, 122, 151, 159, 161, 378
Integrationsphase 54, 126, 155, 358
interpersonal experiential learning 79
Interventionen, therapeutische 23, 25, 29, 34, 36, 53, 60, 67, 68, 92, 93, 123, 125, 127, 136, 157, 158, 159, 228-233, 305, 346, 347, 356, 362, 363, 376, 377
Interventionen, aktive 35, 79, 80, 81, 162, 312,
Interventionen, erlebnisorientierte/-aktivierende 186, 301, 310, 350,
Interventionen, erfahrungsorientierte/-aktivierende 121,
Interventionen, gestalttherapeutische 13, 24, 27, 28, 38, 53, 64, 78, 82, 83, 85, 92, 117, 125, 126, 131, 132, 133 FN, 139, 141, 142, 146, 167, 169, 172, 174, 181, 182, 183, 187, 203, 210, 220, 221, 238, 242, 298, 300, 304, 305, 308, 350, 356, 362, 366, 372, 392
Intervention, Krisen- 85, 104, 237
Interventionen, manualisierte 89,
Interventionen, Makro- 29, 69, 70, 72-76, 85, 93
Interventionen, Mikro- 29, 69, 72-76, 85
Interventionen mit nonverbalen Erfahrungsanteilen 35
Interventionen, prozesssteuernde 37, 38
Interventionsebene 29,
Interventionsstrategien 80, 81, 121, 124, 233,
Interviews 21, 90, 106, 114, 149, 150, 160, 161, 195, 355, 359, 364, 379
Introjektion 46, 55, 57, 132
Introversion 353
Inzestüberlebende 103

Jugendliche 97, 103, 108, 379
Jugendliche, gewalttätige 103
Jugendliche, straffällige 103, 181

Katamnese (siehe auch Follow-up) 171, 173, 176, 177, 182, 191, 193, 196, 197, 198, 199, 201, 211, 212, 263, 264, 276, 277, 285, 298, 365, 366, 371, 380, 381, 382, 384, 385, 393, 394

katamnestisch 25, 30, 62, 117, 145, 164, 176, 177, 182, 183, 184, 193, 196, 212, 264, 299, 365, 371, 374, 383, 384, 385, 393
Kinder 44, 59, 60, 67, 103, 180, 371, 379, 380
Kinder, aggressive 103
Kinder, bulimische 98
Kinder, mit Gewalterfahrungen 103
Kinderlosigkeit, ungewollte 104
Kliniken, psychosomatische 11, 176, 177, 183, 211, 374, 383
Konfliktbewältigung 87, 363
Konfliktlösung 39, 59, 62, 63, 64, 104, 127, 128, 130, 131, 133, 135, 136, 137, 139, 140, 141, 155, 179, 229, 293, 304, 305, 306, 308, 358, 359, 360
Konfliktmuster, habituelle 70
Konflikttoleranz 31, 94, 357
Konfluenz 56, 57, 59, 63, 64, 370
Konstruktivismus 21, 40, 47, 54
Kontakt 18, 31-34, 39, 46-56, 58, 67, 78, 79, 81, 86, 91, 124, 134, 143, 144, 156, 170, 173, 175, 181, 231, 292, 300, 342, 346, 350, 370, 372, 387, 388, 389, 390
Kontaktfähigkeit 54, 293, 295, 386
Kontaktgrenze 43, 47, 48, 49, 50, 54, 292
Kontaktnahme 44, 50, 52, 57, 58, 62, 144, 306, 389
Kontaktprozess 22, 29, 32, 47, 49, 50, 51, 52, 55, 58, 62, 88, 390
Kontaktsignal 67
Kontaktzyklus 41, 46, 50, 51, 52, 53, 57, 59
Kontaktzyklus, Störungen im 54, 55, 56, 77
Kontaktzyklus, Unterbrechungen im 53, 54, 55, 56, 58, 59
Kontrollanalyse 42, 44
Kontrollüberzeugung 104
Kopfschmerzen 69, 104, 393
Körperbild 104, 118, 119, 151, 304, 312
Körperfokussierung 75
Körperpanzerung 40
Körpersprache 23, 69, 117
Körperwahrnehmung 104, 122 FN, 151, 346, 347
Krankheit, chronische 381
Krankheit, psychosomatische 109, 196,

365
Krebspatienten 104
Kriegstraumatisierte 22, 67
Krisen-Situationen, bei Ehepaaren 99

Laien 238
Leerer Stuhl 80, 126, 131, 134ff., 160, 162, 168, 178, 188, 194, 361, 362, 368, 392
Lehrer-Fortbildung 105
Lernstörungen, Kinder 105, 180
Literaturrecherche 213, 214, 219, 225, 234, 250, 252, 255, 267, 303

Makroprozess 23, 24, 25, 29, 62, 87, 92, 93, 116, 125, 126, 136, 143, 144, 149, 165, 175, 221
Makrotechnik 68
manualisiert 33, 38, 89, 146, 147, 148, 149, 150, 154, 165, 184, 185, 190, 198, 207, 383
Marker, kognitiv-affektive 28, 79, 80, 81-83, 238, 307, 308, 367
Markierungspunkt 132
Metaanalyse 10, 12, 13, 15, 26, 27, 30, 83, 93, 213, 214-217, 219-223, 225-228, 234-240, 243, 245, 246, 250, 252-262, 264, 265, 267-270, 274, 275, 276, 278, 280-283, 286, 290, 297, 301, 302, 303, 308, 310, 311
metaanalytisch 15, 25, 28-31, 93, 116, 143, 212, 223, 264, 268, 269, 271, 277, 286, 299, 300, 308, 310
Methodenkritik 86
Migräne 106, 178
Mikroprozess 22-25, 29, 53, 62, 87, 92, 93, 116-119, 121, 125, 126, 136, 221
Mikrotechnik 68
Missbraucher 101, 106
moment-by-moment-Analyse 24, 53
Multiple Pensönlichkeitsstörung MPS 106
Mutter-Tochter-Konflikt 106

Nachkontakt 50, 52, 389
Neo-Analytiker 42
Neugier, krankhafte 106
Neurose 54, 84, 364, 380, 386
Neurotizismus 106, 172, 191, 353, 357
Nullhypothese 240, 247, 248

Operationalisierung, psychometrische 87
Oppositionsphase 54, 126, 127, 155, 358,
Organisationen 107
Organismus-Umwelt-Feld 40, 45, 47-49, 50, 52, 62, 307, 381
Orgasmusmodell 41, 52
Orientierung, zeitliche 115
Outcome 26, 137, 151, 153-157, 161, 163, 165, 187, 189, 191, 216, 226, 228, 229, 231, 232, 233, 243, 245, 363, 366, 367, 376, 383, 392, 393

Paare 97, 99, 101, 107, 156, 190, 238, 239, 241, 242, 243, 244, 245, 262, 291, 298, 367, 370, 377
Pädagogik 107, 371
Panik 107, 170, 182, 184, 186, 204, 346, 385
Patienten, neurologische 106
Patienten, orthopädische 107
Patienten, psychiatrische 13, 108, 144, 152, 173, 174, 175, 186, 211, 236, 285, 291, 297, 298, 300, 364
Pensionierung 107
Persönlichkeitsanteil 71, 141
Persönlichkeitsfunktionen 50, 52, 54, 57, 58, 91, 107, 173, 175, 213, 271, 355
Persönlichkeitsstörungen 25, 67, 68, 85, 108, 164, 170, 172, 174, 178, 184, 185, 188, 196, 200, 202, 204, 208, 209, 211, 242, 297, 298, 304, 311, 345, 357, 387
Phänomenologie 21, 44, 46, 47, 87
phänomenologisch 18, 49, 52, 54, 68, 121, 122, 143, 153, 360
Phi-Phänomen 39
Phobie 108, 158, 168, 169, 170, 184, 185, 192, 204, 209, 298, 346, 368, 374
Polarität 19, 40, 42
Population 172, 174, 176, 212
Posttraumatische Belastungsstörung (PTSD) 82, 108, 152, 153, 172, 178, 184, 186, 187, 197, 204, 209, 349, 379
Pragmatik 86, 88
Prä-/Postvergleich 153, 156, 157, 160, 185, 187, 189, 190, 191, 193, 195, 197, 199, 201, 217, 235, 236, 238, 239, 240, 254, 256, 259, 262-267, 277, 279, 283, 284, 287, 303, 349, 354, 369, 389
Prinzipien 55, 57, 128, 129, 155, 301, 310,

359, 379
Prinzipien, therapeutische 79, 81, 132
Probleme, eheliche 99, 181
Probleme, gynäkologische 102
Probleme, sexuelle 182, 198, 385
Projektion 46, 55-58, 71, 72, 76, 78, 120, 149, 168, 169, 185, 370, 374
Prozessorientierung 85
Psychoanalyse 10, 22, 27, 40-46, 49, 54, 55, 125, 129, 224, 262, 304, 312, 356, 369, 370, 374
Psychologie, kognitive 78,
Psychosen 43, 44, 84, 109, 178, 357, 387
Psychotherapeutengesetz 221
Psychotherapieforschung 17, 30, 88, 92
Publikationsbias 21

Qualitätskontrolle 234, 235, 252
Querschnittsuntersuchung 71

Rating 90, 135, 139, 149, 150, 151, 155-158, 161, 163, 174, 195, 240, 274, 281, 344, 362, 366, 367, 372, 373, 383, 389, 394
Ratingverfahren, standardisierte 91
Reanalyse 25, 26, 27, 30, 93, 98, 164, 226, 250, 253, 293, 302
Reduktionismus 14, 86
Regression 41, 252, 391
Rehabilitation 109, 376, 383, 386
Rehabilitation, Herzinfarkt 102
Reifung 56, 109, 381
Religion 109
Repräsentation 60, 63, 64, 69, 130, 141, 149, 153, 197, 306, 360
Resonanz, emotionale 67, 197, 382
Retroflexion 55, 56, 58, 59
Rheuma 109
Rolle 61, 69, 161, 342, 357, 374, 378, 386

Scham 109
Schätzung, statistische 93, 214, 257, 258 FN, 265, 270, 303
Schema 59, 60, 61, 62, 78, 79, 81, 82, 135, 306, 307, 308, 366
Schema-Begriff 78, 306
Schizophrenie 83, 85, 94, 110, 173, 188, 198, 202, 208, 211, 297, 298, 364, 387, 388

Schmerzen, chronische 110, 176, 178, 365, 381, 383
Schmerzen, psychogenetische 110
Schmerzen, psychosomatische 69, 110, 204, 365
Schüchternheit 110
Schuldgefühle 110
Schulenrichtung 88, 225, 263
Schüler 110, 180
Schüler mit Leistungsschwächen 110, 186, 206, 212, 298, 350
Schulkinder 94, 110
Schulschwänzer 110, 181
Seelsorger 111
Selbstakzeptanz 111, 134, 183, 193, 293, 364, 375
Selbstbewertung, negative 79, 111, 122 FN
Selbstbild 111, 174, 175, 298, 377
Selbsterfahrung 77, 111, 239, 242, 346, 377
Selbstexploration 79, 228
Selbstkonzept 111, 189, 199, 201, 240, 275, 281, 387
Selbstprozess 40, 44
Selbstunterbrechungskonflikt 79, 308
Selbstunterstützung 111, 377
Selbstverwirklichung 112, 157, 293, 348, 350, 354, 369
Selbstwahrnehmung Schizophrener 111, 387
Selbstwertgefühl 64, 82, 112, 131, 146, 167, 168, 182, 189, 199, 201, 356, 363, 385, 392, 393, 394
Setting 23, 45, 93, 164, 192, 194, 198, 200, 203, 207, 211, 212, 229, 294, 386
Simulation, rechnerische 228, 258 FN
Skalierung 35, 213, 222
Somatisierungsstörungen 112
Spaltung 53, 64, 70, 80, 82, 90, 112, 129, 141, 154, 155, 358
Spaltungskonflikt 28, 131, 132
Spannungsaufbau 24, 62, 63, 64, 127, 128, 130, 137, 143, 155
Spontaneität 113, 122, 143, 292, 293, 294, 305, 351
standardisiert 90, 177, 182, 199, 212, 221, 234, 274, 277, 358, 384
Sterbende 113
Störungen, affektive 25, 68, 85, 145, 146,

164, 176, 191, 204, 211, 297, 298, 366
Störungen, emotionale 85, 380
Störungen, funktionelle 101, 164, 190, 198, 204, 298
Störungen, narzisstische 106, 390
Störungen, neuropsychiatrische 106
Störungen, neurotische 24, 83, 107
Störungen, sexuelle bei Paaren 112
Stressreduktion 113
Studie, empirische 44, 92, 227, 303
Studie, klinische 25, 26, 27, 28, 31, 82, 203, 208 FN, 213, 216, 217, 219, 226, 244 FN, 250, 252, 272, 293, 295, 301
Studie, nicht-klinische 26, 31, 145, 216, 219, 225, 235, 250, 252, 293, 294, 295
Studie, Patienten- 206, 213, 219
Studie, qualitative 94, 97, 104, 108, 109
Studie, quantitative 94
Subgruppen, diagnostische 27, 29, 92, 93, 161, 163, 164, 185, 286
Suizid 113
Suizidalität 113
Supervision 18, 113, 344, 362
Symbolisierung 78
Symptom 13, 23, 24, 30, 65, 82, 128, 145, 149, 151, 153, 157, 159, 161, 163, 165, 167, 168, 169, 173, 175, 176, 177, 182, 183, 185, 187, 191, 193, 195, 199, 201, 213, 240, 241, 242, 255, 257, 259, 266, 271, 274, 275, 281, 282, 286-289, 291, 298, 300, 302, 308, 310, 311, 348, 356, 363, 366, 367, 368, 374, 375, 377, 379, 382, 385, 386, 392
Symptom, Haupt- 83, 102, 163, 189, 222, 255, 256, 257, 393
Symptom, Ziel- 175
symptomorientiert 30, 175, 257, 310
Symptomrating 240, 274, 281, 282
Symptomreduzierung (-verminderung) 25, 140, 143, 155, 159, 165, 169, 175, 185, 189, 193, 253, 289, 290, 291, 296, 304, 305, 374
Symptomskala 169, 254, 255, 258, 260 FN, 265, 266, 270, 274, 302
systemisch 33, 77, 113, 222, 303, 346

Tabu 55
task analysis 53, 126, 153, 155, 358, 359, 360

Test 91, 216, 246, 278, 343, 345, 358, 388, 391
Therapie, Arbeits- 175
Therapie, Einzel- 30, 69, 76, 77, 144, 164, 175, 184, 201, 207, 238, 347, 361, 387, 392, 394
Therapie, eklektische 181, 222, 265, 266, 267, 303, 349
Therapie, emotional-fokussierte 28, 194, 243, 244, 245, 310, 379
Therapie, experientielle 34, 182, 183
Therapie, Gesprächs- 24, 32 FN, 34, 37, 167, 186, 221, 224, 225, 242, 247, 262, 291, 349, 350, 370, 382, 390
Therapie, Gruppe 43, 65, 93, 136, 148, 150, 164, 170, 171, 173, 174, 175, 176, 184, 261, 269, 343, 346, 348, 350, 351, 353, 355, 357, 364, 370, 376, 377, 383, 387
Therapie, humanistische 10, 11, 13, 21, 30, 34, 36, 54, 62, 66, 77, 78, 83, 94, 215, 218, 221, 226, 228, 235-239, 241-249, 253, 255, 256, 257, 260, 261, 262, 265-270, 299-303, 310, 311, 312, 370
Therapie, Hypno- 258
Therapie, integrative 11, 67, 87, 104, 206, 243, 307, 345, 365, 384, 385
Therapie, interpersonale 221, 265, 266, 303
Therapie, karthartisch-emotive 236, 238, 239
Therapie, klientenzentrierte 13, 38, 39, 77, 78, 82, 92, 131, 142, 154, 162, 166, 167, 174, 181, 188, 222, 224, 236, 238, 239, 242, 244-248, 258, 291, 298, 307, 310, 356, 362, 392, 393
Therapie, kognitiv-behaviorale 31, 60, 92, 93, 144-147, 164-167, 175, 200, 211, 221, 224, 225, 245, 246, 248, 249, 255, 256, 257, 258, 262, 265-276, 280, 283, 285-291, 294, 298, 300, 301, 302, 343, 349, 383, 392
Therapie, Kunst- 393
Therapie, prozess-direktive 13, 37, 81
Therapie, prozess-erfahrungsorientierte 10, 13, 21, 28, 33, 34, 37, 38, 78, 82, 83, 131, 132, 142, 146, 165, 166, 167, 172, 174, 181, 188, 200, 206, 210, 236, 238, 242, 244, 246, 270, 272-275, 280, 283, 284, 285, 287, 288, 289, 291, 294, 297,

298, 300, 304, 307, 310, 312, 349, 356, 362, 366, 367, 378, 392, 393
Therapie, psychoanalytische 181, 222, 225, 388
Therapie, psychodynamische 218, 262, 265, 266, 291, 302, 303, 311
Therapie, rational-emotive 162, 214, 258, 347, 373, 375, 382, 391
Therapie, Verhaltens- 10, 13, 54, 88, 148, 150, 153, 170, 172, 175, 181, 184, 187, 222, 224, 225, 226, 272, 273, 285, 300, 310, 345, 348, 369
Therapie, Wochenend-Gruppen 174, 200, 201, 239, 261, 352, 354, 355, 369, 394
Therapieerfolg 59, 117, 143, 170, 174, 187, 348, 350, 363, 380, 382, 383, 394
Therapieprozess 10, 11, 12, 18, 23, 27, 29, 30, 36, 53, 61, 65, 66, 67, 79, 87, 88, 89, 90, 93, 117, 135, 137, 143, 149, 226, 227, 228, 290, 297, 310, 311, 349, 360, 361, 363, 373, 383
Therapievergleich 13, 30, 93, 113, 116, 130, 164, 207, 208, 215-217, 222, 224, 225, 226, 234, 235, 236, 237, 240, 241, 245, 246, 254, 261, 262, 263, 268, 269, 271, 276, 290, 296, 300-303, 311
Topdog 129
Tradition , klinische 77
Tradition, sozialtherapeutische 77
Tradition, wachstumsorientierte 77
Transaktionsanalyse 92, 144, 152, 153, 162, 175, 186, 187, 188, 202, 211, 221, 258, 264, 273, 279, 285, 291, 300, 348, 369, 370, 382, 391
Trauer 62, 66, 70, 114, 129, 148, 151, 181, 182, 305, 383, 385
Trauma 195, 243, 379
Traumarbeit 23, 70, 71, 114, 120, 123, 369
Trennung 114
Triebsublimierungstheorie 42

Übertragung-Gegenübertragung 40, 45
Übertreibung 69, 75
Unabhängigkeit 114, 361, 377
Underdog 129
unerledigtes Geschäft 40, 53, 64, 80, 82, 114, 122, 152, 153, 160, 161, 162, 163, 194, 195, 308
unerledigtes Gefühl 70, 90, 114, 131, 134ff., 160, 194, 361, 377, 378
unfinished business 24, 70, 80, 82, 114, 126, 134ff., 360, 361, 377, 392
Unterschichtklienten 115

Vaginismus 115
Varianz 221, 241, 262 FN, 264, 270, 285, 348, 353, 355, 361, 370, 387
Verantwortungsgefühl 115
Vergewaltigung 115
Verhalten, automatisches 69
Verhalten, devotes 98, 295, 348
Verhaltenstörung 85, 115
Verletzbarkeit 79, 81, 308
Vermischungsphase 54, 126, 155, 358
Verzerrungsfaktor 12, 13, 30, 93, 213, 215, 226, 253, 254, 257, 261, 265, 267, 269, 276, 302, 311
Verzweiflung 129
Verzweiflung, politische 108
Videoaufzeichnung 53, 118, 122, 163
Vollkontakt 50, 52, 58
Vorkontakt 50, 51, 57, 389

Wahrnehmung schizophrener Patienten 21, 91, 115, 388
Wahrnehmungspsychologie 22
Wartegruppe 152, 173, 179, 186, 194, 195, 200, 347, 351, 393, 394
Widerstand 17, 25, 40, 44, 146, 147, 149, 185, 230, 233, 343
Wiederholung 69, 72-75, 350, 381
Wiederholungszwang 40
Wirksamkeitsforschung 12, 25, 29, 86, 89, 93
Wirkungsweise 23, 86, 91, 93, 290, 311
Wutanfälle 115

York-Universität 12, 24, 26, 93, 117, 132, 136, 137, 141, 144

Zuspitzung 71
Zwanghaftigkeit 115, 170, 382
Zwangsstörungen 115, 162, 172, 190, 196, 204, 209
Zwei-Stuhl 54, 70, 79, 80, 126, 127, 131, 132ff., 150-155, 157, 158, 162, 179, 186, 187, 188, 192, 291, 347, 358-363, 372, 391, 392

Frank-M. Staemmler / Rolf Merten (Hg.)

AGGRESSION, SELBSTBEHAUPTUNG, ZIVILCOURAGE
Interdisziplinäre Aspekte

ISBN 3-89797-036-8 · 250 S., zahlreiche Abb.

Interdisziplinäre Aspekte aus dem Spannungsverhältnis zwischen Todestrieb und gewaltlosem Widerstand – mit Beiträgen von: F.-M. Staemmler / R. Merten (Einführung), G. Wheeler (Die Zukunft der Aggression), H. Petzold (Aggressionsnarrative, Ideologie und Friedensarbeit – Integrative Perspektiven), D. Zinner (Aggression – Die evolutionsbiologische Perspektive), G. Hasenhüttl (Zivilcourage bei Jesus und Sartre), S. Blankertz (Aggression und Moralentwicklung – Eine gestalttherapeutische Perspektive), M. Kennedy / R. Merten (Geld – Der Bruch eines der letzten gesellschaftlichen Tabus im Kontext von notwendiger Selbstbehauptung und Zivilcourage), O.-A. Burow / Christel Schmieling-Burow (Potentiale persönlicher Mythen – Das Expressive Selbstportrait als Zugang zum persönlichen Umgang mit Aggression, Selbstbehauptung und Zivilcourage), W. Bock (Therapeutischer Umgang mit mörderischer Wut), J. Lempert (Gewaltberatung und Tätertherapie), M. Cöllen / U. Holm (Lieben, Streiten und Versöhnen – Der Weg der Liebe), J. Waibel (Die Macht der Stimme - Stimm-Begegnung und stimmige Selbstbehauptung)

»Eine notwendige gesellschaftliche Diskussion, die nicht nur für PsychotherapeutInnen relevant ist, sondern auch Pädagogen und alle im sozialen Bereich Tätigen angeht.«

GESTALTTHERAPIE UND INTEGRATIVE THERAPIE
Eine Einführung

Mit Beiträgen von Dieter Bongers, Peter Schulthess, Uwe Strümpfel, Andreas Leuenberger

ISBN 3-89797-033-3 / 208 S.

Der aktuelle Entwicklungsstand der beiden Therapieverfahren wird zum ersten Mal vergleichend aufbereitet – ein Lehrbuch für die Ausbildung und gleichzeitig umfassende Weiterbildungsinfo für Studenten, Psychotherapeuten, Psychologen und Ärzte: historische Entwicklung, therapeutische Praxis sowie Therapieziele; modellhafte Fallbeispiele, Versorgungsdokumentationen, internationale empirische Forschungsarbeiten, Evaluation, Wirksamkeitsstudie.

Hans Peter Dreitzel

GESTALT UND PROZESS
Eine psychotherapeutische Diagnostik oder:
Der gesunde Mensch hat wenig Charakter

ISBN 3-89797-031-7
140 S. mit 42 Abb. und 17 Schaubildern als Falttafeln

Eine Einführung in die gestalttherapeutische Diagnostik, die als fortlaufender Text gelesen werden kann, und ein Arbeitsbuch zur Orientierung in der Therapie.
  Ein Wegweiser mit einem diagnostischen Feldatlas, in jahrelanger Praxis bei Therapie und Ausbildung entwickelt. Formal exzellent gestaltet widmet sich Hans Peter Dreitzel dem heißen Eisen der gestalttherapeutischen Diagnostik. Dieses diagnostische Grundlagenwerk wird in Zukunft nicht mehr aus Theorie und Praxis des gestalttherapeutischen Alltags wegzudenken sein.

aus dem Inhalt:
– Zum Verhältnis von Gestalttherapie und Diagnostik
– Das Diagnostizieren ist ein Typisierungsprozess
– Der Therapeut als diagnostisches Instrument
– Warum die Gestalttherapie eine Diagnostik braucht
– Was bedeutet Prozess-Diagnostik?
– Die Kontaktgrenze ist der Ort der Gestaltbildung
– Die sieben diagnostischen Fragen eines Gestalttherapeuten
– Die Mechanismen der Kontaktunterbrechungen
– Die Bedeutung der Grundintrojekte und des biografischen Hintergrunds
– Erläuterungen zum diagnostischen Feldatlas
– Das Zusammenspiel der verschiedenen Ebenen der Diagnostik
– Mit diagnostischem Blick gestalttherapeutisch arbeiten
– Verlauf und Krise im therapeutischen Prozess
– Achtsamkeit und Begegnung
– Das Ziel der Therapie und ihre Beendigung